发电企业人力资源管理理论与实践

编 审 主 任：秦定国

编审副主任：曾湘泉

主　　　编：张振香

副 主 编：杨伟国

中国劳动社会保障出版社

图书在版编目(CIP)数据

发电企业人力资源管理理论与实践/张振香主编. —北京：中国劳动社会保障出版社，2009

ISBN 978-7-5045-7783-2

Ⅰ. 发… Ⅱ. 张… Ⅲ. 发电厂-工业企业管理-劳动力资源-资源管理 Ⅳ. F407.616.15

中国版本图书馆 CIP 数据核字(2009)第 022731 号

中国劳动社会保障出版社出版发行

（北京市惠新东街1号 邮政编码：100029）
出版人：张梦欣

*

世界知识印刷厂印刷装订　　新华书店经销
787毫米×1092毫米　16开本　27.25印张　602千字
2009年2月第1版　　2009年2月第1次印刷
定价：52.00元
读者服务部电话：010-64929211
发行部电话：010-64927085
出版社网址：http://www.class.com.cn
版权专有　　侵权必究
举报电话：010-64954652

瞄准前沿理论
创新管理实践
贡献专业智慧
促进科学发展

王东进
二〇〇九年春

王东进
全国政协社会和法制委员会副主任
中国医疗保险研究会会长
原国家劳动和社会保障部副部长

编审委员会名单

编　审

主　任：秦定国（中国神华能源股份有限公司国华电力分公司总经理、党委书记）
副主任：曾湘泉（中国人民大学劳动人事学院院长）

编　委

主　编：张振香（中国神华能源股份有限公司国华电力分公司副总经理）
副主编：杨伟国（中国人民大学劳动人事学院党委副书记、院长助理）
委　员：（按姓氏笔画排序）

文彦蕊　毛艾琳　王隋强　代　懋　刘松博　孙树菡　邢树勋
张　瑾　张　翼　李　婕　李　斌　李育辉　李金柱　苏中兴
陈玉杰　封官斌　赵新星　徐世勇　酒　颖　梁晓红　程延园
谢　欢　韩贵生

参与编写人员（按姓氏笔画排序）

万　云　万鹏飞　于　峰　于春友　马　斌　王　强　王彦文
王德民　冯雪峰　全红霞　刘　平　刘日广　刘学梅　刘振明
孙文平　成国伟　江　涛　张　涛　张兰芳　张杨柳　李　伟
李正国　李爱莲　陈国庆　陈振章　咸友伟　宣　娜　胡本帅
赵宝元　袁宏宇　贾　哲　贾志广　郭中维　郭云龙　郭宝军
顾佳平　高桂莲　高雪雯　黄宗华　韩常在　蔡兴榜　樊兰凤

特邀编写人员（按姓氏笔画排序）

王　丽　石　宇　刘成杰　吕　竞　宋会贤　宋宇鹏　金英儒
夏晓红　郭　锐　郭宝慧

序

中国神华能源股份有限公司国华电力分公司是在我国电力体制深化改革，建立与市场经济相适应的电力工业体制背景下诞生的，对于她的成长与发展，一直以来，我十分关注。最近，细读了国华电力组织编写的《发电企业人力资源管理理论与实践》书稿，使我对这家新兴的发电公司有了更全面的了解和深刻的认识，并为其在电力体制改革中，直面挑战，敢于作为，所展现出的远见、务实、创新、尽责的"新国企"特质，感到由衷的欣慰。

在我看来，我国电力企业的人力资源管理在理论上并不缺乏，实践也很丰富，但运用理论对实践的分析与指导、借助实践对理论的检验与促进还不够深入，而这本书既系统地阐述了现代前沿人力资源管理理论，又全面地介绍了国华电力人力资源管理实践；既澄清了理论的现状与发展，又彰显了实践的探索与创新，较以前同类书籍有很大突破，极具专业参考价值。可以说，这是一部人力资源管理理论与实践有机交融的力作。

在此书付梓之时，先读为快，欣然提笔，直抒己见，权作为序，并对该书的出版发行表示祝贺！

赵希正

中国电力企业联合会理事长
2009 年元月

前　言

　　令人关注的是，中国企业面临着严峻的人力资源管理挑战。这个挑战一方面来自于市场环境的变化，另一方面来自于人力资源管理角色的变化。市场环境是外生变量，企业是环境的接受者。伴随着中国经济逐步真正融入经济全球化的大潮之中，市场范围倍速扩大，专业分工也倍速深化。对于中国企业来说，国内国外市场的界限已日益模糊，国内市场和国际市场逐渐统一，它们的区分只是纯粹的地理概念。经济全球化与经济市场化构成企业生存和发展的基本环境，不适应环境则必然被市场淘汰。这使得所有的企业都处于大转折、大变动之中，不进则退，甚至不进则亡。过去的战略抉择、过去的组织结构、过去的管理模式都需要随着环境的变化而作调整，进行新的战略抉择、重建新的组织结构、探索新的管理模式，以适应新的环境。当今，无论是学术界还是产业界都已经公认人力资源管理最根本的职能是通过对组织中人的有效管理来为组织创造价值。作为公用事业的电力企业，不仅要面对这些来自于市场与管理的挑战，而且还要承担起更大的政治责任、经济责任、社会责任，从而电力企业人力资源管理要承载更大的压力和挑战。

　　令人欣慰的是，诸多企业在人力资源管理领域开始了大胆的探索。国华电力（中国神华能源股份有限公司国华电力分公司）正是其中的一个典型代表。作为在我国电力体制深化改革，建立与市场经济相适应的电力工业体制背景下诞生的国有发电企业，国华电力在神华集团、中国神华能源公司的领导下，深刻理解和全面把握科学发展观的科学内涵、精神实质和根本要求，并以此来推动各项工作。在十年的创业发展中，国华电力凝炼出"以人为本、风险预控"为核心的建企理念，使其内化于心、固化于制，外化于行，成为企业永续经营发展的第一指引。"以人为本、风险预控"的建企理念决定了国华电力追求什么、倡导什么、做什么、不做什么、反对什么的一种价值追求和价值判断；阐明了国华电力在处理员工、客户、合作伙伴和社会关系中遵循的基本信条和行动准则；体现了国华电力基本使命与价值追求的统一和国有企业的政治责任、经济责任与社会责任的统一。也正是在这一建企理念的指引下，国华电力始终坚持人力资源管理创新与实践，构筑具有丰富内涵的"员工与企业共同发展"平台，奠定了国华电力发展之基，推进了国华电力做专做强、又好又快科学发展，有力地促进了神华事业的可持续健康发展。

国华电力成立十年之际，通过知识管理方式对前沿的人力资源管理理论发展进行系统研究，对自身的人力资源管理实践进行全面总结、梳理，将人力资源管理理论与实践有机结合，把有益之处通过解析进行系统固化，持续改进，在实践中探索、在探索中创新、在创新中发展，力求实现人力资源管理"知识资源"的增值和价值最大化。

这本书的使命正是因应这些挑战，关注这类探索，呈现这种梳理。本书有两部分构成：基于人力资源管理的基本结构，展示前沿的理论成果；基于人力资源管理的基本功能，展示独特的实践解析。本书的理论部分有十一章。它不仅涵盖了人力资源管理的核心功能模块，而且体现了本领域的最新发展（如：人力资源审计）；不仅关注了人力资源管理的一般特征，而且突出了发电企业的管理特色。本书的实践部分有十七章。每一章都详尽地刻画了国华电力发展中的人力资源管理需求与实践探索，并基于人力资源管理理论予以简洁地解析。这也是本书的特色所在。

本书试图以"局内人的触角＋局外人的视角"，写出真实、真知。我们并不试图开发专门的发电企业人力资源管理理论，而是关注成熟的人力资源管理理论在发电企业中的应用与发展；我们也并不期望把眼光狭义地聚焦于发电企业，而是希望借助于发电企业的人力资源管理探索，来更好地理解人力资源管理理论与人力资源管理实践发展。

本书是实践界与学术界密切合作的结果。理论部分五易其稿，参与编写的有孙树菡教授、程延园教授、杨伟国教授、徐世勇副教授、刘松博副教授、李育辉讲师（博士）、苏中兴讲师（博士）、代懋博士、陈玉杰硕士、谢欢硕士、李婕硕士、王隋强硕士、张瑾硕士、毛艾琳硕士、文彦蕊硕士等。特别是陈玉杰、谢欢两位在五次修改中协助杨伟国教授做了大量的润饰编辑工作。实践部分也同样五易其稿。直接参与编写的有韩贵生、张翼、赵新星、李金柱、封官斌、邢树勋、李斌、梁晓红、酒颖等。特别是赵新星、邢树勋两位对实践部分内容进行了梳理、润色。最后由张振香副总经理与杨伟国教授共同审读、校对、定稿。能够完成这本书的编写，我们特别感谢全体参与人员的辛勤努力和全力投入。

本书的出版非常感谢全国政协社会和法制委员会副主任、原国家劳动和社会保障部副部长王东进题词，非常感谢中国电力企业联合会理事长赵希正作序，非常感谢中国人民大学劳动人事学院院长曾湘泉的大力支持。编者同时感谢中国劳动社会保障出版社王玉君副社长与朱学敏主任的直接关注与指导，感谢汪萧萧先生的细致工作使本书大为生色并快速问世。

本书记录了我们的所为、所感、所知、所思，我们仍将带着所悟、所想、所获、所求，再学习、再实践、再总结、再提高。鉴于编者的学识有限，本书可能还有许多不足、不当的地方，恳请业界同行批评指正。

张振香　杨伟国
2008 年 12 月 18 日

目录 Contents

上 篇

3 第1章 公司战略与人力资源战略
3　　第一节　战略环境分析
8　　第二节　企业战略
16　　第三节　企业战略与人力资源战略
19　　第四节　人力资源战略规划

25 第2章 组织设计与管理
25　　第一节　组织设计理论与原则
29　　第二节　组织结构的选择与管理
37　　第三节　新型组织结构
41　　第四节　组织结构有效性与组织变革

46 第3章 职位管理与素质模型
46　　第一节　职位分析
54　　第二节　定编定员
55　　第三节　素质模型

65 第4章 招募甄选管理
65　　第一节　招募甄选的基本原理
67　　第二节　人员招募
76　　第三节　人员甄选

85 第5章 培训开发与职业生涯
85　　第一节　培训与开发模型
86　　第二节　入职引导
88　　第三节　培训系统设计与运行

97	第四节	管理开发
102	第五节	职业生涯管理

第6章　薪酬福利管理

111	第一节	薪酬模式
119	第二节	不同群体的薪酬
122	第三节	弹性福利计划
126	第四节	企业年金和员工援助计划
130	第五节	从薪酬到总报酬

第7章　绩效评价与管理

136	第一节	绩效评价与管理模型
139	第二节	企业绩效评价
144	第三节	员工绩效评价
149	第四节	员工绩效管理

第8章　职业安全健康环境管理

156	第一节	安全健康环境管理基本理论
158	第二节	职业安全管理
161	第三节	职业健康管理
166	第四节	职业环境管理

第9章　员工关系管理

174	第一节	员工关系管理概述
177	第二节	劳动合同管理
181	第三节	员工参与
184	第四节	纪律与争议处理

第10章　人力资源管理信息系统

189	第一节	人力资源管理信息系统简介
193	第二节	人力资源管理信息系统的功能和设计
198	第三节	人力资源管理信息系统的维护与监督

第11章　人力资源审计

204	第一节	人力资源审计的基本原理
209	第二节	薪酬审计
214	第三节	人力资本审计

下 篇

- 221　**第1章　十年印迹　做专做强**
  - 221　发展回眸
  - 223　成长历程
  - 232　永续经营
- 238　**第2章　搭桥筑台　共同成长**
  - 238　继承中突破
  - 241　突破中创新
  - 244　创新中发展
- 248　**第3章　组织变革　战略传导**
  - 249　变革历程
  - 251　科学决策
  - 253　专业服务
  - 254　系统控制
  - 259　高效运营
- 266　**第4章　定员配置　服务发展**
  - 267　岗位设计
  - 270　标准定员
  - 272　优化结构
  - 276　素质模型
- 283　**第5章　技能培训　素质工程**
  - 283　培训体系
  - 285　培训指引
  - 289　培训策略
  - 291　技能鉴定
- 296　**第6章　我的大学　塑造精英**
  - 297　国华管理学院
  - 298　构建培养体系
  - 302　特设培训模式
  - 307　注入管理智慧

第7章 卓越绩效　目标引领 …… 311
- 311　体系设计
- 312　指标设定
- 317　过程控制
- 318　考核评价
- 321　持续改进

第8章 薪酬策略　价值公允 …… 323
- 323　背景特征
- 326　总额控制
- 327　高管年薪
- 329　员工薪酬

第9章 管理助手　效率平台 …… 336
- 336　引进吸收
- 338　开发应用
- 342　管理升级
- 344　关键节点

第10章 风险预控　闭环管理 …… 348
- 348　引入机制
- 351　风险识别
- 353　风险评估
- 355　风险控制

第11章 关爱员工　守护健康 …… 364
- 364　员工的"护身符"
- 370　打造"绿色"电站

第12章 激活潜能　焕发活力 …… 373
- 373　体制激活责任
- 374　机制激活动能
- 376　文化激活人心

第13章 直面挑战　主动作为 …… 380
- 381　盘活精神
- 383　盘活机制

385	盘活资源

第 14 章　破解瓶颈　时势造才
388	创业发展：需才
390	开山铺路：引才
390	拓宽通道：育才
392	不拘一格：用才
393	实现价值：留才

第 15 章　营造和谐　企业责任
395	与员工和谐
399	与环境和谐
400	与社会和谐

第 16 章　生产准备　四轮驱动
403	前轮一：生产管理前移
405	前轮二：制度体系保障
406	后轮一：组织架构简约
407	后轮二：员工培训多元

第 17 章　企业并购　相融共进
410	结合——缘于改革
411	磨合——求同存异
413	融合——双赢发展

上　篇

贰 工

第1章
公司战略与人力资源战略

企业战略对人力资源管理起着方向性的作用，人力资源管理战略属于企业战略中的职能层战略，目的是支撑企业战略的实现。要想很好地实施人力资源管理，就必须要掌握好战略管理的知识和技能。本章包括四节，第一节介绍了战略环境分析，包括外部环境和内部条件分析；第二节介绍了企业战略的三个层次——公司层战略、业务层战略（竞争战略）和职能层战略；第三节介绍了公司战略与人力资源战略的关系；第四节介绍人力资源战略规划的相关内容。

第一节 战略环境分析

战略问题已经越来越引起企业管理者的重视，制定适合的战略并强有力地执行战略，不但能帮助公司在竞争中取得成功，而且能使公司基业长青。战略影响和决定着企业管理中的方方面面，了解企业的人力资源问题，必须先从战略谈起。而要想实现企业的战略目标，首先就要对外部环境和内部条件进行分析。

一、外部环境分析

外部环境对公司的成长和获利能力有很大的影响。经济的全球化以及科学技术的突飞猛进使得企业不得不加快反应和行动的速度，政治事件的发生以及社会文化环境的长期积淀与变迁也会对企业的战略产生重大影响。因此，为了缓冲环境对自身的影响，企业必须有效地分析外部环境。企业的外部环境可以分为总体环境、行业环境和竞争环境三个层次。这里仅以电力行业的外部环境分析为例加以说明。

（一）总体环境分析（宏观）

可以用 PEST 分析法来对总体环境进行分析：P（political）代表政治法律环境，是指一个国家或地区的政治制度、体制、政治形势、方针政策、法律法规等方面，如国家对电力及其相关产业采取的政策等；E（economic）代表经济环境，是指企业经营过程中所面临的各种经济条件、经济特征、经济联系等客观因素；S（social & cultural）代表社会文化环境，是指一个国家和地区的民族特征、文化传统、价值观、宗教信仰、教育水平、社会结构、风俗习惯等情况；T（technological）代表技术环境，是指一个国家和地区的技术水平、技术政策、新产品开发能力以及技术发展的动向等（见图1—1）。①另外，对电力行业来说还要加入对自然环境的分析：分析企业所在地区的自然环境，包括企业现在和未来所需的主要资源的分布、企业所需资源如何获得和可能的变化以及企业所需资源对其产生的促进与限制作用；如果企业计划进入别的地区，还要对当地的自然环境进行分析，主要是能否适应当地的自然条件。

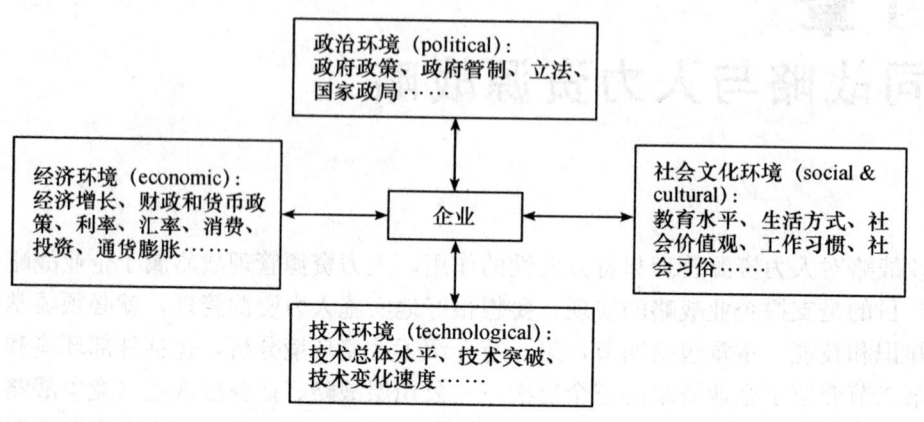

图1—1　PEST分析图

资料来源：刘夏清. 战略管理技术与方法［M］. 湖南：湖南人民出版社，2003：35

（二）行业环境分析（中观）

根据波特提出的五力模型，一个行业的获利能力由五种竞争压力来源决定。这五种竞争力量包括三种"横向"的竞争压力来源，即来自替代品的竞争、来自新进入者的竞争以及来自现有竞争者的竞争；此外，还有两种"纵向"的竞争压力来源，即供应商和买方讨价还价的能力（见图1—2）。②

1. 所谓的潜在进入者，有可能是一个新创立的电力企业，也有可能是一个原来从事其他能源行业，由于采取多元化战略将要进入电力行业的企业。如果这些潜在进入者进入电力行业，生产能力将会扩大，与现有企业的竞争将十分激烈，从而使电力产品价格下降；同时它们对资源的需求也会导致生产成本的提高，价格下跌和成本升高都会削弱企业的获利能力。潜在进入者的威胁主要取决于进入壁垒的高低，而进入壁垒的高低又主要取决于以下一些因素：规模经济、绝对成本优势、经营特色与用户忠诚度、资本需求、产品差异性、销售渠道与市场饱和程度、经验曲线、政府和法律壁垒、原有企业的反应、用户的转换成本等。从根本上来说，电力行业的进入壁垒还是比较高的，进入该行业所需成本很大，但规模经济效益明显。因为电力企业涉及国计民生，政府的控制力度也比较大，直到2002年才开始厂网分开，有独立意义上的发电厂，而发电企业更是资本密集型的周期性企业，进入壁垒比

---

① 甘华鸣. 经营战略［M］. 北京：中国国际广播出版社，2000
② Michael E. Porter. Competitive Strategy：Techniques for Analyzing Industries and Competitors［M］. New York：Free Press，1980.

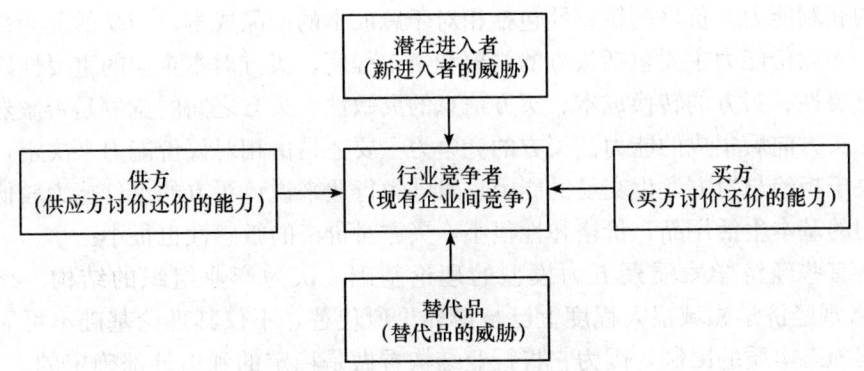

图1—2 竞争中的五种力量模型
资料来源：刘夏清. 战略管理技术与方法［M］. 湖南：湖南人民出版社，2003：35

较大。

2. 现有竞争者的竞争力量是这五个力量中最强大的一种力量。为了获取或维持竞争优势，现有竞争者们会采取各种手段和措施来争夺更大的市场空间。它们之间的竞争是动态的，会根据市场情形的变化采取不同的竞争策略和竞争手段。目前，以五大发电集团（华能、大唐、国电、华电、中电投）、国华电力、长江三峡、广东核电、广东粤电等为代表的独立发电公司成为发电市场竞争的主体。另外一些其他的因素，如买方的转换成本、竞争对手的多样化、电力行业的生产能力与市场增长率、产品的差异性、主要竞争对手的实力及其战略部署、将来发生合作或对抗的可能性、过剩的生产能力、退出壁垒（退出壁垒是企业退出某一行业将要付出的代价，它包括专用性资产、退出的费用、心理因素、社会责任和政府约束等），在确定现有竞争者之间竞争的性质和强度方面都发挥着重要作用。

3. 替代品指的是与电力行业产品有相同或类似功能的产品，一般是指其他类似的能源资源。如果替代品价格较低，就会使本行业产品的价格处于一个较低水平，降低企业的获利能力。本行业要想与替代品的生产企业进行竞争，往往需要全行业所有企业采取集体行动和共同措施。如果没有替代品，买方就会对价格不敏感，意味着需求价格弹性较小或根本无弹性。对替代品的分析包括买方对替代品的偏好、替代品的相对价格和性能、替代品的赢利能力、替代品生产厂家的生产能力以及采取的竞争策略、买方的转换成本和替代品的技术前景等方面。

4. 供应商可以采取提高原材料或相应产品的价格、减少短缺资源的供应、降低供应物质的质量等方式来对电力行业施加压力。供应商总是想从企业那里获取更多的利益，因而使得下游行业利润下降。对电力行业来说，供应商竞争力量的强弱主要取决于供应商的集中程度、供应商品的可替代程度、企业对供应商以及供应商品对企业的重要性、企业的转换成本、供应商联合的可能性等。

5. 买方能力，主要包括买方对价格的敏感性和买方的议价能力。买方对企业产生的竞争压力主要在于他们要求买到价格更低、质量更好的产品，也要求企业提供更多更好的售后服务。由于现有竞争者之间激烈的竞争，买方可以利用这种竞争来向企业施加压力，从而降低本行业的获利能力。价格的敏感性包括相对于总成本的产品成本、产品的差异性和买方之间的竞争,而议价能力主要包括买方的规模和集中程度、买方对本企业的重要性以及本企业对买方的重要性、买方的转换成本、买方信息的灵敏性、买方之间的竞争是否激烈以及能否联合起来、买方向后集成的能力。买方的竞争力主要还是由相对议价能力来决定,而议价能力最终取决于拒绝与对方发生交易的能力。对电力行业来说,买方的议价能力较低,因为电力属于人们的基本生活用品,价格弹性很小,买方对价格的敏感性也很小。

然而,有些经济学家质疑五力模型的理论基础,认为产业组织的结构—经营—绩效(SCP)在微观经济学领域很大程度上已被博弈论所代替,不仅其理论基础不可靠,五力模型还受到其静态本质的限制,因为它将行业结构看做是稳定的和由外部确定的。[①] Brandenburger 和 Nalebuff(1996)认为仅有五种力量还不够涵盖行业中的博弈主体,他们引入"互补者"作为公司竞争环境的关键要素。与其他五种要素不同,互补品不是一个竞争要素;相反,互补品越多、与行业供应产品的关系越密切,则在该行业中的潜在收益越多。[②]

(三)竞争分析(微观)

对竞争环境的分析主要在于对竞争对手的分析,而对竞争对手的分析又应该集中于与其直接竞争的每一家企业。通过对竞争对手的分析,企业可以了解如下情况:什么东西驱动着竞争对手,也就是说它未来的目的;竞争对手正在做什么,能够做什么,即其当前战略;竞争对手对行业是如何看待的,即其想法;竞争对手的能力有多强,它的强项和弱项在哪里(见图1—3)[③]。

通过以上四方面的信息,可以对竞争对手有一个较全面的把握,知道该采取何种反应。因此,有效的竞争对手分析有助于企业了解、诠释和预测竞争对手的行为和动机。[④] 一般可以通过收集有关竞争对手的数据和信息来了解竞争者并对它们可能采取的行动进行预测,蓬勃发展的因特网就是一个很好的工具,但需要强调的是只能用合法合理的手段来收集这些竞争情报。

二、内部环境分析

通过对外部环境进行分析,企业可以确定做什么;而对内部条件的分析,企业可以确定到底能够做什么。相对于竞争对手而言优势的资源和能力构成了企业的核心竞争力,企业可以通过有效地培育其独特的核心竞争力,并将其与外部环境机会紧密结合,来创造竞争优势并实现超额的回报。[⑤] 但竞争优势是短暂的,需要不断维持,并发展新的核心竞争力。通过对价值链的分析能了解哪些环节能创造价值,哪些环节不能创造价值,从而强化企业的竞争

---

① 罗伯特·M·格兰特. 现代战略分析——概念、技术、应用(第4版)[M]. 北京:中国人民大学出版社,2005

② Adam Brandenburger and Barry Nalebuff. Co-option [M]. New York: Doubleday, 1996.

③ 迈克尔 A. 希特, R. 杜安·爱尔兰, 罗伯特 E. 霍斯基森. 战略管理——竞争与全球化(概念)(第6版)[M]. 北京:机械工业出版社,2005

④ G. McNamara, R. A. Luce, & G. H. Tompson. Examing the effect of complexity in strategy group knowledge structures on firm performance [M]. Strategy Management Journal, No. 23, 2002: 153-170.

⑤ D. G. Sirmon, M. A. Hitt & R. D. Ireland. Dynamiclly managing firm resources for competitive advantage: Creating value for stakeholders [M]. Paper presented at Academy of Management, Seattle, 2003.

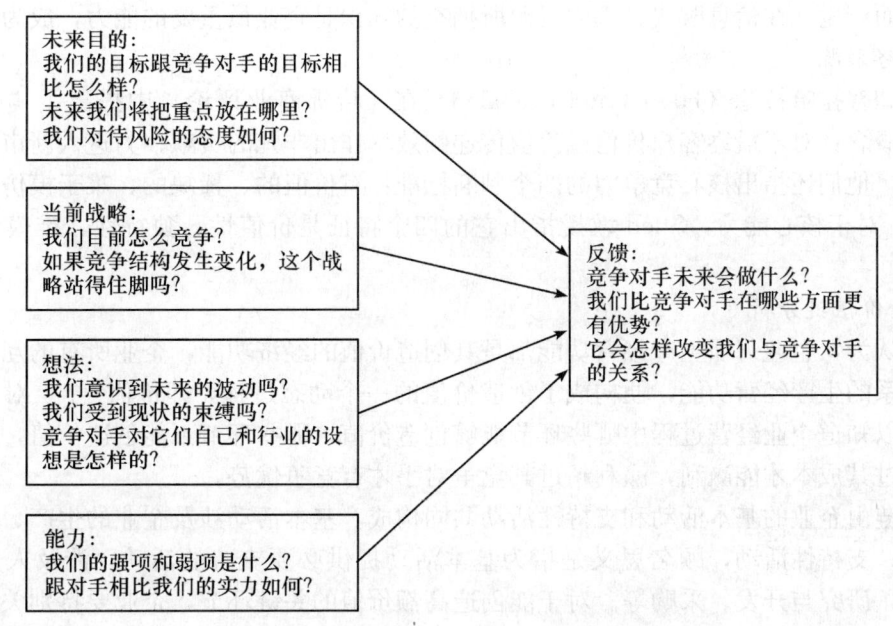

图 1—3　对竞争对手进行分析的要素
资料来源：迈克尔 A. 希特，R. 杜安·爱尔兰，罗伯特 E. 霍斯基森. 战略管理—竞争与全球化（概念）（第6版）[M]. 北京：机械工业出版社，2005：45

优势。因此，本节主要讨论资源、能力与核心竞争力以及价值链这两个问题。

（一）资源、能力与核心竞争力

企业的资源可以分为有形资源和无形资源两大类。有形资源是指能看见且可以量化的资产，生产设备、厂房等都是有形资源。无形资源是指那些根植于企业的历史、长期以来积淀下来的资产，以一种独特的方式存在，非常不容易被竞争对手所了解和模仿，知识、信任、创新能力、管理能力、组织制度、企业声誉、与人交往的方式等都属于无形资产。[①] J. B. Barney 指出有形资产包括财务（金融）资源、组织资源、实物资源以及技术资源四种形式。[②] R. Hall 和 R. M. Grant 指出无形资源的三种形式为人力资源、创新资源以及声誉资源。[③]

能力是指企业分配资源的效率，这些资源被有目的地整合在一起，以达到一种预想的最终状态。[④] 能力是建立在企业员工的知识和技能的基础之上的，又通过将有形资源和无形资

[①] M. S. Feldman. Organizational routines as source of continuous change [J]. Organization Science, No. 11, 2000：611-629.

[②] J. b. Barney. Firm resources and sustained competitive advantage [J]. Journal of Management, No. 17, 1991：101.

[③] R. Hall. The strategic analysis of intangible resources [J]. Strategy Management Journal, No. 13, 1992：136-139.

[④] M. Blyler & R. W. Coff. Dynamic capabilities, social capital, and rent appropriation: Ties that split pies [J]. Strategic Management Journal, No. 24, 2003：677-686.

源的整合而产生。在信息时代，人力资源所拥有的知识是企业最重要的能力，成为企业竞争优势的最终来源。

哈默和普拉哈拉德（Hamel and Prahalad）在《哈佛商业评论》中提出了"核心竞争力"这个概念：对于最终客户价值或价值传递的效率作出非凡的贡献；为进入新市场奠定基础。此外，他们还指出核心竞争力的四个判断标准：有价值的、稀缺的、难于模仿的和不可替代的。[①] 对于核心能力，Snell 教授指出它的四个特征是价值性、独特性、难模仿性和组织化。[②]

（二）价值链分析

波特认为，企业每项生产经营功能都是其创造价值的经济功能，企业所有的互不相同但又相互联系的生产经营功能，便构成了创造价值的一个动态过程，即价值链。[③] 对价值链进行分析可以知道企业经营过程中哪些环节能够创造价值，哪些环节不能创造价值，企业创造的价值超过其成本才能赢利，赢利超过其竞争对手才有竞争优势。

价值链由企业的基本活动和支持性活动共同构成。基本活动涉及企业的生产、销售、售后服务等；支持性活动，顾名思义是指为基本活动提供必要支持的活动，涉及人力资源管理、财务、研究与开发、采购等。对于能创造高额价值的关键环节，企业要特别关注和培养在这些方面的核心竞争力，从而获取或巩固其竞争优势。如波音公司不仅注重其在原材料采购、生产、销售和提供零部件等方面的管理，而且在飞机制造行业竞争激烈的情况下，积极扩展下游价值链，推出飞机的融资、本地零部件供应、地面维修保养、后勤管理以及飞行员培训等服务，打造出一项生机勃勃的服务性业务。

第二节 企 业 战 略

在对公司的战略环境进行初步的分析后，就需要了解企业战略的三个层次——公司层战略、业务层战略（竞争战略）以及职能层战略。

公司层战略是指公司总体的经营价值观、公司主要进入哪些经营领域以及资源如何分配等，主要包括成长战略、稳定型战略、转向或紧缩战略。其中，成长战略又可以分为内部成长战略和外部成长战略。内部成长战略是指通过进一步渗透现有市场、开发现有市场、开发新产品或服务可以获得内部成长，外部成长主要来自于并购其他组织，通常是竞争对手或其他可能提供原材料或作为本组织分销链组成部分的组织。成长战略中最常见的是多元化战略、购并与重组战略、国际化战略。

业务层战略指战略业务单位在一个具体的经营领域内如何有效地与竞争对手展开竞争，包括成本领先战略、差异化战略和集中化战略。

---

① Prahlad, C. K and Gary Hamel, G.. The Core Competence of the Corporation [J]. Harvard Business Review, 1990.

② Scott A. Snell. Competing through knowledge: The Human Capital Architecture [J]. Cornell University, Lecture, 2006.

③ M. E. Porter. Competitive Advantage [M]. New York: The Free Press, 1985.

职能层战略，即一个部门或者履行某一职能的多个部门如何高效地开展工作，包括人力资源战略、市场营销战略、财务战略、研发战略等。

对于公司层战略、业务层战略与职能层战略的特点，可总结如下（见表1—1）。

表1—1　　　　　　　　　　　不同层次战略的特点比较

特点	战略层次		
	公司层	业务层	职能层
性质	观念型	中间	执行型
明确程度	抽象	中间	确切
可衡量程度	以判断评价为主	半定量化	通常可定量
频率	定期或不定期	定期或不定期	定期
时期	长期	中期	短期
与现状的差距	大	中	小
承担的风险	较大	中等	较小
赢利潜力	大	中	小
成本	较大	中等	较小
柔性	大	中	小
资源	部分具备	部分具备	基本具备
协调要求	高	中等	低

资料来源：陈荣平．战略管理的鼻祖—伊戈尔·安索夫［M］．河北：河北大学出版社，2005：134

一、公司层战略

公司层战略是战略中最高层次的战略，其对象是企业整体，具有长期性和方向性，通常是由企业的高层管理者来制定。由于稳定和收缩战略比较单一，因此，这里主要介绍公司成长战略，公司成长战略大致可以分为多元化战略、并购与重组战略和国际化战略等。

（一）多元化战略

多元化战略也称多角化战略，是与专业化相对的一个概念，实行多元化的企业同时经营两种以上不同的产品或服务。多元化包括产品的多元化、市场的多元化、投资区域的多元化以及资本的多元化。成功实施多元化的企业可以通过在不同领域产生收入而降低整体赢利的不确定性，从而提高企业的抗风险能力，并且还能获得竞争优势和高于平均利润的回报。

企业采取多元化战略有外部原因也有内部原因，外部原因主要包括反垄断条例和税务法规、消费者需求的变化以及来自竞争对手的压力等，内部原因则包括获得规模经济、提高市场影响力、经营状况不佳、不确定的未来现金流、充分利用闲置资源、降低企业风险、分散管理层就业风险等。多元化战略也有其自身的问题，比如容易贪大求全盲目扩张、对企业核心能力培养重视不够、高层管理者缺乏对新业务的掌控能力、以品牌和声誉换取短期利益以及低水平的重复建设等。因此，企业在实施多元化战略之前要进行多方面的考虑，在成熟的时机选择多元化战略才有可能帮助企业获得成功。

例如，国电电力公司在现今电煤价格上涨、发电利用小时降低、货币政策从紧的宏观形势下提出进一步优化调整发电产业结构,积极实施相关多元化战略,加快企业转型。以煤电一体化、高参数大容量机组和热力市场落实的热电联产项目为重点,优化发展火电;优先发展新能源,进一步加快发展风电,全力推进风力资源好、上网条件好、造价有优势的风电项目的开发进度;加大煤炭开发力度,寻求机会整合煤矿,培育新的经济增长点等。①

(二)并购与重组战略

合并和收购简称并购,合并是指两家或两家以上的公司在相对平等的基础上合并成为一家公司,通常合并以后的新公司能拥有比各自独立发展更强大的竞争优势;收购指一家企业购买另一家企业的部分或者全部股份,从而达到更加有效地利用其核心竞争力的目的。企业发生并购通常有如下原因:增强企业的市场竞争力量;并购后能获得更多的资源和能力,并能实现资源和能力的范围经济性;加快企业进入市场的速度,帮助企业越过市场进入障碍;获得规模经济从而降低新产品开发成本;使企业适应产品多元化的需要,吸收并发展以前不曾拥有的新技术和能力;减少企业在本行业中的竞争对手。如20世纪90年代埃克森石油公司并购美孚石油公司,成立埃克森美孚公司后,使得其在石油开发、生产、精炼、营销、化工产品生产等领域基本上都处于全球领先位置。合并后埃克森美孚挟带更加雄厚的资产,成为全世界拥有油气储备最多的上市石油公司,也是最大的炼油商和最大的私人天然气供应商。②

重组战略是企业对其组织框架、业务体系等进行显著改变的战略。通常,内部和外部环境的变化会导致企业实施重组战略,此外,并购战略的失败也往往是重组战略的动因。重组战略一般包括精简、收缩和杠杆并购三类。企业为了降低成本、提高获利能力,进行更加有效的经营,有时候会采取精简雇员或者运营部门的手段。而为了将更多的力量放在其核心业务上,企业也可能选择剥离一些非核心业务的做法,即收缩。杠杆收购是企业的一种财务重组,也就是将其目标企业自身的资产进行抵押来获取并购所需的资金。

(三)国际化战略

国际化战略是指通过在本国市场之外来销售企业的产品或服务的战略。③由于在国际市场上还有潜在的市场空间和机会,所以企业有可能在本土市场以外开拓出国际化的市场,从而成功地实施国际化战略。

企业实施国际化战略传统的动机主要是以下三种:同一产品在不同的市场上生命周期是不同的,以此来延长产品的生命周期;采取全球化战略的企业往往由于获得更高端的技术或更接近原材料市场而将生产成本降低到最低水平,确保企业拥有充足的所需资源。除了传统动机以外,还有一些新的动机促使企业实行国际化战略,如进入国际市场能使企业有效地扩大潜在市场的规模,大规模的市场容量能让企业获取高的投资回报;进入国际化市场企业能享受低税待遇,在海外市场中能获得地域优势,通过扩大产品市场获得规模经济效应等。如

---

① 殷亦峰,上市公司简评报告:国电电力实施多元化战略,中信建投证券研究发展部,2008年8月,http://research.csc.com.cn
② 李晓春. 埃克森美孚的战略管理 [J]. 中国石化,2006
③ S. Tallman & K. Fladmoe-Lindquist. Internationalization, globalization, and capability-based strategy [J]. California Management Review, Vol. 45, No. 1, 2002:116-135.

在能源价格急剧波动，人们对能源的依赖度和恐惧感不断上升的今天，国家电网公司作为关系国家能源安全和国民经济命脉的重要骨干企业，积极实施国际化战略，开展跨国能源资源合作。该公司的国际化发展战略一方面以"引进来"为特征的内向国际化，包括资源、资本、技术、设备、管理经验和人才的引进；另一方面，积极开展以"走出去"为特征的外向国际化，包括电网技术标准的国际化、周边国家能源合作、集中采购国际化、海外投资、资本国际化及海外工程承包和技术服务等活动。①

但是国际化战略也带来了一些不容忽视的问题，比如对国外的文化、社会、政治、经济、法律环境等因素的了解不足而带来的高风险和管理上的问题，文化差异造成的沟通障碍，以及不可避免地受到一些区域性经济组织的限制等。因此，在实施国际化战略之前，企业应该做好充分的准备，为战略的成功打下坚实的基础。

根据其全球整合的需求和本土化迅速反应的需求可以将国际化战略分为三种类型：国际本土化战略、全球化战略和跨国化战略（见图1—4）②。

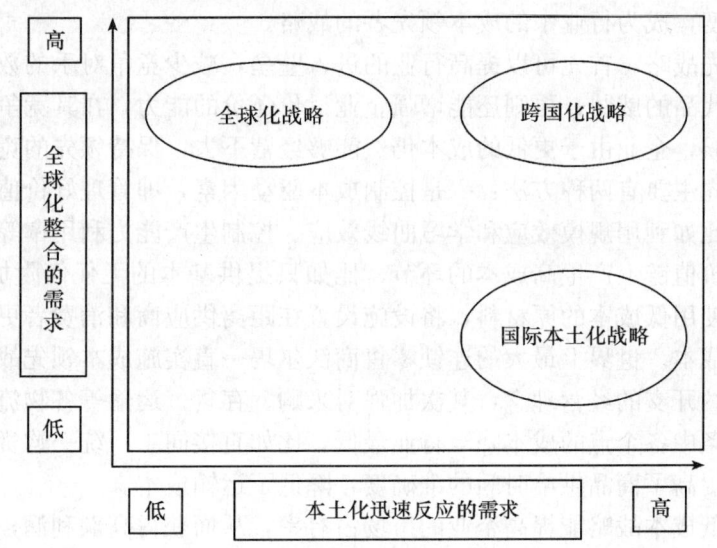

图1—4 国际化战略

资料来源：迈克尔A. 希特，R. 杜安·爱尔兰，罗伯特E. 霍斯基森. 战略管理——竞争与全球化（概念）（第6版）[M]. 北京：机械工业出版社，2005：177

国际本土化战略是应对全球化整合的需求低、本土化迅速反应的需求高而采取的战略，是指企业将战略和业务决策权分配到各个国家的战略业务单元，由这些单元向本地市场提供本土化的产品。③ 全球化战略是应对全球化整合的需求高、本土化迅速反应的需求低而采取

---

① 国家电网公司. (2008-11-4) http://www.sgcc.com.cn/gsjs/gsjj/default.shtml.
② 迈克尔A. 希特，R. 杜安·爱尔兰，罗伯特E. 霍斯基森. 战略管理——竞争与全球化（概念）（第6版）[M]. 北京：机械工业出版社，2005
③ J. Pla-Barber. From Stopford and Wells's model to Bartlett and Ghoshal's typology: New empirical evidence [J]. Management International Review, Vol, 42, No. 2, 2002: 141-156.

的战略，是指在不同国家市场中，销售标准化产品并由总部确定竞争战略。实施全球化战略的企业重视规模经济，在企业各层或一个国家的其他市场中进行创新，以创造更多的机会。[①] 跨国化战略是应对全球化整合的需求和本土化迅速反应的需求都很高而采取的战略，它一方面需要高效率的全球化的协调和合作，另一方面又需要本土化灵敏的反应和弹性化的合作。

二、业务层战略（竞争战略）

业务层战略也可以被称作竞争战略，是公司层战略之下的子战略，为企业的整体目标服务，通常由事业部或子公司的经理来制定。业务层战略解决战略业务单位在一个具体的经营领域内如何同竞争对手展开有效竞争的问题，包括成本领先战略、差异化战略和集中化战略。

（一）成本领先战略

成本领先战略又称为低成本战略，是企业通过加强对生产、研发等领域的成本控制，将成本降到最低程度，成为行业中的成本领先者的战略。

采取成本领先战略，首先可以提高行业的进入壁垒，减少竞争对手的数量；其次能在一定程度上降低替代品的威胁；再则还能增强企业讨价还价的能力，在其竞争对手没有利润无法继续经营的时候，企业由于更低的成本仍然能够经营下去，保持领先的竞争地位。

实现成本领先主要有两种方法：一是控制成本驱动因素，即管理好价值链上各个环节的成本推动因素，比如利用规模效应和学习曲线效应、控制生产能力利用率等；二是重构价值链，跳过或省略价值链上产生高成本的环节，比如只提供基本的无任何附加的产品或服务，寻求各种途径来使用低成本的原材料，将设施设置在距离供应商和消费者更近的地方以降低入厂成本和出厂成本。世界上最大的连锁零售商沃尔玛一直实施成本领先战略，沃尔玛首先在全企业贯彻节约开支的经营理念，其次加强对采购、存货、运输等各物流循环链条的集中管理，把整个链条中各个点的成本降至行业最低，比如直接向工厂统一购货和建立高效运转的配送中心等，提高了商品供给时间的准确度，降低了运输成本。

虽然良好的低成本战略能提高企业的市场占有率，从而获得高额利润，促进管理水平的提高和生产设备的更新，但是成本领先战略也可能带来一些问题，比如企业过度降价但消费者的数量没有得到足够的增加而造成的利润下降，过于注重如何降低成本而忽视了新技术的发展和消费者的新需求，很容易被竞争对手模仿等。因而，成本领先战略也有其适用条件，在企业之间的价格竞争非常激烈、行业内的产品基本上都是标准化的、消费者没有太多其他差别化的途径来获取对自己有价值的产品或服务的条件下，企业可以采取成本领先战略，否则一定要谨慎考虑，以免得不偿失。

（二）差异化战略

差异化战略是指企业通过提供与其竞争对手有差异的产品或服务，在其价值链中形成具有与众不同特色的环节，满足消费者特殊需求，从而获取竞争优势的一种战略。

---

① I. C. MacMillan, A. B. Van Putten, & R. G. McGrath. Global gamesmanship [M]. Harvard Business Review, Vol. 81, No. 5, 2003: 62-71.

采取差异化战略的动因主要是提高进入壁垒并绕过行业内的激烈竞争、防止替代品的威胁和提高企业讨价还价的能力，除此之外，还可以降低消费者对价格的敏感程度和提高消费者的忠诚度。差异化战略的核心就是要获取某种对消费者来说有价值的独特性，比如独特的口味、全方位的服务、技术的领先地位等，并且这种独特性要能够持续下去，如果容易被竞争对手所模仿则无法产生持久的竞争优势。

差异化战略的获利途径主要是利用价值链。首先要分析消费者看重的是什么，了解其特殊需求，然后再挖掘在价值链的哪些环节上可以创造出差异化和独特性，最后找出实现这些差异化和独特性所需要的资源和能力。企业通常是在其价值链的一个或几个环节上实施差异化战略，事实上价值链上的每一个环节都存在创造出差异化的潜在可能性。如宝洁公司生产的象牙皂最初就是以一种差异化战略进入市场的。首先是产品差异化，宝洁决定生产当时市场上没有的纯净温和的条形皂。制造过程中有了另一个意外的差异化成果，即工人在制造过程中发现它可以飘浮在水面上。其次便是营销差异化，象牙皂是第一个投巨资用广告推广的肥皂，也是美国迄今为止广告力度最大的品牌之一。

虽然差异化战略能够满足消费者的特殊需求，但它并不能降低消费者的购买成本或者提高其收益。此外，如果竞争对手以低成本成功地推出相似的或者更有差异化的产品或服务时，企业当初差异化的优势就会转变为劣势；而且当购买者不再需要差异化时，靠差异化战略生存的企业就会陷入危机。

（三）集中化战略

集中化战略是指企业把经营战略的重点放在一个具体和独特的细分市场上，为特定的地区或者特定的消费者提供特殊产品或服务的战略。

采取集中化战略的动因一方面在于特定的目标市场即小市场有可能具有很好的成长空间，企业由此可以获得高于行业内平均水平的利润，另一方面采取此战略可以集中企业内部的优势资源向"高、精、尖"的方向发展，从而具有高度的专业化。采取集中化战略的企业在进行目标市场的选择时，需要考虑目标市场是否足够大、能否赢利，分析目标市场的市场容量、成长速度以及获利能力的大小。此外还有考虑企业是否拥有能有效服务目标市场的资源和能力以及自身的优势能否与目标市场相符。

全球最知名的日用消费品公司联合利华公司采用的就是集中化战略，其在华的集中化战略体现在五个层面：一是企业集中化，1999年把14个独立的合资企业合并为4个由联合利华控股的公司，使经营成本下降了20%；二是产品集中化，果断退出非主营业务，专攻家庭及个人护理用品、食品和饮料及冰淇淋等三大优势系列；三是品牌集中化，虽然拥有2 000多个品牌，但在中国推广不到20个，都是一线品牌；四是厂址集中化，通过调整、合并，联合利华公司减少了3个生产地址，节约了30%的运行费用；五是营销环节集中化，把不特别擅长的零售营销转包出去，从而专心制订战略计划，管理主要客户及分销商，迅速提高市场占有率和知名度。①

当然集中化战略也可能带来一系列问题。比如由于目标市场比较小，所以采取集中化战

---

① 宝洁与联合利华的竞争. http://article.sinoec.net/introduce/corporate/Article_37260.html.

略的企业有可能在获得市场份额方面有局限性，并且竞争对手也可能从企业的目标市场中找到可以再细分的市场。如果细分市场非常有吸引力的话，就会有很多竞争者蜂拥而至，瓜分细分市场的利润。此外由于技术的进步、替代品的出现，消费者价值观念的更新、消费偏好的改变等多方面的原因，可能造成目标市场与总体市场上消费者对于产品或服务需求的差别性变小，导致企业受到重创陷入危机。

同集中化战略相似的还有利基战略。利基是更窄地确定某些群体，这是一个小市场并且其需要没有被服务好，或者说"有获取利益的基础"。① 企业寻找利基市场的方法通常是将细分的市场再细分。总的说来两者大体上是等同的，但一般情况下利基战略是营销领域的用语，而集中化战略用于业务层战略方面。

（四）蓝海战略与长尾理论

战略管理领域近年来也有了很大的发展，目前在全球最为畅销的两种战略管理理论即蓝海战略和长尾理论，这两种理念对今天企业的发展产生了较大的影响。

1. 蓝海战略

"蓝海"是与"红海"相对应的一个概念。所谓"红海"，就是充满血腥竞争的已知市场空间，其特点是在已存在的行业、在已知的市场空间中进行竞争，游戏规则已经确定，竞争十分激烈，运用的是过去的、老化的战略，可以形容为"千军万马挤独木桥"。而"蓝海"是指尚未开发的新的市场空间，其特点是在未出现的行业、在尚未开发的市场中经营，没有游戏规则也没有竞争，运用的是创新的、有活力的战略，可以形容为"海阔凭鱼跃"。蓝海战略的两个理念是超越产业竞争和开创全新市场，具体来说，它更加重视市场的需求一方而非供给一方，从与对手的激烈竞争转向为买方提供价值的飞跃；它重建市场和产业的边界，开发巨大的潜在需求；它要求摆脱"红海"的残酷竞争，开创崭新的"蓝海"市场。蓝海战略的基石在于价值创新，需要同时追求差异化和低成本，也就是在降低成本的同时为顾客创造价值，同时实现企业价值和顾客价值的提升。一个典型的蓝海战略例子是太阳马戏团，在传统马戏团受制于"动物保护""马戏明星供方议价"和"家庭娱乐竞争买方议价"而萎缩的马戏业中，他们从传统马戏的儿童观众转向成年人和商界人士，以马戏的形式来表达戏剧的情节，吸引人们以高于传统马戏数倍的门票来享受这项前所未见的娱乐。蓝海战略与红海战略的对比见表1—2。②

尽管蓝海战略得到了大多数人的肯定，但其持久性和创新性受到了一些质疑。首先，如果竞争对手模仿企业的蓝海战略，从企业现有市场空间中占据一块领地，市场份额也逐渐扩大，此时"蓝海"也就变成了"红海"，企业需要再次去开创另一片"蓝海"，所以没有永远的"蓝海"存在；其次，蓝海战略其实就是差异化战略和成本领先战略的综合，并没有在波特的三种竞争战略上有所创新，只不过是换了种说法而已。

2. 长尾理论

长尾理论对传统的"20/80法则"提出了质疑："20/80法则"认为20%的核心产品创

---

① 菲利普·科特勒. 营销管理（第12版）[M]. 上海：上海人民出版社，2006
② W·钱·金，勒妮·莫博涅. 蓝海战略 [M]. 北京：商务印书馆，2006

表 1—2　　　　　　　　　　红海战略与蓝海战略之比较

红海战略	蓝海战略
在已经存在的市场内竞争	拓展非竞争性市场空间
参与竞争	规避竞争
争夺现有需求	创造并攫取新需求
遵循价值与成本互替定律	打破价值与成本互替定律
根据差异化或低成本的战略选择，把企业行为整合为一个体系	同时追求差异化和低成本，把企业行为整合为一个体系

资料来源：W·钱·金，勒妮·莫博涅. 蓝海战略［M］. 北京：商务印书馆，2006：20

造 80％的利润，其余 80％的产品却只创造了 20％的利润，而长尾理论认为位于需求曲线"尾巴部分"的产品也能创造高额的利润。所谓的"长尾"是指需求曲线一直不断地延伸下去所形成的一条长长的尾巴，只要它平缓地延伸（具有长度）并且不会接近零点（具有高度），企业就能一直获利。因此，应该将注意力从位于需求曲线前端的畅销产品转向位于需求曲线尾部的大量的利基产品，利基产品对于特定的市场和特定的消费者具有相对于畅销产品来说同样大的吸引力，当畅销产品和利基产品站在同样经济立足点上时，人气指数将不再代表获利能力。需求曲线的尾巴远比人们想象中的要长，应该有效地开发这条长尾，一旦将所有利基产品集合起来就能创造一个可观的大市场。①

Google 是一个最典型的"长尾"公司，其成长历程就是把广告商和出版商的"长尾"商业化的过程。以占据了 Google 半壁江山的 AdSense 为例，它面向的客户是数以百万计的中小型网站和个人，对于普通的媒体和广告商而言，这个群体的价值微小得简直不值一提，但是 Google 通过为其提供个性化定制的广告服务，将这些数量众多的群体汇集起来，形成了非常可观的经济利润。目前，Google 的市值已超过 800 亿美元，被认为是"最有价值的媒体公司"，远远超过了那些传统的老牌传媒。②

三、职能层战略

职能层战略又称职能部门战略，是为支撑企业公司层战略和业务层战略而在特定的职能管理领域制定的战略。它一般是指企业主要职能部门短期性质的战略，由职能部门的管理人员根据本职能部门的职责制定。企业的职能层战略解决一个职能部门或者履行某一职能的多个部门如何高效地开展工作的问题，包括人力资源战略、市场营销战略、财务战略、研发战略等。

职能层战略具有以下三个特点：一是短期性，即职能层战略是用于制订企业的短期经营计划的，因而时间跨度较短，一般在一年左右。主要是因为职能层战略是执行性的，是对当前具体工作的把握，需要根据经营条件以及社会环境等的不断变化，及时做出调整。二是具体性，公司层战略是笼统的、宏观的，为企业的生存和发展确定了目标、指明了方向，而职

---

① 克里斯·安德森. 长尾理论［M］. 北京：中信出版社，2006
② "长尾理论". (2008-10-05) http://www.ceconline.com/strategy/mt/8800046283/01/.

能层战略则比公司层战略更加具体、明确和专门化。具体的职能部门战略明确了企业各部门应该完成的工作，完善了公司层战略和业务层战略的内容，并且为公司的高层管理者和事业部或子公司的经理们如何实施公司层战略和业务层战略打下了良好、坚实的基础，此外，还能说明各职能部门之间相互依赖的战略关系，有利于促进各职能部门之间的协调与合作，最终促进公司层战略的实现。三是参与的广泛性，职能层战略的制定是由各具体职能部门的管理人员来制定的，需要大量基层管理人员的积极参与。事实上，基层管理人员对于企业微观的具体情况比较了解，吸收基层管理人员的意见，对成功地实施职能层战略非常重要的。

职能层战略的重点是提高企业资源的利用效率并使其得到最大化，企业各职能部门在职能层战略的指导下采取行动，保证企业战略目标的实现。该战略由一系列具体的方案和计划组成，涉及企业经营管理的一切领域，是在不同的职能部门如人力资源部门、财务部门、市场营销部门、研究开发部门中制定的。但是各职能部门的工作任务和工作职责都不一样，所以很难归纳出具有一般性规律的职能层战略。事实上，职能层战略是企业公司层战略和业务层战略的自然延伸，它将公司层战略以及业务层战略落到实处，分解到可执行、可操作层面，以指导各项具体经营活动；它使企业的经营计划更加完善，并能够检验公司层战略与业务层战略制定得是否正确、可行、有实际的操作价值，是连接公司层战略、业务层战略与实际状况之间的一座桥梁。

第三节　企业战略与人力资源战略

人力资源管理者是企业战略合作者和变革推动者，人力资源战略也是支撑组织获得竞争优势的重要因素。人力资源战略属于职能层战略，是企业关于人力资源活动的长远性的决策和方略，具体说，是企业根据企业战略和目标定出企业的人力资源管理目标，进而通过各种人力资源管理职能活动实现人力资源目标和企业目标的过程。本节将从企业战略的三个层面讨论人力资源战略与企业战略的关系。

一、公司层战略与人力资源战略

不同的公司层战略需要不同的人力资源战略，如前所述，公司层战略包括多元化战略、购并与重组战略、国际化战略等，其中每一种战略都需要独特的人力资源战略与之相匹配。[①]

在成长型战略下，公司通过进一步渗透现有市场、开发现有市场、开发新产品或服务或者外部的并购获得发展。与外部成长战略相适应的关键人力资源战略分为两种。第一种是从不同的组织合并不同的人力资源体系。并购的发生可能导致存在两种不同的企业文化、人员配置、薪酬、绩效管理及雇员关系体系，此时要对两者进行整合，为组织搭建新的人力资源战略管理体系。第二种是并购通常会导致雇员的解雇，此时必须制订详细、周密的人员保留计划，做出让谁走、让谁留的决策。与内部成长相适应的人力资源战略包括：制定适当的人力资源规划以保证及时雇用和培训新员工，适应市场需求，培养员工多样化的技能，改善现

---

① 杰弗里·梅洛. 战略人力资源管理. [M]. 吴雯芳译. 北京：中国财政经济出版社，2004：53-54

有员工的晋升和发展机会，以行为和结果为导向，在快速成长时期继续保持高质量和高绩效标准。

例如在国际化战略下，人力资源管理面对更为动荡的、多样化的管理环境，文化多元性和地理扩散的存在，[①] 使国际人力资源管理面对复杂性、经营风险和不确定性大大提高的商务环境。企业必须对当地政府、劳动者和公众舆论更为敏感，并针对当地环境调整管理思想和实践，提供差异化的人力资源管理。在人员配备方面，战略性的国际人力资源管理首先应关注关键管理岗位的人员配备，即中基层经理与作业人员实现本土化，而高管人员则视企业总部的态度不同，从母国、东道国或在全球范围内进行配备。其次，建立子公司高管人员储备也十分重要。跨国公司必须做出"自制或外购"管理人员的决策，为企业长期经营和政策平稳过渡提供人员保障。在培训和开发领域，国际人力资源管理的重心由针对海外派出人员的预备性培训转向建立面向子公司全体管理人员的国际管理开发体系，其目的是提高管理人员的业绩水平。如早在2006年中，国家电网就启动了国际化人才培训工作，组织高级管理人员参加境外培训，开阔视野，学习借鉴国外先进经验，近距离观察和感受跨国公司的管理模式和企业文化，帮助公司高级管理人员熟悉国际惯例，培养全球视野，提高战略决策、经营管理、市场竞争、开拓创新和应对复杂局面的能力。在绩效和薪酬管理领域，由于存在经济体制、发展水平、政治制度情境以及传统、文化方面的差异，国际企业的薪酬管理的具体手段并无一定之规。但总的来说制度设计要求做到易于理解、公平和实现对管理人员的有效激励，管理人员的国籍、文化背景不应影响对其的评估与报酬。在薪酬制度设计中，跨国企业不仅应考虑各国在购买力、劳动力市场竞争状况、财务制度和对派出人员"艰难处境"的额外补偿，更重要的是提高员工对公司总体目标和文化的认同及支持水平，从而降低其协调目标、推行企业价值的管理成本。在绩效评估方面，评估标准不仅应包括专业技能，还应包括管理人员对当地环境和文化的调整能力。跨国企业管理者绩效评估的复杂性还与转移价格、低价竞争等战略实施相关，财务指标不能有效反映经理人员的贡献，而应根据子公司对企业总体的实际贡献评定业绩。

在稳定型战略下，公司目前面临的机会可能非常少，这类组织的关键人力资源问题是组织没有成长，为员工提供的发展机会有限，员工有可能到其他雇主那里寻找机会。因此，与该战略相适应的人力资源战略是确定关键、核心的员工，并制定特殊的人才保留计划以留住核心员工。另外还要注重提高员工现有的技能，更多地采用内部晋升和薪酬的内部一致性来激励和保留员工。

在转向或紧缩战略下，组织的效率一般是比较低或处于下降阶段，不能对市场环境变化迅速做出反应，外部环境的威胁多于其提供的机会，因此，组织需要压缩或精简其业务以增强核心能力。这种情况下消减成本是必须解决的问题，因此，与该战略相适应的人力资源战略是对工作进行重组、减少雇员数量、降低工资水平、雇用兼职员工、业务外包以及允许弹性工作制等。如通用汽车公司在采取收缩战略时对应的人力资源战略是解雇、降薪、提高生

---

① Adier, N. J.. Cross-cultural management: issues to be faced [J]. International Studies of Management and Organization, 13 (1-2), 1983: 7-45

产率、工作再设计、重新谈判劳动协议等。但是在这种情况下一定要让员工对企业的战略目标产生高度的认同感,认为成本压缩对他们有意义,对能够节省成本的行为进行激励,使他们感到自己的节省对企业生存的重要性。

二、业务层战略(竞争战略)与人力资源战略

美国著名的战略学家、哈佛大学教授迈克尔·波特教授提出,企业赢得竞争优势的三种基本战略是成本领先战略、差异化战略和集中化战略。人力资源战略只有与竞争战略的要求保持一致,才能保证企业竞争优势的实现。

成本领先战略的主要竞争优势是成本低于竞争对手,追求最小的投入获得最大的产出。因此,实行成本领先型战略的企业在人员招聘上多采用因岗定编,以岗位为核心,具有明确的工作说明书和详尽的工作规则,主要以内部招聘保障组织发展,外部招聘多为基层职位。在薪酬管理上多奉行保持低人工成本的理念,一般强调以工作为基础的薪酬设计。在绩效评估方面则会关注员工的绩效表现,及时跟踪,用绩效评估作为控制机制,鼓励节约与降低成本。在培训方面强调与工作相关的训练,培训种类单一。

而差异化战略是指企业能通过提供与其竞争对手有差异的产品或服务,来满足消费者的特殊需求。其人力资源管理的理念与成本领先战略不同,比如在人员招聘方面,其理念是不惜手段引进专家,决定了其招募行为是以高投入挖墙脚引进各领域的精英,以外部招募来满足组织发展的需要。在薪酬方面则是强调以个人为基础的薪酬,激励个人实现优秀业绩。在绩效评估方面则将其作为激励员工发展的工具,鼓励创新和弹性。在培训方面则注重以团队为基础的训练,培训种类多样化。

集中化战略是指在一个小市场上为顾客提供价格更低的产品或服务,或者提供某种特殊的产品和服务,在小市场范围内向"高、精、尖"方向发展,具有高度的专业化。因此,与集中化战略相匹配的人力资源战略是吸引、保持、开发和激励专业化人才,促进企业的发展。

三、职能层战略与人力资源战略

人力资源战略不仅要与特定的组织竞争战略相适应,而且还要与企业其他的业务——职能战略相匹配。这些人力资源决策的核心价值在于确定了特定战略下人力资源战略与各业务——职能领域之间的兼容关系。如果公司的生产线有限且非常稳定,且能预知市场规模,此时公司研究开发战略就应该是专注于产品的改进,以低成本高产出获得竞争优势,与其对应的人力资源战略就应该是支持企业的发展,在员工招聘方面以内部招聘为主,在培训方面关注员工技能的改进,在薪酬方面注重内部公平等。各职能战略必须被整合为一体,如公司在选择收缩型生产经营战略的同时采取高增长的人力资源战略,就会产生不协调。以成本领先战略下,人力资源战略与其他职能战略的配合为例说明(见图1—5)。

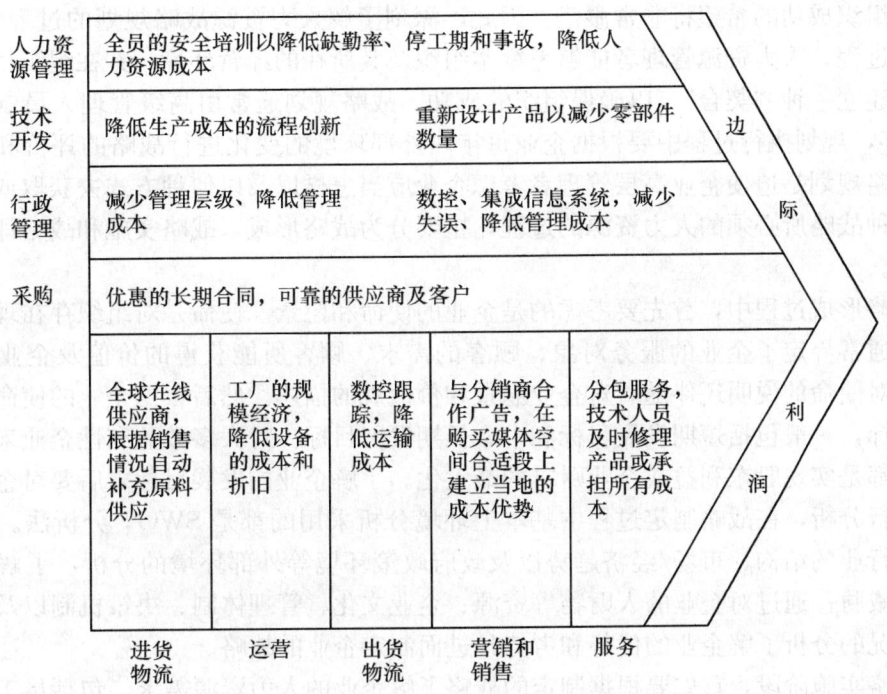

图1—5 成本领先战略下各职能战略的配合

资料来源：Adapted with permission of *Harvard Business School on Managing the Value Chain*（Cambridge：HBS Press，2000）。转引自约翰·皮尔斯二世，小理查德·B·鲁宾逊．战略管理—制定、实施和控制（第8版）[M]．王丹，高玉环，史剑新译．北京：中国人民大学出版社，2004：200

第四节 人力资源战略规划

人力资源战略规划有广义和狭义之分。广义的人力资源战略规划是指根据组织的发展战略、目标及组织内外部环境的变化，预测未来的组织任务和环境对组织的要求，以及为完成这些任务、满足这些要求而提供人力资源的过程。换言之，广义的人力资源战略规划强调人力资源对组织战略的支撑作用，从战略层面考虑人力资源战略规划的内容和作用。既包括了人力资源数量、质量和结构的系统规划与安排，也包括实现人力资源战略目标的策略与相应职能的系统安排，是企业战略的重要组成部分。而狭义的人力资源战略规划是指对可能的人员需求、供给情况做出预测，并借此储备或减少相应的人力资源。[①]

一、人力资源战略规划的过程

人力资源战略支持企业高绩效的关键在于，所有有关人员管理方式的创新都必须与组织的整体战略一致并支持组织整体战略。如果人力资源管理系统与企业的愿景和使命不相匹

---

① 彭剑锋．人力资源管理概论[M]．上海：复旦大学出版社，2005：168

配,那么组织成功的希望将非常渺茫。因此,深刻了解人力资源战略规划的过程十分重要,通过这一过程,人力资源管理者能够考察本组织及其所在的经营环境,并在组织目标和最佳实践之间建立一种"契合",以确保组织的成功。战略规划通常由高级管理人员制定,时间为3~5年,规划执行过程中要根据企业每年内外部环境的变化进行战略的评价和修改。人力资源战略规划是迫使企业高层管理者考虑企业应当怎样以及以何种方式去获取或开发成功的实现某种战略所必须的人力资源的过程,主要分为战略形成、战略实施和战略评价与反馈三个阶段。

在战略形成过程中,首先要考虑的是企业的使命和愿景。使命是对组织存在理由的一种描述,它通常界定了企业的服务对象、顾客的需求、顾客所能获得的价值及企业的关键技术,通常对使命的说明还伴随着对企业愿景和价值观的描述。然后根据企业的使命和愿景确定发展目标,一般包括短期发展目标和中、长期发展目标。对大多数盈利性企业来说企业的发展目标都是实现股东利益或企业财富的最大化。了解企业的发展目标之后要对企业的内外部环境进行分析,在战略制定过程中基本上环境分析采用的都是SWOT分析法。通过对竞争状况、行业的结构、市场/经济趋势以及政府政策环境等外部环境的分析,了解企业面临的机遇和威胁;通过对企业的人财物等资源、企业文化、管理体制、决策机制以及以往业绩等内部情况的分析了解企业的优势和劣势,进而制定企业的战略。

在战略实施阶段,首先要根据制定的战略了解企业的人力资源需求,包括员工需具备的核心技能、关键绩效行为和员工的文化素质等。然后根据需求确定最佳的人力资源管理实践,这些人力资源实践包括工作分析和工作设计、招聘和选拔、培训和开发计划、绩效管理系统、报酬系统和员工关系等。要保证战略能够很好地施行,就必须对工作任务进行设计,以一种富有成效的方式把这些任务进行归类以形成各种不同的工作;人力资源职能必须保证企业能够得到适合的人力资源(具备在战略执行过程中所需的知识、技能和能力);此外人力资源职能还必须组织绩效管理和报酬体系,从而引导员工去支持战略并为战略的实施努力工作。这些人力资源实践能引导员工的行为,促进组织绩效的完成和提高。

除了战略的制定和实施以外最重要的还有战略的评价和持续的反馈、改进,企业面临的环境异常复杂,而且随时随刻都有可能发生变化,因此,经常性的监控战略本身及战略的实施过程对企业来说也极为重要。随时找出企业可能存在的问题以及内外部环境的变化,然后对现有的结构或战略进行调整,或者是重新设计新的结构或战略。

二、人力资源规划

通过人力资源规划的过程,一个公司能产生一个未来的人力资源需要的清单和相应的满足该需要的计划。人力资源规划在预见企业内外部环境的基础上,设计和建立合适的人力资源计划来保证组织战略目标的实现。这是人力资源战略框架中的一部分,与人力资源战略的其他职能密切相关。企业战略与人力资源战略规划如图1—6所示。

(一)人力资源规划的内容

人力资源规划是依据人力资源战略对组织所需的人力资源进行调整、配置和补充的过程,是运作人力资源管理系统的前提。彭剑锋(2005)指出人力资源规划主要包括三方面内容:人力资源数量规划、人力资源素质规划和人力资源结构规划。其中人力资源数量规划是

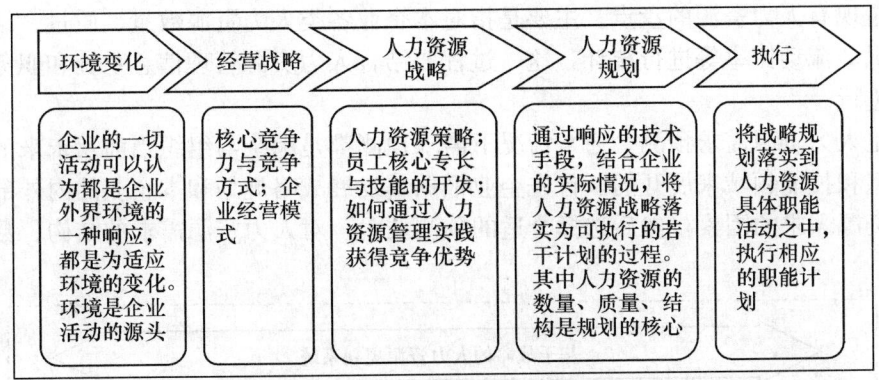

图 1—6　企业战略与人力资源战略规划
资料来源：彭剑锋. 人力资源管理概论 [M]. 上海：复旦大学出版社，2005：170

指依据未来企业的业务模式、业务流程、组织结构等因素，确定企业未来发展各个阶段对人力资源数量的需求和供给，了解供需差距，并采取相关措施解决供需缺口问题。人力资源结构规划是指依据行业特点、企业规模、未来重点发展业务和业务模式，对企业的人力资源进行分层分类，确定职位种类和职位权责界限，理顺其在企业发展中的地位、作用和相互关系，打破组织壁垒对人力资源管理造成的障碍。人力资源素质规划是指依据企业战略、业务模式、业务流程和组织对员工行为的要求，确定各类人员的任职资格要求，包括组织模型、行为能力及行为标准等，是企业开展选人、用人、育人和留人等活动的基础和前提。

文跃然（2007）在《人力资源战略与规划》一书中将人力资源规划分为传统的人力资源规划和战略人力资源规划。传统人力资源规划包括人员补充计划、人员配置计划、接替晋升计划、教育培训计划、薪酬激励计划和解聘退休计划等。战略人力资源规划包涵两方面内容：一是分析和确认企业在人力资源数量、人力资源能力、人力资源管理效率及人力资源管理制度等各方面所存在的缺口；另一个是找出填补缺口的方法。具体来说，战略人力资源规划可以分为人力资源数量规划、人力资源能力规划、人力资源管理效率规划和人力资源管理制度规划。其中人力资源能力规划是对企业所需的核心能力进行规划，找出核心能力，对当前的核心能力进行评估，进而制订提升计划。人力资源管理效率规划是指将企业与同行业其他企业的人力资源管理效率进行比较，找出不足之处，并采取相应措施解决这些问题的过程。人力资源管理制度规划是指对企业的人力资源管理制度和体系进行评估，找出制度不完善之处进行弥补。

（二）基于战略的人力资源规划的操作程序

基于战略的人力资源规划的基本操作程序主要包括八个步骤：

第一是确定现阶段的企业战略和经营目标。明确该战略对人力资源规划的要求，以及人力资源规划能给战略提供的支持。

第二是人力资源的内外部环境分析。通过对内外部环境的分析和评价来获取未来可能对人力资源管理产生影响的信息。内部环境包括企业的各个部门和操作流程，以及企业结构、文化、员工储备等内容；外部环境主要指宏观环境和竞争者、供应商等几方面。

第三是现有人力资源的盘点。主要是指对本企业各类人力资源数量、质量、结构、利用及潜力状况、流动比率等进行统计，这一过程要结合人力资源管理信息系统和职务分析的有关信息来进行。

第四是人力资源需求预测。通常情况下需求预测都是围绕与组织当前及未来的某种具体的工作类型和技能领域来展开的。首先企业根据其发展战略规划和本企业的内外部条件分析影响人力资源需求的因素，然后选择合适的预测技术，对人力资源需求的结构、数量和质量进行预测。

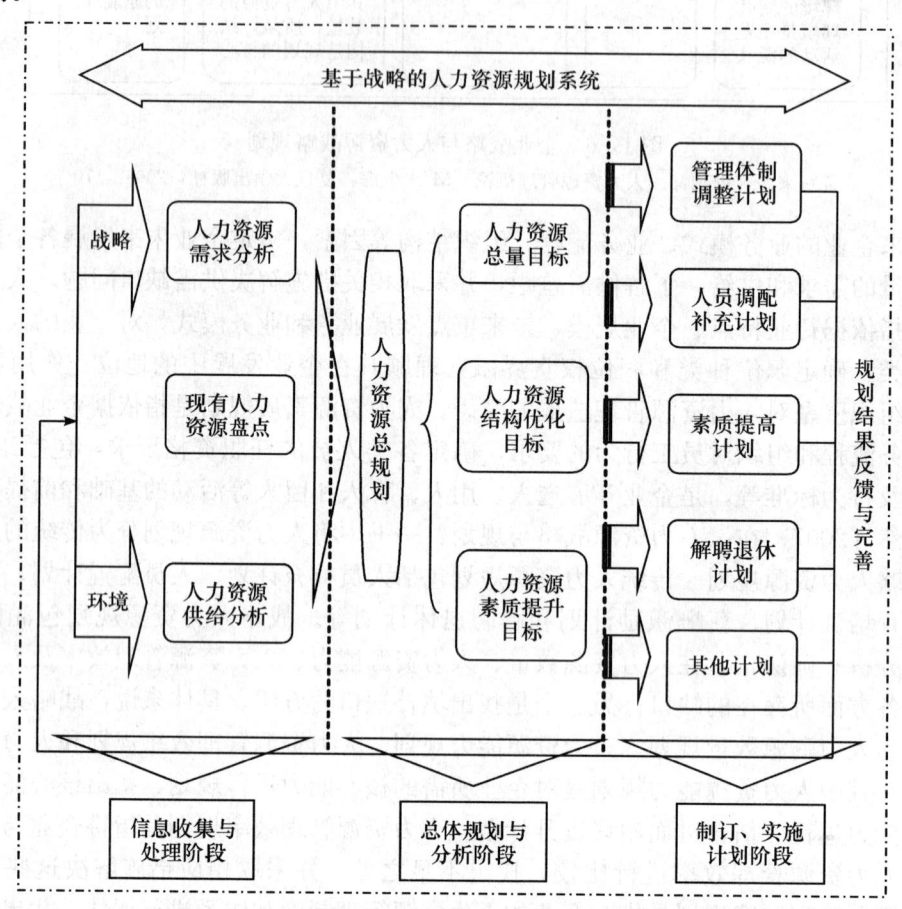

图1—7 人力资源战略规划流程图

资料来源：彭剑锋. 人力资源管理概论［M］. 上海：复旦大学出版社，2005：181

第五是人力资源供给预测。当预测出企业的劳动力需求以后，还需要得到企业所能够得到的劳动力供给的指标。供给预测包括两方面：内部劳动力供给预测和外部劳动力供给预测。内部劳动力供给预测要对企业内部现有人员的状况、员工的流失率、员工的服务年限、员工留存率以及组织内部员工的流动等方面进行分析。其中员工的流失率＝一定时期内（通常为一年）离开组织的员工人数/同一时期平均的员工人数，员工留存率＝一定时期仍然留在公司的员工人数/初期员工人数，稳定性指数＝服务了一年或多年的员工人数/一年前雇用的员工总数。外部劳动力供给预测要综合考虑很多影响因素，比如公司所在地的人口密度、当地的教育水平、当地对人才的吸引力、全国劳动力增长状况、各类学校毕业生的规模等。

第六是人力资源供需缺口分析。把需求的预测数和供给的预测数进行对比分析，发现差距，了解某一时期某类人员的短缺或过剩情况，是制定人力资源相关措施和政策的依据。

第七是制定人力资源规划。一般而言解决人员短缺的措施主要有外部招聘、内部晋升、工作扩大化、员工培训计划、加班加点、雇用临时员工或外包等途径；解决人员过剩的措施主要有裁员、减少工作时间、提前退休、减少人员补充或进行再培训等。

第八是执行人力资源规划和实施监控，对计划的实施效果进行评价。由于人力资源规划是基于对未来状况的一种预测，在规划的制定和实施过程中可能发生与实际情况不符的现象。因此，必须建立一套科学的评价和控制体系，对实施过程进行监控，并依据环境的变化随时进行调整、控制和更新，保证人力资源规划与企业战略持续的滚动、一致发展。

参考文献

1. 杰弗里·梅洛. 战略人力资源管理［M］. 吴雯芳译. 北京：中国财政经济出版社，2004
2. 迈克尔·波特.《竞争战略》（中文版）［M］. 北京：华夏出版社，1997
3. 迈克尔A. 希特，R. 杜安·爱尔兰，罗伯特E. 霍斯基森. 战略管理——竞争与全球化（概念）（第6版）［M］. 北京：机械工业出版社，2005
4. 迈克尔·阿姆斯特朗. 战略化人力资源基础（中文版）［M］. 北京：华夏出版社，2004
5. 罗伯特·M·格兰特. 现代战略分析——概念、技术、应用（第4版）［M］. 北京：中国人民大学出版社，2005
6. 约翰·皮尔斯二世，小理查德·B·鲁宾逊. 战略管理—制定、实施和控制（第8版）［M］. 王丹，高玉环，史剑新译. 北京：中国人民大学出版社，2004：200
7. G·约翰逊/K·斯科尔斯. 公司战略教程（中文版）［M］. 北京：华夏出版社，1998
8. 菲利普·科特勒. 营销管理（第12版）［M］. 上海：上海人民出版社，2006
9. W·钱·金，勒妮·莫博涅. 蓝海战略［M］. 北京：商务印书馆，2006
10. 克里斯·安德森. 长尾理论［M］. 北京：中信出版社，2006
11. 彭剑锋. 人力资源管理概论［M］. 上海：复旦大学出版社，2005
12. 文跃然. 人力资源战略与规划［M］. 上海：复旦大学出版社，2007
13. 寒武. 人力资源战略与规划［M］. 北京：中国发展出版社，2007
14. 陈荣平. 战略管理的鼻祖——伊戈尔·安索夫［M］. 河北：河北大学出版社，2005
15. 刘夏清. 战略管理技术与方法［M］. 湖南：湖南人民出版社，2003
16. 甘华鸣. 经营战略［M］. 北京：中国国际广播出版社，2000
17. 李晓春. 埃克森美孚的战略管理［M］. 中国石化，2006
18. Adam Brandenburger and Barry Nalebuff. "Co-option", New York：Doubleday,

1996.

19. D. G. Sirmon, M. A. Hitt & R. D. Ireland. Dynamiclly managing firm resources for competitive advantage: Creating value for stakeholders [M]. Paper presented at Academy of Management, Seattle, 2003.

20. G. McNamara, R. A. Luce & G. H. Tompson. Examing the effect of complexity in strategy group knowledge structures on firm performance [M]. Strategy Management Journal, No. 23, 2002: 153-170.

21. Lawler, E.. Creating high performance organizations [M]. Asia Pacific Journal of Human Resources, 43 (1), 2005: 10-17.

22. I. C. MacMillan. A. B. Van Putten. & R. G. McGrath. Global gamesmanship [M]. Harvard Business Review, Vol. 81, No. 5, 2003: 62-71.

23. J. Pla-Barber. From Stopford and Wells's model to Bartlett and Ghoshal's typology: New empirical evidence [M]. Management International Review, Vol, 42, No. 2, 2002: 141-156.

24. Mark A. Huselid, Brian E. Becker. The Impact of High Performance Work Systems, Emplementation Effectiveness, and Alignment with Strategy on Shareholder Wealth [M]. The Academy of Management Proceedings, 1997: 144-148.

25. M. Blyler & R. W. Coff. Dynamic capabilities, social capital, and rent appropriation: Ties that split pies [M]. Strategic Management Journal, No. 24, 2003: 677-686.

26. M. E. Porter. Competitive Advantage [M]. New York: The Free Press, 1985.

27. Michael E. Porter. Competitive Strategy: Techniques for Analyzing Industries and Competitors [M]. New York: Free Press, 1980.

28. M. S. Feldman. Organizational routines as source of continuous change [M]. Organization Science, No. 11, 2000: 611-629.

29. Prahlad, C. K and Gary Hamel, G.. The Core Competence of the Corporation [M]. Harvard Business Review, 1990.

30. R. Hall. The strategic analysis of intangible resources [M]. Strategy Management Journal, No. 13, 1992: 136-139.

31. Scott A. Snell. Competing through knowledge: The Human Capital Architecture [M]. Cornell University, 2006.

32. S. Tallman & K. Fladmoe-Lindquist. Internationalization, globalization, and capability-based strategy [M]. California Management Review, Vol. 45, No. 1, 2002: 116-135.

第 2 章
组织设计与管理

组织结构是人力资源管理的运行平台和制度基础,因此,人力资源管理需要解决的基本问题是不断优化组织结构以应对组织成长和持续提高组织绩效。本章第一节简单回顾组织设计基本理论和原则;第二节具体考察不同组织结构的优缺点和选择、管理策略;第三节介绍当今时代背景下三种新型的组织结构,如团队结构、虚拟组织和无边界组织等;第四节探讨了评价组织结构有效性的标准,并对企业组织变革做出展望。

第一节 组织设计理论与原则

一、组织设计概论

组织是指这样一个社会实体,它具有明确的目标导向和精心设计的结构与有意识协调的活动系统,同时又与外部环境保持密切的联系。[1] 企业如何行使有效的组织管理,使得通过组织设计并建立起来的组织结构更加有力地支撑企业的发展,是管理者的重要责任。

组织理论是对组织运行及有效性的思维方式,随着整个社会在历史进程中的变化而相应地发展演变。从 9 世纪末到 20 世纪初,随着工业化革命进程,企业取得迅速发展。组织设计理论也经历了古典组织理论、新古典组织理论、行为组织理论、现代组织理论四个发展阶段。从不同角度对组织设计和管理的问题进行了探讨。值得注意的是,组织结构本身无优劣之分,只要与环境变化相适应的结构就是有效率的,不存在普遍适用的组织管理理论与方法。

综合各学派观点,组织和组织管理研究均是沿着社会环境中组织之间的关系和组织内部的结构与协调两条主线,探讨组织结构、组织行为和组织绩效三者关系[2],随着组织结构研究的深入,组织设计的基本原则逐渐清晰。

1. 服从于组织战略与目标原则

---

[1] 理查德. L. 达夫特. 组织理论与设计(第七版)[M]. 北京:清华大学出版社,2005:15
[2] 许玉林. 组织设计与管理 [M]. 上海:复旦大学出版社,2003

美国管理史学家小阿尔弗雷德·钱德勒研究了组织战略与结构之间的关系，得出结论说，公司战略的变化先行于组织结构并且导致了组织结构的变化。① 即要选择一种能够使其选定战略得以实施的组织结构形式。② 例如，依托成本领先战略，国华电力构建组织架构的核心思想即是实现成本管控和价值链优化，通过开展"双增双节"等活动将成本领先的理念、措施融入公司的管控体系中，固化到管控体系的各个环节，贯彻到精细管理的各个方面；同时秉持为国家、股东、员工创造最大价值的共同目标，从而提升公司的竞争力、价值创造力和可持续发展力。

2. 分工与责任权利对等原则

即组织结构越能反映目标所必须的各项任务，以及委派的职务越能适合于担任这一职务的人的能力，组织结构越有效。同时组织的分工主要是分配责任和权力，权责必须一致。

3. 统一指挥原则

企业的各级机构以及个人必须服从一个上级的命令和指挥，保证命令和指挥的统一，避免多头领导和多头指挥。

4. 集权分权相结合原则

将该集中的权力集中起来，该下放的权力分给下级，加强了电力公司组织结构的灵活性和适应性，避免官僚主义和管理失控。

5. 精干高效原则

精简有利于建立良好的沟通，减少内耗，降低管理成本，从而提高组织效率。因此，在电力公司的组织管理中，确定适当的管理幅度，明确在能够有效管理的情况下扩大管理幅度，以实现减少管理层次、精简部门、精简人员的目的。③ 通常，企业中所倡导的"以正确的方式做事，更倡导做正确的事"就是效率与效能的集中体现。

6. 组织平衡的原则

同一级机构、人员之间在工作量、职责、职务等方面应大致平衡，不宜偏多或偏少。苦乐不均、忙闲不均都会影响工作效率和人员的积极性。

一个组织的存在，必须坚持这些原则，组织的管理也要从这些原则入手，这样才能抓住组织管理的根本。

二、组织设计的影响因素

组织结构界定了对工作任务进行正式分解、组织和协调的方式。管理者设计组织结构时，考虑的六个关键因素是工作专门化、部门化、命令链、控制跨度、集权与分权和正规化④（见表2—1）。

---

① Alfred D. Chandler, Jr.. Strategy and Structure：Chapters in the History of the American Industrial Enterprise [M]. Cambridge, Massachusetts：MIT Press, 1962.

② Thomas H. Hammond. Structure, Strategy, and the Agenda of the Firm. In Richard P. Rumelt, Dan E. Schendel, and David J. Teece, eds., Fundamental Issues in Strategy [M]. Boston, Massachusetts：Harvard Business School Press, 1994：97-154.

③ 张曲波. 从组织设计的原则浅谈组织管理 [J]. 商场现代化, 2007 (10)：104-105

④ 理查德. L. 达夫特. 组织理论与设计（第七版）[M]. 北京：清华大学出版社, 2005

表 2—1　　　　　管理者在设计恰当的组织架构时面对的六个关键问题

	关键问题	由谁回答
1	把任务分解成相互独立的工作单元时，应细化到什么程度？	工作专门化
2	对工作单元进行合并组合的基础是什么？	部门化
3	员工个人和群体向谁汇报工作？	命令链
4	一名管理者可以有效指导多少员工？	控制跨度
5	决策权应该放在哪一级？	集权与分权
6	规章制度在多大程度上可以指导员工和管理者的行为？	正规化

资料来源：斯蒂芬.P.罗宾斯. 组织行为学（第十版）[M]. 北京：中国人民大学出版社，2005：467

1. 工作专门化（work specialization）

对于一个人无法完成整个工作，需要把工作分解成若干步骤，每一个个体完成其中一个步骤。其核心就是：每个人专门从事工作活动的一部分，而不是全部活动。

通过采用工作专门化，管理层还可以实现其他方面的效率目标。工作的不断重复可以提高员工完成任务的技能水平，这减少了变动工作任务所需的时间。同样，从组织角度来看，工作专门化方面的培训会更有效。最后，通过鼓励特殊发明和设备改进，工作专门化可以提高工作效果和效率。但是到了 20 世纪 60 年代，某些工作领域出现了由于工作专门化而造成的"不经济"因素——如员工厌烦、疲劳感、压力感等。当今，大多数管理者并不认为工作专门化已经过时，但是认识到工作专门化在某些类型的工作中有效以及使用过度可能带来不好后果，因此，根据需要可通过丰富员工的工作内容以降低工作专门化带来的弊端。

2. 部门化（departmentalization）

通过工作专门化将工作分解成几个部分后，需要对它们进行组合以使相同的任务可以进行协调。对工作单元进行合并的基础称为部门化。企业在进行部门化时，通常综合运用下述方法。

合并组合的最常用办法是根据职能来进行。职能型部门通过把专业技术、研究方向接近的人分配到同一个部门中，来实现规模经济。比如电力企业的组织结构经常分为发电运行部、安全健康环保部（以下简称安健环部）、设备维护部等。

也可以根据组织生产的产品类型进行工作任务的部门化。这种分组方式提高了产品绩效的责任制，因为公司中与这一具体产品有关的所有活动都由同一个人指挥。

还有一种部门划分方法是根据地域进行划分。如果一个公司的客户在地域上分布较广，而且每个区域中的员工都有类似的需求，那么这种部门划分办法就有其独特价值。

最后一种部门化办法是根据顾客的类型进行划分，为他们配置相关方面的专家能够最大程度地满足顾客需要。

3. 命令链（chain of command）

命令链是一种从组织最高层贯穿到最基层的不间断的职权线路，它明确指出谁要向谁报告工作。30 年前，职权和统一指挥的概念被着力强调，但随着信息技术的发展和给下属授权浪潮的冲击，这些概念的重要性大大降低。尤其，随着自我管理团队、交叉功能团队和新型组织结构设计思想的盛行,统一指挥这一概念被大大削弱,只在一些通过强化命令链可以使组织生产率最大化的组织中才适用。

4. 控制幅度（span of control）

控制幅度决定了一个组织要设置的层级和配备的管理者的人数。控制幅度窄,管理者可以对员工实行密切监控,但也会增加管理成本,使组织垂直沟通更加复杂,妨碍下属的自主性。近年来加宽控制幅度的趋势显著,特别是一些所谓的扁平式组织,但各公司为避免由此带来的绩效降低,也开始了加强员工培训的投资。

5. 集权与分权（centralization and decentralization）

在有些组织中,组织中决策权集中于一点,高层管理者做出所有的决策,基层管理者只负责执行高层管理者的指示,即为高度集权式组织,而有的组织把决策权下放给离活动最近的基层管理者,即为高度分权式组织。近年来,分权式决策的趋势比较突出,这与组织致力于灵活和敏捷的管理思想相一致。

6. 正规化（formalization）

正规化指的是在组织内部,工作实行标准化的程度。一种工作的正规化程度越高,意味着从事该工作的人对于工作内容、工作时间、工作手段的自主权越低。相反,正规化程度较低,工作行为相对来说就不那么程序化,员工对自己工作的处理权限也比较宽。因此,工作的标准化降低了员工选择工作行为的可能性,也使员工无需考虑其他行为方案。

以上六大因素即是企业在设计组织结构时考虑的影响变量,也提供了描述组织内部特征的标尺,为衡量和比较组织奠定了客观基础。同时,设计组织结构时还需考虑影响和决定组织结构变量的情境背景,如组织规模、技术、环境和目标等。[①]

三、组织设计的程序与结果

组织设计是一个动态的工作过程,包含了众多的工作内容。企业需根据组织设计的内在规律性和影响组织设计的结构性因素科学地进行设计,才能取得良好效果。组织设计程序可归纳为表2—2。

在企业组织设计的过程中,人员配备和培养是组织结构能否顺利运行的关键,是组织实现专业化管理的有力支持。建立符合企业发展实际的人才培养和开发机制,以竞争择优为人才选拔任用的机制,以绩效为人才考评的标准,以价值

创造为人才激励约束的导向,才能为实施专业化管理提供强有力的人才资源保障。

组织设计的结果是形成组织结构。组织结构的模式可用以下三种方式来表示:

1. 组织图

组织图也称组织树,用图形表示组织的整体结构、职权关系及主要职能。组织图一般描述下列五种组织结构及管理关系方面的信息:权力结构、沟通关系、管理范围及分工情况、角色结构和组织资源流向等。

2. 职位说明书

---

① 理查德.L.达夫特.组织理论与设计（第七版）[M].北京:清华大学出版社,2005:20

表 2—2　　　　　　　　　　　　　　组织设计的程序

设计程序	设计工作内容
1. 设计原则的确定	根据企业的目标和特点，确定组织设计的方针、原则和主要维度
2. 职能分析和设计	确定经营、管理职能及其结构，层层分解到各项管理业务的工作中，进行管理业务的总体设计
3. 结构框架的设计	设计各个管理层次、部门、岗位及其责任、权力，具体表现为确定企业的组织系统图
4. 联系方式的设计	进行控制、信息交流、综合、协调等方式和制度的设计
5. 管理规范的设计	主要设计管理工作程序、管理工作标准和管理工作方法，作为管理人员的行为规范
6. 人员配备和训练	根据结构设计，定质、定量地配备各级各类管理人员
7. 运行制度的设计	设计管理部门和人员绩效考核制度，设计精神鼓励和工资奖励制度，设计管理人员培训制度
8. 反馈和修正	将运行过程中的信息反馈回去，定期或不定期地对上述各项设计进行必要的修正

资料来源：许玉林. 组织设计与管理［M］. 上海：复旦大学出版社，2003

职位说明书是说明组织内部的某一特定职位的责任、义务、权力及其工作关系的书面文件。包括职位名称、职位概述、工作目标、工作职责、工作规范等。

3. 组织手册

组织手册是职位说明书与组织图的综合，用以说明组织内部各部门的职权、职责及每一个职位的主要职能、职责、职权及相互关系。

总之，在组织设计的程序上，必须根据企业战略树立组织目标，将建立新的组织文化以及组织绩效的考评指标和制度等方面的问题也纳入组织设计的范畴，从而增强组织设计的可操作性和实施性。在设计模式中，还必须充分关注组织中职能和流程的运作，并伴随着企业职能和流程的调整，对企业组织进行再设计。

第二节　组织结构的选择与管理

诺贝尔经济学奖获得者赫伯特·西蒙（H. A. Simon）曾经说过"有效地开发社会资源的第一个条件是有效的组织结构"。组织结构是组织内各种要素及其相互关系合理安排的结果。组织不同，组织结构也千差万别。

一、常见的组织结构类型

1. 简单结构

在刚成立企业或小企业中，简单组织结构被广泛应用。有人说，简单结构型组织的最大特点，与其说它是什么，不如说它不是什么。它的结构不复杂[①]，部门化程度低，控制跨度宽，权力集中在一个人手里，正规化程度低。

---

① H. Mintzberg. Structure in Fives：Designing Effective Organizations［M］. Upper Saddle River，NJ：Prentice Hall，1983：157

简单结构的优势在于反应敏捷，灵活可变，维持费用低廉，而且职责明确。弱点在于除了小型组织以外，其他类型组织很难维持，难以适应组织的扩展需要。尤其当一个组织雇员超过100人时，企业主很难包揽所有决策，这时需要组织结构对应改变，否则会丧失很多发展机会。[①]

2. 职能制

简称U型结构（unity form），特点是由工作专门化而得到十分规范的操作任务，非常正规的规章制度，也是发电企业普遍采用的设计模式，组织的第二级机构按不同职能实行专业化分工，如经营、财务、人力资源管理、生产等。国华发电的组织设计正是体现了这种模式，即在总经理的领导下设置相应的职能部门，实行总经理统一指挥与职能部门参谋、指导相结合的组织结构形式。目前，国华13家运营电厂均采用十部制，7家在建单位均采用六部制的组织设计模式。采用"十部制"设置，分为生产管理系统与经营管理系统，生产管理系统由安全生产监督机构、安全生产保障、执行机构组成行驶发电运行、检修维护、安全管理、技术管理职能构成，而经营管理系统由行政、经营、人事、财务、企业文化组成。基建项目公司采用"六部制"设置，强调基建为生产、生产为经营，实现基建生产的无缝连接。职能制组织结构图如图2—1所示。

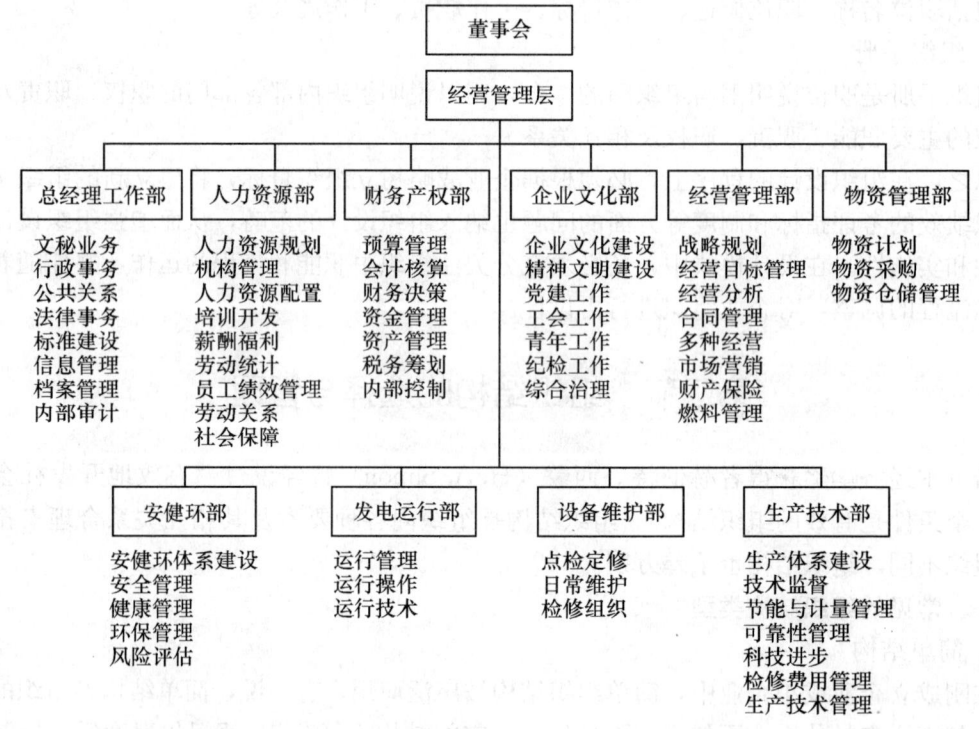

图2—1 职能制组织结构图

---

① 斯蒂芬.P.罗宾斯.组织行为学（第十版）[M].北京：中国人民大学出版社，2005：475

职能制的优点十分突出。如果企业的生产经营是围绕着一两类产品进行的，直线职能制的组织结构可以使管理决策者的决策快捷有效地到达企业基层，并且由于生产变化较小，企业的职能部门可以根据企业实际做好提前的计划，减少了生产停顿的可能性。如果经营的环境存在类似性，直线职能制可以为企业经营者提供最快捷的决策依据，减少决策成本。如果企业经营者具有权威和正确的决策能力，直线职能制能够使企业经营者的正确经营思路得到最大限度地推广。

传统的职能制由于横向协调较少，存在诸多缺陷：首先，企业职能部门各自为战，从而使职能部门管理成为企业管理的核心，容易产生本位主义和分散主义。其次，职能型组织结构纵向刚性过强，不能适应外部环境的变化。[①] 再次，忽视经营方式的多样化。最后，缺乏战略眼光。

今天很少有成功的公司仍保持这种严格的职能型结构。许多组织通过建立横向联系手段来弥补纵向职能层级联系的不足。管理者改善组织的横向协调，可以采用的方式包括信息系统、部门间的直接接触、专职整合人员、项目经理以及任务小组和团队，从而使得职能制更适应灵活的市场环境。[②]

3. 事业部制

事业部制是在大型企业中，实行分权式的多分支单位（multidivisional structure）的组织结构形式，简称M型结构，即在总经理的领导下按地区、市场或商品设立事业部，各事业部有相对独立的责任和权利。图2—2为海尔的事业部组织结构示意图。

任何一个组织结构都有优缺点，事业部制也不例外。事业部制的优点是：总公司领导可以摆脱日常事务，集中精力考虑全局问题。事业部实行独立核算，更能发挥经营管理的积极性，更便于专业化生产和实现企业的内部协作。各事业部的比较和竞争有利于企业的发展。事业部内部的供、产、销容易协调。事业部经理要从事业部整体来考虑问题，有利于培养和训练管理人才。

事业部制的缺点是：首先，公司与事业部的职能机构重叠，构成管理人员和其他资源的浪费。其次，各事业部独立核算，就会只考虑自身利益，过多考虑经济关系，影响事业部之间的协作。除此之外，还存在各事业部之间的竞争，会导致人员流动和先进管理方法及生产技术交流困难。[③]

4. 子公司制

简称H型结构（Holding Company Form）。这是一种比事业部制更为分权的组织结构。其特点在于母公司和子公司之间不是行政上的隶属关系，而是资产上的联结关系。当子公司的股权全部归一家公司所有时，成为"独资子公司"或者"全资子公司"，如子公司归两家以上公司所有时称为"联合子公司"。母公司对子公司的控制主要是凭借股权，在股东会和

---

① 熊菊兰. 建立适合我国小型工业企业的现代直线职能制［J］. 中国青年政治学院学报，2001（1）
② 理查德. L. 达夫特. 组织理论与设计（第七版）［M］. 北京：清华大学出版社，2005：115
③ Williamson, O. E. Markets and Hierarchies：Analysis and Antitrust Implications［M］. New York：Free Press，1975.

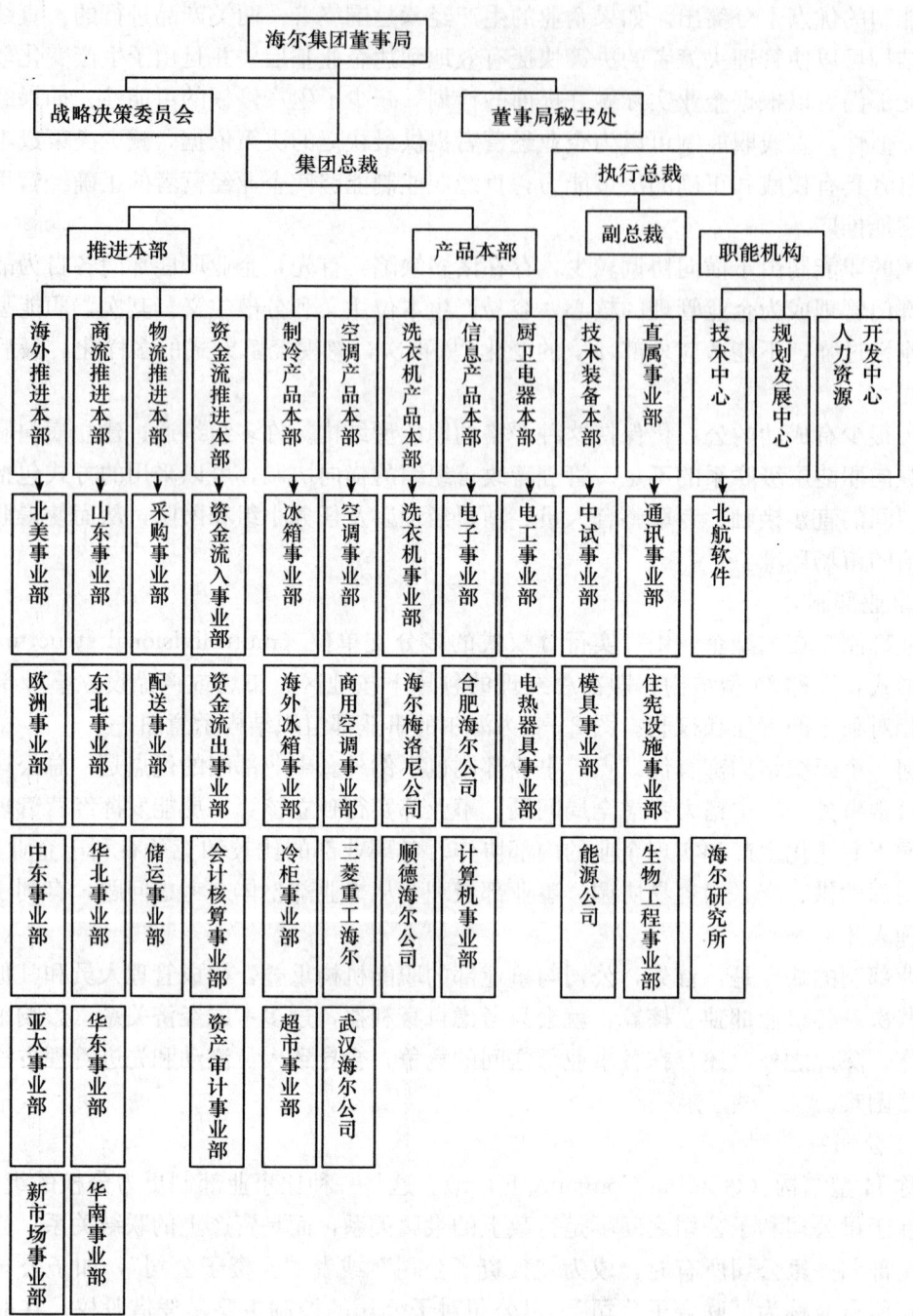

图2—2 海尔事业部制组织结构示意图

董事会的决策中发挥作用,并通过任免董事长和总经理贯彻母公司的战略意图。图2—3为中石油子公司制组织结构示意图。

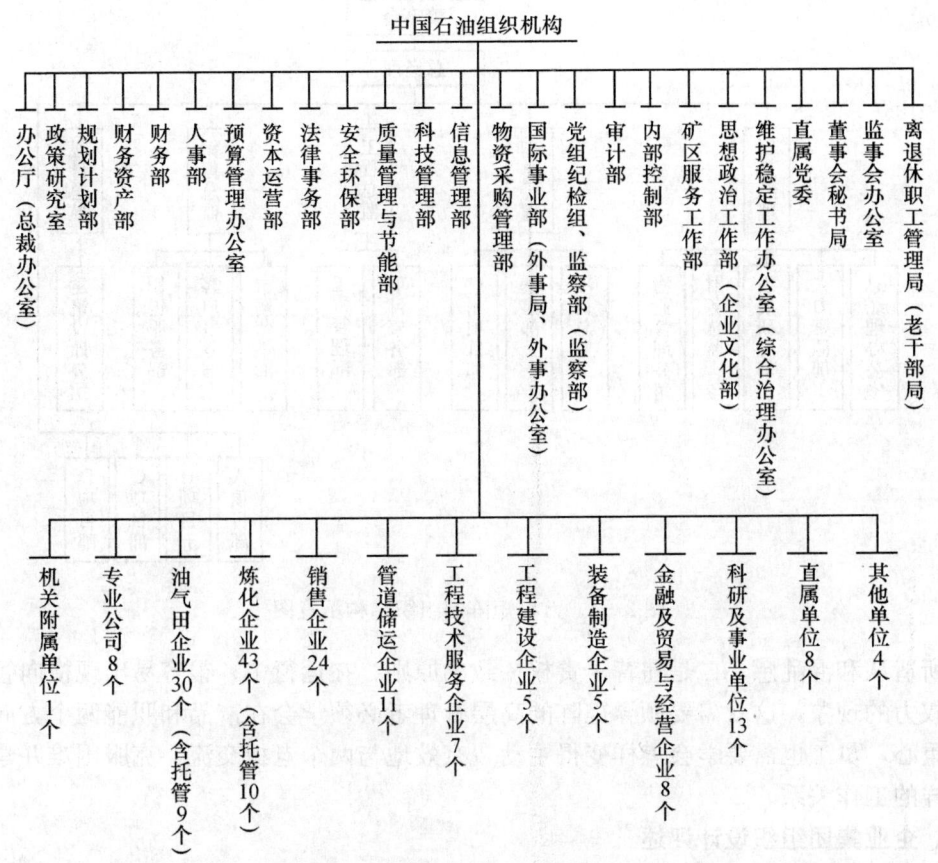

图 2—3 中石油子公司制组织结构示意图

子公司制的优点在于母公司与子公司在法律上各为独立法人，相对降低了经营风险，子公司有较强的责任感和经营积极性。缺点在于母公司对子公司不能直接行使行政指挥权力，只能通过股东会和董事会的决策来发挥其影响作用，因此，影响较间接、缓慢。另外，母子公司各为独立纳税单位，双方之间的经营往来及赢利所得需双重纳税。

5. 矩阵制

前面提到的各种结构都存在一个共同的缺点，就是横向信息沟通比较困难，缺乏弹性。为克服这些弊端，在企业中根据产品项目或某些专门任务成立跨部门的专门机构，这样形成的组织结构即为矩阵制。专门小组的成员由各部门抽调，小组直属分管的经营层。有些专门机构是临时设置的，任务完成后即撤销。图 2—4 为万科矩阵制组织结构示意图。

矩阵制的优点是：适应不确定性环境中频繁变化和复杂决策的需要；为职能和产品两方面技能的发展提供了机会；由于决策被下放到适当的层级，更高的管理层不会被操作层面的决策困扰；资源的利用是有效率的，关键资源由几个重要的项目或产品同时分享。

但矩阵制天生存在两个缺点：一是违背了统一指挥的原则，在矩阵结构中的多数员工都成为有两个老板的员工，接受来自两个直接管理者的指令，导致员工面临双重职权关系容易

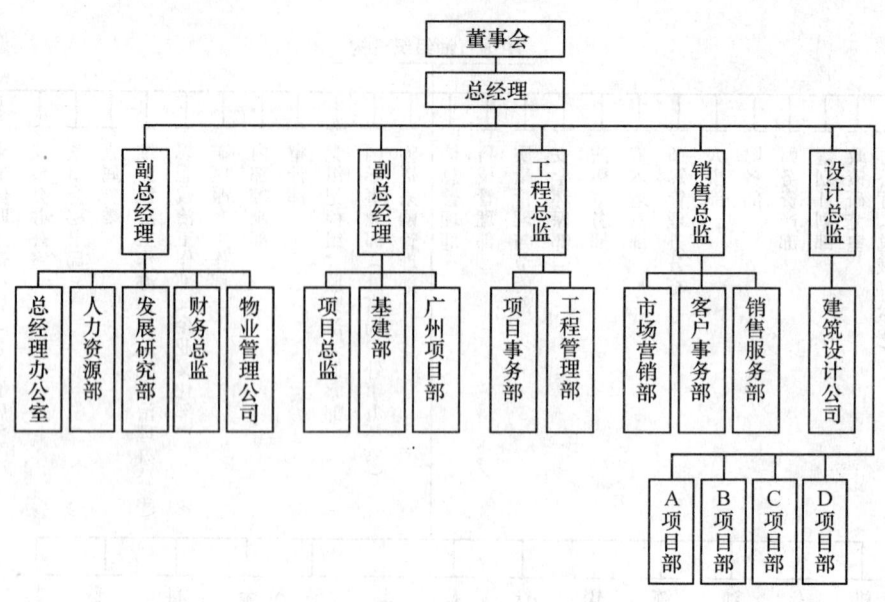

图 2—4　万科矩阵制组织结构示意图

产生无所适从和混乱感；二是违背了责权一致的原则，在运行中，很容易出现横向管理者责任大于权力的现象，这就需要领导矩阵的高层管理者必须学会在产品和职能两个方向上平衡权力和重心，员工也需要学会怎样变得主动，有效地与两个老板交流，克服困难并建设性地处理这样的工作关系。①

二、企业集团组织设计评述

现代市场竞争造就了大批资金实力雄厚、技术先进、组织结构多层化和复杂化的大型企业集团，即上文所述的子公司组织结构（H 型组织结构）。这是基于资本纽带形成的母公司和子公司之间庞大的关系网络，由于子公司在法律上是与母公司平等的企业法人，子公司的业务是相对独立的。正如现代公司中的委托—代理问题一样，母子公司之间经常引发子公司不按母公司的意图办事，甚至产生违背母公司意愿的行为。因此，站在母公司的角度，探讨母公司如何对子公司进行有效管理和控制的问题显得尤为迫切。

企业为了强化对子公司的监督管理职能，在组织建设方面主要从组织结构和组织制度两个角度实施。

组织结构上，一般在母公司董事会下设立一些专门的委员会指导、监督和评价子公司的工作。比如成立业务发展（指导）委员会、审计委员会、业绩考核委员会和报酬与提名委员会等。另外，在现代大型企业集团中，物流、资金流和信息流的统一控制是发展主流。在物流的控制上，母公司可能将所有子公司的物流系统进行整合，成立一个专门的全资物流子公司，负责整个集团内的物资采购、供应、库存和产品的发送等。在资金流控制上，母公司一般会成立一个专门的财务公司统一调配和使用资金，没有成立财务公司的企业集团不仅在财

---

① 王雪丽，张力军. 企业组织革命 [M]. 北京：中国发展出版社，2005：91

务制度上要求统一调度集团内的资金,而且还会采用先进的财务管理系统对整个集团内的资金流动情况进行实时的监控。在信息流控制上,母公司一般会双管齐下,既要求传统的信息反馈和汇报制度,同时也会组织建立高速的企业内部网(Intranet)或信息系统,把握全过程的信息。

组织制度上,主要是指子公司定期或不定期就某些重大的事务向母公司申报审批、汇报和报告的制度。组织制度在很多情况下也被理解为组织程序。比如,子公司重大的财务变更和财务预决算、重大的人事任免、重大的研发项目等都应该向母公司报告和审批。①

此外,很多研究表明,董事会不应仅仅作为法律规定的必要实体,更应理解为组织设计问题的市场解决方案,或者是一个内生决定的用来解决困扰很多大公司的代理问题的制度。一个表现低劣的CEO更可能被表现良好的CEO替换;董事会越独立,CEO的更迭对企业绩效越敏感;企业绩效越低,独立董事加入到董事会的概率越高;董事会的独立性和CEO任期期限呈反比关系;与股票价格相比,企业绩效的会计衡量对CEO能起到更好的指示作用。②

三、组织流程再造工程(BPR)

业务流程重组最早由美国的 Michael Hammer③ 和 Jame Champy 提出,是在20世纪90年代达到全盛的一种管理思想。流程再造被定位为"一种实质性的组织改进的工具"④,其核心是再造面向顾客满意度的业务流程,即要打破企业按职能设置部门的管理方式,代之以业务流程为中心,重新设计企业管理过程,从整体上确认企业的作业流程,追求全局最优,而不是个别最优,从而实现企业经营在成本、质量、服务和速度等方面的巨大改善。3M公司具有强化产品革新的传统,公司想要快速地发展,就需要不断优化和革新流程。公司将项目目标概念提高到公司的水平上,清楚地列出那些具有在行业范围内提高竞争地位的潜力项目或产品,使"争当最好中的最好"这种文化加以明确,为流程改革提供动力源泉。并通过优化和重新设计每一个供应环节,实现"快速、重点化和友好服务"的目标。

Wind⑤ 和 Main⑥ 通过大量的案例研究,提出了以组织的利益相关者为核心的组织流程再造整体框架(见图2—5)。这个框架通过把组织内部各个要素与其外部的利益相关者联系起来,综合考虑变革需要的功能和资产。利益相关者就是指公司的客户、员工、股东、供应商等,其中客户是组织变革的驱动者,处于中心地位。图中逆时针排列的A、B、C…就是变革后新企业的结构体系构建所需要的功能和资产,即需要变革的各个要素。

---

① 高勇强,田志龙. 母公司对子公司的管理和控制模式研究[J]. 南开管理评论,2002(4)

② Weisbach,Michael. Outside Direction and CEO Turnover[M]. Journal of Financial Economics,Vol. 20:1988:431-461.

③ M. Hammer,Reengineering Work:Don't Automate,Obliterate[J]. Harvard Business Review,July/August. 1990:104-112

④ Armistead Colin,Pretehard Jean-Philip,Maehin Simon. Strategic Business Process Management for Organizational Effectiveness[J]. Long Range Planning,Vol. 32,No. 1,1999:96-106

⑤ Jerry Yoram Wind,Jeremy Main. 变革—未来企业[M]. 林询子,祝磊,沈浩云译,上海交通大学出版社,1999

⑥ Jerry Yoram Wind,Jeremy Main. 驾驭变革[M]. 贺广勋译,南宁:广西师范大学出版社,2002

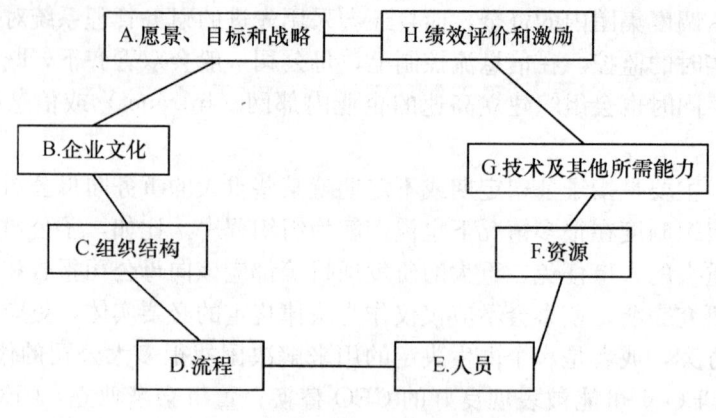

图 2—5　组织流程再造整体框架

A. 愿景、目标和战略：首先必须制定明确的、切实可行的企业愿景和战略规划，公司的发展愿景能够将组织内各要素集成起来形成合力，保证公司为利益相关者服务。

B. 企业文化：从企业的愿景和战略出发重建企业文化，摒弃陈旧的公司文化，建立支持和拥护变革的文化。

C. 组织结构：传统的层级式的组织结构需要变革，但又不会立刻消失，因此，必须根据企业的战略调整而调整。

D. 流程：组织的运作是围绕流程展开的，在变革过程中要重新审视组织内部的全部程序、规章、制度及其隐含的机制，通过重新设计，用最优化的流程创造更高的价值。

E. 人员：人员是变革中的关键因素，变革对公司上下全体员工的要求更高，而且随着组织柔性化、扁平化和网络化的发展，决策权力的下放，员工承担的责任也越来越大。

F. 资源：组织资源是保证变革成功的物质条件，按照任务的优先顺序重新配置资源是组织的重要管理职能，在变革时需要对资源做出整体安排。

G. 技术及其他所需技能：随着技术的不断发展，通过技术建立核心竞争力的公司越来越多，因此，在作变革决策时必须考虑技术能为企业未来发展提供什么样的支持，并将其纳入总体的变革框架中考虑。

H. 绩效评价及激励：绩效评价是测度组织效率、激发组织活力的重要手段，也是促成变革的重要因素，对组织行为产生巨大的影响，因此，在变革中要制定新的、科学的、有效的评估指标，以促进组织绩效的改善。

当然，实施 BPR 过程中也有一些问题是需要注意的，如没有充分认识到 BPR 对组织的负面影响，尤其是忽视了人的因素；或没有很好地理解流程再造的创造性部分；或项目周期太长；或过分强调个别结果，如成本、周期等，而忽视了技术创新等其他指标[①]。因此，BPR 实施最大的问题就是缺乏系统性的思考，正如彼得·圣吉提出的："对流程的过分专注

---

①　H. James Harrington. Performance Improvement: The Rise and Fall of Reengineering [J]. The TQM Magazine, Vol. 10, No. 2, 1998.

会不断掩盖目标的焦点"。[1]

第三节 新型组织结构

在过去的10多年甚至20年里，时代发生着空前的变革，假若对时代变迁视而不见，必被时代所抛弃，因此，大量组织中的高层管理者为了使企业更具竞争力，开始致力于新型组织结构的开发。

一、时代背景

企业总是处在一个复杂多变的生态环境中，企业生态环境既包括企业生存与发展所处的自然与社会环境，也包括企业自身成长过程面临的组织环境。企业对周围环境的反应速度和企业本身组织结构的弹性，成为企业能够持续生存和发展的关键所在。

那么，进入新世纪以来，企业面临的生态环境发生了什么变化呢？

1. 从组织外部环境考察

从组织外部环境考察，竞争加剧、信息化、政府影响都发生了质的变化。

（1）竞争加剧。伴随经济全球化的加剧，企业间的竞争越来越激烈。竞争的结果是行业利润率的不断下降，利润的下降意味着要求更低的成本和更好的产品。这种激烈竞争导致电力行业价值链的重新整合，专业化分工越来越细，专业化规模越来越大，同时产品要求质量更优，价格更低。

（2）信息化。企业信息化要求企业无论是在纵向还是在横向，其信息传输都应畅通无阻，实现最大程度的资源共享。改变传统集权式管理模式，减少组织层次。

（3）政府。政府作为企业经营的外部环境重要利益相关者，对企业组织结构的影响首先体现在对企业治理结构的规定和约束上，这直接影响了企业内的权力分配和实现，还对公司的组织结构中职能部门的设定和职责确定产生影响。

2. 从组织内部环境考察

从组织内部环境考察，员工、领导者、技术、战略及企业经营方式是企业组织发展和创新的重要因素。

（1）员工。今天的员工比以往更注重追求工作的成就感，追求自身对工作的热爱，他们反对权威式的管理，希望对企业有较多的参与权，希望工作能带来更多的自我实现和充实的感觉。这就要求组织为员工提供更多的晋升机会与更多授权，关心和帮助员工成长。包括确定组织结构、能力或技术、绩效评估，以及对为取得所需转变而进行的文化的培育和行为激励。

（2）领导者。企业高层管理者的更迭往往带来组织结构的调整，而随着环境的变化，领导者自身价值观的变化也会影响其组织管理的方式和手段。

（3）技术。由于技术的作用不断扩展，使得流程创新及新的工作方式成为可能。技术上的变化使企业的生产制造方式发生变化，随之影响到企业的组织结构设计和组织运行模式，

---

[1] 彼得·圣吉. 第五项修炼——学习型组织的艺术与实务 [M]. 上海：上海三联出版社，1994

如要想使精益生产方式有效运转，必须满足诸如工作由生产一组相似产品的小组或单元组成，产品开发由跨职能的小组同时完成等条件。

（4）战略及企业经营方式。企业组织结构的设计和调整，必须以与战略相匹配为原则。反过来，组织结构对企业战略的顺利实施也有着重大影响。① 例如，高科技竞争的环境里，诸多跨国企业掀起全球扩张浪潮。与之相适应，其组织结构必须能迅速适应动荡的国际经济环境，是一种高度灵活的组织；能同时开展全球战略和当地适应战略，是一种广域的组织；能经常进行革新创造，是一种柔性组织；尊重海外子公司个性，并充分利用其机能和增殖力，是一种积极的组织。② 例如，克莱斯勒的目标是到 1996 年成为美国最大的轿车和卡车制造商，到 2000 年成为全球最大的轿车和卡车制造商，且力求保持这一战略目标，自然流程优化就成为公司整体经营策略中的一个重要组成部分。

二、三种新型组织结构

团队结构、虚拟组织和无边界组织在新型组织结构中极具代表性，同时也被众多电力企业不同程度的采纳，下述简要介绍这三种类型组织结构的基本特征。

1. 团队结构

在组织工作活动中，工作团队已经成为一种最广为流行的手段。当管理层运用工作团队作为协调组织活动的核心方式时，其组织结构即为水平组织或称团队结构（team structure）。③

团队结构的主要特点是：打破了部门界限，并把决策权下放到工作团队水平上。这种结构要求员工既是通才又是专才。④ 在较小型的公司，可以用团队结构界定整个组织框架。更常见的是，团队结构作为一种典型的官僚结构的补充，在大型组织中尤其如此。如此一来，组织既能得到官僚结构标准化的效果，又能因为工作团队的存在而增强灵活性。尤其是当在协调主要项目时，通常会采用交叉功能团队的方式来组织活动。

2. 虚拟企业

所谓虚拟企业（virtual organization），是一种依托计算机进行信息传递和管理的跨越物理空间的企业组织形式，简单地说，就是由一些独立的厂商、顾客，甚至竞争对手，通过信息技术联系的临时网络组织，以达到共享技术，分摊费用，以及满足市场需求的目的。

虚拟企业作为一种新型的组织结构，具有传统组织结构不可比拟的优点。⑤ 首先体现在虚拟组织的专长化上。虚拟组织只保留自己的核心专长及相应的功劳，而将其他专长能力及相应功能舍弃掉。相对于传统组织追求大而全转向小而全的目标，避免了资源在某些情况下

---

① 王雪丽，张力军. 企业组织革命 [M]. 北京：中国发展出版社，2005：3-31
② 王丰，汪勇，陶宽. 网络组织—21 世纪的新型组织结构模式 [J]. 当代财经，2000（5）
③ S. A. Mohrman, S. G. Cohen, and A. M. Mohrman Jr.. Designing Team-Based Organizations [J]. San Francisco：Jossey-Bass，1995.
F. Ostroff. The Horizontal Organization [J]. New York：Oxford University Press，1999.
R. Forrester and A. B. Drexler. A Model for Team-Based Organization Performance [J]. Academy of Management Executive．1999：36-49.
④ M. Kaeter. The Age of the Specialized Generalist [J]. Training. December，1993：48-53.
⑤ 于众托. 企业信息化与管理变革（第 1 版）[M]. 北京：中国人民大学出版社，2001：63-67

的过剩和闲置。其次虚拟组织更具合作化精神。由于不具备完整的功能与资源，在完成一个项目时，必须利用外部市场资源或与其他能形成互补关系的企业合作，项目完成后又各自独立，降低新产品开发与生产的成本上升与风险。最后，虚拟组织本身在空间不是集中、连续的，它的功能和资源是以高度分散状态分布在世界不同的地方，彼此之间通过信息网络连接在一起，由于信息的高速传递，超越了时间和空间障碍，并减少了信息成本，通过克服上述困难，从而保证了专长化与合作化的实现。

3. 无边界组织

通用电气公司的前任总裁杰克·韦尔奇创造了无边界组织（boundaryless organization）这个词，希望把通用公司变成一个"身价600亿美元的家庭杂货店"。[1] 也就是说，尽管公司体积庞大，还是希望减少公司内部的垂直界限和水平界限，并且消除公司与客户和供应商之间的外部障碍。在"无边界行为"理念下，GE打破13大业务集团的界限，广泛地进行横向交流，按照人力资源、公共关系、销售、市场、财务等不同职能部门，GE有许多松散的组织、协会，如人力资源协会等。这种职能上的协会经常横跨13大业务集团，开展相关的活动，比如就激励方法等经验或问题等进行畅谈，对价值观的感受进行交流。

无边界组织寻求的是削减命令链，拥有无限的控制跨度，取消各种职能部门，取而代之的是授权的工作团队。由于这种结构密切依赖信息技术，因而也称为"T型组织"（或称为基于技术的组织）。[2]

如何打破传统企业组织结构中的四种边界，即垂直边界、水平边界、外部边界和地理边界呢？打破垂直边界就是要实现权力分散化、信息共享、培养员工领导能力和建立基于绩效的薪酬体系；打破水平边界就是要确立一切以客户为导向，组建多功能团队和分享知识；打破外部边界需要强化供应链管理和战略联盟管理，尝试虚拟化经营和网络化经营；最后打破地理边界需要制定全球化战略和本土化策略，建立全球组织和打破文化差异等。[3]

三、未来组织发展的挑战

无论组织结构如何变迁，有关组织规模大小、组织掌控模式、组织多样性和紧密度等基本原则的把握一直都是热议的话题，也成为未来电力企业组织发展必然迎接的挑战。

1. 大与小

长期以来，垄断在西方经济学里一直被认为是缺乏效率的。但从企业内部看，一方面垄断大企业产生非效率，另一方面垄断大企业可获得规模经济和范围经济效益与交易费用节约的好处，企业开始倾向于权衡利弊追求适度垄断的企业规模。

大企业的优势在于可以获得规模经济效益，可以充分发挥专业化管理的作用；可以实行多角化经营，将业务扩展到市场经济生活的各个领域，以增强实力，分散风险。

小企业的优势在于人员少而精，办事效率高；经营灵活，"船小调头快"，适应能力强；

---

[1] GE：Just Your Average Everyday ＄60 Billion Family Grocery Store [J]. Industry Week. May 2, 1994：13-18.
[2] H. C. Lucas Jr. The T-Form Organization：Using Technology to Design Organization for the 21st Century [M]. San Francisco：Jossey-Bass. 1996.
[3] 袁选民，殷志民. 无边界组织的产生、概念、内涵和构建 [J]. 经济问题探索，2005（3）

专业化程度高，有利于提高质量。

未来企业在规模上两级趋势明显，要么在规模上快速成长，走向大型甚至特大型企业，以获得"赢者通吃"的地位；要么就是走"小即是美"的路线，在细分市场和职能中建立优势，大企业越来越会通过建立合作保持核心竞争力的方式运作，那么就会出现大规模的外包行为，小企业恰恰可以通过为大企业提供专业的服务或产品获得价值。

2. 集权与分权

传统理论认为，小企业应该选择集权管理模式，大企业应该选择分权管理模式。通常认为，小企业知识分布相对集中，管理层级较少，知识容易以较低的成本传递给有决策权的人，因而易于集权的形成[1]；小企业任务简单，目标市场集中，所处环境相对稳定，高层管理者事必躬亲也不会导致需要处理的信息量过大而超越其有限理性的阈值，集权有助于提高运行效率[2]。反之，亦然。同时，在电力企业的实际管理中，要树立权—能动态匹配理念，把权力赋予那些有能力的人或对企业发展起关键作用的部门；同时，还要运用各种措施，鼓励和诱导组织成员之间的积极互动。[3]

未来组织可能同时兼具集权化和分权化的特性。集权式在最高管理层制定战略方向、限定个人与团队行为界限的时候适用，分权式在一线工人自由决定如何处理他们面临的突发事件的时候适用，创造这一新的组合方式的关键在于领导者与生产者之间正式和非正式的直接交流渠道，频繁的、及时的交流确保了市场现状与战略思想的对应变化能够被迅速地讨论、评估与实行。

3. 统一与多样

未来的组织将在一种更为动荡的环境中经营，企业必然经历不断的变化和调整，这就要求从管理结构到管理方法都将是柔性的；而多数企业组织规模日益扩大，日益复杂化，组织就需要采取主动适应型战略，以进行其动态自动调节过程而寻求新的状态。组织的多样化意味着企业不再被认为只有一种合适的组织结构，企业内部不同部门、不同地域的组织结构不再是统一的模式，而是根据具体环境及组织目标来构建不同的组织结构。

未来企业的组织结构一定是以多样性为主的，很难再用一种组织结构形式来概括，在企业内部，可以同时存在直线职能、事业部、矩阵结构、企业集团等多种形式，对企业管理者组织管理的技能和手段提出了挑战。

4. 紧密与松散

从企业之间的关系来看，企业之间由紧密结合型向松散结合型转变。传统组织中，企业间一般维持长期稳固的合作关系，而且主导企业一般对其他企业的生产负有责任，拥有指导监督或控制的权利，结合较为紧密。网络组织内部是一种准市场化的关系，核心企业与其他企业之间的交易只不过节省了真正通过市场机制所需要的费用，但当竞争仍是市场主旋律

---

[1] Jensen M. C., Meckling W. H. Knowledge, Control and Organizational Structure. Werin L., Hijkander H. Contract Economics [M]. Cambridge, MA: Basil Blackwell Publishing. 1992.

[2] 张维迎. 产权安排与企业内部的权力斗争 [J]. 经济研究，2000 (6)

[3] 陶厚永，刘洪，吕鸿江. 组织管理的集权—分权模式与组织绩效的关系 [J]. 中国工业经济，2008 (3)

时，企业之间的关系只能是松散的、短期的以及动态的。①

综上所述，企业组织形式的选择要求灵活性和多样性的统一，要求变革、创新和新颖，内含活力与弹性机制，并要为企业提供对所面临的内外部环境变化的应变能力。但对企业管理者而言，组织结构的选择最关键的要素是匹配，与自身发展阶段、战略需要、文化导向和领导者员工的成熟度相适应。

第四节　组织结构有效性与组织变革

根据组织内外部环境选择和确定好组织结构后，企业管理者需要对组织结构的有效性进行衡量和评判，如果与预先设想的效果不符，组织变革将不可避免。

一、组织结构有效性[②]

组织结构有效性是一个相对的、权变的概念，指的是组织结构为组织实现自身目标所作出贡献的效果和效率。如果组织结构能够以低资源耗费实现组织的目标，则可以说这个组织是有效的。

企业组织结构更多地作为企业实现目标的基础存在，因此，要就某个方面来判断其效果是很困难的，因为组织结构对这些方面的贡献往往是抽象而又难以精确计量的。但可以把思考的角度换成避免某些问题来达到目的，一个企业因为组织结构而出现的问题越少，就可以证明这个企业的组织结构在一定程度上达到了其设计的效果，以下是企业基于根据组织结构作用而做出的衡量组织结构有效性的基本判断指标。

1. 是否存在劳动分工的不合理现象

德鲁克提出根据贡献的类别来进行企业的分工，分别是提供成果的活动、支持性的活动、保健和厂务性活动、高层管理活动。德鲁克认为这是一个粗略的划分，但其意义在于，企业要认识到不同的活动要有不同的对待，活动的贡献决定了活动的地位，因此，企业的关键性活动要放在企业的最高等级。同时，不同性质的活动要分开进行，比如说生产运营活动和支持性的活动就不能放在一起，因为这两种活动所需要的技能、作出的贡献、对资源的要求是完全不同的，不对其进行分工就会造成资源的混用或不当使用。

分工不合理的另外一个现象是管理的盲区问题。由于分工不够细致完善，企业常出现一些无人负责的问题，这些问题通常需要管理者突击解决，这在很大程度上影响了企业运作的效果和士气。

2. 是否存在沟通障碍问题

常见的因沟通障碍而出现的问题包括：上级不了解下级意图，或信息传递出现扭曲，上级命令不能被忠实执行；部门之间行动不一致甚至相反；信息反馈不及时或不准确；信息体制不透明，谣言和小道消息众多等。信息流是现代企业需要控制的最重要事项之一。理想组织结构要求使企业信息无障碍传递，但实际上要达到这个目标是非常困难的，因为信息的完

---

① 王雪丽，张力军. 企业组织革命 [M]. 北京：中国发展出版社，2005：247-263
② 理查德. L. 达夫特. 组织理论与设计（第七版）[M]. 北京：清华大学出版社，2005：76-86

全沟通受到很多因素的影响，组织结构划分部门的做法使做相同工作的员工可以比较方便地进行交流，但对部门间以及多个管理层次间的交流并没有提供积极的手段。因此，组织结构对信息沟通只是交流平台。企业部门越多，管理层次越多，管理者的管理幅度越大，信息的交流就越困难，很多时候要借助其他手段如计算机信息系统来保证信息传递的及时、准确。

3. 是否存在资源分配不当的问题

分配组合资源的效果在项目制的组织结构中体现得尤其明显，一个项目小组的成功，项目团队的努力是重要的因素，但分配给该小组的资源则是项目成功的重要条件。对于特定的项目，企业组织者要分配给该小组以具有相应特长的专家和合适的设备、资源。在其他形式的组织结构中也体现了同样的道理。企业应该考虑是否给相应的部门分配了合适的资源，是否存在资源闲置、浪费的问题。企业应该对资源的使用进行严密的监控，定期对内部各个单位使用资源的情况进行调查和考评。要根据企业的战略目标确定资源在组织内部的配置政策。对关键性的部门，在资源分配指导思想上应该成果异向，力求扩大利润；而对支持性的部门，则应奉行成本导向，力求成本的控制节约。

4. 是否存在组织结构问题妨碍企业的目标实现的问题

企业组织结构可能出现以下一些妨碍目标实现的问题：

（1）在企业转型时期企业组织结构束缚企业赢利能力。当企业在规模、战略、复杂程度上发生变化时没有及时重新思考组织结构的设计，那么就会在企业内部引起混乱，引起不断的争吵导致不断改组，最终影响企业业绩和指标。

（2）企业运作流程过于僵化，部门合作行动迟缓，企业充斥过多的审批程序、手续和正式文件泛滥。

（3）只顾及企业组织结构形式上的对称而不顾绩效的实现，有明晰的组织结构但高层管理人员总是纠缠于一些次要的问题。企业组织结构要注重实用性而不要面面俱到。

（4）总是需要开会来解决问题。会议的泛滥说明企业在职能的划分上不够完善。这种总是需要协调解决的情况说明企业组织结构的缺陷已经使管理者把精力放在改善结构上而不是实现目标上。

正如德鲁克所言，没有普遍适用的组织设计原则，甚至也没有一种最好的组织设计。评价组织结构有效性必须契合组织具体实际，没有一种组织结构是绝对理想的，现实生活永远要求做出让步、妥协和容许例外，只有选择适合自己组织情况的组织结构才是最佳选择。

二、组织变革实务策略

企业组织变革涉及整个组织的管理者和一般员工，因此，需要一些策略和技巧来帮助变革的推进。在变革途径的选择上，不外乎以任何形式运用权力推动变革到利用理由引发变革，在这两个极端之间的中间道理是依靠再教育进行变革。[①]

---

① 詹姆斯. L. 吉布森，约翰. M. 伊凡塞维奇，小詹姆斯. H. 唐纳利. 组织学、行为、结构与过程（第十版）[M]. 北京：电子工业出版社，2002：309

一旦启动变革，下面是一些注意事项，牢记并实施有助于组织变革的顺利推进。①

1. 识别变革的真实需要

要对当前的情形进行仔细的诊断，确定组织存在多大程度的问题或机会。如果问题没有得到深入的分析并在全体员工中进行沟通、取得共识，变革过程就不应该强行推进。

2. 找到适合变革需要的构想

寻找一个合适的构想，通常要启用搜索程序，即要与其他管理人员讨论，组建变革任务小组调查问题，向供应商征询意见，或请组织内有创造性的员工提出解决办法，这也是鼓励员工参与的好机会。

3. 获得高层管理者的支持

成功的变革需要得到高层管理的支持，对于每项重大的变革，如结构重组等，公司总裁、副总裁都必须表示同意并给予支持。缺乏管理高层的支持，是变革在实施中失败的最常见原因。②

4. 为变革设计循序渐进的实施方案

大规模的变革时常不可能立即全面铺开，否则员工会因为压力过大而抗拒变革。在逐步实施过程中，变革设计者可以调整方案，改进创新效果，而那些原先犹豫的组织成员也会在看到前期变革成果后转而支持余下的变革。

5. 提出克服变革阻力的计划

许多好的构想没有得到使用，往往是因为管理者未能预见到来自其他管理者、一般员工或顾客的阻力，因此，需要对阻力有预期，并尽可能设计应对之策，未雨绸缪。

6. 创造变革团队

单独设立的创业团队、特别团队或临时性的任务小组可以将精力集中于提出和实施变革的可行方法上，独立的部门才会有充分的自由去开发真正符合需要的新技术。设立任务小组，使变革有专门的管理力量，有助于保证变革的实施。该任务小组可负责沟通、吸收使用者参与变革以及培训等各种变革所需的活动。

7. 培育创新带头人

最合格的创新带头人是自觉自愿地全身心投入实现某个新构想的自愿者。创新的技术带头人负责确保所有技术活动都是正确、完善的。另外还需要起支持、促进作用的管理带头人，他们负责说服人们实施变革，必要时甚至要动用强制手段。

最后需要指出的是，变革的推行是一个困难的过程。因此，需要有强有力的领导者指导员工克服变革所产生的动荡和不确定性，使整个组织形成对变革的高度认同与投入。

参考文献

1. 高勇强，田志龙. 母公司对子公司的管理和控制模式研究 [J]. 南开管理评论，

---

① 理查德．L．达夫特．组织理论与设计（第七版）[M]．北京：清华大学出版社，2005：15

② Everett M. Rogers and Floyd Shoemaker. Communication of Innovation：A Cross Culture Approach [M]. New York：Free Press, 1971.

Stratford P. Sherman. Eight Big Masters of Innovation [J]. Fortune. 15 October. 1984：66-84

2002 (4)

2. 理查德.L.达夫特. 组织理论与设计（第七版）[M]. 北京：清华大学出版社，2005，15

3. 马健，黄丽华. 企业过程创新——概念与应用 [M]. 香港：三联书店（香港）有限公司，1998

4. 斯蒂芬.P.罗宾斯. 组织行为学（第十版）[M]. 北京：中国人民大学出版社，2005：75

5. 陶厚永，刘洪，吕鸿江. 组织管理的集权—分权模式与组织绩效的关系 [M]. 中国工业经济，2008 (3)

6. 王雪丽，张力军. 企业组织革命 [M]. 北京：中国发展出版社，2005：91

7. 王丰，汪勇，陶宽. 网络组织—21世纪的新型组织结构模式 [J]. 当代财经，2000 (5)

8. 许玉林. 组织设计与管理 [M]. 上海：复旦大学出版社，2003

9. 熊菊兰. 建立适合我国小型工业企业的现代直线职能制 [J]. 中国青年政治学院学报，2001 (1)

10. 于众托. 企业信息化与管理变革（第1版）[M]. 北京：中国人民大学出版社，2001：63-67

11. 袁选民，殷志民. 无边界组织的产生、概念、内涵和构建 [J]. 经济问题探索，2005 (3)

12. 张曲波. 从组织设计的原则浅谈组织管理 [J]. 商场现代化，2007 (10)：104-105

13. 张维迎. 产权安排与企业内部的权力斗争 [J]. 经济研究，2000 (6)

14. 詹姆斯.L.吉布森，约翰.M.伊凡塞维奇，小詹姆斯.H.唐纳利. 组织学、行为、结构与过程（第十版）[M]. 北京：电子工业出版社，2002：309

15. 彼得.圣吉. 第五项修炼——学习型组织的艺术与实务 [M]. 上海：上海三联出版社，1994

16. Jerry Yoram Wind, Jeremy Main. 变革—未来企业 [M]. 林询子，祝磊，沈浩云译，上海：上海交通大学出版社，1999

17. Jerry Yoram Wind, Jeremy Main. 驾驭变革 [M]. 贺广勋译，桂林：广西师范大学出版社，2002

18. Alfred D. Chandler, Jr.. Strategy and Structure: Chapters in the History of the American Industrial Enterprise [M]. Cambridge, Massachusetts: MIT Press, 1962.

19. Armistead Colin, Pretehard Jean-Philip, Maehin Simon. Strategic Business Process Management for Organizational Effectiveness [J]. Long Range Planning, Vol. 32, No. 1, 1999：96-106

20. Everett M. Rogers and Floyd Shoemaker. Communication of Innovation: A Cross Culture Approach [M]. New York: Free Press, 1971.

21. F. Ostroff. The Horizontal Organization [M]. New York: Oxford University

Press, 1999.

22. GE: Just Your Average Everyday $60 Billion Family Grocery Store [J]. Industry Week. May 2, 1994: 13-18.

23. H. Mintzberg. Structure in Fives: Designing Effective Organizations [J]. Upper Saddle River, NJ: Prentice Hall, 1983: 157

24. H. James Harrington. Performance Improvement: The Rise and Fall of Reengineering [J]. The TQM Magazine, Vol. 10, No. 2, 1998.

25. H. C. Lucas Jr. The T-Form Organization: Using Technology to Design Organization for the 21st Century [J]. San Francisco: Jossey-Bass, 1996.

26. Jensen M. C., Meckling W. H. Knowledge, Control and Organizational Structure [M]. Werin L., Hijkander H. Contract Economics. Cambridge, MA: Basil Blackwell Publishing, 1992.

27. M. Hammer. Reengineering Work: Don't Automate [J]. Obliterate, Harvard Business Review, July/August. 1990: 104-112

28. M. Kaeter. The Age of the Specialized Generalist [J]. Training. December, 1993: 48-53.

29. Richard Tanner Pascale. The Art of Japanese Management [M]. New York: Simon & Schuster, 1981.

30. R. Forrester and A. B. Drexler. A Model for Team-Based Organization Performance [J]. Academy of Management Executive. August, 1999: 36-49.

31. S. A. Mohrman, S. G. Cohen, and A. M. Mohrman Jr.. Designing Team-Based Organizations, San Francisco: Jossey-Bass, 1995.

32. Stratford P. Sherman. Eight Big Masters of Innovation [J]. Fortune. 15 October, 1984: 66-84

33. Thomas H. Hammond. Structure, Strategy, and the Agenda of the Firm [M]. In Richard P. Rumelt, Dan E. Schendel, and David J. Teece, eds., Fundamental Issues in Strategy. Boston, Massachusetts: Harvard Business School Press, 1994: 97-154.

34. Weisbach, Michael. Outside Direction and CEO Turnover [J]. Journal of Financial Economics, Vol. 20, 1988: 431-461.

35. Williamson, O. E. Markets and Hierarchies: Analysis and Antitrust Implications [M]. New York: Free Press, 1975.

第 3 章
职位管理与素质模型

职位系统是企业人力资源管理体系的支柱之一,它为获取战略性人力资源管理体系提供基础信息。特别基于员工素质模型的职位分析,通过研究绩效突出员工与优异表现相关联的特征及行为而定义的岗位职责内容,具有更强的工作绩效预测性,并有效地为选拔、培训员工以及为员工的职业生涯规划、奖励、薪酬设计提供参考标准。本章首先关注企业职位分析、管理(定编定员)等方面的相关理论知识,同时顺应前沿领域的发展趋势,对素质模型原理、构建方法,及其在企业职位分析和人力资源管理各个领域中的应用进行了探讨。

第一节 职位分析

职位分析(job analysis)是企业人力资源管理的一项基础职能,它是一种应用系统方法,收集、分析、确定组织中职位的定位、目标、工作内容、职责权限、工作关系、业绩标准、人员要求等基本因素的过程[1]。通过职位分析,可以确定职位的职责以及该职位任职者应具备的特征[2],而这些信息也是人员招聘选拔、培训、人力资源开发、绩效评定和薪酬管理等人力资源管理过程的基础[3]。因此,职位分析历来是企业职位系统关注的重点。

一、职位分析

职位分析是一项技术性很强的系统性人力资源管理活动,企业职位分析的一般程序(见图 3—1)通常包括前期准备工作(管理方面)、设计阶段、信息收集分析、结果表达方面(职位描述和职位规范)、结果运用方面和过程控制方面。其中,控制活动是职位分析中的一项长期重要活动。它是贯穿于职位分析全过程并且不断调整的活动。原有职位的性质、内涵、外延会随着企业生产经营活动的变化而变化,因此,需要及时对职位分析文件进行调整

---

[1] 彭剑锋. 人力资源管理概论 [M]. 上海:复旦大学出版社,2003
[2] James Clifford. Job Analysis: Why Do It, and How Should It Be Done? [M]. Public Personnel Management, Vol. 23, No. 2, 1994:321-340.
[3] Wayne Cascio. Applied psychology in Human Resource Management (5th ed.) [M]. NJ: Prentice Hall. 1998. Green, Shuttleworth, & Lavery, 2005; Kirschenbaum & Mano-Negrin, 1999

和修订。另一方面，职位分析文件的适用性只有通过反馈才能得到确认，并根据反馈修改其中不适应的部分。

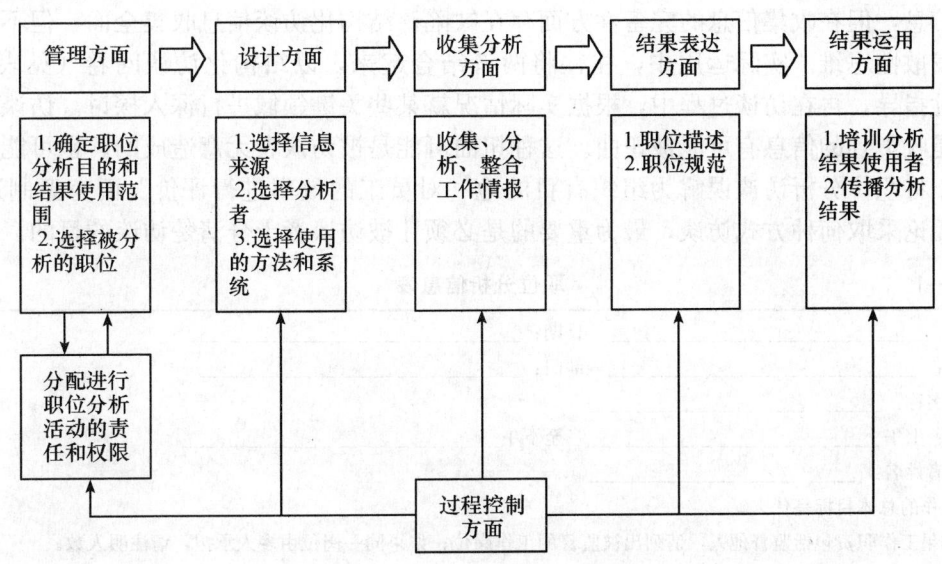

图 3—1　职位分析的程序模型

资料来源：付亚和，许玉林．劳动人事管理实务卷．见：彭剑锋．现代管理制度·程序·方法范例全集［M］．北京：中国人民大学出版社，1993：187

职位分析方法的选取和应用在职位分析过程中占据着非常重要的位置，它反映着组织、人和职位三者之间的相互关系。根据职位分析的侧重点和通用性，一般将职位分析方法归为三大类：一是任务倾向型（task-oriented）职位分析方法，该方法把职位分析的目的直接对准工作目标、任务和其他有关工作实质性特征的事项，如功能性职位分析法、关键事件法、工作—任务清单分析法、管理及专业职位功能清单法等；二是任职者倾向型（worker-oriented）职位分析方法，该方法以任职者为职位分析的出发点，如职位分析问卷、管理职位分析问卷、工作元素分析法、工作诊断调查法、能力需要量表达法、基础特质分析系统、工作成分清单、职位分析清单法等；三是通用职位分析方法，它是各种操作较为复杂的方法的基础性方法，包括访谈法、观察法、文献分析法、主题专家法、工作日志法等。在实践中，通常根据实际情况选用其中的一种，也可以将它们结合起来使用。在这一部分，将主要介绍两种在企业应用最广泛和最有效的职位分析方法。

（一）职位分析访谈法（interviews）

职位分析访谈是两个或更多的人交流某项或某系列工作的信息的会谈[①]。它是目前在国内外企业和电力企业中应用最广泛、最成熟、最有效的职位分析方法。通常应用以下三种访谈方式收集职位分析数据[②]：第一，对每个员工进行个人访谈；第二，对从事同种工作的员

[①] 彭剑锋．人力资源管理概论［M］．上海：复旦大学出版社，2003
[②] 加里·德斯勒．人力资源管理（中文版）［M］．北京：中国人民大学出版社，2000

工进行群体访谈；第三，对完全了解被分析职位的主管进行主管人员访谈。根据实际需要，职位分析者可以选择结构化或非结构化的访谈方法。非结构化访谈可以根据实际情况灵活收集职位信息，但在收集信息的完备性方面存在缺陷；结构化访谈信息收集全面，但不利于任职者的发散性思维。实际运用中，往往将两者结合起来，以结构化访谈问卷（见表3—1）为一般性指导，再在访谈过程中，根据实际情况就某些关键领域进行深入探讨。访谈法最大的问题是收集到的信息有可能被扭曲。这种扭曲可能是被访谈者无意造成的，也可能是被访谈者由于将职位分析访谈误解为组织有目的地"对员工的效率进行评价"而有意制造的[①]。因此，无论采取何种方式访谈，最为重要的是必须让被访谈者十分清楚访谈的目的。

表3—1　　　　　　　　　　职位分析信息表

职位名称：_____　　　　日期：_____
职位代码：_____　　　　部门：_____
上级职位名称：_____
工作时间：上午_____　　至下午_____
职位分析者姓名：_____

1. 工作的总体目标是什么？
2. 如果工作职责包括监督他人，请列出被监督的工作岗位；如果同一岗位由多人承担，请注明人数。
3. 以下这些活动是否是任职者的监督职责？
　□培训　　□绩效评估　　□检查工作　　□编制预算
　□训练指导/提供建议　　□其他（请注明）
4. 描述任职者所受到的监督程度。
5. 工作职责：简要描述任职者做些什么？如果可能，请描述他们如何完成工作。
　（1）日常职责（每天规律性要完成的）
　（2）周期性的职责（每周、每月、每季度要完成的）
　（3）不定期的职责
6. 任职者是否认为他所承担的职责是不必要的？如果是，请注明。
14. 任职者所承担的职责是否没有写入当前的职位说明书？如果是，请注明。
15. 教育程度：该项工作对教育程度的要求
　□不需要正规教育　　□八年级水平　　□高中毕业
　□两年制大学毕业　　□四年制大学毕业　　□研究生或更高学历
　□职业资格证书（请注明）
16. 工作经验：完成工作所需的工作经验。
　□无　　　　□1个月以下　　□1～6个月　　□6个月至1年
　□1～3年　　□3～5年　　　□5～10年　　　□10年以上
17. 工作场所：检查工作的场所，如果有必要的话，请简要阐述。
　□户外　　□室内　　□地下
　□坑道　　□脚手架　　□其他（请注明）
18. 环境条件：指出工作的客观条件及其发生的频率（很少、偶尔、持续不断等）
　□脏　　　□粉尘　　□高温　　□低温　　□噪声
　□烟雾　　□气味浓烈　　□潮湿　　□振颤

---

① Wayne Cascio. Applied psychology in Human Resource Management (5th ed.) [M]. NJ: Prentice Hall. 1998.

续表

□剧烈的温度变化　　□昏暗　　□其他（请注明）

19. 健康与安全：指出威胁健康和安全的条件及其发生的频率。
　　□高空作业　　□机械危害　　□爆炸物　　□触电危险
　　□火灾危险　　□放射物　　□其他（请注明）
20. 机器、工具、设备以及工作辅助工具：简要描述任职者通常要使用的机器、工具、设备以及辅助工具。
21. 是否建立了具体的工作标准（允许的错误率、某项特定工作的时间等）？如果有，是什么标准？
22. 是否有个人特质方面的要求？（特殊的态度、身体特征、性格特征等）
23. 在正常的工作条件下，任职者是否会遇到异常的问题？如果有，请描述。
24. 描述成功完成工作的情况。
25. 最严重的错误是什么？谁会受到该错误的影响？受到什么影响？
26. 一名成功的员工期望被提升到何种工作岗位？

资料来源：加里·德斯勒．人力资源管理（第十版）[M]．北京：中国人民大学出版社，83-85

（二）职位分析问卷法（Position Analysis Questionnaire，PAQ）

职位分析问卷法是一项基于计算机的、以人为基础的系统性职位分析方法，经过多年时间的验证和修正，PAQ法已成为使用较为广泛的有相当信度的职位分析方法。

PAQ研究设计者认为所有职位都可以根据各自包含的每种行为的程度来进行描述。基于这样的假设，开发出了一套高度结构化的职位分析问卷，共包括194个要素，每个要素所代表的都是在工作中发挥作用的某一个基本方面。职位分析人员所要确定的是，这些要素在工作中是否重要，如果重要，那么重要程度如何。通过对这些要素的回答，能够对任职者的行为做出非常全面的描述。然后，根据一定的评价尺度对每一个要素做出评价。常用的评价尺度包括使用的范围、对职位的重要性以及花费的时间等。这些要素可以归纳为6个维度（见图3—2）。尽管这些维度还有些抽象，但是比起功能性职位分析方法关于信息、人、事情的划分来说要具体得多。

职位分析问卷法的优点在于，它按照五个基本领域对职位进行排序，并提供了一种量化的分数顺序或排序轮廓。这五个基本领域是：是否负有决策、沟通、社会责任；是否执行熟练的技能性活动；是否从事体力劳动；是否操纵仪器、设备；是否需要加工信息。职位分析问卷法的另一个重要优势还在于对工作进行了等级划分，可以使职位分析者根据每一项工作在决策、熟练性活动、身体活动、仪器或设备以及信息加工等方面的特点给每一项工作分配一个量化的分数。职位分析者最终可以运用这种方法所得出的结果对职位进行对比，并据此确定每个职位的薪酬等级。PAQ在企业的运用中，还发现PAQ提供的数据同时还可以作为其他人力资源板块的信息基础，例如工作分类、人职匹配、工作设计、职业生涯规划、培训、绩效测评以及职业咨询等。

二、职位分析的结果形式

通过职位分析所获取的信息用于编写职位描述（job descriptions）（职位的内容是什么）和职位规范（job specifications）（雇用什么样的人来从事该工作），这也是职位分析的结果表现形式。在企业的实际操作过程中，这两项内容通常包含在一份职位说明书中。

1. 职位描述，是对职位本身的内涵和外延加以规范的描述性文件。其主要内容包括工

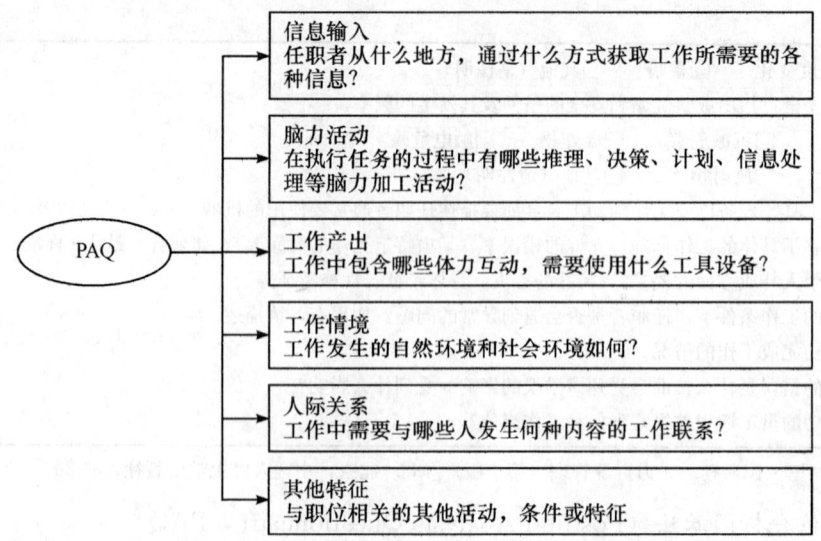

图3—2 职位分析问卷系统关于工作行为的6个维度
资料来源：杰克逊，舒勒. 管理人力资源：合作伙伴的责任、定位与分工 [M]. 北京：中信出版社，245

作的目的、职责、任务、权限、业绩标准、职位关系、工作的环境条件、工作的负荷等。

2. 职位规范，指的是与工作绩效高度相关的一系列人员特征（任职者所需具备的知识、技能、能力以及个性特征要求）在职位分析中的表现。职位规范主要包括以下几方面内容：

（1）知识。

（2）工作经验，包括社会工作经验、工龄与公司内部职业生涯。

（3）培训要求，主要指作为该职位的一般任职者的培训需求，即每年需要多长时间的工作培训、培训的内容与培训的方式等。

（4）工作技能。

（5）隐性职位规范，来自于企业的整体能力模型和分层分类的能力体系，即需要根据企业的整体竞争战略和文化，提出企业员工需要具备什么样的能力，从而形成企业分层分类的能力要素库，这些在本章第五节素质模型中将具体阐述。

（6）工作态度和品性（见表3—2）。

表3—2　　　　　　　　　　　　职位说明书样例

一、职位基本信息				
职位名称		职位编号		
所在部门		所辖人员		人
职位等级		薪酬等级	级	薪档
二、职位工作描述				
1. 职责概述				

续表

2. 工作目标

3. 工作职责

职责内容			绩效指标	权重
职责一	职责表述：			
	工作任务	1) 2) 3)	1) 2)	

4. 职位位置与权限

职位位置	
职位权限	

5. 工作特征、条件

工作制	定时□ 不定时□ 综合计算工时□	
工作时间	1）上下班时间：按公司考勤制度执行 2）加班：一般在上班时间内完成工作，无需加班	
工作负荷	满负荷	
出差情况	出差次数：出差频次较高□ 高□ 一般不出差□	
工作场所	办公室、生产现场	
职业危害风险	办公环境： 现场环境：	
职业通道	职位晋升	总工程师 生产副总经理
	职位轮换	总经理助理

6. 内外部联系

联系范围	合作者（单位或人）	合作内容
内部联系		
外部联系		

三、职位工作规范

1. 任职资格基本条件

年龄性别	年龄范围：30～50岁　　性别：			
身体素质	项目	要求说明		
	视力			
	听力			
	血压			
	心脏病			
	传染性疾病		恐高症	
	呼吸系统		癫痫病	
	神经系统疾病			

续表

教育程度	学历层次			
	专业类别			
	职业资格			
培训需求	项目	必备要求		理想要求
	知识培训			
	业务技能			
	其他			

2. 任职资格要求

		知识内容	了解	掌握	精通
知识		1.			
		2.			
工作经验、经历		必备要求		理想要求	
技能	技能项目	必备条件			
	计算机能力	简单操作　熟练使用办公软件　简单编程　专业编程			
	外语能力	简单阅读　简单交流　专业交流			
	业务辅助技能	公文处理能力、计划组织协调能力、数据统计分析、沟通能力、语言及文字表达能力			
	其他技能	1) 对外公关能力。2) 学习、培训能力。			
工作态度和品性	1) 2)				

四、职位说明确认	
相关说明	1) 2)
任职者签字	
上级主管签字	
人力资源部审核	

三、职位分析的理论前沿

近年来,随着经济发展、科技进步和全球竞争的加剧,企业面临的社会环境和组织环境都发生了急剧的变化,这同时也促进了工作性质的不断改变[①],这给传统的职位分析带来了

---

① Carson K P, Stewart G L. Job Analysis and the Sociotechnical Approach to Quality: A Critical Examination [J]. Journal of Quality Management, 1996: 49-64.

重大挑战，也使职位分析的理论研究呈现出了新的趋势。尤其随着网络的普及，很多新的分析技术、方法也相继被开发出来。

（一）未来导向的职位分析和战略性职位分析

为了适应不断变化的竞争环境、技术进步以及企业经营的法律环境所带来的新需求，新的职位分析方法一方面需要体现工作的未来发展变化趋势，同时还需要体现组织特定情景下对工作的特殊要求[1]。Sanchez 认为职位分析要面对未来就必须首先采取自上而下的方式收集信息，而不是根据原有的职业设定自上而下地进行。他还认为，职位分析还应该结合企业的文化和战略特点。这种分析方法采取的自上而下的方式是对传统职位分析中自下而上信息收集方式的重要补充。这种趋势是将来职位分析发展中需要关注的重要方面，新的职位分析应该符合未来的工作需求，体现组织战略。

（二）职位分析和胜任特征的结合研究

职位分析和胜任特征模型构建之间存在着重要的联系，不仅体现在定义方面[2]，还体现在研究方法[3]和两种方法的分析结果上。近年来，从企业的发展趋势来看，职位分析和胜任特征建模之间的界限正在变得模糊，将两种方法综合起来，更能使其相互补充、相得益彰。因为职位分析方法的信度优于胜任特征模型构建的方法，但是却缺乏对企业战略等组织特定要求的关注。具体而言，职位分析能够为胜任特征模型提供大量的实证数据，例如关于工作任务、工作要求等具体信息，这也就为抽象的胜任特征的提取提供了丰富的资料；不仅如此，从具体工作情境中得到的职位分析结果还可以对这些胜任特征进行具体解释。胜任特征可以体现组织特性和工作未来需要，它能够弥补职位分析对于组织层面信息和工作未来需求的不足。因此，体现胜任特征的职位分析能够把职位分析和胜任特征两种方法的优点结合起来，将成为未来职位分析的发展需要探索的重要发展方向之一。

（三）O*NET 职位分析法

2000 年，美国劳工部提出了新的职位分析方法——职业信息网络（occupational information network），也即 O*NET[4]。O*NET 职位分析系统遵循三个原则：多重描述（multiple windows）、共同语言（common language）和职业描述的层级分类（taxonomies and hierarchies of occupational description）。O*NET 设计了多重指标系统（见图 3—3），综合了问卷法和专家访谈法等各种职位分析方法，不仅考虑了职业需求和职业特征，而且还考虑了任职者的要求和特征；更重要的是，它还考虑了整个社会情景和组织情境的影响作用。同时，该系统具有跨职位的指标描述系统，为描述不同的职位提供了共同语言，从而使得不同职业之间的比较成为可能。国内也有学者运用 O*NET 对人力资源管理等职位进行

---

[1] Sanchez J I．From documentation to innovation：Reshaping job analysis to meet emerging business needs [J]．Human Resource Management Review，Vol. 4，No. 1，1994：51-74．

[2] Shippmann J S, Ash R A, Battista M et al．The practice of competency modeling [J]．Personnel Psychology，2000：703-740．

[3] Boyatzis R E．Rendering unto competence the things that are competent [J]．American Psychologist，1994：64-66．

[4] http://online.onetcenter.org/．

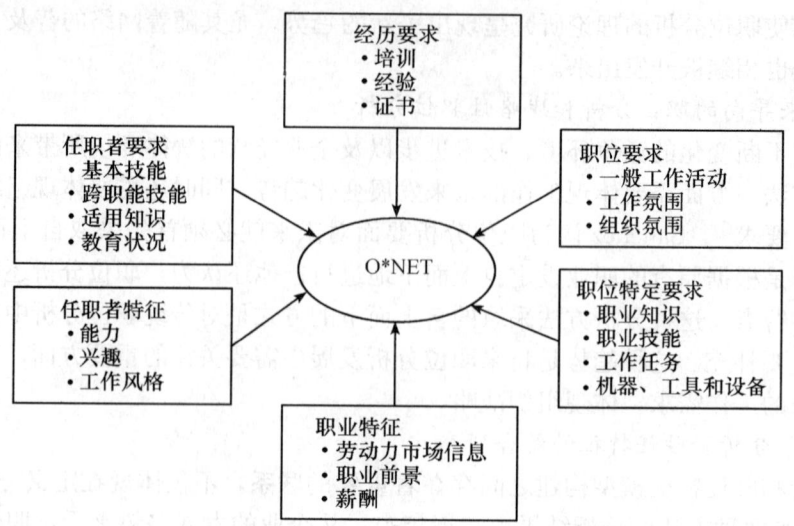

图 3—3 职业信息网络体系描述职位的内容模型
资料来源：杰克逊，舒勒. 管理人力资源：合作伙伴的责任、定位与分工 [M]. 北京：中信出版社，2006：243

了职位分析，并发现该工具具有较好的信效度指标[1]。

第二节 定编定员

定编定员以充分的职位设计为基础，职位设定过程中确定工作量，并对岗位职责进行规范，也包括了对基本的上岗人员数量的确定。同时关注员工任职条件、质量要求，而且与用工方式、激励方式等相互关联。由于企业部门的定编和定员是彼此密不可分的两项人力资源规划工作，因此，本书将两者统一为"定编定员"或编制设计，不再拘泥于两者的区分。定编定员和职位设计（定岗）一样，也是企业组织管理的一项基础工作，它为组织编制劳动计划和进行劳动力调配提供依据；为组织充分挖掘劳动潜力，节约使用劳动力提供依据；为组织不断地改善劳动组织提高劳动生产率提供条件。

在组织战略、组织结构都已经明晰的前提下，进行组织的定编定员的主要步骤如下（见图 3—4）。

1. 结合近十年组织经营统计数据分析和行业特点，判断组织处于不同阶段的主业务流程及业务特点，并确定组织中哪些职位是关键职位和重点职位。

2. 依据组织的职能域，梳理组织设计中的关键职位和重点职位，明确引起这些职位变动的驱动因素（即预测因子）和劳动定额。那么，当驱动因素变化时，根据劳动定额就可以确定职位的编制。企业中的每个工作岗位都是重要和不可缺少的，没有高低之分，关键岗位

---

[1] Li W D, Shi K, Taylor P J. Reconsidering Within-Job Variance in Job Analysis Rating: Replication and Extensions [J]. Journal of Business and Psychology, 2005.

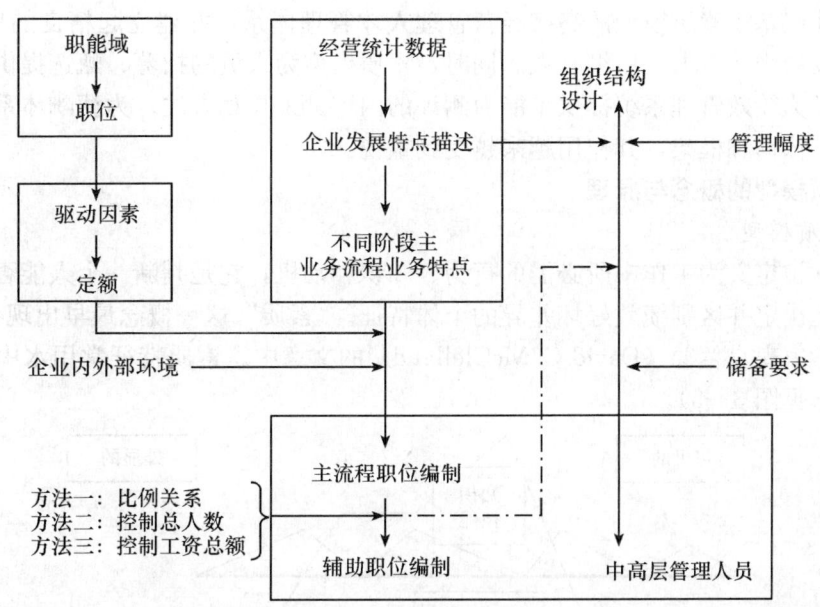

图 3—4 企业编制设计模型

资料来源：彭剑锋．人力资源管理概论［M］．上海：复旦大学出版社，2005：173

是相对的，判断标准如下：所在专业工作中起主导作用、承担的风险、责任比较大的或其工作情况对主要（重要）设备运行、检修有较大影响的岗位；所从事的工种技术含量高、培训周期长、招聘难度大的岗位；在公司占有相对重要性的职位，此岗位的人员即使只出现轻微的流失或短缺，也会严重影响业务的正常运作。

3. 在假设条件不变的前提下，确保主流程关键职位和重点职位的编制不变，而对辅助职位的编制则采取弹性设置。主要方法有：确定各职类职种的比例；控制总人数；控制工资总额等。一般而言，对于辅助职位应采取不断提高从业者的工作技能的政策，从而达到减少辅助人员数量的目标。企业引入创新用工机制，对员工进行动态管理，吸引保留激励掌握核心技术、关键岗位员工。附属系统运行、设备维护以及承担设备计划检修员工可根据本单位实际使用短期合同工。管理人员、设备点检人员、主系统运行和设备维护人员需使用中、长期合同制员工。

4. 组织编制的动态调整

随着辅助人员的变化，可能引起组织结构作相应的调整，即从业者素质越高，所需相关职位从业者编制就越少，依据组织设计的管理幅度要求，这时组织结构就可以简化。同时，企业要依据组织分布的地域状况，考虑干部的储备要求，适当放宽中高层管理人员的编制设置。

第三节 素质模型

素质模型近年来在人力资源管理领域的地位越来越重要。企业坚持"能力本位"的原则，精心构建起基于素质模型的高级经营管理人才管理体系，并建立起精良的后备人才库，保证了企业发展当下有人、后继有人。同时，素质模型为人员的招募、甄选提供了用人方面的素质要求；为绩效管理系统提供了能力测评的内容、工具和方法；为薪酬体系设计提供最基础的标准、依据和框架，其作用越来越受到重视。

一、素质模型的概念与原理

（一）素质模型

素质通常被定义为工作中所必需的行为、知识和动机，它是判断一个人能否从事某项工作的起点，是决定并区别绩效好坏差异的个体特征。"素质"这一概念最早出现在1973年美国著名心理学家麦克兰德（David C. McClelland）的文章中。素质特征常用水中漂浮的一座冰山来描述（见图3—5）。

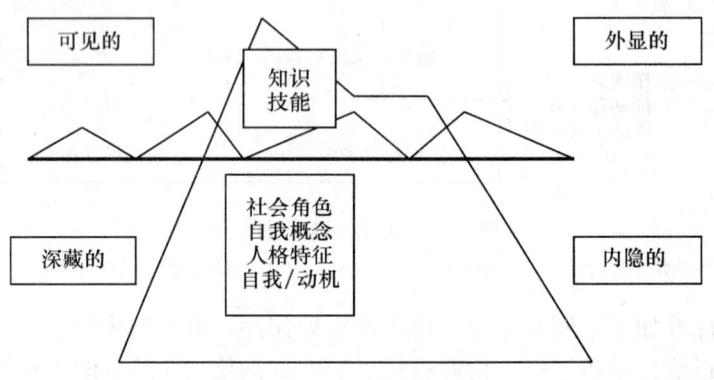

图3—5 素质结构冰山图

知识、技能属于表层的素质特征，漂浮在水上，很易发现；社会角色、自我概念、人格特质和动机或需要，属于深层的素质特征，隐藏在水下，且越往水下，越难发现。深层特征是决定人们的行为及表现的关键因素。

基于素质理论基础之上构建的各种素质模型在人力资源管理实践中发挥着重要作用。素质模型描述了将高绩效者与一般或者低绩效者区分开来的分析的结果。[①]

企业通常认为素质模型就是为完成某项工作，达成某一绩效目标所要求的一系列不同素质要素的组合，包括不同的动机表现、个性与品质要求、自我形象与社会角色特征以及知识与技能水平。西门子的人才素质模型牵涉到西门子的员工招聘、员工发展等众多环节，其人才素质模型包括三大部分内容，分别是知识、经验、能力三大领域（见图3—6）。通过员工素质模型可以判断并发现导致员工绩效好坏差异的关键驱动因素，从而成为改进与提高绩效的基点。

（二）素质模型与职位说明书的比较

职位与人之间的动态匹配关系是人力资源所要解决的核心问题，这就衍生出基于职位和基于素质的人力资源管理两条思路。传统的人力资源管理是在职位说明书的基础上建立规范

---

① 杨东涛，朱武生. 基于胜任力的人力资源管理研究［J］. 中国人力资源开发，2002（9）

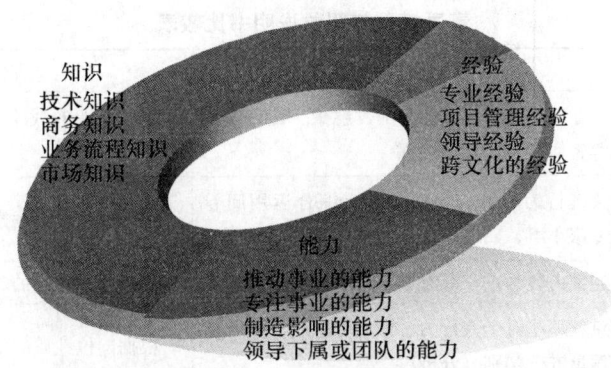

图3—6 西门子的人才素质模型

稳定的组织结构体系和人力资源管理系统。基于职位说明书就是通过职位分析来确定职位目的、职位工作关系、职位主要职责和活动、职位权限、任职者的基本能力要求等职位因素，形成职位描述和职位规范。这种以职位为基础的人力资源管理，其优点在于对各项职位要素有明确、清晰的规定，从而构成有效联系人力资源管理各职位模块的纽带，为整个人力资源管理体系提供了理性基础。但这种体系讲究的基本上是"以岗定人"，忽视了人的能动性，是一种静态的模式，缺乏灵活性。

而基于素质平台的人力资源管理体系的最大优势在于，能适合组织动态发展性的要求，组织可以根据组织结构的调整、工作活动的安排，对员工的工作进行灵活的调整，充分体现出"以人为本"的管理思想。在一般情况下，员工只做那些他们认为力所能及的事情，但人的能力远远超出目前他们所做的范围，当员工在群体中受到启发和支持，对自我的看法发生改变，看到自身更大的潜能时，其表现会更好。因此，基于素质模型的人力资源管理，只有与组织结构、薪酬、绩效管理、培训等其他环节紧密结合，素质模型才能发挥其应有的效应。素质模型与职位说明书之间的比较见表3—3。

二、素质模型的构建

（一）素质模型的构建

从素质模型的应用研究发现，不同的职务、不同行业、不同文化环境中的素质特征模型是不同的。这就要求企业在确定某一职务的素质模型特征时，必须从上往下进行分解，即由"企业使命"确定"企业核心战略能力"，由"企业核心战略能力"确定"企业业务发展需要的能力"，由"企业业务发展需要的能力"确定"职务需要的素质"，将素质概念置于"人—职—组织"匹配的框架中。[1]

构建素质模型必须把握好五方面的关键点。第一，素质模型必须关注企业战略和核心价值观，使得素质的定义和行为描述体现企业的个性特点。不同行业和同一行业的不同发展阶段的企业所需员工的素质会有明显不同的要求。因此，在研究构建素质模型前，首先要弄清公司战略与理念层面的核心内容：企业的生命周期；企业的战略目标及经营策略，以及相应

---

[1] 李明斐，卢小君. 胜任力与胜利模型构建方法研究［J］. 大连理工大学学报（社会科学版），2004（3）

表 3—3　　　　　　　　　素质模型与职位说明书比较表

差异点	素质模型	职位说明书
与企业战略关联度	与企业的战略、核心竞争力、愿景、使命以及文化等密切联系，互动性强	基于企业的战略、文化，强调与企业业务的一致性
构建的方法	以关键行为事件访谈法为主，综合运用问卷法、专家小组、归纳法等	工作日志法、观察法、访谈法及问卷法
内容形式	描述性内容为主，有时还包括相关的行为案例	基于职位确定的、标准化的内容
内容取向	重点就那些对个人行为、思想和感受有显著影响的信息进行辨别、分析	根据岗位性质的要求，多条、详尽的分析
内容的层级划分	对不同绩效在关键绩效领域中的差异特征进行优序排列并分层级	根据经验，对工作细节进行独立且有层次的划分
检验	分析内容是否有重复、遗漏，逻辑和层次是否分明	分析内容的关联性及与企业流程的衔接和磨合问题
成果	素质词典分层分类，动态管理	职位说明书具有系统性、稳定性

的业务策略变革要求；企业外部竞争条件、行业发展的内在规律，以及需要培育的公司核心竞争能力；竞争对手的优、劣势分析，以及公司的战略竞争策略；企业的核心价值理念等。第二，构建素质模型前，企业必须科学定义绩效考核标准。通过对企业长期经营目标的实现有关键影响的绩效要素和标杆竞争企业的成功要素综合分析，提炼出绩优者的评价标准。并据此为基础，建立绩优者与一般员工的素质特征模型，为人力资源管理工作的价值链管理提供有效的依据。第三，构建素质模型应关注企业所在的行业特点和业务流程特点。根据战略人力资源管理理念，对人力资源管理各项工作流程进行全方位的审查、梳理，然后再重新设计素质模型，体现不同职位之间素质要求的差异，强调将企业战略目标、核心能力、员工业绩水平、员工能力素质特征、行为特征结合起来，利用标杆分析，挖掘其中存在的内在联系。第四，素质模型应与其他人力资源管理环节匹配。主要是指素质模型应该建立在其他人力资源管理环节完善的基础之上。基于战略与核心价值理念的人力资源管理只有同现有素质模型理论及实践的结合，才能使战略目标进一步固化落实在人力资源管理的各个环节上。第五，人力资源管理者素质的影响。素质模型的开发应用需要人力资源管理者对企业管理基础理论与方法，尤其是战略管理、人力资源管理、组织行为学等基础理论和方法有较为深入的掌握和了解，还需要对企业具体业务与技术特征、行业规律和经济环境分析有深入的掌握和了解，还需要对心理学进行有效的把握。

（二）建立素质模型的简要程序

第一步，定义绩效标准。[①]

绩效标准是指那些有可能成为最终建立起的模型中的具体胜任素质项目的一些重要条目，是用来区分优秀员工和一般员工的标准。可以采用指标分析和专家小组讨论的办法。在

---

① 王立斌，徐芳．企业管理者通用核心素质模型的构建［J］．企业人力资源管理，2004（3）

收集到了充分的材料和信息之后，专家组一起对这些包括职位说明书在内的所有信息进行分析和过滤。然后，项目参与组每位成员（由公司员工组成）根据专家的指导，现场列出他们认为对于实现职位的绩效目标至关重要的一些要素、要求或其他各类的特质与特征。汇总后，接下来由专家组成员进行对比、归类与整合。最后整合出的列表包括多项效率指标（潜在素质）。这些指标应有硬指标，如利润率、销售额等，还必须有软指标，如行为特征、态度、服务对象的评价等。

第二步，选取分析样本。

根据第一步确定的绩效标准选择适量的表现优秀的样本和表现一般的样本，并以此作为对比样本进行行为事件访谈。[1]

行为事件访谈（Behavioral Event Interview），简称 BEI 方法，通过对绩优员工和一般员工的访谈，获取与高绩效相关的素质信息，揭示与挖掘当事人的素质，用以对当事人未来的行为及绩效产生预期，并发挥指导作用的一种方法。

第三步，修订初步效率指标。

访谈结束后，专家组对取得的数据进行适当的处理，结合录音资料完成更详细的访谈笔录，进行数据分析。然后专家组对所有确定出的主题、行为模型以及原定的效率指标进行综合分析、归类与整合，合并某些重复的指标，将某些新确定出的重要主题和行为模型凝聚成新的效率指标。通过独立的主题分析，对导致绩效优秀者和绩效一般者的思想和行为进行整理归类，整合各自的结果，形成区分绩优者和一般者的关键行为。

第四步，制作行为描述量表。

行为描述量表的制作由专家组负责进行。专家组根据国际人力资源管理研究院提供的行为描述量表模板和其他工具，为这些经过修正的效率指标分别制作一个包括 7 项行为描述的等级量表。

第五步，对样本组进行评估。

根据专家组提供的专用评估量表，参与组对样本组成员进行评估。

第六步，统计分析。

参与组成员利用专家组提供的评分工具和行为描述等级量表分别对样本组成员进行了评估和打分。经过整理、反复分析与统计，专家组得出优秀绩效组与普通绩效组在这些胜任素质上分别表现出的证据的频次。最后以优秀绩效组与普通绩效组在各项胜任素质条目上表现出证据的频次之差为该条胜任素质的权重，以优秀绩效组与普通绩效组在各项胜任素质上的多重均分差为基数，重新对初步模型中所包含的胜任素质进行排序。

第七步，构建素质模型。

专家对上表中的各项效率指标的分差按从小到大的顺序重新进行综合统计排列，其中排在第一位的就表示此项胜任素质区辨力最强，排在第二位的则是区辨力次之的胜任素质，以此类推，最后确定前几项胜任素质来组成该职位的胜任素质模型。在确定出了包括这几项胜任素质的职位胜任素质模型后，接下来要制定这几条胜任素质的行为描述等级量表。在每一

---

[1] 彭剑锋，荆小娟. 员工素质模型设计 [M]. 北京：中国人民大学出版社，2003

特征元素之下,都设计有清晰明确的元素定义、元素诠释、等级关键词及行为特征(行为维度+行为描述)(见表3—4)。

表3—4 "勇担责任"的指标等级与典型行为

等级	等级关键词	典 型 行 为
1	完整履责	努力解决工作中的问题与风险,保证工作的正常进行 对待自己的本职工作始终抱以负责任的态度,从不懈怠 保持对日常工作的足够投入,确保完整履行工作职责
2	主动负责	工作出现问题时,勇于承认错误,承担责任与处罚 出现问题首先从自身找原因,不随意归咎和责备他人 下属犯了错,首先审视自己的工作是否做到位 在可接受的范围内,即使存在风险也敢于采取行动
3	勇担风险	在责任范围内敢于做出决定并承担由此带来的额外风险与责任 主动承担对组织有利的灰色地带(划分不清)的职责 在困难情况下,主动承担超越常规职责的工作任务 努力推进正确的事,不因为环境的不确定性而裹足不前
4	积极管理组织压力与风险	即使环境不利,也能积极调动组织与个人资源推动组织目标的实现 为促进组织更好、更快发展,主动采取行动开拓新的经营局面 敏锐识别对组织可能产生消极影响的风险并主动管理 审慎分析,大胆决策,只要有利于组织,即使遭到反对也会努力推动

根据参与组评估人员的评分结果,结合优秀绩效组成员的自我评分,专家组经评议、组合,给出目标职位的职位胜任素质模型建议使用的录用基线,即候选人在模型的几项胜任素质上分别应该达到的分值。

第八步,验证素质模型。

素质模型的评估与检验通常有两种做法:一是在企业内部选取更多的样本进行检验,二是选取标杆企业进行对比分析。在同一家企业内部检验需要更多的样本,这同样是不现实的,而选择标杆企业检验则是操作性更强的方法。国内电信运营商目前只有五家,具体到各省级分公司,竞争对手十分明确,标杆企业的选取标的几乎是确定的。由于中研博峰长年致力于电信行业的管理咨询服务,积累了大量的优秀企业素材,并且常常有多个项目在同步实施,选取标杆企业进行检验已是题中应有之意。比较研究的方法很简单:在标杆企业中抽取少量几个关键岗位的绩优员工,将整个访谈方法再运行一遍,然后检查得出的结果是否与建好的模型相一致。

开发应用素质能力模型,实行推广素质管理,将有利于完善企业人力资源管理流程,推动人力资源管理各项实践的有效联动,改善工作有效性。同时,有助于驱动组织结构的变革,促成文化的整合与组织架构的一致性,帮助企业吸纳、保留更多具有高素质、高潜质的人才,对企业稳定持续发展产生深远的影响。同时,建立了一个正确的模型并不代表一劳永逸了,而是需要不断地检验它,确认它。只有根据现实不断地对素质模型进行调整、修正和完善,并有效地加以利用,才能真正实现其管理价值。

三、素质模型应用

素质模型是企业人力资源管理中的一项重要管理工具，其本身不可能独立地发挥作用，只有融入人员招聘选拔、培训、绩效管理、职业生涯规划等工作中，其价值才能得到体现。以素质模型为核心构建人力资源管理体系主要应从以下几方面入手。

1. 在职位分析的设计方面

传统的工作职位分析较为注重工作的组成要素，而基于员工素质模型的职位分析，则通过研究绩效突出员工与优异表现相关联的特征及行为，结合这些人的特征和行为定义该工作职位的职责内容，它具有更强的工作绩效预测性，能够更有效地为企业选拔、培训员工以及为员工的职业生涯规划、奖励、薪酬设计提供参考标准。

2. 在员工招聘选拔方面

如今企业招聘甄选的重点已逐渐从满足职位空缺的人员需求，转向为了保证企业战略目标的实现而从多样化的背景中（包括文化、教育、经济环境等）甄选与吸引那些能够帮助企业达成当期以及长期战略目标的具有高素质的人。[①] 因此，传统的依据候选人的知识技能以及经验背景进行招聘甄选的理念与方法已经不能满足企业获得持续竞争力的要求，开展基于素质的招聘甄选工作成为解决此问题的有效措施。

表 3—5 给出了传统的招聘甄选与基于素质的招聘甄选两种理念的差别。

表 3—5　　　　　　　　　　两种招聘甄选理念之比较

招聘理念	特　点
传统的招聘甄选	基于短期的职位需求开展招聘甄选工作，仅仅以职位分析与候选人"过去做过什么"作为考察候选人是否具备所需要的知识、经验与技能的基础，缺乏对候选人未来绩效的预测与判断
基于素质的招聘甄选	除了采用既定的工作标准与技能要求对候选人进行评价之外，还要依据候选人具备的素质对其未来绩效的指引作用来实施招聘甄选。这种基于素质的招聘甄选将企业的战略、经营目标、工作与个人联系起来，在遵循有效的招聘甄选决策程序的同时，提高了招聘质量。同时，整个招聘甄选以企业战略框架为基础，也使那些对企业持续成功最为重要的人员及其素质得到了重视与强化

企业实施基于素质的招聘甄选大致可以遵循四个步骤：[②] 首先，确定招聘需求，依据人才规划确定人员与职位的变化。其次，界定所需的素质要求。明确关键的专业技能素质与通用素质要求，并且界定特定职位的素质等级。然后，选择招聘渠道。企业可以在内部发布职位空缺信息，实施竞聘或工作轮换，也可以选择合适的媒体向外发布招聘信息。最后，实施招聘甄选计划，执行面试。使用适当的评价工具做出甄选决策。

全球领先的制药公司阿斯利康即是根据公司自己制定的胜任力模型来进行人才招聘的，可以分为技术性考核和行为面试等形式。招聘过程中，阿斯利康根据不同职位设定测试标准来考察应聘者，包括核心价值观和具体岗位的专业能力要求两部分。重点考察应聘者是否具有较强的创造力、学习能力、独立工作的能力，以及强烈的团队合作精神等。

---

① 靳代平，辛德强. 试论素质模型在人员招聘中的应用 [J]. 科技创业月刊，2005（2）
② 樊宏，戴良铁. 基于行为素质的结构化面试 [J]. 中国人力资源开发，2004（5）

3. 在人员配置方面

素质模型的建立，有助于人员与岗位的匹配，组建结构合理的工作团队，提高团队的工作效能。避免岗位人员的同质化，使团队的素质互补成为可能。"垃圾是放错位置的人才"，这是德国管理界的格言。从这个角度上看，每一个人都是人才，关键是必须把他放到合适的岗位上去。人职匹配，是充分发挥人力资源潜能的一个重要条件。

4. 在培训开发方面

为了有效支撑基于素质的人力资源管理系统，企业的培训开发系统也要贯彻"立足于培育员工的核心专长与技能"的理念。企业相应职位的素质模型建立后，可以根据建立好的素质模型对在职工作人员进行素质等级测评，以发现被评估者与事先确定的职位素质模型存在的差距，找出培训的具体需求和实施培训的关键，员工可以在上级主管人员以及公司人力资源部门的指导下，制订培训和发展计划。在这一过程中，设计和提供基于素质模型设计的培训课程将在尽可能大的程度上确保受训者学到了技能，从而使培训工作的效果大幅度提高。假如某部门一位业务经理的能力素质与素质模型中一组评价元素形成如下对比关系（见图3—7）：在这种情形中（图中阴影部分表示这位业务经理的实际能力素质，实折线表示他所在岗位的胜任力模型需求），可以判断他在主动沟通、积极学习、概念式思考三方面需要做进一步改进。这样就得知了某一个体的培训需求。

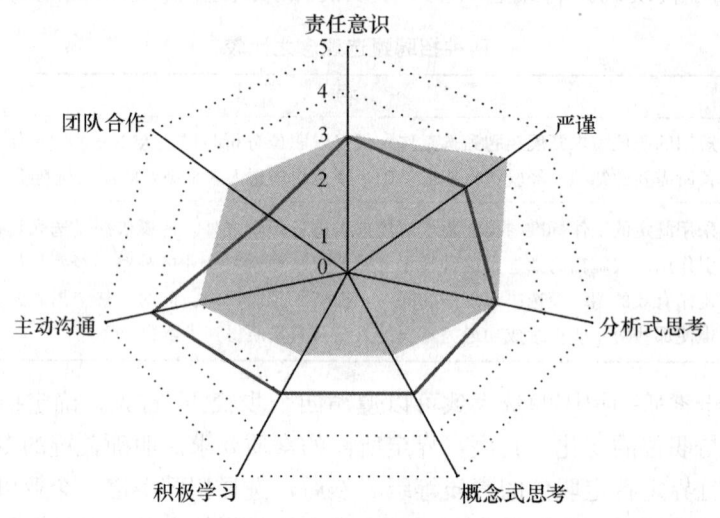

图3—7　素质模型与培训需求

IBM公司通过对11个能力（客户角度、突破性思考、结果导向、团队领导、坦诚沟通、团队协作、坚定性、建立组织能力、教练制、个人贡献、对组织的热情）的运用，进行了有针对性的培训和评估，在IBM中强化了这些行为，推动建立一个全新的文化。

5. 在绩效管理方面

素质模型也为绩效管理提供了新的思路和技术基础。首先，基于素质的绩效管理在绩效标准的设计上既要设定任务绩效目标，又要设定素质发展目标。绩效标准的设计应对员工的贡献和胜任素质发展、目前的价值和对组织长远发展需要的重要性、短期绩效和长期目标做出适当的平衡。其次，素质模型分析应用于绩效管理可以更好地指导绩效考核，企业在绩效评估时，应从目标的完成、任务绩效的提高和素质模型的发展三方面来进行。再次，沟通是绩效管理的一个关键环节，基于素质模型的绩效管理为绩效沟通增添了新的内涵，同时也为绩效管理确立了新的发展方向。

6. 在薪酬管理方面

在以能力为基础的薪酬体系中，素质模型可以像职位评价一样，为薪酬体系的设计提供最基础的标准、依据和框架。[①]

在企业建立了基于素质的绩效管理系统之后，企业已经从过去关注员工现在能够创造什么价值转向了包括现在和未来在内的持续的价值创造能力，因此，建立基于素质的薪酬管理系统实际上也为员工关注未来的发展和潜在价值提供了最终的落脚点，从而使员工与各级管理者都能够为不断提高现有的技能水平、持续发挥自身的优势和潜能而努力，也使整个基于素质的人力资源管理系统对企业的运营实践产生价值成为可能。当然，建立基于素质的薪酬管理系统也能够帮助企业吸纳、保留更多具备高素质、高潜能的人才。

7. 在员工职业生涯发展方面

根据员工的素质特征，提升具有高绩效高潜能员工的素质，使得员工不断朝着其职业生涯规划发展，是激励员工最基本的力量，也是组织取得成功的必要因素。素质模型为员工的职业生涯规划和组织内部人力资源战略规划提供有力的参考依据。

8. 在战略性人才规划方面

员工素质模型的建立能够帮助并强化企业对于人才的认识与界定。事实上，企业通过分析自身战略规划与实施过程中对人才核心专长与技能的要求，从而能够根据素质模型以及对现有人才的评估结果分析企业现有人才的能力状况，并因此有针对性地开展包括人才的吸纳、开发、激励、维持等在内的一系列人力资源规划与行动。IBM公司1995年就开始在公司内部展开了一次全面的调查研究，确认了11项领导团队应该具备的优秀素质，其中包括必胜的决心、快速执行的能力、持续的动能以及核心特质四个素质族，这些素质成为IBM选拔历任领导人选的有力工具，IBM甚至成立了独立的管理咨询公司推广其领导力培养计划。

参考文献

1. 付亚和，许玉林. 劳动人事管理实务卷 [M]. 见：彭剑锋. 现代管理制度·程序·方法范例全集 [M]. 北京：中国人民大学出版社，1993

2. 樊宏，戴良铁. 基于行为素质的结构化面试 [J]. 中国人力资源开发，2004

3. 李明斐，卢小君. 胜任力与胜利模型构建方法研究 [J]. 大连理工大学学报（社会科学版），2004（3）

4. 杰克逊，舒勒. 管理人力资源：合作伙伴的责任、定位与分工（中文版）[M]. 北京：中信出版社，2006

[①] 唐纳德·S·耐莫诺夫. 建立基于素质的薪酬体系 [J]. 汪雯译. 中国人力资源开发，2003（6）

5. 加里·德斯勒. 人力资源管理（中文版）[M]. 北京：中国人民大学出版社，2000

6. 靳代平，辛德强. 试论素质模型在人员招聘中的应用 [J]. 科技创业月刊，2005 (2)

7. 彭剑锋. 人力资源管理概论 [M]. 上海：复旦大学出版社，2005

8. 彭剑锋，荆小娟. 员工素质模型设计 [M]. 北京：中国人民大学出版社，2003

9. 唐纳德·S·耐莫诺夫. 建立基于素质的薪酬体系 [J]. 汪雯译. 中国人力资源开发，2003（6）

10. 杨东涛，朱武生. 基于胜任力的人力资源管理研究 [J]. 中国人力资源开发，2002 (9)

11. 王立斌，徐芳. 企业管理者通用核心素质模型的构建 [J]. 企业人力资源管理，2004（3）

12. Boyatzis R E. Rendering unto competence the things that are competent [M]. American Psychologist，1994：64-66.

13. Carson K P, Stewart G L. Job Analysis and the Sociotechnical Approach to Quality: A Critical Examination [M]. Journal of Quality Management，1996：49-64.

14. James Clifford. Job Analysis：Why Do It, and How Should It Be Done? [M]. Public Personnel Management，Vol. 23，No. 2，1994：321-340.

15. Li W D, Shi K, Taylor P J. Reconsidering Within-Job Variance in Job Analysis Rating：Replication and Extensions [M]. Journal of Business and Psychology. 2005.

16. Sanchez J I. From documentation to innovation：Reshaping job analysis to meet emerging business needs [M]. Human Resource Management Review，Vol. 4，No. 1，1994：51-74.

17. Schippmann JS, Ash RA, Battista M. The practice of competency modeling [M]. *Personnel Psychology*，Vol53（3），2000：703-740

18. Wayne Cascio. Applied psychology in Human Resource Management（5th ed.）[M]. NJ：Prentice Hall. 1998.

第 4 章
招募甄选管理

成功的人员招募和甄选对于构建和维持一个的企业组织体系是至关重要的。国际知名的民意测验和商业调查、咨询公司的一项全球范围内的调查结果显示：对于大多数企业来说，选人比育人更为重要。本章内容首先对人员招募和甄选的基本原理做了简要的说明；然后讨论了各种招募渠道的适用范围及优缺点；接着分别说明了人员甄选具体的实施过程及需要注意的问题；最后给出了常用的人员甄选的方法及人员甄选的新发展。

第一节　招募甄选的基本原理

从广义而言，人员招聘包括招募、甄选、录用和评估几个紧密相连的环节。在人力资源管理的实际操作中，招募是指组织确定工作需要，根据需要吸引候选人来填补工作空缺的活动，主要是指根据人力资源规划和工作分析提出的人员要求数据与任职资格要求，通过需求信息的发布来寻找、吸引那些有能力又有兴趣到本企业任职的人。而人员甄选是指运用各种科学的方法和手段，系统客观地测量、评价和判断候选人与工作相关的知识和技能、能力水平及倾向、个性特点和行为特征、职业发展取向及工作经验等，根据既定的标准对申请人进行选择，从而做出录用决策的过程[1]。

人员招募和甄选包括三个主要的活动，即定义人员需求、招募候选人、甄选候选人（见图4—1）。[2]

事实上，这三个活动主要都是基于匹配理论，包括人与岗位的匹配理论和人与组织的匹配理论。

个人与岗位匹配，指人的特征与岗位特征匹配，即组织尽可能细化其职位需要以寻找和雇用个人特征符合职位需要的候选人。追求员工知识、技能和能力（KSAS）[3]与具体的工作要求相匹配，从而达到预期的工作效果。不同的岗位由于其工作性质、难度、环境、条

---

[1] 斯蒂芬.P.罗宾斯. 管理学[M]. 北京：中国人民大学出版社，2004
[2] 彭剑锋. 人力资源管理概论[M]. 上海：复旦大学出版社，2005：263
[3] 安鸿章. 现代企业人力资源管理[M]. 北京：中国劳动社会保障出版社，2003

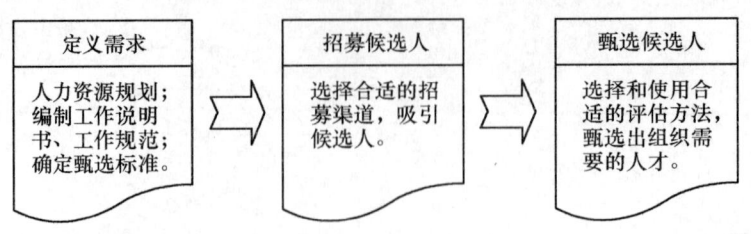

图 4—1 人员招募和甄选活动

件、方式的不同,对工作者的能力、知识、技能、性格、气质、心理素质等就有不同的要求。进行人—岗匹配时,应根据每个人的能力模式和能力水平将其安排在相应的岗位上,因人定岗、按能配岗;还应根据岗位所要求的能级安排相应的人,因岗选人;而且要用人之长、避人之短,这样才能做到"岗得其人、人乐其岗",充分调动员工的工作兴趣和热情,发挥其最大的能量。个人—岗位匹配蕴含着三重相互对应的关系:一是每个岗位都有特定要求与相应的报酬;二是员工想胜任某一岗位,就应具备相应的才能与动力;三是工作报酬与个人动力相匹配。通过岗位匹配可使企业增强对员工的吸引力,迫使员工提高工作业绩,增加员工对岗位的满意度,开发员工的潜能,使企业形成一个充满活力的系统。但这一观点目前受到了很多的批判,市场环境的变化使得组织中工作的特征发生变化,市场竞争加剧、技术进步、工作流程的改进等都使组织需要的人才类型发生变化,所以组织对有潜能的人更感兴趣,特别是那些不仅仅能完成本职工作还可以影响组织绩效的人。

个人与组织匹配是指个人特征(人格、价值观)与组织特性(共同价值观、行为规范)通过双方遴选和社会化来达到他们之间的匹配。该理论强调人们的行为和成果在很大程度上受其所在环境的影响,在评价工作申请者是否与工作匹配时要重点关注申请人在目前工作中为什么能获得成功,新的工作能否提供相同的条件。人与组织匹配的结果在一定程度上导致组织行为规范和价值观及个人价值观的改变、工作态度的改善等。Kristof[①]在总结了以往研究的基础上对人与组织匹配的概念进行了整合,提出了匹配整合模型,如图4—2所示。

该模型对一致匹配和互补匹配、需要—供给观点和需求—能力观点进行了整合。他认为,一致匹配发生在组织和个体两个实体间的基本特征相似时,组织的基本特征主要包括组织文化、组织价值观、组织目标和规范,个体的基本特征包括个性、个体价值观、个人目标和态度等方面。个体和组织在这些方面相似的基础上才可能有互补匹配的存在,人与组织的互补匹配包括两方面:组织提供财务、物理和心理资源,提供工作发展和人际交往的机会来满足个体在这些方面的需要;个体则通过提供自身的时间、努力、承诺和综合能力(KSAs)等资源来满足组织在这些方面的要求。个人—组织匹配是以对组织的全面分析来进行的,强调员工与组织文化的匹配以及组织的社会化过程,员工不只是在企业找到一份工作,还要能够融入组织,与组织的目标一致。这种匹配强调通过组织文化来影响员工的工作动机,从而提高员工的工作态度和满意度,使整个组织具有高效性。

---

① A. L. Kristof. Person-organization fit An integrative review of its conceptualizations:Measurement and Implications,[J]. Personnel Psychology,1996:49

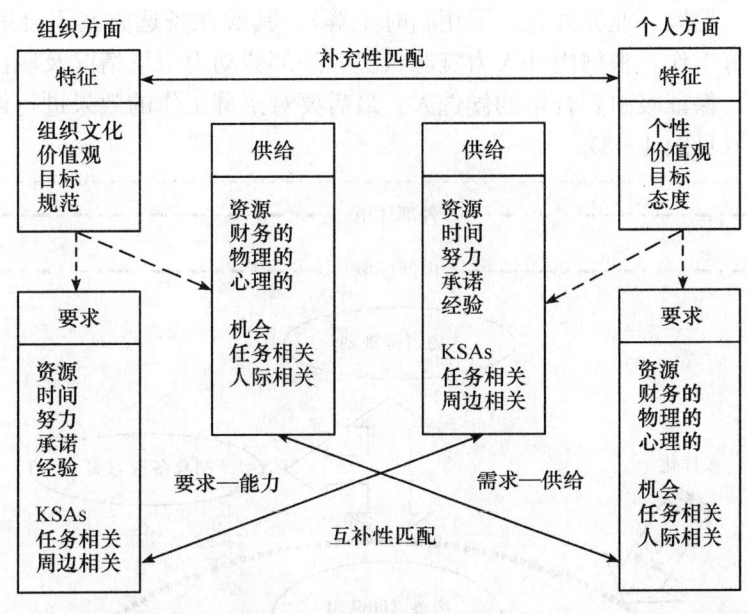

图4—2 匹配整合模型

所以一般而言，招聘的员工既要符合职位的基本要求，又要与公司的发展战略、文化、技术和环境相适应。另外一些社会原因（法律要求等）和组织面临的经济压力，可能要求企业在招聘过程中要考虑员工多样性等问题，比如法律禁止对女性、少数民族、残疾人等的歧视等。而且员工年龄结构、知识结构、性别比例、出生地等的不同也可以形成一种互补效应，为企业创造价值。

第二节 人员招募

在定义好人力资源需求之后，就进入了人员招募的实施阶段，在这一阶段需要考虑很多问题，如招募的内外部环境、招募的备选方案、招募渠道的选择等，其中最重要的是招募渠道的选择。根据招募的来源，可以把招募渠道分为内部招募和外部招募两大类。内部招募和外部招募没有优劣之分，选择哪一种取决于企业的战略、人力资源政策、企业所在地的劳动力市场、企业在劳动力市场中所处的地位，以及拟招募岗位的性质、层次和类型等。

一、人员招募的实施程序

招募过程中职位申请者和用人单位都发出了关于建立雇佣关系的信号，所以企业招募信号在有效劳动力市场上的准确、恰当传递对吸引有价值的候选人极其重要。因此，企业应站在长远发展的角度，综合考虑各种影响因素，比如企业的内部条件、外部条件，企业的人力资源规划及招募岗位的岗位职责要求等共同来确定招募的渠道、招募方法、招募的时间及地点等。

首先根据企业面临的外部环境和内部资源状况确定其长远的人力资源规划，当出现职位空缺时本着成本最小化的原则，先考虑是否有除招募以外的其他方案可以填补职位空缺（比如现有员工加班、轮岗、业务外包、采用临时工等）。其次在备选方案不合适的情况下，要积极准备开展招募工作，根据内部人力资源状况、外部劳动力市场情况及职位的特点等选择合适的招募渠道，保证吸引到合格的候选人。最后要对招募工作的效果进行评估，实现招募工作的持续改进（见图4—3）。

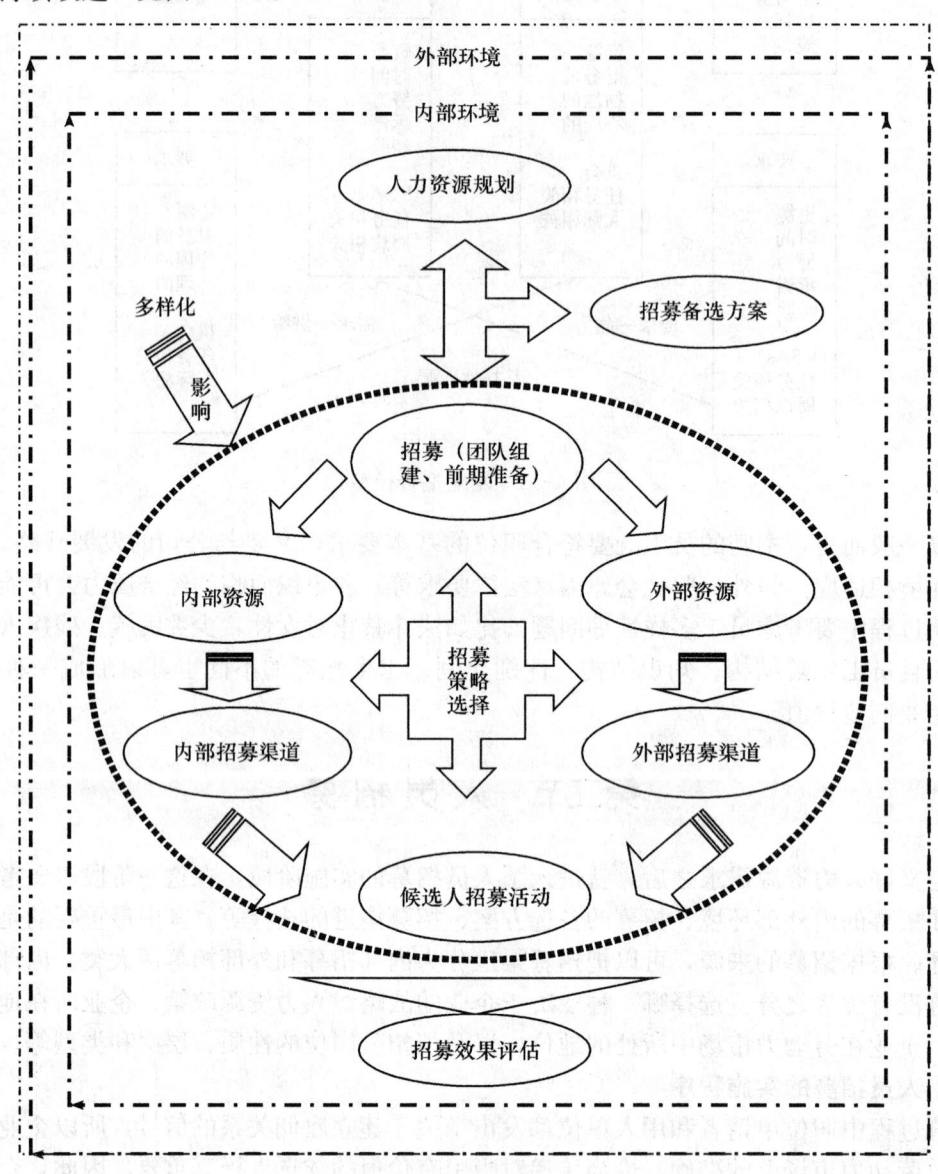

图4—3 招募基本流程

资料来源：赵永乐，沈宗军，刘宇瑛，周希舫. 招募与面试［M］. 上海：上海交通大学出版社，2006：35-37

二、内部招募

企业的岗位空缺虽然可以用招募外部人士来填补，但是多数组织都是通过提升那些接近提升线的人员或平级调动来实现。目前企业最常用的内部招募的途径主要有内部提升、调动、工作轮换、返聘和员工推荐等。其中内部提升常能提高员工的士气和对组织的忠诚度，但是当员工没有被提升时，也容易产生挫败感。

内部招募的有效手段包括员工数据库、职位公告、推荐法等。员工数据库是企业人力资源信息系统的一部分，通过数据库可以了解员工的详细信息，包括能力、以往工作业绩、学历、性格特征等，依托该数据库能发现适合的候选人。职位公告法（job posting）是指通过各种内部媒介，将内部空缺职位信息公开发布，吸引符合条件的内部工作人员应聘，然后通过层层考试选拔适合的人员录用。推荐法主要是指上级主管向人力资源部门推荐其熟悉的可以胜任某项工作的候选人，通过对候选人的审核考察，最后确定该职位的最佳人选。该方法的成功率比较大，如微软雇用的员工中40%是通过员工推荐的，微软相信忠诚的员工会推荐最好的员工。

三、外部招募

内部招募是企业满足人员需求的一种方式，但是更为常见的是不断的从外部寻求员工，特别是需要大量扩充其劳动力时。当企业面临以下情况时需要考虑外部招募渠道：补充初级岗位；获得现有人员不具备的技术；获得能够提供新思想并具有不同背景的员工等。特别是当企业处于初创期、快速成长期，或者企业需要变革时，一般会选用外部招募渠道获得合适的人才。常用的外部招募渠道主要有招募广告、职业介绍机构、人才交流会、网络招聘、校园招募及猎头公司等。

1. 招募广告（advertising）

广告是指通过广播、报纸、电视和行业出版物等媒介向公众传达公司的就业需求信息（利用网络做广告将在下一节详细讨论）。由于广告的传播范围相对大，能起到树立企业形象的功能，所以被很多企业采用，但是广告传递信息时不是面对面的，有可能造成信息失真，而且广告费用的支出一般较大，因此，在借助广告进行招募时必须考虑两个因素：广告媒体的选择和广告形式及内容的设计。

广告媒体主要包括报纸、杂志、广播、电视等，各媒体各有利弊，有其适用的对象，在选择招募媒体时，首要考虑的是媒体本身承载信息传播的能力。如报纸招募的适用范围一般是某一个小区域或可能的求职者聚集在某一区域时。但当候选人为专业人员，且时间、地点限制不太重要时，则可以考虑在本专业领域内的声望较高的杂志期刊上刊登招募信息。

除广告媒体的选择以外，招聘广告构思也很重要。好的广告形式有利于吸引更多的求职者的关注，设计精良的招聘广告具有一定的形象效应，有利于树立企业公共形象，招聘广告的设计一般要满足四个原则，即注意力—兴趣—愿望—行动（A-I-D-A）。必须能够吸引求职者的注意力（attention），要引起求职者对工作的兴趣（interest），要引起求职者申请工作的愿望（desire），通过重点强调工作有意义的一面以及工作中所包含的成就感、职业发展前途以及其他一些该工作的好处，来达到这一目的；应当能够鼓励求职者积极采取行动

(action)。[1]

2. 职业介绍机构和人才交流会

职业介绍机构的作用是帮助雇主选拔人员，节省雇主的时间，可以借助职业介绍机构求职者资源广且能提供专业咨询和服务的优势。但是借助职业介绍机构的不利因素是需求者与供给者之间存在一定的信息不对称，而组织的信息一旦被中介机构误解或是理解的不充分，就容易造成人职不匹配，因此，即使该方法的速度比较快、费用较低，一般也只适合于对初级、中级或急需工、临时性用工的招募。

外部机构组织的人才交流会通常也是组织与求职者双向交流的场所，通过参加人才交流会企业可以直接获取大量应聘者的相关信息，既节省费用，又缩短招募周期，并可以在信息公开、竞争公平的条件下，公开考核、择优录取。但是由于应聘者较多，筛选的工作量和难度较大，该方法同样也只适合于初级或中级人才以及急需工的招募。

3. 网络招募

网络招募也称在线招募或电子招募（E-Recruiting），是指利用因特网技术进行的招募活动，包括招募信息和求职信息的发布、人才简历的搜集整理、电子面试以及在线测评等。网络招募的媒体是一般的专业招募网站和企业的网站或主页。公司网站是一个提供通常包括企业各方面信息，包括人力资源信息的虚拟媒介。公司的主页是网站的初始页，组织利用主页向访问者介绍企业的基本情况。最近有研究报道，超过90%的求职者在得到工作以前都查询过该公司的网站。

随着电子化、信息化的发展，网络招募突破了传统招募手段时间、地点等的限制，在人们的求职中扮演着越来越重要的角色。据调查有23.0%的被调查者获得现有工作信息是通过网络招募实现的（徐芳、孙媛媛、沙伟影，2007）。[2] 网络招募作为一种新型的招募方式，以其固有的优势给传统的招募方式带来了很大的冲击。Capelli（2001）指出，网络在劳动力市场中的角色远远超出了一般工具的价值，它塑造了一种全新的文化。[3]

（1）网络招募的优势。第一，降低了招募成本和对申请者的筛选成本（Capelli, 2001; McDougall, 2001），求职者可以通过 e-mail 联系，甚至能够进行在线面试；[4] 第二，降低了职位空缺被填补之前所产生的损失（CIPD, 1999; Williams & Klau, 1997）；[5] 第三，极大降低了招聘过程所需要的时间成本（McDougall, 2001）；[6] 第四，减少了人力资源部门的工

---

[1] 加里·德斯勒, 曾湘泉. 人力资源管理（第十版·中国版）[M]. 北京：中国人民大学出版社，2006: 129-130
[2] 徐芳, 孙媛媛, 沙伟影. 劳动力市场中介与就业促进 [M]. 北京：中国人民大学出版社，2007
[3] Capelli P. Making the Most of Online Recruiting [J]. Harvard Business Review, 79 (3), 2001: 139-146
[4] Capelli P. Making the Most of Online Recruiting [J]. Harvard Business Review, 79 (3), 2001: 139-146
McDougall B. Cyber-recruitment: The Rise of the E-Labor Market and its Implicationgs for the Federal Public Service [M]. Public Service Commission of Canada, 2001.
[5] Williams & Klau B. Easy Tips for Recruiting Online [J]. Workforce, 76 (8), 1997: 13-17
CIPD. 1999. Recruitment on the Internet. IPD Information Note, http://www.cipd.co.uk/Infosource/Recruitment And Selection/Recruitment on the Internet.asp
[6] McDougall B. Cyber-recruitment: The Rise of the E-Labor Market and its Implicationgs for the Federal Public Service [M]. Public Service Commission of Canada, 2001.

作量，使得人力资源部门能够有更多的时间来关注一些战略（Galanaki，2002）；① 第五，提升企业形象，企业网站的招聘网页是企业网站中浏览量第二大的地方，为企业提供了很好的展示企业良好工作条件的机会，提高企业的声誉（Boehle，2000）。②

（2）网络招募的劣势。虽然与传统的招募渠道相比，网络招募具有众多的优势，但是对于人力资源从业者来说，仅仅依靠网络来吸引人才的做法是不明智的。首先，网络不是一种选择工具，它不会进行背景调查，面对面的测试和发现雇员真实的态度和行为。其次，求职者的数量多但质量不高，网上必须审查的简历的数量很多，一些大的公司都至少安排两名内部招聘人员来处理，影响了组织的效率。再次，缺少适合高级职位的候选人，McDougall（2001）③ 指出，招聘网站虽然能够储备初级和中级职位的求职者，但是难以产生适合高级职位的人选。而且，信息的保密性不好，所有申请人的信息都在一个或多个网站上，可能会遭到黑客的入侵破坏。除此之外，由于网络招募与网络硬件、信息技术密切相关，在一些欠发达地区，缺乏足够的生存空间。

总的来说，该方法方便、快捷，突破了时间、地点的限制，极大缩短了搜寻过程的所需时间，降低了招募成本，但是由于技术模式不是很成熟，企业筛选简历的工作量繁重。因此，一般也只适合于初级或中级人才的招募。

（3）三大招募网站。目前企业在选择网络招募时常用的招募网站主要是中华英才网、前程无忧和智联招聘。④ 中华英才网是国内最早从事人才服务的综合性网站，从1997年起从事网络招聘业务，其品牌和服务已被个人求职者和企业人力资源部门普遍认可。其在全国共有12家分公司，主要产品与服务有网络招聘、英才招聘宝、英才SSS、校园招聘、猎头服务等。"前程无忧"成立于1999年，是国内领先的集多种媒介资源优势的专业人力资源服务机构，提供包括招聘猎头、培训测评和人事外包在内的全方位专业人力资源服务，在全国包括香港的26个城市设有服务机构。智联招聘成立于1997年，面向大型公司和快速发展的中小企业提供一站式专业人力资源服务，包括网络招聘、报纸招聘、校园招聘、猎头服务、招聘外包、企业培训以及人才测评等。

4. 校园招募

校园招募是指直接到高等院校招募应届毕业生，近年来受到很多企业的追捧，例如宝洁公司一直把校园招募作为其人力资源管理的根基来经营，甚至很少进行公开的社会招募。由于学校各类人才聚集较多、素质较高，因此，许多有晋升潜力的工作候选人最初都是企业通过校园招募雇用来的。一般使用该渠道招聘最多的职位是生产操作人员、专业技术人员、营销人员、行政后勤人员（徐芳、孙媛媛、沙伟影，2007）。⑤

---

① Galanaki E. The Decision to Recruit Online: A Descriptive Study [J]. Career Development International, 7 (4), 2002: 243-251

② Boehle S. Online Recruiting Gets Sneaky [J]. Training, 37 (5), 2000: 66-74.

③ McDougall B. Cyber-recruitment: The Rise of the E-Labor Market and its Implicationgs for the Federal Public Service [M]. Public Service Commission of Canada, 2001.

④ http://www.ChinaHR.com，http://www.51job.com，http://www.zhaopin.com

⑤ 徐芳，孙媛媛，沙伟影. 劳动力市场中介与就业促进 [M]. 北京：中国人民大学出版社，2007

(1) 校园招募的流程。采用校园招募途径，首先，要根据人力资源规划确定需求，根据岗位说明书确定所需人员的素质及专业技能要求。其次，要确定进行校园招募的学校，并组织进行前期的宣传工作以扩大影响。然后是举办招聘宣讲会，求职者现场或网络申请该职位。最后是组织笔试和面试，获得合格的员工（见图4—4）。宝洁公司的校园招募也基本如此，主要包括招聘会、申请表领取及填写、初试、解难能力测试、英文测试、复试、发录用通知等步骤。

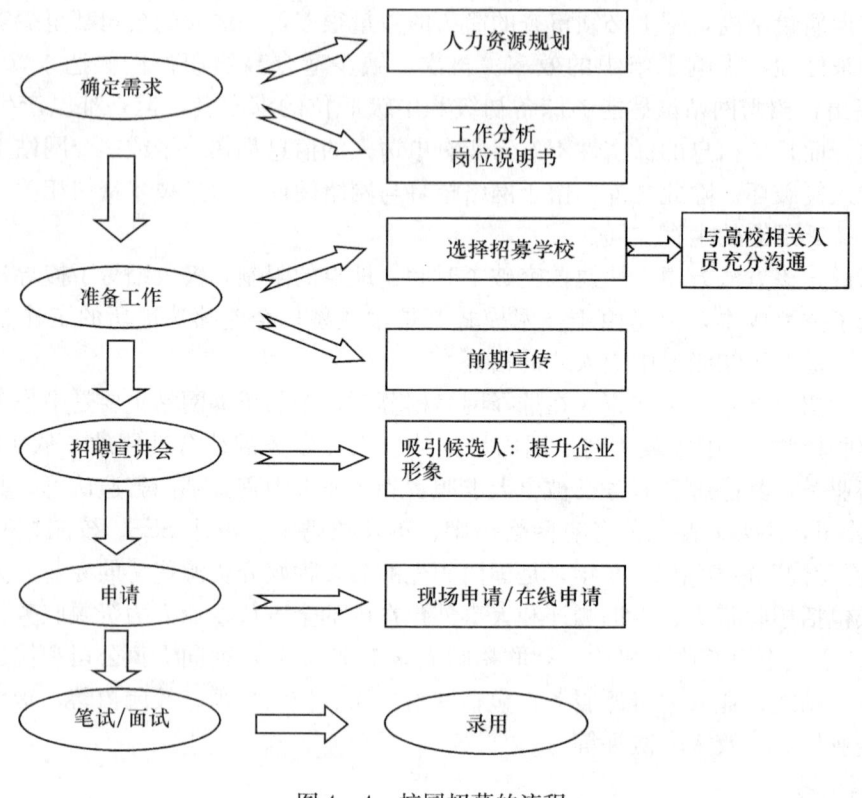

图4—4 校园招募的流程

(2) 校园招募的优缺点。校园招募受到越来越多组织的青睐，是因为校园招募本身有很多优点，可以为企业创造价值。首先，大学生的可塑性较强。由于接触社会和企业较少，没有受过其他文化的渲染，职业化行为、核心职业理念等尚未形成，具有较强的可塑性。其次，应聘者综合素质较高，发展潜力大，接受能力强且善于接受新事物，工作有激情，而且思维活跃、有创造力，能为企业带来新鲜血液、新的思想和理念，帮助组织实现创新。除此之外校园招募还可以为企业带来宣传形象的机会，从众多行业的竞争者中间脱颖而出。

校园招募的缺点主要是招募成本高、培训成本高和需要对大学生进行额外的心理期望引导等。应届毕业生由于缺乏实际工作经验，理论和实践存在一定差距，所以在上岗前要进行培训才能适应工作，与通过其他途径招募的有工作经验的人相比，需要花费更多的培训成本。而且由于没有进入社会，大学生一般对工作的期望很高，对自身的能力又有过高的估计，工作一段时间以后就会产生心理落差，影响工作效率和工作满意度，所以需要不断对新入职的大学生进行心理期望上的引导,培养其准确的个人定位能力。

(3) 成功的校园招募策略。首先要准确地选择招募学校。选择哪些学校对招募的效果至关重要,直接影响可能的应聘者数量、质量和与公司空缺岗位的匹配程度。一般在选择学校时要考虑以下十点因素(见表4—2)。

表4—2　　　　　　　　　　选择招募学校的影响因素

因　　　素	重要性（1~7）
在技能领域的声望	6.5
学校的总体声望	5.8
原来从该学校雇用的雇员的工作绩效	5.7
学校的地理位置	5.1
先前的录用比例及就职比例	4.6
过去的经验	4.5
潜在的候选人数量	4.5
招募成本	3.9
对学校教职工的熟悉程度	3.8
总经理及其他高层管理人员的母校	3.0

说明:7表示重要性高,1表示重要性低。

资料来源:加里·德斯勒. 人力资源管理第六版 [M]. 刘昕译. 北京:中国人民大学出版社,2002:127

其次要做细致入微的准备工作。一是要做好招募规划,这是整个招募工作的基础。在规划中,要将寻才的标准尽量细化与量化,做好招聘岗位的岗位说明书,明确对招聘对象的要求。二是要注意招募时间的选择,要提前和学校的就业指导机构取得联系,时间安排不要和校内其他大型活动及其他名企的招聘会撞车;出于成本的考虑,战线也不宜拉得太长,应在精准的基础上提高效率,速战速决。三是要注意招募人员的选择问题,招募人员的表现将直接影响到申请人接受组织提供的工作岗位的意愿。

最后在招募后期还要做到及时反馈。一旦决定录用,就需要及时与之签订合同,对于未被录用的员工,企业可以通过电子邮件的方式给予委婉的回应。这一点是很重要的,它代表企业是否尊重应聘者,委婉的回应不需要花费太大的成本,却在无形中提升了企业的公众形象。

随着校园招募在校园的盛行,很多公司在招募方式上也采取了颇多创新的方式。如法国欧莱雅通过"欧莱雅校园企划大赛""全球在线商业策略大赛"(针对对企业管理有兴趣的学生,他们在比赛中扮演总经理的角色,全面管理和运行一个虚拟的化妆品公司)、"欧莱雅工业大赛"(围绕工程设计和物流等相应的工业项目来进行)等另辟蹊径,从在校学生中寻找公司未来的潜在领导者,从高管到销售经理再到工厂设计者。

5. 猎头公司

猎头公司是近年发展起来的,为企业寻找高层管理人员和高级技术人员的服务机构。目前国内的猎头公司主要集中在人才需求旺盛、人才密集的北京、上海、广州等大城市。据调查发现，有 78.9% 的经理人愿意使用猎头公司作为其转换职业或单位的渠道（周禹、贾金玉，2008）。猎头公司已成为高端人才实现职业转换和发展的重要中介渠道。猎头发挥着双重推销的中介匹配功能（William Finlay and James E. Coverdill，2002），既要找到合适的人选推销给用人单位，同时也将用人单位推销给个人，从而完成将组织和个人进行匹配的过程。[1]

一般来说，通过猎头公司招聘人才的费用相对较高，大致为推荐人才年薪的 25%～40%，但是这些人才占据着公司最关键的管理和技术岗位，对组织具有较大的战略意义。而且这些人才一般来说很难通过公开市场招聘获得，因此，从成本收益角度考虑，这种做法还是值得的。

（1）猎头公司招募的优缺点。猎头公司的优点主要体现在专业化服务和第三方优势等方面。首先，猎头公司的人员素质一般较高，能以更专业的眼光寻访并猎取到最适合的中高级精英人才和稀缺、骨干人才。而且猎头公司一般具有广泛的关系网络和丰富的人才库，可以在相对较短的时间为企业解决因长期无法寻觅到适合的精英而使企业蒙受损失的情况。除此之外，独特的背景调查和评估体系使企业更加透明、全面地了解其雇用的精英人才的实力及其工作背景，提高匹配的成功率。其次，从某种程度上说，市场上的企业和人才之间存在着信息不对称，Rakesh Khurana（1999）的研究指出，在经理人市场特征下（买卖双方数量小、参与者高风险、双方存在制度性风险），猎头公司作为第三方实现匹配是有效率的，猎头公司在促成匹配的过程中获得利益也是在交易成本最小化原则下的合理状态。[2] 而且通过猎头公司招募可以帮助用人单位避免直接从外部挖取人才时可能面临的威胁和风险（Pfeffer，1987；Thomas，1994）。[3] 除此之外，当组织处于变革时期，或者企业内部对晋升人选有较大分歧，极大影响组织凝聚力时，选择从外部"空降"似乎是很好的方法。

但是猎头公司招募也存在一些缺点，首先是招募成本比较高，一方面是招募的费用高，另一方面是由于所招职位本身处于企业比较核心的位置，一旦招聘过来的人不合适，则会造成企业很大的损失。不合适包括两种情况：一是所猎人才不能很好地融入企业；二是能力不足，不能胜任工作。除成本高之外，在招募过程中猎头公司可能仅从自身利益出发，产生道德风险问题。这就要求企业在选择猎头公司时要十分谨慎。

（2）采用猎头公司招募应注意的问题[4]

1）要对猎头公司的资质进行考察。所选择的猎头公司应该在业内有较好的背景和声望，并且有较强的能力在市场上寻找人才和将委托方的职位进行推销。可以找一两家该机构过去的顾客了解情况，他们对候选人的评价是否准确？他们是否真正进行了搜寻工作，还是只是

---

[1] William Finlay, James E. Coverdill. Headhunters: matchmaking in the labor market. ILR Press, 2002.

[2] Rakesh Khurana. Three-arty exchanges: The case of executive search firms and the search [J]. Harvard University Harvard Business School，1999.

[3] Pfeffer, Jefferey. A Resource Dependence Perspective on Intercorporate Relations [J]. In: Intercorporate Relations: The Structural Analysis of Business. Mark S Mizruchi, Micheal Schwartz. Cambridge: Cambridge University Press, 1987: 25-55

Thomas, Robert J. What Machines Can't Do: Politics and Technology in the Industrial Enterprise [J]. Berkeley: University of California Press, 1994.

[4] 加里·德斯勒. 人力资源管理（英文版）第九版 [M]. 北京：清华大学出版社，2005：107

简单地从资料档案中找?他们所推荐的候选人与职位的匹配程度如何?在候选人被雇用之后,该公司是否有后续跟踪服务,帮助候选人融入企业?

2)要求会见该机构中直接负责公司业务的猎头顾问。直接负责业务的人将决定招募的成败,对公司所招聘职位任职资格、公司企业文化、企业的战略、目前开展的业务等情况的了解是使得匹配有效的前提。有时候猎头公司为了开拓新客户,可能会派自己最出色的猎头顾问来推销自己,但是负责公司业务的顾问不一定是同一个人。

3)在签约时约定好双方的权利和义务。公司在选择猎头公司进行招募时面临着很大的风险,不仅是巨大的成本,猎头公司在挖掘委托企业优势的同时,也能发现企业存在的不足,了解企业其他的一些较为秘密的信息。而且目前猎头市场的竞争日益激烈,很难保证猎头公司能自始至终地完成整个招聘过程,所以在签约时一定要约定好双方的权利、义务以及违约赔偿。

4)不要与过多的猎头公司合作。猎头公司在为企业招聘人员时会了解企业很多信息,这里面有很多可能是商业秘密,如果与过多的猎头公司合作将导致公司重要信息的泄露。因此,要注意与猎头公司合作的连续性,选择一两家猎头公司作为长期合作伙伴,避免与过多的猎头公司接触。而且长期合作的公司对企业基本情况更了解,能更好地把握企业的需求,可以提高匹配的成功率。目前全球知名的猎头公司主要有光辉国际咨询顾问公司、亿康先达国际咨询公司、斯宾塞—斯图亚特咨询公司、海德思哲国际有限公司、罗兰贝格国际有限公司、尼科尔森国际有限公司、德勤咨询公司、翰威特咨询公司等。[①]

四、内部招募和外部招募的优缺点

内部招募和外部招募各有优缺点(见表4—3),不能简单笼统地谈论某种方式优于另一种方式。通常情况下这两种方式是互为补充的,如通用电气公司在缺员的情况下,会首先通过内部招聘,若内部不能满足再转向外部。公司人事部会根据用人单位要求,发出通知张贴在公司布告栏上或刊登在内部刊物上,说明工作性质、工资待遇及对应聘人员的要求。如果内部无合适人选,则主要通过劳务市场、从其他公司挖人及招收新大学毕业生等方式从外部获取。[②]

表4—3　　　　　　　内外部招募渠道的优缺点及适用范围

	内部招募	外部招募
优点	1. 鼓舞员工士气,提高工作热情,调动员工的积极性 2. 组织对候选人的能力有清晰的了解 3. 员工熟悉本企业情况,易进入角色 4. 招募和培训的成本比较低	1. 可引入新鲜血液,带来新的理念、工作方式以及知识技能 2. 平息和缓和内部竞争者的紧张关系 3. 降低徇私的可能,提升企业形象 4. 候选人来源广泛 5. 比培训内部员工的成本低 6. 激励老员工保持竞争力,发展技能

---

① 海外知名猎头名录. (2008-06-08) http://www.ad0.cn/netfetch/read.php/505.htm.
② 后东升. 36家跨国公司的人才战略[M]. 北京:中国水利水电出版社,2006:18-19

续表

	内部招募	外部招募
缺点	1. 会导致为了提升的"寻租"行为 2. 会导致近亲繁殖 3. 需要有效的培训和评估系统 4. 易引发内部矛盾	1. 增加与招募和甄选相关的难度和风险 2. 不熟悉内部情况，需要更长的培训期和适应阶段 3. 内部员工的积极性可能受挫 4. 新的候选人可能不适应企业文化 5. 搜寻成本较高
何时有效	稳定的战略；稳定的外部环境、时间和经费有限	需要变革、异变的外部环境

资料来源：彭剑锋．人力资源管理概论［M］．上海：复旦大学出版社，2005：267；杰弗里·梅洛（Jeffrey A. Mello）．战略人力资源管理［M］．吴雯芳译．北京：中国劳动社会保障出版社，2004：171

因此，应该系统地分析劳动力市场状况、相关人才政策与法规、行业人才状况和薪资水平等外部环境因素，再结合企业的自身发展战略和管理风格，以及现有人力资源状况，综合考虑内外部招募的优缺点，选择适合企业自身状况的、特定时期和特定条件下的适合不同职位的招募渠道和方式。

第三节 人员甄选

在通过各种渠道发布招募信息，吸引众多的应聘者以后，接下来就需要对应聘者进行评价、筛选，这是人员招聘过程中技术性最强的一个环节，也是招聘过程中的重要阶段，企业能否最终选择到合适的人选，很大程度取决于这一环节的工作。[①]

一、人员甄选的流程

招募工作完成以后，就要进行人员的甄选。甄选的流程因招聘规模、用人理念、工作种类等不同而有所差异，但主要的步骤大致相同，一般是根据申请表初步筛选、选拔测试（包括笔试和面试）、背景核查、体检、试用期考察和录用。

（一）根据申请初步筛选

招募到大量求职者以后，需要人力资源管理部门审阅求职者的个人资料或求职申请表，然后将符合要求的求职者名单与资料移交用人部门，由用人部门进行初选。这一步骤的目的是迅速排除明显不合格的求职者，使甄选系统更有效地运行。

在初步筛选工作中，常用的筛选工具是申请表和个人简历。个人简历是求职者自主设计的，对其内容的安排有很大的自主性，有时候不会提供企业所需要的全部信息，另外通过个人简历也不能对应聘者进行横向比较。

简历筛选一般从以下几方面进行：第一，分析简历结构。一般来说，简历的结构在很大程度上能够反映应聘者的组织能力和沟通能力，结构合理的简历一般都比较简练。第二，分

---

① Schoonover. Human resource competencies for the year 2000: the wake-up call [J]. Alexandria, VA: Society of Human Resource Management, 1998.

析简历内容。个人简历的内容大致可以分为两部分,即主观内容和客观内容。在筛选个人简历时应该把注意力放在客观内容上,例如个人信息、受教育经历、工作经历和工作业绩等方面。第三,判断应聘者的经验和技术。根据个人简历中的客观内容,判断应聘者的专业资格和工作经历是否与空缺岗位相符合。第四,审查简历的逻辑性。在工作经历和个人成绩方面,要注意简历的条理性和逻辑性。

申请表是企业针对某一空缺岗位专门设计的初步筛选工具,由于其对应聘者所提供的信息有一定的限制,从而使接收的信息更有针对性,并且能据此对应聘者做比较,所以它在初步甄选中的作用比较重要。申请表的筛选与个人简历筛选的不同之处在于:从求职者填写申请表的字迹判断其求职的态度;重点考虑其工作经历,分析其离职的原因,推断其素质特点;另外要标明所填内容的可疑之处,在后面的选拔环节予以考证。

在审查筛选过程中,应根据与工作相关的合理、有效的维度对求职者进行筛选,侧重于考察申请人的背景、工作及学习经历。同时,应保证所有参加初步筛选工作的人员使用同样的标准检查、评价求职申请表和个人简历,以保证这一程序的可靠性。

(二)选拔测试

经过初步筛选之后,选拔测试力图以比较科学、客观的手段了解求职者与工作相关的各方面现状及发展潜力。不同的职位对任职者有不同的要求,因此,所进行的考试和测试也可采用不同的形式。在选拔测试环节,主要包括智力测试、专业能力测试、工作样本测试、可塑性测试、个性测试、职业倾向测试等,这些测试可采用笔试、面试、工作样本、评价中心等测试形式和技术。如英特尔在员工选拔时先进行初步面试,然后是标准化的心理测试,最后是模拟测验即角色扮演。[①]

在采用选拔方式时一定要注意到测评工具的信度和效度[②]。所谓的信度(test reliability)即测试的可靠性,指的是测试结果是否稳定可靠。一个好的测验工具首先必须是稳定而可靠的。稳定性越大,一致的程度越高,意味着测评结果越可靠越稳定。效度(validity)是指测评的有效性和正确性,即一个测评是否准确测量了其所要测量的东西。这里主要介绍笔试、面试和评价中心测试。

1. 笔试

笔试是通过试卷来测试的一种方法,主要用于测量候选人的基本知识、专业知识、管理知识、相关知识及综合分析能力、文字表达能力等。使用笔试这一甄选方法的关键是试卷命题的质量。如果试卷命题的主观随意性大,试题质量不高,则选拔结果会出现偏差,甚至无效。笔试的题目应围绕招聘职位所需的知识结构,设计出具体的测试内容、范围、题量、题型等。此外,各个考题应有合适的权重和明确的计分标准。

笔试可分为客观性和主观性两大类。客观性测试的题目类型主要有填空、选择、排列、判断是非等。客观性测试卷的题量一般较大,能够覆盖较广的知识面,有利于全面考查应聘

---

① 梅晓文,梁晓翠,农艳等. HR 管理标杆—世界知名企业人力资源管理最优实践 [M]. 上海:复旦大学出版社,2006:21

② 吴志明. 招聘与选拔实务手册 [M]. 北京:机械工业出版社,2006

者的知识水平。并且其评分标准明确、统一，使成绩判定客观、公正，受评分者主观偏见影响较小。但是，这种考查方式也有较大的局限性。例如，在测试中不能避免应聘者的猜测，而且这种测试限制了人的创造力和发散性思维。主观性测试的题型一般为简答题、论述题、写作论文等。使用主观性测试有利于考查应聘者的逻辑思维能力、概括能力、推理能力和文字表达能力。但是，主观性测试的评分标准不易统一，对应聘者素质的评价受到考评者主观性影响较大。在进行实际选拔时，要根据实际情况选择合适的笔试方式，可以选用任何一种形式，也可以将两者加以融合，以便更好地为选拔目的服务。

与其他甄选方法相比，笔试的测试内容覆盖范围大，操作程序简单，易于掌握，并且成本低，对应聘者知识、技能、能力的考查信度和效度较高。但是通过笔试不能全面考查应聘者的工作态度、品德修养、气质性格、口头表达能力和操作技能以及其他一些隐性能力。所以，笔试往往被作为其他甄选方式的补充筛选方法。

2. 面试

面试是筛选申请人最常用的手段，是招聘者与申请者之间面对面进行的有目的的信息交流的过程。面试一般由人力资源部主持，由相关部门人员组成招聘专家组，对求职者的激励程度、个人理想与抱负、与人合作精神等信息进行深入了解。选拔性的面谈主要为了提供对特定工作十分重要的行为信息。面谈可有一次或多次，取决于评价人员的数量、需录用人工作的重要性以及准确评价求职者的难度。

在面试过程中，面试官直接接触应聘者，根据应聘者当场对所提问题的回答，考察其运用专业知识分析问题的熟练程度、求职动机、个人修养、实践经验、思维敏捷性、语言表达能力等；通过对应聘者面试过程中行为特征的观察和分析，考察其外表、气质、风度及情绪的稳定性，对应聘职位的态度，以及对外界压力的应对能力。招聘者可以通过连续发问排除应聘者通过欺骗、作弊等不正当手段获得分数的可能。但面试的成本很高，又费时，不宜大规模采用。另外面试的评分主观随意性大，不易保证信度；由于面试官有可能存在的判断偏见，申请者也会刻意掩饰，因而对申请者的品格、诚实度、技能等方面难以完全把握。

面试的实施过程通常分为五个阶段，即初始、引入、正题、变换、结束。初始阶段多以日常话题为主，目的是创造一种和谐的面谈气氛，使面试双方建立信任亲密的关系，解除应聘者的顾虑和紧张戒备心理。引入阶段的主要任务有两项：一是恰到好处的介绍公司情况和工作岗位需求；二是围绕申请者的基本情况提问，为过渡到正题阶段作铺垫。正题阶段是面试的实质性阶段，主考官通过广泛的话题从不同侧面了解"面试评价表"中所列各项要素。变换阶段是面试的收尾阶段，主考官可以提一些比较尖锐、敏感的问题来深入挖掘申请者的深层心理特点。面试通常会以比较轻松的话题作为结束，并允许申请者提出他们感兴趣或关心的问题，并予以答复。

根据面试的结构化程度，可将其分为结构化面试、非结构化面试和半结构化面试。结构化面试又称模式化面试，在此面试过程中提出的问题及其顺序固定，评分标准也是固定的。非结构化面试没有固定模式，可以根据组织、职位以及应聘者的情况随意发问。半结构化面试是介于结构化面试与非结构面试两者之间，事先只是在大致规定面试的内容、方式、程序等，允许主试人在具体操作过程中根据实际情况作些调整。

根据面试的方法可将其分为压力式面试和评估式面试。压力式面试指招聘者有意对应聘者施加压力，使其焦虑不安的面试形式，这种面试的目的是鉴别出那些对压力敏感并且具有高压力承受能力的应聘者。评估式面试主要用于员工的绩效评估，在人员招聘中很少采用。

根据面试的内容可分为情景面试和与工作相关性的面试。情景面试是让应聘者处于某一具体情景中，根据应聘者在该情景中的一些行为来考察其各方面能力的一种面试方法。这种方式灵活多样，面试的模拟性、逼真性强，应聘者的才华能得到更充分、更全面的展现，招聘者对应聘者的能力也能做出更全面、更深入、更准确的评价。针对有过某方面工作经验的应聘者多采用与工作相关的面试，招聘者向应聘者询问一些与以前工作相关的问题，以了解应聘者处理这些问题的方式、态度等。这些问题与情景面试中的问题是不同的，因为工作相关性面试提出的问题，是与应聘者以前从事的工作相关的，而情景面试是为了以后的工作，围绕一些假设的情景提出来的。

另外还可以根据面试对象的多少，分为单独面试和小组面试。由于各个面试形式的优势和劣势不同，因此，常常把这些形式结合起来使用，以扬长避短。例如微软公司采取马拉松式的面试，面试一般在一天之内完成，应聘者需要与7~8人交谈，包括该职位的直线经理、该职位所属部门的同组人员、对该工作比较熟悉的专家和与该职位有关的其他人员等，最后与公司的高层领导交谈。面试中古怪刁钻的面试问题是微软的一大特色，通过这些问题考察应聘者的反应能力、创造力和独立思考能力。[①]

3. 评价中心技术

评价中心技术常用于选拔高级管理人员和专业人士，采用情景性的测评方法对被试者的特定行为进行观察和评价。主要用于测评应聘者的心理素质、管理能力、潜质素质以及实际的工作技能，测试人员根据职位需求设置各种不同的模拟工作场景，让候选人参与，并考查他们的实际行为，以此作为人员甄选的依据。

评价中心技术的核心是多种情景性测评方法，是根据被试者可能担任的职位，编制一套与该职位实际情况相似的测试项目，将被试者安排在模拟的、逼真的工作环境中，要求被试者处理可能出现的各种问题，然后根据应聘者的表现来评判其素质的一系列方法。评价中心是多种测评方法的有机结合，具有较高的信度和效度，得出的结论质量较高，被认为是现代人员招聘选拔评价中的一种有效的方法。但与其他测评方法相比，评价中心技术的费用较高，对评价者的要求也很高。因此，这种方法一般用于较高级的管理人员或较重要职位的人员选拔。

评价中心的表现形式多种多样，从测评方式来看，有投射测验、面谈、情景模拟、能力测验等。但从评价中心活动的内容来看，主要有无领导小组讨论、公文筐测试、角色扮演、演讲、案例分析、事实判断等方法。

无领导小组讨论是指由一组求职者（5~7人）组成一个临时工作小组，讨论给定的问题，并做出决策。其目的在于考察求职者的表现，尤其看谁会从中脱颖而出，成为自发的领

---

① 梅晓文，梁晓翠，农艳等. HR管理标杆—世界知名企业人力资源管理最优实践［M］. 上海：复旦大学出版社，2006：7

导者。参加无领导小组讨论的一组被测评者在给定的时间内在既定的背景下围绕给定的问题展开讨论，并得出一个小组意见，讨论的持续时间通常是一小时左右。在无领导小组讨论中，事先并不指定领导者，即"无领导"，被测者在讨论的问题情景中地位是平等的，自行安排、组织发言次序并进行讨论。在讨论过程中，评价者并不参与。评价者的任务是在讨论之前向被测评者介绍一下讨论的问题，给他们规定所要达到的目标和时间限制等，最重要的是在被测评者进行讨论时对他们的表现进行观察和评估。

公文筐测验是通过对被评价者未来管理工作进行模拟从而对其潜能进行评定的有效方法。在该测验中，被评价者将扮演某一管理者的角色，他将处理一堆文稿。这些文稿包含通知、报告、客户的来信、下级反映情况的信件、电话记录、关于人事和财务方面的一些信息以及办公室的备忘录等。它们或来自上级或来自下级，有组织内部各种典型问题和指示，有日常琐事，也有重要大事，有打印稿也有手写稿。所有的这一切要求被评价者在一个规定的时间内，在没有其他人帮助的情况下采取措施或做出决定，比如写出处理意见、安排会议或将任务交配给其他人处理。通常还要让被评价者在书面上写出所采取措施或做出决定的原因。当然，也可以在被评价者完成任务后，评价者根据被评价者的回答，针对某些特定的问题要求被评价者做出解释。评价者根据被评价者在该模拟测验中的表现，考察被评价者在管理上的组织、计划、分析、判断、决策和分派任务的能力以及对待客观事物和外在环境的主动性与敏感程度等。

角色扮演[1]是一种比较复杂的测评方法，它要求多个应试者共同参加一个管理性质的活动，每个人扮演一定的角色，模拟实际工作中的一系列活动。例如，要求多个应试者合作完成一种新产品的销售工作。这一活动要求经历前期策划、宣传、销售等一系列环节。小组成员可以分工合作。这种管理游戏可以有效地考察应聘者的实际工作能力、团队合作能力、创造性、组织协调能力等，并且效度很高。

管理评价中心中采用的情景性测验曾经由于其主观性较强而招致对其有效性的怀疑。现在，一些研究者已经将情景性测验转化成标准化的方式来呈现，使测验的结果能够得到客观的评价。

（三）背景核查

申请者在个人履历中提供虚假或模糊信息是招聘中经常遇到的问题，背景核查主要为了验证申请者所提供的信息的真实性，获得求职者更全面的信息。进行背景核查需要考虑进行调查的时间、调查的内容以及如何调查。[2]

为了保证背景核查的准确性，招聘者要根据对工作岗位的分析以及前面测评环节的疑问制作背景调查表。在调查表里也要设置决策点，挑出那些最关键的淘汰因素置于调查表的最前端。背景核查主要是证实个人履历中的细节，核实个体有无纪律问题，发现关于申请者的新的信息以及预测将来的绩效。

---

[1] J. Barney and P. Wright. On Becoming a Strategy Partner: The Role of Human Resources in Gaining Competitive Advantage [J]. Human Resource Management, (17), 1998: 124-134.

[2] 赵珍. 工作分析与人员招聘 [M]. 北京: 中国商业出版社, 2004

（四）体检

对申请者进行体检也是人员招聘甄选的一个重要部分，通常是最后一个步骤，它不作为选拔工具，而只是为了删除不符合职位身体要求的求职者。良好的身体素质是完成工作的前提，通过体检，可以筛除不符合职位要求的求职者，保留合格的员工。另外通过体检，能够清楚地了解求职者的身体情况，有利于在工作安排时考虑其体格局限因素，降低缺勤率和事故。通过体检建立求职者健康记录，使之服务于保险或雇员赔偿要求，降低企业的费用支出。

（五）试用期考察及正式录用

通过层层考核，在成为企业正式员工之前还要经过试用期的考查。试用期的考察是对上述选拔测试效果的验证，它是对申请者实际工作能力的测试，一般能考察出其真实的工作能力。但是也不排除由于申请者迫切地想得到工作机会，在试用期间表现出极高的热情，而掩盖其能力的不足。因此，用人部门主管应该对试用者进行细致全面的观察。

职位候选人经过最终面试，试用合格的，招聘单位应给应聘者办理相关的正式录用手续。录用程序一定要结合劳动合同法的相关要求和规定，一切以不违反法律程序为依据。

二、人员甄选的实施要点

人员甄选的实施是一个选拔人才的过程，基本上涵盖了人员甄选的内容、方式方法、步骤、参加人员、时间安排、成本等方面内容，在人员甄选的实施过程中必须注意以下一些问题。

（一）确定人员甄选标准是所招聘职位主要的或重要的任职条件

在人员甄选时，要针对招聘职位的要求对候选人进行评价，保证所有评价的内容是与职位要求密切相关的。不是选择最优秀的，而是要严格根据甄选标准选择最合适的。在甄选过程中不是在候选人之间进行比较，而是将候选人与甄选标准进行比较，若干候选人中最好的不一定就能满足职位的要求。近年来，越来越多的公司在招聘过程中更看重候选人的能力、发展潜力及与组织的匹配度。如强生公司在招聘过程中重点关注候选人的态度、做某项工作的能力与愿望、团队精神、学习的愿望、聪明并成熟、有相关的知识与技能等方面。

（二）尽量选择最有效又经济的甄选方法

每种甄选方法都是针对特定目的设定的，因此，它对评价特定内容是有效的，而对评价其他内容是无效的。所以要有针对地选择有效又经济的甄选方法。比如，要考察候选人与人相处的能力，最好是请候选人以小组的方式解决一个问题，这样他们与别人合作的方式就可以展现得淋漓尽致。另外，使用任何人员甄选的方法，都应该考虑到成本和效益问题，在可能的情况下，尽量选择节省费用、时间和人力的方法。另外近几年来，随着人力资源管理信息系统的发展，计算机化的测评成了现代人力资源甄选领域的最新课题。①

（三）设计好人员甄选的程序

在对候选人进行甄选之前，必须设计好具体的甄选流程，通常采用逐渐淘汰的步骤。让候选人先接受哪一项评价后接受哪一项评价的依据是：将容易识别出候选人明显的能力不足

---

① Prathaban V. Getting the best person for the job [J]. Malaysian Business. Kuala Lumpur：May 16，2006：5

的方法、较为容易操作的方法和费用较低的方法放在前面，这样可以将不符合的候选人首先淘汰，逐渐缩小选拔的范围并节省成本。其次，要安排好参加人员甄选的人员和时间。因为在甄选过程中会涉及多个部门的参加，必须事先将人员和时间安排好，以免在实施过程中出现问题。

参考文献

1. 加里·德斯勒，曾湘泉. 人力资源管理（第十版·中国版）[M]. 北京：中国人民大学出版社，2006
2. 加里·德斯勒. 人力资源管理（英文版）第九版 [M]. 北京：清华大学出版社，2005
3. R·韦恩·蒙迪，罗伯特·M·诺埃，沙恩·R·普雷梅克斯. 人力资源管理第八版 [M]. 葛新权，郑兆红，王斌等译. 北京：经济科学出版社，2003
4. 杰弗里·梅洛（Jeffrey A. Mello）. 战略人力资源管理 [M]. 吴雯芳译. 北京：中国劳动社会保障出版社，2004
5. 雷蒙德·A·诺伊，约翰·霍伦拜克，拜雷·格哈特，帕特雷克·莱特. 人力资源管理：赢得竞争优势 [M]. 刘昕译. 北京：中国人民大学出版社，2001
6. 斯蒂芬·P·罗宾斯. 管理学 [M]. 北京：中国人民大学出版社，2004
7. 彭剑锋. 人力资源管理概论 [M]. 上海：复旦大学出版社，2005
8. 曾湘泉等. 劳动力市场中介与就业促进 [M]. 北京：中国人民大学出版社，2007
9. 王丽娟. 员工招聘与配置 [M]. 上海：复旦大学出版社，2006
10. 徐芳，孙媛媛，沙伟影. 劳动力市场中介与就业促进 [M]. 北京：中国人民大学出版社，2007
11. 周禹，贾金玉. 劳动力市场中介与就业促进 [M]. 北京：中国人民大学出版社，2007
12. 赵永乐，沈宗军，刘宇瑛，周希舫. 招聘与面试 [M]. 上海：上海交通大学出版社，2006
13. 李德伟. 人力资源招聘与甄选技术 [M]. 北京：科学技术文献出版社，2006
14. 杨杰. 有效的招聘 [M]. 北京：中国纺织出版社，2003
15. 刘伟，刘国宁. 中国总经理工作手册人力管理（第五版）[M]. 北京：中国言实出版社，2006
16. 刘英骥. 企业战略管理教程 [M]. 北京：经济管理出版社，2006
17. 安鸿章. 现代企业人力资源管理 [M]. 北京：中国劳动社会保障出版社，2003
18. 何志工. 基于胜任素质的招聘与甄选 [M]. 北京：中国劳动社会保障出版社，2006
19. 周文，刘立明，方芳. 员工选拔与招聘 [M]. 湖南：湖南科学技术出版社，2005
20. 吴志明. 招聘与选拔实务手册 [M]. 北京：机械工业出版社，2006
21. 赵珍. 工作分析与人员招聘 [M]. 北京：中国商业出版社，2004

22. 梅晓文，梁晓翠，农艳等. HR 管理标杆——世界知名企业人力资源管理最优实践 [M]. 上海：复旦大学出版社，2006

23. 后东升. 36 家跨国公司的人才战略 [M]. 北京：中国水利水电出版社，2006

24. 李汉雄. 人力资源策略管理 [J]. 南方日报，2002

25. 国际人力资源管理研究院编委会. 人力资源经理胜任素质模型 [M]. 北京：机械工业出版社，2005

26. 董淑萍. 试论素质模型在人力资源管理中的应用 [J]. 法制与社会，2007

27. A. L. Kristof. Person-organization fit An integrative review of its conceptualizations: Measurement and Implications [J]. Personnel Psychology. 1996：49.

28. Boehle S.. Online Recruiting Gets Sneaky [J]. Training, 37 (5)：2000：66-74.

29. Bohansson. Competency Model：Are Self-perception accurate enough? [J]. Journal of European Industrial Training, 2001.

30. Brad Carlson. Online job searches more popular, but issues remain [J]. The Idaho Business Review, 2007.

31. Capelli P. Making the Most of Online Recruiting [J]. Harvard Business Review, 79 (3), 2001：139-146.

32. C. Douglas, Johnsona & James Kingb. Are we properly training future HR/IR practitioners? A review of the curricula [J]. Human Resource Management Review, (12), 2002：539-554.

33. CIPD. 1999. Recruitment on the Internet. IPD Information Note, http://www. cipd. co. uk/Infosource/Recruitment And Selection/Recruiment on the Internet. asp.

34. Galanaki E. The Decision to Recruit Online：A Descriptive Study [J]. Career Development International, 7 (4), 2002：243-251.

35. Jacek Lipice. Human Resource Management Perspective at the Turn of the Century [J]. Public Personnel Management. 30 (2), 2001.

36. J. Barney and P. Wright. On Becoming a Strategy Partner：The Role of Human Resources in Gaining Competitive Advantage [J]. Human Resource Management, (17), 1998：124-134.

37. Keller, D. A. & Campbell J. F. Building human resource capability [J]. (2), 2000：35-41, 62.

38. Lawler E. From job-based to competency-based organizations [J]. Journal of Organizational Behavior, 15 (1), 1994：3-15.

39. Pfeffer, Jefferey. A Resource Dependence Perspective on Intercorporate Relations [J]. In：Intercorporate Relations：The Structural Analysis of Business. Mark S Mizruchi, Micheal Schwartz. Cambridge：Cambridge University Press, 1987：25-55.

40. Philip K. Way. HR/IR professionals' educational needs and Master's program curricula [J]. Human Resource Management Review, 12 (4), 2002：471-489.

41. Prathaban V. Getting the best person for the job [J]. Malaysian Business. Kuala Lumpur: May 16, 2006: 5.

42. Matthew J. Brannan, Beverley Hawkins. London calling: selection as pre-emptive strategy for cultural control [J]. Employee Relations. Vol. 29, Iss. 2, 2007: 178.

43. McDougall B. Cyber-recruitment: The Rise of the E-Labor Market and its Implicatiogns for the Federal Public Service [J]. Public Service Commission of Canada, 2001.

44. Mckenna E, Beech N. The Essence of Human Resource Management [M]. Practice Hall International (UK) Ltd, 1995.

45. Rakesh Khurana. Three-arty exchanges: The case of executive search firms and the search [J]. Harvard University, Harvard Business School, 1999.

46. Sandra K Collins. Employee Recruitment: Using Behavioral Assessments as an Employee Selection Tool [J]. The Health Care Manager, Vol. 26, Iss. 3, 2007: 213.

47. Sara Rynes, Marc Orlitzky, Robert Bretz Jr.. Experienced Hiring Versus College Recruiting: Practices and Emerging Trends [J]. Personnel Psychology, 1997: 309-339.

48. Schippmann JS, Ash RA, Battista M. The practice of competency modeling [M]. Personnel Psychology, 53 (3), 2000: 703-740.

49. Schoonover. Human resource competencies for the year 2000: the wake up call [J]. Alexandria, VA: Society of Human Resource Management, 1998.

50. Thomas Beam. Recruiting With Ease [J]. Business Leader, Vol. 17, Iss. 9, 2006: 12.

51. Thomas, Robert J. What Machines Can't Do: Politics and Technology in the Industrial Enterprise [J]. Berkeley: University of California Press, 1994.

52. William Finlay, James E. Coverdill. Headhunters: matchmaking in the labor market. ILR Press, 2002.

53. Williams & Klau B. Easy Tips for Recruiting Online [J]. Workforce, 76 (8), 1997: 13-17.

第 5 章
培训开发与职业生涯

作为企业人力资源管理体系的重要子系统，培训开发与职业生涯管理已越来越受到组织的重视和广泛认可。本章包括六大部分内容，主要任务在于探讨企业如何设计行之有效的培训开发体系，包括新员工入职引导、培训体系开发流程、培训方法和技术，以及针对高层管理者的培训等。在此基础上，对企业员工职业生涯发展过程中轮岗、晋升、外派、裁员、退休等人力资源活动的管理进行了探讨。

第一节 培训与开发模型

伴随知识经济时代的悄然来临，人力资源在企业发展中的战略地位日渐凸现。谁拥有优秀人才，谁就能在市场竞争中占据优势，谁就能获得核心竞争力。企业不仅需要在招聘、甄选环节不断挖掘合格人才，更需注重对现有员工的开发与管理。

培训与开发是一个有计划、有组织的学习过程。培训是企业有计划地向员工提供工作所需的各种相关能力的过程，侧重于短期绩效的改进；而开发持续时间长，侧重于挖掘员工内在的特质，依据个人需求和组织发展要求为其职业生涯做好系统设计和规划的过程[1]。在企业实践中，培训与开发通常是合为一体的，强调对组织整体运作的推动力，并很好地与其他人力资源子系统衔接，协调推动组织的进步与发展。培训与开发在企业人力资源管理工作中的应用主要表现在四方面：在人员晋升、选拔方面，入职培训使员工迅速融入组织，了解企业文化；同时使在职员工获得任职资格等级晋升，为选拔和晋升适合组织的成员提供了依据。在绩效管理方面，培训活动的目的在于改进和提升绩效，而绩效考核结果也相应地作为培训效果评估的重要手段。在薪酬福利体系方面，尽管表面没有直接联系，但作为外在薪酬表现形式（福利）的培训活动对于激励员工、提高工作满意度和薪酬满意度也发挥着积极作用。在人力资源规划方面，培训活动为人员的发展规划和组织内部特定人员的储备提供了有效工具和培养途径。

---

[1] 雷蒙德·A·诺伊. 员工培训与开发（中文版）[M]. 徐芳译. 北京：中国人民大学出版社，2002

图 5—1 展示了企业一体化的培训和开发体系，给出了培训和开发的整体运作流程和与其他人力资源系统的相互关系。

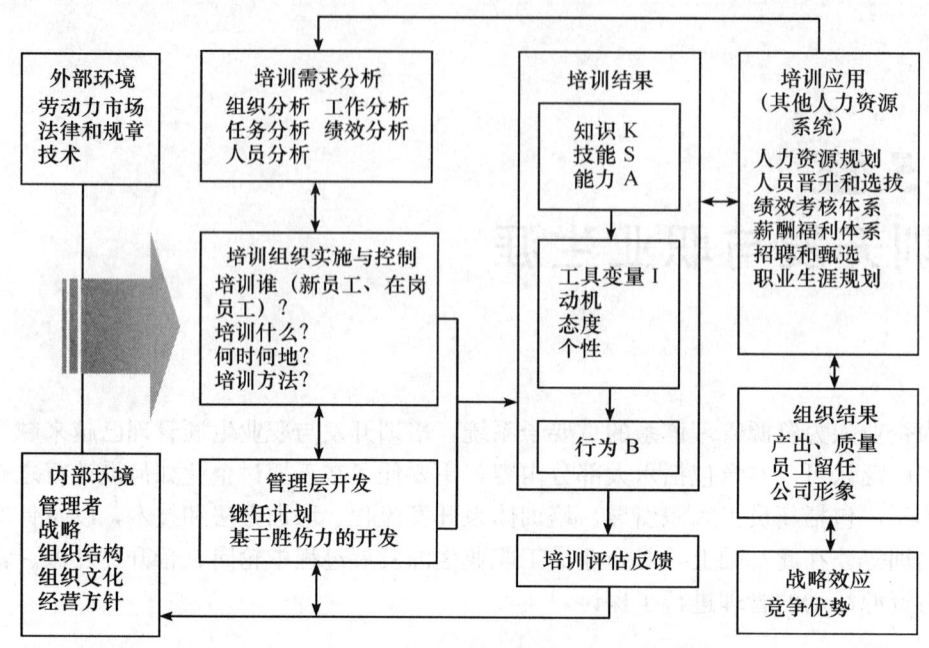

图 5—1　一体化的培训和开发体系

资料来源：Jackson，Susan E．，Schuler，Randall S．人力资源管理——从战略合作的角度（中文版）[M]．北京：清华大学出版社，2005

第二节　入职引导

招聘和甄选好比"雾里看花"，尽管能粗略辨识员工能力的高低，但却不能保证良好绩效的产生。再优秀的人才，当作为新员工来到企业时，也需要有一个理念和行为融合的过程，所以首先要把他们"领"进"门"内。因此，培训活动从工作第一天就已经开始了，通常以员工入职引导（orientation）的形式展开。

一、入职引导概述

员工入职引导（employee orientation）是帮助新员工适应工作环境，并获取企业或岗位相关信息的融合过程，目的是让新员工感觉自己是受欢迎的，同时了解、熟悉企业的发展状况（过去、现在、将来）以及所在部门或岗位职责、组织结构、文化、企业规章制度、工作操作程序、绩效评估和奖惩制度等，从而增强认同感。员工入职引导是由人力资源部门和新员工的直接主管共同协作开展的。

入职引导通常包括岗前集中培训、岗位培训及跟踪指导评估三大环节。

（一）岗前集中培训

岗前集中培训一般由企业人力资源部门组织，在帮助员工了解企业基本情况的基础上，培养员工积极主动的工作态度，尽快完成角色转换并确定适当的职业生涯规划，通过各种方式尽快融入"企业人"的角色。大多企业在每年的新员工入职培训方案设计和实际操作中，都会下很大的工夫，投入足够的精力，努力让新员工了解企业的历史、文化、制度，感受企业对他的欢迎和给予的期望，充分认识团队协作及有效沟通的重要性，产生归属感的同时，自觉增强责任意识等。

此外，入职引导可综合采用各种方法，印刷材料（如员工手册）、影音资料、课堂教学、在岗培训、电子化学习等①。

在新员工培训方面，花旗集团是业界的佼佼者。每一名新员工进入公司前，花旗都事先为新员工准备好办公计算机、文具、电话、电子邮箱等，并在第一天为新员工介绍所有其他部门，带员工熟悉公司环境，通过各种导入活动让每一名员工感受花旗大家庭的温暖。同时，新员工还必须参加一个为期2~3天的花旗质量管理培训。在花旗中国，完成新员工导入后，一般会在各个部门间进行为期10~12个月的轮训。作为花旗未来的管理者，他们也将被安排到海外培训，了解亚太业务状况，开拓国际化视野。

（二）岗位培训

新员工上岗后就正式拉开了职业生涯的序幕，对新员工的入职引导工作落到了部门和直接主管身上。岗位培训主要包括业务能力培训和岗位职务培训。回到岗位上的员工通常配有一位"师傅（turor）"，边工作边学习，这也就是IBM通常所说的"师傅徒弟制"，结伴工作的两名员工将一起实现特定的目标，以共同提高技能。这种文化氛围鼓励员工知识共享，并为他人的成功做出榜样。

（三）跟踪指导评估

员工入职引导能否取得预期结果取决于培训评估结果。通常采用柯氏四级评估法，针对员工和培训主管反馈的情况和存在问题，对过去的培训计划和方式进行调整和改进；同时，采取跟踪指导的方式，及时弥补缺乏的技能，使其能够融会贯通，学以致用。观察法和问卷法是企业新员工培训评估中最为常见的两种方式。在师徒合同结束时，经人力资源部组织考评，做出评价，合格者通过职业技能鉴定持证上岗。

二、入职引导的重要性

对于一个陌生的环境，新员工一方面想尽快地了解企业概况、规章制度、工作任务等；另一方面又在心理上存在重重顾虑和压力，担心自己能否被其他的员工接受，上级、同事是否给自己很好的帮助等。可见，有效的入职引导应当主要达成以下四个目标。

1. 让新员工感到受欢迎，从内心感到温暖和轻松。
2. 让新员工更多地了解公司的过去、现在和未来，了解公司的制度和文化，了解公司的业务，了解工作的程序。
3. 让新员工明确知道，公司对他们的绩效期望和行为期望。
4. 让他们感觉已成为公司的一员，用符合公司期望的方式和行为做事。

---

① 加里·德斯勒. 人力资源管理（第十版）[M]. 吴雯芳，刘昕译. 北京：中国人民大学出版社，2006
Editor：Cat Sharpe, Successful orientation programs, Career Development, ASTD, 2000.

完成高效的新员工培训引导管理,不但能使新员工快速融入企业文化氛围,还可以提升新员工在沟通协作、团队意识、工作积极主动性和企业归属等方面的综合素质。从而增强企业经营团队的凝聚力,为企业的健康发展储备丰富优质的人力资源,保障企业的永续发展。因此,入职引导既是招聘、甄选的后续步骤,也是企业做好留才工作的第一步。

第三节　培训系统设计与运行

企业通过员工培训与开发,培养一种扎根于企业内部的、竞争对手难以模仿并能为企业带来竞争优势的能力。因此,构建员工培训体系,从企业战略出发,找出培训需求和差距,设计有针对性的培训方案,从而真正推进企业战略的有效实施。

一、培训体系构建的基点

战略是制定企业培训策略的基点,只有与企业战略、组织结构相适应的员工培训体系才能真正为企业战略保驾护航,只有根据企业战略要求来制定的培训计划才能把不同能力的员工培养为满足组织业务发展需要、与企业战略相匹配的层次上来。可见,企业经营战略在很大程度上影响了培训的类型、数量及培训所需要的资源(资金、培训者的时间等)。企业战略对培训策略的需求见表5—1。

表5—1　　　　　　　　企业战略对培训策略的需求

战略	战略要点	战略要求	关键事项	培训重点
集中战略	➤提高市场份额 ➤减少运营成本 ➤开拓并维持市场定位	➤提高产品质量 ➤提高生产率或革新技术流程 ➤按需要制造产品或提供服务	➤技术交流 ➤现有劳动力的开发	➤团队建设 ➤交叉培训 ➤特殊培训项目 ➤人际交往技能培训 ➤在职培训
内部成长战略	➤市场开发 ➤产品开发 ➤革新 ➤合资	➤销售现有产品、增加分销渠道 ➤拓展全球市场 ➤调整现有产品 ➤创造新的或不同的产品 ➤通过合伙发展壮大	➤创造新的工作任务 ➤革新	➤文化培训 ➤培养创造性思维和分析能力 ➤工作中的技术能力 ➤对管理者进行的反馈与沟通方面的培训 ➤冲突协调技能培训
外部成长战略	➤兼并	➤横向联合 ➤纵向联合	➤整合 ➤富余人员 ➤重组	➤判断被兼并公司雇员的能力 ➤整合培训系统 ➤公司重组的方法和程序 ➤团队建设

续表

战略	战略要点	战略要求	关键事项	培训重点
紧缩投资战略	➢节约开支 ➢转产 ➢剥离 ➢债务清算	➢降低成本 ➢减少资产 ➢创造利润 ➢重新制定目标 ➢卖掉全部资产	➢效率 ➢裁员和分流	➢管理变革、目标设置、时间管理、压力管理、交叉培训 ➢领导技能培训 ➢人际沟通培训 ➢寻找工作技能培训

资料来源：彭剑锋. 人力资源管理概论[M]. 上海：复旦大学出版社，2005：448

二、培训体系开发流程

企业员工培训体系是以人力资本理论为指导，服务于企业发展战略，既能够满足企业和员工个人对培训的需求，又适应现代企业发展的一套员工培训管理体系。培训体系包括培训需求分析、培训项目规划、培训组织与实施、培训效果评估与反馈四个重要环节（见图5—2）。四个环节相互联系、互为基础且互相促进。其中，培训需求分析是培训流程体系的起点，是整个培训工作能否取得良好效果的前提和基础。培训项目设计是员工培训工作的主体，根据培训需求对培训进程、培训方式等做出安排的过程。培训组织与实施是整合培训资源，确保培训工作顺利开展的过程。培训效果评估与反馈是培训过程中有效控制培训质量的重要环节，采用一定的方法对培训活动所带来的价值和效果进行评估，是进行新一轮培训需求分析的起点。

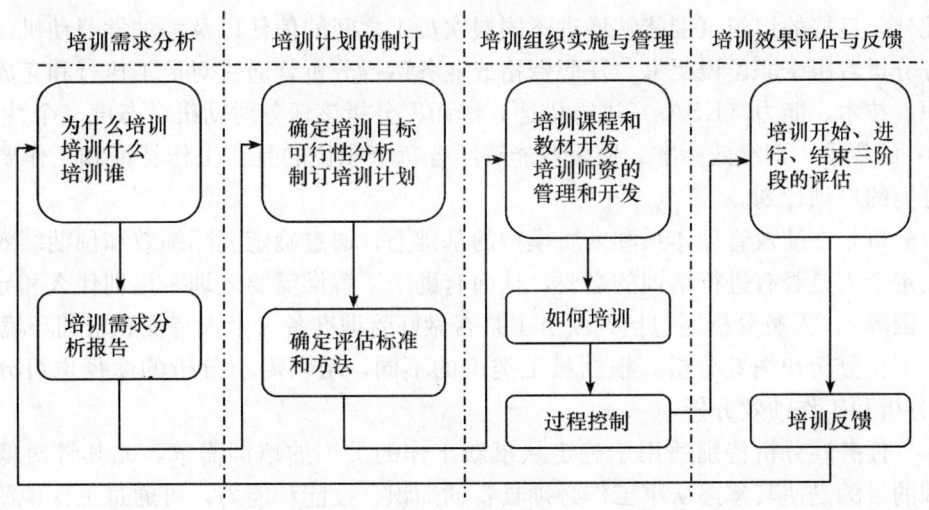

图5—2 培训体系运行流程

资料来源：彭剑锋. 人力资源管理概论[M]. 上海：复旦大学出版社，2005：453

（一）培训需求分析

培训需求分析是确定培训目标、设计培训规划的前提，也是进行培训效果评估的基础。具体说来就是在搜集企业培训需求信息的基础上，采取多种分析技术和方法，对企业及其员工面临的内外部环境进行系统分析,从而确定是否有必要开展培训及培训内容、培训重点。通常将影响培训需求的因素分为常规性因素和偶然性因素。常规性因素包括社会发展环境变化、企业发展目标和经营战略、同类企业培训发展状况、个人职业生涯规划、考核等,而新员工加入、职位调整、产品质量下降、导致员工士气低落事件等属于偶然性因素[①]。

1. 培训需求分析的参与者

培训需求分析的目的是要明确是否需要培训、谁需要培训和培训什么等内容,这其中涉及各级管理者、培训者和员工的参与。高层管理者从企业战略角度来看待需求评估过程,明确培训在企业中的角色,并提供相应支持;中层管理者则主要关心培训对于达成本部门绩效目标的帮助;培训者从任务执行者的角度考虑以什么方式来管理、开发培训项目,如外包还是自行开发培训项目,哪些工作任务需要培训等。从而使培训与经营战略协调一致。作为培训需求分析的不同参与者,身份不同,关注点不同,对培训需求的界定就存在差异。

2. 培训需求分析的内容和流程

目前,在企业人力资源管理实践领域,通常从两个角度来分析培训需求。一是根据培训需求分析所涉及的不同层次分为组织分析、任务分析和人员分析。二是根据培训需求分析所涉及员工类型的不同分为针对新员工的工作(任务)分析和针对在岗员工的绩效分析。

(1) 三层次分析。组织分析是对组织特点进行的评估,了解组织在哪些地方需要培训,实施培训的环境和条件如何。主要从组织战略、用于培训的资源、管理者和员工对培训的支持三方面进行。如培训的战略角色影响着培训的频率和类型,如采用高绩效工作系统的企业培训次数明显较多;如何充分利用有限的资源创造最大的价值也是培训需求分析中要充分考虑的;此外,良好的组织氛围能够增进不同层次员工之间的信任以及增加学习动机。

任务分析着眼于职位说明书、任职资格或业务运行分析,通过对员工执行和完成任务所需的知识、技术、能力(KSAs)进行描述,继而再分析该任务对动机、态度、个性(I)和行为(B)的要求,即绩效标准,使企业能够结合每个职位的具体工作特征和工作要求来确立分层分类的培训计划。

人员分析是在绩效管理体系和素质模型的基础上,通过确定实际绩效和预期绩效之间的差距来判定个人是否有进行培训的必要,从而有助于了解谁需要培训、培训什么和导致绩效差距的原因等[②]。人员分析还包括判断员工是否做好受训准备(个人特征和培训环境)。

(2) 工作分析和绩效分析。根据员工类型的不同,培训需求分析的途径也可分为工作(任务)分析和工作绩效分析。

工作(任务)分析特别适用于确定从事新工作的员工的培训需求,尤其针对低层次岗位。培训的目的是使其掌握从事工作必须具备的知识、技能和能力,可通过工作说明书、任职资格、绩效标准、询问任职者或直属上司、问卷调查等方式来获取培训需求。

绩效分析则是确定当前工作绩效和预期绩效之间的差距是通过培训还是其他方式来改进

---

① 陈全明等. 培训管理[M]. 广东:海天出版社,2002

② M. L. Moore & P. Dutton. Training needs analysis:Review and critique [J]. Academy of Management Review. 1978.

的过程。导致绩效差异的原因可能是不能做和不愿做的问题。如果确定属于不能做的问题，就要了解具体原因。也可能是不愿做的问题，这也许就需要通过其他方式去改进了①。绩效分析可通过360°工作绩效评价、访谈、日志法、观察法等方式来获取信息。尤其当员工被告知其所提供的自我评估的资料是用于培训和开发目的时，绩效分析得到的结果会更倾向于客观②。

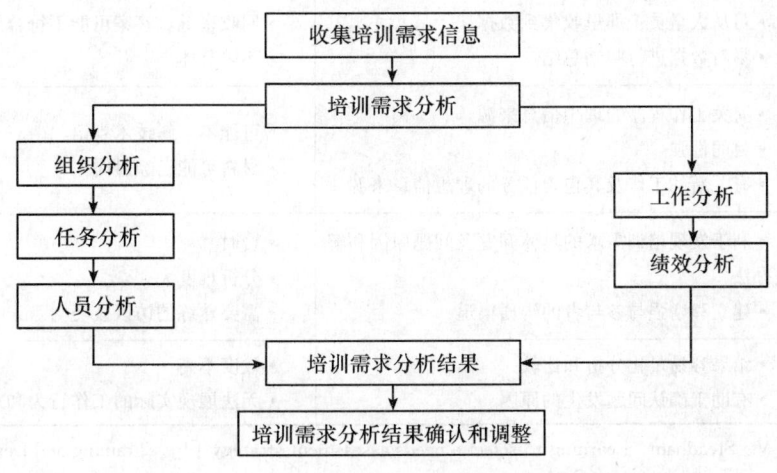

图5—3 培训需求评估流程

3. 培训需求分析方法与技术

培训需求分析中可采用多种方法，企业中常用的方法包括现场观察员工执行工作、调查问卷、采访专门项目专家等，表5—2揭示了各种方法的优缺点③。

值得关注的是，基于培训需求分析中的素质模型（胜任力模型）在企业中的应用越来越广泛④。这种分析方法揭示了卓越成就者与绩效达标者之间的差别，从而在卓越绩效与培训内容之间建立了联系，易于增强员工取得高绩效的能力⑤，这是区别于传统培训方式的。此外，素质模型还可应用于培训课程设计、培训效果评估等，从而提高培训的针对性和有效性。

（二）培训项目设计

培训项目设计是培训项目管理中的首要环节，其关键是在培训需求调查基础上为组织开展的培训活动制定一个全面、可执行和持续的培训安排。可见培训计划在一开始就要获得各级员工主管的支持与认可，并让员工及其主管承担培训效果转化的责任。企业的培训实施方

---

① 加里·德斯勒. 人力资源管理（第十版）[M]. 吴雯芳，刘昕译. 北京：中国人民大学出版社，2006
② Murphy, K., R., and Cleveland, J., N. Performance Appraisal, Allyn and Bacon, 1991.
③ 雷蒙德. A. 诺伊. 员工培训与开发（中文版）[M]. 徐芳译. 北京：中国人民大学出版社，2002
徐芳. 培训与开发理论及技术 [M]. 上海：复旦大学出版社，2005
④ 唐京. 基于胜任力的培训需求分析模式研究 [D]. 浙江大学博士学位论文，2001
⑤ Davics, P., Naughton, J., and Rothwell, W. New role and new competencies for the new century [J]. Training and Development, April, 2004：26-36.

表 5—2　　　　　　　　培训需求分析技术的优缺点

技术	优点	缺点
观察法	• 得到有关工作环境的数据 • 将评估活动对工作的干扰降至最低	• 需要水平高的观察者 • 员工的行为方式可能因被观察者而受到影响
调查问卷	• 费用低廉 • 可从大量员工那里收集到数据 • 易对数据进行归纳总结	• 时间长 • 回收率低，答案可能不符合要求 • 不够具体
书面资料研究法	• 有关工作程序的理想信息来源 • 目的性强 • 有关新的工作及其包含任务的理想信息来源	• 可能不了解技术术语 • 材料可能已经过时
访谈法和咨询法	• 利于发现培训需求的具体问题及问题原因和解决办法 • 建立和增强与参与者的沟通渠道	• 费时 • 分析难度大 • 需要熟练的访谈技巧
测验法	• 结果容易量化分析和比较 • 有助于确认问题发生的原因	• 效度不高 • 无法展现实际的工作行为和态度

资料来源：S. V. Steadham. Learning to select a needs assessment strategy [J]. Training and Development Journal, January, 1980：59-61；R. J. Mirabile. Everything you wanted to know about competency modeling [J]. Training and Development Journal, August, 1997：74.

案通常包括培训总体目标、培训可行性分析、培训项目计划实施的过程、时间跨度、阶段、步骤、方法、措施、具体要求和评估方法等。其中，可行性分析主要是进行资源分析和效果预先估计。主要是对讲师、课程、费用等可控制资源进行预算分析，从而确定培训方式的选取，如采取内部培训还是外包方式等；另外，效果预先估计也非常重要，投入产出比是重要的指标。

（三）培训的组织与实施

1. 培训组织的相关事宜

培训项目的成功与否很大程度上取决于培训项目的组织安排，这决定了培训项目中投入的人力、物力、财力等能否得到最优利用。

（1）培训课程设计和培训教材的开发。培训课程设计主要是根据培训项目的目标确定培训课程大纲，为教材开发做准备。企业的课程通常可分为新员工培训、普通员工培训、中级培训和高级培训四个层级。而每一层级的培训课程也应包括业务管理、人员管理和自我管理三方面，同时一些新观念、新技术、新知识也应及时融入培训课程中去[1]。可见，课程设置随培训性质、培训对象和培训时期的不同而不同。将课程结构分为"宽基础""活模块"两部分，前者重在提高任职岗位的基本素质，后者则突出专项能力的训练[2]。

（2）培训师资的开发与管理。培训师资是培训内容的传递者、培训方式的设计者和培

---

[1] 李燕萍. 培训与发展 [M]. 北京：北京大学出版社，2007：137
[2] 来源于中国国家培训网，http://www.chinatraining.net/

氛围的营造者，对于培训效果有着直接的影响。主要包括培训讲师工作职责、师资来源、师资类别和任职条件、讲师的选拔、讲师入库、讲师的使用与激励、讲师的组织管理和讲师的权力义务等方面。为了对高层管理者及后备人员进行更为精细的雕琢，让高级管理人才的成长引领企业发展，国华电力于2002年在广东创办了自己的"企业大学"——国华管理学院。其中，由国华电力经营管理者团队和一线高级管理者构成内部培训师队伍，这支队伍是国华管理学院的师资主体。在宝洁公司，还通过设置"宝洁十大培训师"的奖项来表彰这些员工在培训方面做出的努力。而外部培训师主要是企业家精英、知名学者教授，让其辅助开展教学活动，实现优质师资共享[①]。

2. 培训的管理控制

培训项目的实施工作主要由人力资源培训和开发人员来完成，前期工作准备完毕后项目立即启动。这其中培训者需竭尽所能营造一种相互尊重和开放的氛围，积极为受训者搭建学习平台。当然，培训活动的管理工作错综复杂，涉及企业高层领导、人力资源部门、职能或业务部门、培训专业人员及受训者之间的相互支持、配合：高层管理者提供人力、物力、财力支持；人力资源部门提供资源、方法和制度；各级管理者推动培训的执行；员工积极参与。企业通过制定多项技能培训管理制度来控制和规范培训过程，如《培训工作评价细则》《技能等级管理办法》《技能大赛及技术能手管理办法》《内部兼职培训师管理办法》《专业调考管理办法》《技师、高级技师管理办法》等，规范和指导企业培训工作。

(四) 培训效果评估与反馈

培训效果评估（training evaluation）是贯穿在整个培训过程中的，建立一套科学的测量工具来收集培训活动信息，检验培训目的的实现程度和效果，控制培训流程，是培训工作中不可缺少的环节，也是培训体系中的重要反馈环节，所产生的信息将对整个体系运行的改善产生重要作用。

一般地，培训评估的范围主要涉及三方面：第一，培训需求评估、培训计划与方案评估、培训过程评估、培训效果评估；第二，受训者的反应、知识技能的增长、工作表现、组织效益的评估；第三，培训目标与内容、培训工作过程、培训结束后受训者考核评估、培训收益的计算、跟踪评估[②]。根据培训进行阶段的不同，每阶段的评估重点也存在差异，如图5—4所示。

值得注意的是，培训评估结果出来后并不代表培训的结束。之后，企业需要将评估信息反馈到整个培训过程，判断培训目标是否达成，并针对存在问题对培训项目进行调整和改进，为下一阶段的培训需求分析提供基础。

摩托罗拉公司于1993年在中国区成立了摩托罗拉大学，致力于为公司培养世界一流的员工队伍。摩托罗拉的培训系统也由四部分组成，即培训需求分析、培训设计和采购、实行培训和培训评估。相应地，摩托罗拉大学设置了四个职能部门，即客户代表部、课程设计部、培训信息中心和课程运作管理部。客户代表部通过一种"差距"模型，对这些差距进行

---

① 彭剑锋. 人力资源管理概论［M］. 上海：复旦大学出版社，2005：459
② 李燕萍. 培训与发展［M］. 北京：北京大学出版社，2007：313

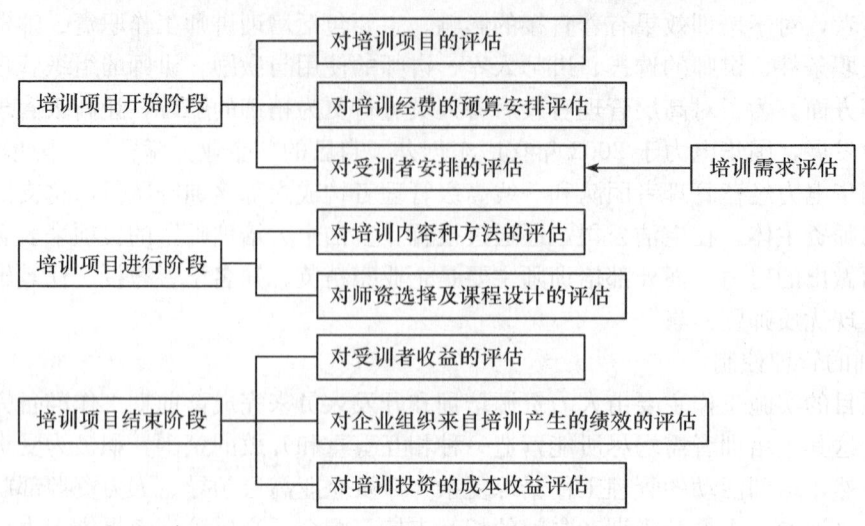

图5—4 培训评估阶段重点

资料来源：唐志红，骆玲. 人力资源：招聘、培训、考核［M］. 北京：首都经济贸易大学出版社，2003

分析，确定哪些"差距"是培训所应解决的问题，哪些是解决不了的，从而制订相应的培训方案和培训课程，并在组织发展部的协助下，制订员工个人职业发展计划。并非所有现有培训课程都能满足企业需求，课程设计部会介入采购、设计、开发、改编以及翻译等，并设计和开发了一个主管走向培训的项目。因为大量一线主管所具备的基本管理知识和技术才是与生产相关的专业知识。在摩托罗拉中国校区，经过摩托罗拉大学认证的203名教师可以用中文讲授130门课程，部分教师由公司内部的中高层经理兼任。主要课程包括六格西玛培训与咨询、领导力和高层管理培训、市场与销售管理培训、供应链培训、员工人际交往技巧培训、远程教育。对课程的学习方法、学习效果的评估做出规定和建议以保证培训课程的有效实施。课程运作部负责授课教师的认证与管理、教学材料的打印、教室及其教学设备的安排与管理，以及进行核心项目的管理等。培训信息管理中心则负责培训信息的发布、登记，课程的安排，学员培训记录及培训结果的分析与管理等，并配合全球系统，集中信息资源。摩托罗拉将整个培训的评估分为四个水平：水平1，考察学员对所学课程的反应如何；水平2，考察学员对课程内容的掌握情况；水平3，学员是否将所学的知识转化为了相应的能力；水平4，投资回报率，即考察培训投资为各事业部及员工个人带来的效益。

三、培训方法和技术

培训需求分析后就面临着培训方法的选择问题。由于培训方法和技术的采用直接关系到培训的结果，因此，培训方法的选择是十分关键的。目前已存在多种培训方法，且还在不断更新中。不同培训方法适用的情形不同，培训对象也不同，因此，企业应综合考虑各公司具体的培训需求，根据受训者特点、培训内容等来选择最恰当的培训方法，将传统培训方法和新技术结合起来，寻求最佳培训效果。

(一) 传统培训方法

传统培训方法的特点在于不需要新技术来传递培训信息。一般分为演示法、体验法和实地培训法三大类。① 表 5—3 对三类培训方法的优缺点、应用状况及适用范围进行了简单描述，为培训者选择恰当的培训方法提供建议。

表 5—3　　　　　　　　　　　　三类传统培训方法的比较

类型		优点	缺点	适用范围
演示法	讲授法	使用广泛，成本低；信息传递量大，省时，受训面广	单向，参与程度低；缺乏反馈和实际工作的联系；理解程度和转化低；不提供实践机会；记忆效果差	刚起步的企业，知识需不断更新的学习型组织，简单知识的介绍
	视听法	灵活，具体形象化；再现受训者表现；行为模仿性和互动性强；可重播、快慢放	扰乱学习重心，容易分心，开发难度大	没有获得广泛运用，通常与讲授法结合使用
体验法②	角色扮演	互动性和行为性；教会受训者换位思考重塑或改变受训者的态度、行为；接近真实生活	获取的情景信息比较少；受训者的主观反应直接影响培训效果；强调个人，按固定角色活动；限制发挥空间	适用于人际关系的培训和行为领域的培训，特别适合矫正管理者和营销人员的行为
	模拟培训	避免风险和实际损失；增强受训者的信息适应能力	开发模拟器的费用高，对模拟器仿真程度高且需要不断更新	特别适用于生理或物理反应等方面的培训
	案例研究	调动受训者积极性；能够集思广益；培养团队合作精神	案例提供的情景有时与现实差距大；案例编写投入精力大；不应过分重视过去的事情，应把精力放在团队思维上	高级智力能力的开发，如分析、决策、判断、评估能力
	游戏法	较好地激发受训者的积极性；充分发挥自己的想象力；有助于营造团队；理解、记忆较为深刻	将现实过分简化，容易歪曲对现实的理解；决策较为随便；费时间	适用于各种管理开发，尤其是高层管理者、人际能力的开发等

---

① 谢晋宇. 人力资源开发概论 [M]. 北京: 清华大学出版社, 2005: 186
② 巩亮. 体验式培训的实施策略 [J]. 中国人力资源开发, 2005 (3): 49-51

续表

类型		优点	缺点	适用范围
实地培训法	学徒法	可利用企业现有资源，节约成本投入；使受训者在学习过程中同时获得收入；与理论结合	培训效果受师傅个人素质的制约；不能满足大规模现代化生产的需要；时间持续长	机能性行业，如木工、电工、车工、砖瓦工等
	在职培训①	保证更有效地将学习得到的成果转移到工作中；降低培训费用	培训场所会受到各种条件的限制，如噪声、设备昂贵等；容易受培训者不良行为的影响	广泛适用

资料来源：谢晋宇. 人力资源开发概论 [M]. 北京：清华大学出版社，2005；巩亮. 体验式培训的实施策略 [J]. 中国人力资源开发，2005（3）：49-51；Rothwell, W., and Kazanas, H.. Planned OJT is productive training [J]. Training and Development Journal, October, 1996：55

（二）新培训技术

随着多媒体、计算机、网络技术的发展和普及，培训工作发生了深刻变化。传统培训方法，学习与实际常常是分离的，且受限于时间，需要一个培训成效转化的过程。而新技术为及时获取解决问题的知识和信息提供了便利。通过因特网，员工可获取自己所需要的知识，并互相交换信息解决实际工作中的问题，为"自我学习"提供便利，培训效果显著提升；同时，新技术的发展也有利于受训者选择自己喜欢的方式进行学习，使培训效果事半功倍，管理培训成本大大降低，提高了资源利用率。新涌现出来的培训方法一方面是基于网络的 e-learning 培训，包括网络培训（e-training）、多媒体培训、电子绩效辅助系统（electronic performance support systems，EPSS）、远程学习、虚拟现实培训（VR）、学习门户等，其次还有在 e-learning 基础上发展起来的自我学习。如目前使用最为广泛的网络培训（e-training）可为虚拟现实、动画、人际互动、员工间的沟通以及视听提供支持②。网络培训降低了员工离开岗位的可能性，可在受训者需要时及时实施。同时受训者可依据自身特点自行安排培训进度，有助于学习能力和应用能力的培养，形成终身学习的理念③。当然，各种新技术在培训中的应用带来的仅仅只是技术上的变革，真正的变革还在于培训教育组织理念的改变，即只有实现了学习观念和思想的转变，才能提高培训效果④。柯达建有强大的"网上大学"（e-campus），这是一个通过网络进行学习的在线系统，网上大学开设有包括管理学、数码科技、物流等各种各样的课程，达近千门，包括来自哈佛大学经典 MBA 课程。员工可以自由选择自己感兴趣的课程，并自主安排时间学习。

此外，目前在很多企业较为流行的培训模式还是团队培训模式，主要是针对团队成员开

---

① Rothwell, W., and Kazanas, H.. Planned OJT is productive training [J]. Training and Development Journal, October, 1996：55

② 李海霞. 网络环境下企业培训模式的探讨 [J]. 现代远距离教育，2004（5）

③ D. Glener. The promise of interne5-based training [J]. Training and Development Journal, September, 1996.

④ Alexander, S. Higher education markets and providers：in Fry, K. （Ed）, The business of e-learning, Bring your organization in the knowledge economy [J]. university of technology, Sydney, 2003.

展的。个体想要成为有效团队中的一员,必须能够胜任主要的工作职责,同时具备良好的团体工作技能,才能使团体整体有效运行。把一群个体转变为一个有效团队的过程就是团体培训。可通过冒险性学习、交叉培训、协作培训、团队领导技能培训、自我管理等方式进行。

(三)培训方法的选择

培训方法选择的恰当与否直接影响到培训的整体效果,因此,培训管理者应引起重视。如何选择最佳的培训方法,需要培训管理者首先确定培训所需产生的培训效果,并对每一种培训方法在学习环境、培训成果的转化、成本和有效性等方面的效果进行评价比较后加以选择。同时,培训方法的预算也会影响培训方法的选择。新技术培训虽然具有创造积极的学习环境、信息共享、自行控制等特点,但研究费用很昂贵,在选择时需慎重考虑,如是否有雄厚的资金、技术来支持,受训者的地域分布特点,受训者是否愿意接受新事物,新技术的推广是否作为公司战略之一,员工培训时间与项目日程安排是否有冲突等。

特别需要指出的是,传统培训方法应与新培训技术结合起来,才能更好地推动培训效果的转化。

第四节 管理开发

一、管理开发概述

管理人才是企业竞争力的核心。组织战略的实现、组织目标的达成、组织任务的实施和执行都离不开管理者的领导和指挥。可见,组织应该在管理者的开发上有长远计划,这样才能适应新的需求,应对新的挑战,从而保证管理队伍后继有人。

管理开发(management development)是组织为管理者(或潜在管理者)提供有计划、有组织的培训机会,从而实现增加技能、改变态度、改善工作绩效的一项特殊活动[1]。值得指出的是,管理开发是着眼于提高整个企业的未来业绩的。通过一定形式的培训开发活动,帮助领导者提升领悟力、应对逆境、情感沟通三大核心能力[2],从而缩短"现在"至"未来"的差距;并密切关注组织中各层级未来人才的需求,通过恰当的员工晋升和人员预选得以实现组织目标[3]。

依据管理者层次的不同,管理开发分为高层管理者开发(executive development)、中层管理者开发(manager development)和主管开发(supervisor development)。高层管理开发又被称为领导力开发,是管理开发中最为重要的一部分,主要针对副总裁以上的企业领导;中层管理者开发是较为普遍的开发形式;常常较容易忽略的是从技术或操作岗位上晋升上来的主管开发。根据美国学者罗伯特.库茨(Robert L. Kutz)于20世纪70年代提出的管理技能模型,不同层级的管理开发侧重点不同,所需技能也不一(见图5—5)。在这里,

---

[1] John Beeson. Succession Plan: Building the management corp. Business Horizons, 1998 (9): 61-66.
[2] 彭剑锋. 人力资源管理概论[M]. 上海: 复旦大学出版社, 2005: 474
[3] Burack, E., H., Hochwarter, W., and Mathys, N., Y.. The new management development paradigm [J]. Human resource planning, 21 (1), 1997: 14-21.

概念性技能涵盖一系列技能，包括创新能力、抽象思维、战略思考、统筹能力、预见性等；人际关系技能指与其他成员一起协同开展工作的能力，体现为沟通、协调、团队领导能力等；技术性技能则指能够运用特定程序、方法处理实际问题的能力。其中高层管理人员应注重概念性技能的培养，进而把全局意识、创新精神渗透到决策中去，而人际关系技能是各层管理者都应具备的技能，拥有这项技能才能互助合作完成组织目标[①]。

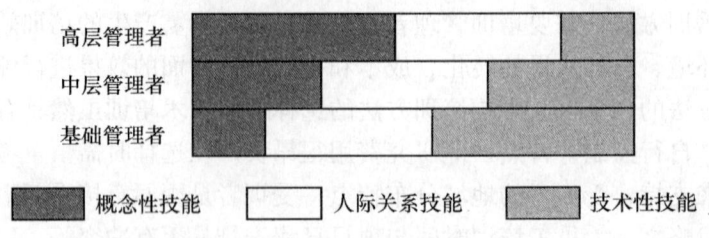

图5—5　不同层级管理者应具备的管理技能

麦当劳强调的是"全职涯培训"，也就是从计时员工开始到高阶主管，都有不同的培训计划，透过各区域的训练中心以及汉堡大学进行进阶式的培训，使得麦当劳的员工能够持续不断地学习、成长。对于不同职位的员工，麦当劳都提供不同的培训计划。比如，对于中阶主管，其职责着重在两方面，一是顾问的技巧，二是部门的领导。其培训除了训练、运营，还有很多其他专业职能的训练。培训方式除了专业讲师的培训课程外，还有很多的实际工作培训；而对于高阶主管的训练则主要有三方面：全球讨论会（McDonald's Internal Seminar）、外部发展讨论会（External Development Seminar）及执行辅导（Executive Coaching）。

整个管理人员开发过程首先是基于企业的组织使命、愿景、核心价值观来评估本公司的战略需求，明确管理行为和胜任能力，以此作为制订开发计划的基础；其次是评价有关管理人员的工作绩效，进行培训需求分析。当然，管理开发计划不仅要考虑当前的岗位，还要能够满足下一岗位的任职资格，为将来做好准备。具体操作流程与普通员工培训开发系统类似，如图5—6所示。

二、基于胜任力的管理开发和继任计划

（一）基于胜任力的管理开发

胜任力是指将有效完成工作所需具备的知识、技能、态度和个人特质转化为行为的能力，这些行为是可观察的、可指导的、可衡量的，对个人发展和组织成功都非常关键[②]。胜任力不同于一般的能力，一个人的胜任力是分层、分级的，从浮于冰山之上的知识与技能，到最底层难以用一般方法衡量的内驱力和社会动机。

管理开发之所以是可行的，是因为有效的管理者具备特定的胜任力；同时管理者的胜任力是可以被认识的，可以被教育和学习的。因此，管理开发的核心是管理者的胜任能力。基

---

① 谢晋宇. 人力资源开发概论［M］. 北京：清华大学出版社，2005：288
　Rothwell, W. J. Succession planning for future success. Strategic HR Review, 1, 2002：30-33.
② 彭剑锋. 人力资源管理概论［M］. 上海：复旦大学出版社，2005：477

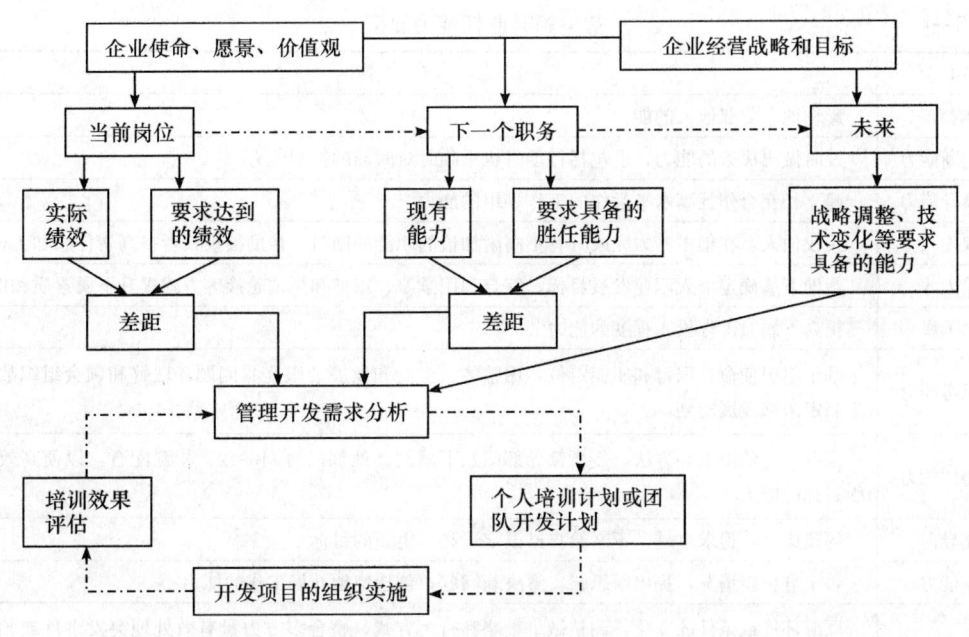

图 5—6 管理开发过程

资料来源：Lan Beardwell, Len Holden. Human resource management-a contemporary approach, Prentice Hall, London, 2001：384.

于企业经营战略和核心价值观建立起来的管理者胜任能力体系也就成了管理开发的基础。基于胜任力进行管理开发的设计，最大的优势在于能针对任职者的能力短板进行培训，从而快速、有效地提升参训者的素质。当然，这个过程涉及对任职人员胜任能力的评估，通过与绩优素质的对比发现个人胜任力的优势和劣势，取长补短，及时改进和提升，帮助提高组织的整体效益。常见领导胜任能力要素如图 5—4 所示。

（二）继任计划

继任计划（succession planning）是确定和持续追踪高潜质人才以便在将来接管要职的过程和行动[①]。高潜质人才是指那些具有胜任重要管理职位潜力的人，这些职位包括战略经营部门的管理者、职能领域的领导等。继任计划有效将员工职业生涯管理活动同企业战略与发展紧密联系起来，从而保证企业有足够的后备力量，避免外部招聘带来的一系列弊端（文化价值观的冲突、缺乏归属感等）。同时，继任计划为企业资源的保值与增值、组织能力的创造和维护提供持续保障，为企业核心竞争力的创造提供人力支撑和制度保证。当然，继任计划不应局限于高层管理者，应深入企业的招聘、甄选、培训、晋升等环节。

企业继任计划的开发流程通常按照以下步骤进行[②]。

[①] C. B. Derr, C. Jones, E. L. Tommy. Managing High-Potential Employment：Current Practice in Thirty-Three U. S Corporations [J], Human Resource Management, 1988：273.

[②] 盛宇华，唐钰. 企业核心人才的价值评价及开发策略 [J]. 经济管理，2005（15）：74
张红光. 中国企业核心人才继任计划研究 [D]. 南京：南京财经大学硕士学位论文，2006

表 5—4　　　　　　　　　　　常见领导胜任能力要素

能力要素	解释
影响力	影响他人驾驭他人的能力
决策判断能力	及时做出决策的能力，也包括行动时机来临时对时局的控制能力
团队领导能力	建立相互合作且高水平运作的工作小组的能力
授权他人	授权他人，在集中精力完成具有更高附加值的职能的同时，帮助被授权者提高责任感和工作能力
培养人才	帮助下属确定个人职业发展目标，综合利用学习、培训和岗位轮换等方式提升下属素质和能力
激励下属	提高下属对工作投入程度的能力
战略思考能力	基于组织使命、宗旨和职能定位，用整体、全局和发展的眼光看问题，理解和领会组织战略，科学制定未来发展规划
组织协调能力	采取一定的措施和方法，使所领导部门及下属同其他部门协调一致、相互配合，以便高效实现组织目标的能力
成就导向	渴望成功，追求卓越，不断给自己设定更高、更新的目标
创新能力	善于分析新情况，提出新思路，解决新问题，创造性地开展工作的能力
应变能力	顺应环境或条件的变化，调整做事策略和行为方式，整合多方力量有效处理突发事件或预期可能出现的问题的能力
督导能力	科学分配任务，建立明确的绩效标准，指导和监督下属工作行为的能力

资料来源：迈克尔·茨威尔. 创造基于能力的企业文化［M］. 北京：华夏出版社，2002

1. 确定管理者继任需求

企业战略需求是组织关键能力的来源，而企业核心能力只有转化为对管理者行为、态度、能力的要求才能发挥积极作用。

2. 设计继任管理者胜任力模型

胜任特征模型是继任计划的核心，贯穿候选人的选拔、培养与评估，继任者的选拔、接班计划的实施等各个环节。在继任需求的基础上，企业通过对比优秀与一般管理者的行为特点提取胜任素质特征，并给以准确的定义及列举出典型的行为表现。

3. 建立能力评估体系

根据管理者胜任力模型要求的指标对潜在候选人进行评估，能否进入候选人名单的依据为一段时间内绩效水平和改进程度，以及在工作中表现出来的能力、潜质等。

4. 选拔继任候选人

按照评估体系的流程，以胜任特征模型为依据，识别人才发展潜力，为继任计划挑选候选人，建立人才综合数据库。公司本部负责组织一级后备的民主推荐、甄别、人才库维护，并对子公司的各级后备人才培养工作进行指导和监督。三级后备对应岗位分别为：一级后备——公司经营管理层后备，二级后备——经理级员工后备，三级后备——值长、高级主管、专工和点检长等。结合绩效考核结果，花旗银行运用十字路口模型来确定管理者的职业发展：员工或经理人刚进入企业时是管理自己，从管理自己到管理他人是职业发展中的第一个"十字路口"；获得一定经验后，可能会成为一个职能经理，管理一个部门，这是遇到的第二个"十字路口";从职能经理到业务经理,再到区域经理、大区经理、企业经理,员工可能会遇到很多"十字路口"。每个"十字路口"对应不同的绩效标准,对员工有不同的要求,公司针对不同的"十字路口"为员工设计内容各异的培训,安排不同的锻炼机会。十字路口模型实际上是花旗的职业发展模型,它被用来判断基于以往的绩效表现出来的潜能。

5. 制订和组织实施候选人培养计划

为经过评估后确定的候选人建立加速跑道,在获得有关绩效及能力评估的基础上,依据未来继任需求,为继任候选人制定个人职业生涯发展规划,并组织实施监督。包括脱产培训、承担项目等。并通过定期或不定期的考核,将评价结果及时总结、反馈,及时沟通,及时调整培养方案。

6. 确定继任者,实施交接班工作

通过公开竞争、优胜劣汰的方式确认最终继任者。同时,岗位交接也不是一蹴而就的,需采用渐进的方式,选择适当的时机,逐步实现领导岗位权力、职责、业务和职位的交接,以保证企业的平稳过渡。

企业人力资源盘点和管理开发中一个非常基础的工具就是九格工具①。九格工具按照执行新工作任务的潜能和以往的工作绩效这两个维度,把组织中的成员归入列出的九个格子中。第一个格子是以往工作绩效最高、执行新任务最具潜力的核心和优秀人才,一般是管理层接班人的培养对象;第九格则是被淘汰的人;第七格是新进员工,工作绩效还没有表现出来,但潜能高;第三格则是工作绩效较高的老员工,不属于接班人范围;可见,只有1、2、4格中的人才是组织中比较核心和有价值的人选。有了这样的信息格(见图5—7),就能够帮助企业做好继任计划的需求分析工作。

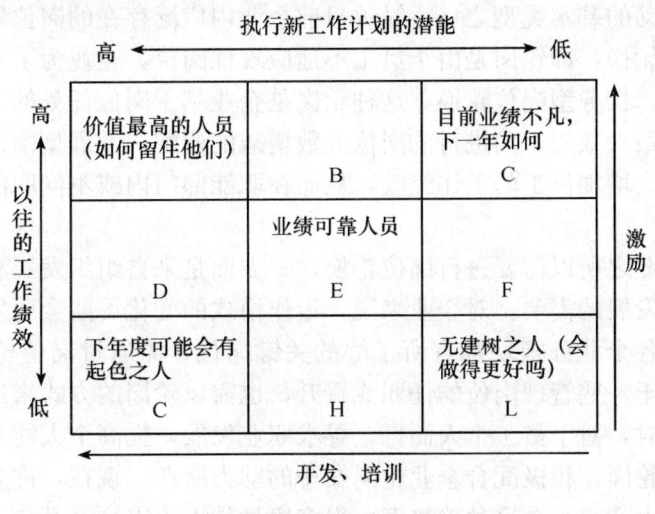

图5—7 九格工具

当然,整个继任计划的成功实施既需要高层管理者的支持,也离不开其他人力资源管理

---

① 徐芳. 培训与开发理论及技术 [M]. 上海:复旦大学出版社,2005

部门的辅助作用，包括绩效考核体系、员工职业生涯规划等。同时，还需要相关制度、有效监督和控制的保证。经过这样的层层选拔，才能确保真正的高潜质员工进入组织管理层。

接班人计划是 IBM 完善的员工培训体系中的一部分，它还有一个更形象的名字——"Bench（长板凳）计划"。IBM 要求主管级以上员工将培养手下员工作为自己业绩的一部分。每个主管级以上员工在上任伊始，都有个硬性目标：确定自己的位置在一两年内由谁接任；三四年内由谁接任；甚至自己突然离开了，谁可以接替你。以此发掘出一批有才能的人，由此形成了一个接班群。员工看到了职业前途，自然会坚定不移地向上发展。

第五节　职业生涯管理

培训与开发贯穿于员工职业生涯的发展过程中，同样轮岗、晋升与外派也是员工职业生涯中要面临的问题。在当前市场竞争日趋激烈的情形下，如何将个人的发展与企业的成长协调起来，构筑个人与组织双赢的职业发展模式，成了企业吸引人才、留住人才、激发员工潜力的关键战略。这其中，轮岗、晋升与外派是员工有效管理职业生涯的三种重要途径。

此外，组织的发展与变革将使员工不可避免地承担着裁员风险，可见员工的职业生涯是充满诸多变数的。裁员的利弊何在，如何使企业稳定渡过裁员期，人员裁减的风险等都是当前企业人力资源管理中面临的重要问题。同时，员工的职业生涯终将结束，有效管理处于职业生涯晚期的员工，顺利实现组织和个人的平稳过渡也是十分必要的。

一、轮岗

轮岗即岗位轮换，指企业内的一种平行调动，即员工从一个岗位横向调动到另一个工作岗位，它是职务变动的基本类型之一。纵观目前企业内广泛存在的岗位轮换类别，大致分为三种：调适型岗位轮换，即轮岗是由于员工不适应现任岗位，企业为了实现人岗匹配，改善工作绩效而实施的；任务型岗位轮换，这种轮岗是企业基于岗位任务的多寡，为有效开发企业整体人力资源的最大效用，而进行的岗位人数增减的调配；发展型岗位轮换，是指为了拓宽员工的职务能力，增加员工的工作经验，从而在职能部门内或不同职能部门间进行的一种调动[①]。

一般来说，企业之所以需要进行岗位轮换，一方面是来自组织发展和变革的需求，另一方面就是出自员工发展的需要。对企业来说，运作模式的变化可能会引发轮岗需求，那些需要对上下游业务、各个业务板块都有所了解的关键岗位，需通过岗位轮换的方式来彼此熟悉；此外，企业对于一些管理岗位的任职或晋升，也需以轮岗的方式来达到锻炼和提升候选任职者的目的。同时，对于员工个人而言，寻求职业发展，提高个人能力，充实工作经历是员工个人主动要求轮岗、积极配合企业轮岗安排的动力所在。现在，许多企业都希望通过减少管理层级来提高生产率，在这种趋势下，很多雇员就无法得到晋升，于是轮岗就为那些无法得到晋升的雇员提供了实现自我成长的机会。轮岗也是一个知识分享的过程，它能协助员工学习和掌握多元化的专业知识与技能，丰富个人的工作内容，有利于未来的长远发展。

---

① 章小波. 岗位轮换——组织与员工生涯管理的双赢策略 [J]. 苏州大学学报，2005（1）：41-42

索尼公司原则上每隔两年便鼓励员工调换一次工作,允许他们在公司内部各部门、各科院所之间合理地流动,为他们最大限度地发挥个人聪明才智提供机会。人力资源部门也会经常和员工谈心,了解员工的想法,明确哪些人是期盼换一个岗位或部门发展的,哪些人还想在现有岗位多学习一段时间。一有合适的机会,公司就将那些盼望到新领域锻炼的员工调动到另一个岗位,这一轮岗的工作每时每刻都在进行着。

二、晋升管理

晋升是推动员工职业生涯不断向前发展的重要途径。与轮岗不同,晋升是指员工职务级别的提高,是一种垂直向上的调动。晋升是职业发展的常见形式,是一种积极的动机,它能激励员工在工作中创造出更好的业绩。一方面,员工往往把获得晋升视为职业发展成功的标志。特别是处于职业生涯早期和中期的员工,对晋升的渴望更强烈。另一方面,对于企业的发展而言,晋升既达到有效激励的目的,同时也帮助企业获得优秀的管理人才。

并不是所有业绩优秀的员工都可以或者必须得到晋升。企业需要根据一定标准综合考虑员工的工作能力、素质、与晋升职位的匹配程度等诸多因素。企业决定是否提升某个员工时可以以资历为依据,也可以以能力为依据,或者以两者某种程度的结合为依据。当晋升是以能力为依据的时候,企业必须对能力如何界定和衡量做出科学而明确的规定,并确保所有员工都了解。一般情况下,企业通过一些测评方法来评价雇员的可提升性,如评价中心技术等。有些企业仍然通过非正式渠道,即由主要管理人员从他们所了解的雇员中根据主观评价来做出晋升决策,这显然扭曲了员工个人的职业发展生涯。因此,企业有必要且必须制定并发布相关晋升政策和晋升程序,做到公开、公平、公正。此外,企业在做出晋升决策时,除了要考虑资历或能力的因素外,还应当综合考虑候选人的个人素质,包括其是否具有诚实正直的品格、是否具有强烈的管理欲望和能力、人际关系是否良好等。对于干部晋升管理,松下实行的是以体现员工能力为主的"特称升格制度"。它是松下电器特有的人事管理制度,在充分调动发挥员工的积极性,培养优秀人才方面起到了很好的作用,通过将竞争机制引入公司各个岗位,使全部员工体会到竞争,将"只升不降"变成了"有升有降"。

同时,企业还通过提供必要的教育培训来帮助雇员确认并开发他们的晋升潜力,帮助员工做好职业发展规划,发现潜能,提早为晋升做好准备[1]。

通常而言,传统的晋升是将员工提拔到管理层,但对于专业技术人员,一般提供一种不同于管理阶梯的升迁机会,即双或多阶梯制度。这种制度提供两条或多条平等的升迁阶梯,一条是管理道路,另外几条是技术道路。多种阶梯层级结构是平等的,每一个技术等级都有其对应的管理等级,给予不同阶梯中相同级别的人同样的地位和待遇,以达到公平。为了让每位员工都能发挥各自特长,企业为员工铺就多条职业发展路径。传播"能力本位"思想,引导摈弃传统的"官本位"思想。各条职业路径之间建立起相互交错、互为联通的关系。既鼓励员工立足岗位、刻苦钻研业务,在某一领域有所突破,又允许员工根据岗位需要,结合自身特长,通过双向选择的形式在不同路径之间交互发展。

---

[1] 加里·德斯勒. 人力资源管理(第十版)[M]. 北京:中国人民大学出版社,2006

三、外派管理

伴随经济一体化，员工的职业生涯也出现了国际化的趋势，员工外派情况越来越普遍，外派人员已经成为了人力资源部门关注的重点对象之一。外派人员具体是指由母公司任命的在东道国工作的母国公民和第三国国民，还包括在母公司工作的外国公民。

员工接受外派任命到海外工作是其职业生涯过程的一个转折，外派工作的成功与否对其以后的职业发展将产生重大的影响。外派失败，对员工和企业来说，都是巨大的直接与间接损失。同时，外派工作也会给外派员工的家庭带来诸多不便，此外，外派员工在文化、生活习惯上也面临着众多挑战。因此，外派管理需要重点做好招聘、培训、管理和支持、归国管理四方面的工作。

由于外派任务的特殊性，不是所有的员工都适合外派。一般来说，招聘外派人员时，要综合考虑公司的企业文化、海外业务的素质要求、候选人的专业技术能力、陌生环境的适应能力、人际关系处理能力等各个方面。

确定外派人员后，需要对他们开展外派前的职业生涯管理，进行一系列的培训。培训可以是传统的集体培训，也可以根据具体情况提供个人培训。培训内容要覆盖业务能力、客户服务、企业文化以及母国与东道国之间文化异同等。外派人员虽然身在国外，但是依然不能放松管理，对他们的日常管理与国内人员应该是一致的。管理主要包括四方面，即绩效管理、报酬、员工及劳资关系和发展培训。在管理手段上，根据实际情况，除了通用的人力资源管理原则和方法外，应该做出相应的调整。比如，可以通过目标管理的手段来对外派员工进行管理。

欧尚集团是一家以经营大型超级市场为主的国际商业集团，是全球十大零售商之一。1997年4月上海欧尚超市有限公司正式成立，从而揭开了欧尚集团公司在中国发展的序幕。管理人员本地化问题是欧尚面临的最大挑战，一方面外派人员成本过高成为以低价取胜策略的一大压力；另一方面，随着欧尚在全球的迅速发展，从母国寻找外派经理到中国越来越多的店中已经是越来越困难了。因此，实行管理人员的本土化是欧尚别无选择的选择。同时，由于文化、观念、传统等各方面的差异，需制定适合欧尚中国的评估模型，并有针对性地开发测评工具如文件筐和小组讨论等，规范了人才选拔机制。同样，TCL在全球50多个国家有上百个分支机构。针对外派员工和当地人才的管理，TCL主要从选拔、薪酬等方面进行文化整合和管理。外派人员的选拔标准包括四方面：一是在国内有丰富的阅历和经验；二是做事很踏实，能够吃苦；三是要在困难情况下还能看到希望的人；四是独立开展工作能力比较强的人。在薪酬方面，考虑到海外不同区域的经济、文化的跨度大，而且具有很大的波动性，为了保证整体薪酬的平衡并且与战略保持一致，TCL借鉴跨国企业的经验，将薪酬划分为基本工资和海外派遣津贴两部分。同时，为了防止海外派遣员工同工不同酬的矛盾发生，TCL一方面在派遣之初就让员工全面了解海外工作的特点和整体薪酬体系的设置；另一方面将职业生涯规划植入海外员工的管理体系之中，通过发展平台牵引，使员工的目光聚焦在未来，避免发生危机。

四、裁员

裁员（downsizing）最早是指企业规模的缩减，包括减少人员，缩减成本、资产缩减等，后来逐渐特指人员的缩减。对于裁员，并没有一个统一的定义，一般而言，裁员都是指组织人员或职位的缩减，目的是为了减少组织的劳动力数量，节约企业成本，提高组织绩效。目前，逐渐用"适化"(rightsizing)来代替"裁员"的说法。

裁员带给企业最直接的收益在于显著降低了人工成本和企业运营成本，在企业遭遇困境时，裁员更是一种直接的经济手段；此外，裁员还能提高个体与职位的匹配程度，提高工作效率；更重要的是使人力资源得到有效的利用，激发在职员工的工作积极性和自我提升的意识。当然，任何事情都具有两面性，裁员也不例外，在看到裁员带给企业收益的同时，也应注意裁员可能带来的负效应：首先，裁员对于被裁员工会带来身心伤害，并可能导致其生活陷入困难；其次，裁员可能导致人力资本的流失，将来再想补充时，成本巨大；再次，裁员还会降低员工对组织的忠诚度，对留任员工产生较大的心理影响；最后，企业形象，特别是知名企业裁员往往会导致企业公众形象的损失，引发公众对企业的不信任感。

因此，企业在面临裁员时需要综合考量各种因素，如何向员工传递正面、积极、公平的信息；如何设计裁员方案以利于减轻企业压力；如何维持企业的内外融洽等，都是企业在裁员管理过程中需充分考虑的。企业裁员的典型程序可以分为计划阶段、实施阶段和裁员后的管理阶段。

1. 裁员前的计划阶段

在裁员之前，必须进行详细的计划和准备工作。企业在裁员计划方面，需要经过如下三个阶段。

首先，明确企业战略及目标，对当前经济形势进行预测，对组织内外的各种影响因素进行分析预测，对裁员的利弊进行评估，列出具体岗位裁员的数目和依据，最终确定是否有必要进行裁员。

其次，制订裁员计划，具体包括：确定采用温和还是激进的方式裁员；确定筛选被裁员工的依据，依据有按工作量、按能力、按绩效和按政策裁员等；确定遣散费、补偿费的数量及法律依据；制定保留和重新雇用的战略。

计划制定之后，为了保证平稳裁员，还应当制定沟通政策，建立裁员管理委员会或工作小组，并制定裁员时间表等[①]。

2. 裁员计划的实施

裁员计划的启动与实施对企业来说是非常关键的一环，若实施不当，很容易导致矛盾激化，裁员失败。因此，在裁员的实施过程中，需要注意如下的一些问题。

第一，确定裁员中的员工差别管理方案，即区分核心员工和非核心员工。另外，针对裁员过程中可能遇到的各种抵制，有针对性地进行"冲突管理"以保证裁员计划顺利实施，有必要区分抵制程度高和抵制程度低的员工。通常把这两类指标（核心程度和抵制程度）综合起来，可以得到一个如图5—8所示的分类图。

第二，特殊裁员培训。个人对组织变化的接受程度，个体自我驱动力的高低和学习能力的高低都会影响组织的裁员计划能否顺利实施。企业通常对员工，特别是幸存员工缺乏必要

---

① 唐圹. 企业裁员管理[J]. 经济管理, 2003 (3): 54

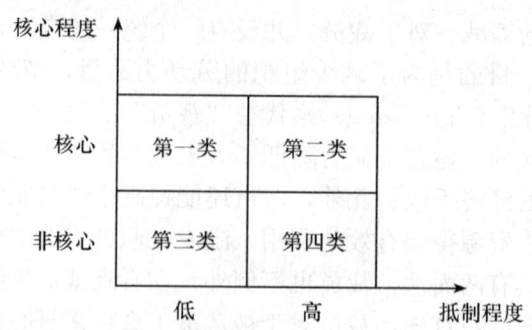

图 5—8　裁员过程中的员工分类图
资料来源：廖建桥. 管理的一剂苦药——如何在企业裁员 [M]. 武汉：华中科技大学出版社，2006：242

的培训、支持和帮助，如果企业能改善员工的生活方式、精神承受力和情感动力，那么组织裁员的阻力就会减小，企业的损失也能减少[①]。

第三，选择合适的裁员时机，企业应在裁员计划正式启动之前的某个时间提前让员工知道裁员计划，一般企业裁员计划的提前告知期在 2～6 个月比较合适。

第四，企业在裁员过程中，实施有效的沟通活动来加强内外沟通，力求把裁员活动的负效应减少到最低程度。如可以通过书面、面谈等多渠道、多形式进行沟通，以便员工全面了解和认识企业的裁员意图。在一定程度上减少员工的心理失衡感，从而降低员工心理契约被违背的强度。

3. 裁员后的管理

无论裁员前计划得多完善，裁员实施过程中多么谨慎、人性化，裁员的负面效应都是不可能完全避免的。被裁减员工的离开并不是裁员计划的终点，裁员的善后工作也不容忽视。包括主动提供一些工作信息，或为他们提供心理辅导以减轻他们的焦虑，或对于那些在裁员中的幸存者进行及时有效的沟通，必要时，可以利用员工帮助计划，为留任员工提供必要的支持和帮助；另外，组织还可以通过薪酬和岗位的调整来转移留任员工的心理压力；重塑企业文化也是裁员后需要尽快落实的一项工作，尤其是在大规模裁员后[②]。

法国阿尔卡特公司将人性化充分融入裁员的管理过程中。首先，让员工有一点心理准备。采取两种方式：一是新公司在进行管理人员整合的时候，把一些干部降级成为普通员工，其中一部分由于心理难以接受，最终选择离开；二是通过各级领导以非正式的方式（比如吃饭、闲聊时）"告诉"员工，"任何企业裁员都是很正常的事"。其次，精心选择裁员方式，可供选择的方式有正式解雇指定的雇员、临时解雇一部分雇员、采取某种方法让一部分员工自愿离开三种。

---

① Franco Gandolfi. Downsizing, Corporate Survivors, and Employability-Related Issues: A European Case Study [J]. Journal of American Academy of Business, Vol. 12, No. 1, 2007：51.

② Norman E Amundson, William A Borgen, Sharalyn Jordan, Anne C Erlebach. Survivors of Downsizing: Helpful and Hindering Experiences [J]. The Career Development Quarterly. Vol. 52, No. 3, 2004：256.

在经济全球化的今天，竞争越来越激烈，应充分认识到，裁员不再是一种偶然的行为，裁员对于一个组织而言，是一种可以管理的战略，通过减员增效，实现人力资源的最合理配置，以最低的成本创造最大的收益。

五、退休管理

生老病死，是人类无法抗拒的自然规律，对于个人的职业生涯来说，也必然会进入到晚期阶段，进而退出原来的工作岗位，也就是退休。但是，晚期阶段并不意味着一无是处，组织的高层领导和管理人员应当有效地管理好老年员工，充分认识到不同年龄段的员工所具有的不同价值。对于企业而言，如何来管理处于职业生涯晚期的员工，顺利实现组织和个人的平稳过渡呢？

首先，组织应该制订退休计划，帮助员工顺利度过从工作到退休的转变时期。这个退休计划，既要有助于将要退休的人员，在职业生涯的晚期保持积极的工作态度和良好绩效，又能使组织留住有价值的老员工，还要能鼓励其他雇员提早退休。退休计划需要综合考虑到多方面的因素，具体来说，外在因素如财务安全、住房调整以及法律等；内在因素则包括职业生涯结束带来的各种心理问题等。

其次，要纠正歧视老年员工的观念，这一方面有利于组织减少人力资源的浪费，另一方面也能树立良好的组织形象，避免组织陷入代价高昂的诉讼中。

第三，对于老年员工，组织应该制定清楚明了的绩效评价标准，实施有针对性的激励，并让老年员工充分知晓。当老年员工的生产率将要下降时，应该用清楚的行为术语来表述绩效问题，并对持续无效绩效的后果进行确定，并指出如何改善绩效的办法。对待老年员工，必须有准确、无偏见的绩效评估，激励其保持高绩效。

当然，不可否认的是，随着年龄增长，老年员工的工作能力可能会下降，但是，在对老年员工的管理过程中，不能想当然地认为老年员工技术退步或不可能再掌握新技术，事实上，老年员工多年的工作经验可以帮助其更好地学习新技术，有些人更是乐于接受掌握新技能所带来的挑战。因此，对于企业而言，设计一套适合老年员工的培训体系，防止老年员工落伍是非常必要的。对他们进行持续的教育，并结合上述的绩效评价和激励措施，对于处于职业生涯晚期阶段的员工保持和恢复工作能力能起到重要作用[1]。

一方面，对于这类临近退休年龄但又很能干的雇员，可以通过多样的工作选择，比如提供兼职工作或季度性的工作，安排特殊的咨询工作，工作分担或工作轮换，弹性的或缩短的工作时间等，吸引他们继续留任工作。

另一方面，鼓励能力较差或适应能力不强的员工早点退休，降低企业的人员开支，还能降低整个社会的失业水平。但是，有时企业变相强迫老年员工提前退休，反而会加重企业支付养老金的负担，还要面临失去部分老客户的风险。

对待退休问题，无论雇主是否提供一个正式的退休计划，雇员个人都应该有自己的退休安排，要认真对待自己的退休问题，在职业生涯的晚期做好规划。这个退休计划不仅是指可以保证退休后生活的财务计划，更包括非财务的退休计划，比如退休后的生活方式选择、心

---

[1] Eric J. McNulty. 该反思你对人员管理的认识了[J]. 人力资源开发与管理，2006（5）：34-35

态的调整等。个人在经济上、社会上、个人目标上的发展以及行动步骤的确定，都应该围绕着退休计划进行①。

参考文献

1. Jackson, Susan E., Schuler, Randall S. 人力资源管理——从战略合作的角度（中文版）[M]. 北京：清华大学出版社，2005

2. 格林豪斯，卡拉南，戈德谢克. 职业生涯管理（中文版）[M]. 北京：清华大学出版社，2006：194-19

3. 詹姆斯·沃克. 人力资源战略（中文版）[M]. 吴雯芳译. 北京：中国人民大学出版社，2001

4. 雷蒙德·A·诺伊. 员工培训与开发（中文版）[M]. 徐芳译. 北京：中国人民大学出版社，2002

5. 廖建桥. 管理的一剂苦药——如何在企业裁员 [M]. 武汉：华中科技大学出版社，2006

6. 加里·德斯勒，曾湘泉. 人力资源管理（第十版）[M]. 北京：中国人民大学出版社，2006

7. 唐纳德 L. 柯克帕里特里克等. 如何做好培训评估——柯氏四级评估法 [M]. 奚卫华等译. 北京：机械工业出版社，2007

8. 杰克·菲利普斯. 培训评估与衡量方法手册（第三版）[M]. 南京：南开大学出版社，2001

9. D. 达特里奇. 行动学习——重塑企业领导力（中文版）[M]. 王国文，王晓利译. 北京：中国人民大学出版社，2004

10. 迈克尔. 茨威尔。创造基于能力的企业文化（中文版）[M]. 北京：华夏出版社，2002

11. 彭剑锋. 人力资源管理概论 [M]. 上海：复旦大学出版社，2005

12. 孙念怀. 现代企业人力资源解决方案 [M]. 北京：中国物资出版社，2003

13. 徐庆文，裴春霞. 培训与开发 [M]. 山东：山东人民出版社，2004

14. 谢晋宇. 人力资源开发概论 [M]. 北京：清华大学出版社，2005

15. 徐芳. 培训与开发理论及技术 [M]. 上海：复旦大学出版社，2005

16. 陈全明. 培训管理 [M]. 广东：海天出版社，2002

17. 李燕萍. 培训与发展 [M]. 北京：北京大学出版社，2007

18. 唐志红，骆玲. 人力资源：招聘、培训、考核 [M]. 北京：首都经济贸易大学出版社，2003

19. 李春苗，林泽炎，裴丽芳. 企业培训计划和管理 [M]. 广东：广东经济出版社，2002

---

① 格林豪斯，卡拉南，戈德谢克. 职业生涯管理（中文版）[M]. 北京：清华大学出版社，2006：194-196

20. 高猛,谢晋宇. 人力资源开发角色的 ASTD 模型及其意义 [J]. 山西经济干部管理学院学报, 2004 (3)

21. 宋国学,谢晋宇. e-学习条件下的人力资源开发角色:挑战与回应 [J]. 南开管理评论, 2004, 3 (7): 92-97

22. 巩亮. 体验式培训的实施策略. 中国人力资源开发 [J]. 2005 (3), 49-51

23. 唐京. 于胜任力的培训需求分析模式研究 [D]. 杭州:浙江大学博士学位论文, 2001

24. 张红光. 中国企业核心人才继任计划研究 [D]. 南京:南京财经大学硕士学位论文, 2006

25. 李海霞. 网络环境下企业培训模式的探讨 [J]. 现代远距离教育, 2004 (5)

26. 盛宇华,唐钰. 企业核心人才的价值评价及开发策略 [J]. 经济管理, 2005 (15): 74

27. 唐圹. 企业裁员管理 [J]. 经济管理, 2003 (3): 54

28. 章小波. 岗位轮换——组织与员工生涯管理的双赢策略 [J]. 苏州大学学报, 2005 (1): 41-42

29. Eric J. McNulty. 该反思你对人员管理的认识了 [J]. 人力资源开发与管理, 2006 (5): 34-35

30. C. B. Derr, C. Jones, E. L. Tommy. Managing High-Potential Employment: Current Practice in Thirty-Three U. S Corporations [J]. Human Resource Management, (27), 1997: 273

31. D. Glener. The promise of interne5-based training [J]. Training and Development Journal, September, 1996.

32. E., H. Burack, W. Hochwarter and N., Y. Mathys. The new management development paradigm [J]. Human resource planning, 21 (1), 1997: 14-21.

33. Franco Gandolfi. Downsizing, Corporate Survivors, and Employability-Related Issues: A European Case Study [J]. Journal of American Academy of Business, Vol. 12, No. 1, 2007: 51.

34. J. Brown. Training needs assessment: A must for developing an effective training program. Public Personnel Management, 2002: 31, 569-579.

35. John Beeson. Succession Plan: Building the management corp [J]. Business Horizons, 1998: 61-66.

36. K., R. Murphy and J., N Cleveland. Performance Appraisal [J]. Allyn and Bacon, 1991.

37. Lan Beardwell, Len Holden. Human resource management-a contemporary approach [J]. Prentice Hall, London, 2001: 384.

38. M. L. Moore & P. Dutton. Training needs analysis: Review and critique [J]. Academy of Management Review, 1978.

39. Norman E Amundson, William A Borgen, Sharalyn Jordan, Anne C Erlebach. Survivors of Downsizing: Helpful and Hindering Experiences [J]. *The Career Development Quarterly*. Vol. 52, No. 3, 2004: 256.

40. P., Naughton, J. Davics and W. Rothwell. New role and new competencies for the new centrury. Training and Development, 2004.

41. R. J. Mirabile. Everything you wanted to know about competency modeling [J]. Training and Development Journal, 1997.

42. R. Werner, J. Desimone, and D. Harris. Human Resource Management, Harcourt Inc, 2002: 231.

43. S. Alexander. Higher education markets and providers: in Fry, K. (Ed), The business of e-learning, Bring your organization in the knowledge economy [J]. university of technology, Sydney, 2003.

44. Editor: Cat Sharpe. Successful orientation programs, Career Development [J]. ASTD. 2000.

45. S. V., Steadham. Learning to select a needs assessment strategy [J]. Training and Development Journal, 1980.

46. T. -C. Huang. Succession planning systems and human resource outcomes. International Journal of Manpower [J]. 21, 2001: 1.

47. W. J Rothwell. Succession planning for future success [J]. Strategic HR Review, 1, 2002: 30-33.

48. Wouter Stam and Tom Elfring. Entrepreneurial orientation and new venture performance: The moderating role of intra-and extraindustry social capital [J]. The Academy of Management Journal, Volume 51, Number 1 February, 2008.

49. W. Rothwell and H. Kazanas. Planned OJT is productive training [J]. Training and Development Journal, October, 1996: 55.

第6章
薪酬福利管理

在企业整个人力资源管理体系中,健全的薪酬管理系统是吸引、激励、发展和留住人才的最有力工具。无论是在理论方面,还是在实践方面,薪酬都是人力资源管理体系中的热点和难点。本章将从六个方面详细论述:首先介绍两种重要的薪酬模式(即基于工作的薪酬和基于能力的薪酬)设计的基本方法和程序;其次重点探讨了不同群体的薪酬设计,主要针对高管人员和生产型工人;然后又结合理论和实践的需要重点讨论了福利计划,包括弹性福利计划的概念、类型和构建,以及企业年金(退休金)和员工援助计划;最后介绍了薪酬福利理论的新发展——总报酬模型。

第一节 薪酬模式

任何一个组织都需要有一套既能支持组织战略、又能恰当体现员工价值和贡献的薪酬制度,这对组织和员工都是至关重要的。因此,组织需要有一套薪酬哲学来指导薪酬制定者制定薪酬政策,设计一套符合自身条件的薪酬体系,确保薪酬策略能够支持组织的使命和战略。当确立薪酬哲学时,首先要以组织内、外部情况为导向考虑一系列的问题[1],包括:组织的人力资源战略、组织的经营绩效、薪酬市场定位;工作评价的基础,即组织更看重内部公平还是市场价值;支付组合,即与组织文化相适应的是基本薪酬还是变动薪酬或者两者兼具;奖励对象,奖励是以个人为基础还是以团队为基础;薪酬结构,是传统的薪酬结构、宽带薪酬结构还是没有固定的结构;管理,即薪酬决策的制定是集中的还是分散的。思考过这些问题之后,就可以选择更适合组织发展的薪酬计划,完善薪酬制度。本节将从固定薪酬(fixed pay)和可变薪酬(variable pay)两个方面介绍现存的薪酬制定方法与流程(见图6—1)。

固定薪酬也就是基本薪酬[2],是反映雇员所承担的职位的价值,或者雇员所具备的技能

---

[1] WorldatWork, Compensation Philosophy, *Work Span*, 2007.07
[2] Michael O'Malley, 2003, "What Is Base Salary?" *WorldatWork Journal formerly ACA Journal*, Volume 12 Number 3 Third Quarter

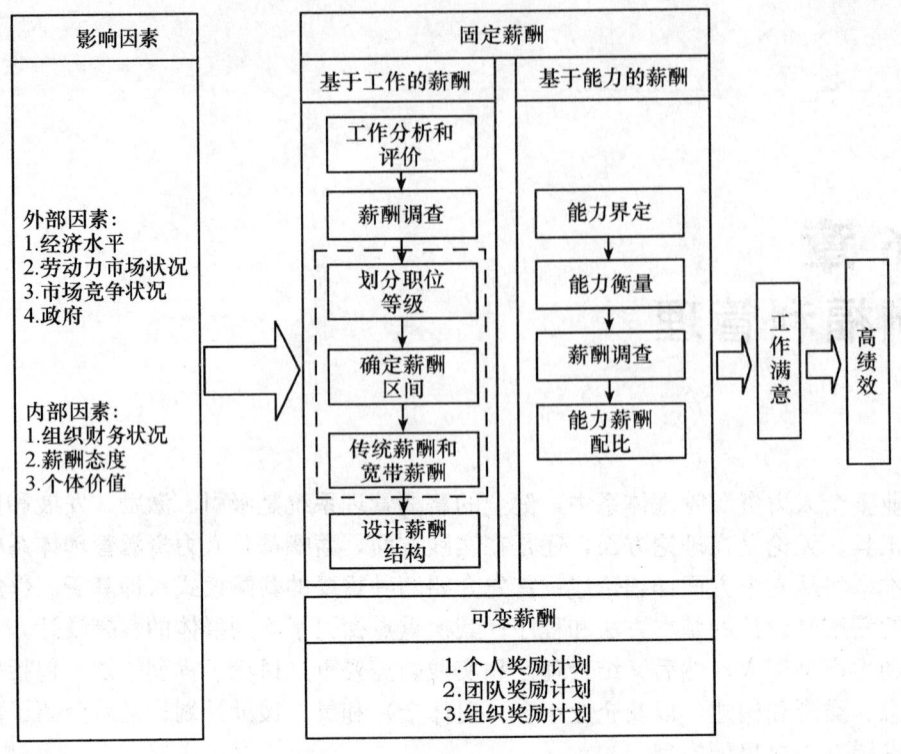

图 6—1 薪酬设计的基本流程

或能力的价值,即分别是以工作为基础(pay for job)的基本工资和以能力为基础(pay for competency)的基本工资(basic pay)。而可变薪酬是根据员工绩效表现而给予的一次性奖励,可以分为个人、团队和组织三个层面。

一、基于工作的薪酬

基于职位价值的基本工资管理包括三个步骤:职位分析和评价、薪酬调查和设计薪酬结构。薪酬调查可以保证企业薪酬的外部公平性,而设计薪酬结构是为了维护企业的内部公平性。

(一)职位分析和评价

正如本书前面章节介绍的,职位分析帮助我们回答三个基本问题:一个企业需要哪些岗位,每个岗位的职责如何界定,这些岗位都需要怎样的资历要求。问题解决后,就可以给职位排序,确定该职位在组织中的相对价值,进行职位评价。

(二)薪酬调查

如果不知道其他组织支付给雇员的薪资水平是怎样的,就很难确定本组织应该支付给雇员的基本薪资水平。所以,在职位评价的基础上,还需要把职位的内部价值(职位评价的结果)与职位的外部价值(劳动力市场工资)进行系统的比较,而对劳动力市场工资水平的把握一般是通过薪酬调查来实现。

薪酬调查可以是正式的也可以是非正式的,可以根据需要自己开展调查,也可以请专业的咨询公司为本企业进行专门的薪酬调查,还可以直接从专业的薪酬调查机构(比如咨询公司、网站等)购买薪酬数据库或者调查报告。雇主通常可以运用调查得来的薪酬数据给标杆职位(benchmark jobs)定价,然后基于其他职位相对于标杆职位对于组织的相对价值给其他非标杆职位定价。或者直接调查与自己具有可比性的企业支付给可比性职位的薪资状况,然后在这种市场薪资水平的基础上,直接确定以一定百分比的市场平均水平(比如120%)。公司的薪酬策略会依据公司战略,来决定公司的职位价值是处在市场领先水平还是一般水平,或者是拖后水平,从而形成一条工资政策线。如IBM公司在确定员工工资水平之前,会对同行业的相关企业进行调查,掌握市场上的平均工资水平,选择高于市场前10名企业薪酬平均水平的薪酬制度。

(三)薪酬结构的设计

在构建好反映市场工资率和公司薪酬水平定位的工资政策线后,接下来的工作就是设计组织的薪酬结构(pay Structure)。薪酬结构包括划分职位等级(grade)和确定薪酬区间(range),国际上通行的工资结构包括传统的职位等级结构和宽带薪酬结构。

1. 划分职位等级

职位等级的划分依赖职位评价所评价的点值,需要将某一职位评价点值范围的职位划分到同一职位等级。划分时由于要在内部公平性和管理效率之间取得平衡,所以必须考虑企业总体的职位数量、企业文化、企业的管理倾向(组织内部管理层级的影响)还有薪酬管理上的便利(等级越少则管理成本越低)等。

2. 确定薪酬区间

在确定了企业职位应当分多少等级以及每个等级应当涵盖哪些职位后,还应给每个等级设定一个合理的薪酬区间(薪等),以反映同一职位等级的不同雇员获得的不同的工资范围。首先应通过市场的薪酬水平和公司的薪酬策略共同决定薪酬区间的中点;其次考虑各方面影响薪酬区间制定的因素判断每个薪等的浮动幅度。薪等的浮动幅度主要由以下四个方面因素决定:(1)价值差异性。往往职位等级的价值差异越大,薪等的浮动幅度也就越大。(2)绩效变动幅度。职位等级所包含的职位的绩效变动幅度越大,薪等的浮动幅度也就越大。(3)晋升通道。员工在职业阶梯上端无法获得晋升的机会时,就要加大薪酬的浮动幅度,以增加他们更多报酬增长的机会,满足他们的个人需要。(4)企业的文化。企业文化中的平均主义越强烈,薪等的浮动幅度越小,若是企业文化鼓励或者接受收入差距,那么薪等的浮动幅度越大。

薪等的浮动幅度=(薪酬上限-薪酬下限)/薪酬下限。在确定薪等的浮动幅度之后,就可以确定薪等的上限和下限,它们代表企业愿意支付给该等级工作的最高工资和最低工资。

薪酬上限=中点/(1+1/2浮动幅度);薪酬下限=薪酬上限+浮动幅度[①]

在实际情况中,薪酬区间的确定没有通用的标准,也不能用上面的方程简单计算,还需要进行很多次的调整,是一个比较复杂的、受到多种因素影响的过程。

---

① 这里的薪酬浮动幅度是一个具体的数值,它也可以是一个百分比。

3. 传统薪酬结构和宽带薪酬结构

宽带薪酬结构是将传统的职位等级机构中的几个相邻等级合并为一个等级（见图6—2、图6—3），从而使每一等级的工资范围变得更大的一种薪酬结构设计的方法，是在组织扁平化趋势和大规模工作轮换现象下应运而生的[①]。

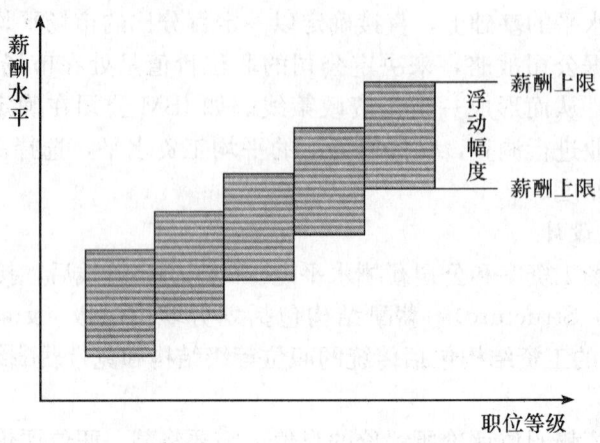

图6—2 传统的薪酬结构

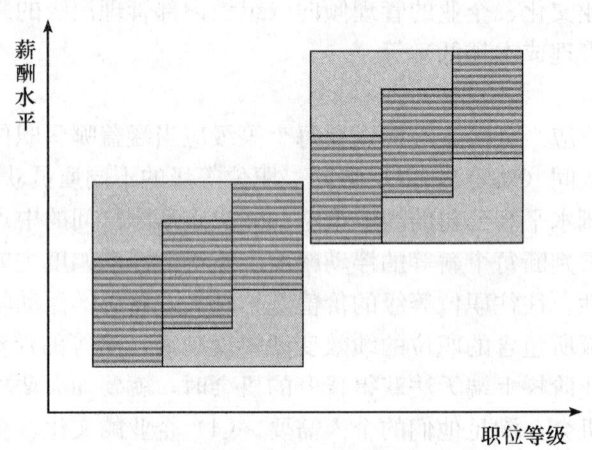

图6—3 宽带薪酬结构

组织的扁平化即管理层级的压缩，这使得员工的晋升通道缩短，多级的职位工资也就随着压缩为跨度更大的宽带机构。大规模的工作轮换可以帮助公司培养复合型人才，并通过让员工接触新的工作，接受挑战来激励他们工作；而宽带薪酬结构可以在不频繁更改员工的工资的情况下适应工作轮换带来的冲击。但是，也正由于宽带薪酬结构这种灵活性，使得管理人员很难控制，仅仅依靠员工的能力和绩效来判断具体的薪酬额度容易造成混乱，主观性比较强。

---

① 彭剑峰著.人力资源管理概论.上海：复旦大学出版社，2005

二、基于能力的薪酬

基于员工个人能力的基本工资管理抛开了职位的因素,按照员工所具备的与工作相关的能力的高低来确定其报酬。不同的组织在不同的阶段、不同的岗位上所需要的员工的能力是不相同的,因此,以能力为基础的薪酬结构有助于帮助组织发现自己看重的因素和准备付钱的对象,并且明确具备什么样能力的人才是组织现在最需要的人。建立以能力为基础的薪酬结构的主要步骤见图6—4:

在日益以知识和服务为基础的经济中,基于能力的薪酬体系将被越来越多的公司接受。许多的公司也意识到,对员工的能力给予直接的、有形的报酬是公司战略得以顺利实施的关键因素。其具有以下五个优点:(1)鼓励员工对自身的发展负责,使员工对自己的工作生涯有更多的控制力,更加有利于鼓励和牵引员工提升自己的知识、技能或能力,从而帮助企业提升人力资源的素质,培养员工的核心专长与技能;(2)在帮助员工提升核心专长和技能的基础上能够有效地支撑企业核心能力的培育,并为组织的成本削减以及为顾客创造价值的能力提供帮助;

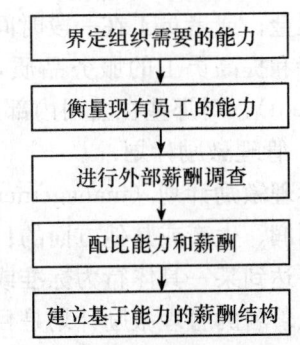

图6—4　建立以能力为基础的薪酬结构的基本流程

(3)打破了传统的职位等级的官本位特点,为员工提供了更为多样化的、更为宽广的职业生涯通道,同时也是适应新的扁平化组织的重要薪酬模式之一;(4)减少企业推进组织变革和流程重组的阻力,提高企业的灵活性和适应性;(5)能使员工承担更多、更广泛的责任,而不仅仅是职位说明书中设计的责任。

但是,基于能力的薪酬支付模式也存在不足之处。首先,知识、技能和绩效之间并没有必然的因果关系,能力不等于绩效;其次,组织在通过增加报酬、鼓励员工提高能力的同时,将会带来成本的大幅度增加,而组织整体会因为没有获得相应的经济价值回报而增加损失利益;再次,相对于固定的以职位为基础的薪酬体系来说,能力的评价本身具有很强的主观性,想要保持这种工资模式的内部一致性往往较困难,因而也容易引起员工不满。

所以,大多数企业在进行薪酬决策时,除了要考虑员工的能力外,仍需要考虑职位数量和内容、目标完成情况等因素。不能只是单独使用某一种薪酬结构,而应将两者结合,针对不同的企业和不同的环境而有所侧重。

三、可变薪酬

可变薪酬(variable pay)又称激励薪酬(incentive pay),是根据雇员是否达到某种事先建立的标准、个人或团队目标或公司收入标准而浮动的报酬[①],属于一次性的奖金。可变薪酬是以评估绩效、胜任力、贡献或者技能为基础的。根据奖励对象的不同,可变薪酬基本上分为个人奖励计划、团队奖励计划和组织奖励计划三类。

(一)个人奖励计划

个人奖励计划(individual incentive plans)是用来奖励达到与工作相关的绩效标准的员

---

① [美]约瑟夫·J·马尔托奇奥著,周眉译. 战略薪酬(第二版). 北京:社会科学文献出版社,2002. 1-2

工，这些绩效标准包括产品质量、生产力、顾客满意度、安全或出勤率等。绩效标准的选择与评估是实施奖励计划最关键的部分。个人奖励计划有很多种形式，具体可以从管理层员工和普通员工两个层面来操作。

1. 行为鼓励计划

行为鼓励计划（behavior encouragement plans）奖励员工具体的行为成就，例如，良好的安全记录或出勤率等。如果员工降低了由于使用中型设备的不当而造成的事故率，就可以得到奖金；或者员工在一段时间内都表现出了很好的出勤率，那么也将得到奖金。花旗银行为保持和提高员工的服务品质，设立"花旗品质服务卓越奖"（Citigroup Quality Service Excellent），对那些在公司内部服务与外部服务方面都表现出高品质的员工加以激励。

2. 管理激励计划

管理激励计划（management incentive plans）是在管理人员达到或超过其管辖有管销售、利润、生产或其他方面的目标时对其进行奖励。管理激励计划不同于行为鼓励计划，后者只要达到某一具体行为标准或者目标就可以，而管理激励计划通常要求达到多个复杂的目标。最著名的管理激励计划是目标管理，主管部门会事先告诉管理人员，达到怎样具体的目标时，就可以得到多少奖金。

个人奖励可以加强工资和绩效之间的联系，能够让员工明确地看到自己努力的方向，并且员工的努力程度和回报挂钩，确实可以激励员工更加努力地为组织工作；并且个人奖励计划可以增加薪酬的公平性，表现越好、工资越高，这是公司对优秀工作绩效价值的肯定。美国联邦快递公司以员工—服务—利润理念为导向，对员工的服务质量、新吸收客户量、业绩完成情况等进行综合评判，设立了真心大使奖、每月最佳邮递员奖、发现新客户奖、超级巨星奖、最佳表现奖等。[①]

虽然个人奖励计划在某些情况下非常有效，但是这些方案也存在缺陷，主要有两个潜在的问题：第一，个人奖励计划总有封顶，当员工达到一定的绩效水平，已经取得了最高额度的奖金，即使他再努力也不会取得更高的奖金时，这个奖励计划就已经不能再激励员工了。这对于所有奖励计划都是一样的。第二，当奖励计划只具体针对工作中的某个方面，比如说资源节约、产品质量等方面，员工为了取得奖金可能会造成不良的工作行为。

（二）团队奖励计划

越来越多的雇员是通过团队来完成工作的，尤其是采取工作班组制度的公司。团队奖励计划（group incentive plans）即奖励员工的集体绩效，将团队成员的收入和整个团队的业绩联系在一起，可分为小组奖励计划和收益分享计划。当团队的所有成员都为实现目标作出了贡献的时候，团队奖励计划是最有效的。

团队奖励可以因为团队成员达到了某一具体目标后分享一笔奖金（小组奖励计划），也可以因为团队成员对公司的贡献获得收益，而分享收益中的某一部分（收益分享计划）。前者主要针对工作或者项目性团队，而后者通常针对一个部门或者工作单位等组织性团队。

[①] 梅晓文，梁晓翠，衣艳等编著. HR管理标杆—世界知名企业人力资源管理最优实践. 上海：复旦大学出版社，2006. 111

在小组奖励计划中,公司会事先设定一个绩效标准,比如完成某一客户的组织结构设计,或到某个区域完成当地的网络布置等,待小组完成事先设定的绩效标准后,公司就会给组内的每个成员发放奖金。奖金的发放有三种模式:小组成员平均分配奖金;根据其对小组的贡献而分别发放奖金;根据每个组员的基本工资在团队中相应的水平,按照比例发放奖金。

收益分享计划(gain sharing)根据公司绩效的改善,包括生产力增加、顾客满意度增加、成本降低或安全记录改善等,给员工发放奖金,让他们分享一定的公司收益。第一批被开发出来,并且到现在仍是公司里最常用的利润分成计划主要有斯坎伦计划、拉克计划和通过分享提高生产率计划。

1. 斯坎伦计划

约瑟夫·斯坎伦1935年提出了利益分享的概念,起初是为了强调员工参与。斯坎伦计划(Scanlon Plan)强调在管理层提供有关生产信息的基础上,通过团队合作降低成本,鼓励员工参与,其目标是降低企业的劳动成本。这一计划所包含的公式为:劳动力成本和产品销售价值(sales value of production,SVOP)的比率,被称之为斯坎伦比率。该比率若比基期的比率低,说明在产品销售价值不变的情况下,节约了劳动力成本,那么节约的部分就可以作为奖金奖励给工人。例如,美国联合技术公司(United Technologies)的一家子公司运送者公司(Carrier)在1988年引入了该计划,在第一年生产率比基年(1986年)上涨了24%,次品率有了惊人的下降。所节约的劳动力成本按照1:1的比例在公司和员工之间进行分配,2 500名员工共分享了总额为300万美元的奖金。[①]

2. 拉克计划

拉克计划(Rucker Plan)是1933年由艾伦·W·拉克提出的,与斯坎伦计划一样都强调了员工参与,并用货币奖励鼓励员工参与,它在关注劳动力成本降低的同时还注意降低原材料成本和服务成本,将节约的概念扩展到公司整体。拉克计划采用了一个增加值公式(value-added formula)来计算生产力。增加值是产品销售价值和产品原材料的购买价值之间的差额,其与雇用成本的比率为拉克比率,用来计算是否应该给团队成员发放奖金。

$$\text{拉克比率} = \frac{\text{增加值} - (\text{原料成本} + \text{其他投入} + \text{提供的服务})}{\text{雇佣成本}}$$

拉克比率越大,说明增加值相对于总雇佣成本越大,企业收益越多,员工的绩效就可以得到收益并分享奖金。

3. 通过分享提高生产率计划

通过分享提高生产率计划(improved productivity through sharing)是米歇尔·费恩1973年发明的。与前两种计划不同的是:它不再衡量成本节约的经济价值,而是要在更短的劳动时间中生产出更多的产品,强调员工按时完成生产计划。因此,该计划的关键是计算劳动时间比率(labor hour ratio formula)。劳动时间比率可以衡量生产一件产品所需要的劳

[①] 威廉·P·安东尼,K·米歇尔·卡克马尔,帕梅拉·L·佩雷威著. 人力资源管理:战略方法(第四版). 赵玮,徐建军译. 北京:中信出版社,2004. 408

动小时数，用计算出的劳动时间比率与基期或者目标比率进行比较，就可以发现公司的劳动时间比率是否有所提高。计算周期通常很短，每周都会发放一次奖金。但是，奖金的发放因为回购规定（buy-back provision）而存在最高限额。公司将把超过最高限额的奖金储存起来，以一次性付款购回生产力的方式再支付给工人。其间公司就可以在生产率上升到一定水平时重新调整生产力衡量标准。

总的来说，这三个计划都是世界范围内著名的收益分享计划，虽然各自的方法不同，但基本原理都一样，都是鼓励团队成员在公司的指导意见下改进效率，然后再根据公司绩效的提高给团队成员发放奖金，这样就建立了绩效——行动——回馈——高绩效的良性循环。

（三）组织奖励计划

组织奖励计划（organizational incentive plans）的假设是：完善的组织奖励计划可以使工人为增加公司利润或价值而努力，从而使工人和股东的目标更加协调一致。主要的组织奖励计划有利润分享计划和股权激励计划两种。

1. 利润分享计划（profit sharing plans）

利润分享计划是指公司向符合条件的员工在正常的工资范围之外支付的和企业利润有关的特别报酬，一般只在利润达到一定水平时才对员工进行奖励。奖励的发放形式可以是现金支付也可以是延期支付，或者为二者结合进行发放。如美国铝业公司规定：当公司的美国区铝业业务利润超过公司在美国资产总额的6%时，利润分享计划生效，员工们可以得到平均相当于每个员工工资7%的现金奖励。[①]

计算利润分享金额的方法主要有三种：固定比例法、比例递增法及界限设定法（即公司设定了利润的最低和最高标准，只有当期利润在这两者之间时公司才会发放利润分享奖金）。利润分享计划让员工分享到公司的利润，从而可以增加员工的归属感，同时也让公司在分享金额时有很大的自由度。但也因为这个原因，如果利润分享占员工总薪酬的比例过大，则会降低员工的安全感，对未来薪酬水平的未知会影响员工的储蓄和购买计划，人员流动可能会因此增加。

2. 员工持股计划（employee stock ownership plan，ESOP）

根据员工持股计划，公司给予员工购买公司股票的权利，员工可以认购相应的股票，努力提升股票价值后以较高的价钱将股票卖出，从而获得货币收入。但是影响股票价格的因素有很多，其与员工个人绩效之间的关系不明显。这种激励计划类似于延期支付，并让员工因为购得合伙人股份而有主人翁的感觉，把员工的长期利益和公司所有人或股东的长期利益联系在一起。例如，沃尔玛公司为符合条件的员工提供以市价自愿购买公司普通股的途径，购买方式是通过在每两周的发薪日那天扣减不超过75美元的薪水，或者每年扣减1 800美元。公司为参与者所购买的股票1 800美元以下的部分配比出资15%，对员工起到了很好的激励和维持作用。

---

① 威廉·P·安东尼，K·米歇尔·卡克马尔，帕梅拉·L·佩雷威著. 人力资源管理：战略方法（第四版）. 赵玮，徐建军译. 北京：中信出版社，2004. 409

第二节　不同群体的薪酬

不同的职位具有自身与众不同的特征，因而制定相应的薪酬时需单独考虑。本节着重讨论企业高管人员、销售人员和生产性工人薪酬体系的设计。

一、高管人员的薪酬

高层管理人员的薪酬和其他雇员的总体薪酬一样，也包括基本薪酬和激励薪酬，但高管人员的总体薪酬更多地强调长期或递延激励而不是短期的激励。因此，高管人员的总体核心薪酬包括现付的年度基本工资、短期激励，以及长期或递延激励薪酬和其他额外的福利。

（一）基本工资

高管的基本工资通常是以对个人的市场价值的主观估计为基础的，不包括在正式的工资结构里。这是因为高层管理者的工作非常复杂且难以预测，绩效也难以衡量。

（二）短期激励

根据最近调查，90％的组织都为高管提供年度奖励方案[①]。公司给高管人员发放短期激励是为了承认他们为实现竞争战略目标而取得的进步，奖励他们实践期间达到绩效标准。

决定高管人员短期激励计划的标准可以是公司一年内每股收益的变化、利润的增长或者一年中节约的成本。高层管理人员可以参加现付的收益分享计划或者利润分享计划，并且通常这些激励奖金会发放给一组管理人员，因为影响公司业绩的是管理层共同的努力和综合能力的体现。但是，这些符合享受资格的高级管理人员的奖金水平都不相同，高层管理人员年度奖金的金额相对于中、基层管理者的奖金金额一般要高出很多。管理人员获得年度奖金取决于其个人绩效、公司绩效，或者两者兼有。

（三）长期或递延激励

企业运用长期或递延激励计划的目的是促使高层管理人员在决策时更加注重企业的长期利益，将自己的长期利益和公司业主或者股东的长期利益联系在一起。通常企业以股票薪酬作为递延薪酬的核心，鼓励高层管理人员长期为企业服务，被人们称为"金手铐"。高层管理人员递延激励的形式有很多种，如股票期权、限制性股票、影子股票和股票增值权等。

股票期权是在一定时间内，以一种特定价格购买一定数量公司股票的权利，公司的高层管理者有权利在公司股票价格大幅上升之后以一定折扣价格购买股票，并缴纳相应税收，在行权后的一段时间内卖出股票，从而获取差额利润。如2008财年甲骨文（Oracle）公司利润上涨了29％，股价上涨了18％，股东财富增加了约190亿美元。首席执行官拉里·埃利森（Larry Ellison）通过执行3 600万股股票期权，获得了5.438亿美元的收入。当然，高层管理者可以行使这种权利，也可以放弃。一方面，这种股票期权存在的一个问题是，它假设股票在未来一段时间内一定会上涨，但实际上股票价格高低受多种因素的影响。高管人员行权时股票价格可能已经下跌。另一方面，被授予权利的高管若在行使权利的第二日便将股

[①] ［英］阿姆斯特朗（Armstrong. M.），斯蒂芬斯（Stephens. M.）著. 员工薪酬管理与实践手册. 李剑锋，孔磊译. 北京：中国财政经济出版社，2007. 205

票卖出，可能会立即获得巨额利润。因此，中国的大多数企业都不愿冒这个风险。

限制性股票（restricted stock）激励主要有两种方式，一是企业将股票无偿地配给高层管理人员，股票持有者可以出售股票获利，并在股票出售时为所获收益缴税，但是出售股票需要受到限制[①]，如只能在 5 年或 10 年以后才能出售，或者达到规定的业绩水平（这些目标业绩包括利润或者每股收益的增长情况等）。《国有控股上市公司（境内）实施股权激励试行办法》规定，国有上市公司行使权利限制期原则上不得少于 2 年。这是高管最受喜欢的一种激励方式，因为高管不仅不需要担负风险，同时还会关注企业股票价值的增长。第二种方式是企业以折价授予的方式将股票配给高层管理人员，这同样需要受到业绩条件和禁售期限的限制。不同的是高管可以获取的是股票价格的差价所带来的收益，而不是出售免费赠与的股票而获得的收益。高层管理人员也需要担负一定的风险。

花旗银行在 1998 年开始实施一项 5 年期的限制性股票计划。1998 年 4 月，花旗银行与旅行者集团合并，合并后公司在发展战略上进行重新定位，以保证其长期竞争力，同时推出了要在 10 年内把客户从当时的 1 亿增加到 10 亿的目标。集团董事会的薪酬委员会认为，公司的管理层应当在 5 年内完成其定位，与此相对应，公司普通股的价格应该从 1998 年的 120 美元上升到 200 美元以上。因此，花旗的限制性股票计划规定，只有在公司的股票价格达到 200 美元，并且在持续 30 个交易日内至少有 10 天的价格高于 200 美元时，获得股票奖励的高管人员才可以出售其股票。

二、销售人员的薪酬

销售人员的薪酬方案通常是一种体现个人贡献的工资结构，不同于其他人员，它将销售人员的经济利益和公司的市场目标联系在一起。企业通常会以一定的佣金或者奖金的形式将很大比例的薪酬与风险相连，对销售人员进行经济激励，鼓舞销售人员的士气，从而提高他们的销售业绩，进而帮助企业实现目标。所以，销售人员的薪酬通常是基本工资（底薪）和佣金或者奖金的各种组合。每种计划相对应的公司战略不同，给员工带来的风险也不相同。表 6—1 列出了各种销售人员薪酬计划的特点、优缺点以及使用条件。

安利（中国）采用 9%～27% 的个人销售佣金制，表 6—2 是安利公司的营销人员销售业绩报酬表[②]。

除了奖金或者佣金这种现金激励的方式，还有许多可有效激励销售人员的非现金方式，如礼物、购物优惠券、费用报销和公开表扬等都可以鼓励销售业绩和吸引销售人才。

三、生产性工人的薪酬

生产性工人是指那些操作类的、实际完成工作的人。一般是指体力劳动者，和脑力劳动者不同的是，其薪酬制定方式通常是以结果为导向的。结果导向的工资方案把工人的报酬，或更常见的把部分报酬与他们制造的产品数量，或从事一定量的工作所需时间相挂钩。结果导向的工资方案主要有计件工资制、标准工时计划和绩效工资。

---

① 中国 2006 年 1 月 1 日开始实施的《上市公司股权激励管理办法（试行）》第十七条规定，上市公司授予激励对象限制性股票，应当在股权激励计划中规定激励对象获授股票的业绩条件、禁售期限。

② 安利最新奖金制度，http://www.jiali.me/2/，2008 年 9 月 8 日下载

表 6—1   不同的销售人员薪酬计划比较[①]

计划	特点	优点	缺点	使用条件
纯底薪	销售人员的收入是固定的基本薪酬,不随销售业绩的变化而变化	鼓励提高客户服务质量;解决销售公司初期人员保留的问题;保护销售业绩控制之外的波动对人员收入的影响	没有经济的直接激励;业绩较低的人容易"搭便车"	客户服务是最重要的情况;销售人员对销售业绩的影响很小的情况
底薪加奖金	提供底薪的同时提供奖金	提供了经济奖励且可以灵活掌握;确保特殊销售目标的实现	努力和回报之间没有明确的界限;管理较复杂;绩效标准有时难以建立	需要鼓励销售人员达成某一项销售目标的情况
底薪加佣金	佣金是奖金的一种,其金额根据产品或服务销售价格的百分比来确定(是最常用的办法)	直接将销售人员的收入和销售业绩挂钩,可以促进销售;员工在受激励的同时还有一定的收入安全感	将收入和销售额联系起来的办法太过粗糙,容易导致销售人员为了提高销售额而忽略对公司发展产生更大影响的其他因素	销售人员需要一定的经济刺激才能产生更高绩效的情况;需要体现出个人能力差别的情况
佣金加预支款	公司将预计销售人员能够赚取的佣金提前支付给他们以保证他们基本的生活需要,但只有在完成销售额时才不用归还	有一部分固定比例的收入,一定程度上满足了销售人员的生活开支	预支款偿还的销售业绩标准很难确立;账目管理复杂;尽管满足了员工的生活需要但预支的本质增加了员工的不安全感	不希望确定固定薪酬部分的情况
纯佣金	佣金是销售人员的全部收入	提供直接的经济激励;吸引业绩高的销售人员;销售成本可以随销售量的变化而变化;几乎不需要直接监督	导致高强度的销售压力;可能会错误地吸引客户维护不感兴趣而只注重销售的人;只关注销售额而非利润;员工易有很强的不安全感	销售业绩取决于销售能力情况;客户服务和客户关系维护不那么重要的情况

表 6—2   安利公司的营销人员销售业绩报酬表

净营业额(BV)(元)	销售佣金比率(%)	销售佣金(元)
1 800	9	162
5 400	12	648
10 800	15	1 620
21 600	18	3 888
36 000	21	7 560
63 000	24	15 120
90 000	27	24 300

注:净营业额是反映营销人员的实际销售业绩,是以产品标价乘以除税比例计算出来的。

---

① 阿姆斯特朗(Armstrong. M.),斯蒂芬斯(Stephens. M.)著. 员工薪酬管理与实践手册. 李剑锋,孔磊译. 北京:中国财政经济出版社,2007. 205;约瑟夫·J·马尔托奇奥著. 战略薪酬(第二版). 周眉译. 北京:社会科学文献出版社,2002. 1-2

（一）计件工资制

计件工资制（piecework）显然是最古老的工资制度，但仍然得到最广泛的使用：根据员工所生产的每一单位的产品来支付一笔钱，这笔钱是与每件产品相联系的计件工资率。制定计件工资率时，最关键的问题是生产标准的确定。生产标准首先要为员工创造一定的收入风险以激励员工努力工作，同时要将生产的人工成本控制在一定范围内，最后还需要保证雇员所得的工资能够达到最低工资标准。

（二）标准工时计划

标准工时计划（standard hour plan）是对生产性工人最常用的激励工资形式，同计件工资计划有一定的相同点。它是用工作衡量技术，先确定一段时期或标准工作时间内的标准产量水平，然后根据雇员的完成情况发放相应的工资，并按绩效超过标准的一定百分比来向雇员支付同比例的奖金。对于雇主来说，这种工资计划似乎更科学，它将报酬和工作表现挂钩，但是由于该计划需要事先确定标准，因此操作起来比较复杂，并且容易在测量标准时员工故意放慢或降低标准时间内产量而导致评定标准宽松，失去激励意义。对于员工，参与标准产量的确定在一定程度上能保证公平，但评定依然受主观判断的影响。因此，该计划更多的用在工期较短，可以对工作过程进行监督和管理的工作中。

第三节 弹性福利计划

员工福利计划（employee benefits plans，EBPs）是指企业对实施员工福利所做的规划和安排，是保证福利制度发挥作用的重要环节。根据福利提供水平的不同，可以将员工福利计划分为市场领先型、市场匹配型和市场落后型和混合型；根据福利项目内容的不同，可以划分为实物型福利模式和货币型福利模式。

在企业向员工提供的总体薪酬中，福利已经成为越来越重要的组成部分。对于企业来说，一个完善的员工福利计划，可以成为企业吸引并留住人才的重要手段。因此，如何设计员工福利计划，实现福利效用最大化，已成为现代企业非常关心的一个问题。近年来，由于劳动人口结构改变、员工自我意识上升与重视人性管理的趋势，员工对福利的类型和数量拥有某些选择权的弹性福利计划已成为大势所趋。

一、弹性福利计划的概念和类型

弹性福利计划（flexible benefit plan）又称为自选计划，是一种有别于传统固定式福利的新型福利制度。它强调员工根据自己的需要，从那些有一定雇主缴费基础的不同类型和水平的福利项目中进行选择，建立起自己的一揽子福利计划。

在弹性福利下（见图6—5），每位员工将根据其工资、绩效、服务年限、婚姻状况等，获得一定数量的福利额度。员工在此额度内，根据自己的偏好选择福利项目。选择法定福利（核心福利）后剩余的额度将用来选择购买"弹性消费账户"上的一系列福利。如果员工的消费超出了分配额度，则需自己出钱负担超出部分，相应金额从工资内扣除。如Pitney Bowes公司的"生活计划"，公司在每一项通过的福利上标出一个价格，并允许员工购买他们所需要的福利。每一名员工每年都有一笔特定的"机动美元"用于支付福利费用。"机动美元"是根据员工的薪资、工作年限、年龄,以及福利包含的被赡养者人数来决定的。该计划包涵很多种福利项目:医疗保险、牙科保险、短期伤残保险、养老金计划、休假、团体法律服务、个人财务规划服务等。在"机动美元"额度内员工可以购买任何他们想要的福利,甚至可以用他们的个人基金来购买更多的福利。①

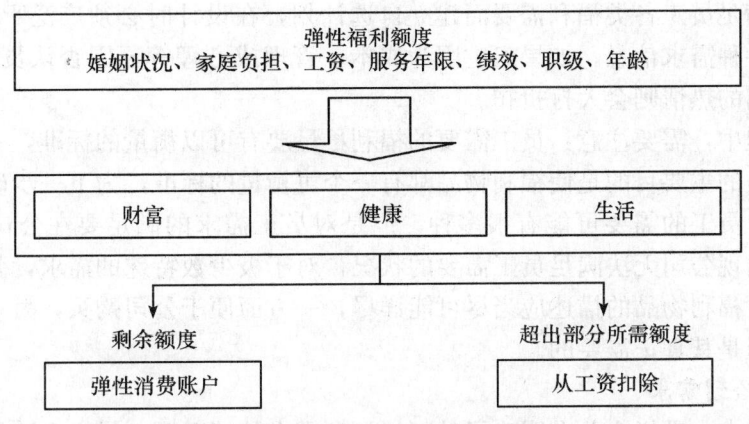

图6—5　弹性福利计划示意图

资料来源:美世咨询,总体福利趋势调研报告,上海,2007年。

弹性福利计划是由企业自主设计和实施的,有很多种类型②,最常见的弹性福利计划就是"自助餐"计划。在该计划下,每位员工都可以获得一个福利限额,企业会提供包括医疗保险、生命保险、休假等一系列福利项目,每个福利项目都被明码标价,员工可以在福利限额内,根据自己的实际需要自由选择福利项目。当然,不同的福利的费用是不一样的。另一个常见的弹性福利计划类型是缴费变换计划,即允许员工通过税前减薪方式向雇主出资的健康计划或其他福利计划缴费。由于采用了税前减薪方式,所以它能减少员工应税的薪水数额。弹性支用账户是另一种比较特殊的弹性福利计划。员工每年可从其税前总收入中拨取一定数额的款项作为自己的"支用账户",并以此账户去选择购买雇主所提供的各种福利措施。拨入支用账户的金额不需扣缴所得税,不过账户中的金额如未能于年度内用完,余额就归公司所有,既不可在下一个年度中使用,也不能够以现金的方式发放。③除了上述三种最基本的弹性福利计划类型之外,还有组合计划、福利套餐型、积分型计划等。

二、构建弹性福利计划

企业和员工分别是福利的供给方和需求方,而弹性福利计划就是在需求和供给之间建立起一种可以进行选择性匹配的"市场机制"。因此,可以从需求到供给和从供给到需求两个方面来分析如何构建弹性福利计划。

---

① 加里·德斯勒,曾湘泉主编.人力资源管理(第十版·中国版).北京:中国人民大学出版社,2006. 467
② 杰尔·S·罗森布鲁姆.员工福利手册(中文版).北京:清华大学出版社,2007. 595-597
③ Editor, 2005, "Inside Insurance: Flexible Benefits Plans," Professional Door Dealer, Vol. 2005. No. 12. http://www.socolar.com/flk.aspx? id=1174996&fn=OA00112745.mht&url=http%3a%2f%2fwww.professionaldoordealer.com%2farticles%2f5c1insur.html

（一）从需求到供给

从需求到供给，是指从员工的需求出发来确定企业要提供的福利项目。企业管理者需要有效地把握员工的福利偏好，并有针对地设计弹性福利菜单和引导员工的福利选择倾向。可采用问卷调查、访谈等方法来获取员工的福利需求信息。

雇主基于满足员工各类福利需要而建立自选计划，在设计时必须广泛听取员工的意见，以得到员工的各种需求信息。如果雇主因为成本、管理或心理等原因否认员工的多数建议，员工对自选计划的热情则会大打折扣。

在这一过程中，需要注意：员工需要的福利尽量要有可以衡量的标准，一般这个标准就是价值。这样做的主要目的是使福利物品都有一个可衡量的标准，为下一步确定福利点数和福利标准服务。员工的需要可能有很多种，但是对员工需求的满足要在公司的能力范围之内，尽量避免出现公司无法满足员工需要的状况，对于极少数特殊的需求，公司应酌情加以照顾。另外，对福利物品的描述应当尽可能详尽，一方面便于公司购买，另一方面也让员工清楚地了解是否是其真正需要的。

（二）从供给到需求

从供给到需求，是指企业在明确了员工的福利需求的情况下，尽力去满足其需求。实际上就是弹性福利计划的实施阶段。一般来说，这个阶段需要具有以下四个方面的机制，才能保证方案的有效实施。

1. 购买力确定机制

这里的购买力不是货币购买力，而是一种虚拟购买力，是一种虚拟信用形式。只要能吸引、保留、激励员工的项目都可以设定福利点数。一般来说，点数购买力确定的依据主要有两方面：一方面是员工的资历，包括员工的工作年限、职务安排、权责大小、学历等；另一方面是绩效考核结果，是对员工完成工作任务情况的一个评价，比资历更具灵活性，主要包括完成工作状况、态度、任务重要性、能力等。实际确定时，应加大主观能动因素的权重，从而更好地实现福利的激励功能。

实际操作时，方式有很多种，比如企业在薪酬制度上采用岗效薪点工资制度，其点数也可用来确定福利购买力。还有将员工的福利等级与员工的薪酬等级相对应，员工所获得的标准福利点数是其标准薪酬的一定百分比的对应值，该百分比沿用上年度水平。员工实际可获得的福利点数是标准福利点数、企业上年度的经营业绩、员工上年度的绩效考核三者的乘积，其公式为[①]：

$$标准福利点数 = 标准薪酬 \times R$$

$$员工当年可获得的福利点数 = 标准福利点数 \times P \times (L/12) \times K$$

式中　R——标准福利占薪酬的百分比；

　　　P——员工上年度考核浮动系数；

　　　L——当年服务月份；

　　　K——年度经营业绩浮动系数。

[①] 张晋元. 点数化的弹性福利计划——一种新的激励机制. 河北理工大学学报，2006. 5：78.

2. 福利物品定价机制

福利的定价需要根据其现实价格，考虑优惠、折扣等因素，再折算成相应的实际点数。对于有些不能用货币衡量的福利项目比如带薪休假等，可以用它在这期间的工资额加上因不工作造成的损失，折算成现值进行定价。

3. 配置机制

当前两项都确定后，员工就可以进行福利选购了。其过程不是当时现买现付，而是预先登记，为实际支付提供准备期。企业可以根据员工的选择进行组合，这在一定程度上可以降低福利购买成本。

在这一过程中，将不可避免地发生员工购买力不足和员工"储蓄"的情况。前者是指员工本身所积累的点数不足以购买福利物品；后者是指员工暂不购买，而把点数储存起来以备下次购买。对于购买力不足，公司可以采用分期付款的方法，实行预支；对于"储蓄"，公司则可以参照现实的银行储蓄利率，对员工的储蓄点数支付当期利息。

4. 约束协调机制

为了便于管理，企业应同时制定约束协调机制，主要用于解决配置过程中发生的各种意外和其他特殊情况。譬如福利点数不可转让，未使用完的福利点数不累积至下年度，福利点数也不可兑换成现金，超额的福利点数可从工资额中扣抵等。

在正式实施该计划前还要完成几项相关配套措施：修改福利管理软件，确认福利项目提供商，加强与员工的沟通，培训相关经办人。福利管理应与现有的薪酬管理平台进行整合，使福利既能在操作上相对独立，其价值又能在整体薪酬管理中得以体现。[①]

三、弹性福利的外包趋势

如前所述，弹性福利计划越来越普及，而且也的确为企业和员工都带来了诸多的利益，但是不可否认的是，随着弹性福利计划的实施，也产生了诸多问题：一方面，员工需求不易掌握以及大量的福利登记、审查、管理等行政程序增加了人力资源部门工作的复杂性，而且导致行政费用的激增；另一方面，在当今"以顾客为中心"的企业经营理念下，员工作为企业的内部顾客，他们对本企业福利事项的要求也不断上升，员工需要与本企业人力资源部门建立便捷的沟通渠道，以便随时随地了解企业最新公布的福利信息，及时选择和调整福利组合，有效地管理个人的福利支出账户。正是由于上述问题的存在，企业在设计和实施弹性福利计划的时候，往往会感到力不从心，于是"弹性福利外包"应运而生，企业希望通过福利外包的方式来有效解决弹性福利实施中的一系列问题。

根据2008年国外的一项最新调查，在设计弹性福利计划的时候，更多的雇主开始寻求外部咨询顾问的帮助，这种帮助不仅是在设计之初，还延伸到福利管理的全过程中。弹性福利计划的外包和网络系统的应用，也开始被越来越多的企业采用。上述变化，可以通过表6—3的比较看出：

[①] 彭剑锋编. 人力资源管理概论. 上海：复旦大学出版社，2005. 421-424

表6—3　　　　　　　　　　弹性福利计划外包趋势　　　　　　　　　　　　%

比较项目		2006年	2008年
企业自主管理		58	44
部分外包弹性福利计划管理		21	38
寻求弹性福利计划管理外部咨询		54	63
寻求弹性福利计划设计外部咨询		64	77
技术运用	书面申请	39	13
	电话中心	24	19
	网络系统	74	92

资料来源：Anonymous. 2008. Flexible benefits: Administration. Employee Benefits, Mar 7, pp.14

第四节　企业年金和员工援助计划

按制定依据的不同可将员工福利划分为两类：一类是法定福利，即根据国家的政策、法律和法规，企业必须为员工提供的各项福利计划，具体而言主要是企业必须为员工缴纳的社会保险和住房公积金；另一类是企业自主福利（企业补充福利），是企业根据自身的管理特色、财务状况和员工的内在需求，向员工提供的各种补充保障计划以及向员工提供的各种服务、实物、带薪休假等。法定福利具有法律强制性，是企业必须为员工缴纳的。本节重点讨论企业自主计划中两个比较重要的计划——企业年金和员工援助计划。

一、企业年金

（一）企业年金的基本概念和分类

企业年金又称为职业年金，是企业薪酬福利体系的一部分。其实质是延期支付的员工劳动报酬的一部分或者是员工分享企业利润的一部分，是员工福利制度的重要组成部分。我国对企业年金的定义是：企业及其职工在依法参加基本养老保险的基础上，自愿建立的补充养老保险制度。[①] 它不同于社会保险，也不是商业保险。它是一种延期支付的待遇，通过对转移或支付条件的设定，可以有效提高员工的工作积极性，鼓励员工长期为企业服务，增强企业的凝聚力和吸引力，促进企业发展。同时，企业年金对于保障和提高员工年老退休后的收入也有重要的意义。

企业年金按照筹资与运作模式的不同，一般可分为缴费确定型（defined contribution，DC）和给付确定型（defined benefit，DB）以及混合型（hybrid plan，HP）的年金计划。

DB模式下，一般是雇主单方缴费，但有时雇员也需向企业年金计划缴纳其工资的一定百分比，由雇主弥补剩余部分。年金的给付水平是事先规定好的，取决于退休前员工的收入水平和就业年限。DC模式下，缴费比例是预先确定的，由雇主和雇员分担或只由雇主缴费，计入雇员的个人账户。雇员退休后根据个人账户上历年的缴费及资金的积累情况领取养

---
① 劳动和社会保障部，2004：企业年金试行办法，2004年10月，北京

老金。这种模式都是完全积累式的。HP 模式就是将 DB 与 DC 模式的优点结合为一体的混合型养老金计划,如:现金余额制、养老金余额制和最低养老金制。[1]

(二) 企业年金方案的设计

企业年金方案的设计总体上可以分为四个阶段(见图 6—6):

首先是确定目标。企业应根据其经济状况和实际需要,分析是否需要建立企业年金计划。若需要建立,应了解国家有关企业年金的相关法律法规、本地区企业年金实施办法和税收政策等,并对企业经济状况和员工福利状况进行评估。最后,确定基本目标,大致确定企业年金的缴费水平。

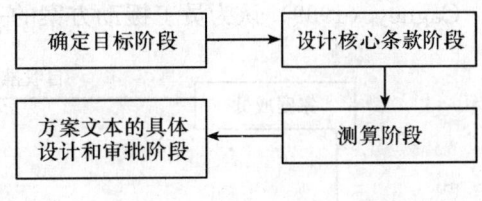

图 6—6 企业年金设计的程序

其次是设计核心条款。一个完整的企业年金方案至少应当包括以下内容:参与人员的范围、资金筹集方式、职工企业年金个人账户管理方式、基金管理方式、计发和支付办法、支付企业年金待遇的条件、组织管理和监督的方式、终止缴费的条件和双方约定的其他事项等。

然后是数据的测算。在设计一个企业年金计划方案时,必须对员工最终可能获得的养老金待遇做出预测。在企业缴费水平、投资回报率、工资水平、退休年龄等不同条件下,对企业年金数额进行精算、分析预测。

最后是拟定企业年金方案的详细条款,形成一个完整的、可操作的文本文件,同时上报政府有关部门审批后正式实施。[2] 西门子的企业年金计划是由公司专门拨出一笔钱,员工从工资中抽取小部分共同投入这一项目,然后交给有资质的年金管理人进行运作,以期在退休时获得一笔收入,同时员工可以随时查看账户余额,起到很好的监督管理作用。年金缴费额度按照每个员工的等级来确定。在西门子公司,每个员工都有一定的等级,最低等级为 3 级,4~7 级为普通员工和资深员工的等级,再高的级别就是如区域级总监的 M 级,最高级别(如公司核心管理层)为 E 级。

二、员工援助计划

随着人们生活节奏的日益加快、生存压力的加大,劳动者的心理健康问题也越来越突出。因此,作为解决组织中员工心理健康以及其他个人行为问题的员工援助计划(EAP)也开始在国际上盛行。花旗银行向世界各地的员工提供 EAP,通过连续不断的免费电话等咨询服务来为员工平衡工作与生活提供支持。

(一) 员工援助计划及结构

员工援助计划,或称为员工帮助计划,英文全称为 Employee Assistance Program (EAP),目前对于员工援助计划尚无统一的定义,综合国内外相关的研究和文献,对员工

---

[1] Richard W. Johnson, Eugens Steuerle, 2004. Promoting work at older ages: the role of hybrid pension plans in an aging population. *Journal of Pension Economics & Finance.* Vol. 3, No. 3, pp. 315.

[2] 安华. 企业年金方案设计全攻略. 人力资源,2007,13:53-54

援助计划（EAP）定义如下：指组织为员工提供的一项系统的、长期的援助和福利计划。它根据企业具体情况，通过专业人员对组织的诊断、建议和对员工及其直系家属的专业指导、培训和咨询，旨在帮助解决员工及其家庭成员的心理和行为问题，以提高员工在组织中的工作绩效，改善组织管理。

Cagney（1999）认为员工援助方案的一般结构见图 6—7。

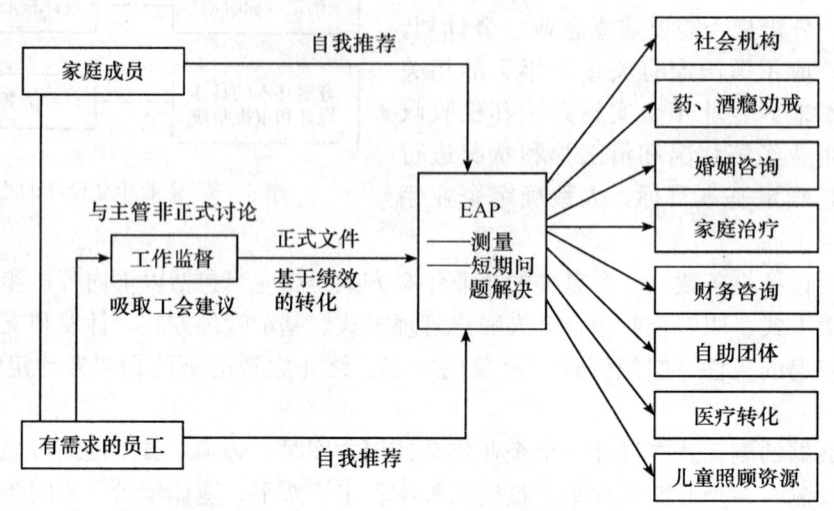

图 6—7 员工援助方案的一般结构

资料来源：Tamara Cagney, 1999, "Model of Service Delivery" in oher, J. M. (eds.), *The Employee Assistance Handbook*, John Wiley & sons.

员工援助计划可以利用的资源分为内部资源和外部资源。内部资源包括主管领导、工会、人事部门等其他部门和组织，以及各种社团、同事或其他支持等；外部资源则包括政府公共单位、第三部门的志愿组织、医疗性的资源、社区服务资源、咨询辅导资源和各种支持性资源，还有员工的家庭成员、亲朋好友、邻居乡亲等。这些资源的利用非常重要，员工援助工作者可以利用资源来弥补自身专业能力上的不足，也可以通过多样化的资源来让员工援助方案的内涵得到拓展，为有各种需求的员工提供援助服务。企业组织如果能有效地利用这些资源，便可以解决各种类型的问题，达到员工援助的目的。

企业在执行员工援助计划时，除了要考虑其所拥有的内外部资源以及如何利用和整合的因素外，还需要考虑其他众多因素，包括公司所在行业的特点、组织特点、组织文化、组织实力、员工人数、员工特性等。这些因素都在不同方面、不同程度影响着 EAP 服务模式的选择，是企业实施 EAP 必须要考虑的因素。

（二）员工援助计划的服务项目

随着时代的发展，科技的进步，以及社会环境的变化，EAP 不仅在服务方向上逐渐从治疗转向预防，特别是对压力的积极干预，更在服务内容上产生了很大的变化，项目覆盖的范围越来越宽。如 IBM 的员工援助计划中的一项就是针对外企员工的工作压力和心理问题，由一个专家团队专门为员工提供心理咨询和心理帮助，以及通过网站、板报栏、光盘、讲座等形式做心理健康的宣讲工作,确实解决困扰员工的一些问题。

根据国际 EAP 协会提供的资料,目前 EAP 能够提供的服务可分为以下 7 类:(1) 管理员工问题、改进工作环境,咨询问题涉及有关员工业绩改进、培训和帮助,给组织的领导者、员工及其家属提供有关 EAP 服务的教育宣传;(2) 为组织提供保密和及时的察觉和评估服务,以保证员工个人问题不会对他们的业绩表现有负面影响;(3) 运用建设性的对质、激励和短期干预,让相关员工认识到个人问题和工作表现之间的关系;(4) 转介员工到专门的内部或外部机构,以更好地进行专业咨询、治疗、帮助和跟踪服务;(5) 为组织提供咨询,帮助其与 EAP 提供者建立和保持有效的工作关系,例如那些提供治疗、管理和经营的 EAP 服务商;(6) 确保提供服务与组织和员工的需求确实相契合;(7) 确认 EAP 在组织和个人表现中的有效性。

在现代,EAP 服务项目呈现出"宽笔刷"趋势,即 EAP 服务提供者在为组织设计 EAP 时,往往会提出一揽子服务项目,而不再仅仅是单一的项目。这一方面是由于 EAP 服务提供商受利益驱动,希望让自己与众不同,不断创新服务项目;另一方面是由于雇主也认识到,只有通过一揽子服务项目,员工才能有工作的安全感、舒适感,才不会出现心理与行为问题,进而才能有高工作绩效①。

一般来说,一揽子服务项目主要涉及心理或情感咨询、个人问题、个人服务、培训等四个方面,图 6—8 列举了部分服务项目。

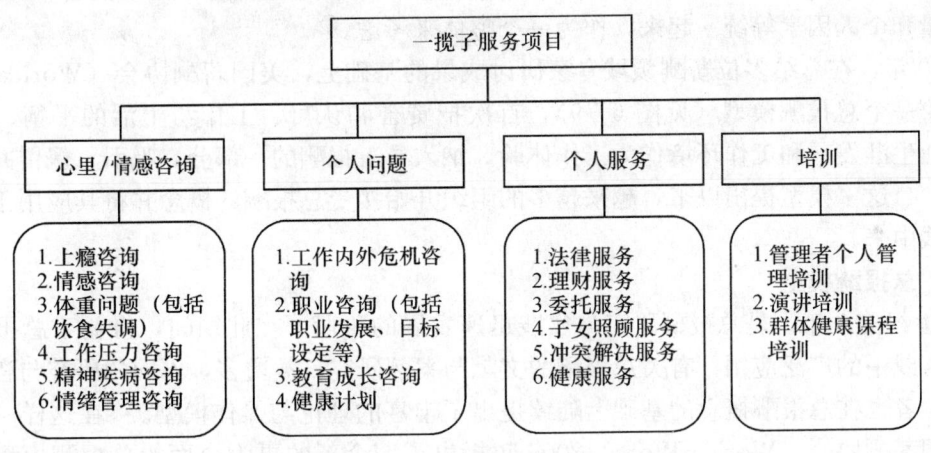

图 6—8　EAP 一揽子服务项目

资料来源:Michael R. Freda,2000. *Employee Perceptions Concerning EAP Services*,http://proquest.umi.com/pqdweb? did=727856631&sid=4&Fmt=2&clientId=42783&RQT=309&VName=PQD.

(三) 员工援助计划的趋势

员工援助计划目前已成为解决员工工作、生活问题及提升企业核心竞争力的主要策略之一,并经实践证明,收效显著。但是,随着社会经济环境的变化,特别是跨文化的发展带来

---

① Brian Lindenberg. 2008. Choosing the right EAP. *Canadian HR Reporte*. Vol. 21,No. 6,pp:22.

的全新挑战，对 EAP 的改革与提升在所难免。国外关于 EAP 的研究也出现了一系列新的变化。

EAP 领域的变化趋势体现在：服务内容上从单一化向多元化发展，从采取补救性的措施发展成为预防问题的出现和维持员工的健康水平；在实施方法上，也从面对面的方式发展到电话热线、网络在线服务等多种方式；现代的 EAP 计划愈加重视文化多元化的研究，其所涉及的学科知识也越来越广泛，而且它从改变和塑造员工行为发展到帮助组织改进和完善自身发展。[①]

第五节 从薪酬到总报酬

随着全球经济与跨国公司的迅速发展，自 20 世纪 70 年代开始，战略性薪酬设计开始为组织所重视，以往相对简单的薪酬与福利计划开始变得复杂起来，报酬要素间的相互关系也开始为薪酬专家们所关注。面对日益激烈的人才竞争，为员工的绩效付酬、控制人工成本并尽可能地提高人员产出，以及如何有效激励和保留核心员工等，成为薪酬管理专家们所要面对的新挑战，传统的基于财物的报酬组合开始愈发显得不合时宜。20 世纪 90 年代初，Tropman（1990）较为完整地提出了定制性和多样性相结合的总报酬计划。他提出应该把基本工资、附加工资、福利工资、工作用品补贴、额外津贴、晋升机会、发展机会、心理收入、生活质量和个人因素等统一起来，作为一个整体来考虑。[②]

2000 年，在总结多位薪酬领域专家研讨成果的基础上，美国薪酬协会（WorldatWork）提出了第一个总报酬模型（见图 6—9），首次把赞誉和认可、工作与生活的平衡、组织文化、职业生涯发展和工作环境作为工作体验，纳入员工报酬的一部分，吸引、保留并激励核心员工。自这一模型提出以来，越来越多的组织开始接受总报酬的概念并将其应用于薪酬管理的实践中来。

一、总报酬模型

21 世纪前 5 年，是总报酬研究与实践迅速发展的阶段。在此期间，得益于总报酬模型在薪酬实践中的广泛应用，有关总报酬的文献与案例研究日益增多，不同的研究与咨询机构和专家学者也在总报酬概念的基础上陆续提出了丰富的理论与操作模型。[③] 在这样一个背景下，美国薪酬协会（WorldatWork）2006 年提出了一个新的更为全面的总报酬模型，并不断更新。该模型明确了总报酬的概念，系统整理了总报酬的思考框架，在原有模型的基础上，重新设计和明确了总报酬模型的五大构成要素，作为对总报酬理论与实践发展的阶段性总结，并希望以此为基础推进总报酬思想在实践中更为广泛的应用（见图 6—10）。

在新的总报酬模型中，薪酬、福利同样发挥着重要的、基础性的作用，而工作体验则被进一步细化为平衡工作与生活、绩效与认可、个人发展与职业机会三个部分。

---

① 罗国忠，冯江平. 国外员工帮助计划（EAP）的新发展. 见：第十届全国心理学学术大会论文摘要集. 2005
② 何燕珍. 企业薪酬管理发展脉络考察. 外国经济与管理，2002（11），29
③ 参见 What is total rewards? http://www.worldatwork.org/aboutus/generic/html/aboutus-whatis.html#today

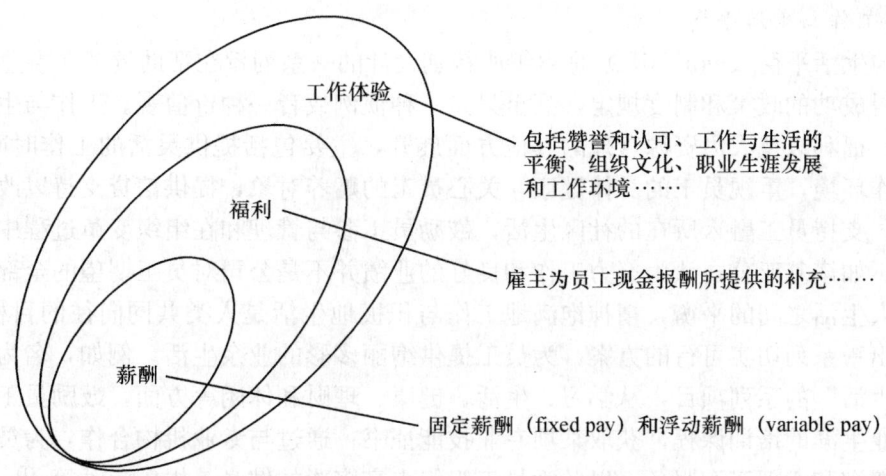

图 6—9 从薪酬到总报酬

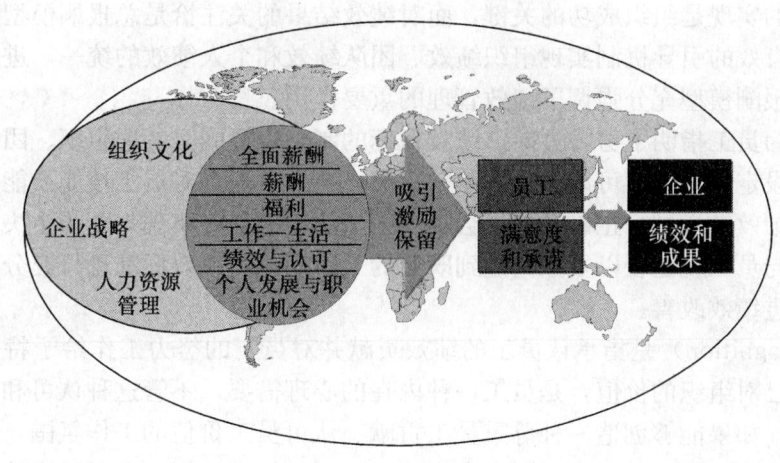

图 6—10 总报酬模型

资料来源：WorldatWork. Compensation Philosophy. *Work Span*，2007.7

(一) 薪酬

薪酬作为总报酬的重要内容，包括固定薪酬和可变薪酬两个部分。固定薪酬即基薪或基本工资，通常直接决定于组织的价值判断和薪酬结构，不会随着绩效水平或工作结果的变化而改变。而可变薪酬则是依据个人或所在团队的绩效确定。

(二) 福利

福利是雇主为员工现金报酬所提供的补充。福利计划通常被设计用来保护员工及其家庭免受财务风险的影响，大致可以分为社会保险、集体保险和休假等几类。如雅芳公司除为员工提供社会保险以外，还设立了全球雅芳公务出差保险，即当员工在为雅芳公务出差时自动受保，若员工在公务出差期间发生意外事故，此保险计划将根据员工的受伤或损失程度为员工的家人提供最高不超过 5 年年薪的公务出差保险补偿。

（三）工作与生活平衡

工作与生活平衡（work-life）是组织所特别设计的一系列旨在帮助员工在事业和家庭方面同时获得成功的政策和制度规定，甚至只是一种惯例或者一种价值观。工作与生活平衡围绕着薪酬、福利以及人力资源管理的其他方面展开，主要包括提供灵活的工作时间，安全、宽松的工作环境，重视员工的身体健康，关心员工的赡养对象，提供信贷支持以改善员工的生活质量，支持员工融入所在的社区生活，鼓励员工参与管理和在组织变革过程中发挥积极的作用等。如诺基亚公司认为努力工作和良好的业绩并不是公司对员工期望的全部，而保持工作和个人生活之间的平衡，精神饱满地工作与积极地生活是人类共同向往的目标。因此，公司设计出一系列切实可行的方案，为员工提供绚丽多彩的业余生活。例如，名为"自在人生、健康生活"的系列项目，从学习、生活、健康、理财和休闲等方面，鼓励员工参与公司以外的职业生涯的培训课程，获取某项专业技能证书；通过与专业机构合作，为员工提供家庭理财的咨询和心理咨询服务，以及为员工组织丰富多彩的健身、娱乐活动等。[①]

（四）绩效与认可

绩效目标的实现是组织成功的关键，而对绩效结果的关注恰是总报酬模型的一个重要特征。如何通过有效的引导机制实现组织绩效、团队绩效和个人绩效的统一，进而实现组织的发展目标，总报酬模型充分强调了绩效管理的重要作用。

绩效计划为员工指明了努力方向。绩效目标的制定需要同时考虑组织、团队和个人目标的一致性，并设定通过努力可以达到的绩效标准；绩效表现是对员工技能或能力水平的最好证明（能否对绩效结果进行正确评价，会对总报酬战略的最终实现与否产生决定性的影响）；绩效反馈通过与员工就是否以及如何达到既定的工作期望和绩效标准进行充分沟通，有助于激励员工和促进绩效改善。

认可（recognition）是指承认员工的绩效贡献并对员工的努力工作给予特别关注。被人认可并承认自己对组织的价值，是员工一种内在的心理需要。不管这种认可和承认是正式的还是非正式的，如果能够创造一种尊重员工贡献、认可员工价值的工作氛围，组织将很快能够看到员工的工作状态向着期望的方向发生改变。通过认可计划，可以适当地以现金或非现金的方式（如口头表扬、授予奖品、与公司领导共进晚餐等），对员工的优秀表现进行非常规性的奖励。如在惠普（中国）有"年度百分百活动"，所有的销售人员只要百分百完成了任务指标，无论其身在何处，都会被邀请到北京来，总裁亲自发奖，请员工吃饭，给价值不菲的礼物。同样，通用电气公司也从不吝啬给员工荣誉，公司设立了杰出领导奖、团队的全球化举措奖以及针对科研人员的爱迪生奖等，激励员工的杰出表现。

（五）个人发展与职业机会

个人发展指组织为员工提供有价值的培训和学习机会以提升他们的工作能力，通常和员工的业绩改善高度相关。职业机会指组织重视人才的内部培养，规划员工的职业发展，并在组织内部为其提供工作轮换的机会和职位晋升的空间，确保优秀的员工能够在组织中发挥出最大的作用。通常个人发展和职业机会包括学习机会、资深专家或导师的亲自指导以及为员

---

① 后东升. 36家跨国公司的人才战略. 北京：中国水利水电出版社，2006. 208

工提供发展机会等内容。如对有发展潜力的员工，通用电气公司会安排他们到美国总部或海外其他 GE 公司工作，给优秀员工以国际化、宽视野的工作平台。

二、总报酬模型相较于传统付酬方式的优势

直至 20 世纪 90 年代以前，企业吸引员工的主要方式，还是以传统的"工资＋福利"的付酬方式为主。在这样一种付酬方式下，薪酬通常包括基薪、年度加薪、福利、少量津贴和一些特殊的奖金（如过节费）等几个部分。但是随着知识经济的到来，吸引有竞争力的员工特别是关键人才成为愈发具有挑战性的工作。员工在作受雇选择时，开始越来越多地关注工资和福利之外的东西，如可能的培训与职业发展机会、相对灵活的工作安排、良好的工作环境、认可的组织文化等，都已经成为员工选择工作时所考虑的重要内容。

相较于传统的付酬方式，基于总报酬的付酬方式无疑在许多方面具有明显的优势。

（1）总报酬模型是真正以员工需要为导向的付酬系统。以往的付酬方式将员工报酬的组成部分孤立开来进行考虑，而基于总报酬的付酬计划，强调将那些对员工最具价值的要素作为组织的付酬基础，能够针对员工需求制定不同的薪酬组合，进而将有限的激励资源最大限度地转化为员工价值，支持企业在劳动力相对短缺的市场竞争中获得人才优势。

（2）总报酬模型更加强调薪酬战略、人力资源战略和组织战略的一致性。[①] 一个有效的薪酬计划总是以支持组织战略实现为目标的。总报酬计划在系统分析组织内、外部环境的基础上，将多种激励方式有机地整合在一起，强调目标与绩效管理，使之成为支持组织战略实现的有力工具。

（3）基于总报酬的付酬方式更加强调沟通和员工参与。相对于"暗箱操作"的薪酬决策方式，强调员工参与、员工选择和充分沟通的总报酬计划，能够更容易地促进员工对组织薪酬公平性的认同，进而提升薪酬系统的有效性。

（4）基于总报酬的付酬计划更加具有弹性。总报酬计划以员工需要为导向将多种激励方式有机地整合在一起，一旦组织面临竞争压力或变革的需要，可以及时调整薪酬的构成要素和各要素之间的比例关系，进而调整和引导员工行为以支持组织的变革需要和应对外部环境的变化。美国薪酬协会开发了一个"总报酬库"，列出了总报酬模型中所包含的所有元素，帮助企业选择合适的构成要素。[②]

（5）基于总报酬的付酬计划有助于更好地控制人工成本。总报酬模型在关注财务报酬的同时，也强调非财务报酬（如发展机会、工作环境、组织文化等）为员工带来的价值。在总报酬计划中，员工不再只是关注薪酬水平的高低，组织也可以通过明智地选择对哪些要素进行直接投资和设计双赢的薪酬项目来节约成本，如提供健康的工作环境和健康福利保险，就可以通过企业与员工的共同合作而达到成本节约的目的。

参考文献

1. 乔治·T·米尔科维奇，杰里·M·纽曼. 薪酬管理（第 6 版）. 董克用等译. 北京：

---

① Andrew S. Richter. 2003. Total rewards: meeting the pay challenge. *Strategic HR Review*, Vol. 3 Issue 1
② Total Rewards Inventory-Conduct and Audit of Your Programs, WorldatWork, 2007

中国人民大学出版社，2002

  2. 约翰·M·伊万切维奇. 人力资源管理（英文版第 9 版）. 北京：机械工业出版社，2004

  3. 加里·德斯勒，曾湘泉. 人力资源管理（第 10 版·中文版）. 北京：中国人民大学出版社，2006

  4. 约瑟夫·J·马尔托奇奥. 战略薪酬（第二版）. 周眉译. 北京：社会科学文献出版社，2002

  5. 杰尔·S·罗森布鲁姆. 员工福利手册（中文版）. 北京：清华大学出版社，2007

  6. 阿姆斯特朗（Armstrong. M.），斯蒂芬斯（Stephens. M.）. 员工薪酬管理与实践手册. 李剑锋，孔磊译. 北京：中国财政经济出版社，2007

  7. 威廉·P·安东尼，K·米歇尔·卡克马尔，帕梅拉·L·佩雷威. 人力资源管理：战略方法（第 4 版）. 赵玮，徐建军译. 北京：中信出版社，2004

  8. 曾湘泉. 薪酬：宏观、微观与趋势. 北京：中国人民大学出版社，2006

  9. 彭剑峰. 人力资源管理概论. 上海：复旦大学出版社，2005

  10. 仇雨临. 员工福利概论. 北京：中国人民大学出版社，2006

  11. 杨老金，邹照洪. 企业年金方案设计与管理. 北京：中国财政经济出版社，2006

  12. 梅晓文，梁晓翠，农艳等. HR 管理标杆：世界知名企业人力资源管理最优实践. 上海：复旦大学出版社，2006

  13. 郑大奇. 世界 500 强本土化人力资源管理实战范例. 北京：企业管理出版社，2006

  14. 后东升. 36 家跨国公司的人才战略. 北京：中国水利水电出版社，2006

  15. 傅宇，黄攸立，姚辰松. 弹性福利外包：企业员工福利管理的发展趋势 [J]. 科技管理研究，2007 (5)：206

  16. 罗国忠，冯江平. 国外员工帮助计划（EAP）的新发展 [C]. 第十届全国心理学学术大会论文摘要集. 2005

  17. 何燕珍. 企业薪酬管理发展脉络考察 [J]. 外国经济与管理. 2002 (11)

  18. 张晋元. 点数化的弹性福利计划——一种新的激励机制 [J]. 河北理工大学学报，2006 (5)：78

  19. 安华. 企业年金方案设计全攻略 [J]. 人力资源. 2007 (13)：53-54

  20. 王雁飞. 国外员工援助计划相关研究述评 [J]. 心理科学进展. 2005 (13) 2：220

  21. 美世咨询. 总体福利趋势调研报告. 上海：2007

  22. Andrew S. Richter. 2003. Total rewards: meeting the pay challenge. *Strategic HR Review*, Vol. 3 Issue 1 Nov/Dec

  23. Anonymous. 2008. Flexible benefits: Administration. *Employee Benefits*. Mar 7, 14

  24. Brian Lindenberg. 2008. Choosing the right EAP. Canadian HR Reporter. Vol. 21, No. 6, 22.

  25. Editor. 2005. Inside Insurance: Flexible Benefits Plans. *Professional Door Deal-*

er, Vol. 2005. No. 12. http://www.socolar.com/flk.aspx?id=1174996&fn=OA00112745.mht&url=http%3a%2f%2fwww.professionaldoordealer.com%2farticles%2f5clinsur.html

26. George T. Milkovich, Jennifer Stevens, First Quarter 2000. From Pay to Rewards-100 Years of Change. *ACA Journal*, Vol. 9, No. 1

27. John M. Ivancevich. 2004. Human Resource Management. 9th edition. McGraw-Hill Companies, Inc.

28. Jon Kane, Jeffrey St. Amour. 2005. Understanding the Real Risks of Changing Employee Benefit Plans. *Benefits Quarterly*, Second Quarter, 40

29. Jim Stoeckmann. 2008. Sales Compensation. *Work Span*, WorldatWork

30. Iain. 2005. A Total Rewards Overview. Benefits Canada. Supplement Future. Vol. 29, 6-9, Dec

31. Leslie Winograd and Beverly Aisenbrey. Jan.-Feb. 2001. Designing State-of the-Art Executive Stock Ownership Guidelines. *Compensation and Benefits Review*, pp. 32-38

32. Mark Reilly and Brian Enright. 2007. A New Approach to Executive Compensation. *Work Span*

33. Michael O'Malley. Third Quarter 2003. What Is Base Salary? *WorldatWork Journal formerly ACA Journal*, Volume 12 Number 3

34. Michael R. Freda, 2000, *Employee Perceptions Concerning EAP Services*, http://proquest.umi.com/pqdweb?did=727856631&sid=4&Fmt=2&clientId=42783&RQT=309&VName=PQD.

35. Organization For Economic Co-operation and Development, 2005, Private Pensions-OECD classification and glossary, Paris.

36. Rein Linney and Charles Marshall. 1987. ISOs vs. NSOs: The Choice Still Exists. *Compensation and Benefits Review* 19, no. 1 (Jan.-Feb), 13-25;

37. Richard I. Henderson. 1985. Compensation management: rewarding performance

38. Richard W. Johnson, Eugens Steuerle. 2004. Promoting work at older ages: the role of hybrid pension plans in an aging population. *Journal of Pension Economics & Finance*. Vol. 3, No. 3, 315.

39. Tamara Cagney. 1999. Model of Service Delivery. in oher, J. M. (eds.), *The Employee Assistance Handbook*, John Wiley & sons.

40. Total Rewards Inventory-Conduct and Audit of Your Programs, 2007, WorldatWork

41. What is total rewards? http://www.worldatwork.org/aboutus/generic/html/aboutus-whatis.html#today

42. WorldatWork. Compensation Philosophy. *Work Span*. 2007. 7

第 7 章
绩效评价与管理

21世纪，生存环境纷繁复杂，使得企业面临着更大的挑战。如何在众多挑战面前获取并保持企业的核心竞争优势已成为越来越多的企业开始思考的问题。企业都将"绩效"视为衡量价值创造力和可持续发展力的重要"指标"之一，通过"绩效管理"来激发企业活力、追逐组织愿景。本章将从绩效管理的原理入手，对绩效管理的原理进行概述，随后分别探讨企业和员工两个层面的绩效评价问题，以及企业中绩效管理系统的其他重要环节。

第一节 绩效评价与管理模型

绩效管理是20世纪80年代兴起并在20世纪90年代逐渐流行的管理思想。绩效管理的思想是对传统的绩效评估方式的革命性拓展，也是在逐步发展中的管理思想。

绩效管理是组织绩效管理和员工绩效管理相结合的体系。综合绩效管理本身代表了一种系统性的思想，它既强调组织绩效管理，同时又强调以雇员为中心的参与。这里的组织主要指企业或经营单位。通过对企业绩效和员工绩效的综合管理，使企业运行和员工努力的方向与企业战略的方向相一致，为企业创造持续、动态的绩效改进，并最终支持企业战略目标的实现。麦克菲和钱帕尼（McAfee & Champagne, 1993）[1] 提出了绩效管理循环（见图7—1）。

施潘根伯格（Spangenberg, 1994）[2] 提出来一个非常全面的、既强调整体性也包含更为详尽的雇员绩效的集体绩效模型。该模型包括绩效的三个层次：组织、过程（职能）和团队（个人），在每一个层次上都设想了绩效计划、组织/工作设计、绩效管理及改进、绩效检查、绩效奖励五步骤的年度循环。

企业绩效管理的核心是绩效评价，绩效管理的各个环节与内容都与绩效评价联系紧密。不同的人从不同的层面对绩效评价下了定义。总的来看，绩效评价的含义主要有四个层面：

---

[1] McAfee, R. B. and Champagne, P. J. (1993) Performance management: A strategy for improving employee performance and productivity. *Journal of Management Psychology*, (8) 5, pp. 24-32

[2] Spangenberg, H. (1994) Understanding and Implementing Performance Management, Cape Town: Juda.

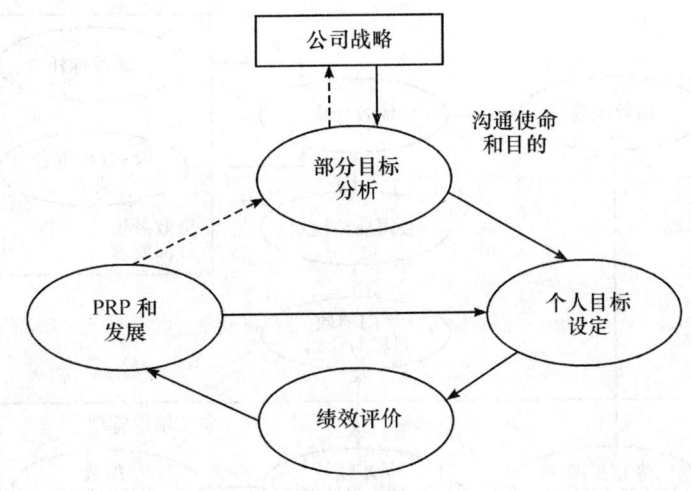

图 7—1 绩效管理循环

资料来源：McAfee, R. B. and Champagne, P. J., 1993. Performance management: A strategy for improving employee performance and productivity. Journal of Management Psychology, Vol. 8, No. 5

（1）投资者基于投资决策目的对企业绩效的评价。即资本市场的投资者以企业价值作为分析、比较的对象。（2）股东对经理人经营绩效的评价。这一层面的绩效评价是股东作为委托人对作为代理人的经理人员在价值创造中贡献的评价。评价对象对经理人的经营水平和努力程度。（3）股东和经理人对企业内部各个业务单位价值创造能力的评价。通过绩效评价，可以对业务单位和业务环境的绩效能力进行判断，对影响绩效水平的因素进行分析。（4）经理人对其下属员工工作能力和努力程度的评价。对以上四个层次进行划分，就可以分为两类：一类是评价企业整体或其内部单位的价值创造水平，我们称之为组织绩效评价；另一类是对代理人如管理者、员工的个人绩效水平和努力程度进行评价，即个人绩效评价。围绕不同层面的绩效评价，可以构建不同层面的绩效管理体系。本章将先介绍企业绩效评价的主要方法，并对以个人评价为核心的员工绩效管理体系进行论述。

图 7—2 为绩效管理体系结构图，从中我们可以看到外部的利益相关者如股东、投资人、顾客等会对企业的绩效提出要求，会对企业绩效和经理人的经营绩效进行评价，由此形成了企业绩效评价要求。根据外部评价要求和公司战略愿景，通过对比标杆企业的绩效水平，企业将制定合理的绩效计划，定义关键性的绩效指标，并对这些指标进行监控和评价，即企业绩效评价。企业绩效评价的最终目标是企业绩效的提升，该目标的实现同时也要依赖于企业中员工绩效的提升与改进，这就要求企业中的员工绩效管理体系发挥相应的作用。

员工绩效目标和绩效计划是员工绩效管理过程的起点，是企业与员工沟通企业战略，并对目标进行分解，形成企业、部门、员工绩效目标的过程。同时，该过程也是确定企业和员工共同接受的绩效指标体系以及绩效考评办法的过程，从而为绩效管理过程的顺利开展作铺垫。

制定了绩效计划之后，评价对象就开始按照计划开展工作。绩效辅导与监控就是在绩效

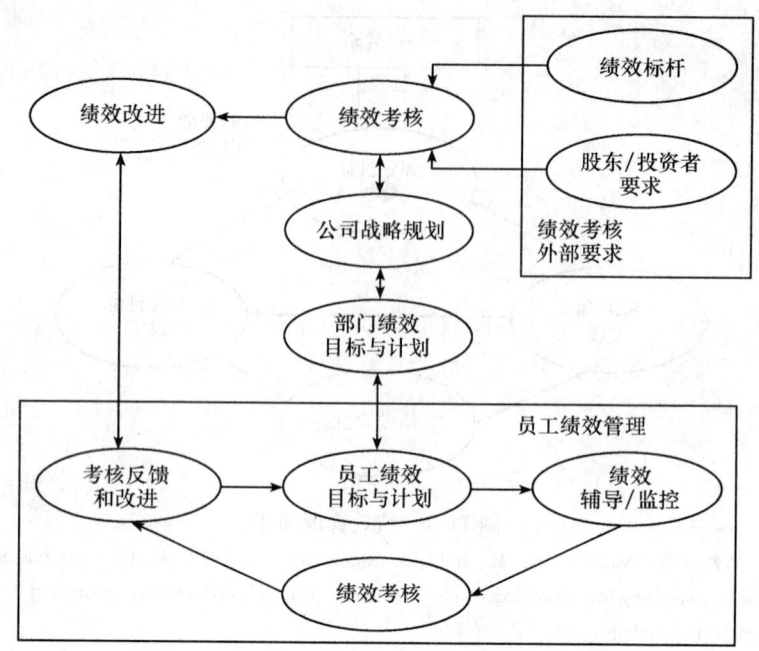

图 7—2　绩效管理体系结构图

计划的实施过程中，考核主体对评价对象绩效目标的完成情况进行指导，找到绩效实施过程中的难点，并给予支持与帮助，并根据实际情况对绩效计划随时进行调整，从而保证绩效目标的顺利完成。绩效监控的作用是保证绩效实施的过程按照组织预想的方向进行。监控的工具是企业的财务和统计系统。企业的财务和统计系统应该根据企业战略分解出 KPI 指标体系，并对 KPI 指标体系进行动态监控，并在设定的时间内呈报给企业不同层级的管理者，以使管理者能够了解企业、部门、员工绩效计划的实施情况，并对各个部门、员工目前的工作状态有一个全面的了解。同时监控应当实现绩效警报的作用，即对本企业与标杆企业的绩效进行对比，找出差距，形成绩效预警并告知相关部门注意。

绩效评价在员工客观的绩效信息的基础上，比照绩效计划和目标，对员工绩效计划的完成情况进行考察并做出客观、公正地评价并给出相应反馈的过程。有的学者对绩效评价和绩效评估做出了区分[1]，认为评估是一个既包括收集评价对象绩效信息，又根据外在的价值标准对评价对象的绩效信息做出判断的过程，而绩效评价则只指评估中的前一方面。这里将绩效评价定义为既包括绩效结果数据的收集与呈现，也包括依据绩效目标或其他标准对这些数据做出带有价值色彩的评价。绩效评价的过程包括评价对象的分析、评价活动的组织实施等。

最后，在对企业或个人的绩效评价之后，绩效管理系统进入最后一个环节，对绩效结果

---

[1] Dean R. Spitzer (2007) Transforming Performance Measurement: Rething the Way Measure and Drive Organizational Success. New York: AMACOM

进行沟通与反馈。沟通与反馈的目的是促成企业绩效、个人绩效的改进，分析企业和个人在绩效计划实施过程的缺点和不足，找出解决办法并设计具体的改进方案，同时设定下一轮绩效计划和目标，并就新的绩效目标计划沟通达成一致。

第二节 企业绩效评价

企业绩效评价经历了三个不同阶段的演进。19世纪初至20世纪初可以看成是成本绩效评价时期，这一时期的绩效评价指标主要是企业的成本，包括直接成本和间接成本；20世纪初至20世纪90年代，企业绩效评价进入到了财务绩效评价时期，评价的主要指标是建立在杜邦财务指标基础上的利润率、投资回报率、预算与投资回报的比较等财务指标。到了80年代以后，非财务指标开始被用于绩效评价，这一趋势随着90年代企业经营环境的重大变化而得到了强化。从20世纪90年代开始，企业绩效评价就进入了经营绩效评价的创新时期。快速变革的环境使以往的财务绩效评价体系不能适应企业保持核心竞争优势的要求，企业的绩效评价体系开始更多地关注企业保持核心竞争优势的多个因素，非财务指标在绩效评价体系中的地位变得越来越重要。

需要强调的是，更高阶段的、更综合化的绩效评价体系的出现并未完全取代以前阶段的绩效评价体系。成本和财务绩效评价体系仍然存在于各类型的组织中。尤其是各种财务指标及指标体系，依然给企业的运营提供重要指导。所以在本书中，将重点探讨财务绩效评价方法和综合绩效评价方法。

一、企业绩效评价的方法

（一）财务绩效评价方法

20世纪80年代以来，出现了许多新的财务绩效评价技术和框架，其中影响比较广泛的有作业成本法（ABC法）、产量会计法、股权价值分析［市场价值增加（MVA）］和经济价值增加（EVA）。其中前两种方法更多地被用于评价产品成本，第三和第四种则更多地考虑了对企业绩效的评价。[①] 下面我们将重点介绍其中最引人注目和应用最广的经济增加值法（EVA）。

传统上对企业财富创造的评价，特别是利润创造的评价忽略了资本的机会成本。企业的会计账面上可能会体现出利润，但会计利润并不能体现出真实的经济利润。因为一项投资的回报率有可能低于在同等风险情况下选择其他项目的投资回报率，那么该项投资的经济利润事实上是负的，但在会计账面上的利润却可能是正值。

斯特恩·斯图尔特公司（Stern Stewart）最早引入经济增加值的概念（economic value added，EVA）。经济增加值是对公司股东价值的增值进行计量，而且是通过从调整后的税后净利润中扣除资本成本的方式来实现这一目的。这一方法将借入资本的成本和其他成本费用一样对待，而不管资本是所有者权益还是负债，扣除之后的剩余即是股东的净利润或增值。

---

① ［英］安迪·尼利著. 企业绩效评估. 李强译. 北京：中信出版社，2004. 34-38

EVA 的基本概念可以用下面的公式简单地表示：

$$经济附加值 = 税后净营业利润 - 加权平均资本成本率 \times 资本总额$$

上式中，资本总额包括债务资本和股东资本，加权平均资本成本率可用加权平均的办法计算。

如果经济附加值结果为正值，企业就创造了价值或财富；如果经济附加值结果是负值，说明企业没有获得金融市场一般预期收益；如果经济附加值为零，说明企业仅获得金融市场一般预期收益。

彼得·德鲁克指出：EVA 的基础是我们长期以来熟知的、称之为利润的东西，也就是企业为股东剩下的金钱，通常根本不是利润。只要一家公司的利润低于资本成本，公司就处于亏损状态，尽管公司真的像盈利一样。相对于消耗的资源来说，企业对国民经济的贡献太小。在创造财富之前，企业一直在消耗财富。

EVA 将机会成本引入利润的衡量，使其具有以下特点。

（1）EVA 度量的是资本利润，而不是企业利润。在理想的经济环境中，平均收益是资本的必然收益，也是指标要求的最低收益，是资本维持保值的基本要求。资本要实现增值，即要获取"利润"的话，资本的收益就必须高于平均收益。企业利润的考察对象是企业，它反映了企业在一段时间内的净产出。这一净产出的实质是产出和耗费的差异，和资本的规模、投入时间、风险均没有关系。

（2）EVA 度量的是资本的"社会利润"，而不是资本的"个别利润"。不同的资本所有人在不同的环境下，对资本有着不同的获利要求。EVA 是将资本从资本所有人和资本所处的具体环境中分离出来，仅考虑资本的共性的部分。EVA 度量的是一般"利润"，即社会利润，这样我们才可以根据 EVA 的高低来评价资本的创利能力。

（3）EVA 度量的是超额利润，不是一般利润。EVA 度量的是正常利润水平之上的超出部分，而不是利润总额。

管理学界认为采用 EVA 进行企业绩效评价的方法有诸多优势。（1）使用该法作为企业绩效评价的方法可以使管理者的决策建立在股东财富增加的基础上，可以将股东财富与企业绩效真正统一起来，避免管理人为提高会计账面的利润而损害股东利益的做法。（2）EVA 指标可以代替受外部因素影响较大的股价来作为绩效评价的依据，这也使得非上市公司具有与上市公司比较的共同基础。（3）EVA 一定程度上消除会计信息失真对企业绩效评价的影响。斯特恩·斯图尔特公司列出了财务报表上 164 个调整项目，来指导企业获得更加准确的数据。在很大程度上消除了按照传统会计准则要求财务报告中会计信息失真的影响，减小了会计准则引起经营绩效扭曲的可能性。（4）EVA 作为评价指标使所有者目标和管理者决策达到了统一。

EVA 虽然具有传统财务绩效评价方法无法比拟的优势，但它仍然存在着一些问题，主要有：（1）EVA 忽略了股东以外的其他利益相关者。企业的利益相关者除了股东之外，还有包括企业员工、客户、社区、供应商等，EVA 无法协调企业与各利益相关者之间的关系。（2）EVA 不能反映不同企业的规模差异。较大型的企业由于其资产基数大所创造的 EVA 也大，这样在使用 EVA 作为绩效评价方法进行企业间的相互比较时，就很难将 EVA 和企业的规模区分开。(3) 计算 EVA 时所进行的必要调整可能并不符合成本效益原则。斯特恩·斯图尔特公司提出了上百项对 GAAP 体系的调整项，称这些调整项可以帮助企业调整 GAAP 存在的"会计失真"，但由于调整项的存在，使得 EVA 体系变得十分复杂，越来越多的学者开始质疑这些调整项的成本收益。

根据 EVA 的规划，青岛啤酒主要从以下三个方面进行了积极的整合：(1) 建立以 EVA 为中心的目标管理体系。首先从财务部开始，要求整个财务体系要按照 EVA 来做财务报表，年底以这些指标来考核业绩，改变了公司历年来用于表达财务目标的方法多而混乱的局面。EVA 为决策部门和营运部门建立了联系通道，将根除部门之间特别是运营部门与财务部门之间互有成见、互不信任的情况。(2) EVA 与年薪制挂钩。传统年薪制是单纯以利润为中心的考核办法，又忽略了资本成本的投入，使其公平性大打折扣。以 EVA 为中心设计的激励制度可以弥补这个漏洞，使经理层更加注重资本利用率，致力达到增加股东价值的目标。青岛啤酒引入 EVA 的理念和考核办法后，使原来以效益为中心转变为以"资本增值"为中心。对青岛啤酒而言，直接的变化就是资产的流动性和资金的周转率提高了。(3) 组织结构流程再造。青岛啤酒原有金字塔式结构，已经无法适应公司日益扩大的规模。青岛啤酒进行了以 EVA 为基础的业务流程再造，整合组织结构，各事业部将工作重心全部集中到了 EVA 创造上，为公司各部门提供一条相互交流的标准渠道。经过这一系列重组，青岛啤酒建立了一个基于 EVA 的扁平化的组织结构，从而彻底改变了公司原有的管理体系和模式，公司变得更具透明度。

(二) 综合绩效评价方法

20 世纪 80 年代开始，企业的管理者和研究者们逐渐发现传统的财务考核体系越来越不能适应企业绩效的提升和改进。一方面，传统的单一的财务考核体系只提供了关于企业的有限的财务信息，并且这些信息反映的是企业过去的绩效。由于传统财务考核体系的片面性和滞后性，根据该体系所得出的考核报告越来越难以反映企业实际的经营能力和管理能力，导致企业股东和投资者决策的失误。另一方面，传统的单一的财务考核体系偏重对有形资产的考量，但缺乏对于企业的无形资产和智力资本的考量。在快速变革的商业环境中，企业的智力资本对企业核心竞争力的影响越来越大，这对于传统的单一的财务考核体系提出了挑战。

在这种背景下，企业界兴起了对平衡财务指标和非财务指标的综合绩效考核办法的研究。这方面的主要成果有：平衡记分卡、绩效棱柱法、ABPA 法等。

其中影响最大的是由罗伯特·S·卡普兰和大卫·P·诺顿于 1992 年创立的平衡计分卡方法 (balanced scored card)。该方法从企业的愿景和战略出发，引导企业的决策者从四个方面思考企业的绩效：客户角度、内部运营角度、学习与成长角度与财务角度，从而克服了传统的单一的财务考核体系片面、静态、滞后的缺陷，并且该方法强调四个层面考核指标之间的因果关系以及四个层面考核指标与企业战略的配合，使企业决策者能够最大限度地全面掌握企业的运营情况，及时根据企业的战略调整绩效评价体系。以韩国 SK 电信为例，SK Telecom 自 1999 年 11 月开始引入平衡计分卡，整个 BSC 包含了 35 个子计分卡，超过 450 个关键业务绩效指标，目的是实现组织内战略的共享和监控，并基于战略实现进行业绩评估。这是韩国第一次在企业范围内成功实现平衡计分卡系统。

平衡计分卡将绩效的长期指标和短期指标、财务指标与非财务指标、内部指标和外部指标统一为一个平衡的整体。借助平衡计分卡，可以帮助管理者从企业的财务、客户、内部运营和学习与成长四个角度审视企业信息，将企业的战略或使命转化为具体的目标和评价体系。平衡计分卡中，财务方面是最终目标，客户方面是关键，内部运营方面是基础，学习成长方面是核心。

1. 财务方面

平衡计分卡在保留财务指标并充分肯定财务数据重要性的基础上，对传统绩效评价体系中过度重视财务方面，而忽视其他影响企业核心优势的非财务方面的不平衡状况进行了修正。平衡计分卡中财务方面的绩效评价指标既确定战略预期财务绩效，又是客户、内部运营、学习成长三个方面绩效改进的最终结果，即企业所有的改善最终都应该归于财务目标的达成。该方面的绩效考评指标主要包括：（1）财务效益状况指标，如净资产收益率、总资产报酬率、营业利润率、成本费用利润率等；（2）衡量资产运营状态的指标，如总资产周转率、流动资产周转率；（3）衡量偿还债务的指标，如资产负债率、流动比率、速动比率等；（4）衡量成长性的指标，如营业增长率、人均销售增长率、总资产增长率等。

2. 客户方面

企业要获得长期的财务业绩，就必须创造出让客户满意的产品或服务。平衡计分卡的客户方面就是要明确企业竞争的细分市场及目标客户群体，然后对这些目标部分的绩效进行评价。卡普兰和诺顿（Kaplan and Norton，1996）[①] 指出：市场份额、现有客户的维系、新客户的获得、客户满意程度、客户盈利率为这一方面的核心目标。市场份额反映企业在给定的市场上所占业务的比重，具体的指标有：（1）特定产品在目标市场相对主要竞争对手的占有率或对整体市场的占有率；（2）第一级顾客占特定产品业务量的百分比。客户维持率指企业继续保持与老客户交易关系的比例，主要指标有老客户人数变动率、老客户业务成长率。客户获得率指企业吸引新客户的数量或比例，主要指标有新客户转变率（新客户人数/潜在客户人数）、招徕新客户的平均成本等。客户满意程度，指客户对其从企业获得价值的满意程度，主要是服务水平与态度指标，如对客户要求的反应速度与品质、客户称赞次数等。客户盈利率，是企业为客户提供产品或服务后所取得的净利润水平。

3. 内部运营方面

传统的财务绩效考核体系只注重仅仅根据财务业绩来改善现有的内部经营过程，从而获得部门业绩或公司局部业绩的改观；而平衡计分卡强调从公司内部的整体经营过程出发制定目标和评价手段。

内部运营方面能够提供给企业管理者最大程度满足企业客户和股东利益的企业内部关键流程的信息，帮助管理者找到关键流程并制定尽可能完善的指标，追踪企业绩效的进展，并根据客户和股东需求的变化重新设计业务流程或对现有的业务流程进行改造和完善。

公司内部运营过程的指标各不相同，卡普兰和诺顿（Kaplan and Norton，1996）指出

---

① Kaplan, Robert S. & David P. Norton 1996. the balanced scorecard: translating strategy into action, Boston, Massachusetts: *Harvard Business School Press*. pp68

应该从产品和服务的研发、市场开拓和产品经营及产品的售后服务三个环节入手设计具体的评价指标。

创新过程绩效的衡量方法主要有收支平衡时间（break-even time，BET）等；营运流程绩效的衡量方法主要有作业制成本（activity-based cost，ABC）；售后服务流程绩效指标主要有保修期内的工作、瑕疵和退货处理、付款手续等方面。

4. 学习成长方面

平衡计分卡实施的目的之一就是为了纠正传统的财务绩效考核体系所造成的短期行为。平衡计分卡强调企业学习和成长这一方面，为企业的长期发展奠定了基础。在这一方面取得的成果将有助于在客户和流程方面目标的实现以及绩效的提高，并最终带来企业财务绩效的长期改善。

平衡计分卡强调企业的持续成长不能仅仅局限于依靠传统的设备改造升级，更多地要依靠员工能力的提升和业务流程的创新。也就是说，应该将企业的学习与成长建立在企业内部能力的提升上，包括员工的能力、企业信息系统的能力和激励授权与协助的组织氛围三个方面。员工能力方面的绩效指标主要有员工满意率、员工流失率和员工生产率三个核心指标。企业信息系统能力指企业及时、准确取得有关客户、内部运营流程以及他们决策的财务结果方面信息的能力，主要的绩效指标有：信息覆盖率、信息传递时间、信息传递周期及成本等。激励授权与协助方面反映员工工作的积极性和创造力激发的情况，主要绩效指标有员工合理化建议数量、被采纳建议数量等。

飞利浦运用平衡记分卡（BSC）明晰了企业远景，使员工全力关注重要工作，并指导他们什么是绩效驱动因素。其运用了一套全球统一的战略分解流程，运用BSC绩效管理系统把战略落实成具体可衡量的目标，保证所有员工都聚焦关键目标和首要任务。飞利浦电子设定了四个层次：（1）战略回顾记分卡；（2）运作回顾记分卡；（3）经营单位记分卡；（4）员工个人记分卡。各经营单位为其平衡记分卡的四个角度都制定了关键成功因素。管理团队一起讨论并最终决定哪些关键成功因素使他们区别于竞争对手。通过使用"价值图"的方法，即分析客户调查数据，发现客户对飞利浦与竞争对手产品价格相比的看法，从而确定客户角度的关键成功因素。各经营单位四个角度的绩效指标的例子如下：

（1）财务：赢利，运营收入和现金流，运营资金和库存周转率；

（2）客户：市场份额，客户调查排名，重复订单和客户投诉；

（3）流程：流程周期"缩短比例率"，工程改变数量，设备利用率，订单响应时间，流程能力；

（4）能力：领导能力，每位员工培训天数，参与质量改进小组工作。

飞利浦从这四个角度驱动绩效改进，它们就像是平衡计分卡的音律，每个季度都用来回顾各事业单位的绩效，同时开发了运用记分卡监控业绩。绩效数据自动从内部信息汇报系统传入在线平衡计分卡并生成报告，使员工清楚每天应该做什么才能实现业绩。在线平衡记分卡系统使用了交通灯颜色绿、黄、红来直观地表示当前绩效是否成功地实现着目标值。

二、企业绩效评价与员工绩效的关系

企业绩效评价在为企业各利益主体服务的同时，也为企业经营者强化内部管理提供了重要的手段。通过企业绩效评价，能够促进经营者提升企业内部绩效管理的有效性，特别是针对员工个人的绩效改进计划，从而提高经营者的管理效率。

（1）提高计划性。

不少企业管理没有计划性，管理的随意性很大，企业经营处于不可控状态，而绩效评价作为一种现代企业管理手段，可以弥补这一问题。绩效管理是激发并保持企业活力的金钥匙，是提升企业管理品质的"利器"。通过企业绩效评价考核，使组织上下认真分析每一时期的工作目标并在期末对目标完成结果进行分析，从而加强各级部门和员工工作的计划性，提高企业经营过程的可控性，促使组织成员努力工作改进个人绩效，从而提高企业的经济效益。

（2）建立内部评价体系。

企业绩效评价能够帮助企业建立企业内部评价体系，规范企业内部管理制度。利用企业绩效评价的方法，针对本企业管理实际和发展目标，建立企业内部绩效评价体系，将企业的发展目标、管理标准、效益水平、战略规划等具体指标进行量化，作为员工个人绩效考核的重要指标，并按照企业计划或预设标准进行评价，防止经营人员为达到个人目的，人为地调整计划，从而使企业经营管理各系统工作统一到评价体系上来，以利于采用科学的方法对企业实施全面综合管理，提高员工绩效评价的有效性。

（3）明确绩效指标，逐级分解经营目标。

通过企业绩效评价，在员工绩效考核目标中，将公司的战略目标和经营目标逐项逐级分解，做到人人有指标，事事有目标。以企业的经营利润目标分解为例，该指标可以分解成销售收入和销售成本指标。销售部所承担销售收入指标，分解落实到每个销售区域和销售人员；而销售成本指标则按组成内容分解为原料采购成本、生产加工成本、动力费用成本等项目分别落实到采购部门、生产部门和辅助生产部门。

通过企业绩效评价结果，找出差距和问题，尽可能把考核指标细化、分解成需要完成和可实现的指标。在以上工作的基础上，最终建立起以结果为导向的绩效考核体系和逐级负责的经营责任体系，使公司的经营目标逐级落实到每个部门和员工，并与员工的薪酬挂钩，以有效促进企业经营业绩目标的完成。

（4）员工绩效改进的反作用。

绩效评价是一个循环的系统管理体系。员工个人有针对性地实施绩效改进计划，也可以反作用于企业的整体绩效。这是一个针对企业绩效评价结果中发现的薄弱环节和问题进行改进的过程，从而有效提升企业的实际经营水平，进一步促进企业改善经营，提高管理者素质，增强企业的发展实力。

第三节 员工绩效评价

员工绩效管理，力求通过绩效管理来帮助管理者改善管理水平，帮助员工提升能力素质，最终使企业获得理想的经营管理业绩。员工绩效评价的主要内容包括：绩效评价主体的选择与培训、绩效评价指标体系的设计或绩效评价方法的选择。其中，绩效评价主体的选择与培训必须服务于绩效目标的实现,绩效评价指标体系和绩效评价方法紧密相连,都是为了更好地为绩效目标的实现提供信息。

其中,评价指标是指对员工绩效进行评价的项目,单一的指标对应的是员工绩效某一方面的特征状态,通常从数量、质量、成本、时间等四个角度加以设定。而由反映绩效评价对象各个方面特征状态的指标所构成的有机整体或集合就是评价指标体系。指标的完整结构包括评价要素、评价标志和评价标度。① 绩效评价指标体系的设计就是从系统或非系统的角度,确定绩效评价内容、制定评价标准并对标准予以量化的过程。

一、绩效评价的目标

绩效评价之所以如此困难并且几乎所有的评价系统都难免缺陷,是因为绩效评价要服务于许多不同的目标,而这些目标很难用相同的绩效评价方法来完成。绩效评价的目标可以从组织和员工个人两个层面来考虑,见图7—3。

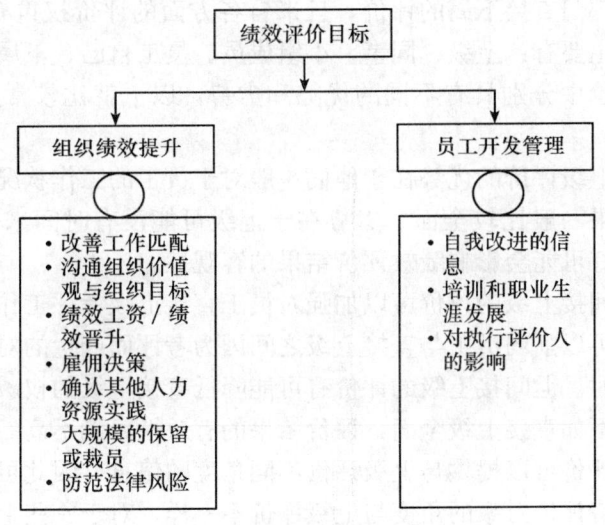

图7—3 绩效评价目标

从组织角度考虑绩效评价主要着眼于绩效评价对组织绩效提升的影响,这些影响可以体现在以下几个方面:(1)改善工作匹配,雇员工作和任务的分配安排必须基于他们的技能和能力;(2)沟通组织价值观与组织目标,避免理解偏差;(3)绩效工资/绩效晋升,绩效评价提供了必要的测度;(4)为雇佣决策提供信息,特别是确定任职资格;(5)确认其他人力资源实践;(6)大规模地保留或裁员,绩效评价的数据是重要的考量因素;(7)防范法律风险。

绩效评价的另一个重要目标是促进员工的开发与管理,即通过绩效评价获得信息,帮助员工改进不足,提升绩效水平,实现个人发展。这方面的内容主要包括:(1)自我改进的信息;(2)培训和职业生涯发展;(3)对执行评价人的影响。在某种程度上,经理能够影响下

---

① 萧鸣政. 现代绩效考评技术及其应用. 北京:北京大学出版社,2007. 37

属的绩效。绩效评价系统可以提醒在雇佣、发展、管理、奖励下属中哪些是优先的重点（因为沟通组织价值观与组织目标已经说明绩效评价系统可以告诉评价者组织的价值观）。最后，形式化的绩效评价系统迫使经理人员去做通常被认为是困难的事，特别是要花大量时间的事：给予雇员坦白的反馈。

二、评价主体的选择

实施绩效评价，首要的问题是选择合适的评价者。如果评价者选择失当，不仅会造成评价信息失真，也会导致员工对于绩效评价产生抵触情绪，而后者是造成绩效管理失败的主要问题之一。

绩效评价主体应该根据绩效指标和评价对象的特点进行选择。绩效评价的主体可以是来自一方面的，也可以是来自多方面的。企业通常采用360度评价视角。如人力资源部经理，既是评价主体，又是被评价主体。当作为被评价的主体时，同时接受其上级直属领导、同级其他部门经理以及本部门直接下属的评价，且来自各方面的评价权重有所区别。一般而言，参与绩效评价的主体主要有：上级、同事、小组成员、员工自己、下属、客户、专家等。各个评价主体在绩效评价中分别具有不同的优势和劣势，以下就比较常见的评价主体进行介绍。

（1）直接上级。上级评价的优势在于他们一般对于员工的工作状况和工作结果是比较熟悉的，他们的评价结果一般比较全面。劣势在于上级可能没有时间来全面地观察下属的行为，且上级的个人喜好可能会影响绩效评价结果的客观性。

（2）间接上级。间接上级的评价可以加强对员工直接上级考评工作的监督，可以修正直接上级考评的偏差，可以削弱员工与直接上级之间因为考评而产生的对立情绪，尤其是在考评结果用于奖惩决策时。但间接上级的评价有可能降低直接上级的权威性，而且由于间接上级对员工工作的了解不如直接上级全面，评价结果的有效性可能不高。

（3）同事。同事评价可以提供与上级评价不同角度的信息，因此可以作为上级评价的补充。优势在于同事看待评价对象的角度与上级评价不一样，对于一些上级评价无法获得信息的方面，如员工的领导能力和人际交往能力，可以由同事评价来提供信息。劣势在于同事之间的关系有竞争的一面，因此用同事评价的方法作为薪酬、培训、晋升等决策的依据是不恰当的。而且，同事评价也可能不完全和绩效相关，同事之间可能会依靠世俗惯例来做出评价。

（4）自我评价。优势在于可以提高员工对绩效评价的参与程度，引导员工思考绩效计划实施过程中的优缺点，以便予以改进。同时，当绩效评价的结果用于制定下一期绩效目标和计划时，员工的自我评价有助于员工接受新的绩效计划和目标，提高工作承诺。缺点在于，员工倾向于对自己较为宽容，在评价时容易放大优点、缩小缺点。所以，自我评价适合于发展的用途而不适合于管理、控制的用途。

（5）客户。外部客户的评价所受干扰较小，评价较为客观。但外部客户对组织目标和员工职位的性质和权限了解不多，且客户会从自身利益出发，所以评价的结果可能是不准确的。外部客户评价可以帮助评价对象改善服务质量、提升服务水平，并且可以为员工的绩效评价提供重要信息。

绩效评价主体的选择与绩效目的的实现有直接联系。绩效评价主体应该对被考评主体的工作情况有一定的了解，并且应该熟悉组织考核政策、程序、方法和标准，对评价过程中可能出现的问题应该有所防范。所以，选择适当的绩效主体并对其培训可以帮助组织更好地实现绩效评价的目标。

三、系统绩效评价方法

绩效评价的方法非常多，从是否与企业战略目标相联系的角度，绩效评价方法可分为系统的评价方法和非系统的评价方法。

非系统的评价方法是就具体的工作任务，在员工个体绩效层面上设计评价工具并进行绩效考核。非系统的绩效评价方法非常多，主要有：图尺度评价法、强制分布法、关键事件法、360度考核法等。这些绩效考核技术可以根据企业的实际情况和员工类型进行选择，既可单独使用，也可综合使用。系统的评价方法是指从对组织战略目标到员工个人绩效目标逐级进行系统评价的方法。

系统的评价方法主要包括基于关键绩效指标（KPI）的评价体系、基于目标管理的绩效评价体系和基于平衡计分卡的绩效评价体系。这里主要介绍基于关键绩效指标的评价体系。

与平衡计分卡强调"平衡"不同的是，关键绩效指标强调对完成企业战略目标的成功关键因素的测评。关键绩效指标既是对组织和个人进行绩效目标设计的工具，也是绩效监控的对象和绩效评价的依据，更重要的是，关键绩效指标代表了企业运行管理的价值导向和战略方向。

关键绩效指标构建的前提是企业必须有明确的战略目标，这样才能找到公司为了达到战略目标而必须做到的关键绩效目标。按照戴维·帕门特[①]（David Parmenter）的说法，绩效的测评指标应该分为三个层次：成果指标（result indicator）、绩效指标（performance indicator）和关键绩效指标（key performance indicator）。许多企业将这三个层面的指标混为一谈，但事实上三个层面的指标各有不同的特点和适用范围（见表7—1）。

表7—1　　　　　　成果指标、绩效指标和关键绩效指标的区别

	成果指标	绩效指标	关键绩效指标
定义	考核评价对象在企业关键成功领域或在平衡计分卡的四个方面的表现的指标	考核评价对象是否与组织目标相一致的指标	考核评价对象是否在企业成功关键领域取得成果的指标
特点	提供企业是否朝正确方向运行的信息，但不提供如何改进绩效的信息	能够告诉管理者和雇员什么是应该做到的，即什么是和企业目标相一致的做法	告诉管理者和雇员为了迅速提高绩效应该在哪些方面努力
适用范围	可以为不参与管理的董事会提供企业的经营信息	为管理者和雇员提供行为及结果的一般信息，以便于不断修正并与组织目标保持一致	为管理者和员工提供行为及结果的关键信息，以便于不断改进从而促使企业战略目标取得成功

---

① David, P. (2005). "A new approach to KPIs." Intheblack 75 (10): 54.

关键绩效指标与成果指标、一般的绩效指标有较大的差别，更具体地说，关键绩效指标有以下特点[1]：（1）通常是非财务指标；（2）该指标经常得到评测，两周之内至少应有一次；（3）由首席执行官或高级管理团队亲自组织；（4）雇员理解该指标，也理解该指标所指示的正确行为；（5）团队或个人需要承担责任；（6）对组织有重大的影响作用；（7）KPI的积极结果会对其他评测指标产生正面影响。

戴维·帕门特提出了确定KPI的12个关键步骤[2]，见表7—2。

表7—2　　　　　　　　　　　　　　12步模型执行时间表

项目周数	之前	1	2	3	4	5	6	7	8	9	10	11	12	13	14	15	16	之后
1. 高级管理团队的承诺	■	■	■	■	■	■	■	■					■		■	■		■
2. 建立主导性KPI项目团队		■	■	■														
3. 建立"相信自我，竭尽全力"的组织文化氛围和相应的制度		■	■	■	■													
4. 建立KPI的整体发展战略		■	■	■	■	■												
5. 向员工推荐KPI体系					■	■	■	■										
6. 界定企业范围内的CSF				■	■	■	■	■	■	■	■							
7. 将绩效评价指标录入数据库					■	■	■	■	■	■	■	■						
8. 选择团队层级的绩效评价指标							■	■	■	■	■	■	■	■				
9. 选择企业层级的主导性关键绩效指标									■	■	■	■	■					
10. 构建能够向所有层级公示评价信息的框架									■	■	■	■	■	■				
11. 推动主动性KPI的应用										■	■	■	■	■	■	■		
12. 提炼KPI并保持其适用性												■	■	■	■	■	■	■

资料来源：戴维·帕门特. 关键绩效指标——KPI的开发、实施和应用. 2007

该模型的1～5步主要是KPI开发的前期准备工作，这些准备工作将有效地帮助企业营造顺利推行KPI体系的环境，为KPI的顺利实施做好铺垫。

---

[1] David, P. (2007). "Performance measurement." Financial Management：32
[2] ［美］戴维·帕门特著. 关键绩效指标——KPI的开发、实施和应用. 王世权等译. 北京：机械工业出版社，2007. 34-86

6~12步是从企业关键成功指标中（CSF）具体提炼KPI的过程，提炼是按照从企业到团队再到个人的顺序进行的，从而有效保证各个层级的指标都能指向企业的战略目标。

确定关键绩效指标时的一个重要原则就是SMART原则。SMART是5个英文单词首字母的缩写，这5个单词分别是：(1) specific，即关键绩效指标的设定应该具体、细化，应切中目标并随情景变化，忌笼统抽象；(2) measurable，即关键绩效指标应该是可以数量化或行为化的，绩效信息可以获得而不是仅仅依靠主管判断或完全无法获得的；(3) attainable，即关键绩效指标在付出努力的情况下，在适度的时限内是可以实现的，忌指标设计过高或过低；(4) realistic，即关键绩效指标是现实可观察、可证明的，而不是假设的；(5) time-bounded，即关键绩效指标的完成要有时间限定。

基于此，国华电力公司也通过关键绩效指标的建立，达成对公司的认同，引导员工行为；并通过监控关键绩效有效监控和评估，及时监控和评估战略实施过程，促进企业战略目标的实现，具体设定流程见图7—4。

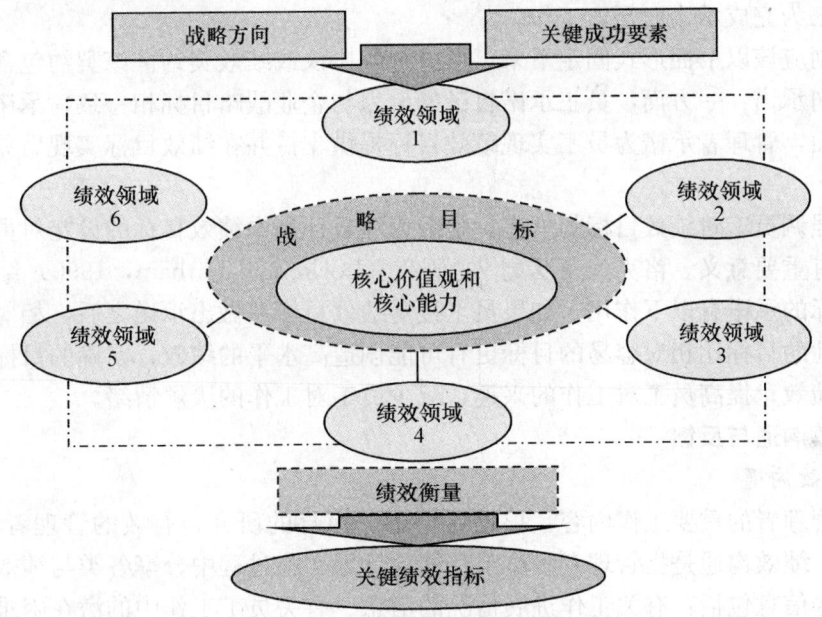

图7—4　关键绩效指标的设定流程

第四节　员工绩效管理

对员工的绩效管理包括绩效计划、绩效评价、绩效沟通与反馈、绩效改进等环节。其中，对于企业来说，绩效计划是员工绩效管理成功的关键，绩效评价是员工绩效管理的核心，绩效沟通与反馈是员工绩效管理成功的重要保证，绩效改进是员工绩效管理的最终目标。在本节中将详述除绩效评价外绩效管理的其他三个重要环节，考察它们如何与绩效评价这一核心相联系，共同支撑企业战略目标的达成。

一、绩效计划

绩效计划是在组织战略和团队目标明确的基础上,由评价者和评价对象(一般是直接上级和其下属员工)对评价对象在绩效周期内的工作目标、考评标准进行沟通,并形成绩效契约的过程。

绩效计划的设定首先必须贯彻组织的战略意图,通过对企业战略目标的层层分解,落实到部门或团队并最终落实到个人,使个人、部门或团队和组织目标结合起来。其次,绩效计划的制定不只是企业人力资源部门参与制定的结果,各职能部门的管理者和员工都必须参与到绩效计划的制定中,这样一方面可以提高管理者和员工对绩效计划的接受程度,另一方面这个环节也是管理者和员工沟通组织期望,让员工明确自己职责和任务的过程。第三,绩效计划的结果应该包括员工正式的承诺。绩效计划如果只是一个沟通的过程而没有形成文字、没有关注员工是否从心理上接受绩效计划,那么整个绩效管理过程都可能流于形式。所以,绩效计划的结果应该包含员工的正式承诺,并以绩效协议、绩效契约的形式固定下来,这样才能激励员工为完成承诺而努力工作。

绩效计划应该以书面形式固定下来,形成绩效协议或绩效契约。该契约包含管理者与员工之间的双向承诺:一方面,员工承诺自己的努力与企业战略目标相一致,承诺实现绩效目标;另一方面,管理者承诺为员工实现绩效目标提供支持并在绩效目标实现后兑现对员工的回报。

之所以强调员工对绩效目标的承诺,是因为绩效计划中绩效目标的设定对员工完成绩效任务的决心有重要意义。洛克和莱瑟姆[①]的研究(Locke and Latham,1990)结论显示,员工对绩效目标的承诺有以下作用:如果员工接受绩效目标并做出承诺之后,相对困难、同时又具有挑战性的目标比相对容易的目标更有可能创造高水平的绩效;明确的目标更有利于创造高水平的绩效;提高员工对工作的兴趣,减少员工对工作的厌烦情绪。

二、绩效沟通与反馈

(一)绩效沟通

沟通是管理者的重要工作内容。根据弗雷德·卢森的研究,有效的管理者将44%的时间用于沟通。绩效沟通是指管理者和员工在绩效计划实施过程中分享各类与绩效有关的信息的过程。这些信息包括:有关工作进展情况的信息、有关员工工作中的潜在困难和问题的信息、问题解决方法的信息等。

绩效沟通是贯穿整个绩效管理循环的行动,是实现绩效改进、达到绩效目标的重要手段。(1)绩效沟通可以帮助组织保持绩效计划的动态性,根据外部市场环境和组织内部环境的变化随时调整绩效计划,使绩效目标始终处于组织可控的范围内。同时,管理者也可以通过绩效沟通使员工了解工作内容和重要性的调整变化,使员工的努力和组织目标始终相契合。(2)绩效沟通可以帮助管理者获得关于员工工作绩效的信息。有些信息是无法仅仅通过管理者对员工的观察就可以获得的,例如员工目前工作进展的情况如何、工作中存在哪些困

---

① Locke, E. A. and Latham, G. P. (1990) A Theory of Goal Setting and Task Performance, Englewood Cliffs, NJ: Prentice Hall.

难和问题、员工的精神状态等，这些信息只有靠管理者和员工进行有效地沟通才能得到。
(3) 员工都希望在工作中能够不断得到关于自己工作绩效的反馈，以使自己的工作绩效能够不断改进。员工也希望通过沟通获得管理者的支持与帮助。所以，管理沟通对员工绩效的持续改进有促进作用，能够极大地增强员工对于组织的认同感。

绩效沟通的内容应围绕"为了获得绩效改进，需要哪些信息？"这一问题展开。对于管理者来说，他们需要了解员工在绩效计划实施过程中的各类困难和问题，以便及时提供帮助和进行协调；对于员工来说，他们需要了解组织对自己的期望以及自己的工作绩效和组织期望之间的差距，以便不断调整、改善。通过沟通，管理者和员工应该能够就下列问题的答案达成一致：

(1) 绩效计划目前的进展情况？
(2) 绩效计划和目标是否需要修正，是否与组织、部门目标方向相一致？
(3) 绩效计划实施中有哪些方面值得继续保持发扬，哪些方面需要改正？
(4) 有哪些困难需要组织提供何种帮助？

以上只列举了绩效沟通内容的一小部分。在企业的实践中，管理者还应该根据组织的管理情景，确定双方应沟通的具体内容。

绩效沟通的形式主要有正式和非正式的两种形式。正式的沟通形式包括书面报告、管理者与员工的会谈、管理者参加团队会议等。书面报告的沟通方式简单易行，可以在短时间内将大量的信息呈报给管理者，缺点是员工无法获得反馈；管理者与员工一对一的会谈可以有效克服书面报告单向沟通的缺点，而且是企业内使用较多的沟通形式，可以对绩效问题进行较为深入的分析，缺点是信息只限于两人，无法在团队内共享；管理者参加团队会议可以使信息在团队中共享，有利于团队形成统一的价值观，但耗费时间较长。非正式的沟通形式最大的特点在于其及时性和简便易行，而且能够增强上下级之间的关系融通。

（二）绩效反馈

绩效反馈也是一种沟通，它是在绩效评价完成之后，管理者和员工就当期绩效评价结果和下一期绩效目标及绩效改进取得一致的沟通过程。

绩效管理的一个误区是把绩效评价作为绩效管理的最终环节而忽视了对于绩效评价结果的反馈。事实上，只有在绩效评价结束后提供对评价对象及时、具体的反馈，整个绩效管理过程才能起到应有的作用。因为：(1) 绩效反馈可以使员工了解自己在本绩效周期内的绩效是否达到了预设的绩效目标、行为态度是否符合组织不同层面的期望。(2) 绩效反馈过程也是和员工探讨工作中的不足并制定绩效改进计划的过程。通过管理者和员工双方就绩效计划实施不足达成一致来促使员工改善绩效水平。(3) 通过绩效反馈，管理者和员工双方将就下一绩效周期的目标进行协商形成下一周期的绩效计划。

绩效反馈的内容应该围绕反馈的目的展开。一方面要将绩效评价的结果明确而委婉地向员工传达；另一方面，要对工作过程中的绩效行为进行评价，肯定优点和长处，探讨和分析不足与短板，并就绩效改进计划与员工进行讨论，达成一致。以制定下一绩效周期绩效计划为主的绩效反馈则要向员工传递组织对员工的期望，并且在本期绩效评价的基础上，与员工共同设定下一期的绩效计划与目标，达成绩效契约。

作为管理者与员工的一种沟通过程，绩效反馈可以不拘泥于具体的形式，但必须符合相应的原则。（1）由于绩效反馈涉及评价对象个人的绩效信息，所以反馈的过程应该被安排在合适的时间和地点进行，应该能够保证评价对象能及时并且在没有压力的情况下得到反馈，这样更有利于评价对象接受反馈。（2）反馈应始终围绕反馈的目的进行，即围绕绩效改进或下期绩效计划的制定进行，而不是让管理者发泄对下属的不满。（3）对绩效评价结果的表达必须明确、具体、正确。（4）考虑反馈的收益是否大于损失。要对反馈的后果和可能造成的损害有清楚的认识。

根据 Latham and Marchbank（1994）的观点[①]，有效的绩效反馈应该具有以下特点，见图7—5。

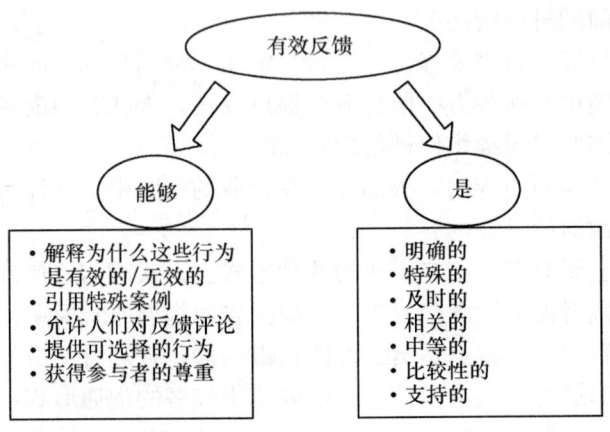

图7—5 反馈

资料来源：L Latham, C. and Marchbank, T., 1994. Feedback techniques. In G. Lee and D. Beard (eds) Development Centers, Maidenhead, Berks: McGraw-Hill.

三、绩效改进

传统的绩效考核的目的是在对员工绩效评价的基础上，将评价结果运用于员工薪酬、奖惩、晋升、培训或降级辞退等管理决策，而这些都不是现代绩效管理的根本目的。现代绩效管理的根本目的是通过绩效管理过程循环使员工的能力得以不断提升、绩效得以持续改进，最终支持企业核心能力的形成和保持。所以，绩效改进是企业绩效管理的重要环节。

Rothwell W（1996）提出的ASTD模型包含六个步骤，见图7—6。在绩效分析阶段，首先是通过对评价结果的分析，找出关键绩效问题和不良绩效员工。关键绩效问题是通过对比实际绩效状态与组织期望的绩效状态之间的差距而得出来的。不良绩效员工是指由于自身能力或行为态度的原因，实际绩效状态始终达不到组织期望的绩效状态的员工。

原因分析阶段，就是确定导致在第一步中确定的差距的根本原因。第三步的主要任务是思考通过解决根本原因缩小过去的、现在的和未来的绩效差距的可能途径。第四步就是帮助

---

① Latham, C. and Marchbank, T. 1994. Feedback techniques. In G. Lee and D. Beard (eds) Development Centres, Maidenhead, Berks: McGraw-Hill.

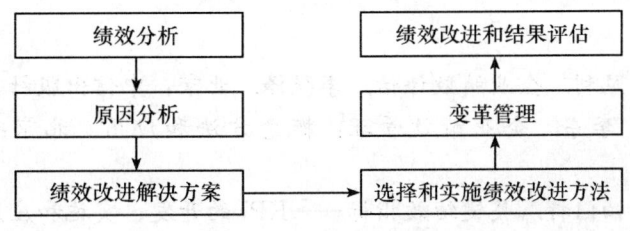

图 7—6 绩效改进流程图

组织做好实施绩效改进的准备工作。第五步是对原来影响绩效提升的因素进行变革，并指导整个方案的完成过程。最后，估计绩效改进方案所取得的成果。

GE 公司的绩效管理，走过的是一条从"星星之火"到"成功秘籍"的道路，实质上是不断发掘员工潜力、提高员工个人绩效以带动整个组织绩效、实现企业价值增加的过程。20 世纪 80 年代末，GE 公司提出"群策群力"（work out）的口号，其宗旨是力图为员工提供广阔的空间，给员工探索创造的机会，让他们承担更重要责任，为他们业绩提高和个人发展营造条件；同时配合有效的经常性、制度性的考核评价体系。这其中蕴含着绩效管理思想的"点点星火"。经过 20 年的发展，GE 公司已经形成了自己独特的绩效管理系统，主要包括：

（1）每年年初，公司各部门总经理及员工都要自己制定目标工作计划，确定工作任务和具体工作制度，计划要提请上级主管经理批审并在双方协商的基础上确认。

（2）在计划执行过程中，每季度进行一次小结，发现执行中的误区，经理写出评语，提出下一阶段工作改进目标，从而对计划执行有效监控和指导。

（3）主管经理基于季度考核结果、年度考核结果、员工表现及客观因素，确定员工在公司各考核指标下所评定的等级，写出评语报告，对评出的杰出人物还要附上其贡献和成果报告，并提出对他们的使用建议和方向。对等级差的职员也要附有专门报告和使用建议。

（4）职员的评价报告要经本人复阅签字，然后由上一级经理批准。中层以上报告要由上一级人事部门经理和总裁批准。

（5）根据职员的考核结果确定是否提高工资、晋升职务、发放奖金；并根据职员个人职业生涯计划与企业战略的结合点，给予优秀职员培训机会。

（6）年底作总体性考核，先由本人填写总结表，按公司统一考核标准，衡量自己一年来工作完成情况，得出自己的考核等级数，交主管经理评审。

同时，GE 公司通过营造"以人为本"的企业文化，不断增添沟通"润滑剂"。因为组织内部的沟通是实现员工参与并提高参与效果的渠道。有效的沟通可以消除管理中的阻力，以及由于信息不对称所造成的误解和抵制。同时，沟通可以达到资源共享、优势互补的功效。在取得认同之后实施激励与培训计划，将使员工带着高昂的工作热情进入下一个绩效管理周期。

参考文献

1. ［英］安迪·尼利. 企业绩效评估. 李强译. 北京：中信出版社，2004
2. 蔡剑，张宇，李东. 企业绩效管理：概念方法和应用. 北京：清华大学出版社，2007
3. ［美］戴维·帕门特. 关键绩效指标——KPI的开发、实施和应用. 王世权等译. 北京：机械工业出版社，2007
4. 黄卫伟，李春瑜. EVA管理模式. 北京：经济管理出版社，2005
5. ［英］理查德·威廉姆斯. 组织绩效管理. 蓝天星翻译公司. 北京：清华大学出版社，2002
6. 付亚和，许玉林. 绩效管理. 上海：复旦大学出版社，2004
7. 彭剑锋. 人力资源管理概论. 上海：复旦大学出版社，2004
8. 李中斌，王贵军等. 绩效管理. 北京：中国社会科学出版社，2007
9. 萧鸣政. 现代绩效考评技术及其应用. 北京：北京大学出版社，2007
10. 徐芳. 团队绩效测评技术与实践. 北京：中国人民大学出版社，2003
11. Ainsworth, M and Smith, N., 1993. *Make it Happen: Managing Performance at Work*, Sydney: Prentice Hall.
12. Bredrup, H., 1995a. *Background for performance management*. In A. Rolstadás (ed.) Performance Management: A Business Process Benchmarking Approach, London: Chapman & Hall
13. David, P., 2005. "A new approach to KPIs," *Intheblack*, Vol. 75, No. 10, pp54-55.
14. David, P., 2007. "Performance measurement," *Financial Management*, Vol32
15. Dean R. Spitzer., 2007. *Transforming Performance Measurement: Rething the Way Measure and Drive Organizational Success*, New York: AMACOM.
16. Foster, S. L. and Cone, J. D., 1986. *Design and use of direct observation procedures*. In A. R. Ciminero, K. S. Calhoun, and H. E. Adams (Eds.), *Handbook of behavioral assessment* (Second edition,). New York: WileyInterscience, pp. 253-324.
17. James N. Baron and David M. Kreps, 1999. *Strategic Human Resources: Frameworks for General Managers*. New York: John Wiley&Sons, Inc.
18. Kaplan, Robert S. & David P. Norton, 1996. *the balanced scorecard: translating strategy into action*, Boston, Massachusetts: Harvard Business School Press, pp68
19. Latham, C. and Marchbank, T., 1994. *Feedback techniques*. In G. Lee and D. Beard (eds) Development Centers, Maidenhead, Berks: McGraw-Hill.
20. Locke, E. A. and Latham, G. P., 1990. *A Theory of Goal Setting and Task Performance*, Englewood Cliffs, NJ: Prentice Hall.
21. McAfee, R. B. and Champagne, P. J., 1993. *Performance management: A*

strategy for improving employee performance and productivity. Journal of Management Psychology, Vol8, No5

22. Spangenberg, H., 1994. *Understanding and Implementing Performance Management*, Cape Town: Juda.

23. Rothwell, W., 1996. *ASTD models for Human Performance Improvement: Roles, Competencies, and Outputs*. Alexandria, Bathe American Society for Training and Development.

第 8 章
职业安全健康环境管理

"员工的健康是企业最大的财富"已成为众多企业的共识。为使这份"财富"能够"保值"进而"增值",企业将防线前移,不但保留并发扬关爱员工的传统做法,还下大力气,去追溯危害员工健康的源头,致力于消除危险源,确保"本质安全",为员工造福,为企业"敛财"。这也成为企业人力资源管理不可或缺的一个重要组成部分。从吸纳员工、留住员工角度来讲,职业安全管理完善的企业无疑更具有吸引力。本章将主要介绍企业人力资源管理活动中与职业安全管理相关的活动及其原理。第一节介绍安全健康环境原理,其后三节依次分别介绍职业安全管理、职业健康管理和职业环境管理。

第一节 安全健康环境管理基本理论

关于职业安全、健康的理论研究兴起于工业革命之后,到目前为止大致经历了三个阶段[①]:从工业革命到 20 世纪 50 年代,技术相对落后,各类研究主要关注于事故后的总结,因此主要发展了事故学理论;20 世纪 50—80 年代,随着技术的进步,使得对生产过程的监控成为可能,于是危险分析与风险控制理论得到了发展;自 20 世纪 90 年代以来,科技的继续发展使得人们的关注点从事后总结、事中控制而转移到了事故前的预防,现代的安全科学原理初现端倪,并且目前还在不断的发展和完善之中。

本节将着重介绍事故致因理论[②],该理论是现代职业安全管理的基础,也是较早地对事故进行系统研究的理论之一。本节将依理论提出的时间顺序,回顾事故致因理论框架下的几个经典且比较重要的理论,这些原理都在不同程度上影响了企业安全生产的管理实践。

一、事故倾向理论

事故致因理论(Accident Causation Theory)最早提出者是英国学者格林伍德(M.

[①] 罗云,程五一. 现代安全管理. 北京:化学工业出版社,2004
[②] 主要来自迈克尔·哈维(M. D. Harvey)为加拿大阿尔伯特省"工人健康、安全和赔偿局职业安全与卫生部研究分部"所写的报告

Greenwood)与伍兹(Woods)。他们于1919年发表的报告中提出三点假设[①]:(1)事故的发生仅仅是偶然的;(2)人们最初对事故的感受都是相同的,但是一旦某个人经历过一次事故后他对第二次事故的承受能力将有所不同;(3)从一开始不同人遇到事故的倾向性就有所不同。通过对一些工矿企业事故的统计分析最终验证了第三点假设并提出了事故倾向理论(该理论又称"有事故倾向的工人"的理论)。该理论认为某些工人具有事故倾向的特性,他们相比其他工人来更容易发生事故,因而一定会有某种方法将这类人区分出来。据国外文献介绍,事故频发倾向者具有以下特征:感情冲动,容易兴奋;脾气暴躁;厌倦工作,没有耐心;慌慌张张,不沉着;动作生硬,工作效率低;喜怒无常,感情多变;理解能力低,判断和思考能力差;极度喜悦和悲伤;缺乏自制力;处理问题轻率、冒失;运动神经迟钝,动作不灵活[②]。然而,这一理论的假设从未能得到实践的证实,这是由于实践过程中的偶然因素较多,过程不易控制所致。

二、多米诺骨牌理论

1929年美国安全工程师海因利希(W. H. Heinrich)提出了多米诺骨牌理论(The Domino Theory),又称连锁反应论。海因利希的基本观点是,事故的发生由五方面因素起作用:(1)社会环境因素;(2)人的失误;(3)不安全行为或物理、机械危险;(4)事故事件;(5)人体伤害。如果将这五种因素想象成并排排列的五块骨牌,那么第一块骨牌(即社会环境因素)的倾倒将会导致其后四块骨牌的依次倾倒,即引起了连锁反应,从而最终导致伤亡事故的发生。但是如果拿掉其中一块骨牌(即消除其中一种因素),连锁反应将会被中断,伤亡事故则不会发生。这后一种假设是该理论最为吸引人之处。尽管逻辑严密,但是海因利希的理论却缺少数据支持,因此有的学者认为这也只是个"理论"而已。[③] 多米诺骨牌理论在提出后的数十年时间内逐渐成为企业事故预防机制的基础,尽管这一理论受到众多批评,但海因利希模型在工业企业仍有广泛应用[④]。其后,海因利希又不断对该理论进行补充与完善,1980年的多米诺骨牌理论就将各因素更加充实了。

当然,此后又出现了一些对多米诺骨牌理论进行完善与修正的新理论,其中的代表有Barer于1953年提出的事件链理论。

三、能量意外释放理论

1962—1966年间,出现了由吉布森(Gibson)首先提出,并由哈登(Haddon)完善引申的能量意外释放理论(The Energy Transfer Theory,也称能量转移理论)。其基本观点是:不希望的或异常的能量转移是伤亡事故产生的原因,预防事故的关键是控制能量或控制能量达到人体媒介的能量载体。[⑤] 其中吉布森的观点是:"事故是一种不正常的或不希望的

---

① E. G. Chambers, G. Udny Yule, 1941. Theory and Observation in the Investigation of Accident Causation. *Supplement to the Journal of the Royal Statistical Society*, Vol. 7, No. 2, pp. 89-109
② 王凯全,邵辉. 事故理论与分析技术. 北京:化学工业出版社,2004
③ Bob Eckhardt, 2003. Reevaluating the Incident Pyramid. *Concrete Products*, Vol. 106, Iss. 5; pp. 38
④ Peter Strahlendorf, 1995. Accident Theory Part I: Explaining How Accidents Happen. *OH&S Canada*, Vol. 11, Iss. 5, pp48
⑤ 隋鹏程. 安全原理与事故预测. 北京:冶金工业出版社,1988. 43-48

能量释放，各种形式的能量是构成伤害的直接原因",因此他认为应通过控制能量或控制能量载体来预防伤害事故。哈登的观点是："人受伤害的原因只能是某种能量的转移",同时他提出了能量逆流于人体造成伤害的分类方法。根据他的观点，伤害可被分为两类：第一类伤害是由于施加了局部或全身性损伤阈值的能量引起的；第二类伤害是由影响了局部或全身性能量交换引起的，主要指中毒窒息和冻伤。

能量意外释放理论最突出的贡献在于：对能量转移的分析可用来分析事故、预测事故，提高人们对伤亡事故致因的敏感性和警觉性。

四、瑟利模型

1969年由瑟利（Jean Surry）提出的瑟利模型（也称人类工程方法）是一种事故模型。瑟利归纳了之前的理论与模型并将它们分为：多事件链模型、流行病学模型、能量交换模型、行为的模型、系统模型五类，并在此基础上提出了瑟利模型。这一模型清楚地处理了操作者的问题，帮助他们对可能酿成重大事故的紧急情况加以分析和决策。瑟利模型在1978年由安德森（Anderson）等人进行了完善，形成"瑟利—安德森模型"。这一模型将信息论、系统论和控制论引入安全生产理论，并最终产生了"人—机—环境"系统安全理论。

诺基亚在选择办公物品供货商时就充分考虑了人体工程学等元素，充分考虑颜色对员工心情的影响，每天看到的桌椅是什么颜色，是怎样设计的，不同的人都会有不同感受，为员工营造了舒适的"绿色办公室"。

第二节 职业安全管理

科技的进步使得曾经需耗费大量人力的工作，可以用机器来替代。机器的大量运用，一方面大大提高了生产效率，加快了社会经济发展的进程；另一方面又解放了劳动力，使人们可以从事更为精细高端的劳动。然而，正如人们常说的，科技是把双刃剑，机器的大规模运用在给人类带来诸般好处的同时，也带来了更为惨烈的工伤事故。因此，机器安全是企业安全生产中需重点关注的问题。

国际劳工组织也提出了今后10年需要努力的主要方向：增加政府部门、工人及雇主三方对职业健康与安全方面的理解和支持；明显促进对化学危害的控制；加强对工伤的预防。[①]

一、机器事故预防

事故是指发生在人们的生产、生活活动中的意外事件。[②] 伯克霍夫（Berckhoff）对事故的定义较为著名。他认为，事故是个人或集体在为实现某种意图而进行的活动过程中，突然发生的、违反人的意志的、迫使活动暂时或永久停止的事件。事故的定义应该包括以下几个方面：（1）事故是一种特殊事件，在人类生产、生活活动的过程中都有可能发生；（2）事故是一种突发的意外事件，具有随机性；（3）事故会造成一定的不良后果，比如会使正在进行

---

① 刘铁民，朱常有，杨乃莲. 国际劳工组织与职业安全卫生. 北京：中国劳动社会保障出版社，2003
② 王凯全，邵辉. 事故理论与分析技术. 北京：化学工业出版社，2004

中的生产、生活活动暂时或永久性停止。因此，了解如何预防事故，对于工业企业来讲就显得尤为重要。一个可行的办法是提高机器的安全性。

机器的安全性大致可以通过两个途径来加以提高，一是在设计机器时即考虑到各种可能发生的潜在伤害，并在技术上加以避免；二是通过"试错"，即在运行操作中发现问题并加以修正。这两种方法各有优缺点：前者危险性较低，但预先的估计难以将所有可能性考虑进来；而后者虽可以更准确地考察到机器在实际运行中可能出现的问题，但是由于风险太大而不宜提倡。

近几十年来，一些学者就提出了机器设备的"安全本质化"，也即通过在机器设计阶段的全面考虑预先防止事故发生的各种可能。另外，日本提出的"把事故消灭在图纸上"，也有异曲同工之意。在设计机器时需要考虑到其运行载荷以及损伤累积。具体来讲即：运行载荷应包括运行的压力载荷以及温度载荷。也就是机器在运行过程中可以承受的压力及温度的最高阈限，在机器投入运行后应注意各项指标不可以超过其最大载荷。而损伤累积是指机器在运行过程中可能受到的损伤的总和反应，应综合考虑机器的正常运行、启动、停止、失灵以及空载等各种状态。

在关注机器本质安全化的同时，企业还应加强对员工的宣传教育，包括操作技能培训与安全防护知识教育培训，同时告知员工其工作中可能接触到的危险因素，并且对机器的诸如传动等易造成伤害的部位设置防护装置。世界上最大的石油和石油化工集团公司之一BP所从事的业务包括天然气的开发开采，对公司来说安全问题显得尤为重要。BP公司把"员工安全"摆在第一位，"安全"观甚至已经融化在BP的"血液"中，成为企业的哲学。为了堵死安全漏洞，BP（中国）从四个主要方面着手建设稳固的安全屏障：（1）不断采用先进的科技使设备设施更加优化，是BP中国业务的第一道安全屏障；（2）BP在中国业务设立的第二道安全屏障是制度的制定和执行，在遵守法律法规和公司内部的道德规范和安全标准的前提下，所有安全制度都是依据企业对安全风险的理解来制定的；（3）有了安全的设备设施和完善的制度，人就是安全生产的第三道屏障，BP非常重视培养员工安全意识，使得安全意识深深地进入员工的观念中，甚至影响到员工的家属；（4）BP的第四道安全屏障就是安全管理的业绩考核，这种业绩考核不单单衡量安全生产方面的结果，更重要的是看企业和员工为了提高安全生产业绩都做了哪些努力。通过设立清晰严格的业绩考核制度，各级员工都有明确的努力目标。

二、系统工程学

安全工作者们试图在工作中找到一种方法，能够预先测知事故发生的可能性，掌握事故发生的规律，做出定性和定量的评价，以便在设计、施工、运行、管理中对事故的危险性加以辨识，并借以提出相应的安全措施，达到控制和消除事故的目的。安全系统工程学就是为了这一目的而逐渐发展起来的。所谓系统工程，包括系统和工程两个方面，是用系统的观点和方法去研究、解决工程问题。[①]

从系统工程学的角度来讲，为避免安全事故的发生，除了在设计阶段要进行系统安全分

---

① 孙树菡. 劳动安全卫生. 北京：中国劳动出版社，1995

析，综合考虑各种因素的作用外，还可以通过建模的方法来达到这一目的。系统工程的任务在于保证人—机系统顺利而平衡地工作，即研究如何协调系统中各项功能单位之间的工作，使之更有成效。其主要手段是系统分析和计算机建模。[①] 建模的目的在于通过实验得到第一手资料，为修正设计提供参考。当然相比实践中的"试错"，实验室建模这一方法也要安全许多。模拟技术按其性质可分为物理性模拟技术（包括全物理及半物理性）和数学模拟技术（包括全数字式模拟及半实物模拟技术）；如果按目的则可分为任务性模拟技术和特因模拟技术。[②]

从内容上讲，安全系统工程可分为三部分，即系统安全分析、安全评价、安全技术措施。其中，系统安全分析的目的是通过细致入微的分析对系统的安全性做出合理评价，从而找出危险源并采取相应的措施。通过安全评价，可以了解系统中存在的潜在危险因素及薄弱环节，包括发生事故的概率以及事故后果的严重性。安全技术措施则是指根据评价结果对系统采取的相应手段。

三、电气安全及防护

对于电力企业来说，应特别注意电气安全。电气事故主要包括电流、电磁场、雷电、静电以及某些电路故障所造成的建筑设施、电气设备的损坏与人员伤亡，以及引起的火灾和爆炸。因此，电力企业的职业安全管理，应做好触电安全防护、防雷电以及防止静电伤害等方面的工作。具体措施要点如下所述。

（一）触电安全防护

1. 安全电压

我国劳动安全卫生标准规定[③]：在任何情况下，两导体间或任一导体与地之间均不得超过交流（50～500 Hz）有效值 50 V。安全电压额定值的等级为 42 V、36 V、24 V、12 V、6 V。在特殊情况下对安全电压又有特殊规定，例如，工作地狭窄，周围有大面积接地导体环境，如金属容器内等的手提照明灯，其安全电压为 12 V。

2. 绝缘材料

通常采用的绝缘材料有陶瓷、橡胶、塑料、云母、玻璃、木材、布、纸、矿物油及某些高分子合成材料。

3. 屏护[④]

某些开启式开关电器的活动部分不便绝缘时，或高压设备的绝缘不能保证人在接近时的安全，应有相应的屏护，如围墙、栅栏、护网、护罩等，所采用的材料应有足够的机械强度和耐火性能，若采用金属材料，则必须接地或接零。

4. 间距

在带电体与地面之间、带电体与其他设备之间、带电体之间，均需保持一定的安全距

---

① 胡健. 舒适与有效. 湖北：湖北人民出版社，1987
② 梁宝，陆印成，龙升照. 人—机—环境系统工程学. 北京：科学普及出版社，1987
③ 如无特殊说明，以下标准均引自孙树菡等主编，《劳动安全卫生法律实务全书》，北京：中国商业出版社，1997。
④ 孙树菡. 劳动安全卫生. 北京：中国劳动出版社，1995

离,以防止过电压放电或各种短路事故。

5. 接地与接零

接地是指把设备的某一部分通过接地装置同大地连接起来;接零是指把电气设备正常时不带电的导电部分(如金属机壳)同电网零线连接起来。接地与接零是防止电气设备一旦漏电而可能发生触电事故的重要安全措施。

除此以外,还应加强对职工的安全教育以及对触电者急救措施的培训。

(二) 雷电防护

1. 建筑物防雷

应根据建筑物的性质将其分类,并分别采取防雷措施。

2. 人身防雷

雷雨天,应尽量少在户外逗留,如在户外,应尽量离开河、湖、池塘;离开小山、丘陵或突起的小道;离开铁丝网、金属晒衣绳、旗杆、烟囱、宝塔等;离开没有防雷保护的小建筑物或其他设施;如依靠建筑物遮蔽的街道或高大树木遮蔽的街道躲避时,必须离开墙壁和树干 8 米以上。

雷雨天,在室内应离开电力线、电话线、广播线、收音机和电视机的电源线与天线;应关闭门窗,以防止球形雷进入室内造成危害。

(三) 静电防护

1. 技术措施

防止静电产生的措施,应根据现场环境条件、生产工艺和设备、加工物件的特性以及发生静电引燃的可能程度等予以研究选用。通常基本防护措施有:减少静电荷产生;使静电荷尽快对地泄漏;采用高压电源式、感应式或放射源式等不同类型的静电消除器,消除非导体的静电;将带电体局部或全部屏蔽,同时屏蔽体应安全接地;在设计和制作工艺装置或设备时,应尽量避免有静电放电的条件;控制气体中可燃物的浓度,保持在爆炸下限以下。[①]

2. 个体防护

个体在行走、穿脱衣服时,均可由于衣服等固体物质的接触和分离及静电感应等原因,使人体产生静电。人体与其他物体之间放电时,其放电火花足以引燃石油蒸汽及许多气体。因而,在易燃易爆环境中,必须穿着用导电纤维制成的防静电工作服和用导电橡胶制作的防静电鞋。

第三节 职业健康管理

本节探讨职业健康管理的相关内容。首先我们将简要回顾一下人力资本投资理论的相关论述并以此作为理论指导;然后从心理与生理两个角度来讨论企业员工的职业健康管理。

健康,并不仅仅是关乎劳动者个体的家庭幸福与生活水平的。企业当中劳动力的总体健康水平将直接影响到企业的竞争力水平,进而影响到企业的生存与发展。根据追求更高的成

[①] 王凤江主编. 劳动安全卫生国家标准技术手册. 上海:上海科学技术出版社,1994

本—效益以及在人力资源管理中承担更重要的作用的要求,人力资源管理者可以通过在组织中从事职业健康与安全工作来证明其价值。的确,人力资源的许多功能和活动是与职业健康与安全紧密联系的,对它的忽视会导致组织的物质损失。[①]

关于健康,世界卫生组织(WHO)曾给出定义:"健康是身体上、精神上和社会适应上的完好状态,而不仅仅是没有疾病和虚弱。"近年来世界卫生组织又提出了衡量健康的一些具体标志,例如:精力充沛,能从容不迫地应付日常生活和工作;处事乐观,态度积极,乐于承担任务不挑剔;善于休息,睡眠良好;应变能力强,能适应各种环境的变化;对一般感冒和传染病有一定抵抗力;体重适当,体态匀称,头、臂、臀比例协调;眼睛明亮,反应敏锐,眼睑不发炎;牙齿清洁,无缺损,无疼痛,牙龈颜色正常,无出血;头发光洁,无头屑;肌肉、皮肤富弹性,走路轻松。

企业如果未能进行有效的职工健康管理将有可能引起职工职业病。从广义上讲,职业病是指劳动者在从事生产劳动及其他职业活动中,因接触职业性有害因素而引起的所有疾病。但在法律上,职业病有一定的界限,法定职业病通常是指国家根据生产力发展水平、经济状况、医疗水平等综合因素,由主管部门明文规定的职业病。工伤保险范围内的职业病,指的是后者。我国《职业病范围和职业病患者处理办法的规定》(87卫防字60号)中规定,职业病的定义为:"职业病系指劳动者在生产劳动及其他职业活动中,接触职业性有害因素引起的疾病。"2002年颁布的《中华人民共和国职业病防治法》中规定:"职业病,是指企业、事业单位和个体经济组织(以下统称用人单位)的劳动者在职业活动中,因接触粉尘、放射性物质和其他有毒、有害物质等因素而引起的疾病。"

此外,由于劳动组织不合理、劳动时间过长或休息制度不合理,劳动强度过大或劳动安排与劳动者生理状态不适应,劳动者长时间处于某种不良体位、使用不合理工具或长时间重复某一单调动作,脑力劳动过度紧张或个别器官、系统过度紧张等,都可能造成有损于健康的影响。因此,企业进行职业健康管理是有必要的,同时也是必须的。

一、人力资本理论

人力资本的思想最早起源于亚当·斯密,他在其著作《国富论》中曾经有过这样的论述:学习是一种才能,须受教育、须进学校、须做学徒,所费不少,这样费去的资本,好像已经实现并且固定在学习者的身上。人力资本这一概念最初是由沃尔什(J. R. Walsh)在其1935年出版的《人力资本观》一书中首次提出的[②],而相关研究则始于明塞尔(Jacob Mincer)在《政治经济学杂志》上发表的论文[③]。人力资本真正得到广泛关注是在舒尔茨1960就任美国经济学会会长时发表了题为《人力资本投资》的演讲后。同一时期,丹尼森(Denison)、斯加斯特德(Sjaastad)、贝克尔(Becker)等人也从教育、培训、卫生保健和迁移等方面对人力资本理论作了丰富和发展。

---

① 西蒙·多伦,兰多·舒尔乐. 人力资源管理—加拿大发展的动力源(中译本). 北京:中国劳动社会保障出版社,2000

② 靳希斌. 教育经济学. 北京:人民教育出版社,1997

③ Mincer, J., 1958. "Investment in Human Capital and Personal Income Distribution", *The Journal of Political Economy*, No. 4, Aug., pp281-302

随着对人力资本理论研究的深入，一些新的研究领域由此而产生了，如教育经济学、卫生经济学、家庭经济学、人力资源会计等。卫生经济学理论认为国家或个人为健康而支付的费用可以看作是一种投资并以人力资本的形态保存下来。如果说早期的人力资本投资理论揭示了医疗服务的重要性，是健康管理的"入门"理论的话，那么卫生经济学则从经济学的角度研究卫生服务过程中的经济活动和经济关系，深刻揭示了卫生保健方面的经济规律，是健康管理的理论支柱，其目的是最优化地筹集、开发、配置和利用卫生资源，提高卫生服务的社会效益和经济效益[①]。

二、员工职业健康管理

企业员工职业健康管理可以从心理与生理两个方面来探讨。心理方面主要从压力管理的角度进行论述；生理方面则将分别从员工生活方式以及工作环境两个角度来考察其对员工健康的影响。

（一）压力管理

随着科学技术的飞速发展及其在生产领域的广泛应用，人们在生产中体力的支出将越来越少，而脑力的支出与消耗将越来越大。随着市场经济的发展，竞争也更为激烈，员工普遍会感受到紧张与压力。每年，由于紧张、压力造成的员工健康水平下降而引起的工业损失达数百亿美元。[②] 因此，压力管理也引起越来越多人力资源管理者的关注。

依照来源的不同可将压力源分为四种，分别是：（1）时间性压力源（time stressor），通常是由于要做的事太多而时间太少所致。（2）遭遇性压力源（encounter stressor）是那些由人际交往而产生的压力源。例如角色冲突、交往冲突等。（3）情境性压力源（situational stressor）产生于个体生活的环境或周围的环境。最常见的一种情境性压力源是不适的工作条件。（4）预期性压力源（anticipatory stressor）包括受到潜在的、令人不愉快的事件有可能发生的威胁——令人不快的事情还没有发生但可能会发生。压力来自于对事件的预感或恐惧。[③]

针对不同的压力源，应相对应地选择不同的管理策略。对于时间性的压力源应选择有效的时间管理来消除；对于遭遇性的压力源则应考虑用合作等方式提高员工人际能力；情境性的压力源需要工作再设计；预期性的压力源可采用目标设置和局部成功。下面分别简要介绍以下四种方法。

1. 时间管理

要做到有效的时间管理，个体应做到以下几点：（1）首先要清楚地将需要完成的事项按"重要—紧急"分为：重要且紧急、重要不紧急、不重要但紧急、不重要且不紧急；（2）个体应将工作的重心放在那些重要的事项上；（3）事项完成的结果而非手段应是个体关注的中心；（4）在该说"不"的时候要勇敢拒绝那些不重要的请求，不要为了面子而接下一大堆事

---

① 孙树菡. 社会保险学. 北京：中国人民大学出版社，2008
② 西蒙·多伦，兰多·舒尔乐. 人力资源管理—加拿大发展的动力源（中译本）. 北京：中国劳动社会保障出版社，2000
③ 大卫·A. 威坦，金·S. 卡梅伦. 管理技能开发（中译本）. 北京：清华大学出版社，2004

项，最终造成重要事项的低质量完成甚至无法完成。

2. 解决角色冲突

实验证明，角色冲突与焦虑等心理压力之间存在显著的相关关系。当引起紧张的压力可以被明确地定性时，角色冲突将更容易得到管理①。为更好地进行角色管理，一些学者提供了各式各样的解决之道。其中，霍兰德的人格理论就为如何确定适合某个体的角色提供了一种解决方法。霍兰德人格理论将人格按特点分为：研究型、现实型、社会型、传统型、企业型、艺术型六类，并认为每种人格类型都有与其相适应的工作环境。在此基础上，霍兰德编制了《职业偏好量表》，其中包括160个职业项目。根据量表的数据，可以断定个体的人格特征②。

此外，还有学者的研究证明：角色冲突同组织内部满意度、参与度呈负相关关系，而与工作焦虑正相关。组织内、外部的社会支持和团队成员之间合作关系可以在一定程度上缓解角色冲突的问题③。当人们感到自己是一个群体的一部分，或者被其他人所接纳，压力就会得到释放。通过和他人建立有力的情感联系，可以最有效地消除这种由于个体间关系摩擦而产生的遭遇性压力。

近几年的研究证明：经济环境与人际关系会影响到角色压力，同时角色冲突会影响组织的绩效④。情绪智力也是近几年提倡的一种解决角色冲突的方法。它包括五个维度：（1）有自知之明；（2）自我控制；（3）激励自己；（4）认识到其他人的情绪；（5）人际能力。

人际环境中还有一点需要企业人力资源管理者注意：非正式组织的存在将会影响工作效率，进而影响人的生理，并对心理造成压力感。此外，由于机械化程度和自动化程度的提高，分工越来越细，一方面会使员工的自我实现受到不良影响，另一方面也会令人产生工作的单调感，而单调感首先就会产生生理方面的反应，比如疲劳等。因此，在对员工的压力进行管理时也应注意到这两方面的影响。

3. 工作再设计

为了消除工作中的情境性压力源，企业采取了工作再设计或员工的培训与开发这两种方法。其目的都是使个人与他们所从事的工作适应度提高，从而使个人的效率得以提高，在工作中感觉更加得心应手，工作满意度也随之提高。

另外，在大卫·斯坦及金·卡梅伦的书中更补充了五种提高工作满意度、降低压力的方法，即：整合任务、建立明确的工作单元、建立顾客关系、增加决策能力、建立反馈的渠道。其中，整合任务是指让个体完成整个项目以及各种相关任务，而不是被限于完成一个重复的任务或一个任务的组成部分；建立明确的工作单元是指把从事相关任务的个体组成团

---

① Janina C. Latack, 1981. "Person/Role Conflict: Holland's Model Extended to Role-Stress Research, Stress Management, and Career Development", *The Academy of Management Review*, Vol. 6, No. 1, pp. 89-103

② 孙健敏，李原. 组织行为学. 上海：复旦大学出版社，2005

③ Ahmed A. Abdel-Halim, 1982. Social Support and Managerial Affective Responses to Job Stress. *Journal of Occupational Behavior*, Vol. 3, No. 4, pp. 281-295

④ Arne Nygaard, Robert Dahlstrom, 2002. Role Stress and Effectiveness in Horizontal Alliances. *Journal of Marketing*, Vol. 66, No. 2, pp. 61-82

队，并在团队内部进行任务的结合与协调，商讨如何处理工作；建立顾客关系是指取消产品和顾客之间联系的中间机构，从而使工人可以获得有关顾客满意程度以及潜在顾客需要和期望的第一手信息；增加决策能力顾名思义是指增加下属对重要工作进行决定的自主权；建立反馈的渠道是指管理者更明确地传达他们的期望并且及时地给予下属准确的反馈[1][2][3][4]。

4. 目标设置

目标设置通过将注意力集中在完成当前的目标上，而不是担忧将来的事情，可以有效地帮助消除预期性压力源。成功制定短期计划分以下四步：(1) 确定所要达到的目标。(2) 尽可能详细地确定能使目标实现的活动和行为。(3) 定期检查目标完成情况。(4) 确定胜利的标准和奖励。

(二) 生理角度的健康管理

若从生理角度探讨职业健康管理，则我们应关注两个主要的影响方面：一是员工个人生活方式的影响；二是工作环境对员工健康的影响。

1. 生活方式的影响

生活方式的影响是多方面的，如作息时间，是否经常性地参加体育锻炼，饮食结构等。对于这方面的管理，企业一方面要做好员工的教育工作，通过培训使员工了解正确的生活方式。另一方面企业要严格遵守国家相关法律法规，包括《劳动法》中关于工作时间与休息时间的规定，严格控制加班加点时间，按规定为员工提供带薪休假，并适当组织一些文体活动提高员工身体素质，减轻压力，同时还应按照法律要求为员工缴纳各种保险。企业还应特别关注未成年工和女职工的特殊保护。此外，企业还可以建立职工健康保障的相关体系。具体来讲可以从以下几个方面进行管理：

(1) 体格训练与健身方案。定期进行健身活动有诸多好处：对于长期坐办公室的白领一族来说，可以保持其身体健康，预防心血管疾病；对于制造业和重工业职工来说，力量和灵活性训练可以提高其工作效率，降低工人受工伤的可能性[5]。

(2) 职工的健康膳食。健康膳食可以保障职工的身体健康，增强抵抗力。因此，企业在为职工提供饮食保障时应注意平衡膳食宝塔，对于特殊人群还要予以特殊照顾。

(3) 工作场所吸烟控制。吸烟危害健康人所共知，吸烟可增加肺及心血管疾病的危险性。另外，还可引起女性雌性激素代谢改变，进而会对新生儿造成影响。研究表明，二手烟对人体健康的危害不亚于甚至高于吸烟带来的危害。因此，为了保障员工身体健康，企业还

---

[1] Robin L. Rose, John F. Veiga, 1984. "Assessing the Sustained Effects of a Stress Management Intervention on Anxiety and Locus of Control", *The Academy of Management Journal*, Vol. 27, No. 1, pp. 190-198

[2] Gail H. Friedman, Barry E. Lehrer, James P. Stevens, 1983. "The Effectiveness of Self-Directed and Lecture/Discussion Stress Management Approaches and The Locus of Control of Teachers", *American Educational Research Journal*, Vol. 20, No. 4, pp. 563-580

[3] Debra L. Nelson, James C. Quick, 1985. "Professional Women: Are Distress and Disease Inevitable?", *The Academy of Management Review*, Vol. 10, No. 2, pp. 206-218

[4] Carl R. Anderson, Don Hellriegel, John W. Slocum, Jr., 1977. "Managerial Response to Environmentally Induced Stress", *The Academy of Management Journal*, Vol. 20, No. 2, pp. 260-272

[5] 陈卫红，陈镜琼，史廷明. 职业危害与职业健康安全管理. 北京：化学工业出版社，2006

应对于工作场所的吸烟进行控制。关于吸烟控制,新泽西州的拉哈维市的默克制药公司则采取了颇为极端的措施:该公司对其全美 24 个分公司所在地都严厉禁烟,此外,它还在自己赞助的但不是其自己公司场所的活动中也禁止吸烟。

2. 工作环境的影响

工作环境对员工健康的影响在下一节"职业环境管理"中会有更详细的论述,在此就不赘述了。

上述这些因素是影响员工健康的主要因素,当然,在实际生产过程中还会有一些其他因素的作用。但总体来说,企业要更好地进行员工职业健康管理,首先应考虑上述因素,并可结合各企业具体情况采取相应措施。

第四节　职业环境管理

工效学"人—机—环境"体系中的前两大因素我们在前文已经做过比较详细的介绍了,本节将简要介绍第三种因素——环境。在企业这个大的社会环境中,人与人交往讲究人际环境,而工作中则要接触工作环境。在最初,职业环境常常被人们忽视,包括国家劳动部门更多关注的是造成工伤事故的、机械的、技术的等方面的因素。随着社会经济的发展以及科学技术和医学科学的发展,人们开始注意到,实际上环境也是影响员工作业安全的一项重要因素。环境依其性质不同可大致分为物理环境、化学环境、生物环境和人际环境。另外,从工效学角度来讲,还有微小环境。人际环境在上一节的压力管理中我们已经做过讨论,因此在此不重复讨论。下面分别谈一谈物理环境和化学环境中的危害因素。

一、化学性危害因素[①]

目前,环境中的化学性危害因素是引起职业病、职业中毒的最为多见的有害因素。化学性危害因素主要指生产性毒物。一般来说,生产性毒物常以气体、蒸气、雾、烟或粉尘的形式污染生产环境的空气。当空气中有毒物质达到一定浓度时,就会发生毒害作用。

气体。指在常温、常压下散发于生产场所空间中呈气态的物质,是不定型的流体。只有在被封闭时,并在增大压力和降低温度的同时,才能变成液态或固态。如氨、氯、一氧化碳、二氧化硫及矿井中的瓦斯等。

蒸气。常温常压下,固态或液态物质的气体状态称为蒸气。蒸气在增压或降温时,能够变回固态或液态。固体升华、液体蒸发或挥发时,便形成蒸气。如苯蒸气、水银蒸气、磷蒸气等。

雾。指混悬于空气中的液体微滴,大多由于蒸气冷凝或液体喷洒而形成。如电镀铬和蓄电池充电时产生的铬酸雾和硫酸雾,喷漆时所形成的漆雾等。

烟。指悬浮在空气中,直径小于 0.1 微米的固体颗粒。烟又分为烟气和烟尘。前者指某些金属熔融时产生的蒸气,在空气中迅速冷凝及氧化而形成的固体颗粒,如金属铅加热熔化时在空气中形成氧化铅烟,黄铜熔炼时产生的锌蒸气,在空气中形成氧化锌烟等。后者则是

---

① 孙树菡. 劳动安全卫生. 北京:中国劳动出版社,1995

指有机物加热或燃烧时产生的微粒、微滴和气体，如煤烟等。

粉尘。指固体物质经机械粉碎或碾磨加工时形成的微小颗粒，其粒子大小多在 0.1～10 微米，能较长时间飘浮于空气中，是工业生产中描述空气中固体微粒的专用词。例如，制造铅丹颜料时产生的铅尘，粉碎锰矿时产生的锰尘等。此外还有电焊工尘肺等。但粉尘对员工的最大危害则是尘肺病，占我国职业病患者总数的绝大部分（每年新增 1.5 万人）。

有害化合物在呈上述五种状态下，可以通过吸入、吸收或吞入三种途径进入人体。进入人体后，除有些被体内的药物代谢酶所催化而发生转变外，大多数与体内的化学物质互相作用，引起人体中毒。

化学性危害因素如果超过国家标准，或是接近人体可承受阈限值，长期接触或在此环境中作业，就可能致人中毒。人体对于粉尘有清除功能，绝大部分粉尘可以通过呼气、咳嗽、打喷嚏、吐痰等方式排出，但总有 1%～3% 无法排出的粉尘滞留在肺泡内，最终导致尘肺病。

二、物理性危害因素

物理性危害因素主要包括异常的气象条件、噪声、振动、电离辐射和电磁辐射等。

（一）异常的气象条件

生产环境气象条件通常指气温、气湿、气流和热辐射。气压虽属气象因素之一，但在一般作业环境下变动不大，仅局限于特殊作业环境。

气温、气湿、气流和热辐射的综合作用主要是影响人体与外界环境的热交换。气温即空气的温度。气温的高低，取决于季节特性、地区特性以及各种热源放散在空气中的热量的多少。它主要通过传导、对流和辐射三种基本形式来传热。气湿即空气中含水蒸气的量。生产环境中的湿度常以相对湿度表示。一般来说，相对湿度在 80% 以上，称为高湿；低于 30%，称为低湿。生产环境中高气湿的产生，主要是由于生产过程中水分蒸发、蒸汽放散与湿式作业时人为洒水所造成的。气流即空气流动的速度，又称风速。空气在各方面所受压力相等，此时风速为零。如所受各方压力不等，空气就会产生运动，形成风。这种压力相差越大，产生的风速越大。

通常，高温作业对员工的影响最大。近年来，关于夏季露天作业中暑死亡的报道屡见不鲜，对于电力企业，应特别注意采取防暑降温措施。

（二）噪声

噪声在企业中造成的影响最为显著。许多不同频率和不同强度（或能量）声音杂乱组合，就会产生噪声。噪声不能完全根据声音的客观物理性质来加以定义，还应根据人们的主观心理因素加以定义。

噪声的来源多种多样，主要有工业噪声、交通噪声和生活噪声。在各类噪声中，工业噪声涉及面最广泛，且噪声强度大、连续时间长。有的长年昼夜不停，对周围环境产生很大的影响。生产环境的噪声对工作人员的影响更为严重，是引起职业病的重要物理因素。

接触噪声最初会引起听觉疲劳，较长时间则会提高听阈，而长期在超过 90 dB（A）的环境中工作，则可能使员工患职业病（噪声聋）。

（三）振动

振动是工业生产中常见的问题之一。很多工厂都拥有能产生强烈振动的机器、设备、动力工具，这类振动可传递给操作者。

振动是振源通过能量的传递而作用于人体的一种物理因素。这些振源在各自的频率范围内有不同的频谱和振幅，并随时间而任意变化。

生产中常见的振动源包括：风动工具（如铆钉机、凿岩机等）、电动工具（电钻、电锯等）、运输工具以及农业机械等。

振动对人的影响可能是全身性的，也可能是局部振动，严重者可致振动性白指病。

（四）电离辐射

电离辐射与非电离辐射统称为辐射。放射性物质能放射出高速带电粒子和射线，放射性物质产生的中子源可发出中子，以及X射线等，在与物质作用时，能使物质电离，例如使机体组织细胞电离等，因而同时也称为电离辐射。

（五）电磁辐射

这里指的是电磁辐射谱中的特定波段，包括射频辐射、微波辐射、红外辐射、紫外辐射以及激光辐射等，又称为非电离辐射。

射频辐射。广义的射频电磁场（或称无线电波）包括高频、超高频电磁场及微波。高频电磁场在工业中的应用主要分为两类：一类是利用中长波段的电磁场对导体及半导体进行感应加热，另一类是利用短波及超短波对导体进行介质加热。微波在工业中的应用主要体现在无线电通讯、雷达探测、干燥设备、理疗设备和微波炉等。

红外辐射。红外辐射就是红外线，也称热射线辐射。太阳是自然界对地球最强的红外线辐射源。生产环境中的红外线辐射源为人工辐射源，如各种冶炼炉和加热炉、加热金属、熔融玻璃、焊弧、某些强光灯具及红外激光器等。

紫外辐射。自然界中的紫外线来自太阳辐射。人工紫外线则来自很高温度的光源和热源。

激光。激光是由激光器产生的一种具有高度方向性、单色性和极大亮度与极大能量的光束。激光广泛用于农业、国防、医学和科研各个领域，如材料加工、测距、计量、通信、全息照相及肿瘤治疗等。

视屏作业。视屏作业简称VDT（visual display terminal）作业。这是随着阴极射线管的使用而出现的一种新型作业方式。由于计算机的推广和应用，VDT作业几乎遍及各个行业，因而，对其作业人员的健康也引起了各国的重视。近年来关于VDT作业所致职业性伤害的报道增多，例如由于体位或坐椅不合适所致的颈—肩—腕综合征、腰背疼痛、对视力的影响，还有对于长期从事电脑作业人员的心理及行为影响等。得克萨斯州阿妈里洛市的主要公司之一的梅萨合伙有限公司对电脑进行健康—风险评估。所有参与者每年可以得到240美元，他们必须完成一次书面调查，并接受葡萄糖、胆固醇和血压的扫描检测。这些检验结果被用于第二阶段：减肥或控制体重的目标设定增强力量和一般健康问题的维持。

三、生物性危害因素

生物性危害因素可使接触者患各类职业性传染病、皮肤病或变态反应。依据病原学可以将其分为以下几种。

(一) 职业性传染病

在生产过程中,接触某种传染病病原体,可能引起职业性传染病。职业性传染病可能涉及的行业众多,其中尤其以畜牧业为主。

依据病原不同,可将职业性传染病分类如下:

1. 职业性细菌传染病

在接触或处理动物、动物尸体、兽毛、皮革以及破烂陈旧污染物品时,可引起布氏杆菌病、炭疽、鼻疽及土拉菌病(兔热病)等。

职业性炭疽病也是一种发病率较高,至今仍未能完全控制的职业性传染病。多见于从事畜牧、饲养、屠宰、肉类分割、兽骨及骨粉加工、制革、羊毛、兽毛、兽牙及兽角的加工等工作的工人。

2. 职业性病毒传染病

常见的有森林脑炎、口蹄疫、鸟疫、挤奶工结节病、牧民狂犬病等。其中,森林脑炎是林业工人特有的职业病,林区作业人员被携带森林脑炎病毒的蜱叮咬后,可感染此病。炭疽、鼻疽、口蹄疫等多见于兽医、畜产品收购及加工者以及挤奶工。

3. 职业性真菌病

许多因职业关系的感染,通常发生在和农村工业关系密切的工作岗位中。从事这类工作的人,真菌常随尘埃被吸入肺部而发生真菌感染。职业性真菌感染主要有:皮癣菌病、念珠菌病、曲菌病、芽生菌病、着色真菌病、隐球菌病、组织胞浆菌病、孢子丝菌病、足菌病及放线菌病等。

畜牧业中草料工在将青饲料、禾秸及干草等的铡切、粉碎过程中,可能感染放线菌病。造纸工业中,剥树皮的工人可接触含有霉菌孢子的树皮粉尘;在用破布为原料时,工人可接触带有病菌的布屑粉尘。酿造工业中,由于原料污染的霉菌繁殖,可能造成感染和潜在性危害。

浅部的真菌病仅仅侵蚀皮肤的角质层;中间型的真菌病不仅侵蚀表皮,而且也可侵蚀较深的组织,如念珠菌类,寄生于人的消化道内;深部真菌病则不仅侵蚀更深部的组织,而且可转移,并往往并发某些疾病,如白血病或糖尿病等。

4. 职业性螺旋体传染病

在潮湿的野外地区工作以及在疫区工作的人员,可能被传染上螺旋体病。螺旋体型各不相同,以钩端螺旋体病较为多见。螺旋体进入人体后在血液中大量繁殖,而后可累及全身脏器。例如,可有流感伤寒型、黄疸出血型、脑膜脑炎型、肺出血型及肾功能衰竭型等不同症状。染上螺旋体病后,发病急,寒战、弛张型发热,伴有不同程度的出血倾向。全身的恢复大约需要几周甚至几个月。

5. 职业性寄生虫传染病

某些工种的工作人员有可能受到寄生虫的传染。例如,某些地区煤矿井下工作可患钩虫病,牧民可患包囊虫病及绦虫病等。

（二）职业性皮肤病

职业性皮肤病是由职业性因素引起的皮肤及皮肤附属器的急慢性疾病。由于环境中的生产性有害因素往往先接触人的皮肤，因而，职业性皮肤病的发病率在职业病范畴中占有相当大的比例，直接危害职工的健康，影响生产。

职业性皮肤病90%以上是由化学因素引起的。这些化学性因素对人体皮肤的影响作用可以分为原发性刺激作用和致敏作用两大类。

由原发性刺激物所致的皮肤损害往往出现在同一时间、同一工种、同一条件下工作的大部分人身上。强酸、强碱、某些金属盐类等属于强刺激物，可引起急性反应；洗涤剂、肥皂、某些有机溶剂等属于弱刺激物，经长期反复接触可反生反应。致敏物连续接触或间隔一段时间后接触时，在少数人群中可引起反应。

物理因素所致的职业性皮肤病，发病率远低于化学因素。如粉尘可阻塞毛囊口，引起毛囊性皮疹；高温、辐射可引起皮肤灼伤；长期在日光下劳动，可引起日光性皮炎等。

生物因素引起的职业性皮肤病多发生在农、林、牧业中，工业生产中较少见。

（三）职业性变态反应

生产环境中的变应原或致敏原可引起职业性变态反应。

生产环境中可能成为致敏原的物质很多。主要有生物性致敏物及化学性致敏物。化学致敏物中较常见的有甲醛及铬、镍、铍、铂等金属的化合物，以及某些药物如抗生素及抗疟药物等。化学致敏物剂量很小即可导致变态反应，因而，化工产品、化妆品、家具及其他化学药剂中的杂质，均可成为致敏原。

四、微小环境

从工效学角度我们将这种环境称为微小环境，也可以理解为心理因素环境，主要包括工作环境的颜色、照明强度以及温度、湿度等。

（一）照明水平

多数研究表明，在一定的照度基础上，照明水平与视觉作业绩效间呈负相关关系，即随着照明水平的提高，作业绩效的改进变得越来越小。根据照明效益递减规律，过高的照明水平对作业绩效的改善并无多大帮助，反而会造成不必要的能源浪费。另外，过高的照明水平还会引起眩光效应而对视觉作业产生不良的副作用。[1]

照明水平对工作的影响还不只如此。照明不良，不仅会引起眼疾，还会使视觉疲劳，工作难以持久。照明度的稳定性和均匀性差，不仅增加眼部器官的负担，还要影响工作质量和工作效率，造成失误和事故。另外，照明水平还会影响人的情绪和积极性。[2]

（二）颜色环境

颜色环境可分为以下三种类型：(1) 有关作业和交通运输安全的颜色；(2) 住宅、会议室和饭店门厅等的室内颜色环境；(3) 商品的包装颜色。[3]

---

[1] 朱祖祥. 人类工程学. 杭州：浙江教育出版社，1994
[2] 何杏清，朱勇国. 工效学. 北京：中国劳动出版社，1995
[3] 浅居喜代治. 现代人机工程学概论（中译本）. 北京：科学出版社，1992

研究表明，颜色对人的心理会产生重要影响，如红色使人振奋，蓝色使人压抑等。① 因此，在设计工作环境的时候还要注意色彩的选择。例如，环境中高亮度的暖色调可以将人的注意力吸引到外部，增加人的激活作用、敏捷性和外向性，有助于肌肉的运动和机能。因此，对工厂这类主要从事手工操作工作的场所较为适合。相反地，环境中的冷色调使人的精神不易涣散，便于将注意力集中在难度较大的脑力劳动上，因此这种环境色彩更适于研究室一类的场所。

五、防护

企业是生产的基本单位，搞好安全生产管理是企业的基本责任之一。《中华人民共和国安全生产法》及《中华人民共和国职业病防治法》都明确规定了企业的责任："用人单位应当为劳动者创造符合国家职业卫生标准和卫生要求的工作环境和条件，并采取措施保障劳动者获得职业卫生保护。"②

为了保障职工健康，同时也为了企业更好地开展生产活动，需要对前文所述危害因素进行防护。依危险因素的不同，相对应的防护措施也应有所不同。但总体来讲可分为两大方面：一是从生产工艺上进行防护；二是从医学角度进行防护。

从生产工艺上进行防护，也就是在生产过程中做好控制毒物（如有毒有害气体）的工作；或者改进工艺，控制好工作环境使其适宜职工作业（如进行热控制）；特别是要明确国家相关法律法规对职业环境的要求、标准。

从医学角度进行防护，首先要做好个人防护，如穿好防护工作服等；另外还要对职工进行定期体检，确定职工健康状况，是否适宜继续进行工作，是否已患职业病等，同时给职工建立健康档案；最后要制定好轮休、工休制度，不可使职工长期在有毒有害环境中作业。

参考文献

1. 陈卫红，陈镜琼，史廷明. 职业危害与职业健康安全管理. 北京：化学工业出版社，2006
2. 大卫·A·威坦，金·S·卡梅伦. 管理技能开发（中译本）. 北京：清华大学出版社，2004
3. 费伯·比伦. 照明、色彩与环境的科学化（中译本）. 北京：新时代出版社，1988
4. 何杏清，朱勇国. 工效学. 北京：中国劳动出版社，1995
5. 胡健. 舒适与有效. 湖北：湖北人民出版社，1987
6. 胡晓义. 工伤保险条例精解与实务. 北京：中国劳动社会保障出版社，2003
7. 靳希斌. 教育经济学. 北京：人民教育出版社，1997
8. 浅居喜代治. 现代人机工程学概论（中译本）. 北京：科学出版社，1992
9. 梁宝林，陆印成，龙升照. 人—机—环境系统工程学. 北京：科学普及出版社，

---

① 费伯·比伦. 照明、色彩与环境的科学化（中译本）. 北京：新时代出版社，1988
② 《中华人民共和国职业病防治法》第四条，转引自胡晓义主编. 工伤保险条例精解与实务. 北京：中国劳动社会保障出版社，2003

1987

10. 刘铁民，朱常有，杨乃莲. 国际劳工组织与职业安全卫生. 北京：中国劳动社会保障出版社，2003

11. 罗云，程五一. 现代安全管理. 北京：化学工业出版社，2004

12. 隋鹏程. 安全原理与事故预测. 北京：冶金工业出版社，1988

13. 孙健敏，李原. 组织行为学. 上海：复旦大学出版社，2005

14. 孙树菡. 劳动安全卫生. 北京：中国劳动出版社，1995

15. 孙树菡. 社会保险学. 北京：中国人民大学出版社，2008

16. 孙树菡等. 劳动安全卫生法律实务全书. 北京：中国商业出版社，1997

17. 王凤江. 劳动安全卫生国家标准技术手册. 上海：上海科学技术出版社，1994

18. 王凯全，邵辉. 事故理论与分析技术. 北京：化学工业出版社，2004

19. 西蒙·多伦，兰多·舒尔乐. 人力资源管理——加拿大发展的动力源（中译本）. 北京：中国劳动社会保障出版社，2000

20. 朱祖祥. 人类工程学. 浙江：浙江教育出版社，1994

21. Arne Nygaard, Robert Dahlstrom, 2002. "Role Stress and Effectiveness in Horizontal Alliances", *Journal of Marketing*, Vol. 66, No. 2, pp. 61-82

22. Ahmed A. Abdel-Halim, 1982. "Social Support and Managerial Affective Responses to Job Stress", *Journal of Occupational Behavior*, Vol. 3, No. 4, pp. 281-295

23. Adam. Smith, the Wealth of Nation

24. Bob Eckhardt, 2003. "Reevaluating the Incident Pyramid", *Concrete Products*, Vol. 106, Iss. 5; pp. 38

25. Carl R. Anderson, Don Hellriegel, John W. Slocum, Jr., 1977. "Managerial Response to Environmentally Induced Stress", *The Academy of Management Journal*, Vol. 20, No. 2, pp. 260-272

26. Debra L. Nelson, James C. Quick, 1985. "Professional Women: Are Distress and Disease Inevitable?", *The Academy of Management Review*, Vol. 10, No. 2, pp. 206-218

27. E. G. Chambers, G. Udny Yule, 1941. "Theory and Observation in the Investigation of Accident Causation", *Supplement to the Journal of the Royal Statistical Society*, Vol. 7, No. 2, pp. 89-109

28. Gail H. Friedman, Barry E. Lehrer, James P. Stevens, 1983. "The Effectiveness of Self-Directed and Lecture/Discussion Stress Management Approaches and The Locus of Control of Teachers", *American Educational Research Journal*, Vol. 20, No. 4, pp. 563-580

29. Janina C. Latack, 1981. "Person/Role Conflict: Holland's Model Extended to Role-Stress Research, Stress Management, and Career Development", *The Academy of Management Review*, Vol. 6, No. 1, pp. 89-103

30. Mincer, J., 1958. "Investment in Human Capital and Personal Income Distribution", *The Journal of Political Economy*, No. 4, Aug., pp281-302

31. Peter Strahlendorf, 1995. "Accident Theory Part I: Explaining How Accidents Happen", *OH&S Canada*, Vol. 11, Iss. 5, pp48

32. Patrick Loisel, Marie-Jos'e Durand, Raymond Baril, Julie Gervais, Marl`ene Falardeau, 2005. "Interorganizational Collaboration in Occupational Rehabilitation: Perceptions of an Interdisciplinary Rehabilitation Team", *Journal of Occupational Rehabilitation*, Vol. 15, No. 4, pp. 581

33. Philip J. W. Carrivick, Andy H. Lee, Kelvink K. W. Yau, Mark R. Stevenson, 2005. "Evaluating the effectiveness of a participatory ergonomics approach in reducing the risk and severity of injuries from manual handling", *Ergonomics*, Vol. 48, No. 8, 22 June 2005, pp. 907-914

34. Robin L. Rose, John F. Veiga, 1984. "Assessing the Sustained Effects of a Stress Management Intervention on Anxiety and Locus of Control", *The Academy of Management Journal*, Vol. 27, No. 1, pp. 190-198

第 9 章
员工关系管理

员工关系是组织中由于雇佣行为而产生的关系，是人力资源管理的一个特定领域。它是强调以员工为主体和出发点的企业内部关系，注重个体层次上的沟通和交流，是从人力资源管理角度提出的促进劳资关系和谐的概念，注重合作是其基本理念。

员工关系管理贯穿于人力资源管理的各个方面，从企业把员工招进来的第一天起，员工关系管理工作就开始了。本章围绕企业的员工关系管理，第一节系统概述了员工关系的基本原理，继而引入管理实践，清晰地介绍了实际工作中员工关系管理所包含的具体内容与方法，并将"超组织员工关系管理"这一前沿问题作为员工关系管理的实践运用加以分析，从而更好地支撑了员工关系管理的理论体系。在接下来的三个小节中，根据员工关系管理涉及的主要内容，以劳动合同管理、员工参与和纪律争议处理为主题分别介绍了员工关系管理的"三部曲"。

第一节 员工关系管理概述

员工关系（employee relationship）又称雇员关系，与劳动关系、劳资关系意思相近，西方也叫产业关系（industrial relationship），它以研究与雇用行为管理有关的问题为对象。员工关系的基本含义，是指在管理方与员工个体或团体之间产生的，由双方利益引起的，表现为合作、冲突、力量对比和权利调整的总和，并受到社会经济、技术、政策、法律制度和文化背景等多方面的影响。[1] 员工关系的本质是双方合作、冲突、力量和权利的交织。

员工关系包括：组织的正式和非正式的雇佣政策和实践，即协商制定和贯彻正式的集体谈判、争端处理、雇用规范体系、雇员奖励、保护双方合法利益、规范雇主对待员工的方式以及雇主对员工工作表现的期望等管理实践；雇员参与和沟通的政策实践，即管理者和团队领导之间，和员工代表之间以及员工个人之间的非正式或正式的互动过程；法律框架，以及劳动争议的调解、仲裁和诉讼机构；使正式体系得以运作的谈判机制、协议程序以及实

---

[1] 程延园. 员工关系管理. 上海：复旦大学出版社，2004. 14

践等。

一、员工关系管理的内容和方式

员工关系管理（employee relation management，ERM）兴起于 20 世纪 80 年代，是人力资源管理的一个特定领域。越来越多的企业开始转变传统的"顾客—上帝"经营导向，而把组织最重要的资源——员工作为企业发展战略的中心。[1] 从广义上讲，员工关系管理包括企业各级管理人员拟定人力资源政策并贯彻实施，有序调节企业与员工和员工与员工之间的关系，从而促进组织结构优化、员工关系和谐以及战略目标的实现。狭义上讲，主要指企业管理层与员工之间的沟通反馈机制，这种机制更多采用柔性、激励和非强制的手段，为企业提供垂直的沟通渠道，及时解决组织运营中的问题。

员工关系管理旨在帮助员工平衡私人生活和工作之间、员工和员工之间、员工自身的心态和行为结果之间的冲突，达到提高员工的满意度、创造并维持更高人力资本价值和支持企业目标达成的目的。因此，以员工关系为导向实施人力资源管理，是以人为本的时代精神在企业管理中的具体实践，也是企业要发展壮大的必然选择。

员工关系管理的最终目标，是做到"让员工除了把所有精神放在工作上之外没有其他后顾之忧"。[2] 可以说，员工关系管理是一种无形服务。从人力资源部门的管理职能看，员工关系管理主要包括：劳动关系管理，即按照国家法律法规与员工签订劳动合同，明确双方权利义务；人际关系管理，即引导员工建立良好的工作关系，营造有利于建立正式人际关系的环境；沟通管理，即引导管理者与员工进行及时的沟通，保证渠道畅通，完善员工建议制度；情绪管理，关注员工健康心态，组织员工满意度调查，做好对不良情绪的监测、预防和处理；员工关系培训，即组织员工进行人际交往、沟通技巧等方面的培训；服务与支持，即提供有关国家法规、企业政策等咨询服务，协助员工平衡工作与生活的关系；企业文化建设，即建设企业文化，营造组织氛围，引导正确的价值观，塑造良好企业形象。

员工关系管理工作的方法主要包括以下四个方面的内容。（1）人际关系方面。强调管理者与雇员的相互关系，务必使雇员了解"管理者和雇员有着共同的利益"；强调团队合作，在组织中营造互助友好的工作氛围，保证良好的人际关系。（2）沟通方面。在组织中开辟各种沟通渠道，保证信息的公开和交流的顺畅，如例行谈话、户外活动、博客、电子平台、领导信箱等。（3）员工方面。在平等、公平、公正的原则下签订个体劳动合同，明确雇员的权利义务；提倡员工的奉献精神，使员工认同组织，从而更努力地为组织服务；强调员工参与，使员工拥有表达意愿和行使权利的机会。（4）工作方面。实施全面质量管理（TQM），将企业各个部门资源进行优化配置和整合；使工作具有灵活性，为员工创造轮岗和培训的机会，培养骨干员工。如迪斯尼公司为员工提供公平的就业机会，履行有关的保护残疾人的法规，对有关的性别歧视的案件及时调查和处理，定期与工会签订合同，设立员工协调会议、主管汇报制度和员工大会，加强与员工的沟通等，建立了和谐、有效的员工关系管理机制。

---

[1] 蒙尔·罗森伯斯. 顾客第二. 北京：中信出版社，2003
[2] 程延园. 员工关系管理. 上海：复旦大学出版社，2004. 14

二、员工关系管理实践——超组织员工关系管理[①]

随着供应链管理、业务外包以及客户关系管理（CRM）等超组织经营理念的出现，企业的有形组织边界正在逐步消失，超组织的人力资源管理成为各企业实践的前沿课题。超组织员工关系管理（SERM）已不仅限于传统意义上的企业员工，企业外部合作伙伴、供应商与客户的员工也应该纳入管理范畴（见图9—1）。

图9—1 员工关系管理范围的扩展趋势

因此，在超组织的经营环境下，员工关系管理迎来了挑战。从企业内部员工到合作伙伴的员工，个人忠诚度不同，企业所能发挥的支配力度和员工为企业作出的贡献也会有所不同，这就决定了员工关系管理必须采用不同的方式方法。

（一）员工忠诚度

无论员工处在何种情况，必然对组织存在着心理认同度上的区分，这就导致在超组织经营环境中形成了不同忠诚度的员工群体。图9—2依据忠诚度将员工划分为四个群体，其中，企业最应重视的是处在矩阵上方的两个群体，即"对企业和合作伙伴都高忠诚"和"对企业忠诚度高，对合作伙伴忠诚度低"的群体，并应对其采取不同的管理战略。

（二）员工类型

图9—3根据企业支配力和员工贡献度的不同，可以将员工划分为四类。对于明星类员工，企业支配力强，其贡献度也很高，适合基于心理契约的管理模式；对于金牛类的员工，企业能够控制，但其贡献度相对较低，适合基于内部营销的管理模式；对于问号类员工，虽然其贡献度大，但是企业不容易支配，适合将其放在超组织心理契约的宽松环境下；对于瘦

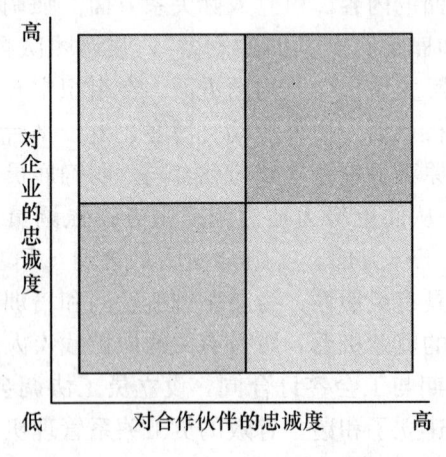

图9—2 员工忠诚度分布趋势

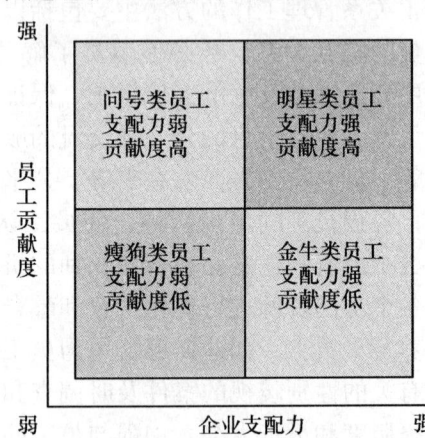

图9—3 员工关系分类管理矩阵模型

[①] 陈建安，胡蓓. 超组织环境下员工关系管理研究. 外国经济与管理, 21-26, 2005（01）

狗类员工，企业既不易控制，其贡献度也微乎其微，基于外部营销的管理模式能够较好地发挥其自主创造性。

第二节　劳动合同管理

劳动合同制度是市场经济条件下确认和形成劳动关系的基本制度。我国《劳动法》第十六条规定："劳动合同是劳动者与用人单位确立劳动关系、明确双方权利和义务的协议。建立劳动关系应当订立劳动合同。"因此，劳动合同是建立劳动关系的法律凭证和维护当事人双方合法权益的法律保障。

现代企业人力资源管理要实现人与岗位的匹配，最大限度发挥人的潜力，而劳动合同正是规定劳动者工作内容、岗位职责、薪酬福利的法律形式。因此，劳动合同管理是人力资源管理的重要手段和工具，企业通过对劳动合同各个环节的优化设计和规范管理，可以服务于企业的目标与战略。劳动合同具有主体特定性、主体意志的对等性和限制性、合同履行的隶属性、劳动合同的有偿性、劳动合同的利益相关性等特点，深刻认识劳动合同的订立、劳动合同的主要内容以及劳动合同的变更和解除，是做好劳动合同管理的先决条件。

一、劳动合同的订立

《劳动合同法》第三条规定："订立劳动合同，应当遵循合法、公平、平等自愿、协商一致、诚实信用的原则。"因此，订立劳动合同必须遵循的原则有以下两条：

（1）平等自愿、协商一致原则。所谓平等，是指劳动合同双方当事人在签订劳动合同时法律地位平等，不存在任何依附关系，任何一方不得歧视、欺压对方。只有在平等的基础上订立条款，才有协商的前提条件。自愿是指劳动合同双方当事人应完全出于自己的意愿签订合同。凡是采取强迫、欺诈、威胁或乘人之危等手段，把自己的意志强加于对方，或者所订条款与当事人的真实意愿不一致，都不符合自愿原则。平等是自愿的前提和基础，自愿是平等的体现。协商一致是指双方当事人对一切分歧要充分协商，在双方意思一致的基础上，再签订劳动合同。协商一致是平等自愿唯一的表达形式。

（2）依法订立原则。依法订立是指订立劳动合同不得违反法律、法规的规定。这是劳动合同有效并受法律保护的前提条件，也是把劳动关系纳入法制轨道的根本途径。依法订立包括主体合法、目的和内容合法、程序合法及形式合法。

二、劳动合同的主要内容

劳动合同的内容是指劳动关系双方的权利和义务，由于权利义务相互对应，一方的权利即为对方的义务，因此劳动合同往往从义务方面表述双方的关系。

（一）主要义务

劳动者作为被雇佣方，主要义务有：（1）劳动给付的义务。包括劳动给付的范围、时间和地点。劳动者有权拒绝从事约定范围以外的工作。（2）忠诚的义务。包括保守用人单位在生产技术、经营管理和制作工艺等方面的秘密；在合同规定的时间和地点，服从用人单位及代理人的指挥和安排等。（3）附随的义务。由于劳动者个人原因致使义务不能或不能完全履行时，应负赔偿责任。

用人单位作为雇用方,需要履行的主要义务有:(1) 劳动报酬给付的义务。即按照劳动合同约定的支付标准、时间和方式按时足额支付劳动者工资,不得违背国家有关最低工资的法律规定。(2) 照料的义务。用人单位应为劳动者提供社会保险、福利待遇、休息/休假等权益。(3) 提供劳动条件的义务。用人单位应提供符合法律规定的生产、工作条件和保护措施。给付劳动和支付劳动报酬是劳动合同的主要义务,忠诚义务和照料义务则是次要义务。在实际履行中,合同双方当事人不得以任何理由决绝承担主要义务。

(二) 合同条款

劳动合同的内容是通过具体条款体现的,合同的条款分为法定条款和约定条款。法定条款指的是劳动法律法规规定的,双方当事人签订劳动合同必须具备的条款。其中,约定条款只要不违反法律和行政法规,就具有与法定条款同样的约束力。

劳动合同的必备条款包括当事人双方基本信息、劳动合同期限、工作内容、劳动报酬和社会保险、劳动保护、劳动纪律[①]及其他必备条款。其中,劳动合同期限是指劳动合同的有效时间,是劳动关系当事人双方享有权利和履行义务的时间。劳动合同分为固定期限劳动合同、无固定期限劳动合同和以完成一定工作任务为期限的劳动合同。签订何种劳动合同以及具体期限的长短,由当事人双方协商约定。工作内容是指用人单位对劳动者劳动的具体要求,也是劳动者获得报酬的依据。根据劳动者的技能和工作需要,可以明确规定劳动者从事的工作地点、业务范围、工作时间等事项。

劳动合同的约定条款通常包括试用期、培训、保密义务和竞业限制、补充保险和福利待遇及其他约定事项。其中,试用期指用人单位对新招收的员工进行思想品德、劳动态度、实际工作能力、身体状况等进一步考察的期限。《劳动合同法》规定试用期包含在劳动合同期限内,劳动合同仅约定试用期的,试用期不成立,该期限为劳动合同期限。试用期是一个约定条款,如果双方没有事先约定,用人单位就不能以试用期为由解除劳动合同。保密与竞业限制是指用人单位与劳动者可以在劳动合同中约定保守商业秘密和与知识产权相关的保密事项。对负有保密义务的劳动者,用人单位还可与其约定脱密期条款或竞业限制条款,并约定经济补偿。违反约定的劳动者应按协议向用人单位支付违约金。

三、劳动合同的变更和解除

劳动合同的变更指劳动合同在履行过程中,经双方协商一致,对合同条款进行的修改或补充,具体包括工作内容、地点、工资福利的变更等。劳动合同变更的实质是双方权利义务发生改变,前提是双方原已存在合法的劳动关系,变更的原因主要是客观情况发生变化,目的是为了继续履行合同。劳动合同的变更一般限于内容的变更,不包括主体的变更。劳动合同依法订立后,即产生相应的法律效力,对合同当事人具有法律约束力。当事人应按约定履行义务,不得擅自变更合同,但可以在约定或法定条件满足时,遵循平等自愿、协商一致的原则,经自由协商行使合同的变更权。劳动合同当事人一方要求变更劳动合同相关内容的,应将变更要求以书面形式送交另一方,另一方应在15日内答复,逾期不答复视为不同意。

---

① 我国最高法院关于审理劳动争议案件的司法解释指出,用人单位通过民主程序制定的规章制度,不违反国家法律、行政法规及相关政策规定,并已向劳动者公示的,可以作为审理劳动争议的依据。

具体程序是：(1) 提出要求。(2) 做出答复。在规定期限内给予答复，同意、不同意或提议再协商。(3) 签订协议。在变更协议上签字盖章即生效。

劳动合同解除是劳动合同在期限届满之前，双方或单方提前终止劳动合同效力的法律行为，分为法定解除和协商解除。法定解除是指法律、法规或劳动合同规定可以提前终止劳动合同的情况；协商解除指双方经协商一致提前终止劳动合同。劳动合同的解除可以分为双方协商解除、劳动者单方解除和用人单位单方解除三种情况。

(1) 双方协商解除。

根据《劳动合同法》第三十六条规定："用人单位与劳动者协商一致，可以解除劳动合同。"劳动合同被称为合意上的法律，它既可以通过合意来订立、变更，也可以通过合意提前终止。

(2) 劳动者单方解除。

为了保障劳动者择业自主权，促进人才合理流动，《劳动法》和《劳动合同法》明确规定了劳动者单方解除劳动合同的情况，包括提前通知解除和随时解除。

《劳动合同法》第三十七条规定："劳动者提前三十日以书面形式通知用人单位，可以解除劳动合同。劳动者在试用期内提前三日通知用人单位，可以解除劳动合同。"这一规定赋予了劳动者辞职权，有利于劳动者根据能力、兴趣择业。"提前通知"既是解除条件，也是必经程序。劳动者单方解除合同对用人单位造成损失或约定违约责任的，需依法赔偿。

《劳动合同法》第三十八条规定："用人单位有下列情形之一的，劳动者可以解除劳动合同：(一) 未按约定提供劳动保护或条件的；(二) 未及时足额支付劳动报酬的；(三) 未依法为劳动者缴纳社会保险费的；(四) 规章制度违反法律、法规，损害劳动者权益的；(五) 以欺诈、胁迫手段或乘人之危使对方违背真实意思订立或变更劳动合同致使合同无效的；(六) 法律、行政法规规定劳动者可以解除劳动合同的其他情形。"另外，用人单位以暴力、威胁或非法限制人身自由的手段强迫劳动者劳动，或用人单位违章指挥、强令冒险作业危及劳动者人身安全的，劳动者可立即解除劳动合同，不需事先告知用人单位。

(3) 用人单位单方解除合同。

用人单位单方解除包括过失性解除、无过失性辞退和经济性裁员。

《劳动合同法》第三十九条规定：劳动者有下列情形之一的，用人单位可以解除劳动合同：(一) 在试用期间被证明不符合录用条件的；(二) 严重违反用人单位的规章制度的；(三) 严重失职，营私舞弊，给用人单位造成重大损害的；(四) 劳动者同时与其他用人单位建立劳动关系，对完成本单位的工作任务造成严重影响，或者经用人单位提出，拒不改正的；(五) 以欺诈、胁迫的手段或者乘人之危，使对方在违背其真实意思的情况下订立或者变更劳动合同，致使劳动合同无效的。(六) 被依法追究刑事责任的。以上情况都是由于劳动者自身原因造成的，劳动者主观有严重过失，因而用人单位有权随时解除合同。过失性解除不受提前通知期的限制，不受用人单位不得解除劳动合同的法律限制，且无须支付经济补偿。

《劳动合同法》第四十条规定："有下列情形之一的，用人单位提前三十日以书面形式通知劳动者本人或额外支付劳动者一个月工资后，可解除劳动合同：(一) 劳动者患病或非因工负伤，在规定医疗期满后不能从事原工作，也不能从事用人单位另行安排的工作的；（二）劳动者经培训或调岗仍不能胜任工作的；（三）劳动合同订立时依据的客观情况发生重大变化致使合同无法履行，经协商未能就变更合同内容达成协议的。"上述情况，劳动者主观上并无重大过错，用人单位要提前30日书面通知劳动者，并受用人单位不得解除劳动合同条款的限制，且要依法给予经济补偿。

《劳动合同法》第四十一条规定："有下列情形之一，需要裁减人员二十人以上或裁减不足二十人但占企业职工总数百分之十以上的，用人单位提前三十日向工会或者全体职工说明情况并听取意见后，裁减人员方案经向劳动行政部门报告，可以裁减人员：（一）依照企业破产法规定进行重整的；（二）生产经营发生严重困难的；（三）企业转产、重大技术革新或经营方式调整，经变更合同后，仍需裁减人员的；（四）其他因劳动合同订立时依据的客观情况发生重大变化致使合同无法履行的。裁减人员时，应当优先留用下列人员：（一）与本单位订立长期固定期限劳动合同的；（二）与本单位订立无固定期限劳动合同的；（三）家庭无其他就业人员且需要扶养老人或未成年人的。"并且，用人单位按照第一款裁减人员并在6个月内重新招用人员的，应当通知被裁减的员工，并在同等条件下优先录用被裁减人员。

除此之外《劳动合同法》第四十二条规定用人单位不得解除合同的情形："劳动者有下列情形之一的，用人单位不得执行无过失性辞退或经济性裁员：（一）从事接触职业病危害作业的劳动者未进行离岗职业健康检查，或疑似职业病病人在诊断或医学观察期间的；（二）在本单位患职业病或因工负伤并被确认丧失或部分丧失劳动能力的；（三）患病或非因工负伤，在规定医疗期内的；（四）女职工在孕期、产期、哺乳期的；（五）在本单位连续工作满十五年，且距法定退休年龄不足五年的；（六）法律、行政法规规定的其他情形。"

四、劳动合同的终止和续订

劳动合同终止，是指劳动合同的法律效力依法被消灭，即劳动关系由于一定法律事实的出现而终结，劳动者与用人单位之间原有的权利义务不再存在。《劳动合同法》第四十四条规定："有下列情形之一的，劳动合同终止：（1）劳动合同期满的；（2）劳动者开始依法享受基本养老保险待遇的；（3）劳动者死亡或被人民法院宣告死亡或失踪的；（4）用人单位被依法宣告破产的；（5）用人单位被吊销营业执照、责令关闭、撤销或用人单位决定提前解散的；（6）法律、行政法规规定的其他情形。"同时，劳动合同的终止也有限制条件。首先，终止合同的提前通知期由具体规章作详细说明；其次，劳动合同的终止受用人单位不得解除劳动合同条款的限制，合同期满后，应续延至相应情形消失；最后，合同期满自行终止时，如果用人单位以降低条件要求续订遭拒绝时，用人单位需向劳动者支付经济补偿。

劳动合同双方当事人协商一致可以续订劳动合同。续订劳动合同不得约定试用期。劳动合同续订的情形具体包括：（1）双方协商续订劳动合同；（2）劳动者在同一用人单位连续工作满10年以上，当事人双方同意续延劳动合同，如果劳动者提出订立无固定期限劳动合同，用人单位应予以同意；（3）劳动者患职业病或因工负伤并被确认达到伤残等级，要求续订劳动合同的；（4）劳动者在规定的医疗期内或女职工在孕期、产期、哺乳期内，劳动合同期限届满时，用人单位应当将劳动合同的期限顺延至相应情形消失为止。

第三节 员工参与

员工参与和参加管理，是指组织内部员工有权参与与其工作有关的决策，即由员工或其代表与资方代表在某一共同的利害关系领域内，一起决定企业策略或制度的行为，目的是促进劳资和谐与企业发展。员工参与通常是管理者发起的，用来增加传达给员工的信息并提高他们对企业责任心的一个过程。参与式管理强调员工参与组织的管理决策，改善人际关系，发挥员工的聪明才智，充分实现自我价值，同时达到提高组织效率、增长组织效益的目标。根据日本和美国公司的统计，实施参与管理可以大大提高经济效益，一般在50%以上，有的可以提高一倍甚至几倍。

一、员工参与的目的及有效运用

员工参与的目的主要有以下五点：(1) 增加员工的独立创造性和思考能力，使所有员工对企业和企业的成功有强烈的责任心；(2) 提供员工自我训练的机会，对可能影响员工利益的决策，为他们提供参与机会；(3) 协助管理者集思广益，利用所有员工的知识和技能，做出明智决策，采纳新的工作方法适应新技术的发展，帮助企业提高绩效；(4) 促进劳资关系的沟通，使企业更好地满足顾客的需要，更好地适应市场需求，并使企业及为之工作的人获得更好的发展；(5) 提高员工忠诚度，提高员工对工作的满意度。

员工参与管理要达到预期效果，须符合下列先决条件：(1) 在参与者方面：参与讨论的主题须与工作或生活有关；对事不对人；事前有充分的时间准备；须有参与讨论的知识与能力；对讨论的事项或内容负有保密义务。(2) 在管理者方面：参与的机会不要被少数人独占；遵守合理的经济原则；不影响员工权益，不损害管理者威信；有效沟通；在权责范围内实施；事前对参与者进行训练。

就参与的成员而言，分为团体参与和个别参与。团体参与指的是主管与所有部属相互讨论，每一个成员都可以提出意见并从事整体性、创造性的决策；个别参与指主管就有关问题分别与有关人员沟通讨论，并由部属提出建议。

就实施方式而言，分为以下四种：(1) 咨询监督：又称咨询管理，主管就有关问题征询员工意见，集思广益；(2) 民主监督：任何决策均须交由团体讨论，主管居于协调、指导的立场；(3) 劳资会议：由劳资双方各以同等代表参与，以定期集会方式共同研讨有关产业发展及员工福利等问题；(4) 提案制度：与意见箱制度类似，企业公开征求员工对工作的改进或革新建议，并予以适当激励。

二、员工参与策略

参与型管理方式的基本特征是将所有能下放到基层的管理权限都下放到基层，使管理者在遇到困难时能得到员工的广泛支持，上情很快下达，下情迅速上报，反应灵敏效益高。分权、授权式的管理作为一种激励手段，赋予员工权利和义务，在一定程度上缓和了劳资矛盾，减轻了企业内耗。

具体讲，员工参与的主要形式有下列五种：员工持股计划、职工代表大会制度、质量改善小组、共同磋商和建议方案。其中职工代表大会是由民主选举的员工代表组成，是建立以职代会制度为主体的员工参与民主选举、决策、管理和监督,维护员工权益以及协调劳动关系的维权机制。质量改善小组是指从事相关工作的志愿人员组成的小组,在训练有素的管理者的领导下定时聚会讨论和提出改善工作的方法。员工对管理者和团队领导不了解的工作问题更熟悉,能够在质量改善小组计划中提供建议,有助于增进员工与管理方的沟通。建议方案是一种鼓励员工参与提高企业效益目标的一种手段。成功建议方案的基础是企业制定有提交和评估各种点子并奖励有功人员的正式程序和体系。柯达公司的员工建议奖励制度为其创造了巨大的经济利益。在柯达公司的走廊里,每个员工随手都能取到建议表,丢入任何一个信箱,都能送到专职的"建议秘书"手中,专职秘书负责及时将建议送到有关部门审议,做出评价。建议者随时可以直接打电话询问建议的下落。公司设有专门委员会,负责审核、批准、发奖。对不采纳的建议,也要用口头或书面的方式提出理由。如果建议人要求试验,可由厂方协助进行试验,以鉴明该建议有无价值。迄今,该公司员工已提出建议 180 万个,其中被公司采纳的有 60 万个以上。目前,该公司职工因提出建议而得到的奖金,每年大约都在数百万美元以上。1983 年和 1984 年,该公司因采纳合理建议而节约资金 1 850 万美元。对公司来说,建议制度在降低产品成本、提高产品质量、改进制造方法和保障生产安全等方面起了很大的作用。①

三、合作沟通渠道

沟通是指在组织内部,管理者通过"发出信息到接受信息再到反馈"的过程来完成计划、组织、领导等目标性工作。在员工关系中,沟通是管理方与员工之间传达信息的过程,其目的是加深双方对组织的问题和各自意见的理解。首先,沟通可以引发员工的意见、力量和上进心,改善员工关系;其次,沟通是体现员工参与的重要形式,有助于发挥员工主动性、创造性;最后,沟通能够激励员工,提高士气。因此,任何企业的管理者都必须重视沟通。

沟通意味着信息交流,有效的沟通需要对沟通对象进行分类,有针对性地定制信息并加以传递和强化。沟通的内容主要围绕薪酬、绩效、职业发展、业务运作、个人努力、业绩贡献等展开。以沟通作为一种管理的手段,从而发现问题、解决问题,这是沟通管理的实质。

实现有效沟通管理,管理者可以从以下方面考虑:建立全方位的沟通机制;确定沟通时间和地点;确定沟通主体、对象及分类;确定沟通的主要内容和目标;注意非正式的沟通。在沟通过程中要注意以下四点:(1) 自信的态度;(2) 尊重和体谅他人的行为,身体语言在沟通过程中也非常重要;(3) 善用询问与倾听,制造轻松安定的环境,引导员工吐露心声;(4) 直言不讳不失为一种有效方法,但要注意时间、气氛和沟通对象,掌握熟练的沟通技巧。在实际工作的开展中,有很多方法有助于加强企业内部沟通:(1) 及时公布公司政策、通知;(2) 积极组织各类活动,推广企业文化;(3) 及时处理和反馈员工的投诉或建议;(4) 定期组织沟通会,听取员工意见;(5) 切实做好员工辞职、离职面谈;(6) 适时组织公司大会;(7) 为员工提供咨询服务;(8) 加强与员工家属的联系;(9) 加强管理人员培训;(10) 及时表彰优秀员工;(11) 加强与外地分公司的联系;(12) 加强与业务协作单位的联

---

① 郑大奇. 世界 500 强本土化人力资源管理实战范例. 北京:企业管理出版社,2006. 455

系等。

全球最大的连锁零售商沃尔玛公司倡导全方位、多角度的沟通，沃尔顿曾说过："如果你必须将沃尔玛管理体制浓缩成一种思想，那可能就是沟通。因为它是我们成功的真正关键之一。"沃尔玛公司总部设在美国阿肯色州本顿维尔市，公司的行政管理人员每周花费大部分时间飞往各地的商店，通报公司所有业务情况，让所有员工共同掌握沃尔玛公司的业务指标。在任何一个沃尔玛商店里，都定时公布该店的利润、进货、销售和减价的情况，并且不只是向经理及其助理们公布，也向每个员工、计时工和兼职雇员公布各种信息，鼓励他们争取更好的成绩。沃尔玛公司的股东大会是全美最大的股东大会，每次大会公司都尽可能让更多的商店经理和员工参加，让他们看到公司全貌，做到心中有数。沃尔顿在每次股东大会结束后，都会邀请所有出席会议的员工约 2 500 人到自己的家里举办野餐会，在野餐会上与众多员工聊天，大家一起畅所欲言，讨论公司的现在和未来。为保持整个组织信息渠道的通畅，他还与各工作团队成员全面注重收集员工的想法和意见，通常还带领所有人参加"沃尔玛公司联欢会"等。①

四、员工参与实践——核心员工参与

在人力资源管理理论中，将不同的员工划分为不同等级给予不同管理策略的方式很多，如同第一节中超组织环境下的员工关系管理。然而，在人力资源管理界中最广为人知的划分理论应该是人才矩阵，即以稀缺性和价值性为纵、横轴，分为价值高且稀缺的核心人才、价值高但容易找到的通用人才、价值不高但市场上很稀缺的特殊人才以及价值不高且很容易获得的辅助人才（见图 9—4）。

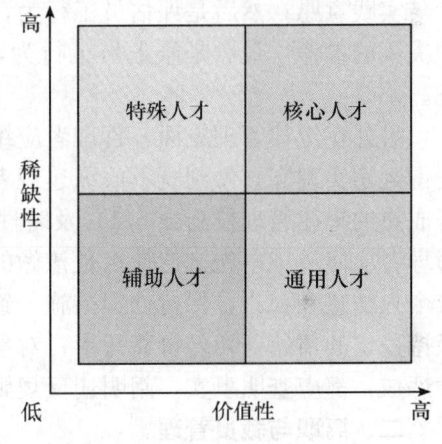

图 9—4　人才矩阵

人力资源管理强调对核心人才的激励和权责下放，强调核心人才是现代企业发展的核心竞争力。在越来越多的企业引入员工参与模式的时候，这个道理同样适用。核心员工大概包括下列两种类型：(1) 管理型核心员工，主要是企业中高级管理层，他们掌握着配置企业资源的能力，决定着企业的发展方向；(2) 技术型核心员工，他们代表着企业的研发能力，是企业科研创新的中坚力量。②

因此，员工关系管理中强调员工参与，尤其是核心员工的参与管理尤其重要。他们掌握着企业的管理经验、研发技术和市场客户等命脉资源，也是最了解企业运营实际的群体。以核心员工为代表引领企业的员工参与管理，是现代企业人力资源管理的新趋势。

---

① 沟通：沃尔玛公司的成功之道，http://www.mie168.com/human-resource/2005-06/192272.htm，2008 年 10 月 2 日下载

② 杨刚，赵静杰. 核心员工参与企业剩余价值分配的方案构建. 华北电力大学学报，39-42，2007 (10)

第四节 纪律与争议处理

一、纪律管理

所谓纪律管理,是指维持组织内部良好秩序,凭借奖励和惩罚措施来纠正、塑造以及强化员工行为的过程,或者说是将组织成员的行为纳入法律环境,对守法者给予保障,对违法者予以惩罚的过程。根据其功能和作用不同,现代纪律管理可以分为预防性和矫正性两类:预防性的纪律管理强调采用积极有效的激励方法,鼓励员工遵守劳动标准和规则,以预防违规行为的发生。矫正性的纪律管理是指当出现违规行为时,为了阻止违规行为继续发生,使员工未来的行为符合标准规范而采取的管理措施,较为偏重惩戒,为了改造违规者,防止类似行为的发生。

企业管理者首先要确立纪律管理目标,与员工进行沟通并据此来评价、修正员工行为,其目的在于防范问题员工行为,并从积极方面促使员工自我约束。纪律管理的程序包括:首先是确定纪律管理目标;其次是拟定工作和行为规范,纪律规定应当公平合理,简单明确,涵盖工作的各个层面;再则是确定沟通目标与规范,要强调员工参与,确保员工对规则的支持与实践意愿;然后是评估员工行为,定期和不定期记录员工表现,并实施绩效评价作为管理决策的参考;最后是修正员工行为,对员工的不当工作行为实施适当的惩戒措施予以修正。

另外在纪律管理方面,管理者应维持并贯彻工作场所的纪律规则,采取必要措施确保规则得到切实遵守,做到既不放纵违规者,又能合法合理并有效地处理问题。这需要管理者具备成熟的纪律管理技巧:[①] (1) 及时性,即对员工的错误应迅速做出处罚;(2) 预警性,即管理者应使员工事先知道什么是该做的,做错会有什么后果;(3) 一致性,这意味着惩处不带个人情感和私心,保持处罚措施一致性,确保公平;(4) 管理者在处理违纪事件时,应当保持稳定的情绪,切勿鲁莽行事,对事不对人;(5) 以身作则;(6) 规则明确,无论采取何种惩戒,都应查明事实,阐明违反规则及裁决并加以记载。

二、离职与裁员管理

(一) 离职管理

在新的人力资源管理概念下,人力资源的自然流动可以带给组织新的活力,组织除了确保留住优秀人才之外,还要对离职员工倾注关心,只有这样才能维持组织的功能与成长。不同的离职形态有不同的管理策略。

离职可区分为自动离职(voluntary separation)与非自动离职(involuntary separation)。自动离职是通常所称的辞职,主要是员工为了追求高收入,或谋求职业上的发展,或为了改善人际关系,或由于婚姻、升学等缘由所做的选择。非自动离职是指非员工意愿,而是雇主或组织强制执行的离职,通常称为免职,主要原因是员工工作能力减退、工作表现不符合公司规定,或者公司业务紧缩或经济不景气时等,企业依据正当理由予以解雇。

---

① 道格拉斯·麦格雷戈的"烫炉法则"(Hot Stove Rule)

1. 自动离职的管理对策

从组织的维持和发展来看，一般而言，应尽可能抑制自动离职，即抑制因对企业的报酬、福利、工作时间及条件不满而产生的可避免的离职，以确保组织核心人力资源的稳定性和企业形象的树立。针对引发自动离职的因素，应采取如下管理对策：(1) 建立和完善制度性管理策略，包括有效的绩效考核制度、企业内部申诉制度和人事咨询制度，重视辞职离职时间的处理。(2) 建立有效的程序化沟通，留住高忠诚度的员工，有效开展离职面谈，有助于了解员工真实想法和企业的不足。(3) 工作再设计，员工需求不同，对工作所尽的责任也不同。需求较高的员工会更愿意接受具有高技术性、挑战性和自主性的工作，这就涉及工作再设计以及对员工期望的有效管理。

2. 非自动离职的管理对策

非自动离职的典型形态是解雇，一般来说，解雇主要根据员工的绩效考核记录、矫正过失记录、法律规定以及企业的规章制度。非自动离职的管理需要更多的技巧，通常员工关注的是企业辞退的理由，具体到个人为此需要承担的责任、损失和补偿，都必须给予公正合理的说明，还要善于引导员工化解矛盾。解雇决定一旦做出，应依法快速实施，以避免员工的焦虑和处理上的困难。但实际中应尽量避免使用解雇方式，而采取调岗、降级减薪等缓和方式予处理。

3. 离职后的综合管理

在完善离职管理对策的同时，企业还必须做好员工离职后的综合管理工作。一方面要保持联系，建立离职人员的档案资料并适时更新，为企业留存宝贵资源；另一方面，组织离职人员定期回访，对现职员工具有激励作用，强化整个组织的集体向心力和员工的归属感。

（二）裁员管理

裁员是非自动离职的典型形态。在经济不景气时期，企业为降低人工成本，提高劳动生产率和企业竞争力往往采取该手段。然而，裁员是有成本的，包括对员工的补偿、重新招聘的成本、企业调节的成本以及对留任员工的负面影响等，都会影响企业行为和效率。因此，企业在面临裁员时需要考虑的问题有：向员工传递正面、积极、公平的信息；裁员方案应有利于减轻一线经理的压力；维持企业的内外融洽。

在市场经济条件下，保持员工的合理流动，既有利于企业不断引进新的人才，淘汰不合格员工，又可以强化现有员工的职业危机感，促使他们努力工作，提高工作效率。企业裁员的典型程序可以分为计划阶段、实施阶段和裁员后的管理阶段。

好的裁员机制能让员工"开心地离开"。一些跨国公司的裁员成本都是非常高的，例如，2000—2003年间，朗讯裁员8万人共花了80亿美元来处理善后，员工离开朗讯除获得了一笔较为丰厚的补偿金外，如果他在3个月没有找到新的工作岗位，还可以享受朗讯提供的就业培训。因此，跨国公司高昂的裁员成本在保障员工的同时也是对公司的制约，使其在做出裁员计划时非常慎重，不会轻易裁员。

三、工会

从工会的性质、组织目标及实现方式可以看出，工会是由雇员组成的组织，工会最首要的任务是通过团结工人，争取改善雇员的工作条件。我国《工会法》明确规定了工会的性质、活动准则、权利义务等内容,为工会开展活动以及企业处理与工会的关系提供了法律准则。市场经济条件下劳动关系的基本特点是主体双方存在着事实上的不平等,管理方处于主导地位。工会在劳动关系中的作用主要体现在以下五个方面:(1)维护职能,即工会代表和维护劳动者的权益;(2)教育职能,即工会发挥着保障职工利益,组织职工提高科学文化和思想道德水平的重要作用;(3)监督职能,即工会享有监督权利,对企业落实民主管理和依法经营的状况进行监督;(4)协调职能,工会作为劳方的利益代表,承担着与管理方进行沟通和协调的职能,在调解劳动纠纷、协调劳资关系方面发挥着不可替代的作用;(5)制衡职能,工会的制衡作用不仅体现在与企业或行业关于工资、福利的集体谈判中,在国家劳动立法中,政府也要与代表性的工会和雇主组织协商。

四、劳动争议处理

劳动争议也称劳资争议,是指劳资关系当事人之间因为对薪酬、工作时间、福利及其他待遇等工作条件的主张不一致而产生的纠纷。只有妥善、合法、公正、及时处理劳动争议,才能维护劳动关系当事人双方的合法权益。

(一)劳动争议的基本原理

根据争议的主体不同,可分为个别争议和集体争议。个别争议指的是雇主与员工个人之间发生的争议,争议对象是私法上的权利,因而也称"权利争议"。集体争议是雇主与员工团体之间发生的争议,争议对象是团体利益,也就是有关集体协议的内容。根据争议的性质不同,还可区分为权利事项争议和调整事项争议。前者即劳资双方当事人基于法律、集体协议和劳动合同规定的权利义务所发生的争议,后者指的是劳资双方当事人对于劳动条件继续维持或变更的争议。

劳动争议处理方法,分为一般调整方法和紧急调整方法。一般调整方法又可以具体分为协商、斡旋、调解、仲裁和审判。紧急调整方法针对实施期限短的争议行为,政府在必要时可采取强制仲裁,并坚持优先和迅速处理的原则。因此,事先预防和事后公正处理劳资纠纷具有重要意义,主要的原则有:着重调解、及时处理;在查清事实的基础上依法处理;当事人在适用法律上一律平等。

(二)劳动争议调解、仲裁和诉讼

劳动争议调解是指调解委员会对企业与劳动者之间发生的劳动争议,在查明事实、分清是非、明确责任的基础上,依照国家劳动法律、法规,以及依法制定的企业规章和签订的劳动合同,通过民主协商的方式,推动双方互谅互让、达成协议、消除纷争的一种活动。劳动争议调解必须要遵循的原则有:平等自愿,民主协商,尊重当事人申请仲裁和诉讼的权利。

劳动争议仲裁指劳动争议仲裁委员会对用人单位与劳动者之间发生的劳动争议,在查明事实、明确是非、分清责任的基础上,依法做出裁决的活动。劳动争议仲裁具有较强的专业性,其程序与司法程序相比,较为简便、及时。在我国,仲裁是处理劳动争议的中间环节,具有强制仲裁的特点,也是劳动争议诉讼的前置程序。

劳动争议诉讼是指劳动争议当事人不服劳动争议仲裁委员会的裁决,在规定的期限内向人民法院起诉,人民法院依照民事诉讼程序,依法对劳动争议案件进行审理的活动。劳动争议的诉讼,还包括当事人一方不履行仲裁委员会已发生法律效力的裁决书或调解书,另一方当事人申请人民法院强制执行的活动。劳动争议诉讼是处理劳动争议的最终程序，它通过司法程序保证了劳动争议的最终解决。

劳动争议诉讼遵循司法审判中的一般诉讼原则，如以事实为根据、以法律为准绳的原则，独立行使审判权的原则，回避原则，着重调解的原则等。此外，根据劳动争议案件的特殊性，还应体现密切与有关单位配合的原则。同时，劳动争议诉讼案件应特别注意以下方面：（1）举证责任制度，当事人在诉讼中对自己的主张加以证明，并在不能证明时承担不利后果；（2）举证时限制度，人民法院根据案情确定举证期限，不得少于30日；（3）证据交换制度，双方当事人在开庭审理前互相交换证据；（4）界定了非法取证的范围①；（5）被告的答辩义务，被告应在答辩期限届满前提出书面答辩，如不答辩将承担不利后果。

（三）劳动争议预防与控制

劳动争议的发生在所难免，但企业如果能较好地预防和控制劳动争议，不仅可以促进员工关系的协调融洽，还可以为企业节省劳动争议处理所需耗费的成本。因此，做好劳动争议的预防和控制工作，是企业人力资源管理必须重视的环节。具体来讲，可以从以下三个方面入手：

首先企业要健全和完善人力资源管理制度。健全的人力资源管理制度主要包括薪酬制度、招聘、培训、业绩考评、工作时间和休息休假管理、劳动保护和劳动条件、福利保险、员工准则等，这些制度都应采取书面文件形式且公开透明。管理制度的健全和可操作性，是避免引发劳动纠纷的基础。

其次要提高争议的预见能力，掌握应诉技巧。主要包括：（1）规章制度措辞准确、条款严谨，及时更新；（2）处理要以事实为根据，预先准备好证据；（3）依法维护权益，增强仲裁时效意识。

最后面对常规争议案件，要善于总结经验和应对措施，以一套规范严整的程序促进争议的顺利解决；面对特殊争议案件，要善于运用危机处理机制，提高前瞻性和预警性，做到有备无患。

参考文献

1. 程延园．员工关系管理．上海：复旦大学出版社，2004
2. 全国人大常委会．中华人民共和国劳动合同法．北京：法律出版社，2007
3. 彭剑峰．人力资源管理概论．上海：复旦大学出版社，2003
4. 陈建安，胡蓓．超组织环境下员工关系管理研究［J］．外国经济与管理，2005（1）：21-26
5. 孙荣峰．实施员工参与提高组织效率和员工满意度［J］．中国保险，2007（4）：61-63
6. 蒙尔·罗森伯斯．顾客第二．刘震．北京：中信出版社，2003

---

① 《证据规则》明确规定："以侵犯他人合法权益或者违反法律禁止性规定的方法取得的证据，不能作为认定案件事实的依据"。

7. 杨刚，赵静杰. 核心员工参与企业剩余价值分配的方案构建 [J]. 华北电力大学学报. 2007（10）：39-42

8. 温力群. 论企业劳动合同管理 [J]. 现代商贸工业，2008（1）：250-251

9. 郭庆松. 企业劳动关系管理. 天津：南开大学出版社，2001

10. 沟通：沃尔玛公司的成功之道，http://www.mie168.com/human-resource/2005-06/192272.htm，2008-10-02

11. Arthur A. Sloane and Fred Witney, 1997. *Labor Relations*（9th ed.）, New Jersey：Prentice Hall.

12. Colin Crouch, 1982. The Politics of Industrial Relations（2nd ed.）, London：Fontana.

13. Dominic Strinati, 1982. Capitalism, the State and Industrial Relations, London：Croom Helm.

14. Graham Hollinshead, Peter Nicholls and Stephanie Tailby（eds.）, 1999. *Employee Relations*, London：Financial Times Pitman Publishing.

15. Harold S. Roberts, 1994. Roberts' dictionary of industrial relations（4th ed.）, Washington D. C.：The Bureau of National Affairs.

16. John Godard, 2000. Industrial Relations：the Economy and Society（2nd ed.）, North York：Capus Press Inc.

17. Keith Thurley and Stephen Wood（eds.）, 1983. Industrial Relations and Management Strategy, Cambridge：Cambridge University Press.

18. Keith Sisson and Paul Marginson, 1995. "Management：Systems, Structures and Strategy", in Paul Edwards（ed.）, Industrial Relations：Theory and Practice in Britain, Oxford：Blackwell.

19. Michael Salamen, 1998. Industrial Relations：Theory and Practice（3rd ed.）, London：Prentice Hall.

20. Richard C. Kearney and David G. Carnevale, 2001. Labor Relations in the Public Sector（3rd ed.）, New York：Marcel Dekker.

21. Ralph Fevre, 1992. The Sociology of Labor Markets, New York：Harvester Wheatsheaf.

第 10 章
人力资源管理信息系统

随着经济全球化的推进,越来越多的企业管理者认识到人力资源才是现代企业的核心竞争力的来源。作为企业资源之本的人力资源,其信息管理系统依托互联网和应用系统平台,从 HRIS 到 HRMS 再到 e-HR,经历了近 50 年的变迁,正逐步把人力资源管理向企业战略性伙伴的目标稳步推进[1]。本章主要介绍企业人力资源管理信息系统的概念、发展历程、主要功能模块和设计要点,并从不同层面介绍了系统的维护和评价方法。

第一节 人力资源管理信息系统简介

一、人力资源管理信息系统

管理信息系统(management information system)就是一个由人和计算机等组成的,进行信息收集、传递、储存、加工、维护和使用的系统,实测企业的各种运行情况,利用过去的数据预测未来,从全局出发辅助企业决策,利用信息控制企业行为,帮助企业实现规划目标。它是综合了管理科学、系统理论、信息科学等系统性的边缘学科的一个综合性的人机系统。人力资源是现代企业得以顺利运营的最重要的资源之一,人力资源管理信息系统(human resource management information system,HRMIS),就是应用计算机及其网络技术,融合科学的管理方法,辅助人力资源管理从业人员完成信息管理和职能完善的应用系统。[2]

随着人力资源管理信息化的发展,越来越多的企业开始重视人力资源管理信息系统的开发或定制,在这一过程中,HR 从业人员需要了解诸如 B/S、C/S、Java、.net、Delphi、系统兼容性等基本概念,同时还经常会听到"数据库绑定"这个词。对用户来说被数据库绑定不是好事,这意味着这套系统只能同某数据库共同使用。与之相对应的就是"跨数据库兼容",它是指无论用户使用什么种类的数据库,该系统都可以与之配合并且能够正常运行,这将是未来企业管理系统发展的必然趋势。

---

[1] Viswesvaran, C. (2003). Introduction to special issue: Role of technology in shaping the future of staffing and assessment. *International Journal of Selection and Assessment*, 11 (2/3), 107-112.

[2] 高学东,武森,喻斌. 管理信息系统教程. 北京:经济管理出版社,2002

二、人力资源管理信息系统的发展历程

人力资源管理信息系统的发展可以追溯到 20 世纪 60 年代末期。[①] 由于当时计算机技术已经进入实用阶段，同时大型企业用手工来计算和发放薪资既费时费力又非常容易出差错，为了解决这个矛盾，早期的人力资源管理系统相继应运而生。这时的人力资源管理软件，人们称之为"HRIS"（human resource information system）。这一阶段的软件，着重于对人力资源信息的采集、维护等功能，主要表现在软件中的模块大多是人事信息管理模块、薪资计算模块、考勤模块、福利管理模块等。人力资源管理系统的革命性变革出现在 20 世纪 90 年代末，由于市场竞争的需要，如何吸引和留住人才，激发员工的创造性、工作责任感和工作热情已成为关系企业兴衰的重要因素，人才成为企业最重要的资产之一。同时由于个人计算机的普及，数据库技术、C/S 技术特别是 Internet/Intranet 技术的发展，使得新的人力资源管理系统的出现成为必然。这一阶段人力资源管理系统的特点是企业对人力资源管理系统的要求不仅局限于信息的采集、更新和维护，为了达到企业的战略目标与战术目标，而是要进一步对这些数据进行挖掘，依靠各类模型和工具，为满足未来一段时间内企业的人力资源管理质量和数量方面的需要，提供优化的管理流程、智能的分析、战略的决策参考等。于是"HRMS"（human resource management system）的称呼随之出现，在原有软件的基础上增加了许多全新的模块，如人力资源计划模块、培训模块、绩效评估管理模块、招聘模块等。HRMS 从人力资源管理的角度出发，用集中的数据库将几乎所有与人力资源相关的数据（如薪资福利、招聘、个人职业生涯的设计、培训、职位管理、绩效管理、岗位描述、个人信息和历史资料等）统一管理起来，形成了集成的信息源。它拥有友好的用户界面，强有力的报表生成工具、分析工具和信息的共享，从而使得人力资源管理人员摆脱繁重的日常工作，集中精力从战略的角度来考虑企业人力资源规划和政策。目前，对人力资源管理软件称呼较多的就是"HRMS"，如世界三大管理软件供应商都称自己的人力资源管理类软件为"HRMS"。

然而，新经济的到来注定要改变人们旧有的一切，作为电子商务技术在人力资源管理领域的应用，一个试图要取代 HRMS 而成为人力资源领域内最热门的词汇之一的"e-HR"得以诞生。IBM 公司把自己推出的人力资源管理类系统，称之为"IBM e-HR"；人力资源管理领域最知名也是最大的几个咨询公司，如 Hay Group、Watson Wyatt、Hewitt、Towers Perrin、Mercer 等都将信息技术进入人力资源管理后的时代称之为"e-HR"时代，它们相继推出了"e-HR"服务。[②]

那么，到底什么是"e-HR"？为什么它代表了人力资源管理信息化的未来趋势？简单来说，"e-HR"就是指电子化的人力资源管理，任何利用或引进了各种 IT 手段的人力资源管理活动都可称之为"e-HR"。但是，随着互联网的发展、电子商务理念与实践的发展，我们

[①] Eddy, E. R., Stone, D. L., & Stone-Romero, E. (1999). The effects of information management policies to human resource information systems: An integration of privacy and procedural justice perspectives. *Personnel Psychology*, 52 (2), 335-358.

[②] Stefan Strohmeier (2007). Research in e-HRM: Review and implications. *Human Resource Management Review*, 17, 19-37.

目前所说的"e-HR"已经是一个赋予了崭新意义的概念,是一种包含了"电子商务""互联网""人力资源业务流程优化(BPR)""以客户为导向""全面人力资源管理"等核心思想在内的新型人力资源管理模式。① 它利用各种 IT 手段和技术,如互联网、呼叫中心、考勤机、多媒体、各种终端设备等;它必须包括一些核心的人力资源管理业务功能,如招聘、薪酬管理、培训(或者说在线学习)、绩效管理等;它的使用者,除了一般的 HR 从业者外,普通员工、经理及总裁都将与 e-HR 的基础平台发生相应权限的互动关系。综合来讲,e-HR 是一种全新的人力资源管理模式,它代表了人力资源管理的未来发展方向。

从人力资源管理电子商务的角度来讲,e-HR 既包括 B2C(business to consumer,这里的"consumer"是指"employee",于是演变成"B2E",是指在企业人力资源管理与开发活动中,视各级员工为该活动的"客户",通过双方的网上互动完成相关事务的处理或者说交易,员工类似"客户"一样从网上获得人力资源部门提供的"产品"和"服务"),还包括 B2B(business to business,指企业人力资源业务从外部服务商,如咨询公司、招聘网站、e-learning 服务商等在线"采购"各类人力资源管理服务),甚至还要包括 B2G(business to government,即人力资源管理活动中的有关与政府劳动人事部门发生业务往来的事务处理,由原来的书面、人工往来,转移到网上处理,比如保险、劳动合同审查等)。②

进一步讲,HRIS、HRMS 与 e-HR 有什么关系?按照"e-HR"的上述定义,作为一种新型的人力资源管理模式,HRIS、HRMS 只是"e-HR"实现和得以运行的软件平台之一,e-learning、e-recruiting、呼叫中心等同样是"e-HR"运行的软件和信息平台。这些平台的集成以门户的形式表现出来,再加上外部服务商构成的电子商务网络,如在线招聘、在线薪资、在线学习等,一种适应以网络化、知识化、全球化为特征的人力资源管理模式就是 e-HR。世界最好的人力资源管理系统提供商 PeopleSoft 就把自己的人力资源类产品分为 HRMS、Workforce、Analytic、ELS(enterprise learning solution)等。③ 综合来讲,相对于 HRIS 和 HRMS,e-HR 是一种综合解决方案,是企业人力资源管理信息系统的未来发展趋势。

三、人力资源管理信息系统与人力资源管理之间的关系

新型的人力资源管理工作可分为战略性管理和事务性管理两部分,随着市场对人力资源部门需求的转变,企业人力资源管理者的职责也将逐渐从行政性事务中解放出来,更多地从事战略性人力资源管理。前美国人力资源管理协会理事会主席 Gale Parker 曾指出:企业再造、结构重组、规模精简的变革大潮都要求人力资源经理成为首席执行官的战略伙伴,帮助他们计划和实施变革。人力资源管理信息系统的出现为企业人力资源管理者更快地适应这种变化提供了有效的辅助工具,它与人力资源管理之间的关系可以概括为以下相辅相成、互相制约的四点:

---

① 王玉霞. e-HR——集团人力资源管控的利器. 人力资源管理,2007(12),38-40
② Alfred J. Walker & Towers Perrin (2001). Web-based Human Resources. The McGraw-Hill Companies, Inc.
③ Gardner, S. D., Lepak, D. P., & Bartol, K. M. (2003). Virtual HR: The impact of information technology on the human resource professional. *Journal of Vocational Behavior*, 63(2), 159-179.

（1）人力资源管理信息系统为企业人力资源管理提供了展示自身价值的空间。以 e-HR 为例，它不仅给 HR 提供了改善服务的机会，使原来不可能或很难实现的服务（如自助式的福利计划、信息查询、假期申请和审批等工作）可以不受时间、地点的限制成为可能，而且它也给 HR 提供了展示自身价值的空间。HR 管理人员从繁杂的日常事务中部分解放出来，可以通过系统中较为准确和全面的数据，并参考市场的调研分析结果，及时地为企业管理人员做出分析和预测，为决策提供科学的依据。它为人力资源管理在企业中的定位实现了战略转变：即从传统的功能部门和成本中心变成企业的经营伙伴，从被动解决问题到预先防止问题，从传统的定性和局部的分析到现代的定量和整体的分析，从日常操作到前瞻性的分析预测。作为中国唯一的 IBM 个人电脑制造商，长城国际信息产品有限公司（IIPC）选择 PeopleSoft HRMS 解决方案来实现其人力资源目标。这一系统的引入不仅满足公司全员参与企业管理的愿望，而且为企业决策提供全面的支持。它将劳动力密集的人力资源流程，如薪资与人事管理等交由 PeopleSoft 处理，人力资源部门减少了花费在人力资源管理上的资源耗费，使得 30％的人力资源员工将时间专门用于提供人力资源服务上，如人力配备与招聘、奖励与激励性方案的设计等。更为重要的是，至少 20％的人力资源部门资源将用在战略项目上，如职业规划、续聘管理和能力管理等。成功地使事务性管理工作大幅减少并使人力资源部门将精力集中到战略决策相关工作上。

（2）人力资源管理信息系统给企业人力资源管理从业人员和管理模式带来新的挑战。e-HR 时代的到来，给人力资源管理从业人员带来光明的同时，也使他们面临更大的挑战。信息技术的发展正在改变着许多我们原先已经习以为常的工作任务、工作习惯和技能要求。对于人力资源管理人员来讲，与人进行良好顺畅的沟通曾经是他们的基本功，他们通常善于通过与人面对面的沟通来建立和维护良好的员工关系。但相对来讲，他们往往缺乏 IT 的专业技能，对数字和逻辑构建相对不敏感，不善于进行定量的汇总和数据的深入分析。因此，采用 e-HR 系统本身就对人力资源管理从业人员在工作性质、工作习惯和技能要求上带来了挑战。在 e-HR 系统顺利切换，投入运行并且与企业内员工们逐步从流程上、工作习惯上和日常工作中完成磨合之后，人力资源管理从业人员应该做什么就是摆在每一个企业人力资源管理从业人员面前的具有严峻挑战的一个问题。这不仅关系到人力资源管理部门在企业业务中所扮演的角色和前景，而且也会影响到 HR 从业人员的个人职业生涯。

（3）人力资源管理信息系统应该服务于企业的人力资源管理需求。不可否认，e-HR 是企业里人力资源信息管理的有效工具，但人力资源管理的具体分析和规划制定、执行等才是人力资源管理的主体。技术应该服务于需要，服务于人力资源管理需求，而不应成为人力资源管理的主人。

（4）企业要想有所变革，就要逐步顺应人力资源管理信息系统的发展趋势。先进的 e-HR 系统蕴含了先进的人力资源管理的理念和模式。正如同将人事部改为人力资源部并不能表示企业已经提高了对人力资源管理的重视一样，企业也不会因为采用了先进的 e-HR，就可以认为其人力资源管理水平、管理能力都已经与国际接轨、与现代企业的管理思想接轨了。要想充分发挥 e-HR 的优势，真正提高企业的人力资源管理水平，不仅要求企业从理念上有一个飞跃，在流程、政策、工作习惯、人的观念，甚至表格和基础数据等方面都要有相应的变革。曾有专家明确指出：如果人力资源部门不希望被历史所淘汰，那么它就必须认真、客观地分析其每一个流程，修改不适合自动化的部分，实现人力资源管理的自动化，最终实现人力资源管理的先进化。

总的来说，连接人力资源管理和信息系统的纽带正变得越来越紧密。

第二节 人力资源管理信息系统的功能和设计

人力资源管理的职能是复杂而全面的，它包括人员甄选、绩效评估、员工发展、薪资福利等几个方面。人力资源管理涉及的范围很广，上至高层管理人员、下到基层的每位员工，而且由于企业性质、业务特点和行业等各种因素影响，各个企业的人力资源管理模式都不相同，所需要的管理信息系统也就不同。基于此，GE（中国）医疗系统采取了万古科技的 e-HRsoft2000 人力资源管理系统，通过与内部网络实现无缝链接，使员工和管理者只要登录到内部网便可使用，作为解决其整体人力资源管理的解决方案。GE（中国）医疗系统部的公共资源如人才信息、培训信息都通过该系统开放给下属公司及各分支机构共享。通过权限控制，各个下属公司有独立操作其人事和薪资的权限范围，使各下属公司之间的一些资料相对保密，充分体现了 e-HRsoft2000 基于因特网的优势。

一、人事档案管理

人事档案管理作为人力资源管理人员工作的基本内容之一，也成为企业人力资源管理信息系统的首要和基本功能。这一功能主要用于管理各类员工（包括在职员工、解聘员工、离退员工及其他类别人员）的人事信息，提供人事卡片、花名册和常用的统计分析功能。员工信息管理作为人力资源系统的基础模块，主要面向人力资源管理从业人员、企业高层经理、部门经理、员工四类人员提供服务，在设计人事档案管理模块时应包含以下内容。

（一）基础设置

基础设置主要包括人员档案、类别和信息集的设置。通常软件系统中预置有民族、婚姻状况、健康状况、技术职称、专业、学历、学位、合同期限类型等类别，其中部分类别下设有预置档案项，但必须支持企业的操作者能够在该模板中按照权限自定义档案中的内容。

（二）员工信息采集与维护

一般将员工信息分为"基础信息"和"跟踪信息"两大类，这样基础信息部分可以方便员工在具有权限的条件下自主更新；而跟踪信息作为动态管理的重点，是人事模块与其他模块之间数据共享和数据校验的关键部分。系统提供输入模板完成员工信息的采集和维护，支持手工录入和批量数据导入模式。对于跟踪信息，需要根据所设定的数据类别和关联关系，在相应模块的数据发生变化时，联动调整信息模块中对应的数据内容。如员工的岗位发生调动变化时，员工档案中对应的岗位名称需要发生变化。

（三）员工类别设置

为方便其他模块的数据统计和最终的报表，建议企业首先将人员分为在职员工、解聘员工、调离员工、离退休员工四大类，在每一大类下，再根据企业情况设置人员类别的二级分类。这样可以避免在查询或生成数据时出现数据无法覆盖完全的情况。

（四）数据查询

利用员工卡片模板，企业可定制需要的人事卡片，并根据业务或权限要求，授予不同用户进行相关内容的修正。基于人员的基本信息、跟踪信息，可提供输出各种人事卡片功能。利用账表模板，企业可定制需要的花名册，并可选择输出打印。基于人员的基本信息、跟踪信息允许企业设置各类常用的查询分析条件，以此进行查询分析，查询分析的结果可以用图或表的方式显示。人事档案管理模块提供 e-HR 系统的基础数据，同时也覆盖最广泛的动态信息内容。因此，该模块能与其他所有模块中的跟踪信息进行动态调整，而基础信息则为其他模块的查询统计提供帮助。

e-HRsoft2000 通过提供员工自助的功能，很好地解决了 GE（中国）医疗系统部想要掌握全体员工个人资料以便提供给全球 Oracle HR 系统的问题。具体如下：e-HRsoft2000 对员工个人的部分资料，采用员工自主服务的方式，通过分配给每个员工不同的用户名和密码，使每个员工只要登录 GE 的内部网页，就可以进入 e-HRsoft2000 系统直接输入和修改个人的资料。这样不仅保证了人事部门收集员工个人资料的及时性和准确性，而且可以保证这些资料的安全性。

二、员工变动管理

员工变动管理包括本企业内的员工变动（包含岗位、职务变动，部门间、企业间变动）同时包含员工的离职、离退变动管理。本模块主要用于对员工岗位、职务、部门内、单位间变动的管理，包括申请、审批、调配记录等业务活动的记录。可通过配置调配审批流程实现调配业务的多级审批和业务流转，实现对调配记录的统计分析。员工变动管理模块直接与薪酬管理、人事管理、培训和规划模块相关，主要是提供异动信息。

GE（中国）医疗系统部 e-HRsoft2000 提供的一些人性化功能主要针对员工的变动管理，如雇员生日、试用期满、合同到期、雇员使用的公司财务列表等，系统可自作提示。对于雇员的部门调动、职位升迁、加薪等，系统能自动发电子邮件提示员工，这些自动提示功能满足了 GE（中国）医疗系统人力资源部工作细致性的需要，也给人力资源部管理人员提供很多便利。

三、组织管理

组织管理指的是企业对组织结构、部门设置或下属单位设置、标准岗位体系的设置和调整的管理。该功能对应的人力资源管理信息系统模块作为 e-HR 系统的基础性模块之一，一般包含组织结构、下属单位、部门设置信息和岗位体系信息，是其他模块的数据来源。本模块的目的在于定义企业的组织结构，在设计时应包括：单位层级设置中的实体单位和虚拟组织的设计；单位内的部门设置，部门内的岗位体系管理、职务管理；整个单位以及单位的部门、岗位的编制管理。GE（中国）医疗系统部的 e-HRsoft2000 能够对人事和薪酬日常工作中涉及的所有数据进行统计分析并产生报表和统计图表和组织结构图，非常便捷。

组织管理功能还更多地体现在：为招聘、培训、人事、人员异动管理、薪酬、考核和规划模块提供基础的设置信息，并根据人员异动管理、招聘、培训、规划等模块的输出信息进行对应的内容调整。

四、人力资源规划管理

在企业人力资源管理信息系统中,人力资源规划模块主要用于企业制定、调整人力资源规划方案时的人力资源现状数据参考和未来需求预测的数据参考值。这一模块应该能够提供在规划执行出现异常情况时的预警提示,并结合企业人力资源战略要求和人力资源现有情况,生成更新率、增长率、离职率等规划指标,确定新进、淘汰、调动、培训开发的基本目标。具体内容如下所述。

(一)本单位人力资源现状的统计和分析

对组织的人员数量、平均年龄、性别比例、学历、职称及工资等情况进行统计,以便为人力资源现状提供参考信息;同时,根据所统计的数据,按照企业所选择的分析维度生成图表,并与本单位历史数据或规划方案中的预测数据进行整体横向比较。

(二)人力资源计划的制定

依据对现状的分析,结合企业的实际情况,可以对人力资源的需求进行预测,根据供需分析的数据,便可以完成人力资源计划的制定。

(三)人力资源实施策略

根据所完成的人力资源计划,选择对应的策略制定,内部晋升、外部招聘、内部调配、淘汰离职等。

(四)人工成本预算

根据所完成的人力资源计划,以部门为单位,根据所设定的成本项目,可以完成人工成本的分部门和整个单位的预算。

人力资源规划模块在设计的时候要把它作为其他人力资源工作的依据来考虑,它的输出信息要包括内部晋升、内部调配、内部淘汰和外部招聘的数据,从而为培训计划的制定提供参考。同时,也要考虑到本模块可以为其他非人力资源部门的直线经理提供相关规划方案数据的查询功能,以满足不同人员的需求。

五、薪酬福利管理

薪酬福利管理是 e-HR 系统中的重要功能模块,它主要完成企业薪酬体系架构的建立(包括福利项目)、薪酬预算控制和实际发放的计算、薪酬统计分析功能。作为企业决策的重要支持数据,薪酬福利管理中的数据需要考虑其保密性、准确性和与财务系统之间的数据共享。需要注意的是,薪资福利计算的数据需要考虑能够以与银行自动转账系统相容的数据格式输出,并储存于磁盘,方便向银行报盘。在有些 e-HR 系统中福利管理作为独立模块存在。

薪资管理中按照主要的工作内容可以划分为薪资管理基础设置、薪酬体系、薪资核算三类主要的任务。薪酬福利管理除与 e-HR 系统中的其他模块具有直接的关系外,还与外部的企业业务系统、财务系统需要具有数据的共享。同时,如果企业有考勤管理系统,还需要关注薪酬福利管理中与外部考勤系统之间的数据采集工作的集成。薪酬福利计算结果作为标准的银行数据模式,在设计的时候可以考虑直接向银行报盘处理。

GE 总部和各个下属公司均为独立核算的薪资系统,其薪资和福利方案不尽相同,而 e-HRsoft2000 可提供多币种、多工资组、多套工资计算公式、自动银行转账、自动报税表等功能，完全满足了 GE 的管理要求。同时，系统在安全性和操作权限及操作范围几个方面都做了很多、很细致的设定工作，保证薪资情况的保密性。工资单也实现网上查询的方式。

六、绩效管理

绩效管理是 HR 部门的重要工作，该模块的设置可以参照企业所设定的考核模式（如 360 度考核、平衡计分卡等），结合自定义指标库中的通用绩效指标，灵活地设计团队或个人的考核方案。对绩效考核结果进行分类应用，直接应用到对应的薪酬、异动、培训、规划等对应模块中。绩效管理可以分解为绩效方案设计、实施、结果应用和沟通四个主要的层面。其中，绩效沟通主要体现在申诉处理和结果查询，绩效结果应用主要体现在与人员变动、培训、薪酬、劳动合同等模块的数据共享。绩效管理是人力资源管理的核心，主要是通过绩效考核结果的应用驱动相关的人事操作。

（1）通过考核数据的自动收集、整理与统计，提高了考核过程的效率，并使得管理人员可以将主要精力放在绩效辅导、绩效提高上，因此也降低绩效管理的实施成本。

（2）可以灵活设定考核周期，可以进行月度、季度、半年和年度考核，便于及时进行绩效辅导和改进。

（3）组织架构中各个层级的被评估人参与绩效管理，在线设定考核指标，系统内可灵活设置考核周期，在每个考核周期内，被评估人根据自己所在岗位的性质、特点和工作执行情况，通过系统在线提出当期工作计划，为各项考核指标设定具体的工作目标，然后在线提交。需要上级审批的，经过与上级在系统内的互动沟通后确定当期考核指标的具体进度，经双方共同确认的结果将作为被评估人的考核依据。员工参与制定考核依据，有利于提高自觉性和增强改善绩效的主动性，而考核指标的设置和沟通在线作业的实现，提高了管理效率。

七、培训开发管理

保持人才的可持续发展是企业对 HR 部门提出的基本工作要求，而培训则是满足人才培养的基本途径。培训开发管理是用于企业生产经营活动中对员工培训工作的组织管理，涉及培训资源管理、培训需求获取、培训规划制定、培训活动组织实施、培训评估、培训档案管理、培训查询分析、培训统计报表等诸多方面。企业可以根据自身的业务特点，在培训开发管理中选择以培训需求的采集为切入点管理培训活动；也可选择培训规划为切入点，实现按照规划的执行控制；也可以选择以培训活动为主线，跟踪培训的最终结果。

该模块主要是实现对企业培训活动的规范组织和培训结果应用的管理。国华电力成功实现了培训计划制定、培训过程管理、培训查询分析在网上的应用。

（1）培训需求原来是通过发放培训需求表来实现，现在可以在员工自助服务系统里填写，节省了原来通过发表单、收表单等诸多烦琐的环节。

（2）培训计划的填写是按照公司规定的审批流程在线逐级审批，最后汇总成部门级培训计划或公司级培训计划，培训计划批准实施后培训管理人员可以适时查询培训计划。

（3）通过系统可以为单个培训活动进行预算分配记录，培训管理员可在培训活动结束后更新该培训活动实际发生的成本支出，系统的报表可提供给培训管理员以直观的培训预算与培训成本对比的数据，从而为控制单个培训活动的成本支出提供了信息支持。

（4）在培训过程管理中，公司培训主管可以查询记录公司培训计划执行的结果信息。录入信息包括此次计划的实际培训费用、实际培训时间、所有参培员工的清单及其培训成绩等信息。

（5）在学员参加完培训课程后，可针对培训课程或学员进行培训评估，对学员的评估可采用考试的方式，系统可以记录单个学员在培训课程结束后参加考试的成绩，对培训课程的评估也可通过系统用描述性的语言来进行保存，人力资源部可根据该记录对培训课程的组织、管理、课程开发针对性等方面进行统计分析工作，以提高培训管理工作的整体水平。

（6）公司培训主管可通过系统查询公司年度培训计划台账，可以查询到培训计划编号、培训内容、培训目的、培训对象、培训方式、参加人次、课时、总课时、预算费用、责任部门、培训时间等，也可查询员工个人参加培训情况和每个员工的培训档案，从而对培训结果进行各种统计分析。

GE公司将制定的培训课程通过网络进行发布，员工可在线申请培训课程。培训主管根据员工的报名情况及时确认参加者名单，并及时通知员工参加培训。如果某培训课程有超员或无人报名的情况发生，也可以及早做调整。培训结束后，员工可以在线输入反馈意见，培训主管通过查阅反馈调查表对培训课程做相关的总结，并改进以后的培训计划。

八、招聘管理

招聘是人力资源管理部门的一个传统职能，在设计相应的管理信息系统模块的时候要包含招聘计划的制定、招聘方案的审核、备选人才库的管理、人员聘任的操作流程以及招聘工作结果的统计分析等内容。当企业产生职位空缺时，e-HR系统会发出招聘信号，人力资源部门会安排相应的招聘活动，系统记录和管理招聘信息。

招聘管理主要是完成对外部人员的选拔、聘任和企业备选人才库的建立与管理。根据主要的工作任务，将招聘管理工作分为基础设置、招聘计划、招聘业务处理、招聘结果分析、备选人才库管理几个主要的环节。招聘作为企业员工在该企业职业生命周期的起点，是整个人力资源管理中的驱动始点。

九、劳动合同管理模块

随着国家相关劳动法规的日益完善和企业内部环境的日益规范，劳动合同成为动态跟踪员工在企业内生命周期的重要资料，建议企业人力资源的从业人员对该类信息的处理过程进行细化管理，避免人为因素造成不必要问题的出现。因此，该模块主要用于对企业内员工的劳动合同、用工协议、保密协议等与企业发生直接联系的、具有法律效应的文档的管理，包括签订、续签、变更、中止、解除、终止等过程的管理，以及到期提醒等辅助性支持。绩效结果的应用、招聘、人员变动都直接影响到劳动合同的变更和相关处理。而同时，劳动合同的变更和相关处理以及协议等内容都直接进入到人事管理中的对应信息区域。劳动合同和协议属于企业内人事管理的跟踪信息。

此外，人力资源管理信息系统还应包括统计分析功能和系统管理功能。统计分析模块主要承担了对系统中运行的结果数据进行统计的职能。根据企业通常的统计与分析习惯，可以划分为组织信息统计、用工总量统计分析、员工信息统计、招聘统计分析、培训统计分析、薪酬总额统计分析、人力成本统计分析、绩效结果统计分析、劳动合同统计分析等。系统管理该模块主要是为用户提供系统环境，协助技术人员和系统维护人员完成用户合法性验证、模块合法授权、系统提醒等主要功能。

在实际应用中，企业在选择合适的 e-HR 的产品之前，需要明确界定哪些职能和操作是需要通过 e-HR 系统处理的，哪些是需要继续依靠手工处理完成的。在此基础上，再将需要 e-HR 系统处理的部分划分为哪些是关键性的，哪些是可选的，从而避免财力的浪费和二次开发的过度投入。

本章的人力资源各模块定义和功能介绍划分以企业人力资源管理的主要职能为基础，仅作为企业在选择 e-HR 产品和提炼本企业人力资源管理信息化需求的参考。需要说明的是，各 e-HR 厂商由于设计模型不同，模块定义和功能划分可能会有所不同。另外，本章介绍的模块功能为 e-HR 的基本功能，企业需要根据自身的人力资源管理特点和需求进行调整使用，或者结合行业特点进行开发或选择其他功能。

第三节　人力资源管理信息系统的维护与监督

人力资源管理信息系统的维护和升级是指系统开发完成交付使用后，为了保证系统正常运行和改正错误或满足新的需要而修改和维护系统的过程。其目的是使程序始终处于最佳的状态，使系统中各个设备始终处于正常的运行状态。尤其是随着企业经营管理水平的提高、外部经济环境的变化以及处理业务量的增减变动，人力资源管理也必须不断进行改进和完善。反映到 HRMIS 中，就是要求对系统进行不断完善和优化。软件设计考虑不周的问题、软件运行中出现的问题，也要求及时地进行维护。可以说系统维护工作要始终贯穿系统的整个生命周期中，维护工作也是系统整个生命周期中最重要、最费时的工作，其工作量达到生命周期各部分工作量的 60% 以上。[①] 而且随着硬件价格的下降，软件规模的扩大，复杂程度的提高，维护的代价也在攀升。易维护性已成为衡量软件质量的一个重要标准。一般来说，进行系统维护的原因包括以下三种：(1) 纠正在特定的使用条件下暴露出来的一些潜在的程序错误或设计缺陷；(2) 在系统使用过程中数据环境或处理环境可能会发生变化，如新的硬件或操作系统的更新换代，所以需要更新系统以适应这种变化；(3) 用户和数据处理人员在使用时可能会提出一些改进系统的想法或措施，如改进现有的功能或增加一些新的功能，这使得系统也必须随时进行更新来满足企业中使用者的需求。

系统维护是一个系统工程，它涉及人力资源管理信息系统的各个方面，可简单归纳为软件维护、硬件维护、数据维护与代码维护。

一、软件维护[②]

软件维护是系统维护中最重要的，也是工作量最大的一项维护工作。软件维护是指软件在交付使用后，为了保证软件正常使用和满足新的需要而对软件进行的修改活动。一般来说，对商品化的人力资源管理信息系统应由软件销售和研发部门负责，如要求随时更新系

---

① Hendrickson, A. R. (2003). Human resource information systems: Backbone technology for contemporary human resources. *Journal of Labor Research*, 24 (3), 381-394.
② 洪政. 人力资源信息化管理. 北京：中国发展出版社，2006

统；对自主开发的软件，要求系统维护人员首先查阅有关的设计资料和程序流程图，并仔细核对有关源程序，确定分析问题所在之后，再采用生命周期法动手修改。

根据不同的目的，我们可以把软件维护分为以下四种类型。

（一）正确性维护

即纠正在系统开发阶段已发生的而系统测试阶段尚未发现的错误。一般来说，这类故障是由于遇到了以前从未有过的某种输入输出数据的组合，或者是系统的硬件和软件之间的某种冲突而引起的。在软件交付使用后发生的故障，有些是不太重要，并且是可以回避的；有些则很重要，甚至影响企业的正常营运，必须制定计划，进行修改，并且要进行复查和控制。

（二）适应性维护

适应性维护是指在外部环境发生变化时对软件进行的维护。例如，操作系统的变更或计算机硬件的更替所引起的软件转换是常见的适用性维护任务。而"数据环境"的变动，如数据库和数据存储介质的变动、新的数据存放的增加等，都需要进行适应性维护。

（三）完善性维护

为扩充功能和完善性能而进行的修改，这是指对已有的软件系统增加一些软件系统分析说明书中没有规定的功能与性能特征，还包括对处理效率和编写程序的改进。例如，有时可将几个小程序合并成一个单一的运行良好的程序，从而提高处理效率；而有时却因为系统内存不够，或处于多道程序的设计巧合，又希望把一个占用整个机器容量的大程序分成一些小程序段，这些小程序段占用内存小且运行时间相同，这样可使软件设计优化。

（四）预防性维护

这种维护的主要思想是维护人员不应该被动地等待用户提出要求才进行维护工作，而应该选择那些还有较长使用寿命、目前虽能运行但不久需作较大变化或加强的系统进行维护。目的是通过预防性维护，为将来的修改与调整奠定良好基础，减少以后的维护工作量、维护时间和维护费用。

值得指出的是，上述四种维护方式都必须用于企业的整个人力资源管理信息系统中，维护软件文档和维护软件的可执行程序是同样重要的。另外，人力资源管理信息系统维护的难易程度与系统分析设计直接相关。采用结构化系统分析与设计方法，使系统充分反映用户需求，软件总体结构合理，模块独立程度高，程序可读性好，文档齐全，就可以为维护工作打下良好的基础。

二、硬件维护

硬件维护是指为了保证所有计算机系统处于良好的运行状态，对计算机及其附属设备所进行的保养、检修和修复工作。硬件设备的维护应有专职的硬件人员承担，维护安排分为两种：一种是定期的预防性维护，例如，在周末或月末进行设备的例行检查与保养；另一种是突发性的故障维修，由专职人员或厂商进行，但不允许拖延过长时间，以免中断软件系统的工作。一般而言，大中型企业的计算机系统都配有足够的并行处理机，一台CPU上的作业可以送到另一台CPU上进行处理。同时还配有足够多的外部设备，绝不会因为撤销了部分打印机、磁盘设备，而影响整个系统的运行。

三、数据文件维护

人力资源管理信息系统投入运行后应对数据文件不断地进行评价、调整、修改。数据文件的维护不仅是要维护其正常活动,而且要使数据文件的设计工作得以持续和提高。维护阶段的主要工作是：数据库安全性控制,数据库文件的正确性保护、转储和恢复,数据库的重组织和重构造。

为了保证数据的正确性,数据库文件的正确性保护、转储和恢复应做到以下几点：（1）每隔一定时间,将数据库中的内容转储到磁盘上,作为后备数据,即进行数据备份；（2）对每次使用数据库文件的过程进行记录,以便出现错误时可以检查错误来源；（3）在每次对数据库文件内容进行修改时,应把修改前的内容和修改后的内容都转储到磁盘上加以保存,以备检查；（4）在系统出现故障或发现对数据库文件的某个处理有错误时,应利用保存在磁盘上的过去某个时刻正常的数据库文件内容来恢复数据库文件内容；（5）当系统出现故障或发现对数据库文件的某个处理有错误时,要消除其错误影响,以便恢复正确的数据库文件。

数据库文件运行一段时间后,由于对记录不断进行增、删、改操作,会使数据库文件的物理存储变坏。例如,逻辑上本属于同一记录或同一关系的数据,在物理上被分散在许多不同的地方,从而降低了数据库文件存储空间的利用率和数据的存取效率,使数据库文件夹性能下降。这时数据库管理员就要进行数据库文件的重组织。数据库管理系统一般都提供一些实用程序,在重组织过程中,按原设计要求重新安排记录的存储位置。由于数据库应用环境的变化,如增加了新的管理内容,反映在数据库中就要增加新的实体数据。如某些业务消失了,有的处理业务产生了变化,那么实体和实体联系也应随之发生变化。原设计若不能很好地满足新的需求,则要改变数据库的逻辑结构,如增加新的数据项、改变数据项的类型、增加或删除索引等。当然数据库重构程度是有限的,如同应用软件系统一样,只能作部分的修改和调整。倘若应用变化太大,重构也将无济于事,这表明系统生命周期的结束,应重新开发系统。

四、代码维护

代码维护是指对业务中使用的代码和程序处理中所用的代码进行增加、删减和更改。目前,随着供应商不断增多,其相应的信息系统代码也相应增加；或由于业务数据代码满足不了当前的需要或业务数据代码不完善时,就要修改和建立新的代码系统。

五、维护工作的监督

由于系统维护是一项长期而艰巨的工作,它将存在于整个系统的生命周期之中。而且,在系统维护的同时,可能会导致系统中新的差错的产生。尤其是软件维护,在修改程序时,稍有不慎,就有可能对其他模块乃至整个系统产生影响,导致严重的后果。如果一有错误就立即修改源程序,这样很容易把系统搞乱,以致最后不可收拾。所以,为了顺利地进行人力资源管理信息系统的维护工作,应建立一套严格的监督程序和必要的审批制度,以防止产生维护副作用。

在实际工作中,人力资源管理信息系统维护的主要工作经过实施,e-HR 系统终于上线并投入了实际运行,有些人就认为万事大吉,于是解散了项目组,项目参与人员也被安排了新的工作。由于忽视了 e-HR 系统上线后的后续支持和系统维护,从而给日后系统的正常运行埋下了很多隐患,甚至导致灾难的发生。e-HR 系统管理了包括薪资在内的员工个人信息,其中有些信息对公司和员工个人来讲可能是高度机密的,而系统的实施、日常管理和维护往往是由企业里的人力资源管理从业人员来负责。相对来讲,他们往往会由于工作内容和经验的局限,缺乏 IT 知识和系统管理知识,不仅不了解 e-HR 系统维护的重要性,也不了解 e-HR 系统维护到底要做什么、怎么做。这直接导致有不少的企业在 e-HR 项目投入运行后,一直没有建立关于该系统的维护制度,只是松懈地维持系统的运行。其后果不仅可能会造成系统里的数据不准确、不完全、不及时更新,还会造成系统里的数据杂乱无章,要用的数据不全,无用的数据在系统里到处都有,整个系统缺乏可用性,甚至还可能造成重要数据的丢失。因此,在 e-HR 系统上线前完善系统管理制度和管理方案是保障系统正常运行和效益发挥的重要环节。

关于系统的运行维护在制度和体系方面的保障,建议企业可以从以下几个方面考虑。

(一) 专人负责、定期进行

系统维护必须有专人负责,建立系统维护计划,定期进行系统维护。需要有专门的人员定期检查系统,对出现的问题建立问题档案,记录问题现象和处理方式,以及处理结果。系统维护人员不仅要具有较强的技术,而且还需要对人力资源管理有一定的了解,熟悉企业人力资源管理部门的具体业务,在时间和精力上也要有一定的保证。

(二) 系统维护从建立原型系统后开始

e-HR 系统维护不是在系统上线后才开始考虑,而应该在建立了系统原型后就应该着手考虑和进行。一般来讲,系统原型建立到系统正式上线会有一段时间,其间很多原有的和采集的数据会源源不断地转入系统中,而系统管理的信息又是动态的,每天都可能发生变化。完善的系统维护会帮助系统在实施完成后进行正常的系统切换,减少切换过程的忙乱和可能的重复劳动。

(三) 有效的检查、沟通和培训

e-HR 系统中保留的很多是有关员工的个人信息,在将信息更新的工作交给相关人员的同时,也给如何检查和保证相关信息的及时更新带来了挑战。e-HR 系统的特点之一是数据的"不规范性",如在工作经历中,不同的用户可能会对系统要求的理解不一致,有些员工的工作经历过于琐碎,而另一些员工的则可能会过于笼统。如何保证 e-HR 系统管理信息的一致性,也会随着系统使用的深入而暴露出来。同时,系统的设置应随着企业相关政策的变化和不同用户的要求,而不断做出调整和修改。因此,必须建立有效的沟通和培训渠道,确保系统的要求和变化能及时通知到每一个系统用户。

(四) 定期系统清理和备份

在系统运行一段时间以后,我们会发现系统里逐渐会积累很多结果不正确、目的不明确,甚至是无用的查询、报表,它们的存在会大大地降低系统的可使用性。对于 e-HR 系统,有人有一种错误的看法,认为所有的操作和数据都会存放在数据库中,实际上并非如此。通常的做法是将某些重要的数据,如薪资、绩效、职位、组织机构等,保留完整的历史信息,而大量的历史信息则不会存放在数据库中,有规则的数据库备份可以保证用户在需要的时候通过恢复数据库来获取当时的状态和信息。

（五）建立运行日志档案、更新系统设置说明和用户文档

在 e-HR 系统投入运行后，一般来讲，系统维护工作应包括系统设置文档和用户使用文档的编写和更新及系统运行日志的建立。建立系统运行日志档案可以有效地记载系统运行中出现的问题，在未来的使用中避免犯类似的错误。全面、准确和易理解的系统设置文档有助于对系统设置的理解，为系统设置的修改和将来系统的升级提供有效的说明。而作为有效沟通手段之一的用户文档，则可以帮助用户更好地理解系统的要求，熟悉新的操作流程和操作方法。

系统维护对于熟悉 IT 的专业人员，可能会非常熟悉和了解，但对于 e-HR 系统这样一个 IT 专业人员较少关注的新应用领域来讲，还远远没有得到应有的重视。因此，建立和实施系统的维护计划可以帮助企业 e-HR 系统规避风险，提高系统的可用性和用户对系统的信心。

参考文献

1. 高学东，武森，喻斌．管理信息系统教程．北京：经济管理出版社，2002
2. 高展，陈红雨，薛劲松．企业信息化自助纲要．北京：清华大学出版社，2002
3. 洪政．人力资源信息化管理．北京：中国发展出版社，2006
4. 王玉霞．e-HR——集团人力资源管控的利器 [J]．人力资源管理，2007：38-40
5. Alfred J. Walker & Towers Perrin（2001）. Web-based Human Resources. The McGraw-Hill Companies, Inc.
6. Bowen, D. E., & Ostroff, C. (2004). Understanding the HRM-firm performance linkages: The role of the "strength" of the HRM system. *Academy of Management Review*, 29 (2), 203-221.
7. Buckley, P., Minette, K., Joy, D., & Michaelis, J. (2004). The use of an automated employment recruiting and screening system for temporary professional employees: A case study. *Human Resource Management*, 43 (2/3), 233-241.
8. Collins, C. J., & Smith, K. G. (2006). Knowledge exchange and combination: The role of human resource practices in the performance of high technology firms. *Academy of Management Journal*, 49, 544-560.
9. DeLone, W. H., & McLean, E. R. (2003). The DeLone and McLean model of information systems success: A ten-year update. *Journal of Management Information Systems*, 19 (4), 9-30.
10. Eddy, E. R., Stone, D. L., & Stone-Romero, E. (1999). The effects of information management policies to human resource information systems: An integration of privacy and procedural justice perspectives. Personnel Psychology, 52 (2), 335-358.
11. Hendrickson, A. R. (2003). Human resource information systems: Backbone technology for contemporary human resources. *Journal of Labor Research*, 24 (3), 381-394.

12. Gardner, S. D., Lepak, D. P., & Bartol, K. M. (2003). Virtual HR: The impact of information technology on the human resource professional. *Journal of Vocational Behavior*, 63 (2), 159-179.

13. Lin, W. and Shao, B. (2000), The relationship between user participation and system success: a simultaneous contingency approach, *Information & Management*, 37, 283-295.

14. Jeffrey B. Arthur, Trish Boyles (2007). Validating the human resource system structure: A levels-based strategic HRM approach. *Human Resource Management Review*, 17, 77 92.

15. Stefan Strohmeier (2007). Research in e-HRM: Review and implications. *Human Resource Management Review*, 17, 19 37

16. Viswesvaran, C. (2003). Introduction to special issue: Role of technology in shaping the future of staffing and assessment. *International Journal of Selection and Assessment*, 11 (2/3), 107-112

第 11 章
人力资源审计

人力资源审计可以被定义为：按照特定的标准，采用综合的研究分析方法，对组织的人力资源管理系统进行全面检查、分析与评估，为改进人力资源管理功能与技术明确问题以及问题产生的机理，提供解决问题的方向与思路，从而为组织战略目标的实现提供技术支持。本章的主要任务是探讨企业人力资源审计的基本原理与具体实践，并在此基础上详细探讨人力资源功能审计的重要内容——薪酬审计以及在人力资源管理中多被忽视的人力资本结构审计。

第一节 人力资源审计的基本原理

本节主要探讨人力资源管理审计实践的起源和发展，基于经典文献的研究并基于对 SDW 模型的扩展，提出具有逻辑一致性的 FRAIP 模型，并对人力资源审计的战略价值和管理价值进行分析。

一、人力资源审计的起源与发展

人力资源审计是管理审计的组成部分，它的起源可以追溯到 20 世纪 30 年代。1955 年，纽约麦格劳希尔（McGrow-Hill）公司出版了托马斯·卢克（Thomas Jefferson Luck）的《人事管理审计与评估》一书，这应是第一部人事管理审计著作。[1] 20 世纪 60 年代中期，美国产业会议委员会出版了《致高级管理层的人事管理审计与报告》。[2] 这份报告是美国产业会议委员会出版的"人事管理政策研究"系列中的第三份研究成果。其目的是向公司提供了解人事管理政策与程序是否得以执行的方法。在这里，人事管理审计被定义为对决定公司人事管理效果的人事政策、程序和实践的分析与评估。另一部重要的人事管理审计著作是小赫

---

[1] Luck, Thomas Jefferson, Personnel Audit and Appraisal, New York: McGraw-Hill, 1955. 依据对美国国会图书馆的藏书搜索。

[2] Seybold, Geneva, Personnel Audits and Reports to Top Management, 1964, New York: National Industrial Conference Board, 1964.

勒曼（H. G. Heneman, Jr）1967年出版的《人事管理审计与人力资产》。① 90年代之后，无论从实践上，还是从理论上，人力资源管理审计开始成为一个相对独立的管理领域。除了管理咨询公司（含会计师、审计师事务所）提供越来越多的人力资源管理审计咨询服务之外，政府、企业乃至非营利组织内部也都对人力资源管理审计日益关注，这种实践发展也体现在理论研究和专业教材之中。② 人力资源管理审计逐渐成为人力资源管理教材中独立的一章，并有专门的人力资源管理审计专著问世，例如，到1999年，帕特森的《人力资源管理审计》就已经出版了第三版。③ 最近的人力资源管理审计实务方面的著作是由爱德华兹（Jack E. Edwards）、斯科特（John C. Scott）和拉尤（Nambury S. Raju）共同主编的《人力资源项目评估手册》，为组织内部实施人力资源管理审计提供了完整的指南。④

虽然经过了较长时间的历史发展，但严格地说，还不存在一个完整的战略人力资源审计结构。从目前的管理实践与咨询业务中，我们感受到战略人力资源审计还是模块式的；在对战略人力资源审计的界定中，我们也能强烈地感受到定义的"罗列"特征。尽管如此，已有的管理探索与研究成果为我们尝试构建一个完整的结构框架提供了丰富的背景，SDW模型是其中的典型代表——它是由施温德、达斯与瓦格尔（Schwind, Das and Wagar）共同提出的。⑤ 这个模型将人力资源审计分成四个方面：公司战略审计、人力资源系统审计、管理规范审计、员工满意度审计。但显而易见的是，SDW模型并不具有结构的完整性和逻辑的严密性。

二、人力资源审计的结构

由于SDW模型结构完整性和逻辑严密性的缺失，这要求我们进一步深化对战略人力资源审计的理解。基于对以SDW模型为代表的既有研究成果的分析以及对管理实践与管理咨询经验的抽象化，我们提出FRAIP模型，以完整地反映战略人力资源审计的逻辑结构。

FRAIP模型也可以称之为战略人力资源审计大厦，它的完整结构由五个部分构成：审计大厦的屋顶为战略人力资源功能审计（SHRFA）；大厦的两个支柱分别为战略人力资源规则审计（SHRRA）与战略人力资源行动审计（SHRAA）；战略人力资源基础结构审计（SHRIA）是审计大厦的屋基；而战略人力资本审计（SPA）构成大厦的核心部分，因为人是能动的战略性资源。我们所发展的战略人力资源审计的FRAIP模型突破了目前这个学科的散点式结构而迈向了系统阶段。

人力资源功能审计的核心使命是确定人力资源管理功能能否在战略上支撑组织战略，或

---

① Heneman, H. G. Jr., 1967, Personnel Audits and Manpower Assets, [Minneapolis] Industrial Relations Center, *University of Minnesota*.

② 例如，Schwind, Das and Wagar. *Canadian Human Resource Management a Strategic Approach*, 6th edition. Toronto: McGraw-Hill Ryerson. 2001; Raymond J. Stone, Human Resource Management (3rd ed.), 1998, Brisbane: John Wiley & Sons Australia.

③ Lee T. Paterson, The Human Resource Audit, 3rd ed. Charlottesville: *VA Lexis Law Publishing*, 1999.

④ Jack E. Edwards, John C. Scott and Nambury S. Raju, The Human Resources Program-Evaluation Handbook, Thousand Oaks, CA.: Sage Publications, 2003.

⑤ Schwind, Das and Wagar. *Canadian Human Resource Management: a Strategic Approach*, 6th edition. Toronto: McGraw-Hill Ryerson. 2001.

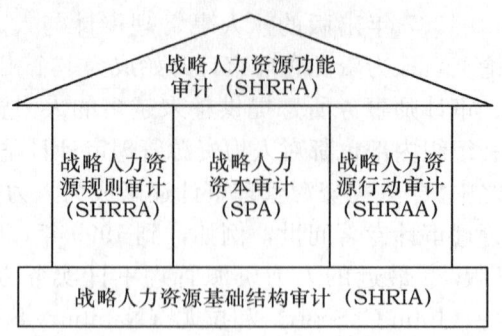

图 11—1　人力资源审计的 FRAIP 模型

与行业的"最佳实践"相比，组织的人力资源功能的差距所在。它所包含内容有：人力资源功能战略审计、人力资源功能兼容审计、人力资源功能整合审计与人力资源管理技术审计。

人力资源规则是为了实现组织的人力资源功能而为具体的人力资源管理活动实施确定行动准则，具有相对的稳定性，所有的人力资源行动必须在规则的框架内进行。战略人力资源规则分为外部规则（法律）与内部规则（制度与流程）。内部规则中制度是实体性规则，而流程是程序性规则。人力资源规则审计核心内容是人力资源法律审计、人力资源管理制度审计与人力资源流程审计。人力资源行动是实现人力资源功能价值的全部过程，即所有的功能最终都必须通过具体的管理行动才能得以实现。整个人力资源行动包括三个方面：行动的开始（人力资源管理计划）、行动的过程（人力资源项目）和行动的结果（人力资源绩效），因此，人力资源行动审计就自然包括人力资源管理计划审计、人力资源项目审计与人力资源绩效审计。

人力资源基础结构是组织人力资源管理运行的平台。人力资源基础结构审计包括治理结构审计、组织结构审计、职位结构审计与人力资源信息系统审计等。人力资本是组织人力资源功能价值实现的最终决定因素。人力资本审计的内容分为人力资本结构审计、人力资本流动审计、人力资本价值与收益审计、人力资本倾向审计。

当然各公司的实际经营状况，企业的内外部环境不同，相应的人力资源审计的具体内容也不尽相同，关键是通过人力资源审计能有效辨识公司系统可能存在的重大商业贿赂问题、违规问题和违反制度问题，能通过深入剖析问题根源，提出有针对性的整改措施，进一步规范管理水平。

三、人力资源审计的价值

美国人力资源管理协会 2002 年发表论文指出，大多数组织都例行地进行财务审计，以确保其财务系统合规性，也能帮助经理改进财务管理。不幸的是，大多数组织从来不对人力资源政策、实践与结果进行审计，以确定是否需要进行效果改进或更具有合法性。但实际上，实施人力资源审计可以发展一个分析框架，以致能够确定优先的绩效管理问题；确定缺失的或在法律上难以抗诉的就业实践与政策；评估与测量实际的与要求的绩效，以及消除绩效缺口的必要行动；评估人力资源的效果与效率，是否与企业的规划战略相一致。[①]

---

① Dale Dwyer, Human Resource Auditing, 2002, www.shrm.org/whitepaper.

总而言之，企业人力资源审计的战略价值在于：人力资源审计是为寻求更加支持组织战略的人力资源战略提供前提与基础。通过审计，确定人力资源战略能否有效地支持组织战略，确定现行的人力资源功能是否与人力资源战略一致，确定人力资源规则、行动、基础结构以及人力资本能否支持人力资源功能。人力资源审计的管理价值在于为改进组织的人力资源管理提供前提与基础。它的管理价值可以形象地概括为四种精密仪器：显微镜、测量计、分析仪与导航器。显微镜的功能在于根据法律基准、目标基准与实践基准发现组织人力资源管理功能、规则、行动、基础结构与人力资本方面的缺口；测量计的功能在于测定缺口的性质与衡量缺口的大小；分析仪的功能是分析研究缺口产生的机理与解决方案发挥作用的机理；导航器的功能是确定解决问题的方向与基本思路。

战略人力资源审计的价值还可以从另一个角度来考虑，即如果组织不能发现人力资源管理中的问题，那么组织为此付出的代价将是难以估量的。也就是说，不进行人力资源审计的负价值可能是极高的。最典型的例子是人力资源法律审计。国家对人力资源管理施加了越来越多的法律限制，而且这些法律也不断变化，这使得组织如果不能及时切实地遵从法律规范，那么它的代价是面临法律诉讼，甚至高额罚款，它还会使组织蒙受声誉上的损失，影响组织在市场和社区的形象。[①]

四、人力资源审计报告

人力资源审计的价值最终需要通过一个载体——人力资源审计报告——来体现。施温德、达斯与瓦格尔认为，人力资源审计报告应该综合描述人力资源管理活动，包括有效实践的建议、改进无效实践的建议，也包括确认良好实践的建议。[②] 在人力资源管理审计咨询中，美国人力资源战略服务公司提供的审计框架报告包括两个部分：对评估中所做的观察的描述以及相应的评论与建议、建议采取措施的优先次序（见表11—1）。

表11—1　　　　　　　　人力资源审计框架报告（summary report）

对评估中所做的观察的描述以及相应的评论与建议：
（1）确保在州与联邦层次上的立法遵守
（2）将涉及员工合法性的风险与暴露降低到最小
（3）执行产业或职业的"最佳实践"
（4）提升整个部门或功能的效率与效果
建议的优先序：
（1）要求得到立即关注的关键问题与项目以限制立法暴露或达到立法要求
（2）关键的但并非要求立即予以关注的问题与项目
（3）旨在改进效率、效果、质量、服务水平，或执行"最佳实践"的并非关键的问题与项目

资料来源：Human Resource Strategies Services，2003。

[①] Schwind，Das and Wagar. *Canadian Human Resource Management a Strategic Approach*，6th edition. Toronto：McGraw-Hill Ryerson. 2001.

[②] Schwind，Das and Wagar. *Canadian Human Resource Management a Strategic Approach*，6th edition. Toronto：McGraw-Hill Ryerson. 2001.

为了更好地理解人力资源管理审计目的、方法、过程以及结果,从而能够对人力资源管理有一个相对完整的审视,我们需要一个更为详细的审计报告。这个报告从结构上看至少但不限于以下各项:审计背景与目的、审计方法与范围、审计结论以及审计建议。如果可能,还需要有被审计对象对审计结论与审计建议的反馈意见。此外,还可以根据实际情况,增加详细的数据比较分析和审计过程记录。这里我们提供一个国华电力公司的激励体系审计报告的摘要例子(见表11—2)。

表11—2　　　　　　国华电力公司的激励体系审计报告

审计背景和审计目的		
背景	曾投入大量精力试图改进公司的激励体系,以激发员工的积极性	
目的	了解既有的激励体系的效果以及可能改进方向	
审计的方法和范围		
激励需求问卷调查	面向公司各级各类人员发放并有效回收200份问卷,获得对激励机制问题的整体的现状数据	
	利用SPSS软件对数据进行录入与管理,并认真进行统计分析	
访谈法	针对员工,主要关心他们对激励体系的知晓程度、评价与建议	
	针对管理者(部门经理及以上)和人力资源部(所有人员),侧重从管理角度进行评价和提出建议	
资料分析	认真研究公司内部的各类规章制度37份	
审计结论		
总体评价	由于公司的发展和员工需求的变化,激励体系总体上存在一定的不足	
绩效考核	绩效指标设定	部分员工认为未能集中关注核心业绩指标,且与核心工作无关的指标占的比重很大
	二级评价体系	二级评价中人的评价权重比较大(占到30%),且二级评价有可能导致越级管理和多头管理
	部门绩效差距	以公司总体绩效平均值对部门的绩效平均值进行调整的硬性平均方式,损害了绩效高的部门员工的工作积极性
薪酬	访谈	与同行业单位相比,薪酬水平偏低
		与兄弟公司相比,薪酬水平较落后
	问卷	45.03%的员工认为其薪酬水平与本人能力和工作付出不对等
福利	带薪休假	具体执行情况令员工产生了不满,主要原因是:没有时间休假、带薪休假不足、未休的年休假不能累积。有关部门经理提议将"年休假完成率"作为部门的考核指标
	企业年金	员工对年金的认识不清,缺乏相关知识;员工对年金具体运营情况不了解;部分员工认为年金激励性不强,对未来收益不看好,偏好于短期现金激励
职业生涯发展	生产技术类职业通道	该类员工认为公司的收入、发展空间都对管理层有利,生产岗流动性差,收入不高;晋升渠道较为有限、单一
	职业生涯规划的效果	目前具体的操作和规划不够,专业技术性的职业发展路径不长;未给员工的职业发展带来实质性变化
激励沟通制度	相当部分员工对公司的激励制度表示不是很了解(不知道或不清楚)	
	未能准确把握公司员工的需求、员工对现有激励制度态度或评价	
	激励方式单一,现有的激励体制死板	

续表

	审计建议
激励沟通	加强部门经理、主管等管理人员在沟通上的责任，对公司的各种制度和政策采用让员工容易理解的方式去宣传、沟通
	开展各种灵活多样的方式进行沟通、解释，如在公司网上开"网上答疑"之类的板块，就员工关心的问题给出理论和实践方面的解释
	每年向员工提供一份年度个人激励报告，内容包括本年度员工享受的公司各项激励项目及成本总额
绩效评价改进	应根据本公司工作流程、战略和员工能力设定关键的考核指标，并尽可能简化，对员工的绩效考核真正集中于关键业绩指标
	鼓励员工参与绩效指标设定的过程和提出意见
职位体系重建	打通经营管理人才、专业技术人才、操作技能人才三条职业发展通道，给员工创造更多成长成才机遇
	改变目前的单纯实行行政等级岗位级别的晋升体系设计
	在行政等级岗位级别基础上，设立像评职称相类似的职位等级，该等级只代表专业能力，没有任何行政职能
	根据不同岗位实施不同的激励措施
	可考虑打通专业技术类员工发展通道，使管理和生产的地位设置一样，提高生产性人员的收入
建立股权激励制度	调查中88.37%的员工赞同员工可以购买一定数额内部股的做法，但应该向国外先进的跨国公司进行学习和借鉴，并考虑中国特定的法律环境限制和金融市场的发育程度
菜单式激励方式选择	调查中发现不同的员工的需求不同，绝大多数员工欢迎菜单式激励，公司提供福利清单，员工自由选择其所需
	从管理实践上看，最终设计的激励体系可能由两部分构成，第一就是公司层面统一实行的激励部分；第二是各个员工可以自选的一些菜单式的激励项目，同时激励体系要与考核相挂钩

第二节 薪酬审计

薪酬审计是人力资源功能审计的重要组成部分。[①]。按照人力资源审计的定义，薪酬审计是指按照特定的标准，采用综合性的研究分析方法，对组织的薪酬管理系统进行全面检查、分析与评估，为改进薪酬管理功能与技术而明确问题以及问题产生的机理，提供解决问题的方向与思路，从而为组织战略目标的实现提供技术支持。企业薪酬审计要解决三个层面的问题：从战略层面上，薪酬审计首先要确保薪酬战略支撑公司战略，然后要确保薪酬战略必须与公司的低成本战略、差别化战略和集中化战略的要求保持一致。从功能层面上，薪酬审计要确保薪酬功能不仅与各职能战略保持匹配性，而且这种匹配性必须在组织发展的不同生命周期阶段得以维持，还需要确保薪酬功能与人力资源管理其他功能之间的整合性。从技

---

① 杨伟国. 战略人力资源审计. 上海：复旦大学出版社，2004

M. F. Olalla and M. S. Castillo, 2002, Human Resources Audit, *in International Advances in Economic Research*, 8 (1), Feb., pp. 58—64.

术层面上，薪酬审计要解决的问题是各种不同的薪酬手段在运转方式、实施效果、成功条件以及面临的风险等方面的共性和不同；明晰不同的薪酬方案的各自特征以及判断人力资源管理实践中薪酬手段和薪酬方案的合适性，核心在于确定薪酬技术的选择。考虑到薪酬管理实践对于公司人力资源管理乃至整个公司战略的影响日益加深，基于薪酬审计的薪酬管理才是最有效的模式选择。

一、战略性审计：薪酬战略与公司战略的一致性

薪酬战略审计首先要确保薪酬战略支撑公司战略。公司战略是人力资源管理和薪酬管理的最高目标。G·约翰逊、K·斯科尔斯（1998）[①]声称，战略管理是所有管理者的责任，而且这种责任正变得越来越重要。管理人员仅在职能范围内或可操作的范围内考虑管理是不够的；仅仅处理好自己的工作，并且保证他人也能很好地处理自己范围内的工作也是不够的。现代组织处在复杂的环境中，要求越来越快、越来越有效地采取战略对策。对管理者的最低要求是，他必须了解所管理的部分是怎样与战略问题和组织的其他部分相互融合的。如果不这样，就会严重地损及战略管理的有效性，妨碍战略目标的实现。

波特[②]的价值链理论也肯定了人力资源管理特别是薪酬管理对企业竞争优势的影响（见图11—2）。这种影响可以从"薪酬的战略性视角"中找到从公司目标、战略规划、愿景与价值观一直到公司的薪酬体系并最终实现公司竞争优势的一个逻辑发展过程。在这个模型中，任何一个高一级的举措都决定了下一级举措的方向，从而，在企业薪酬战略审计中，这些高一级的举措就成为审计基准，以此来判断薪酬战略与公司战略以及人力资源战略的一致性。

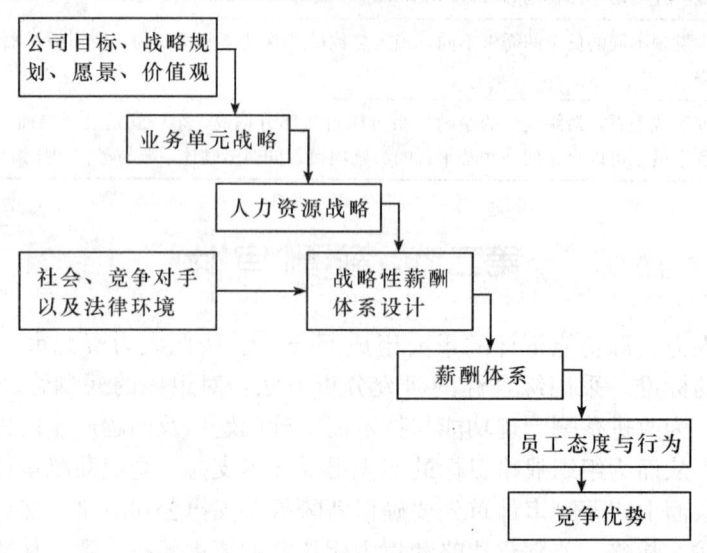

图11—2 薪酬的战略性视角

资料来源：G·T·米尔科维奇，J·M·纽曼，《薪酬管理》，2002年中文版，北京：中国人民大学出版社，第23页。

[①] 约翰逊，斯科尔斯. 公司战略教程. 北京：华夏出版社，1998
[②] 迈克尔·波特. 竞争优势. 北京：华夏出版社，1997. 42

薪酬战略审计的第二个层面是要确保薪酬战略支撑公司的竞争战略,即确保薪酬战略必须与公司的低成本战略、差别化战略和集中化战略的要求保持一致(见表11—3)。在低成本战略下,公司的战略目标是覆盖整个市场,公司的竞争优势集中于成本低于竞争对手,产品线的要求是生产质量好、标准化的产品,从而薪酬战略就需要强调以工作为基础的薪资、低工资成本、重新审视公司奖励的实践,达到既要金钱奖励,又不能增大不必要的开支以及用绩效评估作为控制机制,鼓励节约与降低成本。

表 11—3　　　　　　　　　　竞争战略与薪酬战略

类型	低成本战略	差别化战略	集中化战略
战略目标	覆盖整个市场	覆盖整个市场	占有一个很小的市场。在这个市场上购买者的需求和偏好与市场的其他部分有着很明显的区别
竞争优势	成本低于竞争对手	能够为顾客提供某种特殊的产品和服务	在这个小市场上为顾客提供价格更低的产品或服务,或者提供某种特殊的产品和服务
产品线	质量好的、标准化的产品	产品拥有不同的类型,与竞争对手有很好的差别	按照该市场的特殊需求,提供特定的产品或服务
薪酬战略	薪酬:强调以工作为基础的薪资;低工资成本;重新审视公司奖励的实践,达到既要金钱奖励,又不能增大不必要的开支　绩效评估:用绩效评估作为控制机制;鼓励节约与降低成本	薪酬:强调以个人为基础的薪资;提供金钱奖励并对员工成功的创新工作给予认可　绩效评估:用绩效评估作为员工发展的工具;鼓励创新和弹性	结合上述两种人力资源战略的重点

资料来源:根据下列文献综合整理:徐二明,《企业战略管理》,2002年,北京:中国经济出版社,第126—127页;迈克尔·波特,《竞争战略》,1997年中文版,北京:华夏出版社,第40页;彭剑锋(编),《人力资源管理概论》,2005年,上海:复旦大学出版社,第171页;迈克尔·阿姆斯特朗,《战略化人力资源基础》,2004年中文版,北京:华夏出版社,第39页。

二、功能性审计:薪酬功能匹配与整合

薪酬功能审计要解决的问题在于薪酬功能与公司其他职能之间的匹配以及薪酬功能与人力资源管理中的其他功能(如招聘甄选等)之间的整合。组织是一个系统,这个系统中的每一个子系统或更小的系统之间必须相互兼容支撑,才能保证组织有效地运转并实现组织的目标。

薪酬战略不仅要适应于公司特定的公司战略和竞争战略,而且要与业务职能战略相匹配。这些薪酬决策的核心价值在于确定特定战略下薪酬功能与各业务职能领域之间的兼容关系并能够被用作"审计基准"。根据麦尔斯和斯诺的分类,公司有三种:保守型(在较稳定的产品市场中运营的公司)、探索型(不断寻求新技术和新的市场机遇,并愿意冒风险的公司)、解析型(在不同产品市场中运营的公司,一些相对稳定,另一些则易变)。在这些不同

的类型下，公司的薪酬管理功能应该与产品—市场战略、研究与开发战略、产品战略以及营销战略等职能战略保持一致，并最终能够支持公司的竞争战略（见表11—4）。

表 11—4　　　　　　　　　　　　组织环境和薪酬管理

公司类型	保守型	探索型	解析型
公司特征			
典型公司	林肯电力公司	惠普公司	得州仪器、摩托罗拉公司
产品—市场战略	有限的、稳定的生产线；可预知的市场	广泛的、不断变化的生产线；不断变化的市场	稳定的、变化的生产线；可预知的和变化的市场
研究与开发战略	主要局限于产品改进	广泛的，强调"市场第一"	集中的，强调"市场第二"
产品战略	高产出、低成本；强调效率与工艺技术	定做；强调样本的有效性及产品设计	高产出、低成本；强调工艺技术
营销战略	主要局限于销售	主要强调市场调查	广泛的营销活动
报酬	内部工资关系；内部公平	外部工资关系；外部竞争性	内部一致性及外部竞争性的综合

资料来源：乔治·T·米尔科维奇，约翰·W·布德罗，《人力资源管理》（第8版），2002年中文版，北京：机械工业出版社。

　　薪酬功能不仅需要在特定的公司战略框架下与各职能战略保持一致性，而且也必须在组织发展的不同生命周期与各业务职能领域保持匹配，这样才能确保薪酬功能在公司的动态发展过程中时刻保持适应性。显然，一个公司在初创阶段、成长期、成熟期、衰退期的市场、生产、财务等功能方面的要求是不一样的，薪酬功能也不可能"以不变应万变"。在企业的成长期，公司市场功能的重点是建立信誉，开拓新销售渠道；生产经营方面关注改进产品质量，扩大生产能力；在财务方面，公司需要妥善积聚资源，以支持生产。基于这些功能的要求，薪酬功能的任务就是激励员工获得能力，发展生产和技术能力。[1]

　　薪酬功能审计的另一个关键在于审明薪酬功能与人力资源管理其他功能之间的整合程度。人力资源功能的整合是高绩效工作系统的一个基本特点，而高绩效工作系统本身就是一个战略实施系统，它根植于公司较大的战略执行系统之中，人力资源系统和较大系统的许多不同方面都存在相交点，也许在同一方面还与人力资源系统的诸多要素有重合之处。必须经常不断地强化这种意识，明了人力资源系统各要素之间是否匹配恰当。也就是说，知道人力资源在多大程度上加强了各个要素之间的联系，还是在多大程度上导致了各要素之间的冲突。例如，一家公司可能把高于市场的工资政策和全面性绩效管理系统进行整合。这种整合使得该家公司有一大批才能出众的求职者，培养了一大批高绩效的公司员工，并且认可和奖励那些高绩效的优秀员工。与此相对比的是，当人力资源系统各要素存在冲突时，组织鼓励员工组成团队一块工作，然后根据每个人的贡献大小提供加薪和升迁。[2]

---

[1] 徐二明. 企业战略管理. 北京：中国经济出版社，2002. 126-127
[2] 布莱恩·贝克，马克·休斯理德，迪夫·乌里奇. 人力资源计分卡. 北京：机械工业出版社，2003. 19

对薪酬功能整合的一个比较清晰的归纳来自于迈克尔·阿姆斯特朗。他区分了不同的人力资源战略，如强化业绩管理、延伸员工技能基础、为员工能力和职业发展服务、强化就业质量、增强员工责任感以及增加激励效果等，并根据这些不同的战略来确定薪酬功能应该具备的要求。[①] 在强化业绩管理的人力资源战略下，招聘功能的重心在于基于能力的招聘甄选，而培训开发功能则需要强化基于能力的培训，因此，基于功能整合的需要，薪酬功能方面集中于基于能力的薪酬体系构建。阿姆斯特朗还对加强人力资源功能整合提出以下六条注意事项：（1）分析企业需要及其特点；（2）评估人力资源管理战略；（3）识别员工所必须拥有的工作能力和行为；（4）对现存的人力资源管理实践活动的有效性和变化的需要进行评估；（5）分析把不同管理功能连接在一起的范围；（6）制定计划发展这些功能，特别要注意它们之间的联系。总之，人力资源管理功能整合的目的就是要获得一致，这意味着要采纳一种整体的方法，创新不能割裂与其他方面的关系。必须寻求机会，找到每个实践都能相互支持的方法，达到协同效果，通过多项人力资源的实践的首创来确定共同的需求。

三、技术性审计：薪酬技术的选择

薪酬管理技术审计首先要解决的问题是各种不同的薪酬手段在运转方式、实施效果、成功条件以及面临的风险等方面有哪些共性和不同之处；其次，薪酬管理技术审计要解决的是不同的薪酬方案的各自特征；最后，人力资源管理实践中所使用的薪酬手段和薪酬方案是否合适。陈清泰、吴敬琏（2000）[②]对12种不同的薪酬手段的特点进行了迄今为止最完整的归纳（虽然这些薪酬手段并不是严格按照统一的标准进行区分的），它不仅使我们对薪酬手段的优缺点有了非常清晰的理解，而且也随之确定了对薪酬手段进行审计的技术标准。以长期薪酬计划为例，（1）运转方式：以员工3～5年的表现为基础提供薪酬，采用股票期权，给予员工在一段时间内以某一固定价格购买公司股票的权利；（2）实施背景：有必要吸引并保留公司内部的高素质人才，需要建立一种同舟共济的氛围，需要与公司股东加强联系；（3）成功的条件：必须建立正确的实施计划，员工愿意接受风险，管理者与员工相互信任；（4）面临的风险：员工的参与积极性可能不高，有时会产生酬劳不均现象，竞争氛围较差。

薪酬方案是对各种薪酬手段的综合运用。G·T·米尔科维奇、J·M·纽曼从重视的内容、价值的量化、转化为报酬的机制、薪酬结构、薪酬提升、经理关心的问题、员工关心的问题、程序、优点、局限性等10个方面分析了职位薪酬方案、技能薪酬方案、能力薪酬方案等三种代表性薪酬方案的特点，为薪酬管理实践提供了基准（见表11—5）。

表11—5　　　　　　　　　　　薪酬方案比较

	职位薪酬方案	技能薪酬方案	能力薪酬方案
重视的内容	薪酬要素	技能模块	能力
价值的量化	要素的权重	技能水平	能力水平
转化为报酬的机制	分配反映标准薪酬结构的点数	外部市场中技能的鉴定与定价	外部市场中能力的鉴定与定价

[①] 迈克尔·阿姆斯特朗. 战略化人力资源基础. 北京：华夏出版社，2004. 39
[②] 陈清泰，吴敬琏（编）. 公司薪酬制度概论. 北京：中国财政经济出版社，2001. 28-31

续表

	职位薪酬方案	技能薪酬方案	能力薪酬方案
薪酬结构	基于从事的工作、市场	基于所鉴定的技能或市场	基于所培养的能力或市场
薪酬提升	晋升	技能的掌握	能力的培养
经理关心的问题	把员工与工作联系在一起；晋升与安置；通过职位薪酬和增加预算对成本进行控制	有效地使用技能；提供培训；通过培训、鉴定和工作任务对成本的控制	具有真实的能力与价值；提供培养能力的机会；通过鉴定与工作任务对成本进行控制
员工关心的问题	寻求获得更多薪酬的机会	寻找技能	寻找能力
程序	工作分析；职位评价	技能分析；技能鉴定	能力分析；能力鉴定
优点	期望明确；有进取精神；所依据的薪酬；开展工作的价值	不断学习；灵活性；劳动力数量的减少	不断学习；灵活性；易横向调动
局限性	潜在的繁文缛节；潜在的刚性	潜在的繁文缛节；需要成本控制	潜在的繁文缛节；需要成本控制

资料来源：G·T·米尔科维奇，J·M·纽曼，《薪酬管理》，2002年中文版，北京：中国人民大学出版社，第160页。

最为困难的是确定薪酬手段与方案对公司的合适性。我们现在的人力资源管理乃至管理咨询更多关注的是"结果导向"，即提供薪酬解决方案，而不太关注或没有意识到方案的前提，甚至于有时根本就不理会这个前提。因此，在薪酬管理实践中，很多方案作为"药方"要么根本不能解决任何问题，要么根本就不能执行，要么可能产生更大的副作用，严重损害了组织的功能。薪酬审计关注的重点是把分析薪酬管理问题放在首位，即重心前移，从而为极大地提升解决方案的针对性成为可能，有效降低解决方案产生副作用的风险。管理解决方案是以解决问题、消除缺口为目标的，但仅仅知道问题和缺口是不够的，还必须把握问题和缺口产生的机理。任何解决方案都必须在实施之前进行机理分析，以确定方案能否真正解决我们想要解决的问题以及发生意外的概率与补救措施选择，薪酬审计同时关注对问题机理与方案机理的审计分析。

第三节 人力资本审计

到目前为止，人力资源管理很少关注对管理对象——人力资源本身的详尽分析，只是把关注点放在管理功能上，其结果是组织拥有"先进的"人力资源管理系统，却没有明显的绩效提升。人力资本审计的功能就是对组织这种最重要的资源进行审计分析，其内容包括人力资本结构审计、人力资本流动审计、人力资本价值与收益审计、人力资本倾向审计等。

一、人力资本结构与流动审计

人力资本结构审计是战略人力资本审计中最基础的部分，其主要任务在于以下四个方面：(1) 把握组织人力资本结构的状况，组织员工的性别、年龄、学历结构、职称（职业资格证书）、工作年限、专业、部门、层次、功能（业务与支持）、海外经历等结构方面的分析都属于这个领域。(2) 确定现行的人力资本结构与组织战略所要求的理想的结构之间的缺口。(3) 把握人力资本结构的动态变化,并将这种变化与组织战略的变化联系起来。(4) 把握行业竞争对手的人力资本结构及其变化,并将其作为基准,确定组织与行业"最佳实践"的差距。

人力资本流动审计包括人力资本事务性流动审计、人力资本职业性流动审计和人力资本功能性流动审计等三个组成部分。人力资本事务性流动是指员工因各类事务而暂时离开工作岗位;一旦事务结束或完成,员工将重新回到原来的工作岗位。为便于人力资本事务性流动的测量、比较与评价,缺勤率是最被常用的一个指标。为进行有效的人力资本流动审计,我们首先关心的是,不同类型的缺勤率、不同员工(管理层、关键员工)以及高缺勤群体的缺勤率与作为基准指标的组织缺勤率之间的比较分析,由此,我们能够发现缺勤的结构状况,明晰组织内部的关键问题。其次,我们需要引入时间概念,通过比较分析缺勤率的时间序列数据,我们能够发现缺勤的动态发展变化。再次,我们还需要引入行业数据(如果可能的话),既可用以参照,也可以作为改进目标。当然,行业数据与时间序列数据的组合使用会挖掘出更多的有用信息。最后,也是人力资本流动审计最重要的内容之一,就是探究其原因,从而为改进人力资源管理提供基础条件。

人力资本职业性流动是指员工离开本组织而到其他组织任职的流动,这是人力资源管理实践中最关心的流动。导致这种后果的主要原因是人力资本流动率是预测组织恶化最为敏感的变量之一。[①] 从人力资本流动审计的角度看,我们首先将员工流动率作为基础指标来进行静态审计:将员工流动率与辞退率、辞职率(设定辞退率与辞职率之和为1)进行比较,与管理层流动率和关键员工流动率进行比较,与新员工6个月内的流动率进行比较等。其次,管理层流动率和关键员工流动率还可以区分为相应的辞退率与辞职率而与员工流动率进行比较分析;再次,我们需要关注这些数据的时间序列变化;其后,行业的数据对各类流动率的比较分析极为重要。最有效的比较分析可能是基于行业的数据与时间序列数据的组合使用。最后,我们仍然需要关注机理分析,即导致这些结果的原因何在,而不只是关心数据的变化。

人力资本功能性流动是指由于员工生理或心理状态的变化导致无法胜任工作要求并因此而结束职业生涯的流动。人力资本功能性流动按照导致流动的原因可以分为三类:因病流动、因伤流动、因老流动。基于人力资本功能性流动的分类,我们设计三个指标来进行人力资本功能性流动测量和审计,这三个指标分别是:病休率、伤休率和退休率。从人力资本功能性流动审计角度看,我们所关心的问题是:(1) 关注病休率、伤休率和退休率的静态比较;(2) 关心管理层和关键员工的病休率、伤休率和退休率水平;(3) 关心组织的病休率、伤休率和退休率的动态变化;(4) 关心病休率、伤休率和退休率的行业比较,并对行业的时间序列变化感兴趣;(5) 需要了解导致人力资本功能性流动的根本原因。

---

① M. C. Knowles, 1976, Labor Turnover: Aspects of Its Significance, *Journal of Industrial Relations*, vol. 18, no. 1, March, pp. 67-75.

二、人力资本价值与收益审计

人力资本价值是指人力资本为组织创造的价值,而人力资本收益则是指人力资本从组织中所获取的收益。从组织利益角度看,人力资本价值可以被看做是人力资本为组织带来的产出,而人力资本收益则是组织对人力资本的投入,因此,人力资本价值收益比能够比较准确地反映组织的人力资本投入产出效率,是衡量组织在人力资本方面竞争力的一个好的指标。就人力资本价值审计而言,我们需要关注以下内容:(1)要对目标值与实际值进行比较分析。实际上,人力资本价值从经济学意义上说反映了组织的劳动生产率,而劳动生产率的不断提高正是组织持续发展的源泉。(2)要实施人力资本价值的动态变化审计分析,这种分析主要反映组织持续改进劳动生产率的能力。(3)要人力资本价值的行业内比较分析,或许最重要的是与直接竞争对手的比较分析。它所反映的关键问题是组织劳动生产率在行业内的竞争能力。(4)要对人力资本价值的时间序列数据与行业内的数据进行组合分析,这是最完整也是最有价值的分析,它不仅反映一个组织的劳动生产率在行业内的竞争地位,还能反映这种竞争地位的发展趋势,是否具有可持续性,这才是一个组织真正关心的问题。(5)人力资本价值审计分析的任务绝不只是对数据进行统计分析,真正的任务是为发现"缺口"——目标缺口(既包括当年的目标,也包括时间序列目标,如目标增长等)与行业缺口等;最重要的是要找到产生缺口的原因。

人力资本收益则是指人力资本从组织中所获取的收益。如果从组织角度来考察,人力资本收益实际上构成了组织的人工成本。我们考虑的人力资本收益指标主要有以下六种:人均总报酬、人均货币薪酬、人均福利收入、人均培训时数、人均带薪休假天数以及收益组合的选择自由度,其中,我们设定总报酬为货币薪酬与福利收入之和,而绩效薪酬是货币薪酬的一部分。我们特别强调收益组合的选择自由度,它将是最具有激励作用的人力资本收益形式。收益组合的选择自由度主要包括福利组合的选择、培训方式与内容的选择、带薪休假的时间选择以及货币与股权的选择等方面。选择自由可能会对人力资本动力产生巨大的积极作用,最终有利于组织的持续发展。

人力资本价值收益比就是人力资本价值与人力资本收益的比值,也可以定义为每货币单位人力资本收益所创造的价值。人力资本价值收益比真正反映了一个组织的人力资本投入产出效率,是衡量组织在人力资本方面竞争力的一个好的指标。显然,从人力资本审计角度来说,我们关心的问题与人力资本价值审计是完全一样的:我们不仅关注组织实现人力资本价值收益比目标的能力,而且还关注人力资本价值收益比的时间序列变化以及组织实现人力资本价值收益比目标能力的动态变化,还关注我们的人力资本价值收益比在行业内的水平,特别是与竞争对手的差距或领先程度,最后,我们还关注持续提高人力资本价值收益比的能力,这需要对时间序列数据和行业的数据进行组合分析。

三、人力资本倾向审计

人力资本倾向审计可以理解为现行人力资源管理实践中的员工态度调查,但人力资本倾向审计不仅包括总体的员工满意度审计,还包括专项的满意度审计(如薪酬满意度、工作环境满意度等);不仅包括定期审计,还包括针对组织发生特定事件后的满意度审计(如组织发生重大变革、重大事故等);不仅包括对满意度调查的直接结果的分析,而且关注员工满意度的动态变化以及员工满意度在行业内的比较等,因此,人力资本倾向审计是对员工满意度调查的扩展和深度利用,以期挖掘更多的有用信息,利于组织人力资源管理决策。

员工态度调查被认为是获取人力资源管理绩效信息的最客观也最经济的方法之一,它揭示出员工对组织、对特定的部门和活动以及对管理层和其他员工的感觉。由于态度决定员工行为,而行为产生绩效,因此,不管一个组织的人力资源政策如何,关键在于员工对这些政策的感觉如何。如摩托罗拉公司人力资源部每年都会开展一次员工意见调查,设计众多的问题,涉及摩托罗拉的工作环境、员工关系、上下级关系、薪酬、企业文化等方方面面,深入了解员工对企业管理各方面的态度,及时发现问题并解决问题。

参考文献

1. 布莱恩·贝克,马克·休斯理德,迪夫·乌里奇. 人力资源计分卡. 北京:机械工业出版社,2003
2. 陈清泰,吴敬琏. 公司薪酬制度概论. 北京:中国财政经济出版社,2001
3. 迈克尔·阿姆斯特朗. 战略化人力资源基础. 北京:华夏出版社,2004
4. 迈克尔·波特. 竞争优势. 北京:华夏出版社,1997
5. 米尔科维奇,纽曼. 薪酬管理. 北京:中国人民大学出版社,2002
6. 彭剑锋. 人力资源管理概论. 上海:复旦大学出版社,2003
7. 徐二明. 企业战略管理. 北京:中国经济出版社,2002
8. 杨伟国. 战略人力资源审计. 上海:复旦大学出版社,2004
9. 约翰逊,斯科尔斯. 公司战略教程. 北京:华夏出版社,1998
10. Dale Dwyer, Human Resource Auditing, 2002, www.shrm.org/whitepaper.
11. Heneman, H. G. Jr. 1967, Personnel Audits and Manpower Assets, [*Minneapolis*] *Industrial Relations Center*, University of Minnesota.
12. Jack E. Edwards, John C. Scott and Nambury S. Raju, 2003, The Human Resources Program-Evaluation Handbook, *Thousand Oaks, CA.*: *Sage Publications*.
13. Luck, Thomas Jefferson, 1995, Personnel Audit and Appraisal, *New York*: *McGraw-Hill*.
14. Lee T. Paterson, 1999, The Human Resource Audit, 3rd ed. *Charlottesville*: VA *Lexis Law Publishing*.
15. M. F. Olalla and M. S. Castillo, 2002, Human Resources Audit, *in International Advances in Economic Research*, 8 (1), Feb., 58-64.
16. Raymond J. Stone, 1998, Human Resource Management (3rd ed.), *Brisbane*: *John Wiley & Sons Australia*.
17. Seybold, Geneva, 1964, Personnel Audits and Reports to Top Management, *New York*: *National Industrial Conference Board*.
18. Schwind, Das and Wagar. 2001, Canadian Human Resource Management a Strategic Approach, 6th edition. *Toronto*: *McGraw-Hill Ryerson*. 2001

下 篇

第1章
十年印迹　做专做强

神华集团有限责任公司（下称"神华集团"）是于1995年10月经国务院批准，按照《公司法》组建的国有独资公司，是以煤炭生产、销售，电力、热力生产和供应，煤制油及煤化工，相关铁路、港口等运输服务为主营业务的综合性大型能源企业。

北京国华电力有限责任公司（下称"国华电力"）是神华集团的控股子公司，成立于1999年3月11日，主营电力项目投资、开发及经营管理；发电生产和新能源项目开发、生产及经营；电力、能源项目管理等业务。

2004年11月，神华集团以其拥有的与煤炭、电力、铁路、港口等主营业务相关的13家全资和控股子公司的资产和股权作为出资（其中包括国华电力的发电资产），独家发起成立了中国神华能源股份有限公司（下称"中国神华"），并分别于2005年6月、2007年10月在香港联合交易所和上海证券交易所成功上市挂牌交易。

2005年2月，按照神华集团改制重组方案，中国神华能源股份有限公司设立国华电力分公司。

发展回眸

神华集团前身为成立于1985年的华能精煤公司。"七五"期间，为加快能源建设，中央提出用国务院煤代油专项资金，建设一个特大型煤炭基地，以解决东部和东南部经济发达、能源需求旺盛地区的能源紧张状况。为此，成立华能精煤公司，负责神府东胜煤炭基地及配套的陕西神木至河北黄骅的铁路干线和黄骅港口工程。

党的十四届三中全会召开以后，党中央提出建立社会主义市场经济的理论，并根据企业集团的发展趋势和国际惯例，明确提出了"发展一批以公有制为主体，以产权联接为主要纽带的跨地区、跨行业的大型企业集团，发挥其在结构调整、提高规模效益、加强新技术开发、新产品开发、增强国际竞争力等方面的重要作用"。为此，中央确定把神府煤矿及二通道的建设作为跨世纪的重点工程，独立于相关行业和地方政府的管理，实行一体化整体运作，并于1995年，按照《公司法》将华能精煤公司改组为神华集团，使之成为国有独资的大型能源公司，同时赋予其建设、经营自主权，实行计划单列。

煤运港一体化发展阶段

神华集团成立后，随着煤炭产量的大幅提高，运输和销售环节存在的问题逐渐暴露。1998年后，中国煤炭市场由供不应求转为供大于求，煤炭价格也大幅下降。在这种大的市场环境下，神华集团面临的煤炭基地远离市场、运输距离长、销售环节组织复杂等不利因素更突出。加速建设陕西神木至河北黄骅的铁路干线及黄骅港口的二通道工程，缩短运距，降低成本就成为需要迫切解决的问题。

1998年，神华集团根据市场形势和企业自身的需要，提出要以煤炭产业为龙头，以煤矿、铁路和港口建设为基础，形成一体化发展的格局。在一体化战略实施上，神华集团果断决定，贯彻"放缓矿区建设速度，加快路港建设速度，停止一切非生产性建设"的方针，在已经建成的神（木）—朔（州）铁路基础上，全面开工建设神（木）—黄（骅）专用双线电气化铁路。神黄铁路总长度810公里，初期的运输能力为年3 500万吨/年，最终运力为1亿吨/年；同时，在河北黄骅修建专用煤港，一期工程煤炭吞吐能力为3 000万吨/年，二期为6 000万吨/年，三期为9 000万吨/年。整个神东煤矿、神黄铁路、黄骅港口及配套工程统称为神华工程。

煤电运一体化发展阶段

从1998年开始，随着亚洲金融危机的发生和世界范围内经济的不景气，我国经济也出现了通货紧缩、增长放缓的局面。针对全国能源需求下降，煤炭市场供大于求、以销定产的形势，中央决定对煤炭行业全面改革，所有煤炭企业进行市场化改造，大部分下放地方。神华集团在自身经营困难的情况下接收了内蒙古自治区包头矿务局、乌达矿务局、海勃湾矿务局、准格尔煤炭公司、万利煤炭公司、金烽煤炭公司等六家陷入困境的煤炭企业（简称"西六局"），经营压力进一步增加。神华集团意识到，只有拥有可以消化神华集团一定比例煤炭的发电厂，通过煤炭的二次转化，才能解决煤炭的市场出路，确保神华集团的生存。于是，一个煤电运港航一体化发展的思路初见轮廓。

1999年年初，为缓解经营压力，特别是维护"西六局"的稳定，神华集团以国务院批准的用于神华集团增资的煤代油资金，成立了国华电力，专门负责收购、建设、运营、管理发电厂，主要消化神华集团内部生产的部分煤炭。国华电力的诞生是神华集团贯彻国务院关于建立与市场经济相适应的电力工业体制，引进竞争机制，打破垄断，积极推进"厂网分开，竞价上网"电力体制改革的产物。

煤电油运一体化发展阶段

神华集团生产的神华煤从煤质条件看非常适合进行煤炭液化，且开采成本低，又有神东矿区已经形成的工业化规模，特别是在矿区周边已经建成几个发电厂，供电成本较低，规模经济优势明显。根据国家的能源形势、神华的煤炭优势以及规避风险多元经营的要求，神华集团提出，发展煤液化和煤化工项目，在煤电运一体化的基础上实施煤电油运相结合的能源一体化，并以此作为神华集团第三步发展战略的核心，把神华集团的产品结构由初级能源产品进一步调整为高附加值的油品和化工产品，把神华集团建成一个产运销一条龙、煤电油综合经营的跨行业、跨地区能源集团。

神华煤制油项目于2004年8月经国家批准，神华煤直接液化工厂在神东矿区开工建设，目前已完成工业化生产大型反应器的安装等关键环节。项目初期年产油品将达到100万吨，每年产生可观的直接经济效益。

煤化工项目方面，神华宁煤的25万吨甲醇项目于2007年9月建成投产，是目前国内外甲醇合成、精馏和二甲醚合成、精馏工业化装置设计能力最大的项目。

> 探源神华发展史，可以看到"神华发展模式"是以煤炭为基础，以电力和油品为延伸，凭借生产、运输和销售一条龙运营，打造独具特色的"煤电油运一体化"的发展模式。神华发展模式是国家能源战略的产物，也是神华集团在社会主义市场经济体制下适应市场需求的发展之路。

成 长 历 程

20世纪90年代末，中国煤炭采掘业陷入萧条，煤炭市场供求关系发生逆转，煤炭价格急剧下滑，形成全行业亏损。电力行业也出现过剩预警，要求打破电力垄断、加快电力改革的呼声渐起。

基于对宏观经济趋势的判断和煤炭市场运营风险的考虑，1999年3月11日，神华集团出资组建国华电力，通过收购部分电厂并自主建设电厂燃用神华煤，以保证在煤炭市场出现疲软或波动时降低经营风险。可以说，国华电力的成立是神华集团在能源市场化中"危"与"机"的抉择，是市场经济条件下真正的企业行为。

神华集团在电力行业出现过剩预警时决定进入电力行业，主要出于3个目的：一是建设坑口电厂，燃用洗中煤，既实现煤炭资源的综合利用，也减轻了神华煤外运压力，实现"煤从空中运"；二是控制用电集中区域的大电厂，以电促煤，保证神华煤具有稳定的市场；三是发挥神华集团煤、路、港、电一体化的资源优势，形成良性循环的产业链。

1999—2002年：起步发展阶段

1999年，中国电力工业体制改革处于深化阶段。推进厂网分开，引入竞争机制，建立规范有序的电力市场；坚持政企分开、省为实体的方针，深化省级电力公司的改革；加快实施全国联网，实现资源优化配置；加快农村电力体制改革，减轻农民负担，促进农村经济发展等一系列工作稳步推进。当时，厂网分开、竞价上网在上海、辽宁、吉林、黑龙江、浙江、山东等省市开始试点，作为刚成立的独立电力生产商，国华电力要想在尚未完全开放的电力市场中占有一席之地，可以说举步维艰。

为确保国华电力高起点起步发展，神华集团提出了建立新型煤电关系和增强自我发展能力的两大任务,并明确3个基本原则:一是控股电厂必须使用神华煤,由于电厂和煤矿是两个独立的法人,因此,神华煤必须保证质高价优,具有竞争力;二是电厂必须建在神华的经济运输规模之内,即神华铁路、港口沿线或东南沿海地区;三是所建电厂建设速度要快,投资要低,在建设速度、投资和管理上与国内同行相比要有竞争力。

面对严峻的生存挑战,国华电力意识到必须突破传统管理观念束缚和管理体制障碍,真正把国华电力视为"企业",完全放置在市场竞争中去定位。于是,国华电力按照现代企业制度要求,建立了规范的法人治理结构和现代企业经营管理体系,并致力于打破行业垄断,引入竞争机制,建立真正意义上的独立发电生产商。

在神华集团的整体发展战略下,国华电力确立了"控股为主、参股为辅,并购与开发并重"的发展思路,按照"点、线、面"(点,就是指坑口电源点;线,就是指铁路运输沿线;面,就是指沿海区域面)相结合的发展战略布局,重点在坑口、港口、路口和负荷中心发展电源项目,建设高参数、大容量、高效率、节能环保型燃煤机组。

收购存量与发展增量并重

1999年,国华电力收购了华北电力集团公司的盘山发电厂、三河发电厂和北京第一热电厂,参股建设内蒙古乌海、海勃湾、达旗电厂,同时购买河北定州、黄骅发电厂的前期开发权。

2000年,国华电力又收购辽宁绥中发电厂,购买了广东台山发电厂前期开发权,同时开工建设内蒙古准格尔坑口发电厂,消化其生产过程中产生的洗中煤和劣质末煤,以减轻环境和运输压力,支持洗精煤外运。

2001年,国华电力并购陕西神木发电厂,同时开工建设河北定州和广东台山发电厂。此后,浙江宁海、河北黄骅、浙江余姚、陕西锦界等发电厂又相继开工建设。

战略指引,顺势而为。国华电力通过收购存量成功进入电力市场;通过发展增量不断壮大发展规模,实现了战略发展的第一步目标,提升了自身的综合实力和市场地位。

国华电力建设真正意义的"企业"是对独立电力生产商在市场经济环境下生存发展的准确定位,既符合党中央、国务院关于国企改革的一贯指导思想,也是国华电力摆脱生存发展困境,步入持续健康发展轨道,全面提升经营效益和竞争能力的必由之路。

- 1999—2000年,国华电力所收购的几家电厂经营状况并不乐观。盘山电厂负债高达13亿人民币;北京第一热电厂员工总量大,历史包袱很重,7台老机组(1×100 MW、2×50 MW、4×25 MW)面临拆迁,而"以大带小"的新机组(2×200 MW)还未投产;三河电厂工程造价过高,经营压力大;绥中电厂工程总投资高达105亿人民币,建设了10年还未投产。
- 2000年5月,国华电力首个自主建设项目——内蒙古国华准格尔发电有限责任公司二期2×330 MW工程开工,标志着国华电力步入良性发展的轨道。
- 2001年1月,国华电力与香港中电控股公司共同发起成立中电国华电力股份有限公司,投资经营北京热电厂、河北三河发电厂和天津盘山发电厂,并借鉴中华电力先进管理理念，规范和提升企业管理品质。

- 2001年5月，国华电力引进和推行NOSA五星综合管理系统（NOSA英文全称为：National Occupational Safety Association，中文直译为国家职业安全组织），并与国内行之有效的电力安全生产管理模式相结合，建立了国华电力发电管理系统。
- 2001年10月，河北国华定洲发电有限责任公司一期2×600 MW工程、广东国华粤电台山发电有限公司一期5×600 MW工程相继开工建设，标志着国华电力向自主建设高容量、大功率、高效率发电机组迈出坚实的一步。
- 2002年，内蒙古国华准格尔发电有限责任公司二期工程2×330 MW机组分别于4月25日、9月21日投入商业运营，工期28.5个月，比国家定额工期缩短9.5个月，工程动态投资22.43亿元，比概算降低1.34亿元。该工程荣获电力行业优质工程奖和国家优质工程银奖。

2002—2005：提速发展阶段

2002年3月，国务院批准了《电力体制改革方案》，以"打破垄断、引入竞争、提高效率、降低成本、健全电价体制、构建政府监督下的公平有序的电力市场体系"为目标的新一轮改革再次拉开序幕。由此，电力行业打破了一体化结构，由过去的垂直垄断阶段走向充满活力和竞争的电力市场阶段。"厂网分离、竞价上网"使电网、电厂从过去的行政关系转变为平等合作的经济关系。

随着国有电力资产的重组，新组建的两大电网公司、五大发电集团和四大电力辅业集团正式登场，更进一步提升和发挥了市场机制的推动作用，激发了电力企业发展的活力，使电力行业迎来了又一次快速发展的新机遇。

2002年下半年，随着国民经济的快速发展，全国许多地区出现了电力供应紧张的局面，持续低迷的煤炭市场开始升温，逐步从买方市场向卖方市场过渡。

2003年，全国电力需求加速增长，缺电程度逐步扩大，电源建设的迅猛发展带来了对煤炭需求的激增，煤炭资源越来越紧俏。随着煤、电、油、运市场的紧张，国华电力在神华集团煤电油运一体化资源优势的支持下，抓住了电力市场的发展机遇，规模不断扩大，业绩快速增长，并成为神华集团新的利润增长点。基于对整体战略结构的考虑，神华集团重新明确了国华电力的发展方向，将国华电力的发展定位由"以电促煤"调整为神华集团的第二业务板块。

2005年2月，中国神华能源股份有限公司设立国华电力分公司。至此，国华电力由起步发展阶段进入提速发展阶段。

进入提速发展阶段，国华电力将起步发展阶段的收购存量与发展增量并重的发展战略调整为以发展增量为主，以收购存量为辅，并确立了"以人为本、风险预控"的建企理念。

"以人为本、风险预控"的建企理念决定了国华电力追求什么、倡导什么、做什么、不做什么、反对什么的一种价值追求和价值判断，阐明了国华电力在处理员工、客户、合作伙伴和社会关系中遵循的基本信条和行动准则，体现了国华电力基本使命与价值追求的统一和国有企业的政治责任、经济责任与社会责任的统一。

以人为本

国华电力坚持"科学和谐、厚德思进"的核心价值观。科学,就是坚持以人为本,协调、可持续、健康发展;和谐,就是营造企业内部、企业与社会、企业与自然和谐氛围,创造内有亲和力,外有影响力的稳定环境;厚德,就是为人处世忠诚厚道、公平公正、依法经营、守信践诺;思进,就是居安思危、求知谋进、勇于变革、敢于创新,建设本质安全型、质量效益型、科技创新型、资源节约型、和谐发展型企业,打造国际一流能源企业。

从"科学和谐、厚德思进"的核心价值观到"以人为本、团队精神、岗位责任、健康环境"的企业文化总纲,国华电力始终把人放在第一位,把人本管理作为企业发展的出发点和落脚点,努力践行着"企业即人""企业为人""企业靠人""企业塑人"的人本管理理念。

面对世界经济一体化和市场竞争十分激烈的趋势,面对知识经济的挑战和信息化浪潮的涌动,国华电力把掌握和运用知识的人力资源视为企业发展的动力源,将传统企业过于重视资本积累扩张,逐步转向新国企重视人才和智能资本扩张,实施人才"第一资源、第一生产力"的战略。从关爱员工,守护员工健康安全入手,到营造尊重劳动、尊重知识、尊重人才、尊重创造的良好氛围;从建立健全包括人力资源规划与预测机制、培养与评价机制、选拔与使用机制、激励与保障机制、配置与控制机制在内的整体性人力资源管理与开发机制,到构筑内涵丰富的"员工与企业共同发展"的人力资源管理平台,国华电力把员工自身价值的实现与企业的发展结合起来,让员工与企业共同成长。

正如国华电力引进和推行的 NOSA 五星安健环管理系统,NOSA 的安全关怀是"以人为本"的高度现实体现,它处处围绕着人的安全,甚至把对人的安全、幸福的关怀一直延伸到本企业员工之外的家庭、社会。它的基本理念是:所有意外皆可避免、所有风险皆可控制;所有工作顾及安全、健康、环保;对环境的影响可以降至最低。对于国华电力而言,HR 和 NOSA 共同遵循"以人为本"的核心理念,在各自业务领域的管理实践中,互相助力,共同推动着员工综合素质和业绩水平的持续提升。

风险预控

随着新经济的发展,全球化进程的加快,企业所处内外部环境发生了翻天覆地的变化。如巴林银行倒闭、安然公司破产、中航油巨亏等,给国华电力以深刻的启示。通过对内外部环境的分析(外部,企业面临着动荡多变的市场环境。例如生态环境和经济社会发展的变化,贸易和行业政策、法规的变动,国际金融形势与汇率变化趋势,节能减排和绿色环保要求等;内部,需要针对外部环境和企业战略定位,进行灵活的组织优化和流程再造,以求得生存和竞争优势),国华电力认为,在企业内部,人力、物力、财力和技术等系统受外部因素影响处于不断变化中,必须加强全面风险预控。为此,国华电力通过借鉴国内外先进的内控管理理念和方法论,着手建立符合自身发展需要的专业化内控管理系统,并在经营管理实践中逐步将风险预控理念融入了企业管理和业务流程中,形成有效的风险防范机制,抵御各类风险的发生。

正如国华电力在安全管理方面,从以事故分析、追究事故责任的事后管理,逐步提升到以抓未遂分析为主的风险预控式管理,以及开展安全性评价、技术监督、NOSA 评星,推进点检定修向状态检修过渡；在基本建设管理方面，采用"小业主、大咨询""基建生产一体化"的管理模式，实施反向推算工程总投资管理模式，建立工程建设管理信息系统；在经营管理方面，应用"平衡计分测评法"原理，完善了经营目标指标体系，以及借鉴卡斯特景气评价中心的企业景气评价方法，对经营目标的执行情况定期进行警示评价；在财务管理方面，实施全面预算管理，对资源进行合理配置和有效控制，建立财务能力模型（FCM），对企业财务会计工作进行评价，推行作业成本法（ABC），降低成本，提高效率；在发电技术管理方面，密切关注、跟踪新技术的发展和进步，并加强对发电技术的研究，全面衡量和预控在发电技术应用和管理方面风险；在采购管理方面，制定采购管理制度体系，建立健全组织，理顺职责与流程，科学规范采购行为，合理降低采购成本等等。

国华电力将风险预控作用于战略制定过程并贯穿于企业经营管理全过程之中，目的在于识别所有可能会影响企业战略目的和经营目标的潜在事项，通过战略、人员、流程、技术和知识等系统的原则方法来评估和管理企业面临的不确定性因素，化解各类风险，为企业主体目标的实现保驾护航。可以说，风险预控理念已经渗透到国华电力企业管理、流程控制和业务活动的各个环节，风险预控管理已经成为保障国华电力稳步健康发展的必要手段。

- 2003年2月，国华电力与上海电气集团签署"战略发展合作协议书"，并签订了被誉为"中国电站第一标"的"17台600 MW发电机组主设备供货合同和空冷机组供货协议"。
- 2003年6月，国华电力在聘请咨询机构进行企业绩效评价的基础上，建立了国华电力绩效评价体系。按照考核指标和评价指标两类指标，对企业年度管理效果进行考核评价。
- 2003年8月，国华电力ERP（FMIS，HR）实施项目正式启动，毕博咨询、德勤咨询、Oracle中国公司、西门子发电集团等机构共同参与。
- 2003年8月，国华电力根据发展的需要，设立内部控制部，构建内部控制体系，对公司管理的有效性进行评价，对公司的管理风险进行风险预控，对公司的重大决策进行跟踪和反馈，加强事前和事中的控制。
- 2003年12月，国华电力第一台自主建设的600 MW机组广东国华粤电台山发电有限公司1号机组投入商业运营，工期25.5个月，创国内机组建设工期最短纪录；该项目一期工程1、2号机组荣获中国电力优质工程奖及中国建筑工程鲁班奖。
- 2004年，国华电力开始建设决策数据中心，通过决策数据中心硬件系统建设、总部门户应用软件建设、发电公司门户系统建设，实现重要生产实时数据和管理性指标数据指标归集、动态图表、多维分析，实现实时成本计算、多机组动态负荷分配、资产设备状况管理，以大幅提升生产营运的决策效能。
- 2004年3月，国华电力第一个燃气机组项目浙江国华余姚燃气发电厂工程项目开工建设。该项目主设备选用美国GE公司生产的S209FA燃气——蒸气多轴联合循环燃气发电机组，是国内单机容量最大、技术最新的燃气机组，每小时发电780 MW。
- 2004年4月，国华电力第一个煤电一体化项目陕西国华锦界煤电一体项目工程开工建设。该项目电厂规划装机容量为6×600 MW，配套煤矿规划建设总规模为年产原煤1 000万吨。该项目是我国第一个真正意义上的煤电一体化开发建设项目，符合国家能源战略发展要求，可实现煤炭资源的二次转化，使附加值较低的煤转化为高附加值的电能，对能源的安全、节约及电煤间效益平衡、运行畅通具有重要意义。

• 2004年7月，国华电力第一个港电一体、水电联产项目河北国华沧东发电有限责任公司一期2×600 MW机组和2万吨/日海水淡化工程开工建设，2006年12月竣工投产。该项目建在神华黄骅港二期码头附近的浅海中，在国内率先采用围海造陆的方式获得全部厂区用地，做到"耕地零占用"；同时采用目前国内规模最大的低温多效海水淡化设备制取淡水，建立水电联产的工业模式，不开采宝贵的地下淡水，实现了海水资源的高效利用和循环利用，保证"淡水零开采"；电厂自身不需建设铁路、不设卸煤系统，从港口煤场直接用输煤皮带取煤，从港口深水港池取海水作为冷却水，打造港电一体，实现"燃煤零运输"。该项目一期工程先后荣获中国电力优质工程奖和中国建筑工程鲁班奖。

• 2005年1月，国华电力抓准时机，用短短的12天，收购了太仓港协鑫发电有限公司四期2×600 WM国产超临界机组工程的全部资产，成立国华太仓发电有限公司，全面接管工程建设，成功进入江苏电力市场。

• 2005年10月，国华电力与上海电气集团签订"600 MW发电机组备品联合储备协议"，变自我储备备件的单一行为为共同储备备件的集约行为，创新了供应链一体化管理，推动了电力行业物流管理模式的改革。

• 2005年12月，浙江国华浙能发电有限公司一期工程2号机组顺利通过168小时满负荷试运行，并被国家发展和改革委员会、中国电力企业联合会命名为中国装机规模突破5亿千瓦标志性机组。该工程以"工期短、品质优、投资省、环保好"四大特色荣获中国电力优质工程奖和国家优质工程金奖。

2006—2008年：高速发展阶段

从2002年到2006年，在"厂网分开"的体制框架下，区域电力市场的试点推广、全国市场化改革的深入，特别是独立电力生产商的出现和发展，促使电力行业中的发电企业发生了全新而深刻的变化，呈现出市场化、规模化、产业延伸、创新发展的趋势，发电侧形成了全方位竞争格局，竞争理念已渗透到基本建设、发电运营、经营管理的全过程。至此，发电企业真正彻底地摘下了"垄断行业"的帽子，切身体会着"无处不在"的市场竞争。

2006年前后，全国电力供需开始趋于平衡，发电侧市场化竞争愈发惨烈。作为独立电力生产商，要在行业内长久发展，就必须具备核心竞争力和话语权。对于国华电力而言，面对资产分布分散、发展速度加快、管控难度加大、核心人才短缺的形势，唯有通过专业化管理来持续提升企业管控能力，增强核心竞争力，扩大知名度和信誉度，提高影响力和认可度，才能获得发展机遇和市场地位。

在这种形势要求下，国华电力提出了"做专做强"的战略核心定位，实施专业化管理，通过整合资源，发挥优势，在发电项目的开发、建设、生产、经营、管控等环节做专、做精，打造最具竞争力的专业化独立电力生产商，实现以专求强。

国华电力专业化管理相对于电力系统传统的行政式管理和通常的投资式管理而言，更加强调管理的广度和深度，以专业化的管控体系为支撑，以专业化的人才资源、专业化的信息平台、专业化的技术管理、专业化的组织结构和专业化的分工协作为支持，对发电项目前期开发、基本建设、生产运营、经营管理全寿命周期内的全部业务的各个环节予以介入，从机构设置、人员配备、工作流程、工作标准等方面进行专业化管理，设定标准和要求，并监督实施，实现优化配置可用资源，最大限度降低成本，实现更高的增值效益，确保企业寿命期内资源耗用和效益产出最优化，综合提升企业的价值创造力和可持续发展力。

企业管理的利器：管控体系

国华电力认为，管控对任何一个企业来说都是不可或缺的，管控体系直接影响企业战略的实施。没有有效的管控体系，就无法获得及时准确的信息，做出正确的决策；就无法有效利用企业资源，高效有序地展开日常生产运营，确保各项决策的贯彻达成；就无法有效识别和评估风险，采取有效风险控制措施和策略，保证企业合法运转。

2006年，国华电力从现代企业公司治理的发展趋势和企业自身的整体发展战略角度出发，对在企业发展过程中形成的战略规划、基本建设、生产运营、财务产权、经营管理、人力资源和内部控制等管理控制系统进行梳理整合，科学系统地编制了国华电力管控体系（2006版）。

2008年，为了适应国家宏观政策的调整、金融环境的变化、电力行业改革的深化及市场化竞争，满足政府监管机构、上级主管单位对企业全面风险管理、内部控制管理的要求以及企业技术创新、组织创新、管理创新、业务创新等方面的需求，国华电力对国华电力管控体系（2006版）进行了科学系统的修编，针对不同的业务构建了不同的专业管理平台，如战略决策系统、业务运营系统、保障支持系统、监督评价系统，并从责权界定、工作流程、风险管理、信息沟通、工作规范等方面对所涉业务的各个环节进行管控标准和要求的界定，为实施专业化管理提供了管理依据。

国华电力管控体系（2008版）（见图1—1、图1—2）不但涵盖了对独立电力生产商实施有效管控的各专业领域，而且对每个专业、每个工作环节和层面的具体运作过程、程序、规范都作了系统而全面的规定，使其既符合企业运营管理的实际，也符合专业化、人性化的管理宗旨；既能整合企业的管理资源，提高工作效率，避免损失和风险，又能实现对资源和行为的有效管控。

国华电力管控体系充分吸收和借鉴了美国COSO《内部控制整体框架》《企业风险管理综合框架》和迈克尔·波特的价值链理论等管理理念和管理思想，以及我国的《中央企业全面风险管理指引》《企业内部控制基本规范》等政策要求。在体系层次结构构建上体现了组织管理思想，在系统结构安排上体现了PDCA管理思想，在内容结构安排上体现了企业价值链管理理论。

企业管理的先决：管理授权

为实现电力板块的管理专业化，优化管理流程，明确管理权限，提高管理效率，国华电力按照职能集中、简化层级、合理分权、专业管理的原则建立较为完善的授权管理体系，并制定企业管理授权手册。针对本部层面的企业政策、管理制度和相关事项、项目发展和投资管理、基建管理、资源管理、计划和统计管理、生产经营管理、安健环管理、采购管理、科

下 篇

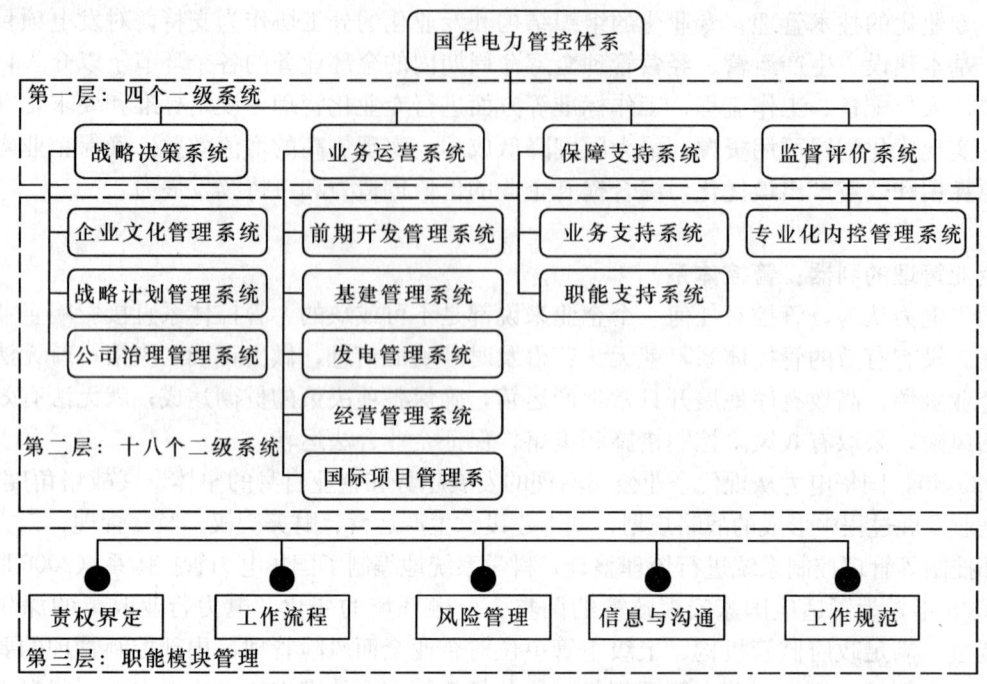

图1—1 国华电力管控体系（2008版）示意图

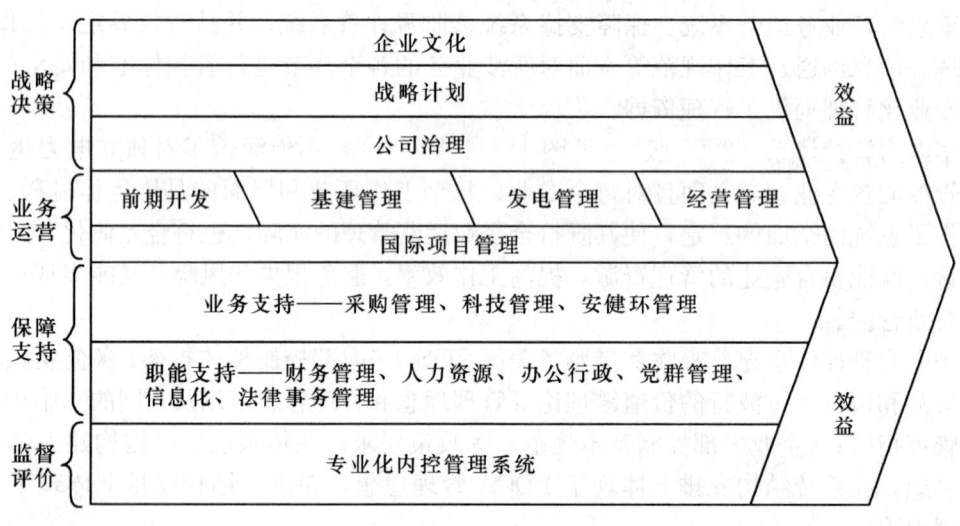

图1—2 国华电力管控体系（2008版）职能框架示意图

技信息管理、人力资源管理、财务管理、费用报销及资金支付、法律事务管理、信息披露管理、内控审计管理等职能，按照提议、组织、审查、上报、批准、备案等进行权限划分；针对下属单位，通过内部程序与法定程序的结合，对股东会、董事会（包括董事会管理委员会、专业委员会）、董事长、总经理（包括副总经理）和职能部门的管理权限及管理流程作出明确的规定，保障管理工作的合理分权、职责明确、流程顺畅、管理到位。

管理授权体系的建立，是确保国华电力实现有效管控、整体价值持续最大化目标以及构建合理管控环境的重要保障。

- 2006年，国华电力一年内集中投产10台燃煤发电机组和1台燃气发电机组，新增容量6780MW，开工建设8台燃煤发电机组，装机容量4460MW，规模得以迅速扩张。
- 2006年12月，国华电力建立发电设备远程诊断分析系统和设备健康数据库。该系统能够实现对设备重大隐患及共性问题进行统计、分析、研究，形成分析、统计、反馈的闭环机制，降低隐患发生及事故重复发生的频度，从而达到机组安全性管理的目的。
- 2007年，国华电力又新增6台燃煤发电机组和一个风电场，新增容量2475MW；开工建设6台燃煤机组，装机容量4640MW。
- 2007年7月，凭借先进的专业化管理理念和科学的管控体系，国华电力申报的呼伦贝尔能源新建工程（2×600MW机组方案），在国家发展改革委组织的内蒙古呼伦贝尔煤电基地电力项目评选中一举中选。
- 2007年12月，电力厂网分离遗留的"647"项目资产移交，国华电力接收徐州发电有限公司。此后，为全面落实国家节能减排政策，国华徐州发电公司"上大压小"工程（拆除1至6号小火电机组、建设2×1000MW超超临界机组）全面展开。在老机组拆除中，#1至#3烟囱和#1至#6水塔分3次成功爆破，实现中国电力史上的第一爆。
- 2008年1月，国华电力印尼南苏门答腊煤电项目（2×150MW发电机组、配套建设150万～200万吨/年的露天煤矿）正式通过国家发展改革委员会核准，标志着国华电力代表中国神华成功迈出海外扩张第一步；2008年3月11日，国华（印尼）南苏煤电有限公司在印尼注册成立。
- 2008年3月，国华电力与英国碳资源管理有限公司正式签订宁海、绥中两家发电公司四台百万千瓦超超临界机组清洁发展机制（CDM）项目碳减排购买协议。
- 2008年7月，国华电力与香港中电控股公司再次合作，对中电国华电力股份有限公司股权进行重组，中电国华电力股份有限公司更名为神华国华国际电力股份有限公司。重组后，神华国华国际新增三河二期工程、绥中一二期工程和准格尔二三期工程项目。
- 2008年10月，中共中央总书记、国家主席、中央军委主席胡锦涛视察陕西国华锦界能源有限责任公司，特别强调企业采取煤电一体化模式，实现煤炭资源就地转化，减少运输压力和环境污染，符合我国能源产业发展方向。
- 2008年11月，国华电力对所属的发电技术研究中心、电力工程技术中心、物流管理技术中心进行重组，组建神华国华（北京）电力研究院有限公司。国华电力研究院旨在为国华电力及其下属电厂提供从电厂建设、采购保障到生产运营全过程、全方位的综合技术服务，包括科技研发、技术支持、燃料供应、物资采购和信息化建设等方面。
- 随着国华宁海发电公司二期2×1000MW机组、绥中发电公司二期2×1000MW机组等工程项目的相继开工建设，以及国华徐州发电公司2×1000MW机组、国华台山发电公司二期2×1000MW机组、国华寿光发电项目2×1000MW机组相继列入规划，国华电力的事业发展已迈入跨越发展阶段。

永续经营

10年间,国华电力从起初收购电厂到致力于自主建设高品质的电力项目,从运营管理100 MW、200 MW、350 MW、500 MW 机组到800 MW 机组,从自主建设330 MW、600 MW 机组到1 000 MW 机组,成长为具有一定规模的跨地区、跨电网的独立电力生产商,发展速度令业内外瞩目。

发展规模现状

截至2008年年底,国华电力运营装机容量为18 526 MW,在建装机容量为7 840 MW,国外项目装机容量为300 MW。

国华电力发展战略总体示意图见附录。

未来发展目标

2010年,国华电力发电装机容量将超过30 000 MW,燃用神华煤6 000万吨/年;到2020年发电装机容量将达到50 000 MW,燃用神华煤1亿吨/年。

战略发展思想

——总体战略

依托神华煤电运化一体化优势,以清洁火电为核心,以本质安全型、质量效益型、科技创新型、资源节约型、和谐发展型为目标,加强资源共享,发挥协同效应,促进深度合作,实现低成本运营,建设管理体系先进、价值创造力强、标准化、信息化、专业化、国际化的一流发电公司。

——成本领先战略

在开发、建设、生产、经营、管理等各个领域,实施机制创新、管理创新、技术创新,推进"六个突破",从而降低成本,增产增效,提升国华电力的资源聚集力、价值创造力和可持续发展力。

——实现"六个突破"

• 深入贯彻十七大精神,努力践行科学发展观。正确理解和把握科学发展观的本质内涵,提高运用科学理论分析和解决实际问题的能力,紧密结合国华电力实际,坚定地落实神华战略部署,坚持好字优先、好中求快,快速健康地发展,积聚人才资源,沉淀技术经验,壮大实力,提升产业集成能力和对产业网络的实际控制力,实现较好的规模效益,找到一条既适合自己企业实际,又符合时代要求的科学发展道路。

• 转变国华电力发展方式,推进资源综合利用与开发。紧紧依靠技术创新与管理创新,从生产运行组织方式的改进、系统保护与自动化水平的提升、检修与维护的动态管理、机组经济调度模式的优化等方面整合开发国华电力的人力、技术、装备、管理等各类资源,加快建立科学合理的资源综合利用体系,不断提高发电营运安全经济水平,做到发展速度与效益的协调统一，实现资产规模与质量的同步提升。

• 转变技术发展方式，推进清洁煤发电技术应用。积极推进关键设备国产化，以资源节约与综合利用来推动电热联产、电水联产、"废气、废水、废渣"的综合利用，加深超（超）临界机组建设与运行技术的研究，有效推进 IGCC 煤基多联产技术和劣质煤燃用技术的研究与应用，突破清洁煤发电的关键技术，实现煤炭资源价值的最大化，取得一批具有自主知识产权的重大成果，培养造就科技专业人才，实现国华电力技术发展方式的转变。

• 落实"走出去"战略，提升国华电力在国际市场的竞争力。以印尼项目为突破口，熟悉和积累国际项目运作经验，完善国际化战略和国际能源合作规划，有效利用国际国内资金，积极稳妥地推进国际能源合作项目；有效运用国华电力基建管理经验，对外提供基建项目管理咨询；有效发挥国华电力检修运行管理经验，对外承揽发电营运与维护项目。加强对国际市场的调查研究，把"引进来"和"走出去"很好地结合起来，深化"走出去"的内涵，加强内部资源整合，加快人才培养，防范国际经营风险，不断提升国际市场开拓能力。

• 优化变革组织管理，提升国华电力的管理成熟度。在保证国华电力完整性和一体化的前提下，优化变革组织架构，实施流程再造，发掘和建立起科学完备的重大问题决策机制，拓展管理的横向幅度与纵向深度，做到管理决策有据可依，管理流程顺畅高效，管理活动符合"四项原则"（即目标一致性的原则，管理有效率效能的原则，责权利高度统一的原则、制约制衡的安全性原则），技术创新能力持续增强，人才素质不断提高，推动企业团队形象走向卓越、国华电力品牌内涵更丰富，社会责任得到切实履行，实现国华电力的管理稳步走向成熟。

• 探索电站服务产业化，打造新的电力盈利模式。依托物流管理信息化平台（SCM），建立电力基建、生产物资专业化供应体系，提供采购战略调整、共享库存、联储代储等服务功能，整合国华电力技术服务资源，完善电站项目设计咨询与论证、工程建设、运行维护、组织协调等管理服务体系，提供标准化、专业化和有竞争力的一站式电力服务综合解决方案，打造新型的电力盈利模式。不仅体现专业化分工和协作，实现职能专业化，促进国华电力真正做专做强；同时实现客户共享和成本共享，形成具有低成本运作、集成度高和规模效应凸显的新利润增长点，使国华电力获得更高层次的发展。

10 年间，国华电力肩负着促进神华可持续健康发展和有效抗御市场风险的职责与使命，承担着建立新型煤电关系和增强自我发展能力的两大重任，经受住了生存与发展的种种考验和挑战，走过了不平凡的创业征程，快速成长为中国独立电力生产商中的主力军，为自身的永续发展注入了强劲的动力，为神华事业实现跨越式发展作出了重要贡献。

• 发电装机容量从 1999 年的 2 050 MW 发展到 2008 年 18 526 MW，增加了 8.04 倍，年均增长率 27.71%，燃煤机组平均单机容量 479 MW。

• 发电量从 1999 年的 62 亿千瓦时增长到 2008 年的 998 亿千瓦时，增加了 15.10 倍，年均增长 36.17%。

• 燃用神华煤量从 1999 年的 139 万吨增长到 2008 年的 3 774 万吨，增加了 26.15 倍，年均增长44.31%。
- 供电煤耗从1999年的340克/千瓦时下降到2008年的325克/千瓦时，下降了15克/千瓦时。
- 利润总额从1999年亏损3.21亿元人民币到2008年利润总额达到31亿元人民币；累计实现利润201亿元，上缴税金206亿元。
- 净利润从1999年亏损2.56亿元人民币到2008年净利润达到22亿元人民币。
- 资产总额从1999年的231亿元人民币增长到2008年的997亿元人民币，增加了3.23倍，年均增长17.38%。
- 管控企业由最初京津唐地区的4家扩大到目前遍及华北、东北、西北、内蒙古、珠江三角洲、长江三角洲等区域及海外的印尼南苏门答腊省的33家……

10年间，国华电力由起步到提速，再到高速发展，用管理进步和自主创新培育"国华电力"品牌，用走"做专做强"的发展道路，积蓄了力量，增强了实力，践行了科学发展观，履行了企业社会责任，体现了企业的价值，为中国电力工业和国民经济的大发展作出了历史性的贡献。

- 煤电一体化

国华电力通过在煤矿附近建设坑口电站，如国华陕西锦界、内蒙古准格尔、呼伦贝尔等发电工程项目，把劣质原煤、洗中煤、煤矸石就地转化为清洁电力，把精煤外运销售，提高煤炭资源的利用价值。

- 空冷技术

国华锦界煤电一体化项目采用直接空冷技术，较湿冷机组节水70%，发电水耗约为0.5 kg/kwh，达到国内先进水平；国华定州发电公司二期工程、呼伦贝尔项目应用直接空冷技术并实现全部设备国产化。

- 烟塔合一技术

国华三河发电公司二期项目采用脱硫无旁路烟塔合一技术，比采用烟囱直通式脱硫系统节省投资，经济效益明显，同时排放效果也优于烟囱。此项技术将推广应用到国华徐州发电公司"以大带小"的2×1 000 MW机组上，在国内处于领先地位。

- 海水淡化技术

国华沧东发电公司采用目前国内规模最大的低温多效海水淡化装置制取淡水，不开采宝贵的地下淡水，实现了海水资源的高效利用和循环利用。自主研发的万吨级低温多效海水淡化装置开创国内大型海水淡化技术应用的先例，为20万吨/日海水淡化工程项目奠定了基础。

- 中水利用技术

国华三河发电公司二期工程，采用城市污水处理水做水源，经过深度处理后的中水作为循环冷却水的补充水；按每年1 000万吨的用水量计算，每年节省费用1 400多万元。

- 脱硫脱硝技术

截至2007年年底，国华电力系统火电机组脱硫配备率达到83.2%，脱硫效率达到国家环保总局批复的90%以上，到2010年国华电力将实现全部火电机组脱硫。

- 海水冷却塔技术

国华宁海发电公司二期工程采用海水二次循环系统，每台机组配套一座自然通风逆流式海水冷却塔，单塔冷却水量 10 万 m^3/h，冷却水年平均降温 9.64℃，有效地保护了海洋生态环境。

- 整体煤气化联合循环（IGCC）技术

国华电力正在研究 IGCC 煤电化联产，在 IGCC 发电的同时联产甲醇、聚丙烯、汽油及其他化工产品。目前，国华电力已对国华鄂尔多斯、上海、温州、惠州 IGCC 项目开展了初可研和可研。

- 国产 DCS 系统研发与应用

国华锦界能源公司亚临界 600 MW 空冷机组成功应用具有自主知识产权的国产 DCS 系统，技术达到国际先进水平，打破了 600 MW 火力发电机组 DCS 系统国外厂商垄断的格局。目前，DCS 国产化技术已推广应用到国华电力新建、扩建 600 MW、1 000 MW 超超临界机组上。

- 超超临界发电技术

国华电力正抓紧利用国华宁海发电公司 1 000 MW 机组的设计、制造、安装、调试的有利时机，加大对 600 MW、1 000 MW 级超超临界机组系统优化、运行性能与检修技术的研究力度，使新建、扩建超超临界机组得到更有力的技术支持和保障。

太阳每天从东方升起，但每一天的太阳其实都是不一样的。同顶着"国有企业"的帽子，不同时代的国有企业也大不相同。国华电力——一个按照现代企业制度建立起来、由董事会领导、采用商业化模式运作的独立电力生产商，一个在电力市场竞争中发展起来的"新国企"，让我们对中国国有企业又有了更鲜活的认识。

- 市场导向型的运营策略

国华电力的运营完全由企业决策，不是根据任何个人的意志，而是根据市场的变化来决策。企业决策主要取决于以下几个方面：一是不断变化的市场，二是客户的需求，三是自身在市场竞争中所处的地位，四是各种生产要素的供给状况。正是由于这种以市场为导向的运营策略，使国华电力拥有成功驾驭市场的能力。

- 科学、高效的管控体系

国华电力遵循"权利统一、目标一致、效率效能和制约制衡"四大管理原则，建立了一套适合企业自身特点的管控体系。这套管控体系针对企业管理的所有方面和层次都做出了规定，既有业务管理，也有职能管理；既有实体管理，也有程序管理，它是国华电力的基本法，是统领各项管理业务、管理制度和流程的基础法则，是各级管理人员以及全体员工的行为纲领。

- 靠创新增强核心竞争力

毫无疑问，国华电力能够在激烈的市场竞争中得以生存和发展，一方面是靠神华集团的大力支持，另一方面则靠的是自己的看家本领，而这些看家本领正是多年市场竞争的结果，它来自于国华电力的制度创新、管理创新、技术创新。国华电力的制度创新为技术和管理创新提供了动力机制和环境；管理创新为制度创新和技术创新提供了管理与组织上的效率保证；技术创新对制度创新提出了要求，为管理创新提供了技术手段。

- 注重培育企业"软实力"

一家强大的企业可能让人敬畏，却未必让人尊敬。中国已有企业跻身世界500强，它们的规模、实力在各自行业都名列前茅，但人们听到更多的是对它们垄断地位的批评，而非表扬和肯定。国华电力不仅仅是电力行业的重要参与者，更是敢于去创造新标准、新规则、新模式、新体系的实践者，其提出的诸多理念、开创的诸多做法如今已经得到业界的广泛认可和市场的充分肯定。换句话说，在市场占有率、规模和利润之外，国华电力希望提供更多的"普世价值"，而非只图一己私利。

- 实现员工与企业共同发展

国华电力将"人"的价值置于"物"的价值之上，把员工发展作为企业战略目标的重要内容之一，实现员工目标与企业目标的协调一致。国华电力搭建"员工与企业共同成长"的平台，就是为了以正确的目标引导人，以科学的制度管理人，以完善的机制激励人，以战略的眼光培养人，以优秀的文化塑造人，最终实现员工自我完善、自我控制、自我发展的管理机制，激发员工的极大热情，增强员工的责任心，充分调动员工的积极性和创造力，不断实现和升华员工的人生价值，不断提高企业的核心竞争力和价值创造力，促进企业的永续发展，形成企业与员工和谐共融、互相促进的良性循环。

- 开放性、融合性的企业文化

在神华集团的企业文化引领下，国华电力全面准确地把握企业的历史、现状，前瞻未来，提炼出涵盖企业愿景、企业使命、企业核心价值观、企业精神、企业文化总纲、管理理念、安全理念、基建理念、经营理念、人才理念、营销理念、廉洁理念、环保理念、服务理念、宣传（传播）语的企业文化理念系统。国华电力的企业文化来源于长期的实践智慧，体现了集团性、公益性、公众性的特点，是一个完整的具有不同层次的有机体系，是具有开放性、融合性和自我完善功能的生态性企业文化系统，其既能满足国华电力的现实需要，也能为未来发展、战略目标的实现提供强有力的支持。

- 切实履行企业的社会责任

作为国家能源战略的重要实施主体，国华电力严格履行国家的法律法规，遵守和执行国际公约、条约和国际惯例，恪守诚信经营、公平竞争的商业道德及国际社会普适的商业准则，立足于电力工业改革发展的实际，坚持以人为本的办企理念，着力抓好安全生产工作，着力提高企业经济效益，着力增强自主创新能力，着力加强资源节约环境保护工作，着力协调各方面的利益关系，用实际行动践行科学发展观，切实履行企业社会责任，为构建和谐社会提供了有力支持，为促进经济社会全面协调可持续发展做出了积极的贡献。

创业十年，国华电力坚持高起点，高标准，高水平，高效率，以"世界一流，行业最优"为目标，高擎创新的旗帜，积极借鉴、吸收和消化国内外先进的管理理念和管理经验，不断进行创新性的实践、应用、总结和提升，逐步形成了具有国华电力特色的"专业化"管控模式，走出了一条做专做强、又好又快的科学发展道路，奠定了国华电力的发展之基，有力地促进了神华事业的可持续健康发展。

这就是国华电力,一个"新国企"的崭新面貌。她让我们看到一个"企业"始终把企业永续经营能力的培养作为企业发展战略的基点,始终把社会、经济、政治责任作为企业的第一责任,始终把节能环保与资源综合利用作为企业发展的重要使命,始终把创新能力作为企业核心竞争力的引擎,始终把人力资源作为企业的第一资源和第一生产力……

这就是国华电力十年的企业成长之路,也是国华电力未来走向永续经营的必由之路。

附录

国华电力发展战略总体示意图

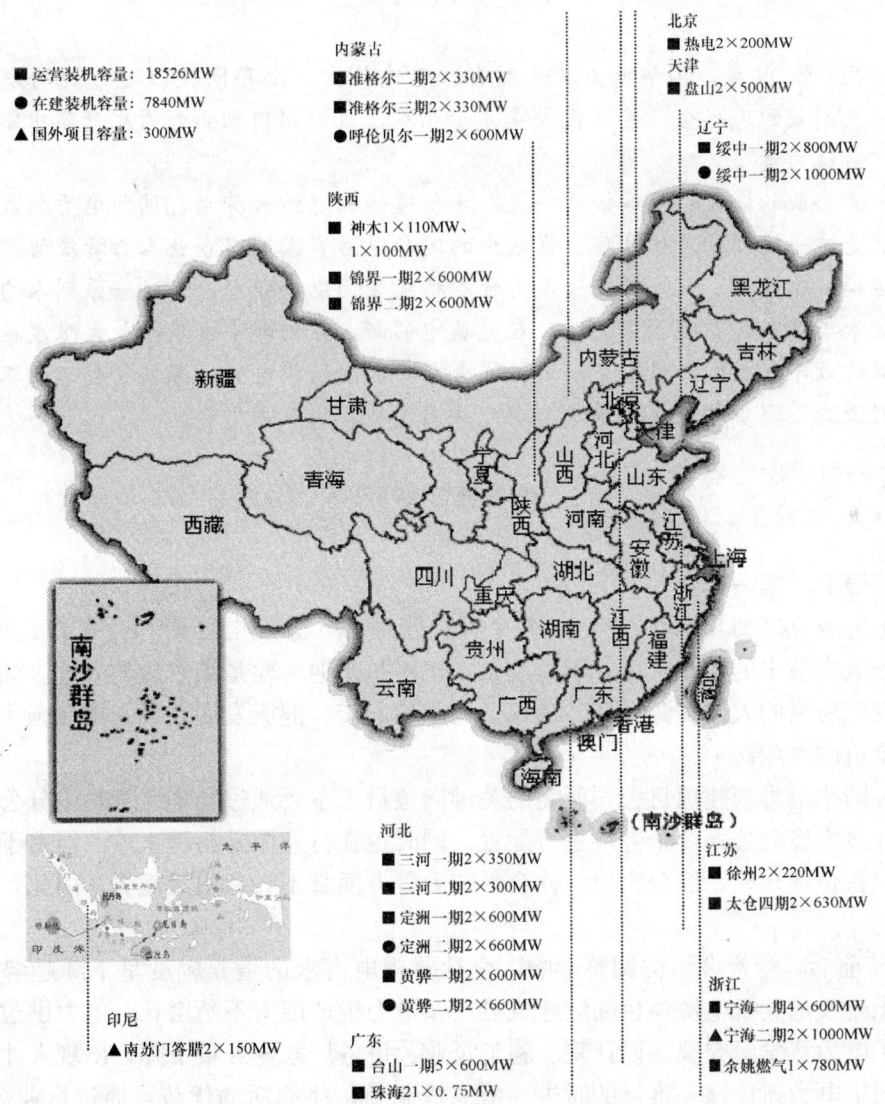

第 2 章
搭桥筑台　共同成长

1999—2009年，国华电力从无到有，迅速壮大，十年间便以超常规的发展速度和规范高效的现代企业管理模式屹立于业界，成为国内独立电力生产商中不容小视的"新锐力量"。

一流企业的诞生和发展源于一流人才创造性的思维和劳动，国华电力的成长与发展就是这一规律的具体体现。发展中的国华电力直面国有企业人力资源管理所面临的诸如机制僵化、观念陈旧、人力资本稀缺等困惑和瓶颈，通过一系列人力资源管理探索与实践，在继承中突破，在突破中创新，在创新中发展，最大限度地提高了组织的效率和效能，吸引了一大批优秀人才加入国华电力，激发了员工的工作热情和创造力，逐步构筑起"员工与企业共同发展"的双赢平台。

继承中突破

人才资源的"第一桶金"

国华电力成立之初，总部只有40多个人，管理着4家发电公司和一家新建项目公司。当时，国华电力缺少的不是资金，不是设备，也不是机遇，而是高素质的人才。如何构筑起满足公司发展所需的人才资源高地，确保公司平稳起步、健康发展，成为摆在国华电力面前最现实而紧迫的课题。

起初，国华电力新建项目公司所需的关键岗位员工主要通过国华北京热电分公司、盘山发电公司和绥中发电公司3个老厂进行配置，同时也在行业内外招聘人才。但由于国华电力刚刚成立，在企业规模、综合实力、社会影响力等方面都不具备明显优势。因此，很难吸引外部人才。

2000年前后，受产业结构调整影响，全社会用电需求的增长幅度呈下降趋势，加之缺电时期开工建设的大批电源项目陆续建成投产，电力生产能力不断增长，电力供过于求，并间接导致了电力科学研究院、设计院、施工企业、设备厂家业务量下降，出现人才资源冗余的现象。国华电力抓住这一难得的时机，依靠机制新、体制活的优势，通过行业公开招聘、专家推荐等方式从中挑选到部分急需的高端管理人才和技术人才，淘到了国华电力人才资源的"第一桶金"。正是这批优秀人才的加盟，为日后国华电力事业稳步快速发展奠定了坚实的人才基础。

如今，这批"外脑"人才已经成为国华电力事业发展的中坚力量。其中很多人已成为国华电力系统各层级的领军人物。而吸引、留住并激励这些高级人才的，不仅是国华电力良好的工作环境和薪酬待遇，更看重的是国华电力先进的企业文化、敏锐的战略眼光、超前的管理思想，规范的管控体系、高效的工作节奏和充满机遇与挑战的工作机会。

在企业最关注的问题上，什么都可以缺，人才不能缺；什么都可以少，人才不能少；什么都可以不争，人才不能不争，这一点国华电力决不含糊。

"小业主、大咨询"的管理模式

2000年，为了适应新时期电力基本建设发展，国华电力按照"管理社会化、咨询市场化"的思路，充分利用和发挥社会专业力量，以经济关系为纽带管理工程项目，在业内率先实践了"小业主、大咨询"的办电模式。

在国华电力首个自主建设项目——准格尔发电厂二期工程建设时，基建工程专业管理人员少，经验不足，要自主完成这样一个工程建设项目，再进入到生产运营，按照过去基建管理业主大而全的管理方式，没有几百人的员工队伍无从谈起。可这样一来，工程结束后又会造成基建人员无法安置。两难之中，逼出了国华电力决策者们的辩证法——采取"拿来主义"，充分利用社会力量为我所用，提出"小业主、大咨询"的管理模式，请有经验的单位参加到基建管理中，聘请外部的优秀人才参与到项目管理中。社会资源的充分应用，既提高了项目管理水平，业主自身用工人数也大大降低，从而成功解决了电力基建阶段对建设管理、质量控制和关键技术突破的难题，缓解了建设期管理需要大批专业人才、到运营期人才无法转型造成的冗员压力，同时有效地引进和学习了业内外先进的管理经验和技术。

2000年以来，国华电力在发展实践中不断地丰富"小业主、大咨询"管理模式的内涵，目前已从基建管理拓展至发电运营管理、设备检修管理、发电技术管理、人力资源管理以及标准化、信息化建设等业务领域，特别是在公司的组织设计、流程再造、专业细分、职能划分、用工方式等方面也进行了有效实践。"小业主、大咨询"的管理模式使国华电力突破了传统企业的"大包大揽、五脏俱全"的社会性企业管理模式，成功进入按照市场经济规则运作的现代企业管理阶段，实现了由传统的职能型管理向现代的专业化管理转型。

"大国华"的人力资源配置

"大国华人力资源观"是国华电力根据自身发展战略实际，在人力资源管理方面提出的全新概念。所谓"大国华人力资源观"，强调的是以战略性、系统性、全局性的观点来管理人力资源，主要通过控制人员总量、盘活人员存量、用好人员增量、调整人员结构等手段，实施全口径人员管理，构筑起支持公司长远发展的人力资源战略性力量，以达到人员素质持续提升、人员结构科学合理、人员效率效能先进、不断促进企业业绩提升、推动企业战略实现的目标。

由于国华电力处于企业的成长期，发展速度较快，人才资源储备相对不足。为此，国华电力主要通过外部招聘高素质人才与内部优化配置人力资源两种方式来解决人才储备问题。在开放的社会竞争条件下，国华电力对社会人才的招聘，不唯学历，不唯资历，而是更注重人才的品格、素质、能力、潜质，不拘一格选人才；对于应届毕业生的招聘，更看重激情，因为经验可以通过时间获得，而拥有激情才能保持长久的动力。10年来，国华电力累计从社会上招聘各类人才1538名，招收高校毕业生2147名，为经验丰富的各类专业人才和刚走出校园的大学生以及内部员工提供了各种富有挑战性的工作机会。

在国华电力的快速发展过程中，大批新建电源项目开工建设，新建项目公司对人力资源的需求缺口较大，面对新厂缺员、老厂超员这一形势，国华电力对人力资源存量和需求进行认真、客观的分析，提出了按定员组织生产、以内部调剂为主、员工与企业双向选择相结合的原则，制定了人性化的人力资源优化配置配套政策，并通过选择性特定人员配置、成建制人员配置、项目承包和劳务输出等方式优化配置人力资源。10年来，国华北京热电、盘山、绥中、徐州、神木等发电公司的1152名员工先后调入国华台山、宁海、锦界、定州、沧东、准格尔、呼伦贝尔等新建发电公司，既满足了新厂对生产准备人员的需求，又相对缓解了老厂人员冗余的压力，为老厂人员结构的优化创造了条件。与此同时，国华电力的老厂开始承担起为新厂人员进行岗前培训的艰巨任务，为新建项目公司培养了一批批合格的生产准备人员。

为深化"大国华人力资源观"，国华电力还加大了高级管理人才双向交流、横向交流力度，并有计划地开展了总部机关与基层单位管理人员挂职锻炼、轮岗交流等工作。这一举措不仅畅通了各类人才之间相互流动的渠道，而且使管理人才在实践中磨练意志，砥砺作风，开阔视野，更新观念，提高了综合素质。

在国华电力，只要你有实力，只要你肯干，就一定会有发展的机会和施展才干的空间。

人才管理的"四个机制"

国华电力成立以来，始终把机制建设作为人力资源管理工作的重中之重，努力建设人才的培养开发、选拔任用、考核评价、激励约束机制。

以个人能力为核心的人才培养开发机制。国华电力确立"能力本位"核心价值理念，人才培养以能力建设为核心，围绕提高员工的学习能力、实践能力、创新能力这一核心，通过国华管理学院学习、挂职锻炼、交叉任职、轮岗交流、课题研究、知名院校深造、专项培训、入职教育、师徒合同、技能培训、轮训等多种方式并举，坚持学习与实践相结合、培养与使用相结合，促进各类人才在实践中提升能力。

以竞争择优为原则的人才选拔任用机制。国华电力注重人才的品德、知识、能力、业绩"四大要素"，人才选拔以竞争择优为导向，通过建立一二级后备人才选拔机制、首席专家及专业技术带头人评审机制和技能鉴定、专业调考、内部岗位评估及技能大赛为基本形式的技能评价机制，促进优秀人才脱颖而出。

以绩效为标准的人才考核评价机制。国华电力以能力、业绩为导向，构建由品德、知识、能力等要素构成的人才评价体系；强化绩效评价在人才选拔、人才培训与职业生涯规划、薪酬分配等方面的作用；持续完善人才考核评价机制，开发应用现代人才测评技术，提高评价的科学度。

以价值取向为主导的人才激励约束机制。国华电力尊重员工价值创造和对合理利益的追求，人才激励以价值创造为标准，制定并实施对关键岗位和突出贡献员工的中长期激励计划，在职业发展、薪酬分配、带薪培训、健康保健、一次性年金等方面进行有益尝试，建立体现人才核心价值、以物质激励和精神激励相结合的多元激励约束机制，为给企业创造价值的员工提供最佳的回报，调动员工的工作积极性和创造性，达到吸引人才、留住人才、激励人才、创造价值的目的。

突破中创新

员工的正向激励与有效约束

为培育和增强企业核心竞争力，强化企业核心价值观，吸引和留住企业的核心、关键人才，国华电力始终在探索建立与现代企业制度相适应，与企业发展战略相一致，以社会、行业标准为参照，以岗位价值为基础，以工作业绩为导向，以企业效益为前提的薪酬制度和绩效管理体系，以稳定员工队伍，激发工作热情，创造更高的绩效。

在电力行业率先实行经营管理者年薪制。国华电力坚持责任、风险、绩效、利益相一致的原则，以基本年薪、绩效年薪和长效激励年薪三部分构成经营管理者年薪，其中后两部分与企业绩效紧密挂钩，体现出业绩是硬道理；经营者绩效考核指标设计既考虑企业绩效与经营者绩效的关系，又兼顾经营者政治素质、团队协作和作风建设等因素，形成经营管理者绩效目标设定、执行过程控制、企业经营结果评价、反馈、奖惩、改进的闭环管理。

全面推行企业绩效管理。国华电力将企业目标层层分解，落实到部门和个人，以部门关键业绩指标（KPI）和员工工作任务完成情况为主要考核内容，以企业持续发展、员工实现价值为最终目标，实现所有者、经营者和员工利益的合理组合。绩效管理注重目标引导，关注沟通和提升的过程，体现企业的价值取向，注重激励绩效突出的团队和个人，倡导工作有效率、有效能、有价值。

建立了透明的企业年度工资总额核定机制。国华电力突破按上年计划数核增当年工资总额的工资核定模式，实施工效挂钩机制，按照企业的规模、定员核定工资基数，同时与安全生产、利润、发电量以及人均贡献率等企业绩效挂钩，决定当年工资增长幅度，促进企业年度经营指标完成。

建立全新的薪酬管理体系。国华电力实施员工绩效考核管理，把岗位责任和工作绩效作为薪酬调控的主要依据，使薪酬结构比例科学合理，加大绩效考核动态工资的比重，拉开了关键岗位与一般岗位的收入差距，体现了效率优先、兼顾公平的原则，对人才的吸引和激励起到了积极作用。

实施全口径人员及人工成本管理。国华电力明确"劳动生产率高、人均人工成本高、人工成本含量低"的全口径人员和人工成本管控目标，建立了全口径人员和人工成本管控体系的宏观调控机制，并以社会劳动生产率、企业人工成本占总成本比重等指标作标杆，评估和调整人工成本总量和含量水平，逐步实现"两高一低"的人工成本管理目标。

国华电力认为，"适合的就是最好的"。每个企业都有自身的特点，都有千差万别的历史背景、人际关系和经营理念，但最关键的是要设计和运行适合自身特点的激励和约束体系，这样才能有效地解决发展的动力问题。

全方位的员工健康管理

国华电力认为，员工的健康是保证企业发展的基石，只有切实做好员工的健康管理工作，才能改善员工健康状况，降低健康风险，促进企业健康发展。为此，国华电力在2001年引入南非的"NOSA五星管理系统"，运用NOSA的"每项工作均顾及安全、健康、环保"的核心思想来全方位指导员工的健康管理工作。

国华电力从员工职业卫生到员工健康管理，在严格劳动保护监督、作业环境危害因素监督的同时，实施员工健康计划，形成由定期体检、身体各项机能跟踪、保健康复治疗到复检的闭式循环；从员工生理健康到心理健康的外延管理，在关注员工身体健康的同时，与社会的心理辅导机构建立联系，通过心理热线咨询、心理健康讲座、心理健康测试等方式关注员工的心理健康；从员工健康预控到保健指导，在建立员工健康档案，对员工的健康问题进行康复指导、跟踪的同时，对员工进行个别的饮食、生活习惯指导，并在企业层面相应改善工作流程、作业环境等，及时预防、解决影响员工健康的问题；从员工工作岗位到员工业余生活，在关注工作区域内员工安健环的同时，竭力推行业余安健环，如交通安全、公共卫生、环境保护等方面均纳入公司安健环管理的范畴；从员工个人健康到家庭健康，在为员工制订健身计划、带薪休假计划的同时，针对员工的家庭实施健康培训计划，通过员工带动家庭成员关注健身，促进员工家庭成员的健康；从维护员工健康到守护员工健康，恪守法律法规要求，认真执行员工职业健康相关规定，履行企业义务，维护员工健康，事事与员工健康关联，从一切有利于员工健康出发，守护员工健康。

国华电力希望通过全方位的员工健康守护措施，提升员工的生活品质和工作绩效，增强员工的归属感，激发员工的工作热情，促进员工与企业健康、和谐、可持续发展。

HR 的"服务器"

国华电力成立之初提出了建设"数字化电站"的信息化目标。旨在通过信息平台达到降低成本（节能降耗、提高效率）、优化经营（电力市场、组合效益）、实现管理规范化、创新和效率平衡，提升企业价值的管理目标。

2002年，国华电力以信息整合为重点，在公司系统内推广实施企业资源计划系统（ERP），重点解决各专业信息系统的接口问题，以逐步消灭信息孤岛，实现各系统的数据实时、集成和共享。同时，通过理顺人力资源管理职能之间的业务流程，构建了"准确、及时、标准、高效、安全"的全功能、多层次、科学化的人力资源管理系统（ERP-HRMIS），建立了从需求预测、招聘整合、考核管理、能力培训、薪酬福利到职业生涯相互紧密衔接的战略体系，并运用绩效考核功能模块将考核结果直接与薪酬挂钩，推进企业人力资源的优化和管理进步。

国华电力 HRMIS 集成了组织人员管理、薪酬管理、招聘管理、培训管理、员工自助、智能分析等六大功能模块，强化了信息资源的深层加工和有效利用，使系统具有广泛的扩充空间，体现了人力资源管理的系统化、信息化；人力资源管理信息实现安全共享和数据流传输功能多样化；信息资源开发体现利用的充分性、监控的实时性、分析的有效性、预测的前瞻性；信息传递的高效性、数据连接的无缝性、技术处理的开放性。

作为跨地域的独立电力生产商，国华电力实施 HRMIS 考虑的一个重要问题是能够满足各个地域、各类型单位的统一使用和各自管理创新的要求。例如，绩效管理模块在实施之初，在对系统内大部分单位个性化的绩效管理模式调研和分析的基础上，对 ERP 产品从流程方面进行了改造，但在实际应用中发现考核周期、考核标准、人员归类、审核流程等仍然出现顾此失彼的现象，很难达到同一平台的效果。后来采用了架构设计的思想，提炼归类划分出共性问题和个性问题，对于个性问题，在架构设计时考虑其灵活性和可变性。经过一段时间实施后的系统评估，证明架构设计是国华电力实施 HRMIS 系统的关键。

HR 的"防火墙"

人力资源管理是国华电力内部管控体系保障支持系统的重要组成部分。在人力资源风险管理上，国华电力结合内控的控制理念，对人力资源全部业务职能按照责权界定、工作流程、风险管理、信息与沟通、工作规范五大要素以及相关的各种表格、流程图、风险管理文档进行详尽的描述，表明在对各项业务进行全面评估的基础上，通过对相关管理职责和职权的划分，对业务流程的梳理进行风险识别，并根据需要采取相应的控制措施，制定相应的工作规范，实施相应管理控制活动，保持顺畅的信息与沟通，对管理工作进行持续改进，以有效提高管理效能；通过监督和评价来保证管理目标的实现，同时保持信息沟通和反馈跟踪，形成制约制衡和配合协调的良性互动机制，以此规避和防范人力资源管理风险。

国华电力人力资源风险管理在于保障企业战略目标的实现，保证"员工与企业共同发展"目标的实现，确保人力资源各项业务活动始终沿着正确的轨道运行。在人力资源管理活动中，国华电力遵循权责匹配原则、制约制衡原则、协调配合原则、效率效能原则。权责匹配原则就是根据各岗位业务性质和人员要求，相应赋予作业任务和职责权限，规定操作规程和处理手续，以使职、责、权、利相结合，做到事事有人管，人人有专责，办事有标准，工作有检查；制约制衡原则就是将一项完整的人力资源业务，分配给具有相互制约关系的两个或两个以上的岗位分别完成；协调配合原则就是在各项人力资源业务活动中，各岗位人员相互配合、协调同步，各项业务程序和办理手续需要紧密衔接，从而避免扯皮和脱节现象，协调配合原则是对制约制衡原则的深化和补充；效率效能原则就是在人力资源管理风险预控过程中，力求以最小的控制成本取得最大的控制效果，以最小的风险取得最大的效率，以最低的管理投入取得最高的管理效能。

目前，国华电力正着手对人力资源管理风险进行层次归纳，简单地说，就是在理念层次上，树立正确的人力资源理念、管理理念和风险理念，确保理念的正确与先进；在制度层次上，健全人力资源管理各项制度的建设，保障各项制度的整体性、系统性和连续性；在技术实践上，结合人力资源管理实际，推行适应性、实用性强的技术方法，确保技术的系统性与协调性。

创新中发展

"专业化管理"的组织设计

国华电力专业化管理是通过对企业的组织结构、业务功能、管理职能等优化设计，对业务流程进行重组、再造，建立合理、高效的组织架构和科学、系统的管控体系。专业化管理的目标是优化配置可用资源，最大限度地降低成本，实现更高的增值效益。

国华电力在管理体制和机制上全面与国际接轨，在实践中不断整合优化组织结构，形成了以发展战略管理、发电运营管理、基建项目管理、财务产权管理、经营管理、内部控制管理、人力资源管理、科技信息管理、党建、企业文化建设等为对象的专业化管理部门，形成了担当国华电力的策划、指导、监督、咨询职能的经营管理层与下属子公司连接的组织系统。由总部业务管理部门对各项工作制定体系化的业务规则，并以一定的手段实现动态监督、指导和审计，形成对业务规则的持续改进体制。

国华电力各子公司在管理机制上实行直线职能制管理，即在总经理的领导下设置相应的职能部门，实行总经理统一指挥与职能部门参谋、指导相结合的组织结构形式，按照现代企业制度实施专业化管理。

国华电力运营发电公司的组织设计全部采用统一模式，在整体上体现"直线职能式"，采用"十部制"设置，各职能部门在形式上平行设置，但在职能分工及流程上体现出了职能管理及执行的层级；基建项目公司采用"六部制"设置，强调基建为生产、生产为经营，实现基建生产的无缝连接。同时建立了完善的管控体系，成为公司实施专业化管理的宝典。

国华电力构建了专业化管理的支持服务平台——神华国华（北京）电力研究院，分设技术研究中心、燃料管理中心、物流管理中心，为国华电力提供发电厂建设、生产运营的全过程、全方位（包括科技研发、技术支持、燃料供应、物资采购和信息化建设）的技术研究咨询和服务，旨在通过技术创新和管理创新提升国华电力的核心竞争力。

四支人才队伍建设

为培养和造就与国华电力发展相适应的人才队伍，国华电力提出以提高战略开拓能力和现代化经营管理能力为重点，建设一支高标准、高绩效、具有职业经理素质、德才兼备的高级经营管理者队伍；以提高党性修养和对事物的认知能力为重点，建设一支坚决贯彻党的路线、方针、政策，协调处置能力强、维护稳定、促进发展的政治思想工作者队伍；以提高超前服务意识和执行能力为重点，建设一支专业性强、技术领先、结构合理，具有科技攻关、技术创新和科技成果转化能力的权威技术专家队伍；以提高价值创造力和实践能力为重点，建设一支爱岗敬业、技术精湛、勇于实践、作风过硬的具有运用新工艺、新方法解决现场实际问题能力的技术能手队伍。

面向高级经营管理者队伍，国华电力高标准建设了"国华管理学院"，通过商务导向的管理论坛、行动学习、情景模拟、课题调研、挂职锻炼等多形式、全方位的复合培训，培养职业经理人；建立了有利于优秀人才脱颖而出、充分施展才能的一级、二级后备人才管理机制，使高级经营管理者队伍成为引领公司在市场竞争中持续发展的坚强核心。

面向政治思想工作者队伍，国华电力推进党务干部和行政干部"双向进入，交叉任职"，采取党政工作一肩挑或党务干部兼任行政职务等方式，促进党务工作切合实际，更有针对性；定期安排行政、党务干部职位轮换，换位思考，加强团队协作，使领导班子更具整体战斗力。

面向技术专家队伍，国华电力拓展专业技术人员的职业生涯发展通道，建立了首席专家、专业技术带头人的选拔、考核制度和承担公司重大科技攻关任务等具有实质性的日常管理机制，最大限度地发挥其才智和创造力，激励其不断将钻研技术的成果转化为生产力，提升公司的核心竞争力。

面向技能人才队伍，国华电力健全了"三级四类培训体系"（即公司层级、子公司层级、班组层级，入职培训类、在职培训类、脱产培训类、出国培训类），建立了统一规划、统一使用、分区建设、分级管理的技能培训基地，编制了"岗位培训大纲"，深入开展职业技能培训鉴定、专业调考、技能比赛、内部岗位评估、岗位练兵、技术创新等活动，提高技能人才运用新工艺、新方法解决现场实际问题的能力，创造条件，加快技能人才的成长。

四支人才队伍建设的清晰定位和逐步深入，使国华电力在激烈的人才竞争中成功突围，摆脱了人才缺乏、专业结构不均衡、储备基础薄弱的局面，逐步实现了人才队伍整体结构合理、综合素质优良、效能效率先进，促进了员工与企业共同发展，更有力地支撑了国华电力做专做强、又好又快的科学发展。

员工与企业共同成长

国华电力认为，一个企业的财富不仅仅是厂房、设备，更重要的财富是拥有一支高素质的员工队伍。对于这支高素质的员工队伍，只有加倍珍惜，用心管理，高效使用，慷慨回报，使其与企业共同成长，才能创造价值，成就员工与企业的共同梦想。

国华电力将构筑"员工和企业共同发展的平台"作为职能战略规划的重点，从文化、制度、人三个层面建立科学的人力资源管理长效体制和机制，形成以"人"为核心的管理文化与制度体系，使企业和员工的利益有机结合，形成了员工实现自身价值、企业得到持续发展的良性循环。

国华电力为员工提供一流的工作环境、充满挑战的工作机会、平等信任的企业文化、科学健全的培养机制、富有竞争力的薪酬体系，完善的福利保障系统……

国华电力希望员工拥有满足公司需要的专业技能，不断追求成功的事业心，正直自律的品德，敬业合作的工作态度，敢于挑战的创新精神……

在人力资源管理实践中，国华电力提出员工与企业共同成长的"三要素"和"三个不等式"。

"三要素"即个人有强烈的工作愿望、有创新的工作能力、企业为员工提供成长和发展的平台。这三个要素从直观上阐明了员工成长的三个必需条件，也从另一个层面诠释了"员工与企业共同成长"的核心内涵。

"三个不等式"即能力大于职位,责任大于权利,贡献大于收入。这三个不等式似乎与企业管理常规的"能力匹配""责权对等""一分耕耘、一分收获"等管理原则相违背,但这就是国华电力实实在在的"价值文化内涵"。

和工业时代所特有的"冰冷感"不同,国华电力在企业文化中倡导人和人之间的情感关怀。"在国华电力就像生活在大家庭一样,让人感觉温暖。"许多员工这样说。而正是这种浓厚的人情味,让很多人对国华电力不忍割舍,放弃了许多高报酬的"另谋高就"的机会。

正因如此,伴随着国华电力事业的迅猛发展,国华人也获得了更广阔的职业发展机遇。10年来,国华电力培养和造就了202名高级经营管理者、146名一级后备人才,207名专业技术带头人(其中:3名首席专家)、104名高级技师、552名技师。国华电力有15名员工成为国家级技术能手,有31名员工成为神华级技术能手。这就是实实在在的"成长"。

国华电力每万千瓦容量用人由1999年的19人到2008年6.5人;劳动生产率由1999年的24万元/人到2008年258万元/人;"国家技能人才培育突出贡献奖""全国电力企业管理现代化创新成果奖"……

这十年,国华电力围绕企业的战略发展及工作目标,从改革原电力行业传统的人事机制入手,按照现代企业制度的要求大胆创新,在实践、探索、创新和发展中,形成了符合企业战略发展的人力资源管理模式,构筑起内涵丰富的"员工与企业共同发展"的人力资源管理平台,增强了员工与企业同呼吸共命运的责任感、事业心,为国华电力事业的全面协调可持续发展奠定了坚实的基础。

这十年,五湖四海的人才汇聚国华。有来自国家各部委、国有大中型企业的管理精英,有来自国内电力行业的生产技术精英,还有来自各大专院校的青年才骏,大家在国华电力默默奉献,许多同志成长为骨干。后来加盟的企业,不仅给国华电力增加了物质资源,也给国华电力增加了一大批人才资源,为国华电力的可持续发展注入了新鲜血液。所有的管理人才,所有的专业技术骨干,所有的特别能战斗的广大员工,是国华电力事业发展的动力源泉,是推动国华电力做专做强、又好又快科学发展的关键所在。广大员工的聪明才智和辛勤工作支撑了国华电力的发展崛起。

这十年,国华电力坚持以人为本,重视人、关心人、理解人、尊重人,以正确的目标引导人,以科学的流程管理人,以完善的机制激励人,以战略的眼光培养人,以专属的培训塑造人,以优秀的文化凝聚人,为员工的全面发展提供平台,最大限度地调动员工的积极性、主动性和创造性,增强了企业凝聚力,实现了人尽其才、才尽其用,提高了管理效率和效能,提升了企业核心竞争力、价值创造力和可持续发展力。

这十年,国华电力管理层感受到"人是愿意承担责任的,每个人都有成功的欲望。"只有满足这种高层次的需求,给员工提供展示才能的舞台,才能真正激发出人的潜力,进而推动员工与企业的共同发展。为此,国华电力始终坚持"以人为本",注重对人的价值理念提升注重人的能力素质提高,注重个人才能的充分发挥,注重人的需求和全面发展，不断赋予"员工与企业共同发展"的人力资源管理平台新内涵，就是希望员工所得到的不仅仅是一份工作，更是一份事业及个人发展和成功的机会，并相信，员工的发展和成功能够巩固国华电力的竞争优势，促进国华电力的永续经营发展，并能够给国华电力的发展带来更大成功。

正如神华集团董事长、党组书记张喜武在谈到国华电力十年发展时，感慨地说：这十年，国华电力认真贯彻落实了神华"科学和谐、厚德思进"的核心价值观，始终把人放在第一位，把人本管理作为企业发展的出发点和落脚点，努力践行着"企业即人""企业为人""企业靠人""企业塑人"的人本管理理念。在面对世界经济一体化和市场竞争十分激烈的趋势，面对知识经济的挑战和信息化浪潮的涌动，国华电力把掌握和运用知识的人力资源视为企业发展的动力源，将传统企业过于重视资本积累扩张，逐步转向"新国企"重视人才和智能资本扩张，实施人才"第一资源、第一生产力"战略，并从关爱员工，守护员工健康安全入手，到营造尊重劳动、尊重知识、尊重人才、尊重创造的良好氛围；从建立健全包括人力资源规划与预测机制、培养与评价机制、选拔与使用机制、激励与保障机制、配置与控制机制在内的整体性人力资源管理与开发机制，到构筑内涵丰富的"员工与企业共同发展"的人力资源管理平台。这十年，国华电力吸引、汇聚了大批有志之士在这里重新垒砌事业的营站和人生的舞台，使神华的价值理念真正转化为全体员工的价值共识，为神华事业的发展培养了一大批高素质优秀人才，开创神华电力事业和谐发展的新局面。

企业和员工就如同是蝴蝶的两只翅膀，只有它们良性协调地互动，双方才能共同发展，取得双赢，不断地、健康地飞向前方！

第3章
组织变革 战略传导

作为现代发电企业，系统自动化水平不断提高、设备技术含量相对集中、专业性强、产供销一体是其固有特点。随着电力体制改革，国家宏观经济结构的变化，而且由于市场竞争加剧，对组织低成本、高效率的追求，迫使企业发展战略不断调整，与之相适应的组织应该具有合理的架构、专业化的员工队伍、完善的管控体系、较强的执行力。因此，作为战略传导的组织设计通过人力资源战略性管理、专业化管理的手段，实施组织的优化变革。

国华电力是神华集团北京国华电力有限责任公司、中国神华能源股份有限公司国华电力分公司、神华国华国际股份有限公司的简称。按照"三块牌子一套机构、部门职能兼顾、业务管理授权、管理资源共享、提高工作效率"的原则设立一套经营班子及一套公司本部职能部室，共同管理不同投资关系形成的下属子公司及相关单位，国华电力组织机构简图如图3—1所示。

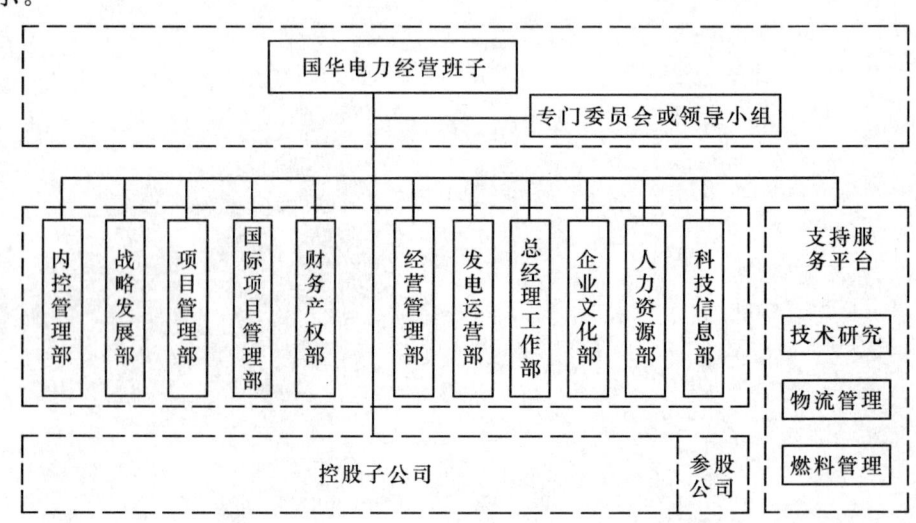

图3—1 国华电力组织机构简图

1999年3月11日，由神华集团投资成立北京国华电力有限责任公司，全面负责神华集团电力业务的开发建设与经营管理。

北京国华电力有限责任公司按照现代企业制度的要求，建立了清晰、健全的法人治理结构，并按照产权管理、参与决策、人事控制和有效管控的原则对控股子公司实施电力业务的经营管理。中国神华能源股份有限公司国华电力分公司成立之后，大部分子公司纳入上市范围由股份公司统一管理。

2001年1月，北京国华电力有限责任公司与香港中电控股共同发起成立中电国华电力股份有限公司。投资经营先期收购的三家公司。中电股份公司打开了国华电力对外开放合作的窗口，表明了国华电力控股化、国际化的经营方向，为公司进入国际资本市场提供了一个理想的平台，加快国华电力上市、筹资、规模扩展、走向世界的步伐。

2005年2月，中国神华能源股份有限公司设立国华电力分公司，对之后纳入上市范围的营运发电公司、基建公司、支持服务性产业等电力资产进行统一管理，其业务全面与世界接轨。

2008年7月，股东各方对中电国华电力股份有限公司进行股权重组，并将其更名为神华国华国际电力股份有限公司。

国华电力与下属发电公司采用母子公司制，子公司独立承担有限责任。

各子公司均为具有独立法人资格的公司，在管理机制上实行直线职能制管理，按照机能和职能设置部门及机构、进行专业分工。即在总经理的领导下设置相应的职能部门及执行部门，实行总经理统一指挥与职能部门参谋、指导相结合的组织结构形式。

变 革 历 程

回顾国华电力的发展历程，随着战略定位的调整，国华电力组织架构不断优化，从变革的角度大致经历3个阶段：

1999—2002年：扁平化开局

在国华电力成立之初，神华集团给国华电力的定位是集团的内部煤炭市场，国华电力的中心任务就是安全燃烧神华煤，作为神华煤的稳定用户。通过收购部分电厂起步，并开始建设新厂扩大规模。

这个阶段公司的整体状况为：下属企业相对较少、管理覆盖面小、机构简单。收购企业人员冗余多，传统观念根深蒂固，劳动生产率较低；新建企业专业人员相对缺乏，新型管理体制设计及建立还没有成型。作为一个主营发电的企业，国华电力开始按照现代企业制度的要求运作，但传统管理体制的惯性制约着企业体制改革，新的机制的建立面临挑战，困难重重。但企业快速发展需要组织的变革，而且势在必行。

为此，国华电力在组织设计与管理模式上突破了电力行业传统的固有的组织管理格局，实行"扁平化"管理。

"扁平化"组织结构的建立，破除了传统企业自上而下的垂直高耸的结构，减少了管理层次，增加了管理幅度，结合裁减冗员建立了紧缩的横向组织，使组织变得灵活、敏捷，富有弹性、创造性，以顺应国华电力老厂组织机构的改革、新机制建立，为企业快速扩张、迅猛发展奠定了组织基础。同时，国华电力组织管理方面创新地设计并实践了如下内容：

涉及基建及生产范围的"小业主，大咨询"管理模式形成。

相继成立一些"专门机构"，加大经营管理层的控制幅度及控制力度。

"基建生产一体化"的管理思想在实践中丰富并接受实践的检验。

2003—2006年：专业化发展

2003年，神华集团重新明确了国华电力的发展方向，将国华电力的发展定位由"以电促煤"调整为神华集团的第二业务板块，国华电力的中心任务是在服务神华的同时进一步扩大规模，拓宽电源市场，成为神华效益新的、稳定的增长点。

2004年后，国华电力部分资产上市，企业管理体制与机制的设计上与国际全面接轨，之后企业规模迅猛发展。在这一内外部环境影响下，如何在实践中不断探索、创新，走出一条高起点、高标准、高效益的专业化发展之路，是这一阶段组织设计的核心。

◆职能部室专业分布逐步健全，职能趋于完善。

创业初期，考虑到企业的长远发展，预留了足够的空间来整合内外部资源，国华电力在经营管理层之下设置人、财、行政、党务、生产、基建等职能部门。由于资源相对不足，存在职责不清晰、流程不完善等问题，但企业强大的发展前景所形成极强的生命力，员工的积极性、自觉性使一切工作有效开展。

伴随着企业发展，项目管理、经营管理、内部控制等职能部门陆续成立，各部门职能要素不断调整、优化，如财务部目前已转变为财务产权部，党务由政工融入到企业文化部总体管理等。

目前，国华电力本部共设11个专业职能部门，除完成本部业务外，主要职责是协助领导对下属单位进行管理、指导和监督并完成自身业务，分工明确，协作密切，保证企业健康运营和快速发展。职能部门的功能设置充分体现了国华电力的专业化管理思想。

◆支持服务机构陆续成立。调整机构的职能定位向专业化支持服务靠拢，如力源工程检修公司由最初的实现检修公司分业经营，向外开拓市场，以实力创效益发展，最终成为技术密集型、专业管理型的支持服务产业。

国华电力在发展过程中根据不同时期的战略发展需要，在公司及子公司层面上建立、形成了一些专门机构及支持服务性机构，发挥了巨大的辅助、支持主业的功能。

◆子公司统一组织架构。将所有不同地域、区域的子公司按照统一的组织架构设置，为实现系统的专业对口管理创造条件。

各发电营运子公司以发电为主要业务，基本采用"十部制"（总经理工作部、人力资源部、财务产权部、经营管理部、企业文化部、物资管理部、安健环部、生产技术部、发电运行部、设备维护部）的组织结构模式。

◆建立了管控体系。国华电力从现代企业的发展趋势和企业的整体发展战略角度出发，对公司的战略规划、基本建设、生产运营、财务产权、经营管理、人力资源和内部控制等方面进行梳理整合，科学系统地编制了《国华电力管控体系（2006 版）》。这一举措搭起了国华电力体系化的专业管理平台。

◆丰富了"小业主，大咨询"管理模式的内涵。国华电力"小业主，大咨询"管理模式在基本建设管理中形成，在发电运行、设备检修、发电技术管理、信息化建设等业务中被推广，充分利用社会资源，即"专业的人做专业的事"，构成了专业化管理的另一个侧面。

2007 年后：区域化壮大

随着电源点的优选与建设规模壮大，国华电力逐步形成了地域较为集中的发电市场，以区域化管理为特点的组织设计成为国华电力组织设计的新课题。

◆区域分公司策划。目的是增进对区域内各发电企业的运营管理的深入与市场开发。

◆特大型发电厂组织设计并运营。通过规范的组织制度，使企业的权力机构、决策和执行机构、监督机构之间职责明确，并形成制约制衡关系，实现对非同期建设的装机容量较大的特大型电厂的有效管控。

◆区域化的检修公司正在酝酿。通过区域内检修公司的建立，有效的人力资源整合与资源共享，逐步掌控关键检修技术和检修组织管理，逐步达到设备维护和设备管理经验与知识的沉淀，满足了区域内机组技术、容量发展的战略需求。

国华电力按照现代企业管理制度，在管理上实行董事会领导下的总经理负责制，实现决策层管理与经营层管理在事权上分离。内部管理采用的是"战略管控型＋经营管控型"的模式，达到有效激励子公司的智慧与才能及关键业务集中管理的目的。

经过不断的设计、组合、优化，国华电力在组织管理上逐步形成四大体系，即经营决策系统、支持服务系统、管理控制系统、生产运营系统，形成一整套专业化的机制，系统化地实施组织管理。

科 学 决 策

国华电力决策层由经营班子和专项委员会或领导小组构成，主要职责是对企业各项业务和管理进行决策。为了强化国华电力专业化管理优势，在决策层，国华电力对经营班子成员进行了专业化分工，由 1999 年刚成立时的生产、基建、战略发展、党务业务，扩展到今天人力资源、基建前期、生产技术、支持服务等涵盖发电、基建全部专业业务。

国华电力成立后，随着各项业务的迅速开展，为加强某些在特殊时期、用特殊方式开展的特定工作（简称"三特"），并在管理的系统性、系统的专业化、监管的有效性几方面适应企业的管理、发展要求，国华电力陆续设置、成立了包括管理委员会、领导小组等专门机构，策划、指导、监督、评价相应的工作。

通过领导的专业化分工、专业委员会和领导小组的组建，通过董事会、总经理办公会、党委会、党政联席会对重大事宜执行讨论及表决，建成了较为完善的经营决策系统，充分保证了国华电力经营决策的科学民主。

下面以几个专门机构（或单位）为例阐述其功能。

职能型决策机构（之一）
——安健环管理委员会

国华电力安健环管理委员会于2002年成立，2004年、2008年由于人事变化曾做过两次调整，属于长期设置的专门机构。委员会主任由国华电力总经理担任，副主任由分管生产、基建的副总经理担任，委员成员由各子公司、各单位的行政正职组成。下设安健环办公室，办公室主任为国华电力发电营运部经理。

安健环管理委员会是安健环管理组织体系的最高管理机构，在国华电力及子公司层面上均有设置，具有特定的章程及组织机构，每年年初，其机构与职能向全公司及相关方范围公布，每半年召开一次安健环委员会。

从成立之初，安健环管理委员会致力于国华电力安全、健康、环保的体系化、专业化、标准化建设与监管。以恪守国家、行业、上级机关法律、法规、政策、要求并贯彻落实为政策承诺；以制订、审查安健环政策、大政方针，决策重大问题为主要职责；通过推行国华发电管理系统，监督检查和评价各子公司在发电及基本建设业务中的实施情况；保证各发电公司的生产运营、基本建设活动实现国华电力对社会的安健环承诺；对内积极宣传贯彻安健环理念，鼓励员工参与安全管理、关爱公众健康、保护环境的公益活动；对外与政府部门及公共团体、业务伙伴、承包商沟通，宣传国华电力生产运营和基本建设的安健环理念、原则与目标，取得相关方的支持与配合。

在生产经营过程中，各级安健环管理委员会在各级安健环管理工作中起到了不可替代的作用。员工安全意识日益增强，设备可靠性日渐提高，安全不仅有安全制度保障的基础，更有安全文化导向的基础，为本质安全的实现打下了基础。

专业型决策机构（之一）
——"万吨级低温多效海水淡化国产化"领导小组

小组成立时间：2007年，归口管理部门：科技信息部。

项目背景：由于淡水的缺乏，已经成为工业发展的瓶颈，而且将越来越严重。在沿海地区利用海水淡化解决工业发展用水问题，在国外及国内沿海地区的少数企业已经有成功的范例，有一个非常好的出路，市场前景十分看好。

国华沧东发电公司海水淡化工程作为一期工程的配套项目已经制水成功，从试运行情况看效果很好。这一万吨级海水淡化装置的成功运行意义重大，开展国产化研究，形成自主知识产权的设计和制造技术，进一步降低成本，可以使这一产业迅速发展壮大。利用沧东二期、大港二站等工程项目继续采用海水淡化方案的契机，实现该项技术的国产化。

具体规划为：在一期购买法国sidime设备基础上，消化吸收，创新研发，通过后续或其他海边工程形成国华电力的核心设计和制造工艺技术，再结合国内厂家设备制造经验，形成具有自主知识产权的设计技术成果。在国内同类工程中可以联合制造企业按照我们的核心技术加工制造，以设计承包方式参与工程建设，推动国产化进程。为推进这一工程的尽快实施，国华电力成立了"万吨级低温多效海水淡化国产化领导小组"，从业务上督导这一项目的开展。

小组直接领导工程技术中心的低温多效海水淡化技术研发工作，从机理研究、过程研究到工程应用，全过程指导海水淡化国产化项目立项、实施、技术管理、工程应用和技术成果管理工作；指导低温多效海水淡化技术研发的知识产权保护工作；负责定期组织海水淡化国产化工作协调会，及时协调解决存在的问题。

目前这一项目在专业型领导小组的策划、指挥下，各项工作正在有条不紊地进行。

专 业 服 务

国华电力研究院

2008年，神华国华（北京）电力研究院有限公司（以下简称"研究院"）正式成立。

研究院最终功能概述为：国华电力技术研究、技术咨询和技术服务的综合性研究单位，为国华电力提供发电厂建设、生产运营的全过程、全方位（包括科技研发、技术支持、燃料供应、物资采购和信息化建设等）技术研究咨询和服务，旨在通过技术创新和管理创新，提升国华电力的价值创造力和可持续发展力。

这是在发电生产技术管理、电力工程技术管理、物资管理、燃料管理已经具备一定的专业化水准，人员、机构具有一定规模的前提下的有效整合，不仅为国华电力提供专业化的支持服务平台，而且引领国华电力专业管理、技术的发展方向。

从下面的发展历程再现国华电力专业化服务发展的轨迹。

2000年5月，国华电力力源燃料物资公司的成立，在物资供销中通过研究市场，逐步引导各所属单位进行集中采购，随后实施了以电子商务手段进行网上招标采购的物资采购管理。

同年8月，在整合老厂过剩检修人力资源的基础上，力源电力工程有限公司正式成立，在完成各厂原有计划检修、日常维护任务的同时，努力寻求着新的出路。

2001年，力源电力工程公司打破电厂管理检修运行一体的模式，实现检修公司分业经营，综合利用各发电公司的技术优势、人才优势、市场优势，形成了针对发电公司的检修力量竞争优势，向外开拓市场，以实力创效益。

2002年5月，在公司"实现企业价值最大化"战略目标的实践中，对力源电力工程公司、力源燃料物资公司进行职能整合，更名为"成本控制中心"、"物流中心"。

2004年上半年，电力工程公司顺利完成改制，成立了"技术研究中心"，同时启动了物流公司的改制。改制后，电力工程公司的职能不再是检修工程项目的实施主体，而成为专业化技术管理机构；物流工作中心由集中采购操作型向深化物流信息平台建设、物流信息共享整合、深化供应商管理、加快物流标准建设等物流基础工作的管理型转移。

2005年，国华电力提出了要以开展标准化设计、设计优化、设备优选和确定项目的设计原则，明确了要以科技创新与实践应用之间建立有效的因果链条为主要职能，并经过进一步的职能整合，于 2006 年 8 月组建工程技术公司（即工程技术中心）。

截至 2006 年年底，技术研究与工程技术两大技术中心已经建立了统一协调、组织有效、运行高效的技术创新体系，物流管理已纳入国华电力经营管理的整体系统，各中心的作用已得到充分的发挥。

2008 年，经过优化、整合，成立了国华电力（北京）研究院，研究院分设技术研究中心、燃料管理中心、物流管理中心。其业务定位：

——**技术研究中心**

在国华电力发展战略指导下，跟踪火电厂前沿技术的发展趋势和相关的技术研发，掌握先进的火电厂核心技术；研究电站设备选型、系统设计及生产营运等方面的系统性技术问题和技术管理课题，推动电站项目的安全可靠、节能环保和经济高效；挖掘和积累国华电力在电站基本建设、生产营运等方面所形成的设计、营运、检修等各项技术成果，实现技术与管理成果的固化和可重复应用；督导、完善和规范技术监督、技术咨询等各类电站外包服务活动，优化与外包服务提供商的合作模式，以获取最佳外包服务品质与效能；建立国华电力内部的技术交流平台，促进技术管理经验快速有效共享；开展技能培训与技能鉴定，培养专家及技能人才，提高创新能力。

——**物流管理中心**

在国华电力发展战略指导下，拟订国华电力物流技术及管理发展规划和实施计划，降低公司物流成本；建立公司物流管理标准和供应链管理（SCM）系统并进行维护分析，创造供应链价值；负责国华电力物资定额、计划、平衡维护，控制库存总量；组织实施战略采购和长约采购，做好联储、代储和公司系统内外物资调剂；加强供应商管理，完善供应渠道，建立物资供应保障机制。

——**燃料管理中心**

按照国华电力年度经营计划，及时对燃料内、外部市场环境进行分析，制定燃料供应计划和保障措施，降低燃料成本；负责燃料计划管理、合同管理、统计核算管理；负责与燃料供应相关单位协调，对海运煤、铁路直达煤进行调运管理，保障燃煤供应；负责发电厂煤场技术管理、煤炭采制化管理等业务，保障煤质稳定、合格。

发电技术研究中心、工程技术中心、物流管理中心，以专业技术的定位强化、规范着内部的运作，以"支持服务"的身份服务、支持着主业的发展。这一机构的设计、运作与不断整合，促成了主、辅系统有机的融合与互动，最终实现企业的专业化管理并稳步提升。在新的历史时期，专业机构将被赋予新的历史使命，以其特有的综合性技术研究咨询、技术服务平台，继续为实现企业战略目标提供支持服务、引领技术管理、发展的航向。

系统控制

2003 年年初，国华电力已进入快速发展时期，但是，诸如企业实现经营和赢利目标的保障性、财务报告的可靠性、企业运营相关的法律法规的符合性等问题已逐步暴露，建设规模的快速扩展与管理控制相对薄弱或滞后的矛盾渐渐显现，经营决策层在认真总结几年来管理实践的基础上，作出了"营造内部自律与外部监管有机结合的控制环境，完善企业纠错防弊机制"的工作规划，并提出了"要加大对内控制度执行情况的检查，评价企业管理控制的适当性和有效性；建立审计发现问题的反馈系统，跟踪审计中发现问题的落实、改进情况；对企业管理控制系统的完善提出整改意见"（——摘自国华电力2003年工作报告）。

在这一具体发展规划下，国华电力管控体系逐步开始建立，内部控制职能部门成立并开始履行职能，系统化地对组织各项管理及业务实施约束。

管控体系
——形成背景

国华电力自成立以来，即致力于建设企业的管控体系。多年来，国华电力形成了很多先进的管理实践和经验，并取得了良好的效果，在总结经验的基础上，吸收和借鉴国内外先进企业的管理模式与方法，对企业的战略规划、基本建设、生产运营、财务产权、经营管理、人力资源和内部控制等方面进行梳理整合，建成了具有国华电力特色的管控体系，有力地保证了组织机构的正常运作。

国华电力管控体系的形成，借鉴了COSO（内部控制框架）报告的内控理念，突出了企业大内控管理理念，将专业内控的手段融入到企业的整体管控中，使管控要素与具体业务操作相融合，通过计划、执行和监控等基本的管理流程来完善嵌入式内控，实现对各项管理业务和流程的有效监督，使之成为一个系统的、完整的、科学的控制整体，保障企业整体管控目标的实现。

2002年以来，先后形成了发电管理系统、基建管理系统、财务管理系统和内部控制系统等分支系统，2006年管控体系的整合汇编工作全部完成。

管控体系作为国华电力专业化管理体系的平台，与各单位制定的管控体系实施细则，共同构成了国华电力的专业化管理体系。

——管控体系构成

管控体系由分系统和子系统两个层级构成，其中分系统包括战略决策系统、业务运营系统、保障支持系统和监督评价系统四大管理系统；在分系统下按照管理职能和内容的不同，又分为若干子系统。各系统自成一体，又互相支持，保持内在联系，构成一个有机整体。

管控体系的每个子系统都体现了引进和创新的结合，其创新性既体现在它的形式上，也表现在它的管理内容方面。

目前，国华电力管控体系成为国内尤其是电力行业的一部全面、系统、专业的管理法典。

国华电力在组织及定员管理方面，围绕企业的发展战略定位和工作目标，探索并建立具有国华电力特色的组织管理和用人机制，从管理机构的持续完善、支持服务机构的技术保障、基建生产一体化组织机构及定员基准方案的设置等方面做了一些工作，为提升国华电力管控水平、增强抗风险能力提供了坚实的组织和人员保障。

下 篇

管控流程设计

作为制度体系的重要组成部分,流程的设计至关重要,尤其体现在部门之间横向的配合与界面分工是流程设计关注的对象,而且是体现工作效率、责任分工、授权尺度的重要环节。所以,国华电力针对关键规划、关键业务设置了管控流程。以战略发展规划的制定流程为例,具体流程如图3—2。

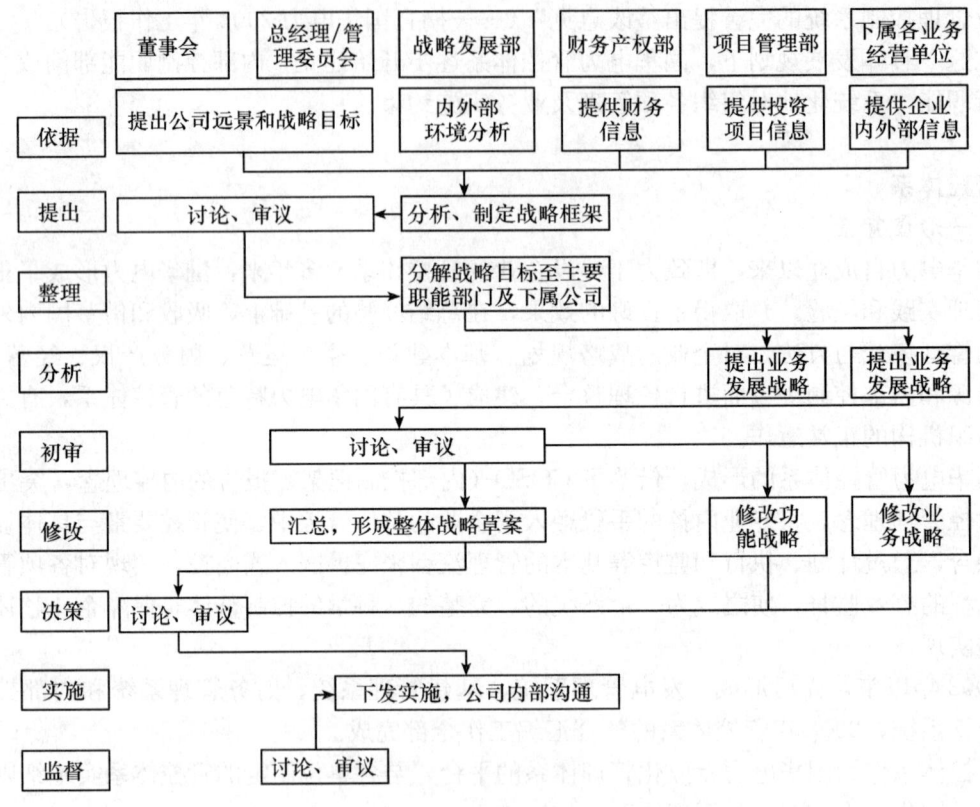

图3—2 国华电力战略发展规划制定流程图

——*流程说明*

◆在长期方针目标的框架下,战略发展部制定战略规划并将目标分解到各职能部门和业务经营单位。

◆各职能部门和业务经营单位根据分解到的战略目标制定相应的业务发展战略,提请战略发展部和总经理、管理委员会讨论。

◆战略发展部和管理委员会对未能通过的业务发展战略,将讨论意见返给各单位,由各单位修改后再行提交讨论,直至通过。

◆战略发展部汇总审核并与各部门沟通及综合平衡,形成整体发展战略。

◆报董事会审批战略规划。

——*战略规划的审批、实施*

◆董事长及时召开董事会对战略规划进行讨论、审议,及时将意见反馈并修改。

◆战略发展部及时将董事会讨论审议通过的战略规划下发各单位公司内部进行沟通交流,使公司各层及时全面的了解公司整体规划。

◆总经理和管理委员会有责任使公司各单位了解公司规划,必要时对规划做出相应的解释。

——相关部门、机构的职责要求

战略发展部:负责外部环境分析,负责内部要素分析,制定长期计划的目标方针,制定公司整体战略规划,将长期规划分解为分年度的经营计划等。

管控体系是国华电力管理行为的圭臬,是国华电力各项规范性文件的集中体现,通过管控体系实现了管理行为的制度化、规范化和程序化,保障管理上责权利的明确和统一,防止企业的人治现象和人事更替给企业带来的冲击,有效提高企业的管理效能,避免企业内部管理上的冲突和职能真空或交叠。管控体系既规范了高层的决策管理行为和授权行为,也规范了中层的经营管理行为和基层的操作执行行为。管控体系将国华电力企业文化潜移默化地融入各级员工的心中,从而达到"无为而治"的境界。

监控机构

——内部控制部

2003年11月,国华电力内部控制部成立,将职能管理向流程管理转变作为长远任务,并赋予了如下职能及工作任务:

◆实现企业的战略目标、运营目标、报告目标和合规目标。

◆保全资产和检查财务资料的准确可靠性。

◆执行管理政策,提高经营效益和效率,领导、组织、协调、监督企业内部的各项管理活动,促其认真贯彻执行管理部门制定的方针政策,准确、可靠地取得各种管理信息,确保财产安全、完整,不断提高经营管理水平,如期实现管理目标。

◆对公司管理的有效性进行评价、对公司的管理风险进行预控、对公司重大决策进行跟踪和反馈,加强事前和事中的控制。

内控是关注过程、关注改进、关注组织重组和流程再造的一个日常的程序性工作。国华电力内部控制部不同于传统的党政纪检监察部门,不同于执法的审计监督部门,也不同于体系建设的企业管理部门,是建立和维护现代企业制度下企业系统运作的保障部门。

内控部职能说明表见表3—1。

表3—1 内控部职能说明表

序号	职能概要	职能描述	内部接口	外部接口
1	内控体系的建立和完善	建立公司系统监管控制体系,评估公司管理体系的适应性和营运活动的有效性;建立和完善公司内控管理组织,检查、评估内控管理制度贯彻执行情况,提出改进建议并跟踪落实;组织编写和修订公司内控管理制度,制定企业内控管理评价标准	公司领导、各部门及各相关单位	中介机构

续表

序号	职能概要	职能描述	内部接口	外部接口
2	绩效评价	制定公司绩效评价办法；组织开展绩效评价工作；指导、督促各单位拟订公司整体绩效改进方案；跟踪绩效改进方案的落实情况；编制年度绩效评价报告；参与公司系统年度预算的编制；参加公司系统的经济活动分析	公司领导、各部门及各相关单位	中介机构
3	内控管理	开展年度内控工作（内控调查、利益冲突调查、风险评估、其他专项调查）；对公司经营活动、内控制度执行情况进行监督；参加或跟踪企业重大责任事故调查；参与公司重大项目的招投标工作；组织制定公司年度运营纲要，并对执行情况进行分析评价；组织开展内控管理评审；编制季度内控工作报告；提供咨询、培训服务	公司领导、各部门及各相关单位	行业协会中介机构
4	风险预控	根据公司各业务流程，确定风险程度，组织开展风险评估工作；对公司营运过程中的决策风险进行评估并提出预控方案；监控公司日常经营活动，跟踪公司高风险程度的经济活动；组织开展经营风险防范措施和落实情况检查；研究和改进风险防范措施	公司领导、各部门及各相关单位	中介机构
5	专项审计	拟订年度内部审计计划；受管理层或职能部门委托，对公司经营管理活动和内控管理制度执行情况进行专项评审；组织对下属单位经营管理者的离任审计和经济效益审计；完成管理层安排的其他专项评审工作	公司领导各部门及各相关单位	中介机构
6	内外审协调	配合会计师事务所对企业进行年度审计；跟踪会计师管理建议书执行情况；参加其他各种审计工作；协调上级单位和政府审计机构及中介机构的各项审计活动	各部门及各相关单位	审计中介机构
7	法律事务	研究国家的相关法律法规；联系外部法律顾问；处理公司法律事务工作，管理公司经济合同合法性、严谨性审核工作，对公司经济活动提出相关法律建议，确保公司运营合法合规；普及法律知识，提高员工法律意识	公司领导各部门及各相关单位	上级单位中介机构

在内控部组织、指导、监督、评价职能作用下，通过内控体系的整体运作，国华电力在内控方面取得了阶段性的成果，显现出控制环境良好、风险评估理念深入人心、内控制度健全、信息沟通通畅、监督有力有效的内控氛围，并不断完善与改进。

高 效 运 营

发电运营系统

截至 2008 年年底,国华电力控股运营电厂 15 家,控股在建电厂 8 家。23 家公司分布全国十多个省市、地区,融资形式各有不同,内外环境和条件千差万别。随着公司的发展,子公司组织机构发生了巨大的变化,如由大策划部到安健环部、生产技术部、物资管理部的分立,生产准备部与基建一体化等,同时完成了其他部门职能的整合与优化。到目前,15 家运营电厂均采用 10 部制,8 家在建单位均采用 6 部制的国华电力"标准"的组织设计模式,形成了完善的运营管理系统。在"标准化"设计的背后,更多的是"专业化"管理的体现,保障了运营系统的规范高效运作。

各子公司的组织设计在整体上体现"直线职能式"。各部门在形式上平行设置,但在职能分工及流程上体现出了职能管理及业务执行的层级。十个部门在管理的需求中自然地分为生产管理系统与经营管理系统,即由安全生产监督机构、安全生产保障、执行机构组成行使发电运行、检修维护、安全管理、技术管理职能的生产管理系统,由行政、经营、人事、财务、企业文化为职能要素的经营管理系统。具体组织机构见"发电运营公司组织机构图"(见图 3—3)。

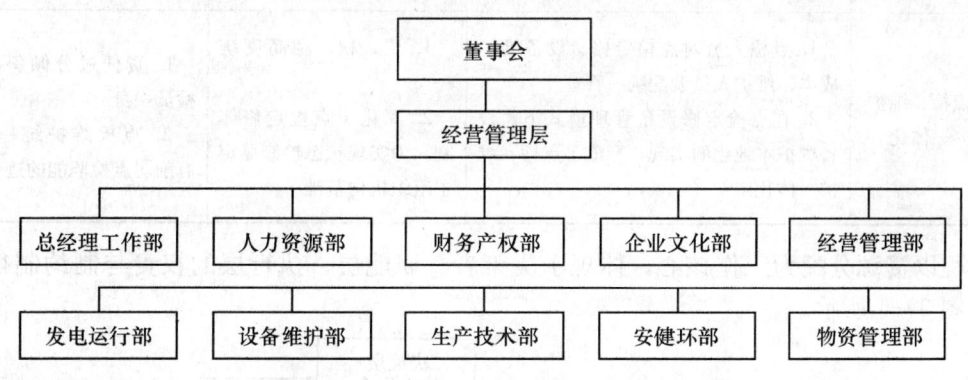

图 3—3　国华电力发电运营公司组织机构图

——**发电生产系统组织管理模式演变**

国华电力发展 10 年来,发电运营生产体制基本上分为 3 个阶段(见表 3—2),这 3 个阶段分别记载了国华电力从收购老厂维持经营到体制改革,以及为适应战略发展机制的不断整合、变革的过程。体现了国华电力注重实践、勇于创新的企业管理精神。国华电力发电生产系统发展历程见表 3—2。

——**发电生产系统管理流程**

国华电力生产系统管理流程是:由决策层发出指令,生产技术部为组织、策划、服导、协调、考核部门,安健环部为监督部门,发电运行部和设备部为具体实施部门。

表 3—2　　　　　　　　　国华电力发电生产系统发展历程

阶段	组织管理模式	表现形式	优点	缺点
第一阶段	车间制	1. 按专业划分车间，车间作为发电企业检修及运行的主要管理和执行部门 2. 生技部作为公司的统筹管理部门，担负着统一协调考核的职责 3. 与计划经济体制相匹配	1. 指挥体系畅通 2. 检修成本强调计划性	1. 管理体系和层次不够明确，易造成问题隐藏，导致隐患积累，最终扩大化 2. 计划指标缺乏科学性
第二阶段	运行集控制	发电运行集中管理，主辅机设中央集控室或主辅机分设集控室，由值长行使生产调度、指挥权	1. 分类管理，便于指挥 2. 运行、检修权责分明，相互监督、合作	检修、运行技能分离
第二阶段	设备管理"点检定修制"	1. 以点检为核心的设备维修管理体制。点检员是设备的主人，是设备维修的责任者、组织者和管理者 2. 设备部为点检定修的主要执行部门，生技部负责统一监督协调考核 3. 与电力系统点检定修管理模式相适应	1. 管理层次分明，职责明确，准确定位了管理中的决策层、管理层、执行层 2. 节约设备检修成本，实现设备的预防维修，提高设备的可靠性、经济性	1. 由于核心利益的冲突，易产生设备的失修与过修 2. 点检人员业务素质要求高，给培训、配置带来难度
第三阶段	点检、维护一体化	1. 点检人员对点检定修、设备维护成本、维护人员调配统一管理 2. 在点检定修设备管理模式下，设备维护本地化的实现，形成了点检、维护一体化	1. 责、权、利高度统一 2. 深化了点检定修体制，为实现状态检修奠定了组织机构基础	1. 责任过分倾斜，积点检员一身 2. 点检维护统一管理，有削弱点检职能的迹象

流程以资源分配为工作核心，体现了决策者、职能层、执行层的权责与制约制衡的管理。如图 3—4 所示。

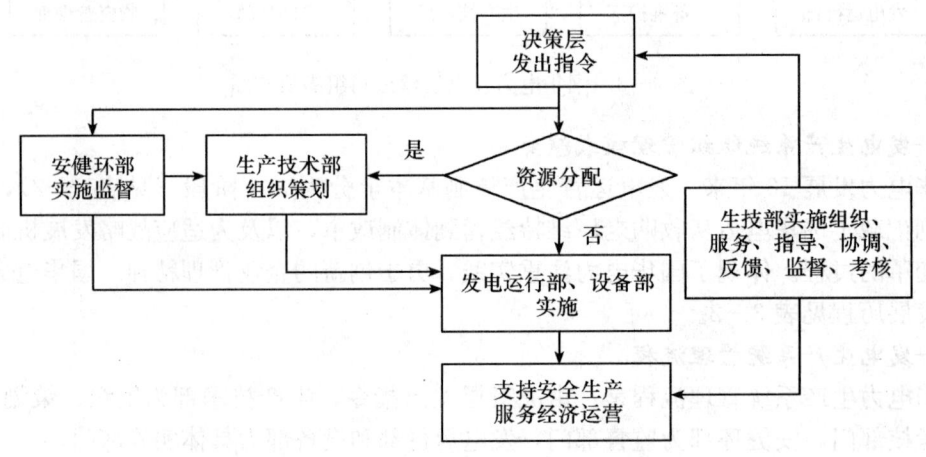

图 3—4　国华电力生产系统管理流程

安全生产监督体系核心——安健环部

2000年，即公司发展初期，为实现"更安全、更环保、更健康"的目标，充分体现"以人为本"的管理理念，在安全管理方面引进了源自南非、在香港中华电力有效实施的"NOSA五星安健环系统"。这一系统主要侧重于保障人身安全，从人的影响因素切入安全管理，建立"所有人为不安全因素都可避免，所有风险都可以得到控制"的管理理念，目标是实现对安全、健康、环保的综合风险的管控，最终实现本质安全型企业。

在体系的影响下，公司安全管理全面性的观点形成，即安全管理包括安全管理的对象、安全管理的范围、方法、人员，预防为主的观点，科学的观点，发展的观点，一切工作兼顾安全、健康、环保等。

安全管理部门就是在这种形势下更名为"安健环部"，其功能也由传统的主要关注生产设备安全，扩展为安全生产、职业健康、环境保护、风险等方面的全面管理和监督，从而确保机组的安全生产，为公司员工以及在公司范围内工作的承包商和周边社区提供安全、健康和清洁的工作生活环境。

安健环部职能定位为：是安全、健康、环保管理的职能部门，并持续推动和完善安健环管理体系，是安健环管理的归口和责任部门。

> 几年来，国华电力安健环管理忠实奉行"为员工负责、为社会负责"为主导思想的安健环政策，丰富了公司的企业文化，为公司取得了巨大的经济效益和社会效益。

安全生产保障体系核心——生产技术部

在传统的车间制的生产组织体系下，生产技术部作为公司的统筹管理部门，担负着统一协调、考核的职责，具有举足轻重的作用。实行点检定修制后生产技术部是否有存在的必要，如果存在，是以什么样的身份出现呢？国华电力为此进行了深入的研究和探讨，最终形成了满足公司生产系统高效运作需求的组织系统。

- 设备管理体制的影响

点检定修制是全员、全过程对设备进行动态管理的一种设备管理方法，它是与状态检修、优化检修相适应的一种设备管理方法。点检定修制提出了以点检为核心的设备管理要求，明确点检人员是设备管理的责任主体，既负责设备点检，又负责设备全过程管理。

在这种设备管理体系下，设备管理部门成为设备检修的主体，担当了设备检修责任人的角色，发电部成为设备运行的责任主体，担当了设备运行责任人的角色。并要求运行方、检修方和管理方都要参与围绕设备的动态管理，使设备在可靠性、维护性、经济性上达到协调优化管理。生产技术部在"点检定修"体制下作为管理方职能需重新定位。

- 生产系统体系化运作的需求

由于发电生产特点，运行和检修的执行部门和责任主体对于安全稳定经济运行是协调统一而不能割裂的。具体执行情况也需要服务、支持、监督、协调和反馈，而且有些问题是超越这两个部门而需统筹考虑协调解决，需要一个机构在授权条件下进行生产管理和技术管理，对运行、检修执行部门是实施作战策划以及后勤保障，为决策层提供参谋、信息情报，并作为决策层和执行层之间沟通和传递的桥梁。在保证生产系统高效运作的同时，需要有一个机构，一些人研究设备检修和运行深层次的技术问题，提高设备的可靠性、经济型。生产技术部在"隐退"后"复出"。

• 生产技术部职能定位

生产技术部是安全生产保障体系的核心，是发电公司生产管理策划、技术管理、科技信息管理的职能主体。负责组织建立生产管理标准、技术标准、工作标准，并实施过程监督。负责组织技术研究、技术攻关以及日常生产过程技术支持、指导与服务；组织发电公司技术、技能培训；负责公司科技进步、信息开发工作；是公司生产管理与经营管理的内部接口、对外联系的窗口；是发电公司的技术管理、信息中心。

基建管理模式

国华电力成立之初在以并购老企业"安家落户"的同时开展了自主基本建设之路，10年的发展史上，发电营运这个"主业"因为是直接利润的创造者而被重视，但作为电力产业的第一环——"基本建设"，在国华电力发展史也备受关注。

——"一个原则，四个标准"

"在以'一个原则，四个标准（即设计原则、设计标准、建设标准、管理标准、工作标准）'开展基本建设的基础上，强调基建为生产、生产为经营，避免项目管理一次性的特点，实现基建生产的无缝连接，努力实现项目全寿命期管理，追求项目寿命期内价值最大化。"这是国华电力基本建设的管理机制。

经过长期的管理实践，及对内外部环境的客观分析与把握，形成了国华电力建设管理的定位及做法：

强化项目法人责任制、合同管理制度、监理制三项制度，落实各个环节责任。

• 抓设计原则和系统性。设计优化是要抓，实际这也是设计院的基本工作；通过系统性的要求，丰富设计优化的内涵，提高工程的安全性、经济性及综合效能。

• 抓执行概算。优化计划体制下的定额标准，并通过过程审计等手段控制工程造价。

• 抓计划管理。通过推行 P3 管理，实现包括系统、文件包等工程管理的精细、精确管理。

利用合同尽可能落实分承包单位的基本责任，通过管理确保分承包商能够履责，能够提供符合要求的产品。

通过制度、组织、程序、监督，把设计变更、变更设计、施工方和调试方对设计的意见等相关工作管理起来。

——基建生产一体化

传统的生产准备过程与基建过程是相对独立的，缺乏相互联系和制约关系，生产准备人员对基建配置、基建质量以及设计方面影响力甚微，因其是从机组移交才正式介入对设备的管理，所以，错过了对电厂基础配置与安装情况的详细掌握与管控的最佳时机。基建人员以电厂建成交付为责任终点，对电厂长周期安全稳定运行和赢利能力关注较少。传统的生产准备期和基建期存在两者相互分离，各自为战的局面，在新的电力建设过程中，积极的探寻更加合理的解决途径，成为必然。"基建生产一体化"（简称"一体化"）的管理模式诞生。

• 实质——提前进入　深度参与

一体化是指在机组建设过程中，生产管理、技术人员深度参与工程建设的各个环节，从工程设计审查、专题优化，到主辅设备招评标、合同谈判、技术联络会、制造验收、各阶段的验评等全过程参与。工程建设过程中，根据工程节点计划，制订生产人员现场跟踪网络计划图，将设备按专业、按系统分别落实到生产人员，分片管理，实行区域负责制。并与施工单位签订协议，在安装调试期间，维护人员到电建单位施工班组参加设备的安装和调试。让运行人员提前进入生产状态，机组投产前及早进入运行状态，并组织反事故预演，锻炼队伍，提高应对突发事件的能力，为机组的安全稳定运行创造条件。

针对基建、生产对工程进度、投资、质量的各自关注点的不同，目标不一致，基建、生产两张皮的现象及由此而带来的不良后果，国华电力在自主建设工程中开创了"基建为生产，生产为经营"的基建生产一体化战略构思。

• 过程——统一目标　无缝连接

国华电力确立了"基建项目管理和生产经营管理目标的统一"核心理念，体现了"基建为生产，生产为经营，基建生产一体化"的战略思想，在组织架构设置、人员配置、管控流程等方面进行了探索和实践。各子公司在工程建设之初均以"工程管理为主线，生产人员全面介入基建过程管控"的管理思路，全面整合各种资源，创建一个专业性、系统性、连续性和可操作性的生产和基建的全面质量管理体系，并且以组织、人员、流程为保障，以激励约束机制为支撑，努力实现"基建与生产无缝联接，企业综合效益最大化"的目标。

• 效能——基建为生产　生产为经营

基建生产一体化的生产准备除了完成常规的生产准备任务外，更多的是以"未来电厂主人"的思想和行动介入基建过程。

基建生产一体化的过程有效地促进了生产准备人员技能素质与素养的提升。

基建生产一体化的过程全面动员了企业可用力量，实现了资源最大化利用。

基建生产一体化的过程，可以实现建设一个"我们想要的电厂"；使电厂生产的思想能够得到充分的贯彻；使各方的意见得到充分的交流与融合，从多角度看待基建过程中出现的问题，充分实现了"民主"管理。

基建生产一体化的管理体制，促进了问题的闭环深度，为实现建设一个高质量的电厂起到了推动作用，做到了真正的"基建为生产，生产为经营"。

"基建生产一体化"有效地解决了基建与生产的统一问题，解决了生产侧过分强调系统可靠和基建侧强调节省投资的矛盾。从生产的角度考虑基建问题，从生产的长期稳定出发，考虑系统的优化与完善，以基建的方式实施，体现了基建、生产目标一致性原则，即没有"短期"目标，只有"长期"目标。

特大型发电公司

伴随着国家电力产业投资政策、节能环保政策的陆续出台并实施，国内火力发电站的发展态势发生了较大变化，国华电力后期建设机组类型基本集中在60万和100万千瓦等级上，集约化、规模化逐渐成为发展特色。在同一电站内的装机容量超过300万千瓦的"特大型"发电公司日渐成为规模设计的大趋势。

装机规模在扩大，而且随着设备制造技术的发展，一般前后建设机组单机容量及技术含量有较大差别，同时基建、生产混合期较长，相应的管理问题随之出现，按现有组织架构进行管理从规模上势必会超越最佳管理效能极限，使各级人员压力过大，从技术上更难以做到精细化、专业化管理。

以更有效的组织结构形式来科学配置人员，减轻人员压力，界定管理幅度，促成内部竞争机制，提升专业化管理品质，提高管理效能，国华电力在生产、基建组织研究的基础上，设计了"特大型发电公司管理模式"（简称"特大型模式"）。

——"特大型模式"的组织设计原则

"特大型发电公司管理模式"遵循战略规划统筹、业务运营分设、保障支持及监督系统共享的原则。

子公司总经理作为发电公司经营管理的总负责人，负责全公司的资源配置和管理协调；分厂厂长作为分厂安全生产第一责任人，负责组织本分厂的生产运营工作，根据总经理的授权对分管范围内的人员进行考核、奖励和调配。

子公司下面设置分厂，公司在财务、经营、人力资源、企业文化、安全体系建设、行政后勤等方面对分厂的生产运营给予支持，分厂负责分管机组的生产运行、维护和技术管理、安全管理。

明确以生产副总经理为首的生产指挥体系和以总工程师为首的生产技术管理体系。分厂分别设立生产技术部、发电运行部、设备管理部，使人员专注于单一机型的技术管理、技术研究。

——"特大型模式"实践

目前，该种管理模式正在国华宁海发电公司试运行。

为了使特大型的管理更加有效，责权利更加明晰，其组织机构按照所在发电公司下设A、B厂的运营管理模式设置，实现主要管理职能在发电公司层面统一协调，资源共享，A、B厂下设直接管理的生产部门，实现生产管理既在A、B厂相对独立又能在发电公司层面互相协调的管理模式，并通过职责的层层明确和传递，促进安全生产责任的深入落实。

特大型发电公司的职能定位：在集团公司统一管理下，建立发电公司管控体系，负责发电公司发电运营、财务经营、项目发展、人力资源、公共关系、党建企业文化等管理工作，是接受年度目标考核的责任主体，对下向A、B厂分解年度目标，对A、B厂实施检查、评价、监督、考核等管理工作，是发电公司的安全监督中心和利润中心，集中控制资金流、企业战略、经营目标、人员配置等。

发电A、B厂职能定位：在发电公司管理下，建立安全生产和完成年度责任目标保障体系，履行发电设备的生产运营和基本建设（含生产准备）职能，是发电公司的安全生产责任中心和成本中心，负责安全生产以及目标成本的完成。

特大型公司的组织架构，使发电公司及 A、B 厂的管理能力同时得到强化，公司的管理更深入、更及时、更有针对性，能更有效地管理好现有的资产和在建工程，管控体系能够更有效的推行和贯彻落实，专业化和标准化管理水平也将进一步提高。

通过设立特大型公司，发电公司的管控规模和管控要求，发电 A、B 厂关键管理岗位都为公司员工的职业发展提供了充足的动力支持。一方面，在特大型电厂的管控模式下，通过发电公司适当分权，并优化管理职能，可以有效缓解当前由于资产规模扩大而导致的管理资源不足的局面，使发电公司的管理能力得到强化；另一方面，发电 A、B 厂关键管理岗位的两倍数量设置又为员工提供了平台支持，有助于干部培养和关键生产岗位人员的培养。

特大型发电公司管控模式运行中也暴露出一些问题，如管理层级增加、效率降低问题，管控模式实施中的权力重新配置问题等，需要进一步进行组织设计完善。

从火力发电厂本身来讲，不管规模大小、位居何处，其硬件部分（包括设备、系统、流程）大致相近，工作内容、业务形式类似，职能的总和近乎相同。但是由于发展战略的差异导致不同的管理需求，在团队的创新实践中最终产生了各异的组织设计，形成了多种"同素异形体"，这是促进企业发展的内在软实力，从而产生了 1+1>2 的逻辑管理效果。

十年来，国华电力在神华集团发展战略的引领下，结合企业不同发展阶段的环境状况、市场规模、经营重心，不断对组织设计进行优化调整，消除了战略前导与结构滞后的矛盾格局，形成了企业强有力的战略传导系统和决策支持系统，形成了最具有电力行业特色的适合公司有效实施专业化管理的、新型的组织架构及管控体系。

第4章
定员配置 服务发展

  劳动定员管理是企业实现科学管理的一个重要保障。国华电力为实现生产经营目标，以人员精简高效、结构合理、职责清晰为原则，以"控制总量、盘活存量、用好增量、优化结构"为策略，不断地完善组织机构，提高劳动生产效率，服务企业战略发展。在人力资源配置过程中既坚持常态下定员标准执行的刚性，又体现超常发展过程中定员配置的弹性。同时运用职位分析、素质模型等管理工具使定员配置工作步入了专业化管理的轨道。

  十年来，国华电力发电装机容量从 2 050 MW 发展到 18 526 MW（不包括在建机组），增加了近 10 倍，与发展规模相适应的人力资源总量显现出不断增长变化的态势；特别是随着大容量、高参数发电机组的大规模建设，设备技术含量、自动化程度的提升，国华电力员工队伍素质、结构都发生了质的变化。

  人力资源定员与配置工作主要从以下几个方面切入：

  第一，人力资源存量盘活，主要对先期收购电厂的人员进行整合。

  第二，人力资源增量控制，主要是由于新建、扩建项目剧增，人力资源配置需求快速增加，大量吸纳新毕业学生及骨干员工。

  第三，人力资源优化结构，主要是随着公司的发展壮大，规范化、标准化、专业化管理的深入，对人力资源结构提出了新的要求。

  十年过去了，员工总人数由 1999 年的 5 000 人增长为 12 461 人，全口径用人水平由 13.5 人/万·kW 降低到 6.5 人/万·kW；其中：招聘大中专院校学生 2 200 人，引进技术骨干 1 600 人，培养和吸收高级经营管理人员 202 人。

  表 4—1 为截至 2008 年上半年国华电力与同行业人员结构比例对照表；表中数据表明，国华公司人力资源结构日渐优化，人员总体素质呈稳步提升的态势，除个别数值低于行业水平外，大部分数据均高于行业水平。如经营管理人员比例较系统低 56.4%，专业技术人员比例较系统高 4.9%，尤其高级工比例高 18.5%，本科学历人员比例高 6.43%。

表 4—1　　　　　　　　　国华电力与同行业人员结构比例对照表

人员类别 \ 数量、比例	比例（%） 国华电力	比例（%） 电力行业	差异
1. 经营管理人员	11.5（占员工总数）	17.14	-5.64
1）高级经营管理及后备人才	2.4（占员工总数）		
2. 专业技术人员	22.2（占员工总数）	18.01	+4.19
1）专业技术带头人．技术专家	1.6（占员工总数）		
3. 技能人员	50.5（占员工总数）	48.75	+1.75
1）高级技师	1.8（占技能岗位人员总数）	0.74	+1.06
2）技师	9.7（占技能岗位人员总数）	7.07	+2.63
3）高级工	58.0（占技能岗位人员总数）	39.50	+18.5
4）公司级以上技术能手	6.1（占员工总数）		
4. 其他人员	20.8（占员工总数）	16.1	+4.7
5. 学历结构			
1）本科以上	占员工总人数的 1.70	1.61	+0.09
2）本科	占员工总人数的 25.7	19.27	+6.43
3）大专	28.6	26.89	+1.71
4）中专	21.9	21.38	+0.52
5）其他	22.4	30.84	-8.44
6. 职称结构（高：中：初级）	1：2.44：3.65	1：2.12：3.38	

注：行业比例数据来自中国电力企业联合会全国电力行业"2007 年职工教育培训数据及分析报告"

岗 位 设 计

定岗定责是建立在工作分析基础上的人力资源的一项重要工作，是承接机构设置与定员配置的一个重要环节。对发电企业来说，经过多年的磨合、整合、提炼，职位（岗位）分析已较为全面、到位，没有必要再进行一次全新的岗位设计分析。但针对公司个性的战略发展要求，进行相关岗位的设计与分析，是定岗定责工作完善的基础。

认定关键岗位

国华电力认为：每个工作岗位都是重要和不可缺少的，没有高低之分。但在定员管理中结合素质模型建立及员工职业生涯规划的综合评估，相对确定了评估关键岗位的原则：

• 在专业工作中起主导作用、承担的风险、责任比较大或其工作情况对主要（重要）设备运行、检修有较大影响的岗位。

• 所从事的工种技术含量高、培训周期长、招聘难度大的岗位。

• 在公司占有相对重要性的职位，此岗位的人员即使只出现轻微的流失、短缺，也会严重影响业务的正常运作。

如值长、集控主值、副职、点检长、点检员、专业主管、专业专工、维护班长、技术员、部分专责工和高压焊工应为关键岗位；化学、除灰脱硫、燃料运行主值、集控巡操员和检修工等辅助岗位为相对重要岗位。

通过关键岗位的认定，为岗位编制、人员配置、培训、薪酬激励提供了基础资料。

因事设岗　按岗定责

按照"因事设岗、按岗定责"的原则，通过岗位分析等科学方法控制与实施岗位设置。具体介绍几个关键职位设置与分析（见表4—2）：

表4—2　　　　　　　　　　部分关键职位设置与分析

职位	所属部门	职位分析
化学专业主管	生产技术部	业务范围应涵盖化学、脱硫、脱硝专业，因为脱硫、脱硝的工艺过程本质是化学反应过程，同时这种设置与外部技术服务支持单位的业务也是统一的
节能主管	生产技术部	节能管理是公司的核心竞争力，为此在公司的技术职能管理部门设置节能管理岗位，以加强节能管理
科技信息主管	生产技术部	设置此岗位将科技职能明确化，除信息工作职能外，负责组织全厂科技项目的立项申报，实施过程的跟踪监督反馈以及协助公司科技信息部完成验收和评审等工作
燃料除灰专业主管	生产技术部	燃料除灰合并为一个岗位，主要是考虑燃料和除灰单独设置岗位工作不十分饱和（比较而言）
土建水工专业主管	生产技术部	因土建水工专业多数为隐蔽工程，而且在基建或生产过程中多数委托管理，导致生产期出现的问题较多，给生产带来极大的负面影响，因此，必须强化这方面的管理，设土建水工主管，落实管理责任
技能培训主管	生产技术部	这是在"加大技师和高级技师培养力度，显著提升生产一线技能人员素质"的人力资源规划下对岗位设置的新要求。在生产技术部门设立一名专职的技能培训主管，负责此项工作
风险评估主管	安健环部	为强化公司"风险预控管理"理念，实施公司风险管理而设
健康环保主管	安健环部	为强化健康与环保职能，适应企业持续发展需要，设健康环保主管
经理助理设置2位	发电运行部	发电运行部管理范围广、人员规模、安全责任大，管理难度和技术要求高，设两位经理助理，分别侧重对主机、外围运行业务的管理
副职长	发电运行部	4台机组、2个主机集中控制室及以上规模与设置的运行各值增设1名副值长，能够加强现场值班的指挥、协调、管理及事故处理
运行岗位备员	发电运行部	考虑运行休假、事故处理协助、公共活动、人员轮训、轮岗、人员储备等因素，一般设置5%～10%的备员
点检员	设备部	按照专业化管理要求，设备点检分为汽轮机、锅炉、电气一次、燃化除脱硫、综合5个专业。每个专业根据设备类别、数量设置点检员。电气二次和热工专业由于逻辑性强、直观性差等特点，不设立点检人员

续表

职位	所属部门	职位分析
系统工程师	设备部	考虑到掌握热控专业核心技术的重要性及专业的特殊性，设立此岗位，主要负责单元机组分散控制 DCS 系统维护与技术管理
事务员	各生产部门	生产部门人数较多，事务性工作集中，而且工作量较大，为减轻专业人员负担，集中精力从事专业技术管理工作，设置事务员岗位，而且按照 100 人设置 1 名事务员，超过 100 人设 2 名事务员的原则设置

关键岗位　重点要求

国华电力定员标准在一般任职资格要求的基础上，对任职人员提出了综合素质要求，即所有上岗人员必须具有较高的素质，要求专业技术水平要普遍达到一专多能，一岗多责。如：

• 集控运行岗位值班员要突破机炉电专业界限，主操作员、巡检员达到全能值班持证上岗的水平，实施全能值班。

• 点检定修制的模式是以点检员为核心，点检定修制的开展首先取决于点检人员的技能和设备管理水平，点检人员应具有高级以上技能水平、具有设备管理 3 年以上经历。

• 热控电气二次专业因为逻辑性较强、知识更新快的特点，对于从事控制系统和继电保护专业的人员，学历应该达到大学或以上。

确定了对某些岗位任职条件的特殊要求，同时对不同岗位从技能等级、知识、阅历、培训等任职条件均作了详细要求。

职位说明　岗位手册

随着国华电力专业化管理程度的深入，职位管理的专业化进入日程，通过工作分析，岗位职责的明晰与均衡，素质模型的建立，形成了涉及生产、管理所有职位的"职位说明书"。

由国华电力本部人力资源部指导，在公司范围内，对公司生产、经营所有"职位说明书"进行了编制和数次修编完善，最终成为岗位定员、招聘、培训、绩效考评等工作的指导手册。

职位说明书包含职位的四部分内容：

• 第一部分是职位的基本信息表述：是关于职位所从事或承担的任务以及责任的目录清单，具体说明了工作的目的与任务、工作内容与特征、工作责任与权利、绩效标准与要求、工作流程与规范、工作关系与条件等问题。

• 第二部分是职位的任职基本能力要求：反映了职位对承担这些工作活动的任职员工的必备条件及能力素质要求，具体说明任职人员为完成特定工作所需必备的生理要求与心理要求。主要内容包括一般要求、知识结构、工作经验、智力水平、技能和能力、生理要求及其他心理素质要求等。

• 第三部分为该职位的胜任能力分析：为了更好地对说明书中各职位进行胜任能力分

析，引入了胜任力要素排序方式，对每一职位，均设置多级能力管理体系。包括核心必备能力（是该职位要求的基本标准）与核心扩展能力（是该职位要求的提升标准）。

• 第四部分是双方确认程序。

注：点检员职位说明书见附录。

标 准 定 员

纵横取长　标准出炉

国华电力认为：人力资源总量控制，并非要一味地降低人数，而是要掌控满足工作需要、发展需要的最佳配置，实现精简高效。

纵观电力系统组织机构、定员管理的发展，1998年原国家电力公司颁布了《火力发电厂劳动定员标准（试行）》（以下简称"98标准"），这一标准已经试行10年，特别是厂网分开后，发电技术和装机容量都实现了跨越式发展，电厂设计水平、设备制造和安装质量、调试方法和试验手段以及设备管理方式也取得很大的进步，在这种条件下必须根据企业的现状和发展，制定符合企业实际的定员标准，比如，热工控制和继电保护技术的发展分别使电气和热控专业定员分别降低20%和44%。因此，"98标准"已经不能很好的指导火力发电厂的组织机构设置和定员管理。

横看电力行业组织机构定员管理状况，五大各家电力公司和独立发电公司的人力资源配置理念和劳动定员方式、方法各不相同，没有形成共性的定员标准。

随着生产组织机构、部门职能、岗位职责和定员在动态中的变化，国华电力尽管形成了多版定员管理制度，但还不能完全适应公司管理的要求。在通过横纵向的对标，广泛总结经验、深入分析研究的基础上，经过反复的熔炼，2007年12月，《国华电力公司劳动定员标准（试行）》（以下简称《国华标准》）印发执行，这一标准的出炉，标志着国华电力定员管理进入了标准化、专业化时期。

定员标准纵向对比分析表见表4—3。

表4—3　　　　定员标准纵向对比分析表（以2×600 MW定员标准为例）

	项目	2×600 MW		
		98标准	国华标准	差异
定员编制	合计	444	442	2
	一、生产人员	345	348	—3
	（一）机组运行	161	168	—7
	（二）机组维修	184	180	4
	二、管理人员	99	94	5
	（一）生产管理	40	43	—3
	（二）经营管理	59	51	8

续表

项目		2×600 MW		差异
		98标准	国华标准	
环境差异	工作内容	1) 全部运行管理 2) 主机及其附属设备的临时检修、事故性抢修及维护，维修日常管理	1) 全部运行管理 2) 主机及其附属设备的临时检修、事故性抢修及维护，维修日常管理 3) 独立完成C级检修	
	设备	无脱硫装置	有脱硫装置	
	体制	集控运行、计划检修	集控运行、点检定修	
	定员范围	边缘岗位未涉及	全口径	
	用工	长期固定职工	全口径	

从表4—3可看出，国华电力与"98标准"同等规模电厂定员从直观的人数上仅相差2人，但结合定员环境差异分析，定员水平差别较大，见表4—4。

表4—4　　　　　　　　定员状况横向对比分析表

项目		2×600 MW定员人数（人）		
		某电力集团		国华电力标准
		A公司某厂	B公司某厂	
定员编制	合计	521	501	442
	一、生产人员	422	409	348
	（一）机组运行	206	199	168
	（二）机组维修	216	210	180
	二、管理人员	99	92	94
	（一）生产管理	49	44	43
	（二）经营管理	50	48	51

某电力集团A公司某厂、B公司某厂同等规模两电厂定员基本相同，《国华标准》较对标两厂定员减少约60～80人，国华电力定员标准考虑入厂煤采制化、过衡、煤场管理等工作定员约20人后，较对标电厂定员少40～60人，就是说从生产及生产相关人员定员来看三个公司有一定差异，主要差异在生产人员的定员，尤其体现在生产外围专业的定员配置上。

从以上对比分析可看出，国华电力定员的总体水平和"98标准"及同行业相比有一定程度的细化和提高，并且结合国华公司不同子公司的设备管理特点、经营模式、组织机构设置等因素也体现出了差异。

全口径定员管理

传统意义上的定编管理已经规范了发电公司的定编范围，包括经营管理（财务、经营、行政、人力资源、党群等）、生产管理（安全、技术、运行、检修），国华电力在此基础上，对高级经营管理者、基本建设以及特定模式等定员编制范围做了规范，为实现全口径人员管理、机动灵活用工打下了基础。

——从"头"做起

国华电力在《领导干部管理规定》中对经营层职数作了相关规定。

对新项目筹建处（组）、不同装机规模子公司、生产基建共存期等几种不同状况经营高层管理人员岗位设置及职数作了规范。

同时规定：经营层领导班子可交叉任职；党委书记与党委副书记在一个领导班子中不同时设置；新项目公司设置生产准备副总工程师；公司统一安排的挂职锻炼培养的后备干部不受职数限制等，体现"制约制衡、效率效能"的管理原则。

——机动工作范围

根据对外承包工作情形，为各子公司划定了取舍定员范围，提高了定员管理的可操作性。

- 生产运行管理：外围系统可对外承包（灰硫化、燃料系统、水源地和灰场）。
- 生产检修管理：外围系统及其附属设备可对外承包，但要负责点检或相应的技术管理工作。
- 专业性较强和部分特殊专业的设备及其附属设备的检修维护可以对外承包。如高压焊接、架子、消防、电梯等特殊工种。
- 其他系统及其附属设备维护可以对外承包，主要包括：

检修维护的配属工种和特种设备，主要包括保温、油漆防腐、起重等工作。

全厂照明、暖通空调、空压机、化学仪器仪表的维护和检修。

水源地、灰场、生产区域构建筑物的维护。

机组和设施的保洁、清渣等需要特殊资质或技术含量偏小而人员需求大的工作。

——灵活岗位用工

- 行政管理部门的日常事务岗位可采用短期合同工方式弥补定员不足。
- 附属系统巡操员和外围系统等技术含量较低、责任风险较小的岗位可聘用生产短期合同工。
- 综合专业和信息维护专业设置一定的定员岗位，专业社会化的可以采用短期合同工弥补定员的不足。
- 机组大小修临时协力的专业及人数给出了分布建议。

优化结构

国华电力从成立以来人力资源配置管理先后形成了5个文件，根据公司发展规划和营运的需求，为优化各类员工结构，并在人才的吸纳、储备、培养、配置等方面突出前瞻性，2006年6月，公司出台了《人力资源配置管理办法》，将人员招聘、录用、调配、借用、离职以及相关工作以专业化、标准化的要求与方式纳入了公司管控体系。

制度中明确，人力资源配置目标为：人员效率先进、人才结构优化、人才素质全面、人力资本前瞻储备，人力资源开发与管理机制充分体现公司企业文化理念和公司价值观，为确保公司可持续发展提供人才保障。

配置原则从来源上遵循系统内加大跨地区、跨单位的交流力度，系统外加大跨专业、跨行业的引进力度，采取系统内配置40%、接收应届毕业生40%、行业引进和面向社会招聘20%的人才配置比例。

外部招聘普遍采用现场及网上招聘两种主要方式，对特殊人才进行"猎头"。针对不同时期，招聘什么样的人，什么时候配置到位，多长时间才能具备不同岗位要求等问题进行重点关注。

控制总量

国华电力的相关文件，对总量控制提出了具体的目标与措施：

"人力资源规划"建设目标中明确。每万千瓦机组用人数不超过6人，人才当量密度达到0.67。原则上新建机组一般按照每万千瓦3.7人增加定员，扩建机组一般按照每万千瓦1.5人增加定员。鼓励各发电公司采取多种用工形式。

"定员配置管理规定"总则之一。严格执行定员标准。新设单位人员的配置必须严格控制在各单位董事会规定的编制和定员之内，合理使用，精干高效。各发电公司严格执行《国华电力公司所属及控股发电公司组织机构设置基准方案》，按照组织机构编制和定岗定员要求严格控制，严禁定员外人员进入。

"定员配置管理规定"人力资源配置原则之一。已运营的发电公司在本企业装机容量未增长的情况下必须保持人员总量零增长，利用自然减员空间接收应届毕业生，招聘紧缺人才。

十年来，国华电力装机容量增加了6倍，而用人水平下降了一倍（从本章开篇数据显示），基本达到了规划目标，在实际操作中体现了相当强的执行力。

盘活存量

公司规定内部配置具有优先权，过程多采用双向选择加行政干预的方式。

国华最初收购的盘山、热电、绥中三个厂员工总数近4 000人，超过定员人数的两倍之多。不仅增加了人工成本，而且为企业改革、提高劳动生产率增加了难度。与此成鲜明对比的是公司新建、扩建项目速度较快，生产系统人力资源缺口较大，技术骨干、技能人才尤其匮乏。有鉴于此，国华电力没有视冗员为包袱，而是作为资源，统筹安排，下好"一盘棋"。

收购和划转老厂后，首先对老厂所有人员进行盘点，将先期在主业及有潜力培养为生产人员的员工向生产一线转移，取消"闲散"岗位。在保证老厂所需人员的同时，通过有计划的配置，将富余人员安置在公司系统内的新建项目，严格控制外部招聘。

国华电力通过统一协调，指导全系统现有人力资源统一整合和内部配置，既满足了新建电厂对生产准备管理、技能人才的需求，又相对缓解了老厂人员的冗余压力，并为老厂改善人才结构创造了条件。几年来，据不完全统计，由老厂利用项目承包、成建制人员配置、劳务输出、调度等方式输出到新厂的员工数量达 700 余人,新老厂相互直接盘活效果为 1 400 人,占公司总人数的 20%。

用好增量

——按时到位——配置的时效性

国华电力在人员配置的时间上有明确的规定,体现时效性。

• 基建人员

基建期人员配置要依据生产运营期对应部门的定员考虑,向投产运行机构过渡,不足部分按照"小业主、大咨询"的模式聘用。

基建开工前期准备过程,生产技术骨干应在机组投产两年前配齐,参与设计审查、设备选型、技术谈判等。

由于前期生产准备工作需要,新机组至少在投产前两年半成立生产准备部,并将包括经理及汽轮机、电气、锅炉、热控等专业管理人员配齐,参加系统设计方案讨论、设备招投标、设备安装、调试、生产物资准备、编写培训教材、运行规程,负责生产人员培训、生产制度建设。

• 运行骨干人员

部分运行骨干人员必须在机组投产前两年到位,包括:

各值值长、主值的后备人选,首台机组的副值、巡操员等。

化学骨干人员(投产前水处理)。

除灰脱硫脱硝、燃料运行骨干人员(参与前期建设和设备技术资料掌握)。

化学、除灰脱硫脱硝、燃料运行一般人员可根据工程进度、几台机组投产周期分批分期招聘,一般要求在机组投产前一年到位。

• 设备管理人员

点检、维护、检修骨干人员必须在机组投产前 1 年到位,主要参与设备安装、调整试验工作,了解设备结构、性能,并尽可能消除遗留问题。检修、维护员工在投产前配备齐全,以保证投产初期缺陷高峰期的检修、维护工作的开展。新厂组建时维护人员应倾向于系统内人员招聘。

——分期上岗——配置的预见性

国华电力人力资源管理对新招聘人员(主要为应届毕业生)的业务成长周期进行分析评估。这一分析评估给出了一位从专业院校新毕业的学生到能够胜任关键岗位要求员工的培养周期,包括一般情形及特殊情况,给人力资源规划的制定及具体配置提供了预见性,也给培训工作的开展提供了有效的提示。新招聘人员业务成长同期分析见表 4—5。

表中再现了两种情况,即一般成长周期与速成。经调查了解,除个人努力及单位提供的正常培训外,关系运行人员成长的主要因素是岗位实际操作训练的时间。而维护、检修与经历有关,即如果在短时间内有机会接触并参与了计划检修,如果具体组织或实施了某些具体项目的检修,其技能就会有质的飞跃,是专业人员速成的条件。就是说,如果速成条件具备,一个新建、扩建发电公司,在投产前两年生产准备期间人员(新毕业生)到位,在投产

表 4—5　　　　　　　　　　新招聘人员业务成长周期分析表

岗位	周期	达到的水平/岗位	比例（%）
集控运行	第一年	熟悉生产现场的基本要求，掌握基本操作技能/巡操	100
	第三年	达到理论与实践的初步结合，掌握基本操作技能/助操	100
		具备全能操作员的水平/主值	20
	第四年	达到理论与实践的深层次结合，熟练掌握操作技能，具备一定应急处理能力/副值	80
		具备操作、指挥、生产调度，处理异常情况的能力/值长	5
	第五年	具备全能操作员的水平/主值	40
	第六年	具备操作、指挥、生产调度，处理异常情况的能力/值长	20
点检维护检修	第一年	熟悉生产现场的基本要求，掌握基本维护、检修常识/徒工	100
	第三年	经过第一台机组检查性大修、对设备结构全面了解/助理检修工	100
	第四年	再经过机组一个恢复性大修，可全面掌握有关点检、维护、检修所需要的技能/点检员、专责工、检修工	80
	第六年	经过日常维护、检修，年度重大修理、技改等工程实施，具备组织、实施、评估能力/点检长、点检员	50

两年后（毕业四年时间），运行岗位可以提供包括值长在内的各级成熟的上岗人员，检修人员可以担当独立实施检修工作（专责工）的角色。

合理配置

在充分结合生产管理实践进行分析的基础上，国华电力提出了生产系统各类人员不同结构的配置比例要求，合理配置。而且在实施过程严格控制，促进结构的优化。见表 4—6。

表 4—6　　　　　　　生产系统各类人员结构比例配置建议与分析表

结构类型		结构建议	结构分析
学历结构	运行	➢ 1 000 MW 机组集控运行人员 本科：大专＝（70%—80%）：（30%—20%） ➢ 300 MW～600 MW 机组集控运行人员 本科：大专＝（50%—60%）：（50%—40%） ➢ 外围系统及化学人员 大专：中专＝（30%—40%）：（70%—60%）	➢ 对于集控运行人员的招聘，学生倾向于本科学历，社会招聘以有经验为主 ➢ 对于外围系统运行人员的招聘，由于其技术要求不高，且绝大部分采用雇员性质，为了保证队伍的稳定性，学生以大专为主，社会招聘以有经验为主 ➢ 化学专业由于专业性强，以对口专业为对象
	检修	➢ 热控专业大学学历人员数应大于 80% ➢ 电气二次专业大学学历应大于 70% ➢ 机务专业最佳学历梯度为大学：大专：中专：中专以下＝50：30：15：5	➢ 检修维护工作主要有两类，逻辑性强、直观性差、技术含量高，技术更新快，所以，自动控制专业一定要强调高学历，具有较高的专业知识结构及专业对口 ➢ 汽机、锅炉、电气一次和辅属系统设备的检修维护更多的是强调实际操作能力，侧重于经验，但核心岗位人员必须强化学历条件要求

续表

结构类型		结构建议	结构分析
年龄结构	运行	➢运行人员各年龄段人数的合理比例 　35岁以上：（30～35）岁：30岁以下＝1：1：2	➢鉴于运行工作的特点，除少数年富力强、经验丰富的老员工外，一般要求运行一线人员年龄在45岁以下 ➢各个年龄段的人数要有合理的梯次配备，每年退守和调离的老员工与招聘入厂的新员工应大致平衡，避免出现青黄不接现象，使整体工作长期保持良好运作
	检修	➢检修人员各年龄段人数的理想比例： 　25岁以下：（26～35）岁：36岁及以上＝35：50：15	➢维护人员年龄构成的理想梯度为橄榄形。26～35岁正是工作经验成熟，事业心最强的阶段，此年龄段的人员比例最高，并向上和向下收缩，既满足当前工作开展需要，又有人员储备，年龄梯度达到最佳
专业结构	运行	➢集控运行人员中第一专业出自电气专业的人数至少40%，出自热动专业的约占30%，出自集控专业的约占30% ➢除灰脱硫、燃料等外围专业一般以机械作业为主，专业结构参考建议：机械类专业的占70%；电气类专业占30% ➢化学专业以化学类专业毕业生或化学专业工作经历的人员为主	➢员工刚入厂3～5年（至少）内，原专业影响普遍很深，在人员招聘的时候应重视专业结构合理配置 ➢机、电、炉三大主机虽然各有所属系统或辅机，但均离不开电气控制和保护回路，电气专业比较抽象，不具普遍联系性，而且对操作要求高，因此，出自电气专业的运行人员应占一定比例 ➢除灰脱硫、燃料等外围运行因专业技术要求稍低于集控运行，所以，专业结构不作特殊要求 ➢化学运行、化学化验其专业特点很明显，一般要求有化学类专业文凭或有专业工作经验的人员
	检修	➢热控、电气二次专业人员第一学历应全部为热控及电气自动化专业 ➢机务专业一般以热动、机械、材料等工科类专业为主 ➢检修人员最好有运行工作的经历	➢热控专业、电气二次专业的专业性极强，安全风险较大，岗位特征极为明显，因此，必须以对应专业作为任职条件 ➢机务专业设备类型多、涉及面广，专业交叉、互补性强，一般以机械类、材料类、热能动力类专业即可，根据设备、工艺具体情况进行二次配置、分工 ➢检修一般关注具体设备，运行关注系统，如果二者结合，会对技术、技能人员的培养收到事半功倍的效果

素 质 模 型

国华电力逐步向专业化管理的轨道迈进，作为公司战略发展有效支撑的人力资源定员管理的专业化如何实现？

国华电力在人力资源理论知识的研究及实际需要的触动下，在国华宁海发电公司率先启动了中层管理岗位"胜任力模型"的构建。基于胜任力的一些基本理论，在国华电力背景相似的子公司中采集数据，经过科学的分析，力图得到能代表电力这个特殊行业的中层管理岗位的胜任力模型，为招聘、绩效管理、后备人才储备等人力资源管理方面提供科学的依据。同时，形成的基准胜任力模型和岗位核心胜任力模型分别考虑了中层干部胜任力的共性，以及不同部门的特殊性，使人职匹配做到最优。

为此，国华宁海发电公司与浙江大学相关单位合作成立了项目组，展开了"胜任力模型"的构建工作。

模型构建过程

目前在人力资源管理系统，呈现的所谓"素质模型"非常之多，而且随处可见。但不难发现，抄袭导致的雷同暴露无遗，缺乏实际参考价值。胜任力模型的构建只有与国华电力的战略、文化、组织结构和工作特征紧密结合，才能够真正为企业人才选拔、培训等提供依据，就是说我们关注的是胜任力要素的来源及形成，并非模型本身。

因此，为了科学地构建适合国华宁海发电公司特色的胜任力模型，项目组根据基于行为事件访谈和关键事件跟踪的定性分析，以及基于行为锚定技术法的定量分析对胜任力进行提炼，最终通过专家组讨论，提取出国华宁海发电公司中层管理人员的胜任力模型。具体实施步骤是：

——**定性分析提炼胜任力**

项目组通过对国华宁电、台电、定电三家发电公司70人的行为事件访谈结果进行编码，提炼出胜任力；同时，根据为期一周的关键事件跟踪的结果对其进行补充和重新调整，最终形成了基于定性分析的胜任力。

——**定量分析提炼胜任力**

根据国华宁电、台电、定电、三河、准格尔五家发电公司的问卷调查结果，通过对其进行 T 检验，最终提炼出基于定量分析的胜任力。

——**综合分析提炼胜任力模型**

为了形成切合国华宁海发电公司实际情况的科学的胜任力模型，专家组对定性分析和定量分析的结果进行整合并结合岗位特点，最终提炼出基准胜任力模型和岗位核心胜任力模型。

胜任力模型分类

——**基准胜任力模型**

项目组根据定性分析、定量分析以及专家组讨论的结果，最终形成了国华宁海电厂中层管理人员基准胜任力模型，包括团队合作能力、安全意识、绩效管理能力等16种胜任力。

——**岗位核心胜任力模型**

岗位核心胜任力与员工个人所承担的工作岗位密切相关，它是员工高质量完成本岗位各项工作任务应具备的基本特质。岗位核心胜任力模型指的是不同胜任力要素的组合，它与基准胜任力模型既存在交叉，有其共同的部分，又有其岗位的特殊性。因而，岗位核心胜任力模型是达到该岗位所需的高绩效目标的必要条件。

项目组通过定性分析、定量分析和专家组讨论最终形成了发电部经理、发电部值长、发电部主值、设备部经理等14个岗位的核心胜任力模型。下面以发电部经理核心胜任力模型为例。

发电部经理核心胜任力模型
——核心胜任力提炼

发电部是电厂的核心部门，对整个电厂的安全运行、稳定运行和经济运行起到了至关重要的作用。因而，发电部经理能否胜任这个岗位，能否达到高绩效显得尤为重要。专家组结合岗位特点和中层管理人员基准胜任力模型，提炼出发电部经理核心胜任力模型（见表4—7）。

表4—7　　　　　　　　发电部经理岗位核心胜任力要素及释义

序号	胜任力要素	胜任力释义
1	组织沟通能力	善于利用企业的各种沟通渠道，做好上传下达工作，沟通协商，消除分歧，达成共识，保证工作的顺利开展
2	团队领导能力	领导员工更好地工作，促进团队的良好运作，一般是与团队合作能力相结合
3	绩效管理能力	能够与下属充分沟通，制定绩效目标，对下属进行公正的绩效评价，并能提供有效的反馈和改进建议，以进一步提高绩效水平
4	安全意识	对安全的认识水平，以及在生产过程中不断调整生产操作规范，以确保安全生产的自觉性
5	人际关系技能	积极主动地在组织内外建立起有利于工作开展的各种合作关系的能力
6	过程监控能力	收集影响工作相关的信息，检查工作进程和质量，评估员工和部门的绩效。
7	关心员工	及时了解员工的思想动态和工作情况，努力采取各种措施，解决员工遇到的问题，营造良好的工作氛围，提高工作绩效
8	培育他人	关注他人的潜能与可塑性并对此保持正面支持，以提高他人的能力，促进他人的成长
9	解决问题能力	解决问题能力指的是发现与工作相关的问题，系统、及时地加以分析，并采取果断的行动来实施方案，解决危机
10	决策能力	能够采用科学的决策方法，结合各种信息，分析判断多种可能情况，在备选方案中做出合理的选择
11	责任心	做事过程中，尽量使其向好的方面发展，不给他人造成隐患，并勇于承担责任

发电部经理是安全生产、经济运行的第一责任人，对本部门、上级和整个电厂承担很大的责任，因而安全意识和责任心就显得至关重要。

发电部经理需要与不同的部门和人员进行沟通和联系，需要和下属进行有效的沟通，因此，关注组织沟通能力和团队领导。

为确保电厂的安全和有效运行，就需要发电部经理具有过程监控能力、解决问题能力和决策能力，在关键时刻作出正确决策。

发电部经理是整个部门的核心，而部门所有工作的开展需要靠部门每个成员的共同努力和协作，才能高效地完成目标，因此，发电部经理需要有绩效管理能力、人际关系技能、关心员工和培训他人的能力，以提高部门凝聚力和员工绩效，促使工作顺利展开。

因此，在基准胜任力模型的基础上构建出发电部经理岗位核心胜任力模型。

国华宁海发电公司建立了胜任力模型后，将其纳入到现有的人力资源管理信息系统，将胜任力模型用于人力资源管理的各个模块，如招聘选拔、培训开发、绩效考核、薪酬管理及职业生涯规划等，使得国华宁海发电公司有了一套专业化的人力资源管理平台。在拥有成功实践经验与成果的基础上，目前胜任力模型的构建逐步向所有岗位扩展，而且向国华电力所有子公司推广。

国华电力是一家年轻的公司，由于运营时间短，成熟员工较少，而且由于为新机组技能人员的调配，技能人员的总体密度被稀释，因此，国华电力定员配置工作在控制人员总量的同时，关注员工素质结构、特殊人才比例等条件。为使定员管理更具有前瞻性、科学性、高效性，服从服务于战略发展需求，必须适时掌握内外部各类环境条件、相关因素的变化，国华电力定员、配置管理就是这样在不断的实践、总结中开展的。而且，随着人员技能水平的不断提高，定员标准还要持续完善，进一步提高运营单位的效率和效能。

附录

职位说明书

一、基本信息			
职位名称	汽轮机专业点检员	所在部门	设备维护部
职位等级	13	职位编码	
直接上级	汽轮机专业主管	薪点	
二、职责概要			
职责摘要	负责汽轮机专业设备点检工作，建立健全各项技术规范、设备档案，进行科技创新和科技攻关		
三、组织机构图			

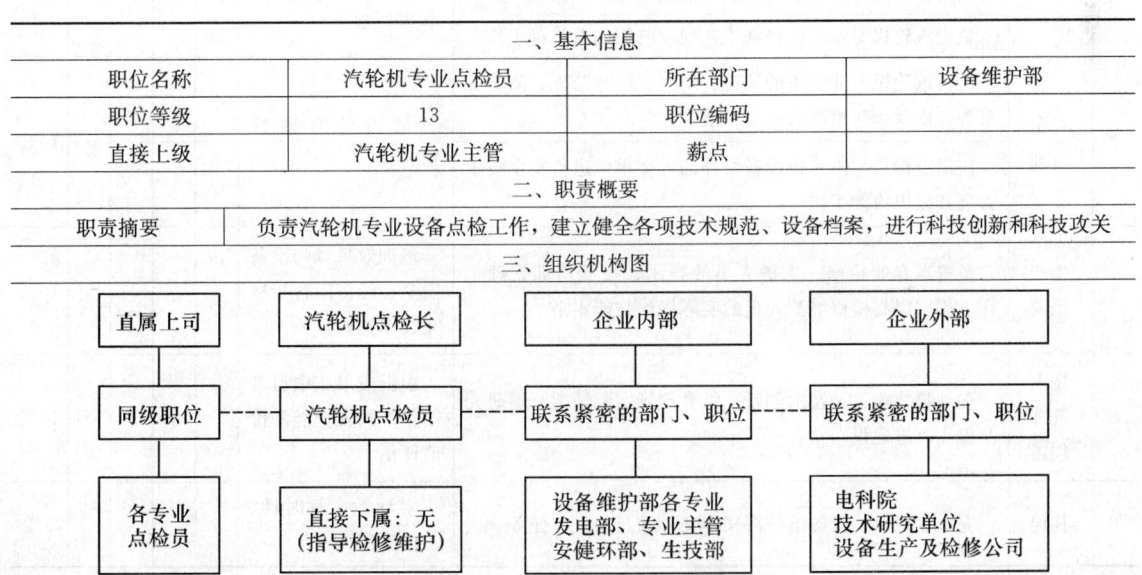

续表

四、职位职责							
序号	职责摘要	工作内容	绩效标准	权责			权重
				执行	组织	审核	审批	
1	点检管理	协助汽轮机点检长进行汽机专业所管辖设备的技术管理工作	符合率100%	√				25%
		严格执行国家、行业、上级部门的有关方针、政策、法律、法规、管理规程、规定制度、标准等						
2	专业技术管理	协助点检长进行汽轮机专业所辖设备及系统重大技术问题的分析与处理工作	分析准确率100%	√				40%
		组织编制、修订汽轮机专业设备检修工艺规程、各项技术标准	处理及时率100%	√				
		编制汽轮机专业设备年度、月度及周检修计划汽轮机专业设备大、小修、技措、更改项目计划草案	修订及时率100%	√				
		协助点检长组织实施汽轮机专业设备年度检修计划及更改、技措项目计划	计划有效性100%	√				
		编制汽轮机专业设备治理滚动规划并组织实施	计划执行率100%	√				
		负责进行汽轮机专业设备的日常点检工作,并及时根据设备状态确定处理措施及方案	检查到位率100%		√			
		负责组织汽轮机专业检修人员编制专业设备检修技术台账	主辅设备完好率100%	√				
		协助点检长进行汽轮机专业设备评级工作		√				
		负责督促汽轮机专业设备日常消缺工作	一般辅助设备完好率90%以上	√				
		负责汽轮机专业设备检修工艺规程的编制及修订工作		√				
3	安全管理	进行汽轮机专业设备的运行、防火、防寒防冻、防暑度夏等,以及预防措施的制定及落实	措施的有效性100%	√				10%
		协助点检长与本专业设备维修的外委单位进行安全技术管理和组织协调工作		√				
4	生产培训	负责本专业检修、维护人员的技术、技能培训管理工作,确实提高检修维护人员的实际操作技能水平	培训效果(与设备安全、经济运行指标完成率挂钩)	√				10%
5	技术管理创新	参加科技攻关及技术创新,结合现场实际情况开展研究及提出改进建议	根据成果或项目带给生产的安全经济价值评估	√				10%
6	其他	完成点检长、设备维护部领导交办的其他工作任务	主动性、及时性、工作质量	√				5%

续表

五、工作特征			
工时工作制	定时工作制	工作时间	按国家规定
工作负荷	适量	工作环境	较好
出差	偶尔	加班	偶尔
安健环风险	视频辐射，交通危险，噪声、粉尘、高温、化学药品等意外伤害		

六、任职要求

（一）身体素质要求

项目	要求	项目	要求
视力	矫正视力 1.0 以上；无色盲	血压	正常
听力	听力损伤必须低于Ⅲ级	心脏病	无冠心病，心律失常
传染性疾病	无传染性疾病	呼吸系统	无支气管哮喘
恐高症	无恐高症	癫痫病	无

（二）教育程度要求

项目	必备要求	理想要求
教育学历	大专及以上	本科及以上
学习专业	热动等相关专业	热动专业
知识范围	了解电厂的生产运作流程；熟悉机、炉、电、热、化、燃料等专业知识；基本掌握发电设备的系统性能、技术规范、运行与检修特点等；了解国家、电力行业安全；了解故障发生形式、性质、后果和处理办法	熟悉电厂的生产运作流程；熟悉机、炉、电、热、化、燃料等专业知识；熟练掌握发电设备的系统性能、技术规范、运行与检修特点等；熟悉国家、电力行业安全；熟悉故障发生形式、性质、后果和处理办法

（三）培训要求及标准

项目	必备要求	理想要求
安规培训	熟悉安规以及安全生产法相关内容，能够保证安全生产，经过安规培训和考试均合格	掌握安规以及安全生产法相关内容，保证安全生产
NOSA 培训	熟悉 NOSA 五星系统管理理念，能够运用到工作中，指导安全生产	掌握 NOSA 五星系统管理理念，掌握各项条款，指导安全生产
技能培训	熟悉本岗位相关各项制度，取得职业技能鉴定高级工及以上资格，取得公司颁发上岗证书，取得相关特种作业证书	掌握本岗位相关各项制度，取得职业技能鉴定技师以上资格，取得公司颁发上岗证书，取得相关特种作业证书

（四）工作经验要求

项目	必备要求	理想要求
经验与知识	具有检修维护经验，有参加机组大修、小修及技术改造的经历，具有较强的业务、技术能力，能解决检修中出现的问题。具有现代化管理、网络基本知识，实施汽机专业检修、维护技术管理，建立健全有关规章制度等基础工作的能力	具有检修维护管理经验，有组织实施机组大修、小修及技术改造计划的经历，具有较强的组织协调能力，能协调解决检修中出现的问题。具有现代化管理、网络基本知识，指导汽机专业检修、维护技术管理，建立健全有关规章制度等基础工作的能力

续表

工作年限	5年以上	7年以上
（五）职位说明确认		
任职者签字		日期：
上级主管签字		日期：
人力资源部审核		日期：

第 5 章
技能培训　素质工程

国华电力拥有一支占员工总量65%比重的技能员工队伍，他们承担着发电设备的运行、维护和检修任务，掌控着设备的命运，是发电企业安全生产的主力军。

近年来，国华电力总装机规模快速扩大，新设备、新技术、新工艺大量引进与开发。微油/无油点火、烟塔合一、煤气化联合循环（IGCC）、超临界与超超临界火电机组运行等发电技术的应用，在为企业提高设备可靠性、提高生产效率、积蓄技术资本的同时，带来新的挑战。

国华电力将企业安全稳定生产的砝码牢牢地压在技能员工队伍身上，从体系建设、策划指引、效果鉴定等几个方面强化技能培训工作，强化技能人才的储备与高端技能人才的培养，并将技能培训作为一项生产人员素质工程来建设与实施，以此提高技能人员水平。

培 训 体 系

为了让技能培训工作覆盖于完整的管控体系之下，国华电力建立了技能培训管理网络，编制了一系列体系文件，形成以"两考一赛"为主要形式的检查评价机制，做到了技能培训工作有职责分工，有管控依据，有过程跟踪和后评估，实现了技能培训工作无死角，各培训管理环节无空位。

培训网络

网络分为三级（见图5—1），从整个公司层面讲，国华电力本部为一级，各分、子公司为二级，部门班组为三级，其中属地技能鉴定管理机构与国华电力研究院监管或授权管理相关工作。

分级控制

国华电力本部为全公司技能培训的一级管理机构，负责技能培训工作的整体策划，负责

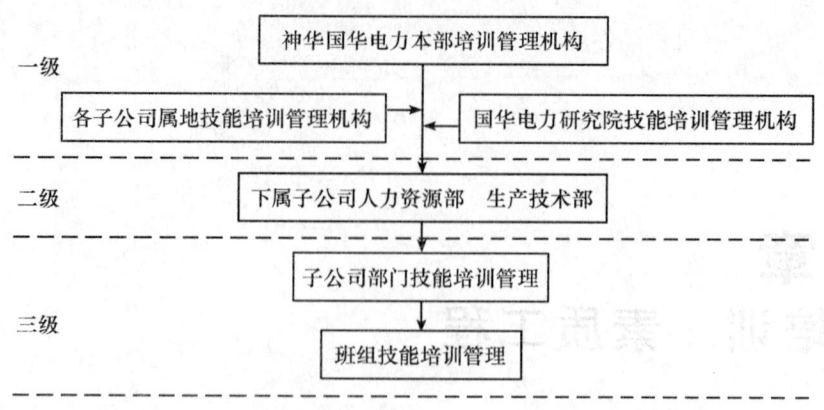

图 5—1　技能培训管理网络

技能培训的制度及体系建设和技能人才培训规划的制定,并对国华系统技能培训工作进行监督考核;对各子公司技能培训给予指导,考核其组织实施和培训费使用情况。

各子公司属地技能鉴定管理机构负责鉴定前的培训及具体鉴定。

国华电力研究院设有技能培训部,作为技能培训工作的组织实施部门,负责制定技能培训标准;围绕国华电力基建和发电运营计划对技能人才数量、质量的要求,开展系统技能培训需求调查,制订年度技能人才培训计划和技能鉴定计划并组织实施;组织专项培训、跟踪与指导子公司的培训过程、评价培训效果;组织实施专业调考和技能大赛;制定技能岗位评价标准,组织实施系统内职业技能鉴定和岗位技能评估,监督属地职业技能鉴定站的工作质量和计划执行情况。

各子公司在国华本部的指导与研究院协助下落实日常技能培训工作,子公司内配置一名副总工程师主抓技能培训工作;子公司人力资源部设专职培训主管,负责统筹规划、指导、评价本公司技能培训工作;子公司生产技术部设专职技能培训工程师,主抓技能培训工作,拟订培训计划并组织实施。各子公司自行建立培训、鉴定、使用、待遇一体化机制,将技能人才的技能培训考核结果与上岗资格、绩效考核、薪酬待遇及奖惩直接关联起来。

制度建设

在实施技能培训、推进员工素质工程建设的实践中,国华电力不断探索有效途径,根据实际需要建立了多项技能培训相关管理制度,作为技能培训管理体系的重要组成部分,在实践中指导着全系统的技能培训工作,使技能培训不断成熟并逐步走向系统化、规范化、日常化。

——《技能人员培训大纲》

详细规划了不同专业领域技能人员的培训内容、培训方式、培训思路以及针对不同内容提出的培训标准,是技能人员培训的纲领性文件。

——《技能等级管理办法》

规定了不同技术岗位对员工技能等级的要求,员工技能等级晋升的条件与途径,以及对不同等级员工的激励和培养措施。

——《培训工作评价细则》

是跟踪指导培训过程、评价员工学习效果、评价培训管理效果的详细制度依据，其中包括评价的方法、评价依据、评价工具以及评价结果的应用。

——《技能大赛及技术能手管理办法》

作为每两年一次的全系统技能大赛的权威依据，它规定了大赛的指导思想、参赛范围、执行程序、考评方式、技术能手的选拔与奖励原则以及日常的管理培养办法。

——《专业调考管理办法》

针对每年一次的专业技术调考，规定详细的考核执行程序、考评方法以及考评结果的兑现原则，是专业调考工作的专属文件。

——《内部兼职培训师管理办法》

该办法是指导各发电公司选拔和使用内部兼职培训师的制度依据，对兼职培训师的基本条件、专业限制、综合素质、职责范围以及兼职培训师的自身建设和培养等做了详细描述。

——《技师、高级技师管理办法》

明确对技师、高级技师的选拔、任用和考核评价以及任期等事项，是技师、高级技师管理的重要依据。

以上管控文件与《国华电力技能培训指引》、《点检员职业技能鉴定规范》等一起构成技能培训体系文件，对培训工作的开展具有着指导作用。

培训指引

《指引》方向

以"成本领先"战略为指导，国华电力在人力资源利用上，始终奉行"大国华"理念，强调资源共享。但就培训资源而言，则面临着一个重要课题——如何解决差异性问题。因国华电力所属电厂多数分布在华北、东北、西北、珠江三角洲、长江三角洲等区域，既有老厂又有新厂，区域的差异、技术水平的差异乃至文化的差异如果得不到消解，既增加培训成本，又难于实现培训资源和人力资源共享。为破解这一课题，国华电力在技能人才的培养上放眼全局，致力于建立统一的标准，力求以一致的标准来指引全系统的技能培训工作，除要求每一位技能型员工掌握本厂的设备系统外，还要求其了解和熟悉国华系统的全貌及主流机组的技术流程和操作规程，作为"国华人"时刻为人力资源的按需调配做准备，确保知识资本和人才资本的快速积累和可持续调用。

为实现技能培训标准化，国华电力依据《国家职业技能鉴定规范》及《国家职业标准》，结合本系统的实际，建立了一套培训导航体系——《国华电力技能培训指引》（以下简称《指引》），将全系统的技能培训统一在一条轨道之上。

《指引》结构

《指引》包括"国华电力技能培训模式""国华电力公共培训课程"和"国华电力在岗员工技能培训指引"3个部分。

——第一部分：国华电力技能培训模式

该部分重点阐述国华电力现代技能培训理念，国华电力技能培训体系，明确了国华电力公司、国华电力研究院技术研究中心以及各发电公司在员工技能培训上的具体职责，并为基层班组开展技能培训工作提供了指引。

——第二部分：国华电力公共培训课程

该部分包括以下 5 个模块：

• 国华电力基础培训特有模块，即对国华电力发电管理系统、国华电力安健环、国华电力 BFS++设备管理系统、国华电力 25 项反措等基础内容的培训指引，是具有国华特色的技能培训公共课程。

• 国华电力发电设备培训指引，内容涵盖了国华电力所有类型机组。介绍了国华电力从 100 MW 凝汽式机组到 800 MW 超临界参数机组主设备配置及性能，介绍了在建的 1 000 MW 超超临界参数机组及风力发电机组主设备配置。

• 基建生产准备人员培训指引，分别提出集控运行员工、设备检修员工、设备点检员工的培训流程和培训标准（见图 5—2、图 5—3、图 5—4）。

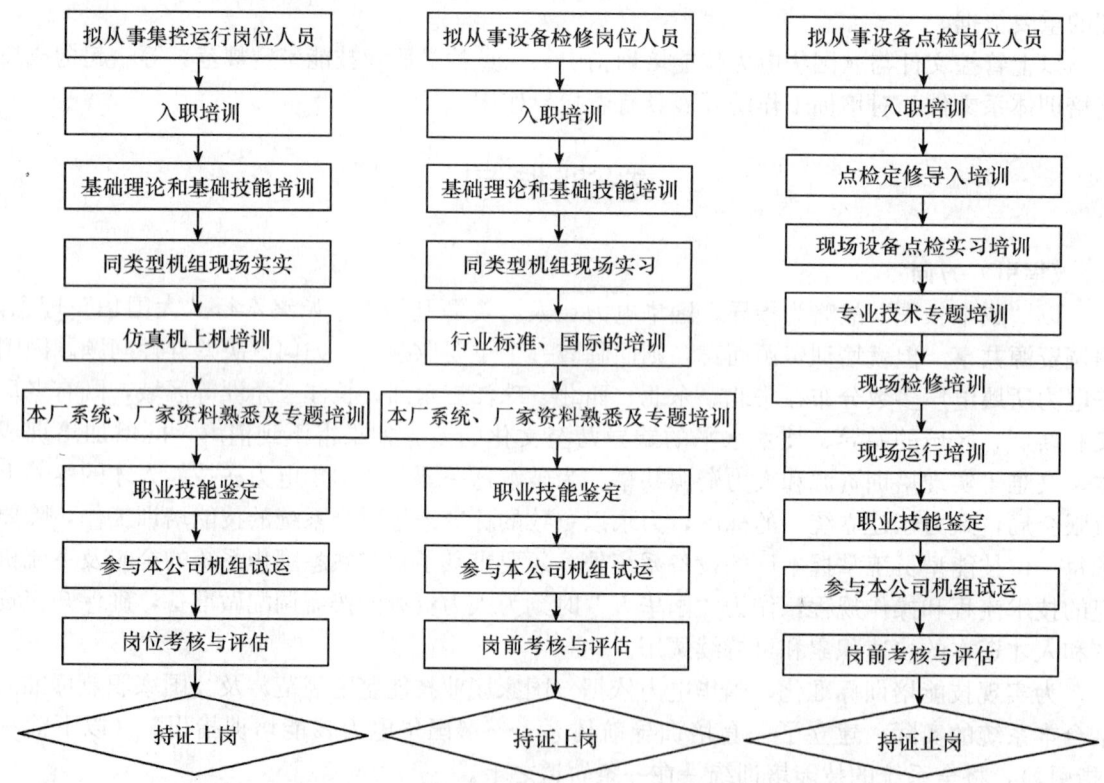

图 5—2　集控员工培训流程　图 5—3　设备检修员工培训流程　图 5—4　设备点检员工培训流程

• 新员工培训指引，即对新进大学毕业生的入职培训、生产认知培训提出指导意见，流程如图 5—5。

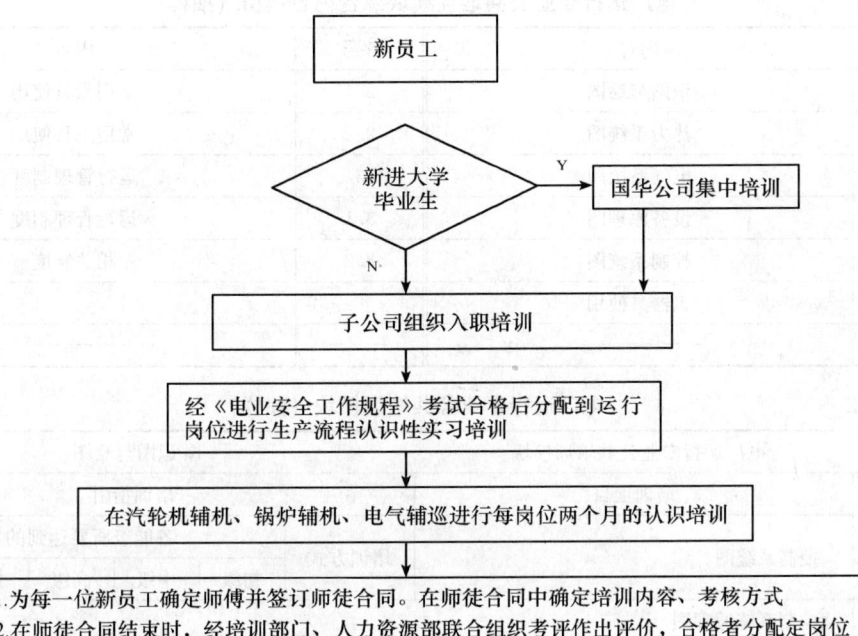

图5—5 新员工培训流程

- 国华电力新技术应用导论，重点介绍低温多效海水淡化及水电联产技术、烟塔合一技术、烟气脱硫脱硝技术、煤基多联产 IGCC 发电及其二氧化碳减排技术等在国华电力的具体应用，目的在于让每位员工了解新技术，培育新理念，增强学习意识。

——第三部分为：**国华电力在岗员工技能培训指引**

该部分根据《国家职业技能鉴定规范》或《国家职业标准》规定了各岗位的职业（工种）名称、职业定义、职业等级和基本要求，并结合国华电力的实际需要，适当增补了部分专有培训模块。《指引》不仅是各发电公司组织进行技能培训的指导性文件，也是员工参与职业技能鉴定前的学习辅导大纲。《指引》对发电公司采用不同型式机组、设备的情况进行了说明，各发电公司在培训时根据差异可以有所侧重。

该部分共包括电厂运行员工技能培训指引、电气员工技能培训指引、热工员工技能培训指引、机务员工技能培训指引和试验员工技能培训指引5篇内容。每一篇中明确规定某一领域所覆盖的专业工种，如《电厂运行员工技能培训指引》一篇含盖了10个职业（工种），即集控巡视员、集控值班员、电厂水处理值班员、电机氢冷值班员、电除尘值班员、脱硫脱硝值班员、除灰值班员、燃料集控值班员、卸储煤值班员、输煤值班员。

在每一篇中，分别包括"综合内容指引"和"内容指引"两部分。"综合内容指引"相当于本职业（工种）的培训内容目录（见表5—1）；"内容指引"则是以"综合内容指引"为依据，按照相对应的序号，对"培训单元模块"进行细分，并明确培训方式和各能级所要达到的目标（见表5—2）。

表 5—1　　　　　电厂运行专业公共培训模块综合内容指引（抽样）

序号	内容	序号	内容
1	识图与绘图	2.1	常用量具使用
1.1	热力系统图	2.2	常用工具使用
1.2	电气系统图	3	运行管理制度
1.3	设备原理图	3.1	运行管理制度
1.4	控制系统图	3.2	相关制度
2	工器具使用		
……	……	……	……

表 5—2　　　　　　电厂运行专业公共培训模块（抽样）

电厂运行专业公共培训模块		1. 识图与绘图					
序号	培训项目	培训指引					
1.4	控制系统图	培训方式	各能级所要达到的目标				
			初级	中级	高级	技师	高技
1.4.1	控制系统原理图						
1.4.1.1	热工控制系统原理图	认知	了解	具有	熟悉	熟知	熟知
1.4.1.2	电气控制系统原理图	认知	了解	具有	熟悉	熟知	熟知
1.4.2	联锁、保护逻辑图						
1.4.2.1	热工联锁、保护逻辑图	认知	了解	具有	熟悉	熟知	熟知
1.4.2.2	电气联锁、保护逻辑图	认知	了解	具有	熟悉	熟知	熟知
1.4.2.3	机组大联锁逻辑图	认知	了解	具有	熟悉	熟知	熟知

《指引》要求

《指引》中所指"培训方式"包括"认知"和"实操"。

"认知"即通过课堂教学、现场实物学习，熟悉设备、工具、量具、器具等的性能、作用、原理、结构等。

"实操"则是对现场实际设备或模拟设备的解体、拆装、排故、修理、制作等，掌握操作要领。

对应"认知"的培训目标分别为"了解""具有""熟悉""熟知"。

- "了解"指对有关知识要求或设备规范、原理、结构性能等有初步理解。
- "具有"指对有关知识要求或设备规范、原理、结构性能等有基本理解。
- "熟悉"指对有关知识要求或设备规范、原理、结构性能等相当清楚。
- "熟知"指对有关知识要求或设备规范、原理、结构性能等完全理解。

对应"实操"的培训目标分别为能够、具有、掌握、熟练。

- "能够"表示对有关操作项目或工作任务，在指导下基本正确操作或完成。
- "具有"表示对有关操作项目或工作任务，基本能够独立正确操作或完成。

- "掌握"表示对有关操作项目或工作任务，能够独立正确操作或完成。
- "熟练"表示对有关操作项目或工作任务，达到熟练操作或完成，并能指导低一级员工的操作。

为了让员工明确自己所在岗位的职业技能要求，通过对照，知晓自己的提升空间，公司给所有技能型员工配发了《指引》。公司上下按照《指引》开展日常培训工作，各子公司根据实际需要，通过规程辅导、技术讲课、技术问答、事故预想、反事故演习等形式进行强化训练。

自2008年起，国华电力技师、高级技师职业技能鉴定以及国华电力内部点检员岗位技能评估，已融入《指引》的相关内容和评价标准。

《指引》引起了电力行业的关注，并得到认可，有的培训机构曾提出在技能员工培训与评价上与国华电力的合作意向，中国电力出版社有关人士曾提出正式出版发行的建议。

培 训 策 略

一切活动都是经济活动，国华电力技能培训遵从价值创造的理念。

通过培训提升员工技能，将满足企业不同时期、不同设备技术对生产岗位技能人员的最大要求，将培训转化为生产现场企业价值的产出。

国华电力结合《国华电力技能培训指引》，从培训资源的最优化、培训内容的系统化角度进行策划，尤其体现在培训课程的设计与实施方面，充分考虑生产岗位能力和能级的需要，为企业安全生产、经济运行培养储备各类技能人才。

基本实操技能培训

——培训价值：体现培养员工在生产现场的实际动手操作能力。

——培训目标：掌握结构，操作熟练、提高效率、消除失误。

——培训设施：现场实际系统、设备，按比例缩小的透明设备、备件模型、仿真操作系统等。

——培训要点：讲解—针对现场设备故障发生点；过程—学员必须亲自动手，自由拆解、工艺组装；掌握—设备结构、技术特性、操作要求；目标—培养规范作用、解决问题的能力。

基本实操技能培训是所有技能人员最基本的技能培训内容之一，是每位技能人员的必修课，也是技能培训的基础工作，必须强化与坚持这一技能培训环节的实施，在此基础上着眼于公司的发展实施技能储备式培训与高端技能培养。

储备式技能培训——600 MW机组检修特性与故障分析处理技能培训

国华电力发展过程中，600 MW机组集中投产于2006年前后，并成为国华电力的主力机组。

公司的发展必然伴随着人力资源的调配，技能人员特别是新建项目公司中，从事非600 MW机组的外调人员、运行岗位转到检修岗位人员、检修岗位转到设备管理岗位人员以及新毕业的大中专毕业学生，面对600 MW机组所带来的设备结构和系统的差异性，技能问题将会随着时间的推移日益突出。一是针对本项目公司新设备和系统，从调试到发电投产过程中对技能人员提出的技术能力保证。二是如何避免国华系统内外600 MW机组曾发生的设备故障再现。三是如何深入掌握本单位的机组特性。这里既有技术能力问题也有生产经验问题，既有对新技术的认知问题，也有对设备和技术的管理问题。

技能储备式培训包括两个环节。

——有备而来

明确要求新建项目公司作为培训主体，充分利用基建期生产准备"第一培训现场"的有利条件，依据生产准备培训大纲实施现场培训外，在理论方面，要求员工应在准备期补足自己所欠缺的基本知识、专业知识和相关知识；要善于查阅和掌握技术标准、设备规范、试验数据、采用新型设备的结构原理和图纸。要重视与厂家、调试所的技术交流。实际技能上，要重视安装设备的工艺、分段试运的过程和结果，专用工具的正确使用；重视同类设备、控制系统软、硬件曾出现的故障点；重视设备在系统上结合点、交叉点的安装或调试中曾发生的非正常现象。应在准备期培养员工的相关技能。

——培训实施

在生产准备现场培训之外，技能储备式培训实施的过程，由低到高，由浅入深，由认识到分析。将国华电力600 MW机组典型事故案例，国华系统外设备事故与故障分析，600 MW机组大修文件包，检修过程实际数据测量、计算、调整以及操作工艺等作为培训中的重要内容。

培训最大特点是引入国华系统内外的现场案例，通过培训使学员建立可能发生设备故障的问题模型以及解决问题的策略和具体操作方法。

> 培训不仅是满足员工个人能力提升的需求，更重要的是符合公司发展对能力价值的需要。技能储备式培训，是从真正意义上体现培训的前瞻性特点。应该说"缺什么，补什么"是立足于培训的实用性和针对性，这是多数培训机构能够做到的。但储备式前瞻性培训，是立足于满足公司持续发展所需要的技能资源。这里强调的生产准备培训和建立可能发生设备故障问题模型的培训梯次和前后相继的培训环节。

高端技能培养——超临界、超超临界百万机组技能培训

高端技能培训是立足于对国华电力技师、高级技师和专业技术能手的强力充电，高端技能人才是国华电力的技能资源，培训的目的是站在国华电力的角度，紧贴国华电力发展所带来的新机型、新设备、新技术以及可能需要的新技能所实施的前瞻性培训。

高端技能培训采取的是分段式培训模式。

第一阶段：将高端技能人才作为一个整体，进行跨专业、组合式、复合认知性培训。
第二阶段：按专业（如机、电、炉、控制系统、集控运行等）实施"专题式"培训。
第三阶段：按专业实施案例分析培训。
第四阶段：现场操作与检修技能培训。

2008年国华电力实施了第一阶段首期高端技能培训。参训的50名学员来自不同专业的技师、高级技师和专业技术能手。培训期间学员打破专业界限，分为五组。上课时每个人都是学员，下课时每个人又是本专业的辅导员。培训结束时，每个组所有学员共同完成一份本组近200页的PPT文件作业。

高端技能培训期间最大的特点，是学员之间专业交流和跨专业学习，扩大了现有高端技能人才的专业眼界，更新和补充了新的前沿知识。特别是来自百万机组在建项目公司的学员，奠定了公司发展所需的技能基础。

国华电力高端技能人才是新技术转化为现实生产能力的中坚力量，立足于公司未来百万机组发展的技术能力需要，采取分段式模式进行培训，是国华电力培养知识技能型、技术技能型和复合技能型人才的途径之一。

技 能 鉴 定

1+"X"模式

2005年国华电力颁发了《技能等级管理办法》《技师、高级技师鉴定管理办法》，明确了以电力行业为依托的属地职业技能鉴定作为国华电力技能评价的模式之一。

国华电力的下属发电公司分布在不同区域，而在全国范围内，不同区域均有电力行业特有工种的鉴定中心或鉴定站。因此，依托电力行业进行属地职业技能鉴定，既发挥了行业的优势，又解决了国华电力因技能员工数量多、分布广、工种复杂而带来的困难。

国华电力提出并实施1+"X"职业技能鉴定模式，其中的"1"代表电力行业特有工种的规范、标准、题库，仍然由行业的属地鉴定站按国家规范与标准进行操作，国华电力不干预、不打破行业标准参照式的鉴定属性，不影响行业属地鉴定站的具体鉴定。

"X"不是未知数，"X"是针对国华电力特定发电公司的技能评价内容，由国华电力独立评价，并按一定比例融入员工的技能评价结果。其针对性体现在3方面：

一是特定发电公司的设备系统。
二是特定发电公司的技能员工。
三是国华电力规定的公共性特定技能评价内容。

"X"部分的出现，打破了原电力行业20世纪90年代建立在小机组基础上职业规范的局限性，适应了现代电力企业高参数大容量，如亚临界、超临界600 MW、1 000 MW超（超）临界机组的新技术、新设备、新工艺对员工职业技能的新要求。

点检员职业技能鉴定规范

在职业技能鉴定工作中遇到的突出问题是国华电力拥有设备"点检员"近500人,其岗位职责是负责设备寿命状态的监控与管理,在电厂安全生产中发挥着重要作用,企业的快速发展需要对点检人员所从事的职业工种进行界定,通过职业规范进行能力评价,使员工获得技术能力的提升。而在《中华人民共和国职业分类大典》以及电力行业的112个特有工种中,没有"点检"这一职业工种,行业中没有职业规范作为依据,也没有培训与评价标准可参照。

在此情况下,国华电力走自己的路,比照国家职业工种,界定"点检员"作为国华电力内部的特有工种,并在系统地总结点检定修培训和现场工作经验的基础上,建立了汽轮机、电气一次、电气二次、锅炉、热工、化学、燃料、除灰脱硫8个点检岗位的职业技能评价标准,于2005年编辑出版了自己的《点检员职业技能鉴定规范》,作为点检专业骨干工种的鉴定依据,由自己的职业技能鉴定站实施鉴定。

《点检员职业技能鉴定规范》按国家职业五级进行分类,包括:国家职业五级(初级)、国家职业四级(中级)、国家职业三级(高级)、国家职业二级(技师)、国家职业一级(高级技师),并以"鉴定要求""鉴定内容"(见表5—3)"双向细目表"(见表5—4)及"附录"(试卷样例及参考答案)为标准架构。

表5—3　　　　　初级汽轮机点检员鉴定内容(技能部分——抽样)

项目	鉴定范围	鉴定内容	重要程度	鉴定比重(%)
基本技能	1. 识绘图	(1) 看懂汽轮机汽、水、油的系统图 (2) 看懂汽轮机设备的零件图 (3) 能正确绘制简单的零件加工图	2 2 2	6
	2. 工器具使用、保养	(1) 正确使用游标卡尺、深度尺、外径千分尺、百分表等常用测量工具 (2) 正确使用点检仪、振动表、温度表等点检工具	2 2	4
	3. 钳工操作	会使用一般的钳工工具	2	2
专门技能	1. 故障分析	(1) 能正确分析油档漏油等简单设备缺陷的原因 (2) 发现锈蚀、裂纹、凹坑、缺块等简单部件缺陷,正确分析处理漏油、填料环损坏等简单缺陷 (3) 能正确分析管道漏汽、漏水等设备的一般缺陷 (4) 正确分析轴封泄漏、轴承超温、油质恶化等设备的一般缺陷	3 3 3 3	12
	2. 材料使用	能正确使用密封胶合剂、清洗剂等检修辅助材料	2	2
	3. 测量计算	(1) 正确进行轴瓦间隙、紧力的测量,对汽轮机流通部分动、静间隙,轴颈的椭圆度进行测量和计算 (2) 对油动机行程等装配数据进行简单测量和计算 (3) 进行调速系统弹簧特性试验	2 2 2	18

续表

项目	鉴定范围	鉴定内容	重要程度	鉴定比重(%)
专门技能	3. 测量计算	(4) 进行一般转动机械转子联轴器找中心的工作 (5) 测量轴弯曲度 (6) 能进行叶轮瓢偏度、转子晃动度简单测量和计算 (7) 能在指导下进行加热器、除氧器等压力容器的监察检查 (8) 能进行管道常规计算 (9) 能进行阀门行程、阀杆间隙等简单计算	2 2 2 2 2 2	18
管理技能	1. 点检计划编制	能在上级指导下对各类点检标准(含运行巡检、技术监督、日常维护)进行整合,形成各类点检计划	7	7
	2. 点检"四大标准"的编制	能在上级指导下完成检修作业标准、设备维护保养标准和点检标准的制定工作;能在上级指导下完成检修技术标准初稿的编制	7	7
	3. 备品配件和资材管理	在上级指导下编制分管设备的备品配件计划(含定额和需用计划)	7	7
	4. 设备劣化倾向管理	能参加和配合有经验的点检员开展设备的劣化倾向管理	7	7
	5. 经济评估工作	能在有经验的点检员指导下,对单一的部件改造和较小设备的改造进行经济分析和评估	6	6
	6. 设备优化检修	能在上级指导下完成对本专业分管设备的分类工作,在此基础上制定出本专业分管设备的检修策略	7	7
	7. 设备动态管理	能结合设备定修开展检修过程的 PDCA 管理,对设备的管理和设备本身提出改进的初步意见	7	7
相关技能	1. 计算机	能熟练使用办公、设备管理等常用软件	4	4
	2. 安全生产	(1) 正确使用现场消防器材 (2) 正确进行烧伤、烫伤的紧急救护 (3) 正确进行心肺复苏	211	4

表5—4 汽轮机点检员技能鉴定知识要求双向细目表(初级点检员部分——抽样)

项目 鉴定范围	目标 鉴定比重(%)	初级点检员				
		鉴定比重分配	知识	理解	应用	分析与综合
基本知识	机械制图	4	1	1	1	1
	钳工	2	0.5	0.5	0.5	0.5
	热力学及流体力学	4	1	1	1	1

续表

鉴定范围	项目	鉴定比重（%）目标	初级点检员 鉴定比重分配	知识	理解	应用	分析与综合
基本知识	材料知识		2	0.5	0.5	0.5	0.5
	机械基础						
	电力生产常识		2	0.5	0.5	0.5	0.5
专门知识	工器具		3	0.5	0.5	0.5	1
	汽轮机本体		11	2	3	3	3
	汽轮机调速		6	1	1	2	2
	汽轮机辅机		6	1	1	2	2
	水泵		9	2	3	2	2
	阀门		6	1	1	2	2
	运行知识		6	2	2	1	1
	材料		4	2	2	1	1
	焊接与热处理		2	0.5	0.5	0.5	0.5
	起重		2	0.5	0.5	0.5	0.5
	金属监督						
	设备验收		2	0.5	0.5	0.5	0.5
	设备调试和试运		2	0.5	0.5	0.5	0.5
	25项措施		2	0.5	0.5	0.5	0.5
管理知识	国家和行业在设备管理方面的有关规定		4	1	1	1	1
	点检定修管理的基本内涵		4	1	1	1	1
	经济核算、财务成本和概预算的有关知识		4	1	1	1	1
	标准化作业的内涵		4	1	1	1	1
相关知识	电气和热工		2	0.5	0.5	0.5	0.5
	安全生产		3	1	1	0.5	0.5
	质量和管理		2	0.5	0.5	0.5	0.5
	计算机		2	0.5	0.5	0.5	0.5
合计			100				

国华电力点检员职业化工种的探索性实践活动，受到了劳动和社会保障部职业技能鉴定中心的关注。2008年5月颁布的《中华人民共和国职业分类大典》中新增了"设备点检员"这一工种，这标志着国华电力技能人才培训与评价特有体系建设、点检员职业化工种的实践性探索得到了国家认可，引领了行业的职能鉴定工作。

两考一赛

国华电力各级培训管理主体以不同的形式实施培训过程跟踪管理，以"两考一赛"（即日常的"普考"）、年度"调考"及"技能大赛"为常规手段来检验和"鉴定"培训效果，有利地促进了整体技能水平的提高。

——普考

由各子公司自行组织，根据实际需要确定频率，目的在于以考促学，调动全员学习热情，营造学习氛围，普考的形式灵活多样，普考的内容可视当时的安全生产实际需要而定。

——调考

主要用于综合检验与测量员工培训与评估后实际技能与标准存在的差异，以便有针对性实施再培训和消灭员工的技能盲点。通过对调考结果的分析，又可以宏观地判断出各子公司之间的整体技能水平差异，并检验阶段性培训效果。

调考工作每年进行一次，由国华电力研究院技术研究中心组织，各相关发电公司配合实施。参与考试的员工不是选派的，而是随机抽取，每位员工被抽取的概率均等，这是促进全员培训的有效措施。调考除了考察理论知识外，还通过情景模拟题来考察员工的实操能力。

调考过后，由专家撰写专业调考评估报告，通过调考结果来分析员工实际技能与标准之间的差异，查找共性问题，评价调考的有效性，提出改进建议，以便有针对性地实施再培训。

——技能大赛

为选拔和发现技术领先人才，促进技术交流，传播"尊重知识、尊重人才"的理念，营造"全员学习"氛围，加速高技能人才队伍建设。由电力研究院技术研究中心统一组织，每两年开展一次技能大赛，大赛着眼于技术含量高、通用性强、从业人员多、影响较大的专业（工种）。

国华电力通过技能培训考核体系，每年对各单位技能培训总体情况和培训指标完成情况进行评价，并纳入年度绩效评价之中参与考核。

技能型员工的整体素质代表着一个企业的技术实力，技能型员工队伍的健康成长是企业发展的保障与动力。只有重视技能型员工队伍的培养，把握安全生产的主动权，才能把握企业的未来。

最了解设备性能和状况的是设备的主人，技能操作型员工首先需要掌握的是身边的设备问题，所以，培训内容的针对性、实用性至关重要。建立符合企业实际并具有自身特色的技能培训体系，是保证培训效果的前提，而统一的培训标准，是实现培训资源共享，提高培训效率，控制培训成本的最佳途径。

第 6 章
我的大学　塑造精英

从本质意义上讲，现代企业的竞争就是人才的竞争，优良的人才队伍是企业得以长期发展的基石。企业需要用自己的文化滋养培育员工，建立起属于自己的"黄埔军校"。据统计，世界五百强中70%的企业拥有自己的商学院。目前，中国已经有中国移动、中石化、中石油、海尔、蒙牛、奥康、华为、联想、吉利、春兰、海信、金蝶、阿里巴巴等一批具有战略眼光的大企业创办了企业大学或商学院。预测到2010年全球企业大学的数量将达到4 200所，中国也必将迎来企业大学的春天。中国企业大学发展演进图如图6—1所示。

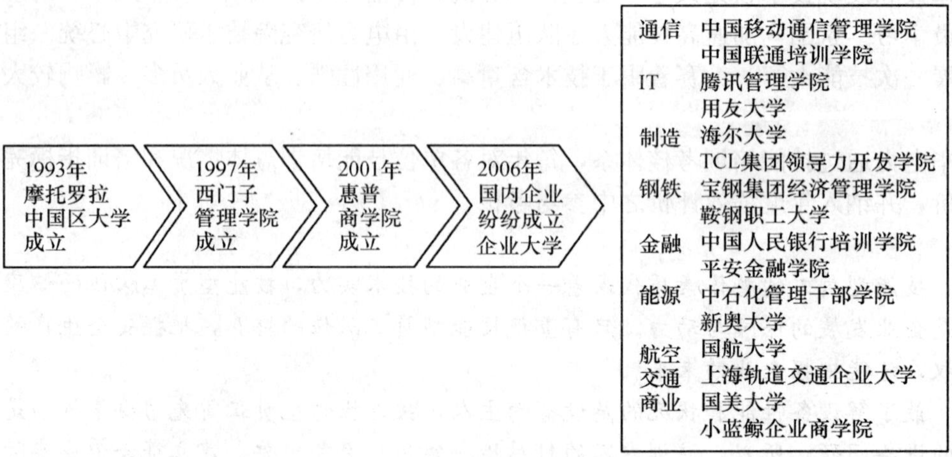

通信	中国移动通信管理学院
	中国联通培训学院
IT	腾讯管理学院
	用友大学
制造	海尔大学
	TCL集团领导力开发学院
钢铁	宝钢集团经济管理学院
	鞍钢职工大学
金融	中国人民银行培训学院
	平安金融学院
能源	中石化管理干部学院
	新奥大学
航空	国航大学
交通	上海轨道交通企业大学
商业	国美大学
	小蓝鲸企业商学院

1993年 摩托罗拉中国区大学成立 → 1997年 西门子管理学院成立 → 2001年 惠普商学院成立 → 2006年 国内企业纷纷成立企业大学

图6—1　中国企业大学发展演进图

国华管理学院正是这样一所企业大学，它被国华电力高级管理者亲切地称为"我的大学"。

国华管理学院

国华电力于2002年10月在广东台山创办了自己的"企业大学"——国华管理学院。

国华管理学院的诞生是当时内外部形势共同作用的结果。

2002年4月,国务院批准实施《电力体制改革方案》,标志着中国电力体制改革开始。此后,国家电力公司被拆分为五大发电集团、两大电网公司和四大电力辅业集团。厂网分开打破了电力行业原来高度一体化垄断体系,调动了各方办电的积极性,电源建设速度进一步加快。当一座座高参数、大容量、高效环保的现代化发电机组拔地而起时,各发电企业更是面临着前所未有的压力和危机。为保障企业的安全生产和可持续协调发展,各大发电集团纷纷抢滩电力高端人才市场,对电力经营管理型、专业技术型和生产技能型人才几乎达到了"渴求"的程度。电力行业高级管理人才一时间更是成为稀缺资源。而此类人才的培养具有周期长、培养成本高和培养渠道窄等特点。如何缓解电力行业高级管理人才饥荒,已成为全行业亟待求解的重要课题。

作为新崛起的独立电力生产商,由于国华电力发展速度快,系统内不同程度出现了人才短缺的现象,尤其是高级管理人才的匮乏已经成为制约国华电力发展最大的"瓶颈"。面对这种形势,国华电力意识到要想吸引人才、留住人才,必须打破传统的人才培养模式,创新人才培养机制,特别是对高级管理人才的培养。通过问卷调研的方式,国华电力了解到高级管理人才希望得到更持续、系统的培训。而此时,从外部也传来信息反馈:参与国华电力发展的供应商、承包商、合作伙伴也需要得到相应的培训服务。

于是国华管理学院应运而生。

国华管理学院由国华电力出资设立,是国华电力的直属机构,由国华电力直接领导和管理,属非营利性企业内部教育培训机构。

国华管理学院的定位是为国华电力的战略发展服务,成为国华电力高级管理人才思想锻造的熔炉和胜任能力的培训基地,成为中国发电企业界的"克劳顿村"。

> "克劳顿村"是GE高级管理人员培训中心,有人把它称为GE高级领导干部成长的摇篮,而《财富》杂志称之为"美国企业界的哈佛"。它创立于1956年,是世界上第一个大公司的管理学院。

国华管理学院的宗旨是聚合社会优质培训资源,创新高级管理人才培养模式和机制,前瞻培养和造就一支适应和满足国华电力发展需要的年轻化、知识化、专业化,政治过硬,思想活跃,具有丰富实践经验和开拓创新精神的高素质、复合型的高级管理人才队伍,并通过他们的"创新"与"传播"推动国华电力的变革与发展,提高国华电力的核心竞争力、价值创造力和可持续发展力,促进国华电力的"做专做强、又好又快"科学发展。

"创新",就是要求进入国华管理学院的每位学员都带着创新的动机或现有的创新成果，通过互动、学习，寻求事物发展的普遍性规律并总结成模块，然后再回到工作实践中，进行更高水平的创新。

"传播"，就是要求从国华管理学院走出去的每位学员回到工作岗位后，要弘扬国华电力的文化与价值观，强化终身学习的理念，传播现代管理思想，传播先进管理理念，传播最佳管理经验。

国华管理学院下设培训教务部、国际交流部、综合管理部三个职能部室，岗位和管理人员精干设置，"专兼结合，以兼为主"。

培训教务部负责高级管理人才培养体系构建、培训计划制订、培训需求分析、培训方案制定、培训课程设计、培训师资选聘、培训计划实施、培训效果评估等工作。

国际交流部负责与国内外政府部门、培训机构、大学、知名企业等建立广泛交流与合作的伙伴关系，拓展培训渠道，协助公司外事部门组织公司系统高级管理人才出国培训及学习考察。

综合管理部负责国华管理学院的日常运转管理、财务管理、物业管理、后勤保障服务等事务。

国华管理学院的学员对象是国华电力系统现职的高级管理人才、一级后备人才以及与国华电力相关的供应商、承包商、合作伙伴的高级管理人才。

国华管理学院的培训方略是明确所需的组织方向和业务需求，明确所需的组织和个人能力，培养和塑造那些符合标准的优秀人才。

为提高办学品质和水平，国华管理学院先后出台了《学员管理工作规定》《学分管理办法》《学员班委会工作管理规定》《学员临时党支部工作管理规定》《学员毕业论文管理暂行规定》等制度，并与一些著名的培训和咨询机构、知名的大学和商学院建立了合作伙伴关系。

构建培养体系

很多实践证明，高级管理人才培训效果不尽如人意，根源于人才培养体系的缺失与培训目标的模糊。为此，国华管理学院从成立之初就大胆突破企业大学常规办学的模式，积极探索高级管理人才培养的新机制，在建立科学适用的高级管理人才培养体系上下工夫，并依靠突破与创新寻求高级管理人才培养效果差的"困局"。这一点就是国华管理学院有别于其他企业大学的个性所在。

基于胜任力的高级管理人才培养体系

构建基于胜任力的高级管理人才培养体系，目的在于提胜任力模型之"纲"，挈评价与培训之"领"，清晰地展现高级管理人才培养的主脉络。

在国华管理学院的高级管理人才培养体系（见图6—2）中，有3项重要内容，即胜任力模型、能力素质测评及胜任力培养。

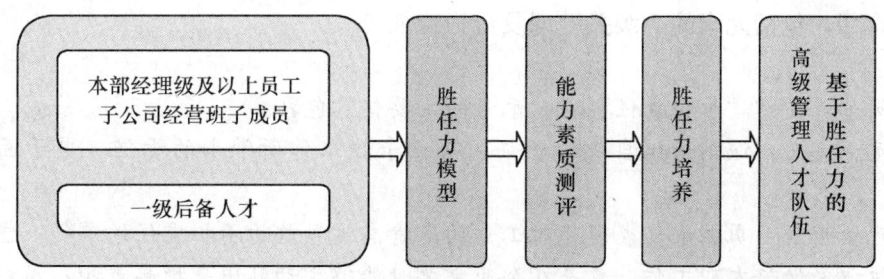

图6—2 国华管理学院基于胜任力的高级管理人才培养体系

提胜任力模型之"纲"

国华电力评价、培养和任用高级管理人才遵循"能力本位"原则。

国华管理学院认为，高级管理者个体的思维模式、价值观、自我形象、任职动机和特质等潜在的深层次特征，能够比知识和智力更好地预测一个人在工作中的表现，而这些因素所反应的是个体的胜任力。于是，国华管理学院引入了基于胜任力的人才培养理念，在对高级管理人才的评价和培养上，从第一手材料入手，直接发掘那些最能影响工作绩效的行为特征，以及有利于提高组织效率和效能的个人条件，分析其实质性贡献。

借助胜任力模型来直观地描述高级管理岗位对人才的期望，为的是使高级管理人才的考评有尺度、培训有目标、任用有依据、个人努力有方向。

针对每一层级的管理岗位设计一种类型的胜任力模型，一类模型具有一致的指标组合。在此基础上，再根据不同岗位的业务领域来区别指标组合中的各元素或元素评价标准。

图6—3为国华电力某部门经理岗位胜任力模型的主体框架，显示了指标的组合以及各项指标下特征元素的构成。

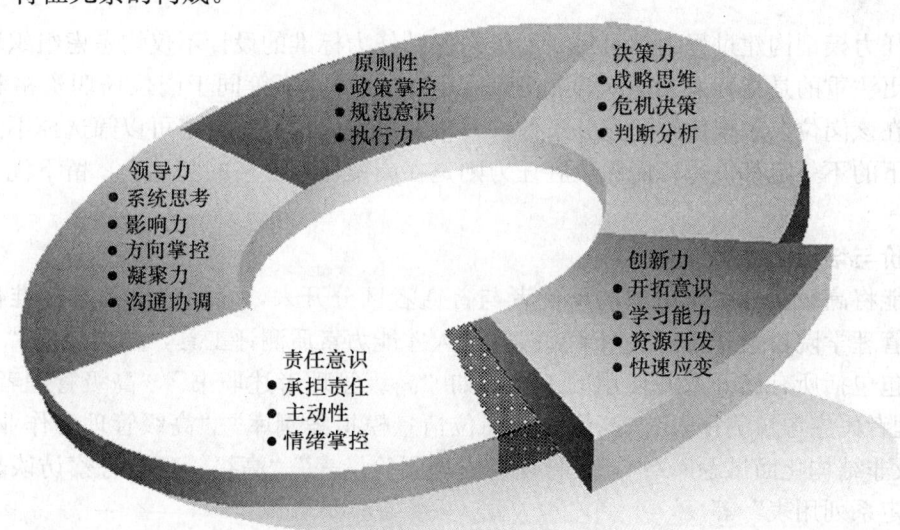

图6—3 国华电力某部门经理岗位胜任力模型（主体框架）

实际上,每个完整的胜任力模型都以这样的框架为基础,并在每一特征元素之下明确给出元素的诠释,包括元素的等级关键词及行为特征等。

例如,支撑"承担责任"这一元素的主要信息包括:

元素定义:深刻认识自身的责任,勇于承担工作所带来的责任,勇于面对风险。

元素理解:勇担责任表现为对工作的负责态度和敢于承担重任的勇气;它强调的不仅仅是做好本职工作,更是在企业需要时能够主动站出来挑起重担,承担压力和风险;勇担责任有利于营造敢于负责的组织气氛,提升组织应对风险与压力的能力。

元素等级与典型行为对照表见表6—1。

表6—1　　　　　　　　　元素等级与典型行为对照表

等级	等级关键词	典型行为
1	完整履责	努力解决工作中的问题与风险,保证工作正常进行
2	主动负责	出现问题首先从自身找原因,不随意归咎和责备他人 在可接受的范围内,即使存在风险,也敢于慎重面对
3	勇担风险	主动承担对组织有利的灰色地带(划分不清)的职责 努力推进正确的事,不因为环境的不确定性而裹足不前
4	管理压力与风险	为促进组织更好、更快发展,主动开拓新的经营局面 敏锐识别对组织可能产生消极影响的风险并主动管理
……	……	……

在胜任力模型构建过程中,对每一层级岗位胜任力标准的设计不仅均考虑组织环境和岗位要求,更注重的是指标及元素尺度的把握,因为胜任力不等同于岗位任职资格和必要条件,它是在该岗位上表现优秀的充分条件。简单地说,岗位任职资格可以筛选掉不具备条件的,但留下的不一定都优秀;而岗位胜任力则是在岗位任职资格的基础上,留下优秀的。

挈评价与培训之"领"

为了能将高级管理者队伍中的绩优者与普通者区分开来,确保评价元素标准化、模式化,国华管理学院自主开发、应用了高级管理人才能力素质测评工具,并组装成"工具包"。

工具包包括所有已开发并使用的工具,如"高级管理者述职书""高级管理者评价书""高级管理者民主考核测评表""高级管理岗位情景模拟案例库""高级管理者作业文件筐""结构化及非结构化面试题库""高级管理者心理测验量表""高级管理者考察访谈表""360度行为评定系列用表"等。

"工具包"包括单项工具应用指导手册以及测评业务指导手册。单项工具应用指导手册重点描述单项工具的使用方法,如分数统计方法、误差控制手段、测评报告撰写指南、测评结果解读指南等；测评业务指导手册重点描述各类测评工具之间的相互关联、工作程序等。在日常管理中，根据实际需要，每开发出一项新"工具"，随时装入工具包。

每项工具均能独立完成特定的任务，而根据需要，又可将不同工具组合起来使用。

国华电力将管理者个人能力素质的提升作为检验学习力的指标，并视为个人绩效的一部分参与绩效管理，每年对高级管理者的能力素质进行一次考评，通常使用3件工具来完成三项工作——个人述职、总经理评价、民主测评。即在每年年度企业绩效评价前，组织被评价者本人填写"高级管理者述职书"，组织各单位总经理填写"高级管理者评价书"，组织员工代表填写"高级经营者民主考核测评表"，汇总整理后，将测评报告报给公司绩效考评组，作为管理者个人绩效的组成部分，作为兑现个人年薪的重要依据之一。同时将测评报告报给公司经营管理决策层，作为日后培养和任用的参考依据。

国华管理学院对高级管理人才的测评周期为一年。测评后，对每位个体作培训需求分析，为下一步的培养做准备。分析的基本方法是，将能力素质测评结果与所在岗位或所后备岗位的胜任力模型所描述的元素等级进行对比，找出差距。如一级后备人才王某的能力素质与其所后备岗位的胜任力模型中的关键元素形成如图6—4所示的对比关系：

图6—4可以看出王某实际的能力素质与胜任力模型需求进行对比，可以判断他在"创新力"方面有待于进一步提升。

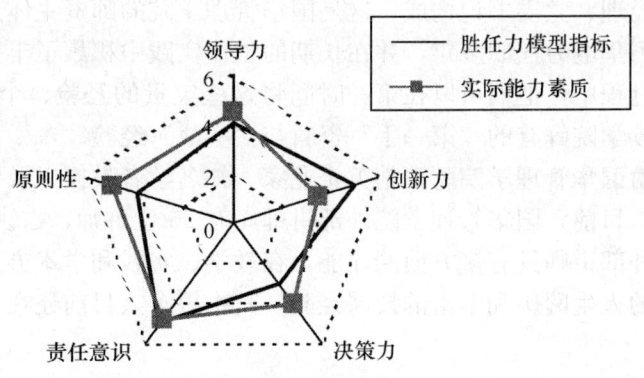

图6—4　王某实际能力素质与胜任力模型指标对比

不同个体的培训需求不尽相同，如何操作才能确保每个人都能按照自身需求接受到对应项目的培训，既实现培训无死角，又最大限度地节省培训资源？国华管理学院的做法是，首先对所有高级管理人才的培训需求进行归类（见表6—2）。

表6—2　　　　　　　　高级管理人才培训需求调查表

培训需求	领导力	创新力	决策力	责任意识	原则性
王某		■			
张某	■			■	
李某		■			■
赵某	■				
……					

如果说胜任力模型相当于标杆，给出的是特定岗位上所需人才的理想形象；能力素质测评工具则如同一把尺子，它可以测量出一位高级管理者的实际能力素质。

特设培训模式

国华管理学院承担着对高级管理者"精加工""再雕琢"的重任，分析高级管理人才的培训需求后，本着"需什么学什么、缺什么补什么"的原则，设计培训方式、选取培训内容、制订培训计划、实施系统培训，并采取了"干中学、学中干"的方法，不仅通过培训向学员提供知识与技能，而且努力把课堂与企业实际问题结合起来，让他们能将学到的知识技能变为在不确定环境中处理实际问题的本领，让每位高级管理人才和一级后备人才都有计划、有目标地朝着既定方向发展。

内外结合的培训师资

国华管理学院广泛利用内外部优质培训师资，组建内外结合的讲师队伍，承担培训任务。

内部讲师团队由国华管理学院聘任的国华电力经营管理决策者团队成员和总部的部门经理以及子公司的总经理、党委书记构成，这是国华管理学院的师资主体。

内部讲师均在国华电力任职多年，并在长期的工作实践中积累了丰富的业务经验和个人管理心得，在授课过程中，他们可以在第一时间将这些宝贵的经验、个案与学员直接交流，使学员获得传统高校学院鲜有的"第一手"资料与"实战"经验。

外部讲师团队由国华管理学院聘请精英企业家、知名学者教授以及专业培训机构、咨询机构专业人士构成。目前，国华管理学院外部讲师库有36位讲师，占讲师总数的50%。

国华管理学院外部讲师具有多方面的才能，在教学、实践和学术方面均有建树，他们的优势在于具有不凡的人生阅历和丰富的授课经验，其中很多人目前还在不同领域担任很高的职务。

伍健民先生，美国百森商学院亚洲研究中心总监，百森杰出领导力教授，主讲管理模拟课程"TechMark Ⅲ"。

刘力先生，人众人教育董事长，国内资深高级培训师，中国拓展训练行业创始人，中欧国际工商学院等客座教授，主讲《战略决策课程》。

廖鸿利先生，原GE动力集团中国区总裁，主讲GE的6个西格玛管理理念和GE的价值观。

旷荣昌先生，原香港中华电力中国事务总裁，主讲中华电力的人事管理变革。

李伯温先生，英迈国际（中国）有限公司黑带讲师，主讲企业发展战略规划，团队建设与发展。

……

特制专属的培训方式

在借鉴知名跨国公司企业大学商务导向行动学习方法的基础上，国华管理学院进一步创新培训方式，根据培训需求并结合企业发展需要，选取多种形式对高级管理人才实施培训。每一种形式都是为不同类别的学员量身设计的，具有极强的针对性和专属性。培训方式如图6—5所示。

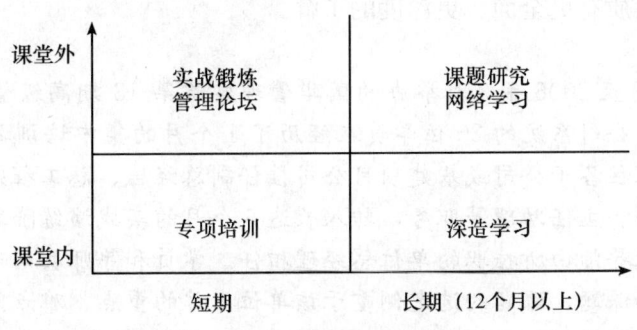

图6—5　培训方式

——补课性的专项培训

对所有学员进行培训需求分析后，将具有同一类需求的学员组合成一个特训班，重点针对这类学员所共有的短板实施补课性质的专项培训。比如，长期从事一线生产管理的人员，对文化管理研究甚少，有必要接受系统的企业文化知识的培训，让学员就该领域的问题进行专项探究。此类专项培训多以案例讲解分析为主，采用体验互动式教学方式。培训内容紧贴工作实际，学员可以根据本企业的实际情况，结合讲课内容，随时提出有关问题，请讲师把脉诊断，释疑解惑，定案支招。每个专题讲课结束前都安排一定的时间让学员与讲师、学员与学员之间进行互动式交流和探讨，相互启发，破解难题。

2008年9月举办的国华管理学院第18期高级管理人才培训是在国家宏观经济形势十分复杂的情况下，根据国华电力的战略发展需要，针对加快基本建设高级管理人才培养而设计的。培训内容主要结合国华电力基本建设项目管理实际，由内部讲师从设计优化、安全质量、生产运营、投资控制和经济性评价等方面切入，并辅助真实案例解析、情景模拟、互动交流等方式配合学习；同时，由外部讲师讲授国家宏观经济形势、能源需求发展关系以及管理艺术、沟通技巧等方面内容。在学习过程中内部讲师提供了国华电力基本建设管理实践中遇到的各种问题，设计了一个集计划、工程、物资、财务等多方面矛盾于一体的情景案例，让学员们分组模拟演练；学员们也梳理了在工作中遇到的具有代表性的问题，在课堂上与同学、讲师进行互动交流，讲师还挑选了争议较大的问题组织学员进行分组辩论。通过管理知识的传授、管理理念的梳理、管理经验的分享、管理思想的碰撞，有效激发参训学员的潜在素质，增强了他们应对复杂局面的信心，提升了驾驭基本建设管理工作的能力。

——强化性的实战锻炼

针对那些已经具有丰富的理论知识和较强的管理能力,经测评和考察具备任用条件,而只是缺乏拟聘用岗位的实战经验的高级管理人才和一级后备人才,国华管理学院给他们创造机会,实施以任务为导向的行动学习方式,有选择、有针对性地选派他们去指定的子公司挂职,进行实战演练,通过挂职实战锻炼让学员在管理实践中得到进一步提高,同时也使公司对学员的综合能力素质有更全面、更深度的了解。

2005年6月至2006年3月举办的国华管理学院第13期高级管理人才培训历时9个月,来自公司系统的20位学员在经历了1个月的集中培训之后,按照培养方向,分别被派往各子公司或基建项目公司挂任副总经理、总工程师、总经理助理或筹建处副主任、主任助理等职务,转入长达6个月的实战演练阶段。实战演练采取导师责任制。导师由所挂职的单位总经理担任。学员和导师共同确定实战演练期间的工作任务和课题,课题的选定侧重于该单位工作的重点、难点问题。在导师的指导下完成实战任务,撰写实战论文,随后专家级评委对学员的论文进行综合评定。全部培训课程结束后,组织学员们填写"职业生涯发展意向调查表",并结合各位学员的综合表现,评选出优秀学员,同时以书面方式对每一名学员提出培训评价。

——提升性的管理论坛

此类培训目的是让那些具有不同管理经历的学员在同一平台上面对面交流,分享实践经验,实现整体素质的提升。主要形式之一是组织学员围绕公司当前的工作任务或内外部发展形势进行研讨交流,根据论坛内容,必要时聘请资深专家参与点评。这种形式既能展示高级管理者的理论修养,又能通过思想交流,碰撞智慧火花,获取新的启示。另一种形式是通过一段时间的集中培训之后,让学员回到实际工作中去收集典型事件,编写案例,并组织案例交流和讲座,由案例作者通过讲解,将学员一同带入特定事件的场景中进行体验式分析,通过学员模拟事件中的人员,体验过程,独立思考或集体协作,来提高识别、分析和解决具体问题的能力。从刁难的提问和激烈的争论中,学员们可以练就应对困难的韧性,培养正确的管理理念、工作作风、沟通能力和协作精神,把握管理技巧。

2006年国华管理学院第14期高级管理人才培训学员撰写的《工程建设项目计划管理模式的思考》《闪电式收购》《从NOSA评星引发的管理思考》《作业成本法在国华电力的应用》《1 000 MW机组建设过程中的决策》等36个案例涉及国华电力的各个业务领域,从战略发展、基本建设,到生产管理、危机处理和新技术应用,且有的案例已向上游延伸到企业文化对战略决策的影响,向下游延伸到对企业价值观和社会责任的探讨。第14期学员撰写的全部案例被列入国华管理学员案例库,部分案例在后来的培训课程中作为案例教学得到了较好的应用。

——针对性的课题研究

为提升高级管理人才的专业化管理水平，国华管理学院为不同层面、类别的高级管理人才设计不同层次的调研课题，内容多为企业管理实践中的重点问题。方法是根据高级管理人才的岗位职责和自身特质，有针对性地指定课题进行调研。完成课题调研报告后，要在导师指导下提出"行动计划"或"解决方案"，并通过"课题"答辩。

2006年国华管理学院为强化对总部部门经理的素质能力提升，提出了年度管理课题研究计划。国华电力总部的23名高级经理在完成年度工作计划的同时，完成了《抓好火电厂SDD设计，提升技术能力和管理水平》《建设五型企业》《财务风险管理模型的建立及应用》《精益管理与节能降耗》《关于完善发电厂组织机构及定员管理的建议》《管控体系——专业化管理的重要保障》等23份管理课题研究报告，内容涵盖了公司战略发展、基建工程管理、财务管理、发电营运管理、经营策略、物流管理、人力资源管理、内部控制、信息化建设、企业文化建设、廉政建设以及综合管理等各个方面。管理课题研究报告总结好的经验和做法，梳理了亟待解决的问题，提出了建议和意见，促进了公司管控效率、效能和业绩指标的持续改进和提升。

——复合性的深造学习

国华管理学院注重复合型人才的培养，要求高级管理人才全面发展，成为多面手，每年选派5~10名优秀的高级管理人才到长江商学院、中欧国际工商学院等国内外知名院校接受继续教育。选派对象的前提条件是业绩卓越，一方面体现出公司对他们的认可和激励，一方面旨在进一步开阔他们的视野，持续更新管理理念，挖掘管理潜能，修炼个人魅力，帮助他们迈入管理的新境界。

从2002年至今，国华管理学院已累计选派了42名优秀高级管理人才分别进入长江商学院、中欧国际工商学院、清华大学等国内外知名院校接受继续教育。

——自助性的网络学习

国华管理学院与北大青鸟合作推出国华电力e-learning网络化学习解决方案。在e-learning网络学习环境中，汇集了大量数据、档案资料、程序、教学、兴趣讨论组、新闻组等学习资源，形成了一个高度综合集成的资源库。学员们在网络课堂上不仅可以学习指定的学习课程，还可以选择性地学习自己想学习的内容，在网络学习论坛上发表自己的各种观点和思考，并将自己的学习资源加入到网络资源库中，供大家交流与共享。学员通过e-learning自主选择个性化的学习内容，实现自助式学习。

自主开发的培训课程
——"情景模拟"案例系列课程

国华管理学院注重对高级管理者实战能力的培养,设计培训课程内容以市场需求为导向,遵循"学以致用"的原则,强调本地化。国华管理学院"情景模拟"案例系列课程就是以国华电力典型的管理案例为素材自主开发设计的一整套与被测试学员职位或拟任职位相似的工作情景,根据实际需要在事例情景中设置具有挑战性的测试元素。通过被测试学员在"情景模拟"过程中的表现,来观察判断其综合能力素质和潜质,并帮助被测试学员提高问题分析判断、局势把握、情绪控制、沟通表达等综合能力。在实践中,"情景模拟"案例课程在一定程度具有"相马"与"赛马"的双重效应。

国华管理学院自主开发设计的"人力资源管理系列""基建项目管理系列"情景模拟案例经过应用,取得了良好的培训成效,同时通过学员们的反馈使案例得以持续改进;其他系列的情景模拟案例课件也在内部讲师的主持下进行着开发与设计。

——国华电力管理实践系列课程

国华管理学院致力于传播国华电力的"管理之道",并在教学内容的开发设计上追求针对性、实效性和系统性,努力使培训内容符合企业管理的实际需要。因此,国华管理学院的培训课程核心内容多源自国华电力自身的管理实践,是实践的沉淀和精髓,是对管理经验的总结和提炼,或对相关业务领域的研究与分析。经过4年的自主发开设计,2006年国华管理学院推出了"国华电力管理实践系列课程",课程涉及《发电企业组织与管理》《新经济形式与企业品牌建设》《发电企业战略规划》《发电企业经营管理》《发电企业生产管理系统》《项目管理及实践》《发电企业人力资源管理与开发》《发电企业多种经营管理》《发电企业技术发展与技术管理》《团队建设与个人价值》《治理商业贿赂专题》共11门课程。这些课程教材均由国华电力的管理决策团队成员亲自设计并撰写。

"发电企业生产管理"课件(见附录)通过总结和提炼国华电力生产管理实践经验和教训,科学系统地阐述了发电企业生产管理理论与实务,融入了大量鲜活的案例,寓教于学,深入浅出。

开放融合的培训平台

国华管理学院实施开放融合的办学模式。一方面体现在教学形式、教学内容以及无区域界限的教学场所上,这方面从国华管理学院与一些著名的培训和咨询机构、优秀的大学和商学院以及其他企业内的学习组织建立的合作伙伴关系可以感受得到;另一方面,在一定程度上,国华管理学院还发挥着对外品牌传播媒介的作用,因为培训对象不仅包括国华电力的高级管理人才,也包括与国华电力相关的供应商、承包商、合作伙伴的高级管理人员,让他们了解和认同国华电力的管理思想、管理模式、管控体系和企业文化,加强相互交流与沟通,共享管理经验，在一个管理理念下合作，有效地支持和服务国华电力事业的发展。

2002年10月，国华管理学院与美国百森商学院合作，引进了"管理模拟课程（TechMark Ⅲ）"，导入"EVA"（经济利润）概念，让高级管理人才与"EVA"零距离接触。该课程涉及产品研发、生产、营销、财务、运营等各个业务领域，覆盖了分析商业环境、创造商机、运用财务杠杆、团队合作、战略决策等大量管理知识要点，学员们通过模拟运作和经验共享，可以在最短时间内有效提高全面管理能力。

2003年8月，国华管理学院举办第6期高级管理人才培训时，邀请了上海电气集团的5名高级管理人才参加。当时，国华电力与上海电气集团刚刚签订"战略发展合作协议书"和"600 MW发电机组主设备供货合同和空冷机组供货协议"，双方参训学员在此次培训过程中一方面共同学习了管理模拟课程，另一方面也增进了相互了解，加强了沟通交流，促进了协调合作，为实现合作共赢奠定了基础。

2005年7月，国华管理学院与人众人教育（GROUP）合作，先后引进"体验式拓展训练""体验式经营训练"等课程。"体验式拓展训练"是让学员在拓展训练的充分参与中获得直接认知，然后在培训师指导下，在团队成员的交流中提升认识的培训方式；"体验式经营训练"包括战略决策、经营策略与执行、卓越执行、精细运营、非财务人员的财务培训、团队经营1+1等课件，其特点是现实中管理实践的真实模拟。完整生动的视觉、触觉感受极为有效地激发了学员的学习兴趣，增强学员的学习能力。在课程结束时，学员们对所学的内容理解更透，记忆更深。在模拟课程中的学习受益，可以直接指导现实中的管理实践。

注入管理智慧

在提供发展机会方面，国华电力对参加过培训的高级管理人才都会提供进一步表现才能的舞台。对经过培训的一级后备人才，给予总部的高级主管岗位或分子公司领导班子副职岗位挂职锻炼；对经过培训的高级管理人才，给予总部部门业务经理或分、子公司领导班子副职岗位挂职锻炼或任职；再往上还会给予总部部门经理或分、子公司领导班子正职岗位挂职锻炼或任职的机会，直到送到总部的决策层进入高级领导者岗位。

国华管理学院自2002年创建至2008年，已累计培训高级管理人才及一级后备人才504人次；其中342名高级管理人才和一级后备人才已成为推动国华电力事业发展的中坚力量。

从国华管理学院走出去的学员们称这里是"我的大学"，提起在学院的学习经历，学员们多有感触：

——"当我接到国华管理学院第17期高级管理人才培训的通知书时，心情特别激动，期待着这一天能快点到来，有点像儿时要过年的感觉。听说在那里需要经常亮相，有班委员会竞选，有情景模拟测试，有案例互动点评，等等，所以，我特意买了两件新衣服，在镇上找了一家最好的理发店理了发，提前整理好生活、学习用品，为期待多年的梦想做了充分的思想准备和学习打算,希望由此翻开我更为精彩的人生。"

——"在国华管理学院的学习过程,也是自我加压、自我提升、自我表现的过程,让我有更足的底气、更宽的视野和更从容的态度来规划自己的职业生涯。"

——"最大的收获是认识到自身差距,开拓了视野,而且还建立了与兄弟单位同行之间的无障碍沟通渠道,这是宝贵的资源。"

——"3年前在国华管理学院的学习生活至今我还记忆犹新,那是一次特殊而具有重要意义的学习经历,它让我学会了如何认识并担当起属于自己的责任。"

——"我们每位从国华管理学院走出来的学员都是富有激情和责任感的。"

——"讲师们睿智、博学、敏思的楷模形象,萦绕于我们的记忆里,使心灵觉醒,带来了无限的眷恋和凝思。"

——"课程无疑是精彩的。睿智的讲师和优秀的学员不断迸发出新锐的火花让人醍醐灌顶,从会计要素到需求理论,从文化趋同到精细运营,从红色管理到整合多经,从八二法则到短板效应,从微观经营管理到宏观国际环境,从百年管理经典到千年文化传统。海量信息扑面而来,学习的乐趣之外,给我们传递了更多的职业经理人要求和责任。课堂无疑是有趣的,在互动交流中实现团队融合;在快乐游戏中展现个人魅力;在课题陈述中培养演说气质;在分组讨论中锻炼思辨才能。研修课程带给学员的不仅仅是愈加丰富的管理经验和科学的职业定位及素质提升,更培养了学员们自我修炼的意识和行为处事的从容。这就是给我注入管理智慧的"我的大学"国华管理学院。

国华电力不是简单地把国华管理学院作为高级管理人才的培训场所,而是把它当成资源的集散地和成果分享的中心。开放融合的教学,其讲堂可能是学院总部,可能是生产和管理现场,可能是国内,也可能是国外,甚至可以是网络空间,这是持续学习的过程,在潜移默化中统一企业的战略思想,增强高级管理人才对企业战略的领悟力和贯彻力。

目前,国华管理学院已初步建立了一套有效的运作模式。但是,伴随着国华电力的发展,作为一个初建的企业内部组织,它还面临着很多的规范和系统化的问题。例如,对国内外先进的教学和管理经验的引进、融合,对基于胜任力的高级管理人才培养体系的持续完善,对学员对象的定制化服务和管理,对课程体系的开发,对师资管理体系的完善,对培训评估体系的建立,等等。总之,国华管理学院的专业化运作管理还有很长的路要走。

对学员对象的定制化服务和管理,如何做到在最合适的时间,选出最合适的人,接受最合适的培训,这就是我们所遇到过的一个现象——"参加培训就像选用自助餐,如果不做挑选每样都拿,你会吃得非常饱,但这些东西根本不能很好地消化",国华管理学院努力要做的是让来此接受培训的学员都能够有效的"吸收"。

将基于胜任力的高级管理人才培养体系与ERP-HRMIS系统的对接,通过开发并运用评价、培训、使用和管理模块,实现对高级管理人才培养的全程化、使用的合理化、识别的客观化、使用的公正化、管理的科学化,是提升国华电力高级人才管理品质的有效路径,在此方面,国华管理学院仍有待于进一步探索。

作为国华电力培养和造就高级管理人才的平台,国华管理学院已不再是传统意义上的培训部门,而是企业战略思想的重要传导工具。面向未来,国华管理学院需要继续从传统的人才培养模式中突围,持续完善自身的运作模式,开凿出独特的"育才之道",成为组织变革的推动者,成为企业文化的宣传者,逐步把国华管理学院发展成为引领企业发展方向的功能性"企业大学",成就国华电力事业更美好的未来。

附录

国华管理学院"发电企业生产管理"课件内容结构

发电企业生产管理	第一章 国华电力生产管理	1.1 电力生产管理概念 1.2 国华电力生产管理 1.3 国华电力生产管理关联业务 1.4 国华电力生产管理流程 1.5 管理方向:生产工作报告摘要 1.6 细节分析:在管理方法上易犯的错误
	第二章 国华发电管理系统	2.1 发电管理系统概述 2.2 发电管理系统的特点 2.3 发电管理系统管理期望 2.4 发电管理系统的体系评价 2.5 典型案例:一起检修误操作事故 2.6 管理思考:透过执行力看管理
	第三章 安全管理	3.1 安全管理定位 3.2 安全管理的主要方法 3.3 安全管理观点 3.4 典型案例:600 MW机组发电机线圈质量事故 3.5 案例分析:长期安全运行的几个关键问题 3.6 安全理念:我们常想的安全问题
	第四章 设备管理	4.1 设备管理理念 4.2 设备点检定修模式 4.3 发电设备状态检修模式 4.4 定期工作标准介绍 4.5 点检标准介绍 4.6 A、B、C级检修 4.7 可靠性指标管控 4.8 典型案例:国华台山发电公司#1机组大修管理分析 4.9 共同关注:时间与质量

续表

发电企业生产管理	第五章 发电运行管理	5.1 运营管理概述 5.2 运行分析流程 5.3 运营管理的特点 5.4 "三票三制"与"四不放过" 5.5 典型案例：机组轴颈磨损事故分析 5.6 焦点话题：运行管理中的"以人为本"
	第六章 NOSA"安全五星"管理	6.1 NOSA"安全五星"的形成 6.2 NOSA 的特点与基本要求 6.3 风险管理概述 6.4 风险管理的基本步骤 6.5 风险管理的评估方法与应用 6.6 典型案例：半定量风险评估案例 6.7 共同话题：NOSA 带来了什么？
	第七章 生产准备管理	7.1 生产准备工作概述 7.2 生产管理模式定位 7.3 生产准备人员配置要求 7.4 新入职大学生岗位培训 7.5 经验共享：同类型机组整套启动总结 7.6 关注管理：实践基建生产一体化
	第八章 生产运营指标管理	8.1 生产运营指标分析概述 8.2 全国电力可靠性指标分析 8.3 典型案例：发电定子绝缘严重损坏事故 8.4 案例分析：国华电力主要生产运营指标分析 8.5 社会责任：节约型社会启示
	第九章 电力生产信息化管理	9.1 电力生产的信息化管理概念 9.2 发电企业信息化管理的历程 9.3 国华电力生产信息化管理的历程和现状 9.4 国华电力生产信息化管理的效果 9.5 国华电力生产信息化管理发展的方向 9.6 生产信息化管理方面的典型问题

第 7 章
卓越绩效　目标引领

国华电力认为，绩效管理是提升企业价值创造力和可持续发展力的工具，是实现上下级之间、企业与员工之间在共同目标引领下管理互动的平台。

绩效管理既是对企业和员工价值创造活动的效率和效果进行评价的过程，同时也是对企业战略、管理机制进行检验的过程。

绩效管理是科学解析和真实反映所管控资产的运营效果和财务效益状况，诊断和发现管理中存在的问题和漏洞，优化激励约束机制的重要手段。

绩效管理的目的是让企业既"正确地做事"，还要"做正确的事"，通过提高员工的绩效来最终提高组织的绩效，使员工的能力和企业的核心能力得到不断提升，实现企业和员工的共同发展。

国华电力绩效管理经过十年的开发、创新与实践，形成了一套完整的管理体系。

体系设计

框架

国华电力绩效管理体系的总体设计思路是：以"安全生产"和"经济效益"为中心，以增强"企业价值创造力和可持续发展力"为落脚点，以全面建设"本质安全型""质量效益型""资源节约型""科技创新型""和谐发展型"的"五型企业"为目标。

国华电力的绩效管理经过 10 年的开发、创新与实践，形成了由企业绩效、部门绩效、员工个人绩效三者组成的完整的体系。

国华电力对各单位绩效（企业绩效）、各单位对部门绩效、部门对员工绩效管理都是一个包括绩效指标设定、绩效指标过程管理、绩效指标考核评估、绩效持续改进等在内的一个完整的闭环管理过程。

• 企业绩效

国华电力每年给各单位分解下达年度绩效指标，各单位将指标分解细化并于年末进行自查自评。国华电力年底统一组织进行综合评价。

- 部门绩效

各单位将绩效指标分解到各部门，再按照部门职责设定月度评价指标，由相关职能部门进行评价。

- 员工个人绩效

各部门将部门绩效指标再分解到班组及每位员工，并结合实际对员工日常工作、定期工作、临时性工作及各项职责履行情况进行评价。员工绩效除按月评价外，还要进行年度评价。中层管理者月度绩效与部门月度绩效挂钩，年度绩效由高层管理者评价。高层管理者的个人绩效由国华电力依据所在企业的年度绩效进行评价。

企业绩效是部门和员工绩效的基础，部门和员工绩效是企业绩效的分解。因此，本篇重点介绍国华电力的企业绩效管理体系。

组织

国华电力企业绩效管理的组织体系包括领导小组、评价小组和各单位。

领导小组由总经理任组长，成员包括各分管副总经理，是绩效管理的最高决策机构，主要负责确定年度绩效指标、批准绩效评价报告、批准薪酬兑现方案等。

评价小组是领导小组的下设机构，成员由公司各职能部门组成，办公室设在内部控制部，主要负责具体组织绩效管理工作、向领导小组提交绩效报告、跟踪绩效持续改进措施的落实情况等。

各单位是绩效管理的对象，主要负责落实本单位年度关键绩效指标，组织对部门、员工进行绩效评价，组织开展日常和年度自我评价工作，向评价小组办公室报送绩效自评结果，制定并组织实施绩效持续改进措施等。

制度

国华电力企业绩效管理的制度体系由《绩效评价办法》和《绩效评价操作实施细则》等组成。

《绩效评价办法》是国华电力开展绩效管理工作的纲领性文件，主要是对绩效管理的原则、组织、指标、工作程序等方面内容做出原则性的规定。

《绩效评价操作实施细则》是国华电力开展绩效管理工作的操作标准和作业指导书，是对绩效评价办法的具体化，主要包括绩效管理的工作步骤、指标解释、评价标准及方法、评价结果的运用、绩效改进计划的编制等内容。

除绩效管理的直接制度文件外，与绩效管理相关的文件还有年度运营纲要、年度预算、年度工作规划、目标责任书、安全生产考核奖励机制等。

指标设定

无法衡量就无法进行实际的管理，因此，绩效指标的设定是绩效管理的第一步。

国华电力各单位的绩效指标是以年度工作目标责任书的形式体现的，但年度工作目标责任书中指标的设定，并非单一自上而下的过程，而是多个自上而下和自下而上过程相结合、共同作用的结果，这些过程是国华电力全面预算管理的一个重要环节。

在这一环节之中，绩效指标的设定过程形成了上下循环的信息流，通过不断"沟通"的方式，将公司的管理理念和管理导向传递给了各单位，各单位再从上至下，层层分解，最终完成由公司整体目标到各单位目标，再到部门、岗位指标的分解过程。

在指标自上而下的分解过程中，每一层次的管理者将指标和目标通过"沟通"的方式，传递给下一层单元，而被评价的一方，需要根据分解的指标和目标，结合实际的情况，提出意见和建议。

考核评价指标、标准

国华电力在具体设计指标体系时，将所有下属单位分为运营单位、基建单位和技术支持单位三类；将所有绩效指标分为考核指标和评价指标两类。考核指标的权重为80%，评价指标的权重为20%。

国华电力从自身实际出发，采用专家评议法，为各项考核指标设置了标准分。但标准分不是一成不变的，国华电力会根据年度重点工作情况，对标准分实行动态管理，因此，同是一项考核指标，不同年度的标准分可能会有所不同。评价指标不设置标准分。以下以运营单位为例加以说明。

——**考核指标**

考核指标由反映当年价值创造能力和核心竞争能力的指标组成，包括安全生产、质量效益、节能降耗三类共6项指标，分别是"一般设备事故次数""等效强迫停运率""发电量""利润总额""应收账款周转率""供电煤耗"等指标，且均为定量指标。

考核指标设计得比较少，既有利于突出重点，又能简化工作；既能较好地体现公司的管理理念，又能对实践工作发挥较强的指导作用。考核指标的考核标准是年度经营目标责任书（考核指标体系见表7—1）。

表7—1　　　　　　　　国华电力运营单位考核指标体系

指标名称	单位	标准分	考核标准
一、安全生产指标		35	
1. 一般设备事故次数	次	30	年度经营目标责任书
2. 等效强迫停运率	%	5	年度经营目标责任书
二、质量效益指标		55	
1. 发电量	10^4 kW·h	20	年度经营目标责任书
2. 利润总额	万元	30	年度经营目标责任书
3. 应收账款周转率	次	5	年度经营目标责任书
三、节能降耗指标		10	
1. 供电煤耗	g/kW·h	10	年度经营目标责任书

——评价指标

评价指标由反映可持续发展能力的指标组成，包含定量评价指标和定性评价指标两个方面共 31 项指标，其中：

定量评价指标包含安全生产、质量效益、节能降耗、社会责任四类共 12 项指标。定量评价指标一方面是对考核指标的补充评价，另一方面，通过该部分指标的横向（行业）和纵向（同期）比较，从中可以反映出企业的可持续发展能力。

定性评价指标包含安全生产、质量效益、科技与管理创新、和谐发展四类共 19 项指标。与公司发展战略和年度运营纲要紧密结合，是实现对运营纲要闭环管理的重要手段，也是年度工作目标得以完成的重要保障（评价指标体系见表 7—2）。

表 7—2　　　　　　　　　国华电力运营单位的评价指标体系

指标名称	单位	指标名称	单位
一、定量评价指标			
（一）安全生产指标			
1. 强停次数	次/台	2. 等效可用系数	%
（二）质量效益指标			
1. 市场占有率	%	2. 净资产收益率	%
3. 成本费用利润率	%	4. 流动资产周转率	次
5. 经济增加值			
（三）节能降耗指标			
1. 供电煤耗	g/kW·h	2. 直接厂用电率	g/kW·h
3. 发电水耗	kg/kW·h		
（四）社会责任指标			
1. 二氧化硫排放浓度	mg/Nm^3	2. 氮氧化物排放浓度	mg/Nm^3
二、定性评价指标			
（一）安全生产指标			
1. 安全隐患管控情况		2. 三票三制执行情况	
3. A 级检修后评价情况		4. 重大项目后评价情况	
5. 发电管理系统评审情况		6. 技术监督管理情况	
7. "十一五"实施计划中重点工作开展情况			
（二）质量效益指标			
1. 采购、供应商、定额储备管理情况		2. 物资库存管理情况	
3. 煤场管理情况		4. FCM 评级	
5. 岗位规范及优化结构措施的完善情况		6. 薪酬管控体系的完善情况	
7. 档案及技术资料管理情况		8. 星级班组建设情况	

续表

指标名称	单位	指标名称	单位
9. 内部控制工作开展情况			
(三) 科技与管理创新指标			
1. 信息系统的实施及应用情况		2. 重大科技项目管理情况	
(四) 和谐发展指标			
1. 党建与企业文化建设情况			

评价指标的评价标准是国华电力依据国家法律、法规、行业标准或管理需要制定并发布的评价标准值,分为定量指标评价标准和定性指标评价标准(指标的评价标准见表7—3和表7—4)。

表 7—3　　　　　　　　国华电力运营单位定量指标评价标准

指标名称	单位	评价标准			
		双绿星	绿星	黄星	红星
一、定量评价指标					
(一) 安全生产指标					
1. 强停次数					
①10万等级	次/台	$S=0$	$0<S\leqslant 0.93$	$0.93<S\leqslant 4$	$S>4.0$
②20万等级	次/台	$S=0$	$0<S\leqslant 2.21$	$2.21<S\leqslant 7.3$	$S>7.3$
③33万等级	次/台	$S=0$	$0<S\leqslant 2.47$	$2.47<S\leqslant 5.5$	$S>5.5$
2. 等效可用系数					
①10万等级	%	$S\geqslant 99.10$	$92.98\leqslant S<99.1$	$79.62\leqslant S<92.98$	$S<79.62$
②20万等级	%	$S\geqslant 98.20$	$90.59\leqslant S<98.2$	$75.55\leqslant S<90.59$	$S<75.55$
③33万等级	%	$S\geqslant 98.79$	$90.65\leqslant S<98.79$	$77.82\leqslant S<90.65$	$S<77.82$
④50万~80万等级	%	$S\geqslant 99.70$	$91.11\leqslant S<99.7$	$76.69\leqslant S<91.11$	$S<76.69$
(二) 质量效益指标					
1. 市场占有率	%	$S>103$	$100\leqslant S<103$		$S<100$
2. 净资产收益率	%	$S\geqslant 12.4$	$5.7\leqslant S<12.4$	$0.1\leqslant S<5.7$	$S<0.1$
3. 成本费用利润率	%	$S\geqslant 25.9$	$9.2\leqslant S<25.9$	$-2.4\leqslant S<9.2$	$S<-2.4$
4. 流动资产周转率	次	$S\geqslant 3.7$	$1.9\leqslant S<3.7$	$1\leqslant S<1.9$	$S<1$
5. 经济增加值	万元	$S\geqslant 0$	$S\geqslant$ 调整预算	$S<0$	$S<$ 调整预算
(三) 节能降耗指标					
1. 供电煤耗					
①10万非供热机组	g/kW·h	$S\leqslant 382$	$382<S\leqslant 405$	$405<S\leqslant 453$	$S>453$
②20万供热机组	g/kW·h	$S\leqslant 296$	$296<S\leqslant 352$	$352<S\leqslant 386$	$S>386$
③30万级机组	g/kW·h	$S\leqslant 321$	$321<S\leqslant 343$	$343<S\leqslant 373$	$S>373$

续表

指标名称	单位	评价标准			
		双绿星	绿星	黄星	红星
④60万级机组	g/kW·h	$S \leq 308$	$308 < S \leq 328$	$328 < S \leq 344$	$S > 344$
2. 直接厂用电率					
①10万非供热机组	%	$S \leq 6.78$	$6.78 < S \leq 8.3$	$8.3 < S \leq 10.2$	$S > 10.2$
②20万供热机组	%	$S \leq 5.70$	$5.7 < S \leq 7.51$	$7.51 < S \leq 8.5$	$S > 8.5$
③30万等级机组（进口）	%	$S \leq 3.60$	$3.6 < S \leq 5.32$	$5.32 < S \leq 5.8$	$S > 5.8$
④30万等级机组（国产）	%	$S \leq 5.00$	$5 < S \leq 5.25$	$5.25 < S \leq 8.1$	$S > 8.1$
⑤60万等级国产机组	%	$S \leq 3.80$	$3.8 < S \leq 5.76$	$5.76 < S \leq 7.3$	$S > 7.3$
⑥60万等级俄制机组	%	$S \leq 4.46$	$4.46 < S \leq 5.18$	$5.18 < S \leq 5.75$	$S > 5.75$
（四）社会责任指标					
1. 二氧化硫排放浓度	mg/Nm³	$S \leq 100$	$100 < S \leq 1200$	$S > 1200$	
2. 氮氧化物排放浓度	mg/Nm³	$S \leq 450$	$450 < S \leq 650$	$S > 650$	

表7—4 国华电力运营单位定性指标评价标准

指标名称	评价标准			
	双绿星	绿星	黄星	红星
二、定性评价指标				
（一）安全生产指标				
1. 安全隐患管控情况	无重大隐患；隐患辨识明晰；隐患管控流程顺畅；监控措施得力；整改方案落实，治理成效显著	隐患辨识明晰；隐患管控流程顺畅；监控措施得力；整改方案落实，按照进度实施	未按照五定原则进行隐患治理，或同类隐患重复发生	发生因隐患管控不利造成的事故
2. 三票三制执行情况	严格执行三票三制，检查中未发现问题	严格执行三票三制，检查中发现问题较轻	检查中发现问题较严重	发生因三票三制管理不利造成的不安全事件
3. A级检修后评价情况	大修评价得分率≥95%	大修评价得分率≥90%	大修评价得分率≥80%	大修评价得分率≥70%
4. 重大项目后评价情况	重大项目优良率≥90%，合格率≥90%	重大项目优良率≥85%，合格率≥90%	重大项目优良率≥80%，合格率≥90%	重大项目优良率≥60%，合格率≥80%
5. 发电管理系统评审情况	达到年度目标，集中评估中发现问题整改落实，效果显著	达到年度目标，集中评估中发现问题整改落实	未达到年度目标	未达到年度目标，集中评估中发现问题未整改落

续表

指标名称	评价标准			
	双绿星	绿星	黄星	红星
6. 技术监督管理情况	技术监督评价得分率≥98%	技术监督评价得分率≥96%	技术监督评价得分率≥93%	技术监督评价得分率≥88%
7."十一五"实施计划中重点工作开展情况	超额完成年度节能考核目标，按照实施计划开展工作，成效显著	完成年度节能考核目标，按照实施计划开展工作	未完成年度节能考核目标	未完成年度节能考核目标，实施计划开展工作不力
（二）质量效益指标				
1. 采购、供应商、定额储备管理情况	供应商认证率≥90%；生产物资上网采购率≥99%；生产物资采购计划领用率≥98%；取消二级库，联储定额按配置方案执行	85%≤供应商认证率<90%；98%≤生产物资上网采购率<99%；96%≤生产物资采购计划领用率<98%；取消二级库，联储定额按配置方案执行	80%≤供应商认证率<85%；90%≤生产物资上网采购率<98%；90%≤生产物资采购计划领用率<96%；取消二级库，联储定额未按配置方案执行	供应商认证率<80%；生产物资上网采购率<90%；生产物资采购计划领用率<90%；未取消二级库，联储定额未按配置方案执行
……	……	……	……	……

过 程 控 制

国华电力对绩效指标的过程管控，主要是指在绩效考核的周期之内对指标的进展情况进行实时的监控，及时发现其中可能存在的问题。绩效指标的设定就是为了指标的完成，而对过程的控制是确保指标完成的必要手段。跟踪过程的实质是绩效评价的双方进行持续而有效的沟通，通过绩效指导，使得被评价方完成目标成为可能。国华电力对绩效指标的过程管控主要是采用如下形式。

月度盘点

国华电力要求各单位每月对绩效指标进行盘点，并在次月 8 日前，向评价小组办公室报送绩效自评结果。

月度点评

评价小组办公室按月对各单位的绩效自评结果进行汇总、点评，并于每月中旬向领导小组进行书面汇报，同时通报给评价小组各成员部门。

月度反馈

评价小组办公室按月将点评结果于每月中下旬反馈给各单位。

持续改进

各单位根据评价小组办公室的反馈意见，参照公司系统内的标杆指标，制定适合于本单位的持续改进措施。

标准更新

每年6月，评价小组办公室将更新运营单位的定量评价标准，并及时向系统内各单位发布，便于各单位及时参照。

视频交流

评价小组办公室还不定期地通过视频等多种方式与各单位进行沟通，了解各单位绩效指标的完成情况、存在的困难和问题等。

考核评价

考核评价方法

国华电力通过不断摸索，建立了一套行之有效的考核评价方法。

对于考核指标，实行百分制，严格按照实际完成情况对照考核标准计算得分。但并不是对所有指标都全篇一律地采用一种方法，考核方法也较为灵活。以发电量指标为例：发电量的多少，与企业自身的努力有关，企业都在努力争当所在电网的UPS，但发电量的多少，更重要的是取决于电网和市场供求关系。因此，在设计考核方法时，分为4段进行考核。对于不同的区间，加分方法和加分幅度各不相同。

对于评价指标，采用先评价后计分的方法，即先用"双绿灯""绿灯""黄灯""红灯"对各单位进行评价，然后对于每项"双绿灯"指标加1.5分。以定量指标为例，具体评价方法是：在行业中为优秀或好于优秀值的指标，评价结果为"双绿灯"；好于行业平均值但次于优秀值的指标，为"绿灯"；好于行业较差值但次于平均值的指标，为"黄灯"；次于行业较差值的指标，为"红灯"。国华电力运营单位考核指标的考核方法见表7—5。

表7—5　　　　　　　　国华电力运营单位考核指标的考核方法

指标名称	考核方法
一、安全生产指标	
1. 一般设备事故次数	实际完成值与考核值相比（实际值－考核值）每增减一次，减增3分。发生重大事故或人身死亡事故，安全指标得0分
2. 等效强迫停运率	实际完成值与考核值相比（实际值－考核值）每增减0.2%，减增0.5分，直到加完或减完5分为止
二、质量效益指标	

续表

指标名称	考核方法
1. 发电量	实际完成值与考核值相比［（实际值－考核值）/考核值］，每降低1%，扣减0.5分，超额完成按如下方法计算：增幅在5%以内（含5%），每增加1%，增加0.5分；增幅在5%～15%（含15%，不含5%），每增加2%，增加0.3分；增幅在15%以上（不含15%），每增加3%，增加0.2分。直到加完或减完5分为止
2. 利润总额	实际完成值与考核值相比［（实际值－考核值）/考核值］，每降低1%，扣减0.5分，超额完成按如下方法计算：增幅在5%以内（含5%），每增加1%，增加0.5分；增幅在5%～15%（含15%，不含5%），每增加2%，增加0.3分；增幅在15%以上（不含15%），每增加3%，增加0.2分。直到加完或减完5分为止
3. 应收账款周转率	实际完成值与考核值相比（实际值－考核值）每增减1次，增减0.5分，直到加完或减完1.5分为止
三、节能降耗指标	
1. 供电煤耗	实际完成值与考核值相比（实际值－考核值）每增减 $0.5\text{g/kW}\cdot\text{h}$，减增1分，直到加完或减完5分为止

考核评价步骤

国华电力的绩效考核评估工作在整个绩效评价流程中占据较为重要的位置，前期的铺垫在这一环节得到结果的呈现。国华电力的绩效考核和评价主要包括如下内容：

- 各单位自查自评

各单位在接到评价小组办公室的评价通知后，先行组织自评，主动找问题、找差距、找措施，并形成自评报告提交评价小组办公室。自评报告包括年度主要指标的完成情况、指标的简要分析或说明、自我管理评价、上年度绩效评价工作中提出问题的整改闭环情况等。

- 评价小组现场评价

各单位完成自评报告以后，评价小组将统一组织开展现场评价，客观评价各单位的经营效率和效果。评价小组主要采取访谈、调查问卷、召开座谈会、查阅有关统计资料和文字档案等形式收集评价所需基础数据资料。评价小组成员要对评价基础数据和基础资料进行认真检查、整理，以确保数据资料的系统性和完整性。

- 评价小组反馈意见

评价小组在完成现场评价后，与被评价单位进行面对面的零距离沟通，总结成绩，指出不足，并共同分析存在的主要风险和薄弱环节，同时进行管理诊断，提出加强管控的建议。

- 出具绩效评价结果

国华电力年度绩效评价结果，按照各单位综合得分由高到低的顺序，分为运营单位、基建单位和其他单位三类，并划分为S、A、B、C、D五级。国华电力各运营单位2006年度绩效得分情况见表7—6；国华电力各运营单位2006年度绩效评价结果见表7—7。

表 7—6   国华电力各运营单位 2006 年度绩效得分情况

序号	单位	标准分	考核指标加减分	评价指标加分	得分小计
1	PS	100	22.53	19.5	142.03
2	DZ	100	24.18	16.5	140.68
3	RD	100	22.44	13.5	135.94
4	SH	100	18.26	16.5	134.76
5	CD	100	19.84	9	128.84
6	TS	100	7.35	13.5	120.85
7	NH	100	9.49	10.5	119.99
8	SZ	100	15.46	4.5	119.96
9	SM	100	11.24	7.5	118.74
10	TC	100	0.41	4.5	104.92
11	JJ	100	−0.48	3	102.52
12	ZD	100	−9.34	9	99.66

表 7—7   国华电力各运营单位 2006 年度的绩效评价结果

次序	单位	结果	得分情况
1	PS	S 级	得分≥135 分
2	DZ	S 级	
3	RD	S 级	
4	SH	A 级	120 分≤得分＜135 分
5	CD	A 级	
6	TS	A 级	
7	NH	B 级	105 分≤得分＜120 分
8	SZ	B 级	
9	SM	B 级	
10	TC	C 级	90 分≤得分＜105 分
11	JJ	C 级	
12	ZD	C 级	

• 发布年度绩效报告

评价小组办公室根据评价小组现场检查评价情况及评价结果，编写年度绩效评价报告。经过领导小组批准的年度绩效评价报告，于每年年初公司召开年度工作会议时，由公司管理层在公司系统内正式发布。

• 绩效评价结果的运用

国华电力的年度绩效评价结果，作为公司领导进行经营决策、加强资产管控的重要参考依据，作为公司人事调整的重要依据，作为确定各单位绩效评价兑现系数（用于薪酬分配，详见薪酬一章）的依据，作为公司各职能部门加强和改善过程管理以及各单位制定持续改进措施的依据。

以下引用的是国华电力信息网 2006 年 5 月 17 日的一则报道：国华电力主要领导在国华太仓发电公司干部任免大会上指出"本次干部调整主要是为了适应国华电力战略发展的需要。做强、做大国华电力需要先进的管理模式，更需要适应公司发展的技术人才、管理思想和企业文化。此次人才调整是依据各单位去年的绩效评价结果进行的"。

持 续 改 进

- 评价小组进行总结

评价小组在年度评价工作完成后，要进行评价工作总结，以进一步完善绩效评价指标体系和绩效评价工作。

- 各单位制定改进措施

各单位要根据绩效评价结果，制定持续改进措施（详见表 7—8）。各单位针对亮"黄灯"和"红灯"指标制定的持续改进措施，要上报公司绩效评价小组办公室。

亮"黄灯"的指标是警示指标，是需要各单位引起注意的指标，也是各单位应主动制定持续改进措施的指标，绩效评价小组办公室将跟踪改进措施的完成情况；亮"红灯"的指标是公司需要加强对被评价单位的指导与协调，帮助被评价单位制定切实有效的改进措施的指标，绩效评价小组办公室将重点进行跟踪。

各单位绩效持续改进措施的落实情况，将作为下一年月度点评、年度评价的一项重要内容，从而实现了对绩效改进措施的闭环管理，有利于被评价单位管理水平的提升。

表 7—8　　　　　　　　各单位绩效持续改进措施情况一览表

序号	项目	改进措施	达到目标	时间安排			完成时间	责任人（部门）
				2007 年	2008 年	2009 年		
1								
2								
...								

批准：　　　　　　　审核：　　　　　　　制表：　　　　　　　日期：

国华电力组织开展的企业绩效管理工作，在实践过程中，达到了如下效果：

突出重点

企业管理工作纷繁复杂，如何在庞杂的工作中，抓住重点，是一件非常困难的事情。国华电力通过企业绩效管理做到了这一点。尤其是在 2005 年以后，将指标分为考核指标和评价指标的做法，就是集中的体现，各子公司只需重点关注考核指标即可。而考核指标仅有 6 项，有利于突出重点、简化工作，有利于取得事半功倍的效果。

统一思想

上下目标是否一致，在一定程度上决定了企业发展的速度和质量。国华电力利用企业绩效管理这一平台，通过设立、分类、细化考核评价指标，通过明确指标释义，通过评价小组与被评价单位和个人的零距离沟通，公司上下统一了思想，为实现国华电力又好又快发展，奠定了坚实的基础。

规范管理

规范管理是确保基业长青的根本，是企业健康发展的关键。没有规范的管理，企业的发展就会变成无源之水、无本之木。国华电力通过企业绩效管理，通过现场进行抽查和复核，通过对各子公司进行大力指导，大大提高了各子公司的规范管理意识和风险意识。

和谐发展

和谐发展是企业持续发展的前提，是企业取得良好绩效的基础。和谐体现在企业管理的方方面面，国华电力的绩效管理体系，较好地做到了这一点。国华电力的绩效指标体系，注重考核指标与评价指标、财务指标与非财务指标、定量指标与定性指标、长期目标与短期目标、企业内部指标与外部指标、经济效益指标与社会责任指标等方方面面的和谐，为企业与员工共同发展营造了良好氛围。

从上述可见，国华电力的企业绩效管理体系适应了企业当前发展的需要，并有效推动了企业管理品质的提升。同时也应清醒地意识到，现行的绩效管理体系尚存在着诸多有待改进的地方，如下问题还值得进一步深思：

问题之一：如何通过绩效指标反映企业战略的实现程度？

国华电力目前的绩效管理体系，对各单位实现中短期目标具有很强的指导作用，但由于未能将公司的长期发展战略融会贯通到绩效体系之中，因此，无法根据年度绩效指标的完成情况来验证企业战略的实现程度。因此，如何构建以战略为中心的企业绩效管理体系，是需要深思的问题之一。

问题之二：如何以动态预算作为考核依据？

国华电力目前的绩效指标，以年初预算或年中调整预算作为考核依据。但无论是年初预算或年中调整预算，对于一个完整的年度而言，仍然是一种静态预算，而电力市场是不断变化的，因此，在年终绩效评价时，有可能出现考核结果不客观、不公正的情况。因此，如何构建以动态预算为考核依据的绩效管理体系，是需要思考的问题之二。

问题之三：如何对海外的子公司开展企业绩效评价工作？

目前，国华电力已经走出国门，成立了海外子公司，这也对企业的绩效评价提出了新的挑战。海外子公司容易受到所在国的会计准则、汇率、金融工具及衍生金融工具、通货膨胀等因素的影响，因此，如何构建包括海外子公司在内的完整的绩效管理体系，是需要思考的问题之三。

第8章
薪酬策略　价值公允

国华电力认为：薪酬不仅仅是企业的成本支出，更是一种投入，是一种能带来更多价值回报的投资，是与企业人力资源开发战略紧密相连的管理要素。

薪酬是推动企业经营目标和战略目标实现的强有力的工具，是用来将员工的努力导向企业战略愿景的一种手段，是企业吸引人才、培育人才、用好人才、留住人才并且使人才最大限度地创造价值的关键方式和手段。与企业目标相一致的薪酬制度和企业战略、核心技术一样，也是企业的核心竞争力，能为企业创造一种持续的竞争优势。

薪酬既不是单一的工资，也不是纯粹货币形式的报酬，还包括精神方面的激励，这些方面都应该很好地融入薪酬体系中。

薪酬支付的方式、手段和内容等只有满足了员工需要的方式，才有可能产生激励的效果，因此，对不同的员工要采取不同的激励措施。单纯加薪并不一定能达到最佳的激励效果，只有与绩效紧密结合的薪酬，才能够充分调动员工的积极性。

只有体现"价值公允"原则、体现劳动、资本、技术、管理等生产要素按贡献参与分配的薪酬制度，才是最适合企业发展需要的薪酬制度。

国华电力的薪酬体系是国华电力人力资源管理系统的一个子系统，是把物质报酬的管理过程与员工激励过程紧密结合起来的管理制度和管理机制的总称。具体而言，国华电力薪酬体系是国华电力对所属企业、单位（以下简称各单位）及其高管（经营管理者）、员工的报酬支付标准、发放水平、要素结构等进行确定、分配和调整的过程。

背 景 特 征

企业发展不同时期追求的目标不同、发展特点不同，决定了企业不同时期必然会有不同模式的薪酬体系。因此，有必要对企业的发展历程进行追溯。国华电力1999—2008年的主要发展指标和经济效益指标见表8—1。

表 8—1　　国华电力 1999—2008 年发展规模指标和主要经济效益指标

指标名称	单位	1999年	2000年	2001年	2002年	2003年	2004年	2005年	2006年	2007年	2008年
发电运营装机容量	万 kW	205	400	400	466	516	696	816	1416	1891	1853
资产总额	亿元	231	244	262	291	327	412	572	707	816	997
发电量	亿 kW·h	62	123	189	220	272	402	454	672	881	998
销售收入	亿元	10	31	49	57	68	97	119	223	292	361
利润总额	亿元	−3.21	−1.66	7	8	12	21	23	49	59	31

十年来，国华电力按照企业不同的发展时期，经营目标分为三个阶段：

"企业利润最大化"——1999—2003 年

1999—2000 年，国华电力处于亏损期，生存是企业的当务之急。这一阶段企业发展的特点是：企业成立时间短，机组运行不稳定，管理机制和运行体系尚不完善，资产总量规模小，抗风险能力弱，企业冗员多，同时由于上网电价不到位、热力价格长时间不调整等原因，使得企业出现政策性亏损。

2001—2003 年，国华电力开始扭亏为盈。这一阶段企业发展的特点是：企业度过了亏损期，机组运行水平有了较大提高，管理体系逐渐完善，资产规模逐步扩大，抗风险能力有所增强，但人员效率仍然偏低，同时由于电价和热价逐步调整到位，企业赢利水平稳步提升。

综合上述，1999—2003 年，国华电力处于发展初期，求得生存并有所发展是国华电力的首要任务，而企业生存和发展的前提是"赢利"，因此，在这 5 年时间里，"利润最大化"是企业追求的核心目标。

"企业和员工绩效最大化"——2004—2007 年

2004—2007 年，在国民经济强劲增长、电力供不应求的大环境下，国华电力实现了快速发展。2007 年的发电运营装机容量达到 1 891 万 kW，是 2003 年的 3.7 倍（见表 8—2）；资产总额达到 816 亿元，是 2003 年的 2.5 倍（见表 8—3）；发电量达到 881 亿 kW·h，是 2003 年的 3.2 倍（见表 8—4）；产品销售收入达到 292 亿元，是 2003 年的 4.3 倍；利润总额达到 59 亿元，是 2003 年的 4.9 倍。

伴随国华电力的快速成长，外部发电市场的竞争日趋激烈。

表 8—2　　国华电力与国内其他发电集团装机容量情况对比表　　（单位：万 kW）

公司	2003年	2004年	2005年	2006年	2007年
国华电力	516	696	816	1 416	1 891
集团1	3 166	3 357	4 321	5 718	7 158
集团2	2 864	3 070	3 881	5 005	6 302
集团3	2 746	3 353	4 166	5 406	6 482
集团4	2 534	2 930	3 506	4 445	6 006
集团5	2 302	2 489	2 944	3 460	4 495

表 8—3　　　　　国华电力与国内其他发电集团资产总额情况对比表　　　　（单位：亿元）

公司	2003 年	2004 年	2005 年	2006 年	2007 年
国华电力	327	412	572	707	816
集团 1	1 407	1 563	2 269	2 861	3 820
集团 2	1 119	1 400	1 830	2 257	2 949
集团 3	958	1 180	1 467	1 981	2 430
集团 4	877	1 040	1 343	1 776	2 220
集团 5	753	1 010	1 323	1 932	2 463

表 8—4　　　　　国华电力与国内其他发电集团发电量情况对比表　　　　（单位：亿 kW·h）

公司	2003 年	2004 年	2005 年	2006 年	2007 年
国华电力	272	402	454	672	881
集团 1	1 744	1 948	2 564	2 820	3 270
集团 2	1 428	1 734	2 098	2 516	3 048
集团 3	1 371	1 681	1 904	2 259	2 653
集团 4	1 248	1 384	1 629	1 995	2 563
集团 5	1 226	1 306	1 438	1 726	1 911

从上述数据的比较中可见，2003—2007 年，国华电力无论在资产规模，还是在综合实力方面，与其他发电集团相比，还存在着相当大的差距，存在着明显劣势。

面对公司的快速发展和激烈的市场竞争，为实现企业的持续、健康、协调发展，国华电力管理层提出，要使国华电力从追求"利润最大化"向追求"绩效最大化"转变。因为"利润最大化"只关注企业的短期目标，企业行为更注重短期"有利可图"；而"绩效最大化"更注重企业的长远发展，不仅关注企业当期的价值创造能力，更注重企业的持续发展。在内因和外因的共同作用下，以"增强企业价值创造力"和"可持续发展力"为核心的企业和员工绩效最大化的理念应运而生，国华电力的绩效管理体系也从此诞生。

"成本领先"——2008 年后

2008 年以来，美国次贷危机引发的全球金融海啸对全球经济产生了极大的冲击，国内宏观经济面临十分严峻的形势。受国际国内双重因素影响，发电行业大部分单位亏损。国华电力虽然保持了赢利，但效益下滑严重，同样陷入经营困境。

在此背景下，国华电力管理层认为：推行"成本领先"战略，通过建立先进合理的成本控制体系，在行业内实现成本领先、管控有效，是国华电力摆脱经营困境、增加赢利、实现持续发展的必然途径。"成本领先战略"的提出，对薪酬体系的持续改进，再次提出了挑战。

与企业的发展阶段相适应，国华电力的薪酬体系，始终服从和服务于企业的发展目标，经过近 10 年的不懈努力，形成了一套以"企业与员工共同发展"为核心的、以"绩效"为导向的、以有利于"稳定、吸引、保留、激励骨干员工"为主要内容的薪酬体系。

总额控制——从"工资总额管理"到"人工成本管理"

1999—2000年:以"减亏提成"为核心的工资总额管理

这一阶段,"扭亏为盈""减人增效"是企业工作的主旋律。国华电力突破了传统工资总额管理模式的束缚,创造了与企业发展阶段特点相适应的以"减亏提成"为核心的工效挂钩新模式:即改革了原有的按上年基数核定工资总额的分配模式,建立了以企业减亏额和每万千瓦机组用人数为主的工资总额管理制度体系,对当时处于亏损状态的企业和员工的生存起到了正向激励和推动作用。

2001—2003年:以"利润"为核心的工资总额管理

在企业已经度过"亏损期",资产规模逐步扩大,赢利能力逐步增强的情况下,国华电力将"减亏提成"的工资总额管理模式,转变为与发电量、安全、利润、人均贡献率指标挂钩的工资总额管理模式,以求进一步提升价值创造力和市场竞争力。

这一阶段,工资总额包括工资总额基数和挂钩考核增长两部分。工资总额基数按照"当年人均预算水平、地区收入水平指数、标准定员人数及年初实有人数"核定,工资总额增长部分与发电量、安全、利润、人均贡献率指标挂钩。

2004—2007年:以"企业绩效"为核心的人工成本管理

伴随着国华电力从"利润最大化"到"绩效最大化"的转变,以及员工需求的日益多元化,国华电力对各单位的薪酬管理也实现了从"工资总额"管理模式到以绩效为中心的"人工成本管理"模式的转变。

这一阶段,国华电力建立了以"安全生产"和"经济效益"为中心的绩效管理指标体系,形成了以《绩效评价办法》和《绩效评价操作实施细则》为核心的绩效管理制度体系。绩效评价结果,按照各单位的综合得分由高到低的顺序,分运营单位、基建单位和技术支持单位3类,划分为S、A、B、C、D5级,分别对应不同的绩效评价兑现系数,作为兑现各单位的工资总额的依据之一。

——**工资总额**

国华电力将工资总额分为基本工资总额、绩效工资总额、安全嘉奖3部分,分别约占工资总额的55%、40%、5%。基本工资总额:依据企业的装机容量、人员状况、利用小时和地区工资水平等因素确定,老厂(2001年以前投产的发电公司)当年输送到新建发电公司的人数在本企业总人数10%以内的,减人不减工资总额;绩效工资总额:依据各单位绩效得分情况及绩效评价兑现系数确定,绩效评价兑现系数为0.5~0.1,企业绩效工资总额=基本工资总额×绩效评价兑现系数×实际绩效评价得分/绩效评价等级进档标准分;安全嘉奖:依据各单位的年度安全生产情况确定。以2006年度工资总额分配情况为例加以说明,见表8—5。

表 8—5　　　　　国华电力 2006 年度工资总额分配情况表　　　　　（单位：万元）

单位	基本工资总额	绩效工资总额					单项奖励	工资总额
		绩效结果	兑现系数	实际得分	进档分	小计	安全嘉奖	合计
GHPS	5 361	S	0.5	142.03	100	3 806	361	9 528
...	...	...	...	...	...	...	...	...
...	...	...	...	...	...	...	...	...

——福利费

国华电力建立了福利费与企业经济效益挂钩的长效机制，规定："赢利且比上年利润有所提高的单位，福利费的使用比例控制在当年实发工资的 14% 以内；赢利比上年利润降低的单位，福利费的使用比例控制在当年实发工资的 12% 以内；亏损单位，福利费的使用比例控制在当年实发工资的 10% 以内。"

——职工教育经费

国华电力建立了职工教育经费与企业经济效益挂钩的长效机制，规定："赢利单位，职工教育经费占当年实发工资的比例控制在 2.5% 以内；亏损单位、基建单位，职工教育经费占当年实发工资的比例控制在 1.5% 以内。"

——社会保险和住房公积金

国华电力为员工建立了各项社会保险和住房公积金，规定了统一的计提比例，并从人工成本角度对总量进行综合平衡。如明确规定"住房公积金（企业负担部分），在成本中的列支比例，统一调整为 12%。比例调整后，住房公积金额度仍较高的单位，继续采用人工成本总量控制原则，在年度工资总额计划中予以调控"。

——其他人工成本项目

国华电力对其他人工成本项目，均明确规定了计提比例或标准。如明确规定："'劳动保护费'在成本中的列支比例，严格控制在当年实发工资的 1.5% 以内。除首次配置劳动保护用品的单位外，其他单位从严掌握。"

高管年薪——从"刚性"约束到"柔性"长效激励

1999—2000 年："刚性"特征

为迅速实现"扭亏为盈"的目标，国华电力将企业的经营目标与各单位经营管理者（高管）的收入直接挂钩，即：建立经营管理者年薪制。根据经营管理者年薪制的规定，各单位经营管理者的年薪收入分为基薪收入、绩效收入和风险收入 3 部分。

——基薪收入

依据上年本企业员工平均工资的两倍确定。

——绩效收入和风险收入

与企业的经营目标挂钩，重点与企业的减亏额度挂钩。

经营管理者年薪制的推行，把企业的经营目标与各单位经营管理者的收入挂起钩来，大大强化了经营管理者的岗位责任。例如,国华电力2000年的年薪制考核办法规定:"未完成公司下达的减亏考核值,扣减经营管理者效益收入的50%,取消经营管理者当年的风险收入。"从这一规定可见,这一阶段的经营管理者年薪制是一种"刚性"管理机制。

2001—2003年:"刚性"硬约束特征

伴随企业经营规模的扩大,国华电力在吸取以前年度经营管理者年薪制实施经验的基础上,进一步完善了经营管理者年薪制办法。依据该办法,经营管理者年薪收入仍分为基薪收入、绩效收入和风险收入3部分。

——基薪收入

依据企业资产规模、经营管理者岗位责任来确定。

——绩效收入和风险收入

依据年初经营管理者与董事会签订的《经营目标责任书》和《精神文明责任书》确定的各项指标的完成情况确定,重点是与发电量、安全、利润、人均贡献率指标挂钩。

这一阶段,随着企业规模的扩大,在建项目的增多以及体制的变化,国华电力根据各企业所处行业的特点分别制定了发电运行企业、基本建设企业、IT企业、房地产开发企业、检修企业经营管理者年薪实施办法,进一步强化了经营管理者的经营责任和职业素质,更加强调了业绩和效率,更好地适应了企业当时的特点。如:国华电力2002年《发电企业经营管理者年薪制试行办法》中规定:"未完成当年公司下达的利润考核值,扣减经营管理者效益收入的50%,取消经营管理者当年的风险收入等。"从这一规定可见,在此期间实行的经营管理者年薪制仍是一种以"刚"为特征的硬约束管理机制。

2004—2007年:"柔性"长效激励

这一阶段,国华电力继续在各单位中实行经营管理者年薪制,制定了统一的《经营管理者年薪管理实施办法》,统一将经营管理者年薪收入分为基薪、绩效年薪和长效激励年薪3部分,分别约占年薪总额的30%、50%、20%。

——基薪

依据各单位的资产规模、经营管理者岗位责任、系统平均工资水平等因素确定。

——绩效年薪

依据绩效评价兑现系数、领导干部年度考核结果以及各单位经营管理者的职务系数确定。绩效评价兑现系数为1.3~0.8;领导干部年度考核结果按照优秀、称职、基本称职、不称职分为4个等级,系数分别为1.1、1.0、0.8、0.5;职务系数正职为1.0,副职为0.9~0.6。

绩效年薪=基薪×绩效评价兑现系数×实际绩效评价得分/绩效评价等级进档标准分×领导干部年度考核结果系数×职务系数

——长效激励年薪

依据经营管理者对企业的累计贡献度、任职年限及期间经营目标的完成情况等因素确定,以一次性企业年金的特别奖励形式兑现。以2006年度各单位经营管理者年薪情况加以说明，见表8—6。

表8—6　　　　2006年度各单位经营管理者年薪兑现情况表　　　　（单位：万元）

单位	基本年薪	绩效年薪					长效激励年薪	年薪收入
		绩效结果	绩效得分	进档分	兑现系数	小计	一次性年金	合计
GHPS	6	S	142.03	100	1.3	11	5	22
…	…	…	…	…	…	…	…	…
…	…	…	…	…	…	…	…	…

员工薪酬——从"岗位技能工资"到"全面薪酬"

1999—2000年：有所变革的"岗位技能工资制"

这一阶段，国华电力实行的是岗位技能工资制，但有别于电力行业其他单位的传统做法。国华电力本着员工收入与企业经济效益和员工劳动贡献挂钩的原则，在员工收入分配上加大了岗位工资在工资结构中所占的比重，增强了对奖金分配的考核程序，实行了易岗易薪，实现了岗位工资的动态管理，初步解决了分配领域的平均主义。同时，加大了向生产一线和关键岗位的倾斜，在员工中初步营造了岗位靠竞争、收入靠贡献的氛围。

这一阶段，国华电力的岗位技能工资由岗位工资、技能工资、年功工资、津补贴和奖金组成。

——岗位工资

国华电力的岗位工资共设25个等级，岗位工资基数为200元。运行检修人员执行标准二，每级差额为40元；其他人员执行标准一，每级差额35元。

国华电力岗位工资等级表见表8—7，原电力工业部推行的电力企业（Ⅰ类工资区）的岗位工资标准表见表8—8。

表8—7　　　　　　　国华电力岗位工资等级标准表

岗位工资等级		1	2	3	4	5	…	16	17	18	19	20	…	25
岗位工资标准	标准一	235	270	305	340	375	…	760	795	830	865	900	…	1 075
	标准二	240	280	320	360	400	…	840	880					

表8—8　　　　　　电力企业（Ⅰ类工资区）岗位工资标准表

岗位工资等级		1	2	3	4	5	6	…	14	15	16	17	19	20
岗位工资标准	标准一	120	130	140	150	160	170	…	250	260	270	280	300	310
	标准二	120	136	148	160	172	184	…	290	304				

——技能工资

国华电力的技能工资共设39个等级，1级工资标准为97元，39级工资标准为660元。

国华电力技能工资等级标准表见表8—9，原电力工业部推行的电力企业的技能工资等级标准表见表8—10。

表8—9　　　　　　　　国华电力技能工资等级标准表

工资等级	1	2	3	4	5	6	…	33	34	35	36	37	38	39
工资标准	97	104	111	118	125	132	…	454	474	500	535	570	615	660

表8—10　　　　　　　　电力企业技能工资等级标准表

工资等级	1	2	3	4	5	6	7	…	28	29	30	31	32	33
工资标准	97	104	111	118	125	132	139	…	370	386	402	419	436	454

——年功工资

工作每满1年按4元标准计发,在电力系统工作满10年以上自第11年起每年增发2元。

——津补贴

包括洗理费、书报费及按政府规定享受的各种价格补贴等。

——奖金

根据企业效益情况和员工工作业绩情况,按照月度、季度、年度考核后兑现。

2001—2003年:创新的"岗位效益等级工资制"

这一阶段,国华电力针对新建项目日渐增多,新建项目与已投运发电公司在组织机构设置、人员配置、人员效率等方面的实际情况存在着很大差异,对传统的工资分配制度进行了改革,制定了适用新建发电公司的《岗位效益等级工资制度》,突出了收入与岗位责任、工作效益挂钩,初步打破了原原有企业吃大锅饭的体系,收入分配体现多劳多得的原则,全力向生产一线倾斜。

这一阶段,国华电力的岗位效益等级工资由基本工资、岗位效益工资、绩效奖励及特殊津贴组成。

——基本工资

国华电力的基本工资涵盖原技能工资、年功工资、各种津贴补贴。基本工资标准为800元,在国华电力系统工作每满1年增加50元。

——岗位效益工资

分4个层次23个等级,每级2~5个薪档,分别由薪点和薪点值组成。薪点标准由国华电力公司统一规定,薪点值由各单位自行确定。国华电力岗位效益工资薪点表见表8—11。

表8—11　　　　　　　　国华电力岗位效益工资薪点表

岗位层次	岗位归级	薪点				
		薪档一	薪档二	薪档三	薪档四	薪档五
领导班子	23	80	90			
	22	70	80			
	21	60	70			

续表

岗位层次	岗位归级	薪点				
		薪档一	薪档二	薪档三	薪档四	薪档五
副三总师、部门经理、值长、专工组长、主值	20	50	52	54		
	19	46	48	50		
	18	42	44	46		
	17	38	40	42		
	16	34	36	38		
专工、集控副值、班长、管理主管	15	30	31	32	33	
	14	27	28	29	30	
	13	24	25	26	27	
	12	21	22	23	24	
一般员工	11	18	19	20	21	22
	10	16	17	18	19	20
	9	14	15	16	17	18
	8	12	13	14	15	16
	7	10	11	12	13	14
	6	8	9	10	11	12
	5	6	7	8	9	10
	4	4	5	6	7	8
	3	3	4	5	6	7
	2	2	3	4	5	6
	1	1	2	3	4	5

——绩效奖励

绩效奖励是国华电力对作出突出贡献的员工给予的奖励。

2004—2007年：以"岗位薪点工资制"为核心的全面薪酬

国华电力在第1阶段和第2阶段，分别对工资制度进行了改革。2001年以前成立的发电公司实行的是岗位技能工资制度，2002年以后成立的发电公司实行的是岗位效益等级工资制度。换句话说，截止到2003年年末，两种薪酬制度在国华电力并行存在。两种薪酬制度本身及其并行，存在着如下问题：

工资标准不统一，不利于国华电力系统内部人员交流，不利于优化配置。

工资制度与激励机制尚不匹配，不利于员工绩效评价体系的推行。

关键岗位与一般岗位收入差距小，不能充分体现员工的岗位责任与贡献，不利于吸引、保留、激励关键岗位的优秀员工。

岗位工资比例仍偏小，岗位激励作用不明显；奖金比例较大，在考核机制尚不健全的情况下，分配存在随意性。

各种津补贴仍较多，金额小，项目繁杂，不利于实现工资的规范管理。

因此，国华电力从稳定员工队伍大局出发，经过认真调研和论证后，于2004年对薪酬制度进行了第3次改革，统一了公司系统的薪酬制度，建立了一套以岗位薪点为核心的"全面薪酬"体系。

国华电力的薪酬结构包括：基本保障工资、岗位工资、绩效奖金、中长期激励、加班工资、保险福利等6部分。

——**基本保障工资**

国华电力的保障工资标准为1 000元/月，自然工龄10元/月，国华系统工龄50元/月。

——**岗位工资**

国华电力将岗位划分为28个岗级15个薪档，基准薪档为该岗级的档3。薪档和薪点值由国华电力公司统一规定。薪档按照如下规则进行调整：

若当年绩效考核结果为B级、A级、S级，岗位绩效工资对应上调1个、2个、3个薪档；若当年绩效考核结果为C级，岗位绩效工资下调2个薪档；若当年绩效考核结果为D级，下岗培训、降级使用或解除劳动合同。若绩效考核结果比前一年度低1~3级，岗位绩效工资相应下调1~3个薪档。国华电力部分岗位薪点值见表8—12。

表8—12　　　　　　　　国华电力部分岗位薪点值情况表

岗级	档1	档2	档3	档4	…	档7	档8	档9	…	档14	档15
…					…				…		
20	85	87.5	90	92.5	…	100	102.5	105	…	117.5	120
19	75	77.5	80	82.5	…	90	92.5	95	…	107.5	110
18	65	67.5	70	72.5	…	80	82.5	85	…	97.5	100
17	55	57.5	60	62.5	…	70	72.5	75	…	87.5	90
16	49	50.5	52	53.5	…	58	59.5	61	…	68.5	70
15	43	44.5	46	47.5	…	52	53.5	55	…	62.5	64
14	37	38	39	40	…	43	44	45	…	50	51
13	33	34	35	36	…	39	40	41	…	46	47
12	29	30	31	32	…	35	36	37	…	42	43
…	…	…	…	…	…	…	…	…	…	…	…

各单位的高技术、高技能及有特殊贡献的人才，按照以下原则执行：

- 首席专家参照各单位总工程师岗位的基准薪档确定薪点数。
- 公司级专业技术带头人参照各单位副总工程师的基准薪档确定薪点数。
- 厂级专业技术带头人参照各单位生产部门中层正职的基准薪档确定薪点数。
- 对获得公司及以上级别"技术能手"称号的员工，具体奖励额度及办法按照职业技能大赛或其他相关规定执行。

技能等级高出岗位任职资格条件者，每高一级上调1~2个薪档。

对同时具备上述 2 个及以上奖励条件的员工，按就高原则确定薪点数；对奖励前已达到或超过所奖励岗位薪点数的员工，在其现任岗位薪点数的基础上，上浮 2 个薪档。

——绩效奖金

员工的绩效奖金取决于员工的绩效水平，与各单位绩效、部门绩效密切相关。员工绩效奖金的分配具体按照以下原则进行：

员工的绩效考核结果为 C 级、B 级、A 级、S 级，按应发绩效奖金的 50％、100％、120％、150％支付；员工的绩效考核结果为 D 级，不支付绩效奖金。

——中长期激励

国华电力为激励各单位的关键岗位员工设置了激励计划。各单位可以采取建立一次性企业年金、健康保健计划、带薪脱产培训、长期服务贡献奖励以及其他个性化的激励措施。

——加班工资

按照劳动法规定的加班类别系数以及国家相关规定计算。

——保险福利

包括法定福利项目和自主福利项目两部分。法定福利项目包括"五险一金"、带薪年休假；自主福利项目包括补充养老保险、补充医疗保险、住房补贴、健康体检、旅游度假、特殊津贴等项目。

国华电力此次实施的薪酬制度：

既注重了物质激励，也注重了精神激励；既注重了当期激励、也注重了中长期激励，因此能够很好地满足各层次员工的需求。

从根本上解决了各单位薪酬体系不统一，薪酬体系与激励机制不匹配，激励趋向不明确的问题。

彻底摒弃了分配上的论资排辈、平均主义和大锅饭，把岗位责任和工作绩效作为工资分配的主要依据。

加大了挂钩考核动态工资的比重，拉开了关键岗位与一般岗位之间的收入差距，体现了效率优先、兼顾公平的原则。

在国华电力 10 年的发展历程中，薪酬体系真正起到了为企业发展服务、为企业发展保驾护航的作用。经过 10 年的发展，国华电力的薪酬体系得到了很大的提升。现行的薪酬体系既能体现规范管理的要求，又能体现构建和谐社会的要求；既能起到当期的激励效果，又能起到长效激励作用；既能满足员工工资收入的基本要求，又能提高满足员工的发展需求；既能体现物质激励，又能突出文化导向。

国华电力的薪酬体系呈现出如下特点：

- **统一性**：指国华电力薪酬体系的 3 个方面，目标是高度统一的，即服从于企业的经营目标，服务于企业的发展战略。
- **复合性**：指国华电力薪酬体系的 3 个方面，均是由多项薪酬单元组成的，且各单元非简单排列组合而成，而是互相配合、相辅相成、相得益彰，共同构成了薪酬体系的激励约束机制。

- **动态性**：指国华电力的薪酬体系是随着企业目标和发展战略的变化而变化的，是从单一物质管理迈向全面薪酬管理的动态过程。
- **鲜明性**：指国华电力的薪酬体系突出绩效导向，着力加大绩效与薪酬的挂钩力度，具有鲜明的"以绩效论英雄、以绩效论薪酬"的管理特色。

薪酬体系不是静态的，随着企业的发展，薪酬体系需要进一步丰富、发展和提高，真正体现出"价值公允"的薪酬制度，才是国华电力薪酬体系不断追求的目标。

在国华电力薪酬体系需要进一步完善的同时，如下问题有待于我们进一步思考：

问题之一：发电企业如何处理好国家关于工资总额宏观调控的"两低于"原则与员工薪酬增长需求之间的矛盾？

2008年是电力行业难忘的一年，国华电力效益下滑严重，主要原因是"煤是市场煤，电是计划电"，煤价轮番上涨，而电价却按兵不动。下半年，国家虽然采取了限制煤价上涨的措施，实施了两次煤电联动，但并没有因此使国华电力走出经营困境。由于国华电力是国有企业，在工资总额调控方面要执行"企业工资总额增幅低于企业经济效益增幅、人均工资增幅低于劳动生产率增幅"的"两低于"原则，按此原则计算，国华电力的工资总额肯定不会增长。但事实上，造成企业经济效益下滑的原因并非企业行为，而是国家政策使然，是"计划电"使然。相反，恰恰是这些发电企业，在国家发生严重困难（雪灾、地震）和关键时刻（奥运期间）为国家作出了巨大贡献。对类似政策性原因导致企业的经济效益下降的情况，如何处理好"两低于"原则与员工薪酬增长需求之间的矛盾，是需要我们思考的问题之一。

问题之二：如何充分发挥经营管理者年薪制考核指标体系的激励约束作用？

目前，国华电力经营管理者年薪制考核指标涉及两大类：一类是绩效评价绩效管理指标，包含定量与定性、财务与非财务指标共37项；另一类是领导干部领导干部考核指标，是问卷调查指标。由于指标过多，相对而言，主要指标、重要内容易被忽视。因此，如何充分发挥经营管理者考核指标体系的激励约束作用，进一步优化指标体系也是值得我们思考的问题。国华电力正在研讨中的经营管理者考核指标体系，详见表8—13。

表8—13　　　　国华电力正在研讨中的经营管理者考核指标体系

项目	指标名称	权重	评价周期	评价方式
定性指标	领导干部领导干部考核结果	20%	年度	调查问卷
定量指标	资产使用效率（EBITDA/总资产）	80%	年度/任期	公式计算

问题之三：如何配合公司成本领先战略的实施，进一步完善现行的薪酬体系？

"成本领先"战略的实施，对于目前已经相对比较完善的薪酬体系而言，又是一项严峻的挑战。如何更好地配合推进公司的成本领先战略，充分发挥薪酬的导向作用，是我们需要思考的问题之三。

薪酬对企业来说是一把"双刃剑"，使用得当能够吸引、留住和激励人才；使用不当则可能造成人才流失。没有最好的薪酬制度，只有最适合企业发展需要的薪酬制度。

第 9 章
管理助手 效率平台

HRMIS 是人力资源管理信息系统（human resources management information system）的英文缩写。

20 世纪 70 年代初，随着计算机系统开始在管理领域普遍应用，国外一些领先的应用软件企业就开始了对人力资源信息化的研究。HRMIS 发展到今天已不仅仅是满足 HR 日常业务的处理，更主要的是通过业务与系统流程紧密结合，形成了集成而完整的信息源，利用高效的分析工具，进行智能分析，实现人力资源的精细管理和预算管理；通过 HRMIS 产品所蕴含着丰富的管理思想，以及多用户积累和共享的管理经验，不断地改进和提升 HR 管理水平；与企业的生产、财务、物资系统统一成为一个整体，融合成企业完整的管理信息平台。

引进吸收

背景

2003 年国华电力作为新兴发电公司已初具规模，在人力资源管理领域，有别于传统国有企业人事劳资业务的新型管理模式，以标准的组织和定员、集中的招聘与配置、客观的绩效评价、注重实效的培训、长效及多方位激励的薪酬管控等业务，在管理中有所突破和创新。

业务需求

国华电力随着规模的扩大，对人力资源业务管理水平的要求也随之提高。
- 企业需要及时全面掌握人才现状，以便准确决策。
- 企业需要规范的流程化和标准化管理，以便提高管理效率。
- 企业要有先进的管理手段，以便实现动态的有效管理。

"工欲善其事，必先利其器"，引进现代网络信息技术平台，吸收和借鉴国内外先进管理思想和文化，实现标准化、流程化、精细化和集中管控与分析的专业化管理的 HRMIS 成为国华电力人力资源管理水平提升的必然选择。

HRMIS 功能需求

根据业务需求，国华电力明确了 HRMIS 的实现需求如下：

技术方面：国华电力作为跨地域的区域化发电企业，HRMIS 需采用 B/S 结构的网络应用，通过 Internet/Intranet 模式下数据库应用和软件主操作系统的集中式部署，实现不同地域的应用系统统一和数据唯一，以保障安全有效和资源共享的管理。

功能方面：要包含先进管理思想，要能够满足企业发展中管理不断提升的业务需求，以保证软件系统在企业使用的生命力；要有一定的灵活性，既要注意企业现实管理的需要，更符合未来管理的需要；要选择具备行业实施成功案例的软件供应商，降低实施风险；要选择在社会中有较高普及度的软件系统，技术咨询便捷；供应商应具备较强实力，因为 HRMIS 属于伴随企业长期成长的管理系统工具，不能因为供应商破产等问题给公司管理软件系统的未来服务和升级带来风险。

软件选型

选择适合的软件是 HRMIS 落户国华电力的关键。功能需求已经明确，在选择软件过程中的重点就是看软件与需求功能的匹配度。国华电力在 HRMIS 的选型中，考虑到企业发展战略和整体信息化的要求，将 HRMIS 纳入 ERP（企业资源计划）管理系统作为选择的前提条件。

然而在 ERP 的软件选型方面，作为用户方对功能的了解处于劣势，国华电力为弥补不足，决定聘请专业公司顾问，借助企业"外脑"进行具体诊断、与软件供应商平等对话和谈判，从而保证选到适合企业需求的最佳软件。

事实证明，国华电力在软件选型过程中聘请的专业的技术顾问与国华专业人员共同配合，发挥了巨大的作用，从软件功能的匹配度、性能的差异分析、明确关键风险点、评价过程的管控等全过程进行跟踪管理，有效降低了软件选型中的风险，为今后的软件系统成功实施奠定了基础。

功能确定

国华电力 HRMIS 设计功能，主要解决以下 3 个层面的问题（见图 9—1）：

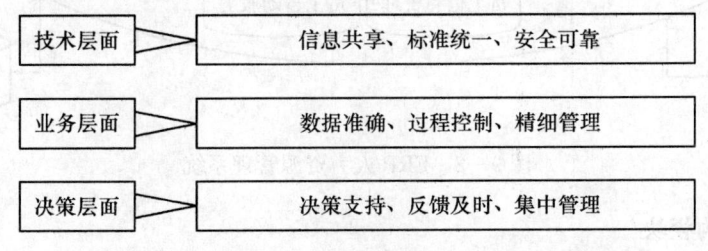

图 9—1 国华电力 HRMIS 设计所解决的问题

为满足国华电力 3 个层面的管理需求，实施之初确立了组织岗位、人员信息、薪酬管理、培训管理、招聘管理、绩效管理、智能分析、员工自助八大功能模块的实施方案。同时，考虑到尽快实现 HRMIS 功效在实际工作中的应用，确定了"先基础，后提升""由易到难"的实施原则，将功能模块按照业务成熟度和应用频率划分为以下 3 类：

基础业务 5 个模块：组织职位、人员信息、薪酬、自助功能、分析报表；

整合业务 3 个模块：绩效、培训、招聘；

决策业务 3 项功能：智能分析、能力建立、精细化管理。

开 发 应 用

模块设计应用

国华电力作为一个跨地域的发电公司，已建立起了职能型的组织机构管理体系。在 HRMIS 的功能实现方面，重点考虑核心业务的流程化贯通和业务系统的闭环管理。借鉴国际成熟的 HRMIS 管理模式，确定了组织职位管理、招聘管理、人事管理、培训管理、绩效管理、薪酬管理、劳动合同管理、员工自助服务、员工信息管理管理 9 个具体业务组成的完整的人力资源管理体系（见图 9—2）。并且与网络培训系统、网络招聘系统、财务物流管理系统、OA 系统形成结合体，实现 ERP 管理思想。

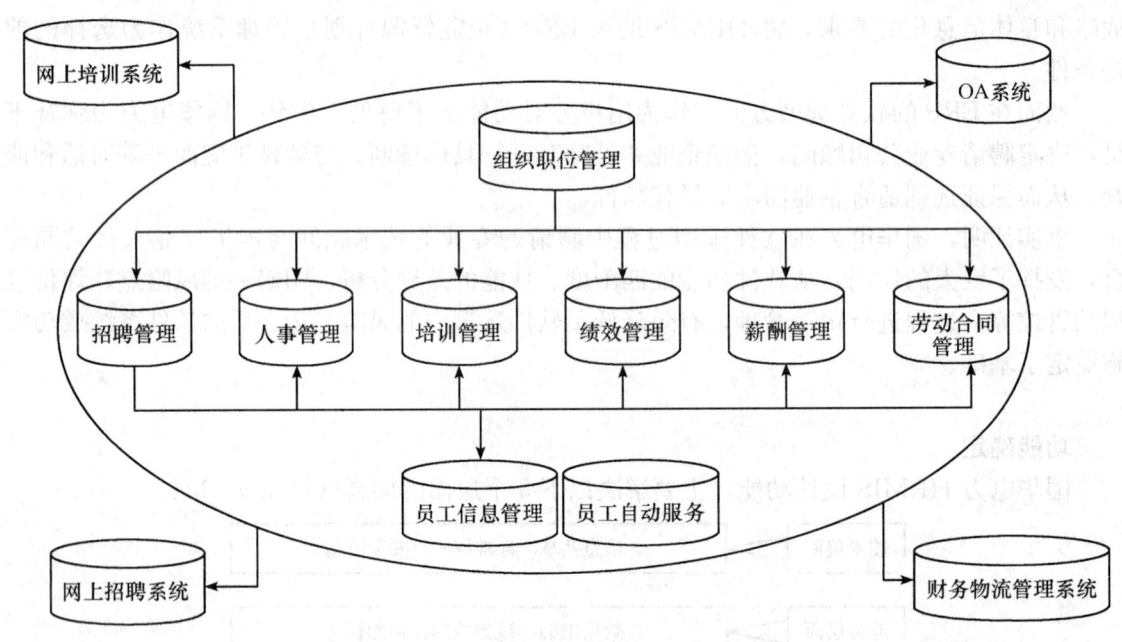

图 9—2　ERP 人力资源管理系统

——组织机构模块

国华电力是一个标准的集团型企业模式，即一个公司总部，下设本部部门和分布全国的控股子（分）公司。在 HRMIS 组织机构配置过程中，首先是明确最大的业务组，即最大的组织，再按组织机构图梳理组织间的隶属关系。同时，考虑企业特点、隶属关系、部门特性、机构变化、汇总分析等要素。设计方案涉及如下内容：
- 组织层级：公司、分公司、子公司、部门、室、班组等；
- 组织属性：内部（生产、管理、党群、多经、其他等）、外部（外委机构、供应商、库存单位、社保医疗、银行、成本中心等）；
- 组织的有效时间：起始时间、变更时间、终止时间；
- 组织机构图：层级和隶属、排序、调整等；
- 组织与职位：定编、定员、用工核算和预算、在岗人员、授权管理等。

——职位职务模块

在国华电力人力资源管理系统中通过职位和职务实现岗位的矩阵式管理。

职位：主专业＋部门名称＋岗位名称，表现为经线。

职务：职务类别＋职务层级，表现为纬线。

在职位管理中主专业以经营计划、财务审计、人力资源、行政管理、物资管理、项目基建管理、党群企业文化管理、生产管理、安全技术管理、集控运行、检修管理等 57 个主专业体现纵向定制岗位的归类。

职务类别划分为：专业技术、专业技能、管理人员、后勤服务、其他。

职务级别划分为：总经理级、班子成员级、副三总师级、部门正职、部门副职、高级主管、主管、专员、雇员、其他。

职位职务同时解决以下问题：
- 职位设定人数
- 职位和职务的相互挂接，及与组织、主专业的挂接
- 职位职务的属性定义
- 职位的试用期规定
- 职位职务的有效期
- 职位权限

通过职位职务的矩阵设计，可实现公司系统的职位职务体系标准化管理，岗位冗余和空缺及时掌握，内部配置规范操作，以及与财务和物流系统有效衔接等。

——员工信息模块

国华电力用工机制灵活，员工和相关人员类型包括长期员工、短期员工、返聘员工、借调员工、外商派遣员工、外委人员、内退人员、离退休人员，这些人员需要同时集中管理，人员信息规范管理是实现统一管理的重点内容之一，因此需着重考虑如下内容：
- 规范台账。包括人员基本信息台账、工作履历台账、职务变动台账、职称信息台账、教育培训台账、合同管理台账、政治面貌台账、出国信息台账、奖惩信息台账、论文著作台账、项目经历台账、健康信息台账、诚信信息台账、社会关系台账、通信信息台账、图像信息台账。
- 规范编码。首先，按国际国家标准、行业标准、企业标准、单位标准、部门标准的顺序设计编码。其次，考虑编码容量，满足未来若干年度的应用空间。再次，编码在应用过程

中保证刚性。

• 设计校验程序。系统中设置必填项，确保核心信息能够首次完整录入。同时，可以通过辅助的检验程序验证信息项，检验漏填、逻辑错误、平衡关系错误、未及时维护等情况。

——招聘模块

国华电力为优化现有人员结构，把内部配置作为招聘模块实施的重点进行设计。

• 新增空缺岗位调查了解汇总（可通过定员与在岗对比进行核实和补充信息）；
• 设计招聘活动（汇总管理系统内部配置）；
• 系统内部公布职位空缺和新职位需求（员工及时了解信息，按意愿流动）；
• 实现内部员工网络申请和审批；
• 招聘过程信息管理（素质能力信息评价）；
• 录用者资料自动转入新员工信息库；
• 形成候选人才和流动人员意向库（收集企业重点关注人群信息库）。

——薪酬模块

在 HRMIS 项目中共性和个性需求最有代表性的功能是薪酬，在设计中共性和个性表现为：

共性：

• 薪酬管理制度统一
• 薪酬科目统一
• 计税规则统一
• 与财务衔接规则统一

个性：

• 发放方式差异
• 发放范围差异
• 审批流程差异
• 发放银行差异
• 发放次数差异

薪酬模块解决的难点就是在实现共性管理要求的基础上，满足个性管理。通过设计规则、规范科目、统一台账实现薪酬的共性管理，再通过增加弹性域、设计多个工资单、流程审批独立、单独设计银行磁盘核实、调整增加发放频次实现个性的满足。

——绩效模块

以架构的设计思想实现绩效管理的通用化功能：

体系维护：KPI 体系、评价内容、部门系数、评价层级、评价人权重、评价要素项权重、正态分布权重、其他项调整。

过程管理：考核周期、进度状态、过程记录、评价结果。

通过体系维护设计和过程管理控制，满足所有单位的绩效评价过程管理要求，同时与薪酬的联动，实现业务的流程化管理。

——培训模块

培训功能的实现主要是培训计划制定、培训计划流程审批、培训计划执行、申报培训审批、培训结果评价、参培与漏培汇总、多级培训台账，并且引入网络培训实现远端的业务培训管理。

——查询分析统计预警模块

应用 DISCOVERER 功能模块，实现人力资源所有信息的任意组合条件查询，并通过系统的钻探功能查询每一个数据的原始记录。

分析功能实现冗余和缺岗分析、人员结构分析、合同管理分析、薪酬总额趋势分析、员工能力分析等。

定制固定格式，满足定期数据的汇总统计工作。

在关键业务流程点设计了入职预警、岗位变动预警、薪酬变动预警、合同到期预警、离退休到期预警、绩效执行状态预警、培训计划执行预警、报表上报预警、个人关键信息变更预警、生日提示等，实现业务工作的过程跟踪与控制。

——员工自助模块

员工通过员工自助功能，能够参与到人力资源管理工作中。通过绩效的过程自助工作，实现上下级的沟通管理；通过查询公司发布的培训计划，来申请自己希望参加的培训；在网络培训中随时选学自己感兴趣的管理课程；在了解公司空缺岗位后，根据个人意向，申请到自己更能发挥能力的岗位工作；掌握自己的假期情况，实现自助式的休假申请；还可以了解自己的工资、社保等各项薪酬信息台账情况。

——职责权限模块

国华电力 HRMIS 按权限划分了 10 项用户职责：

- 系统管理员：控制其他职责的赋予、变更与终止，控制后台系统的关键指标标准配置，公司人力资源只有一个系统管理员。
- 人力资源经理：维护和管理业务范围内所有的专业操作。
- 信息主管：维护组织和人员信息，负责人员信息分析。
- 薪酬主管：建立工资单，调整薪酬级别，按期发放工资，向财务总账传递工资总额信息，制作银行磁盘核对工资发放情况以及核对人工成本数额，负责编制和上报统计报表。
- 保险主管：维护社会保险和住房公积金信息。
- 绩效主管：维护绩效相关参数，启动控制系统绩效流程，汇总和提交绩效结果。
- 培训主管：制定培训计划，维护和管理培训进程，汇总培训信息。
- 招聘主管：制定招聘计划，维护和管理招聘进程，审批和验证进入人员，建立公司外部人才资源库。
- 配置主管：维护单位内部人员调动、劳动合同信息、人员离职等信息。
- 员工自助：实现个人基本信息查询、个人收入台账查询、个人绩效管理、个人培训管理、网络学习、专业人员的报表查询、个人附属信息维护以及假期管理等。

开发整合

——数据集中共享

公司总部与子公司的流程管理与业务管理紧密结合,组织机构变更、人员配置等管理上下协调一致。

- 国华电力总部与各发电公司共用一套总体设计方案,采用集中运行的模式,保证了信息在全公司范围内的共享,业务流程设计一致。
- 实现了管理人员共同维护一个数据源,通过信息共享实现数据源唯一。
- 加强公司系统各人力资源部门间业务流程的集成、协同,将人力资源部门的业务流程固化在系统中进行管理控制。
- 基于国华电力组织基准方案标准,组织机构统一设置于系统之中,实现了组织的有效管理。
- 建立多项、分级的员工信息台账管理系统;实现了员工在公司历史信息的全过程展现;信息由业务流程生成,保证了全过程记录的准确。

——标准统一规范

国华电力通过 HRMIS 的实施应用,促进了人力资源管理的基础工作,实现了业务流程规范、标准统一。

通过部署统一集中的人力资源管理信息系统,规范下属各单位的人力资源基础工作(如岗位名称、级别、人员组、工资单等),公司在人力资源管理制度方面的执行力也得到加强。

在人员信息完整方面,涉及组织机构、职位职务、主专业分类、人员基本信息编码全公司菜单化操作,标准一致。

在薪酬应用方面,薪酬结构体系、薪资项规范、工资单的运行一致。

绩效管理方面,人员类型的划分、评价项目的限定、过程管控的完整,使得国华电力各单位绩效运作模式一致。

培训方面,计划管理、过程评价、结果分析形成固化的架构一致。

——信息全面可靠

- 人力资源数据的准确、完整、及时保证了决策依据的准确。
- 用工进度、人员结构、薪酬管控、绩效培训分析等多维度的数学模型的应用,决策时可参考点全面而丰富。
- 系统集中的部署管理模式,总部与下属公司实现透明管理。
- 企业内部资源有效。人力资源和其他业务部门的系统整合,实现了人、财、物和信息流的四位一体的集成统一,协调了企业内部资源进行合理规划和分配。

管理升级

HRMIS 的实施,给国华电力带来的不仅是人力资源的有力支持,更是管理理念的转变和管控效能的提升。

管理理念的更新

国华电力引入 HRMIS 后,企业由原来注重对人和事的管理,转变到现在对人的开发和资源的利用与整合之中。重新思考和定位人力资源各个业务之间的关联作用。开拓了思维模式,更新了关注点,从理念上对人力资源管理有了更新的认识。

管理规范的提升

规范管理是企业人力资源管理是否成熟的重要标志之一。HRMIS 以信息规范作为重要突破口,从组织体系、职位职务规范、主专业的梳理,解决了跨地域管理和并购企业信息不规范的问题,通过系统配置将信息固定为菜单化管理,实现了信息标准的统一。

过程管控的实现

HRMIS 是完整业务流程贯穿的操作系统,其实施为国华电力人力资源过程管控提供了手段。组织机构的调整需要总部的挂接方可完成系统操作,确保了国华电力对组织机构基准方案执行的有效管控;组织机构完成调整,人员才可配置变化,接续的薪酬才能发放,统计报表才能实现准确计算;人员配置管理的到位与否,会直接影响绩效流程与培训管理的正常运行,同时也会影响生产管理、财务管理和物流管理等系统的正常流程审批;而各个业务环节之间的衔接,对业务的正确操作也能起到验证和监督的作用,绩效可以验证人员配置,薪酬又可验证绩效结果;国华电力 HRMIS 又通过预警功能,将系统的业务操作信息提示给部门经理,同样起到监督管理职能。

基础业务的支持

国华电力 HRMIS 在应用过程中,从 3 个层次实现对人力资源基础业务管理的有力支持。

第一个层次是完整的数据体系的支持。

在信息的完整性方面,建立完整的人力资源管理台账。包括基本信息台账、工作履历台账、职务变动台账、职称信息台账、教育培训台账、合同管理台账、政治面貌台账、出国信息台账、奖惩信息台账、论文著作台账、项目经历台账、健康信息台账、诚信信息台账、社会关系台账、通信信息台账、图像信息台账。确保人力资源任何业务的需求都能够在系统中找到分析的基础数据。

第二个层次是方便快捷的查询分析功能。

从人力资源核心管理角度出发,编制 120 多张数据展示和分析表格,涵盖了人力资源各业务的全过程管理信息。开发的领导查询功能简单、快捷、实用,而且内容全面,通过简单的操作,公司整体人力资源结构状况、薪酬结构的趋势对比分析、每个员工的业绩轨迹、各类人员的收入状况比较等能够迅速得到最新、最准的信息支持。

第三个层次是管理预警的实现。

在关键业务流程点设计了入职预警、岗位变动预警、薪酬变动预警、合同到期预警、离退休到期预警、绩效执行状态预警、培训计划执行预警、报表上报预警、个人关键信息变更预警、生日提示等，实现业务工作的过程跟踪与控制。

信息自动校验功能，改善了原有系统管理中可能出现的信息疏漏，提高了数据质量。

开辟员工自我管理的新途径

HRMIS 的实施为员工实现人力资源的自我参与开辟了一个新的途径。在现代企业的管理中，员工与企业的关系由被动管理向互动管理转变，国家法律层面《劳动法》《工会法》《劳动合同法》等都赋予了员工更大的自主权，而在人才市场化的影响下，员工的自主意识也变得更强烈。在这样的背景下，就要求企业的人力资源管理由以往的行政管理向服务管理转变。

国华电力适时提出了"企业与员工共同发展"的人力资源管理目标，就是要通过员工与企业共命运，实现服务型人力资源的管理要求。

HRMIS 在系统功能设计中，考虑到员工参与的需要，在各个模块中都实现了员工实现自我管理的功能。企业空缺的岗位和举办的各类培训，可以通过 HRMIS 的招聘模块和培训模块的业务操作向公司系统用户发布，员工可以通过员工自助了解全公司系统的相关信息；员工还可以通过网络培训模块，随时选择自己感兴趣的课程学习，提高自身素质；员工在系统中可以查阅自己权限范围内的档案信息，及时维护自身与档案信息关联的权益；收入信息和休假信息也可以通过自助模块得到了解。

信息价值的挖掘

信息化时代，信息就是企业的利润。对于人力资源管理来说，信息价值更多地体现在对员工信息的有效利用上。

多年来，在国华电力人力资源管理过程中产生了大量的信息和数据，例如，绩效评价管理中对员工的评价信息、培训管理中的员工培训信息、员工岗位技能和职业素质的提升信息等。在以往的管理中，这些信息往往被束之高阁，成为人力资源管理历史的尘埃。而从信息时代的角度分析，这样对待信息是管理的巨大浪费。

在推行 HRMIS 过程中，国华电力深刻领会到这些信息的意义和价值，完整地建立了绩效信息台账、培训信息台账、员工项目管理经验台账、员工论文著作台账、员工奖惩台账、员工专业技术台账等与能力素质相关的一系列的信息基础台账，并应用于分析和筛选智能分析系统，比较客观地判断员工的能力和素质，从而真正实现"人尽其才，才尽其用"，为国华电力人力资源的精细化管理奠定了坚实的基础，而其无法复制和追溯的特性，更成为企业的"无价之宝"。

关键节点

管理层持之以恒的支持是 HRMIS 成功应用的前提

HRMIS 在国华电力推行过程中遇到过许多困难，但是在公司领导的持续支持下，HRMIS 一步步走到了今天。一个大型系统的实施是一个持续投入、耗资巨大的工程，国华电力决策层矢志不渝地投入保障，有力地保证了系统在发展中不断解决遇到的问题；HRMIS 在国华电力作为集中式的推广应用，共性需要和个性需求必然是矛盾重重，是国华电力高层的坚定的推行意志的传导，才使得下属单位接受变革；是国华电力高层决策信息的需求，才促使系统的总体方案设计始终与企业的战略发展保持一致；是决策者对客观现状清醒而明确的判断，才使系统在最低谷时得到最有力的支持。

HRMIS 定位要找准人力资源管理核心价值

国华电力对人力资源管理核心价值的理解是企业与员工的共同发展，国华电力采用 HRMIS 的核心任务是建设"以能力为核心"的管理平台，由此可以看出两者在核心价值上一脉相承。

围绕核心价值，一方面，在确定 HRMIS 实现的功能过程中，就会从信息系统的选择、总体方案的设计、信息标准的规划、实施模块功能的衔接、实际的可操作性、实现效果等环节考虑、分析和把握 HRMIS 的建设过程与目标。确保 HRMIS 与公司战略目标保持一致，不出现偏差。

另一方面，以实际应用效果为落脚点，系统才能够获得所有使用单位和业务人员的认可和使用，也才能够实现其业务价值和管理价值。

HRMIS 项目推进需要多方合作

实施一个大型软件管理系统，需要软件供应商、系统实施商、长期支持人员、用户等多方参与和配合。软件供应商提供通用的标准软件产品；系统实施商因其具备对软件功能的了解，以及实施过程中总结和积累的工作经验，能够快速的了解用户方的管理方式，并将两者结合，实现软件系统在用户的个性化功能；长期支持人员的主要工作是保证网络正常运行，解决用户使用中的一般操作问题；用户则提出需求，设计方案确认，验证需求，使用系统。参与的各方只有相互密切合作，HRMIS 的实施和应用才能够成功。

国华电力 HRMIS 实施过程中，正是选择了功能完整的软件系统、经验丰富的系统实施商，以及培养了自己的长期维护队伍，业务部门牵头负责的实施模式，采用"责任到人，计划到天"的项目管理模式，才保证了系统应用关键里程碑的实现及系统功能应用的不断提升。

HRMIS 建设是一个长期的过程

国华电力 HRMIS 实施过程中，也是业务人员对其实现功能由浅及深、由点及面的学习和理解过程。总结国华电力 HRMIS 的实施过程及实现的功能，能够看到国华电力 HRMIS 的建设将是一个伴随企业不断发展而不断完善和进步的过程。

原因在于：

其一，企业的发展变化是永恒的，人力资源管理需求也将随之而变化，这就会决定 HRMIS 的建设是一个变化的过程。

其二，国华电力的人力资源管理目标是要实现战略化的人力资源管理，就诊断分析对现状评价，国华人力资源自身建设，还有比较多的工作需要改进和完善。

其三，HRMIS技术的升级和蕴含功能的增强，会辅助作用于提升用户的需求，形成相互促进的功能完善需求。

HRMIS有别于小型数据库管理

国华电力HRMIS在推广应用过程中常可以听到：在以前的小型数据库中通过几个函数命令想要的数据分析就可以出来，为什么在这样先进的HRMIS系统中，计算几个简单的分析，却不如以前的工具方便。分析其原因是两套系统面对数据分析量有数量级的差别。以往业务人员习惯于对小型数据库的操作，其数据性质是静态的，简单、数据量小；而大型操作系统，其数据产生于过程管理控制之中，每项数据都与历史时间相联系，在分析计算过程中，不仅要考虑用户设置的条件，系统本身还需要判断时间点或段的数据有效性，这样就会在公式计算中很复杂，而数据的计算量也会成倍的增加。

为解决这个问题，国华电力HRMIS采用了中间数据库管理的设计思想，将部分重要信息进行提炼和预先计算，形成部分静态数据，在业务人员调用、计算和分析时，系统的计算量就会大大减少，系统运行速度也同样得到保证。

HRMIS应用感受的"V"型转变是个痛苦过程

"V"型转变就是用户在应用过程中心里预期的变化过程。

国华电力HRMIS实施之初，因对系统的模糊了解及各方的广告宣传，给用户直接的感觉是系统功能的强大和无比的优势，使很多用户感觉到使用了HRMIS所有问题都会迎刃而解，管理品质立刻也会有质的飞跃；待系统实施后，痛苦的经历彻底改变了人力资源业务人员的美好愿望，业务操作无法流畅地实现、审批流程脱节、系统错误影响业务的操作等，使业务人员感觉背上了沉重的负担，从心理感受上，远没有以前管理的效果好。但随着对系统操作的熟练程度的提升、对系统功能应用的了解、对系统自身开发过程中存在问题的解决，业务人员的心理接受程度逐渐提升，进入这个阶段后，系统应用和发展就步入了良性循环的轨迹。

HRMIS不只是拿来主义

ERP是功能强大、蕴涵丰富管理思想的应用系统。国华电力HRMIS在实施过程中一方面受到其先进管理思想的启发，提升了自己的人力资源管理水平；另一方面由于文化差异、法律制度差异、社会管理水平差异、企业管理水平提升需要过程等因素，HRMIS的使用效能亦受到影响。因此，在HRMIS的应用中，就不仅仅需要用"拿来主义"，更需要与管理实际相契合。

培训模块的实施就是一个典型：ORACLE商务套件中的培训模块是基于国外培训管理集中化的思想设计的功能实现，即培训功能在国外更多的是总部拟订企业的整体培训计划，并根据员工的具体情况，管理员工参加培训；而在国华电力总部只在培训管理制度和高层管理培训方面进行管理，大多员工培训仍由企业乃至部门或班组拟订计划、组织实施。为此，对 HRMIS 进行必要的改造，补充开发了下属部门和班组的培训管理功能，实现了 HRMIS 培训功能的完整应用。

培养长期合作伙伴很重要

国华电力实施 ERP 系统已经有 6 年多的时间，深切地感受到拥有一个长期稳定的软件实施合作伙伴作为支持，对 ERP 软件在企业中生存的重要性。

一方面，任何一个 ERP 产品对每个具体要实施它的企业来说都是"半成品"，需要实施顾问根据企业的管理标准、流程进行后台参数配置和编程修改。也就是说，虽然用的同一公司的 ERP 产品，其实际功能也会有差别。带有了个性化的后台配置功能要求，就不仅需要做好个性文档的收集整理工作，更需要一个长期能够支持的伙伴来维护和完善系统。

另一方面，企业的发展变化是永恒的，而管理的变化必然要求系统功能随之做相应的改进，其工作量有大有小，工作难度有高有低。有了长期稳定的合作伙伴，这些问题就会随时解决，就不会因为问题的积少成多而造成系统的废弃。

国华电力高层管理者曾把 HRMIS 建设比喻成"制作时装"。既是时装就要体现企业的文化和特色，又是要高起点高标准的管理。国华电力人力资源管理的特色体现在对传统人力资源管理的体系创新、关注管理实效，以及科学严谨的态度。

在 HRMIS 中，国华人力资源管理的创新性体现在，将国华人力资源管理的历史成果融合到系统的应用之中。如新型的组织管理体系、全员参与的绩效评价管理、满足企业整体管理和员工发展激励的多级多点的工资薪酬体系等；管理的实效性体现在，通过实际应用确保管理目标的实现。例如，用薪酬的发放确保人员信息的及时准确维护；用绩效功能的应用实现员工工作能力信息的挖掘；用简单灵活的展示工具的推广应用，取得更多管理者的支持等。科学严谨的态度在系统设计和建设中就是秉承国华人力资源管理关注细节的工作作风，实事求是地解决 HRMIS 的问题和不足，扎扎实实地推动系统应用。

作为国内较早涉足 ERP、并在人力资源管理中全面推行 HRMIS 的电力企业，国华电力 HRMIS 经过 5 年多的推广应用，目前已经走过初创阶段，开始分享系统带来的便捷。然而总目标实现的任务仍然艰巨：整合业务功能模块的推广应用还需要深度的挖掘，能力模型的建立也还处于设计建设阶段，战略分析决策的数学模型还需要通过在实践中进行完善和检验。作为一个正在进行中的 HRMIS 实施推广典型案例，国华电力 HRMIS 的实践给了同行一些可借鉴的思考。

第 10 章
风险预控　闭环管理

　　企业在经营中面临的最大风险莫过于倒闭，其衰退过程各不相似，诸如经营方向（市场）不正确，或过度扩张，资金周转不灵；管理不善，技术落伍，竞争力下降，长期亏损，资产流失（慢性内出血）；严重腐败等。而根本原因如出一辙，那就是漠视风险，管理失效。更直接地说：失控！

　　据统计，西方企业寿命一般不超过 30 年，其中不重视风险管理和内控的，平均为 5~10 年（如安能公司 10 年，环球电讯 5 年）。稍有松懈，百年企业也能倒闭（如巴林银行）。重视风险管理、不断巩固企业管治和内控制度的企业能够长寿健康，且不断发展（如香港中电集团 100 年，汇丰银行 110 年，美国艾克森石油集团 120 年）。

　　因此，企业的品质提升与健康发展与企业的风险管理水平有直接关系。企业内部必须用机制、手段去"预控"风险。

　　在一些先进的跨国大型企业，风险管理的理念、技术、方法和手段，已经被应用于企业战略的制定、投融资的决策、财务报告的管理、内部审计体系的建设等，涵盖了从公司法人治理结构安排到业务运作流程和操作等各个层面，而且都有专设的"风险管理"机构，形成了系统化、制度化、规范化的全面风险管理体系。

　　目前，我国大部分电力企业的风险管理主要集中在生产领域，关注及控制的重点主要针对生产安全和与其相关的财务损失。随着电力企业经营环境与形势的改变，在给电力企业带来机遇的同时，也带来了一系列风险。因此，电力企业在经营管理中引入风险管理的理念，需要从更广的领域、更深的层次理解安全、健康发展的内涵。

引 入 机 制

　　国华电力认为，风险管理是以预控为主，为实现公司的经营目标和战略目标而提供合理保障的过程，而且是一个动态的过程，其目的是保证"做正确的事"和"正确地做事"。

国华电力发展的10年，结合公司管理实际，风险管理从主动引进先进管理体系入手，通过构建并逐步完善符合公司发展特点的风险管理体系，基本实现了风险的专业化管控。

企业风险管理

下面从四个节点回顾国华电力风险管理之路。

——扭转局面　主动引进

2001年，国华电力一方面对并购老厂加紧治理，另一方面加快自建的步伐，在旧的管理体制的制约影响下，安全生产形势十分严峻。为扭转这一局面、规范管理，国华电力引进了"NOSA五星安健环"管理体系。在传统的管理体系下，注入了当前国际上推崇的风险管理体系，并通过系统地推行，使风险预控的理念深入人心，风险管理为公司的基本建设、生产运营的安全提供了坚实的保障。

——发展需求　吸收转化

2002年，随着国家电力体制改革的进程，电力市场发生了较大变化：

合规性风险加大。企业经营管理必须进行相应调整，更好满足国家和行业各种法律法规和政策要求，以消除违规风险。

市场风险增多。电力行业快速发展、改革进一步深化、市场不确定因素增加、竞争进一步加剧，对企业管理提出了更高的要求和挑战。

内控要求提高。企业自身稳定与发展对内部管控提出了更高要求，以降低阻碍发展的一切风险。

国华电力在新的经营环境下，在固化安全生产风险管理的基础上，将风险管理延伸和拓展到人事管理、经济安全、内部控制等业务，探索构建全面、系统、完整的适合电力企业自身需要的风险管理组织体系。

——市场制约　被动规范

2005年6月15日，中国神华在香港上市，上市公司需按照《企业管制常规守则》建立完善的内控机制。

在这一发展背景下，为有效识别和评估风险，采取有效的风险控制措施和策略，保证企业合法、合规的正常运转，国华电力管控体系应运而生。管控体系是企业为达到既定的管理目标，而在内部实施的各种制约和调节的组织、计划、方法和程序，其实质是一种全面的风险管理，实现了风险管理的体系化。

——专业管理　体系建设

2008年，根据国有资产管理委员会有关文件要求，集团公司决定在总部及分（子）公司层面启动全面风险识别、风险评估及风险应对工作，并积极推动全面的风险管理建设，这要求国华电力管控体系必须考虑风险管理要求。在这一背景下，国华电力管控体系修编并颁布实施，标志着国华电力风险管理已步入体系化、专业化的道路。

人力资源风险管理

——目标原则确定

目标：国华电力人力资源风险管理在于保障企业战略目标的实现，保证"企业与员工共同发展"职能目标的实现，确保人力资源各项业务活动始终沿着正确的轨道运行。

国华电力在人力资源管理活动中，始终坚持以下四项基本原则：

- 权责匹配原则：根据各岗位业务性质和人员要求，相应赋予作业任务和职责权限，规定操作规程和处理手续，以使职、责、权、利相结合，做到事事有人管，人人有专责，办事有标准，工作有检查。
- 制约制衡原则：一项完整的人力资源业务，要分配给具有相互制约关系的两个或两个以上的岗位分别完成。
- 协调配合原则：在各项人力资源业务活动中，各岗位人员要相互配合、协调同步，各项业务程序和办理手续需要紧密衔接，从而避免扯皮和脱节现象。协调配合原则是对制约制衡原则的深化和补充。
- 效率效能原则：在风险预控过程中，力求以最小的控制成本取得最大的控制效果，以最小的风险取得最大的效率，以最低的管理投入取得最高的管理效能。

——流程制定

风险管理不是脱离人力资源的业务活动而独立存在的，而是与业务管理过程紧密结合的，渗透于人力资源的各项业务活动之中，而且涉及公司中的每一位员工。国华电力的人力资源风险管理流就是对人力资源业务持续过程中的风险点进行闭环管理的过程，具体风险管理过程见下面各节内容。流程如图10—1所示。

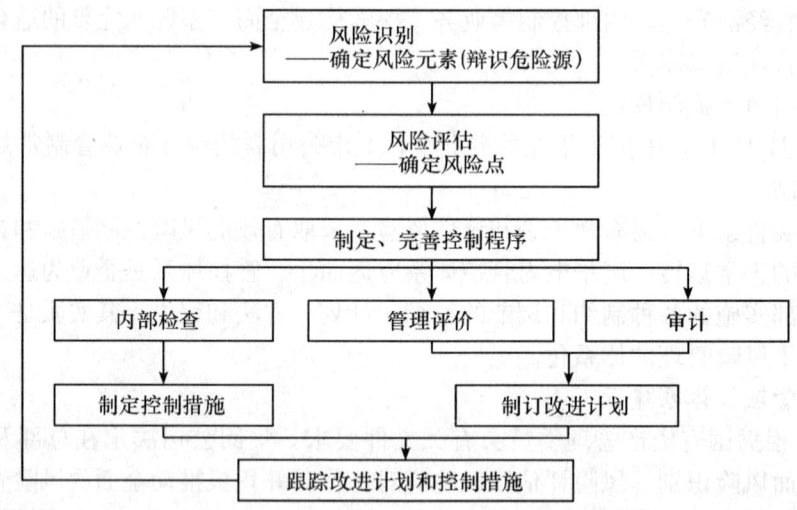

图10—1　国华电力风险管理流程

风险识别

业务风险分析

风险是针对目标而言的，风险实际上就是可能妨碍目标实现的种种问题和困难。人力资源风险管理通常通过对业务目标实现的影响因素进行分析，进而发现对公司经营目标的影响，乃至对公司战略发展目标的影响之类的问题。

国华电力人力资源风险管理基于各项业务及目标，通过对人力资源各项业务活动效果与目标值显现出的各种差异做全面、系统盘点分析，作为风险管理的前奏。就是说，无论做哪项业务，先要明白"做什么""做到什么程度""会出现哪些问题"等。这个过程就是风险识别的过程，问题即是"危险源"，具体分析见表10—1。

表 10—1 人力资源业务分析表

业务元素	目标	业务内容	问题表现	主要问题
人力资源规划	实现企业对人力资源的需求与供给的平衡	总规划、人员编制计划、人员配置、劳动关系、评估与激励、教育培训、职业生涯设计等	·制约企业的发展 ·富裕度较大、成本增加 ·具体供求平衡调整政策 ·可操作性差	与公司战略不协调
组织机构	发挥整体大于部分之和的优势，使有限的人力资源形成最佳的综合效果	确定目标、分解目标、确定业务工作或活动、业务分类、定职定责、流程确认	·各级责任制得不到落实 ·稳定性和适应性较差 ·责权不对等	·系统运行失效 ·效率、效能低下 ·出现违规、违纪行为
人力资源配置	将合适的人放在合适的岗位上	员工招聘、录用、调配、借调、离职	·招聘失败 ·人员断层、人浮于事 ·结构不合理 ·人员流失率非正常 ·消极怠工	·员工队伍不稳定 ·不满足发展需求
培训开发	提高员工工作所需知识、技能、态度，并着眼于员工职业发展及企业持续发展所需的人力资源再生产	员工入职、政治素质、岗位技能、业务素质、发展、继续教育、管理技能等	·生产操作失误 ·岗位人员青黄不接 ·员工业务素质成熟度低 ·无针对个性化的培训、开发	·培训投入与效果不成比例
员工绩效管理	持续改善个人绩效	战略地图建立、目标分解与传递、制定绩效计划、绩效考核、结果使用	·未有效实现控制、开发、沟通的功能及发挥激励效应 ·未形成绩效为导向的机制	系统失效

续表

业务元素	目标	业务内容	问题表现	主要问题
薪酬福利	提供基本生活需求，体现能力，激励并兼顾公平、合理	岗位评价、薪酬调查、薪酬计划、薪酬结构、薪酬制度的制定、完善，人工成本控制	·员工对制度的认可度低 ·未体现绩效导向 ·无长效激励机制 ·总量等失控 ·违反国家政策	·违规操作 ·人工成本超标
社会保障	为员工暂时或永久丧失劳动能力、失去劳动收入时提供基本收入保障	把握政策、拟订计划、缴纳操作、账目跟踪、兑现清算	·超标准或缩水操作 ·员工的认可度低	违规操作
劳动合同	在遵守国家法律法规及双方的权利义务的前提下与员工在平等、自愿、协商一致的基础上建立劳动关系	劳动合同期限、工作内容、劳保、薪酬待遇、劳动纪律、劳动争议、合同本身管理等	·未签订或未解除劳动合同，被政府职能部门查办 ·收到员工起诉 ·员工集体罢工	·违规操作 ·劳动纠纷
职业生涯管理	为员工创造条件，使他们不断成长以及挖潜个人最大潜力	建立评估中心、制定发展规划、协调规划	·职业规划设计不切实际 ·后期跟进措施跟不上	走形式，起不到实质性作用
信息系统管理	为提高人力资源管理效率，高度信息集成、集中管理、互动平台	系统建设、维护、结果核查、总体分析、预警等	·门户信息不满足管理需求 ·系统故障频繁 ·系统孤岛运行 ·统计结果可靠性不够	·系统功能缺失 ·系统运行失效 ·信息无参考价值

辨识风险元素

在人力资源业务管理过程中会出现各类问题，如招聘失败、新政策引起员工不满、公司被起诉、薪酬总额失控、技术骨干突然离职等。这些都是与我们业务目标相背离的现象，是造成人力资源风险的相关元素及具体表现。

通过对人力资源业务分析，结合发生频率及后果，可以判断出影响主业经营的元素主要体现在以下几个方面：

- 员工队伍不稳定。
- 业务系统失效。
- 不合规现象、劳动纠纷。
- 人工成本严重超标等。

这些问题是人力资源管理已知的或可预知的风险元素。其他问题如缺员或超员、组织效率效能偏低是由主要问题连带所致的。

这些问题或问题的积累将直接影响人力资源管理的有效运作，进而影响公司的正常运转，甚至会对公司造成致命的打击。有些人将这些归结为偶然失误，但其实这是典型的风险失控。如何防范这些风险的发生，确定风险元素是非常关键的环节。

风险评估

风险评估的目的是认定风险的危害程度，即风险的高低，以此来区分控制的缓急。

对于管理专业类风险的评估，由于其危害及后果的隐性，所以对风险高低的定量比较困难，而且也非评估的重点。需要通过风险元素的各类可能形成因素进行归类、分析、比较，评估风险元素的主要因素以及主要因素的直接致因，然后通过直接致因找出人力资源业务中的关键控制点，最终形成人力资源风险预控要点。

主要因素排查

一般情况每一项风险元素均由外部与内部因素共同影响而形成，但不同的风险元素影响因素的权重不同。

以"员工队伍不稳定"这一风险元素（见表10—2）为例：

表10—2　　　　　　　　　　内部因素与外部影响

	内部因素		外部影响
1	待遇：他是否对他的待遇满意	1	电力市场规模迅速扩张，人才需求加大，竞争加剧
2	工作成就感：他是否有工作成就感		
3	自我发展：他是否在工作中提高了自己的能力		
4	人际关系：他在公司是否有良好的人际关系		
5	公平感：他是否感到公司对他与别人是公平的	2	其他部分同行采用"特殊"的人员引入机制
6	地位：他是否认为他在公司的地位与他对公司的贡献成正比		
7	信心：他是对公司的发展和个人在公司的发展充满了信心		
8	沟通：他是否有机会与大家沟通、交流		
9	关心：他是否能得到公司和员工的关心	3	周边自然环境的影响
10	认同：他是否认同企业的管理方式、企业文化、发展战略		

通过其内部各类影响因素包括待遇、公平感、工作环境条件、自身性格等定性的调查、分析，最终提炼出10类主要因素，其中待遇、工作成就感、自我发展3个因素排在前3位，被确定为重要因素。

同时，市场条件变化、竞争对手战略实施、劳动者选择用人单位的范围、权利的加大以及同行的"猎头"等这些外部因素也是影响员工稳定的主要因素。

因此，我们的预控主要以这些重要、主要的影响因素为切入点。

直接因素寻根

定性的分析与排查之后，重要因素与主要因素已浮出水面，但潜在水面之下的与我们业务管理直接相关联的因素又有哪些，即造成这些显性因素的根源是什么？这才是风险评估要真正探究的风险根源。

以"内部因素"的"公平感"和"沟通"问题的专项调查、分析为例，研究问题的直接根源（见表10—3第1、2列）。

通过对构成内部因素相关的管理因素的深层次分析与归类，可以总结出，绝大部分是由于管理因素所致（见表10—3第4列），最终与我们的实际管理责任分工、工作流程、交流沟通搭接：

管理制度不健全：包括组织制度、管理制度、管理体系等从覆盖面上不全，与上级规定不符、条款不严谨，体系化、科学化程度不够、缺乏沟通交流环节等。

管理本身不到位：包括人员、过程控制、监督评价等没有到位。

管理水平低：包括管理者不懂管理、不擅管理、不重视管理或过度自信自满等。

因此，当找出风险形成的根本原因后，就能找到对策（见表10—3第3列），为有效控制提供了条件。

表10—3　"公平感"和"沟通"问题专项调查表

认识	直接原因	对策	原因属性
认为制度本身不公平	没有参与制度的制定	制定公司规章制度时，广泛征求员工的意见	管理
认为制度执行不公平	对某些制度的细节不很清楚、管控不透明	向各部门发放公司制度合订本，方便员工了解公司制度；建立公开化、透明化的机制	管理＋个人
认为工作浮动待遇不公平感	公司工资晋升标准不明确	将工资晋升标准公开，使工资晋升透明化	管理
认为其他部门工作轻松，任务分配不公平	不了解其他岗位工作状况，觉得自己工作最辛苦	将岗位职责成册公布，增加部门间交流，参与现场工作观察	管理
认为有话无处说	没有方便的通道	建立"合理化建议"管理制度，开辟建议及反馈通道	管理
认为自己努力也白费，业绩提不高	绩效评价结果没有反馈及跟进	绩效结果反馈给本人并实施提升培训等套餐计划	管理
认为自己能力比别人强，不被重用	员工职业发展通道不明朗	建立素质模型进行测评，为员工建立职业发展通道，并不断完善	管理＋个人

风险控制

战略性人力资源风险管理

国华电力认为，人力资源风险预控流程是一个动态的过程，也是一个循环往复的过程。由于内外环境的变化，公司发展战略的调整，人力资源职能战略也将相应作出呼应。这就需要定期的审视这些改变，从战略角度开展人力资源风险管理。一年一度的工作会议就是风险管理的一个重要节点与程序。

在每年的人力资源工作报告中：

"机遇与挑战"作为一个定格的部分出现，阐述的内容就是基于公司发展战略所面临的问题、机遇和挑战，实质上是对人力资源风险的分析与评估，即结合年度总结，分析现状、找出差异，针对目标、把握瓶颈、战略引导、找到突破口。

"下一阶段工作指导思想和重点任务"同样是年度工作报告的固定组成部分，主要是针对问题及时调整对策，即风险控制措施。

之后的年度工作规划、营运纲要、具体实施、定期检查、年度评价考核等构成人力资源风险管理的闭环过程。

以 2007 年人力资源工作报告（见表 10—4）为例。

表 10—4　　　　　　　　　人力资源工作报告内容摘要

问题和挑战（风险）	对策（控制措施）
分析现状，找出差异 　　与五大发电集团相比，人力资源总体实力存在明显差距： 　　——人力资源总量不足，结构有待优化 　　——"高、精、尖"专业化高级人才稀缺 　　——人力资本培养任务艰巨，员工队伍整体素质有待进一步提升 **针对目标，把握瓶颈** 　　公司的快速发展，对人才的质量和数量提出了更高的要求 　　——外部招聘的难度增大及内部人员的工作经验缺乏使人力资源成为制约公司发展的瓶颈之一 **战略引导，找到突破口** 　　公司做专做强的战略和专业化管理定位对组织架构体系、管理机制、人力资源评价标准等提出了新的挑战 　　——我们必须在精益管理的基础上持续创新、有效创新	**完善体系，实现三个持续改进** 　　持续改进组织机构设置 　　持续改进人力资源配置 　　持续改进培训体系 **创新机制，实现三个重点突破** 　　在薪酬管控机制上实现重点突破 　　在骨干员工激励机制上实现重点突破 　　在领导干部考核评价机制上实现重点突破 **强化素质，实现四个显著提升** 　　持续创新国华管理学院培训模式，显著提升高管人员及其后备人才素质 　　建立首席专家选拔机制，显著提升专业技术人员人员队伍素质 　　加大技师和高级技师培养力度，显著提升生产一线技能人员素质 　　双向进入，交叉任职，显著提升政治思想工作者的队伍素质

嵌入式风险管理

2008 年，国华电力修订和完善了管控体系，其中重要的举措就是在管控规程中增加了风险管理要素，将通过业务分析、主要因素排查、直接因素鉴别的风险识别及评估结果嵌入到公司各项具体的业务活动和管理活动中。

国华电力的每项业务在管控体系中都有相对应的管控规程，每一个管控规程均由责权界定、工作流程、风险管理、信息与沟通、工作规范五大部分组成。

人力资源管理作为管控体系中保障支持系统的一部分融入管控体系。

——责权界定

以绩效管理管控规程——责权界定（见图10—2）为例。

GHZZ02.04 绩效管理——责权界定

机构		责权
神华	人力资源部	(1) 负责制定国华电力公司年度绩效指标
国华电力	总经理	(1) 负责审核公司年度绩效指标 (2) 负责审定国华各单位年度绩效指标 (3) 负责审定公司本部绩效评价管理办法和最终考核结果
	主管领导	(1) 负责审核国华各单位人力资源绩效指标 (2) 负责审核国华公司员工绩效评价管理办法 (3) 负责审核公司本部绩效评价管理办法和最终考核结果
	人力资源部	(1) 负责拟订、修订国华电力公司员工绩效评价管理办法 (2) 负责拟订国华各单位人力资源绩效评价指标 (3) 负责制定公司本部员工绩效评价管理办法，并组织本部年度员工绩效评价工作 (4) 负责备案管理各单位员工绩效管理工作，监督员工绩效管理工作的执行
下属单位	子公司及相关下属单位	(1) 负责制定本单位员工绩效管理办法 (2) 负责组织本单位员工绩效评价执行工作

图10—2 责权界定

通过上表可知，管控规程细化责权界定，就是将公司某项管理职能的责权按所涉及单位依次分类，理清上级单位、国华电力主管部门和相关部门、下属单位和外部单位在该项管理职能中所承担的职责以及所拥有的职权，实现责任明晰、责权对等。

——流程制定

国华电力管控规程中对每一项业务均制定了工作流程，将流程中涉及的部门用职能带表示，流程步骤及产生的文档用各种图例显示，通过编号和连线的排列组合实现工作程序的有序化、可视化、标准化、规范化，从而实现公司的有效管控。

以绩效评价（见图10—3）工作流程为例。

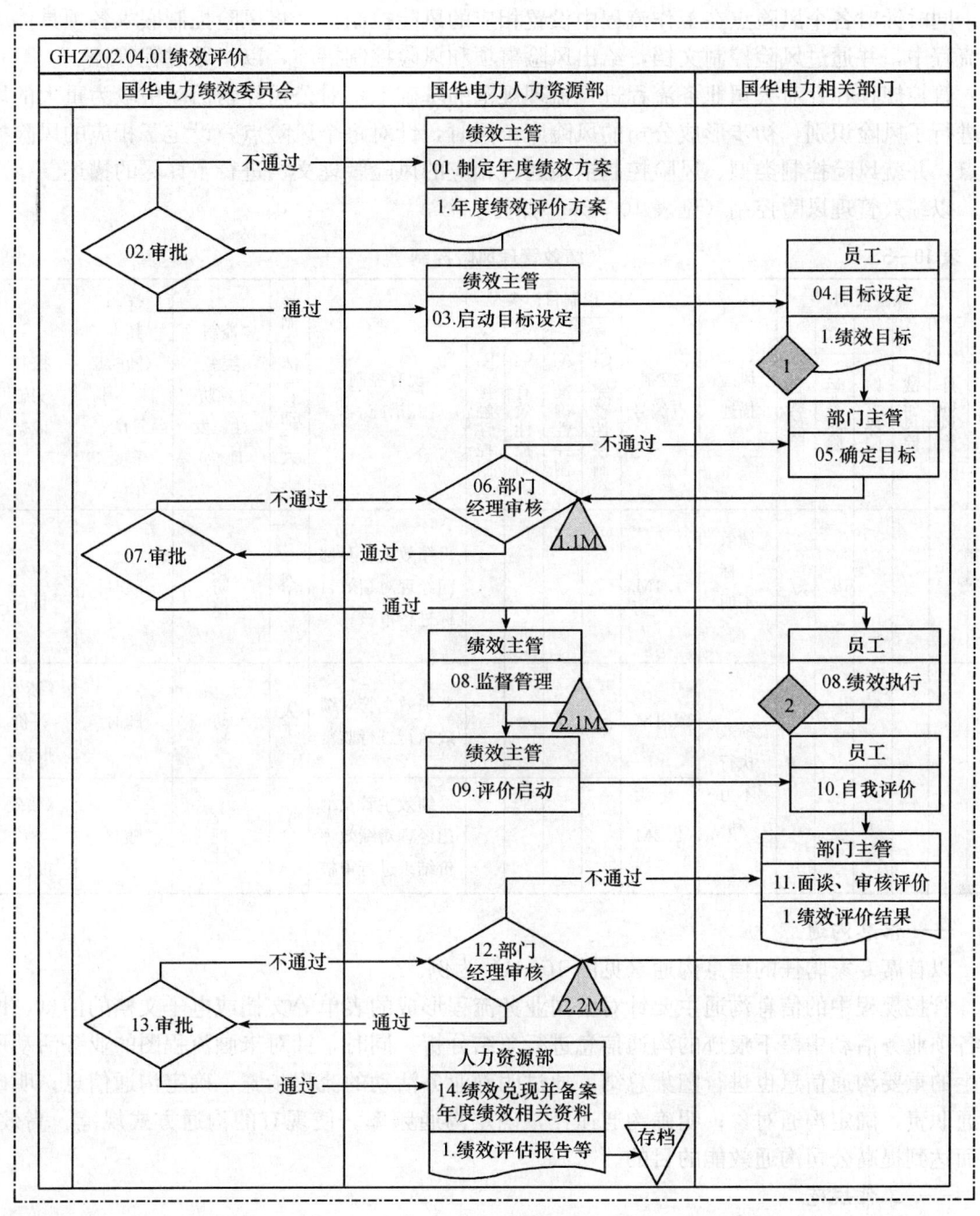

图 10—3 绩效评价

——**风险控制**

以工作流程为基础，对国华电力各业务活动和管理事项可能遇到的风险进行全面识别，并进行定性的风险评估，将影响较大、发生可能性较大的风险点在工作流程中进行重点标注，同时针对各个风险点在工作流程中设置相应的风险控制点，将风险控制嵌入各项具体工作流程中，并通过风险控制文档，给出风险事项和风险控制措施，以指导过程管控。

管控规程在针对公司业务流程进行梳理规范的基础上，对公司经营活动中较为重大的风险进行了风险识别，初步形成公司的风险库。同时，针对每个风险点，设定了相应的风险控制点，并就风险控制类型、风险控制措施通过相应的风险管理文档进行了详尽的描述。

以绩效管理风险控制（见表10—5）为例。

表 10—5　　　　　　　　　　　　绩效管理风险控制

| 风险点编号 | 风险类别 | | | | 风险描述 | 控制点编号 | 控制目标类型 | | | | 现有控制措施 | 控制方法（自动、人工） | 控制类型（预防性、发现性） | 控制频率（随时、日、周、月度、季度、年度） | 控制实施证据 |
	外部风险	战略风险	财务风险	运营风险	合规风险			C：完整性控制	A：准确性控制	V：有效性控制	R：接触性控制					
1					√	绩效目标不明确	1.1M		√			绩效主管及部门经理对绩效目标进行审核	人工	预防性	随时	绩效目标
2					√	绩效执行不力	2.1M		√			绩效主管对绩效执行进行监督	人工	预防性	随时	《绩效评价报告》
							2.2M		√			绩效主管及部门经理对绩效评价结果进行审核	人工	发现性	随时	《绩效评价报告》

——信息沟通

以首席专家聘任的信息沟通（见图10—4）为例。

管控规程中的信息沟通主要针对公司业务流程形成的表单等文档或电子文档的信息，即对各项业务活动中留下痕迹的沟通信息进行总结分析。同时，针对未画流程图的业务活动所产生的重要沟通信息也进行归集总结。通过明确业务活动的流程步骤，确定沟通信息；明确沟通职责，确定沟通对象；明确沟通途径，确定沟通频率。使现有的沟通方式规范、高效，从而达到提高公司沟通效能的目的。

——工作规范

管控体系涉及的工作规范包括内部规范和外部规范，其中内部工作规范主要是指管理制度和管理标准；外部规范主要包括国家法律法规、行业标准、政策、上级规定等。这些文本均是按照规定程序制定的，用于规范经营管理行为，需要共同遵守的办事规程或行为准则的规范性文件。公司通过工作规范汇编，以期达到管控体系系列化、结构化、标准化的目的，做到有法可依，有章可循，减低违规风险。

GHZZ02.06.03 专业技术、专业技能人员管理——信息沟通——首席专家聘任

流程步骤	沟通信息	沟通主责	沟通对象	沟通途径	沟通频率
03	各部门首席专家申报人选	申请人	申请人所在部门经理	申报	年度
04	各部门首席专家申报人选	专业技术主管	主管领导	报审	年度
05	各部门首席专家申报人选技术评价意见	专业技术主管	总工程师	报审	年度
05	首席专家申报人选	下属公司人力资源部	专业技术主管	申报	年度
06	首席专家申报人选	专业技术主管	总经理	报审	年度
07	各部门首席专家申报人选	专业技术主管	首席专家评审委员会	会议	年度
08	各部门首席专家人选名单	专业技术主管	总经理办公会	会议	年度

图 10—4 首席专家聘任的信息沟通

以专业技术、专业技能人员管理工作规范（见图 10—5）为例。

GHZZ 02.06.03 专业技术、专业技能人员管理——工作规范
1. 外部规范
(1)《职业技能鉴定规定》（劳动和社会保障部）
(2)《国家职业技能规范》（劳动和社会保障部）
(3)《国家职业技能分类大典》（劳动和社会保障部）
(4)《电力行业职业技能鉴定实施办法（试行）》（中电联）
(5)《电力待业特有工种高级技师鉴定考评暂行办法》
(6) 神华集团和股份公司人事管理制度
2. 内部规范
(1)《首席专家选拔、评审和管理办法》
(2)《工程系列"专业技术带头人"选拔、评审管理办法》
(3)《工程系列"专业技术带头人"考核管理办法》
(4)《工程系列专业技术职务"破格"评审管理办法》
(5)《技能等级管理办法》
(6)《技师、高级技师鉴定管理办法》
(7)《职业技能大赛管理办法》
(8)《专业调考管理办法》

图 10—5 专业技术、专业技能人员管理工作规范

专业化风险监控

国华电力专业化风险管理是在监督评价系统中强化风险管理职能，构建风险体系管理以及风险体系评价管理，从专业化角度推动、指导和监督国华电力全面风险管理的实施和落实。

——**对制度本身的监控**：公司通过定期专项管控审计，对公司管控体系的设计、运行和整体有效性进行监督和评价。每年由内部控制部根据各单位提交的自我评估报告，组织进行。

——**对管控执行情况的评价**：通过检查、审计等手段，对制度的执行情况作集中的评价、监督，从而实现对风险管控效果的评价，进而查漏补缺，做到闭环管理。对于持续改进的问题进入下一闭环管理流程。主要形式有以下几个方面：

• 内部检查审计：主要针对业务活动对制度的依从性进行，由公司内控部组织，相关单位、职能人员参与。

• 上级机构业务检查：主要针对业务的合规性、规范性，下属单位管控能力、对制度的执行力进行。

• 中介机构（第三方）审计：主要针对管理的规范性、合法性进行。

公司各单位不定期进行人力资源规范化管理外部审计，由专业机构独立进行；公司人力资源部根据审计报告，督导被审计单位采取改进措施，并通过年度绩效评价跟踪闭环管理情况。

以2006年国华电力规范管理专项审计为例：

审计内容：见附件《国华电力2006年人力资源规范化管理审计大纲》

审计报告："2006年度规范管理专项审计人力资源部分审计情况通报"（摘要）

各单位在薪酬福利管理方面，存在的问题和不足，主要表现在：

• 部分单位主业与辅业之间的人员、薪酬关系有待进一步理顺。

• 个别单位的福利费使用存在不规范的现象。

• 个别单位的工资基金、社保资金的管理不够规范。

• 个别单位职工教育经费核算和使用控制不当，等等。

针对上述问题，公司提出如下要求：

• 工资总额之内的工资，一定要坚持"效率优先、兼顾公平""以绩效为导向"的原则，结合组织架构设置、定员编制、岗位职责，合理确定员工薪酬水平，提高关键性管理岗位、技术岗位人才的薪酬水平，充分发挥激励机制的作用，使之能够吸引人才、留住人才和激励人才。

• 福利费、差旅费、劳动保护费等要严格按照国家有关制度规定实施。

• 主业与辅业之间的人员、薪酬关系要严格区分。

本次年度绩效评价过程中，人力资源部和内部控制部又针对上述问题，进行了重点跟踪。结果显示上述问题中的大部分已经整改完毕，个别问题正在整改过程中。

在对公司各项业务进行全面评估的基础上，通过对相关管理职责和职权的划分、对业务流程的梳理，进行风险识别，根据需要采取相应控制措施，并制定相应的工作规范，实施各项管理控制活动,保持顺畅的信息与沟通,对管理工作进行持续改进,以有效提高管理效能;通过监督和评价来保证管理目标的实现,同时保持信息沟通和反馈跟踪,形成既制约制衡又配合协调的良性互动机制。

危机处理

在外部风险影响因素的不可控性、内部风险管理的可能失效以及管理的某方面出现危机的情况下,如何帮助企业"死里逃生"、渡过难关?国华电力编制了多个应急预案及专项措施,有的放矢地实施危机管理。以"核心员工队伍稳定专项措施提纲"为例:

——"核心员工队伍稳定专项措施"提纲

员工队伍的稳定对企业的长期发展至关重要。企业核心竞争力往往是由企业所拥有的人力资源决定的,核心员工的去留对企业具有举足轻重的影响。国华电力非常重视对核心员工的管理,制定了专项管理规划,提纲如下:

- **员工队伍系统化管理**

员工队伍规划——明确哪些是核心岗位和核心员工。

业务战略决定了组织所需的人力资源,配合企业的业务规划和经营战略,分析、明确实现战略目标不可缺少的、重要的核心人员。

员工队伍的"盘点"——掌握核心员工状况。

对员工队伍的现实任职素质进行大盘点,比如现有企业人员是否满足业务战略对核心员工的需求,缺口有哪些、有多大等。

员工队伍匹配——核心人员如何匹配战略。

分析外部人力市场的变化趋势及内部员工的流失情况,预测核心员工队伍未来的发展变化与业务发展的匹配情况。

- **核心员工的个性化管理**

重视核心员工的文化管理;

重视人的保留与人所拥有的资源的保留;

个性化的管理方案;

核心员工的绩效管理;

核心员工的回报管理;

核心员工队伍的开发;

- **留住核心员工的方法**

培养核心员工对企业的认同感。

让核心员工深度参与企业经营管理。

为核心员工制定明晰的发展目标。

切实提高核心员工对工作的安全感。

基于贡献利益分享理念向核心员工提供富有刺激性的一揽子奖励方案。

国华电力通过风险管理实践,已经有形、无形地给公司带来了效益,风险管理参与者普遍觉知：

保证企业健康发展

人力资源管理是企业管理的保障支持系统，风险管理有助于企业在一定经营期间内：

有效地利用资源，精细管理。

保证对外披露信息的可靠性，增强企业的置信度。

保证公司遵循法律法规，降低违规风险。

有助于各层级经营管理人员规避自身职业风险，清明执政。

有助于企业获取竞争优势、提高竞争能力，实现"做专做强"的目标。

因此，开展人力资源风险管理是实现企业的持续成长、有序经营和健康发展的保证。

提升人力资源管理水平

人力资源作为专业化的管理部门，其人力资源风险管理对人力资源本身：

通过自身无数次的闭环管理，获得业务上的持续改进。

通过上级单位定期检查、指导，得到管理水平的提升。

通过外部不定期审计，增强管理人员的守法意识、业务水准。

因此，开展人力资源风险管理是人力资源管理水平提高的途径。

不仅如此，国华电力组织开展的人力资源风险管理工作，将预控效果与员工工资挂钩、与员工的切身利益挂钩，增强了员工规避风险、规范管理的意识，提高了员工参与风险管理的积极性。

风险预控体系无论设计和运行得多么完善，也只能提供合理的保证，而不能提供绝对的保证。因为风险在不断变化，风险预控具有局限性，而且"没有风险"是理想化的状态，同样受到"效率效能"原则的制约。"道"与"魔"在较量中促成了相互提高，风险与风险管理同样在管控中变化与提升，"可接受"便是合理的风险控制效果。

附件

国华电力2006年人力资源规范化管理审计大纲

序号	审计要素	审计要点
1	人力资源配置	（1）审查人力资源配置管理制度是否健全，是否与国华电力配置管理制度管理标准一致 （2）分析其现有人员学历分布情况是否控制在员工配置要求范围 （3）审核员工录用程序是否合规，招聘流程是否执行"三公"，是否存在人员违规进入的情况 （4）审查子公司办公会关于人员录用的会议纪要

续表

序号	审计要素	审计要点
2	领导干部管理	(1) 审查干部管理制度是否健全，是否与国华电力《领导干部管理规定》一致 (2) 审核其中层干部任免的考核及推荐测评材料、党委会议关于干部任免讨论纪要、公示通知等，是否存在违规用人现象 (3) 审查其中层干部业绩考核材料，是否有员工民主参与 (4) 了解领导班子成员及其一级后备人才亲属在本企业任职情况
3	后备人才管理	(1) 审查是否建立了后备人才管理制度，是否建立了二级后备人才库 (2) 审查其后备人才选拔的相关书面存档文件，如民主测评票、考察材料、领导班子审议纪要等 (3) 抽查两个二级后备人才进行谈话，了解培养情况，是否有计划、措施和责任人
4	培训管理	(1) 审查是否按照全员培训的要求建立了培训制度 (2) 审查其培训台账，审查培训费用计提标准和审批、支付流程等 (3) 审查其领导班子成员在职学历、学位培训情况 (4) 审查生产岗位员工持证上岗情况，查看考核管理制度、抽查部分上岗证的情况
6	组织和定员管理	(1) 审查其机构设置是否通过审批，与实际是否一致 (2) 审查其岗位设置定员与实际用人是否一致 (3) 审查其岗位名称使用是否规范
7	工资总额管理	(1) 发放总额、预留是否在控制范围内。工资来源渠道是否合规 (2) 工资预算真实性，是否存在虚报挪用行为 (3) 检查工资管理、绩效奖金、一次性奖金分配办法、岗级评定与薪酬挂钩办法的建立与执行情况 (4) 发放审批程序是否规范。报表与对账单是否一致 (5) 各种资料台账规范、真实、无误 (6) 是否按照规定缴纳个人所得税
8	经营管理者年薪	(1) 领导干部年薪政策以外的其他收入情况（包括各种单项奖以及津补贴） (2) 交流干部的薪酬、福利、住房、保险执行情况
9	社会保险	(1) 核实用人情况、工资收入情况、财务报表、统计报表、缴费数据等 (2) 缴费单位和缴费个人申报的社会保险缴费人数、缴费基数是否符合国家规定 (3) 缴费单位和缴费个人是否按时足额缴纳社会保险费及欠缴是否及时补缴
11	住房公积金	(1) 核实用人情况、工资收入情况、财务报表、统计报表、缴费数据等 (2) 缴费单位和缴费个人申报的住房公积金缴费人数、缴费基数是否符合国家规定 (3) 缴费单位和缴费个人是否按时足额缴纳住房公积金及欠缴是否及时补缴
11	企业年金	(1) 列支渠道是否有文件依据 (2) 账户管理是否规范 (3) 一次性企业年金的管理是否规范
13	各项福利	(1) 福利费是否超标 (2) 福利费的使用项目 (3) 在福利费之外是否存在变相提高福利的行为

第 11 章
关爱员工　守护健康

国华电力认为：守护员工的健康，提前行动比事后补救更实在。

"员工的健康是企业最大的财富"早已成为众多企业的共识。为使这份"财富"能够"保值""增值"，国华电力将防线前移，下大力气去追溯危害员工健康的源头，致力于消除危险源，确保"本质安全"，为员工造福。

排除危险源，追逐"本质安全"，"NOSA"发挥着巨大的作用。

员工的"护身符"

每项工作均顾及安全、健康、环保。
所有危险都可以控制。
所有人为因素的影响都可以避免。
尽量降低对环境的影响。

这是"NOSA"的核心理念，国华电力高层领导对此给予高度认同，因为它充分体现了"以人为本"思想。于是，国华电力于 2001 年 5 月自南非引进了"NOSA"，2002 年 3 月成立了"安全、健康、环保管理委员会"，并开始在各子公司正式推行该管理系统。

远看 NOSA

第二次世界大战后，南非矿产业迅速发展，因工伤事件频繁出现，导致资方支付高额的赔偿金。为保护资方利益和劳动者个人权益，1951 年 4 月成立了 NOSA（National Occupational Safety Association，中文直译为国家职业安全组织），注册为非营利组织，并制定了"NOSA 五星综合管理系统"，通过改善现场工作环境，来保证安全生产状况。

因为"NOSA 五星综合管理系统"的目标是"安全、健康、环保"，人们习惯简称它为"NOSA"。久而久之，在人们的印象中，"NOSA"就成了"安全、健康、环保"的代名词。

走近 NOSA

国华电力在引入 NOSA 之前，对其进行了深入研究，发现它肩负着"最大限度地减低导致员工受伤或损害员工健康的事件发生的可能性"这一重任，而且对安全、健康、环保管理有独到之处。

- 它是基于风险的管理思想，主张事前防控。它涵盖了安全、健康、环保管理的过程、程序和思路，是一个综合性管理体系，具有很强的兼容性，完全可以兼容相关的执行体系，如《安全规程》、ISO14001、OHSAS18001等，也就是它对传统的管理思想不但没有冲击，反而具有催化作用。
- 它是一个具有实用价值且系统化的安健环管理体系，它的5个单元（楼宇及内务管理；机械、电气及个人安全防护；火灾风险和其他紧急事故的管理；事故记录及调查；机构管理）共72个元素，覆盖了涉及员工安全、健康及环境保护的每一个角落。它为企业进一步发展、引导、衡量和考核安全、健康、环保绩效提供了良好的框架。

让 NOSA 带我们去哪里

为了使安全、健康、环保工作目标更明确，清晰地告诉员工、合作伙伴及社会公众，国华电力到底要搭乘 NOSA 这班车去往哪里，于是，制定了 NOSA 理念下的"国华电力安健环政策"，为安全、健康、环保工作导航。

国华电力安健环政策

- 承诺：为社会奉献绿色能源，致力于为全体员工及社会公众缔造安全、健康、洁净的工作和生活环境。
- 目标：发电运营过程中，消除对社会公众和环境的影响，维护全体员工和合作伙伴的身心健康。
- 原则：恪守国家法律法规和行业标准，对公司安全生产运营承担相应的法律责任；奉行"安全为天"的管理思想，以人为本，实事求是，构筑企业科学文化管理平台；强基固本，吸纳先进的科学管理技术，实现企业内涵的持续改进与完善，建立安健环长效机制；巩固安健环的全员基础，引导全员安健环意识的提高；实施发电运营全过程控制，基本建设以电站安全生产为根本目的；倡导所有合作伙伴认同并遵循安健环管理策略。

NOSA 告诉我们怎么做

推行 NOSA 之初，员工经常问：NOSA 到底让我们做什么？怎么做？

NOSA 从解析海因里希的"冰山理论"（见图 11—1）入手，启发人们去思考应该怎么做。

"冰山理论"告诉人们：

"不安全行为：一般受伤事件：严重意外受伤＝300∶29∶1"。

人们能够看到的冰山只是浮出水面部分，而巨大的底座潜藏在水面以下。同冰山一样，意外伤害和受伤都不是偶然事件，其背后一定潜伏着大量的不安全行为/未遂事件，正是它们隐藏了事故隐患，只有消除这些看似平常甚至很难察觉到的一次次不安全行为，才能有效

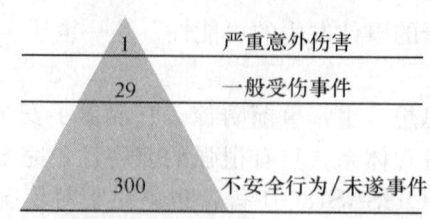

图 11—1　海因里希的"冰山理论"模型

地规避风险。

按照 NOSA "所有人为因素的影响都可以避免"的理念，只要消灭不安全行为，受伤事件是可以避免的。

员工最关心的是 NOSA 是如何规避风险的，或者说如何去做。为了便于理解 NOSA，培训师将复杂的过程简单化，通俗地告诉大家，做每件事都不忘 4 个过程：

- 对人、环境（含设备）进行风险辨识，辨别影响安全、健康、环保的根源。
- 针对存在的风险，找到规避的办法，比如对应的制度、规程或措施。
- 严格执行制度、规程或措施。
- 评价以上工作的有效性并持续改进。

用自己的钥匙开自己的锁

国华电力推行 NOSA，没有生搬硬套，而是利用了它的可兼容性。因为 NOSA 传递的是理念，而不完全是具体的标准或措施，它强调用自己选取或制定的标准、规程、措施来解决自己的问题，并按自己预定的计划作评估，做到持续改进。于是，在 NOSA 理念的指导下，充分考虑了本企业的实际情况，编辑出版了《发电企业 NOSA 五星安健环管理系统企业标准及基本要求》，作为安健环工作的指引。

与此同时，把 NOSA 的"以人为本、风险预控"理念与 ISO 9000 的"一切过程都留下痕迹"，ISO 14001、OHSMS 18001 的"一切过程都符合法律要求"及安全质量标准化的"一切工作都讲标准"等理念汇聚起来，有机融合了电力行业中传统的属于风险管理范畴且行之有效的管理理念，如安全性评价、危险点预控、技术监督、三票三制、防止重大事故的 25 项重点要求等，形成了自己的管控体系——"国华发电管理系统"，它的 16 个子系统涵盖了所有发电业务的管控内容，成为国华电力发电营运领域的行动纲领。

破解 NOSA 的秘诀——风险预控

破解 NOSA 的秘诀，专家们一致认为，NOSA 对安全、健康、环保管理的巨大贡献在于——它铸就了牢固的第一道防线，让风险预控理念深入人心，将风险预控方法应用到各个工作环节。于是，国华电力首先培训员工的风险识别能力，在实践中，让员工共同参与讨论、辨识身边潜在的风险，分析其危害的根源及可能带来的后果，并找到对应的风险控制措施加以落实，再逐步将有效的措施固化为定期工作，从而降低乃至消除风险发生的几率。

在初期，因为员工把 NOSA 想象成神秘的工具，以为它会有奇特的"绝招"来阻拦危险。然而，NOSA 管理培训师却说，最好的办法是"风险预控"。

当听说"如果用 NOSA 的观点来审视，'办公坐椅的高度'都可能构成危险源"时，有人觉得是小题大做，安健环委员会开始意识到员工意识培养的重要性。经过反复的理论讲解、案例解析以及举办主题辩论会、NOSA 知识竞赛、安健环品质周等活动，广泛渗透 NOSA 理念，员工对 NOSA 的认识逐步提高。

从一间办公室的"风险辨识及控制提示板"内容的演变上，不难看出员工风险预控意识的持续递增。从提示板内容的"录入时间"上看，自 2002 年设展板以来，每年都有新增项，足以看出这间办公室的主人风险辨识能力和抗风险意识的变化，见表 11—1。

表 11—1　　　　　　　　　办公室风险辨识及控制提示板

风险源	可能导致的后果	措施	录入时间
电源插座接线裸露	触电或引起火灾	×××	2002.8.11
办公坐椅舒适度	不舒适会导致疲劳	×××	2002.8.11
灯光亮度	亮度不适会影响视力	×××	2002.8.11
电磁辐射	危害健康	×××	2002.8.11
电源线横过地面	易使人绊倒	×××	2002.9.10
无安全疏散图	遇险逃离时迷失方向	×××	2003.5.20
室内通风效果	若通风不良则空气污浊	×××	2004.9.8
坐姿不正确或久坐	容易导致颈椎病	×××	2005.6.15
花盆底部渗水	地面湿滑易导致摔伤	×××	2006.8.18
窗户玻璃松动	开、关时可能掉落伤人	×××	2007.9.22
碎纸机	头发卷入致使头部受伤	×××	2008.11.5

这间办公室的主人指着最后录入的一项风险源，这样描述自己的感觉："怎么也没想到碎纸机能有什么危险，直到网上介绍'一女职员因长发不慎被卷入大功率碎纸机而致使头皮被大面积拉伤'，我才把碎纸机列为风险源并加以规避。"

提示板的备注栏内有一句话："原来我就工作在这样一个布满风险的环境中！"

抓住 NOSA 的关键——全员参与

国华电力所追求的安健环管理最高境界是：让 NOSA 的理念化作每位员工的行动习惯，让风险防范成为一种生活方式，实现人人、事事、时时、处处均顾及安全、健康、环保。实践中，倡导从小处入手，全员参与。

进入国华电力的员工工作和生活区域，随处可见 NOSA 的"足迹"：

• "安健环建议箱""安健环论坛"随时向全体员工开放，主张人人参与管理，对员工建议的反馈时间不超过一周，合理化建议被采纳有相应奖励。

• 大到每一台设备，小到每一个消防箱，甚至每一扇门窗上都会有一个标签，上面标有安健环责任人及责任事项。实现了处处有人负责，人人负有责任。

• 员工的健康在公司的"监控"之下，"安健环短信平台"为全体员工服务，其中的内容有提示:"下周是您的计划休假时间,祝您玩得开心!"有鼓励:"您的各项体检指标正常,太棒了!请注意保持!"有帮助:"明天公司举办养生知识讲座,欢迎您参加。"

• 无论是在工作还是生活区域,总会在你最需要的时候,在最显眼的位置上见到你想要的提示:"前方有粉尘请注意防护""进入噪声区请戴耳塞""此水可以饮用"……

国华电力的安健环主管经常接待外来学习者,他介绍 NOSA 实践成果时,习惯从小事说起。有一次,一位客人迫不及待地问:"费那么大力气推行 NOSA,用来解决这样一件件日常小事,划算吗?"他回答:"我们相信,如果一个人对一个芝麻大的危险源都不放过的话,就不会对一个西瓜大的危险源视而不见了。所有员工都能够做到这一点,力量是巨大的!"

运用 NOSA 的方法——闭环管理

国华电力鼓励员工以精益求精的态度实践安健环计划,而 NOSA 的有效性源自它的管理方法——闭环管理,如图 11—2 所示。当危险源得到辨识之后,要找到对应的控制标准或风险规避措施并加以严格落实。闭环管理不仅仅强调工作流程首尾闭环,强调各环节之间无脱节,更强调对执行过程的跟踪、对执行效果的评估以及持续改进。

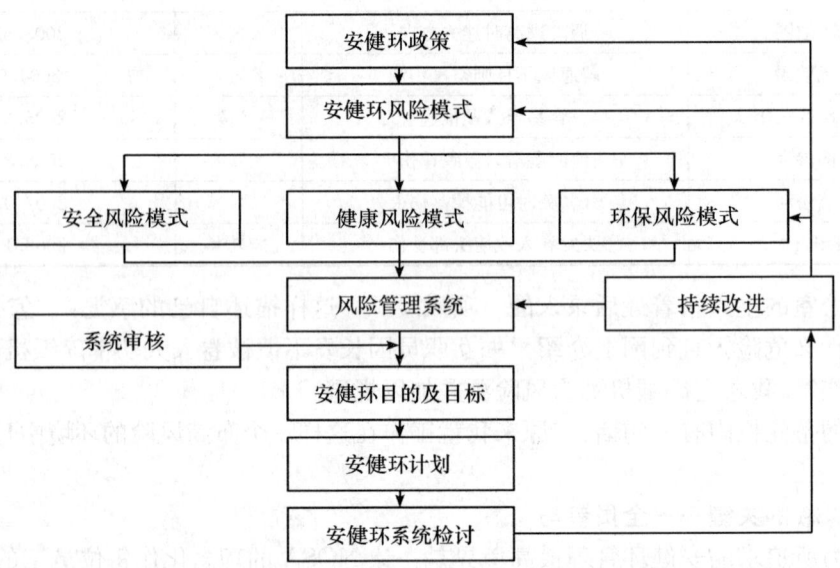

图 11—2　NOSA 的闭环管理模型

践行 NOSA 的承诺——全面呵护

NOSA 的"以人为本"思想表现为全面呵护。

国华电力不忘社会责任,关爱员工,关爱社会公众。在实践中,认真履行安健环承诺,在电力行业率先提出"四不一再"的环保目标——烟囱不冒烟,厂房不冒汽,噪声不扰民,废水不外排,灰渣再利用。

引入 NOSA 以来，全公司重新审视环境管理，各电厂加大环保投入力度，将环保设施如脱硫、电除尘、废水处理、烟气在线监测等装置均纳入重要设备范畴来管理，全力提高环保设施的完好率、投入率及准确率，减少对环境的污染，实现了氮氧化物、烟尘、二氧化硫以及废水排放指标均满足或优于国家或地方标准。

在加大环保投入并维护全体员工身心健康的同时，也同样顾及合作伙伴的身心健康，倡导合作伙伴认同并遵循安健环策略，向他们宣传并推广安健环知识，共享 NOSA 实践成果。

全面呵护的另一表现形式是将 NOSA 管理思想从生产管理延伸到基建管理、经营管理、员工工余生活、人力资源风险管理等各个领域。

工余安健环管理的任务是辅导员工养成健康的生活习惯，学会辨识工余生活中的风险源，鼓励员工及家人及时报告工余时间发生的意外，由职能部门登记、定期统计、分析，为"问题区域"拟订预防计划并实施整改。

一位安健环经理在工余安健环台账上发现了生活区某路段连续发生 3 次员工家属滑跌的记录，便前往现场查找原因，发现该路段坡度过大，冬季遇霜雪导致湿滑。随即采取了措施：改造路面——减缓坡度，更换防滑砖。

管理者对员工健康的理解是广义的，员工的心态变化、情绪波动都被列入"压力管理"的范畴，消除一切有害员工健康的因素，并巧妙地将其转化为动力。

财务部员工近日个个面色灰黄，因为公司已连续几年在 FCM 评价中名列前茅，为保持成绩，便经常加班，特别是最近，连续两周每天加班到午夜。总经理得知后，命令他们立即减压，奖励一周时间并安排集体度假。部门经理犯愁："工作怎么办？""没问题，试试看。"一周后，大家高高兴兴返岗工作。又一周过去了，财务部经理发现，休假一周并没有影响工作，而工作效率更高了。

NOSA 在成长

星级评审是评价"NOSA 五星综合管理系统"推行效果的主要手段，其表现形式为"星级"。截至 2008 年，在国华电力已发电运营的 15 家子公司中，7 家通过 NOSA 五星评审，3 家通过 NOSA 四星评审，3 家通过 NOSA 基准审核。

NOSA 使企业的安全、健康、环保管理品质持续提升，自 NOSA 推行以来，企业未发生人身重伤及以上事故、群伤事故、重大及以上设备事故、火灾事故、恶性误操作事故以及职业健康纠纷事件、环境污染事件。

NOSA 扎根国华电力并健康成长，折射出国华电力的安健环管理正不断走向成熟。经过国华人的双手，NOSA 已被培育成一棵具有生命力的"树"，全体员工就工作和生活在这个不断延展的大大的绿色树冠之下。在国华人眼中，NOSA 早已不是一种固化的模式，或一种工具，而是一种理念，甚至当作"护身符"随身携带，久而久之，它便成为一种文化式的习惯和行为方式，也正是这种习惯和行为方式在守护着员工的健康。

打造"绿色"电站

作为整日与煤相伴的火力发电企业,能够拒绝粉尘、高温、噪声等各种有害因素,其难度可想而知。然而,国华电力以实际行动证实了"近墨者"不必"黑"。

精细化职业卫生管理是国华电力 NOSA 管理触角的进一步延伸,各子公司在职业卫生管理上竞相争艳,国华北京热电于 2006 年获得了国内首批"国家职业卫生示范企业"这一殊荣,她的职业卫生管理实战经历,也正是国华电力践行 NOSA 的一个缩影。

2006 年的一天,由美联社、路透社等 14 家国际知名媒体组成的采访团来到国华北京热电。参观期间,境外记者纷纷表示,中国电力企业在环保方面取得的巨大成就令人惊叹。一位记者这样描述自己的感受:"我感觉这里不像工厂,倒像是公园。"

国华北京热电是如何做到"近墨"而不"黑"的呢?

NOSA 的力量

获得"国家职业卫生示范企业"荣誉之前,在环境治理方面,国华北京热电已在国内电力行业中创下过诸多第一,她是第一家全部机组安装脱硫装置、第一家厂界噪声达到国家二类标准、第一家环保投资接近总资产 20%、第一家对已投产机组进行脱氮改造的企业,也是首家获得"国家环境友好企业"荣誉的电力企业。

是什么力量推动着国华北京热电环境治理的步伐?

地处北京、毗邻 CBD 商业区的国华北京热电承担着为北京 1/4 城区供暖的任务。特殊的地理位置对其各项管理工作提出了更高的要求。

在企业发展的进程中,国华北京热电历来重视职业卫生管理,特别是国华电力"安全为天"理念的提出,以及将"以人为本"作为核心思想的 NOSA 管理模式的引入,为国华北京热电的职业卫生管理增添了新动力。

国华北京热电坚持"以人为本、科学管理、安全执业"的原则,遵守国家法规,运用 NOSA 的"风险预控"和"闭环管理"方法,不断改进对危害因素的管控手段,致力于全面阻截危险源,建设绿色电站,以安全、健康、洁净的工作和生活环境回报全体员工及社会公众。于是,在环保设备治理上不惜投入,投入资金、人力,更投入技术,终于使各项污染排放指标如二氧化硫、粉尘、废水、噪声、固体废弃物综合利用率等全部优于国家标准。然而,国华北京热电的"投入"不仅仅在于设备治理,而是全方位管控,包括管理体系的建设、员工理念的引导、员工行为的辅导以及过程的监管。

完善的职业卫生管控体系

国华北京热电将有效地管控体系视为职业卫生管理的抓手,遵循 NOSA 的管理理念,依据《职业病防治法》,建立健全职业健康管理组织机构,并适时对其进行调整和完善;制定相关管理标准,作为工作依据:

• 《职业卫生管理标准》对职业健康体检、职业病危害因素检测、职业病事故报告、个人防护用品配备、听力保护等工作标准进行了详细规定。

• 《个人防护用品管理标准》规定了不同岗位员工的防护用品种类、使用要求、发放周期等相关事项。

• 《放射源管理标准》对风险评估及个人特殊防护做出明确的规定，确保放射源使用安全。

• 《危险化学品实施细则》以《NOSA 安健环综合五星系统》和《中电国华发电管理系统》为指导，以国家安全生产监督管理局颁布的《危险化学品安全管理法规汇编》为标准，结合企业实际编制而成，是危险化学品的管理指南。

建立电子信息网络系统，员工可通过局域网随时查阅国家相关法律法规、企业内部管理制度和个人职业健康信息，实现信息共享。

工会组织在职业卫生管理工作中发挥监督作用。例如，为了维护员工合法权益，依据《劳动法》和《职业病防治法》的有关规定，将加班时间管理、劳保用品管理、女工保护、职业健康体检等相关事项明确写入《集体合同》，工会组织监督执行。

消除来自自身的危险源

和其他企业一样，国华北京热电把对现场防护设施的管理作为职业健康工作的重要环节，如对转动设备防护罩、隔音罩、防尘设施、防溢流装置等建立清册，设专人定期普查，并布置提示标志，告诉人们远离危险部位。而对比之下，对个人防护用品的管理难度最大。

在治理个人防护用品管理初期的一次专题会上，职业健康主管播放了生产现场职业健康检查录像：

情景一：各噪声现场入口张贴"请戴耳塞"的提示。

情景二：进入噪声现场，耳塞挂在安全帽上，而不是耳朵上！

情景三：没有戴耳塞，告知检查人员：部门未发放。

情景四：大部分中层管理人员进入噪声现场也未戴耳塞！

……

当多数人尚未意识到防护用品的重要性时，对以上现象司空见惯。公司决定以"耳塞现象"为切入点，大做文章，彻底消除"意识淡漠"这一重要的危险源。

于是，开展了轰轰烈烈的"耳塞总动员"活动，包括"要不要耳塞"主题辩论赛、"体验无声世界一小时"、"耳塞现象大讨论"、"耳塞案例收集与共享"等一系列"耳塞行动"，要求全员参与。

与此同时，立即制定并执行相关制度，对不按规定使用防护用品者重罚。

"耳塞现象"消失了，后来，在人们眼里，"不戴耳塞"便成了"另类"。

接下来的"口罩问题""安全帽问题"都迎刃而解了。

培训必不可少

国华北京热电每年都把员工职业卫生知识培训列为年度重点培训项目，并将学习成绩与个人年度绩效挂钩。列为必修课程之首的是《职业病防治法》，目的在于引导员工增强法律意识，也提醒管理者关爱员工，加强管理，依法守护员工健康。

为了避免事故发生或最大限度地减少因事故带来的损失,安健环部负责编制各类紧急事件应急预案,装订成册,并将预案作为培训的重点内容,培训方式主要是演习。同时,个人防护用品使用、高毒物品管理以及急救知识的培训也是必不可少的。

监测危害因素

除每年定期委托专业机构进行职业病危害因素检测外,公司环保监测站还设专人负责日常职业病危害因素监测,了解作业现场情况,掌握职业病危害源的实际数据资料。自2002年起,国华北京热电根据行业特点和作业现场员工接触危害因素的实际情况,先后设立了监测点188处,其中噪声测点40处,高温测点12处,粉尘测点136处。监测结果以警示标志的形式张贴于工作现场入口,并根据监测结果有针对性地加以治理。

职业健康早知道

公司与接触职业病危害源的员工签订"职业病危害告知书",进行职业危害提示,并明确规定企业和员工的责任和义务,强化员工的自我保护意识。

确保"三类体检"——岗前体检、岗间体检、离岗体检的体检率达到100%。

岗前体检:一是对拟招聘的新员工根据岗位需求进行录用前的健康体检,合格方可录用;二是当员工拟由一个岗位转入另一岗位时,若新岗位有特殊身体条件限制,则进行转岗前体检,合格者方可办理调动。

岗间体检:每年聘请专业机构对接触职业威害源的员工进行职业健康体检,并根据体检报告组织复查,若有职业危害倾向,及时分析原因,采取措施,对患有职业禁忌症者,立即调离原岗。

离岗体检:员工在离岗时,经过职业健康主管的审核,若确认该员工曾经接触过职业病危害源,必须进行体检,保存体检结果,复印件交给离岗员工。

建立职业卫生档案,将每年的职业病测试报告和体检结果录入档案。为使体检档案能够长期保存,采用书面和电子版两种形式存档。每位员工的详细体检信息全部录入职业健康信息库,员工输入自己的工号,可随时查阅历年的体检结果。

NOSA给管理带来的最明显转变是,使管理行为从事后"救火"转变为事前"风险预控",实现了超前控制。如果NOSA理念深入人心,员工把它当作"护身符"一样"随身携带"的话,便化作了习惯,久而久之,当它成为一个团队的共同习惯时,就形成了安健环文化。

NOSA评审"五星级",不是安健环管理的终极目标,因为NOSA的星级管理是动态的,重在坚持恒久,国华电力将在这条路上坚定地走下去。

使员工的行为与企业战略保持一致,全员参与NOSA实践;使企业的管理实践与承诺保持一致,奉献绿色能源并缔造安全、健康、舒适的工作和生活环境,是对"以人为本"最好诠释。

员工幸福是企业和谐的最基本要素,让员工真切地体会到企业的关爱,是最有效的激励,是构建和谐企业的最基本行动。

第 12 章
激活潜能　焕发活力
——国华北京热电分公司人文管理实践

　　神华国华国际电力股份有限公司北京热电分公司（下称"国华北京热电"）地处北京城市中心，是首都四环路以内硕果仅存的工业生产企业，是国华电力唯一具有50年发展历史的老厂。在她的悠久历史与现代气息的背后，国内电力行业首家"国家环境友好企业"，国内首批"国家职业卫生示范企业"，"全国电力行业实施卓越绩效先进企业""全国电力行业最具社会责任感企业"，连续多年国内同型机组竞赛领先和供电煤耗最优……这一连串的荣誉使人们不禁要问，是什么使她能够在"天子脚下"站稳脚跟？是什么促使她在新时代激烈的竞争中不断创造一个又一个第一？

体制激活责任

　　"我是一名30年工龄的老员工，我经历的最大变化就是北京热电厂改制后的这几年，没了老国企时代的优越感，多了一些忧患意识和竞争意识，更多了一份责任感。"——国华北京热电员工

老企业的新问题

　　1999年5月，北京热电厂全部资产由华北电力集团转让给北京国华电力有限责任公司（下称"国华电力"），后经改制重组成为国华电力与香港中华电力公司合资后的全资子公司。

　　北京热电厂从改制重组后的第一天起就面临生存的危机：一方面是沉重的负担，1999年拥有职工1 869人，退休职工1 100人，背负着沉重的冗员包袱，还有两台新机组投产后需要偿还的30多亿元银行贷款；另一方面是陈旧的管理模式和长期计划经济体制下形成的思维惯性，当时体制落后，环保超标，员工思想观念老化，人心浮动。一年内，国华北京热电先后有27名大中专毕业生离开企业，人才流失严重；同时更多的人想当然地认为，我是企业的主人，生老病死样样都得由企业安排照顾，人们习惯于平静的工作和生活，不适应现

代社会的竞争。

北京热电厂虽然更名为国华北京热电,但与国华电力全新的管理理念和要求相距甚远。

不变的责任

国华北京热电作为首都重要的能源支撑点和集中供热热源,肩负着为首都重要党政机关、使馆区和几百家工业企业及居民住宅区供电供热的重任,在为首都服务的几十年历程中培养了深厚的责任意识和奉献精神。虽然时代变迁,企业改制,但北京热电为首都服务的使命没有变,热电人的责任意识和奉献精神没有变。国华电力认为,热电从来不缺少具有责任感的员工,所急需的就是管理体制和思想意识的转变。面对新的时代挑战,热电要做的就是把转变观念、拥抱变革的价值观融入企业文化中,从而激活责任,用责任感去唤醒员工的竞争意识和创业激情。

变革与意识重构

2000年2月起,国华北京热电相继出台了《机构改革实施意见(草案)》《国华北京热电厂机构设置方案》《厂职工内部离、退养实施办法》等一系列改革方案,精简机构,解决冗员问题。机构改革按照计划,先机关,后基层,先干部,后工人,有条不紊,逐波展开,把原来的15个管理部室精简为7个,管理人员从原来的200多人减到65人。同时,国华北京热电进行体制划分,使发电主业与检修公司、实业公司分业经营。

国华北京热电明确规定,只有竞争的岗位,没有安排的岗位。凡是正式岗位出现空缺,都将采取公开招聘、考试、答辩相结合的方法选拔最佳的上岗对象。

改革的阵痛使很多人直到现在都刻骨铭心,但同时也使员工树立了"岗位靠竞争,晋升靠业绩,干部能上能下,员工能聘能解"的市场意识,全员竞争上岗、让合适的人到合适岗位的动态用人机制得以确立。

机制激活动能

现任职国华电力总部国际项目管理部高级主管的小何,曾在国华北京热电工作,2001年8月考入瑞典皇家工学院,并以优异的成绩完成学业。瑞典皇家工学院希望他留下来工作,他却毅然选择回到了国华电力。他说:"走遍千山万水,我的根在国华。国华电力的广阔天地蕴藏着巨大的发展潜力,我愿与国华电力共命运,在这片沃土上收获成功和希望。"另一名以社会聘用制方式重回企业的员工说:"没有比国华电力更适合我发展的企业。"

大学生的成才计划

国华北京热电对于大学生的培养,从招聘和遴选环节就设立了一个月的见习期以便于双向选择的平台,大学生在正式进入国华北京热电后,又为他们大学生量身定做了一套完整的学习计划,通过到基层锻炼的委以重任、签订师徒协议的精雕细刻、大学生座谈会的知心交流、管理部门的全程跟踪管理,确保大学生在企业内部的健康成长。

小胡是2003年进厂的大学生,经过双向选择,与副总工程师签订了师徒协议。国华北京热电从培训、岗位轮换、外出学习实践等多方面入手,创造机会对他进行重点培养。得到良好专业指导和调教的小胡进步很快,在2007年的神华技能大赛中获得第一名,成长为技术领域的骨干。

岗位轮换与职业生涯

国华北京热电大力推行国家职业资格考试认证制度,使生产岗位持证上岗率达100%,同时在管理人员岗位推行职业(执业)资质准入制度,要求管理人员3~5年内全部持证上岗,做到人员专业素质与社会接轨,同时对80%的关键岗位员工进行定期轮换,做好了人才的备份,既降低了企业人员流动的风险,也培养了复合型人才。

小常,中专学历,一直在基层车间从事专业技术工作,后续了财务专业的本科学历,在财务部招聘时被选拔到财务部门工作,表现突出。成立燃化部时被任命为燃化部经理助理,2007年年初,她被任命为内控部经理助理,因在企业内控评价中表现突出,借调国华电力总部内部控制部。在企业为员工创造的多个发展平台中,小常抓住多个机会并成功拓宽了自己的职业生涯。

终身学习的企业氛围

作为提升员工整体素质水平的手段之一,国华北京热电借助外部专业力量,分别与华北电力大学、北京理工大学合作,开办了热动大专班、电力系统本科班、热动研究生班、SMBA班,为百余名员工提供了提升学历水平的平台,建立了一种终身学习的企业氛围。

老唐、老李、老袁3位老师傅报名参加成人高考时,考场的工作人员一看见他们就说:"让孩子自己来报名。"当他们听说三位头发花白的老同志是自己参加学习时,敬佩地说:"你们真是活到老学到老呀!"现在3人都已经完成了本科学业,唐师傅已经是国华北京热电屈指可数的"双高"人才之一。

不拘一格的干部任用

作为国华电力最早的成员单位和老企业,国华北京热电一直担负着干部培养的重任。一方面加大对年轻干部的培养和扶持力度,另一方面不唯年龄、不唯学历,使拥有丰富技术及管理经验的老同志成为企业发展的厚重宝藏。

2002年,国华北京热电进行人事调整,当时年仅30出头的凌经理、庞经理是国华北京热电第一批后备人才培训班的成员,他们不仅具备较精深的专业知识,在管理方面也有自己独到的见解。在权衡了启用新人还是使用老同志的利弊后,国华电力大胆启用两位年轻人进入国华北京热电领导班子,分别主管生产及经营工作。在实践中,他们表现出了较强的管理能力,被推荐为国华电力一级后备人才,并被国华电力委以重任。正是基于这样一种用人理念,一批年轻人在国华电力提供的大舞台上尽情发挥他们的聪明才智,为国华北京热电的快速发展积蓄了能量。

同时,一批作为国华北京热电经验丰富的老中层,被国华电力启用,走上了企业高层领导岗位,与领导班子中的年轻同志相互配合与补充,形成特殊的合力。

走出去的双赢策略

通过国华电力搭建的人才成长与发展平台,国华北京热电鼓励员工在"大国华"范围内流动,优化配置人力资源,既满足了新建电厂对人才的需求,又解决了老厂的人员出路问题。

2007年年底,国华宁海发电公司#2机组获得了国家金牌机组的荣誉。消息传来,远在千里之外的国华北京热电同样欢腾一片,因为这台机组正是国华北京热电派驻国华宁海发电公司的维护项目部负责日常维护的。2005年,在国华电力的大力支持下,国华北京热电将部分检修员工输出到国华宁海发电公司,经过近3年的努力获得了国华宁海发电公司的高度认可。同时经过人员轮换,先后有180人掌握大机组检修技术,在帮助国华宁海发电公司维护设备、培养和建立当地维护队伍的同时,为国华电力的发展储备了人才。

绩效文化的正向激励

以企业和员工绩效共同提升为目的的正向激励,使良性绩效文化和氛围得以建立,使绩效管理走向日常化,员工学有标杆,赶有目标,越来越多的S级优秀员工成为各岗位的核心力量。

在2007年工作会上,一个特别的发奖仪式给与会人员带来了巨大的震撼与感动。总经理手捧奖状,与发电运行部连续10次获得S级的赵工热烈相拥,全场掌声雷动。赵工是厂级技术带头人和主任级工程师,2008年作为高级技师被派往国外深造学习(国华电力对"四支人才"队伍中的公司级专业技术带头人、技能大赛第一名、高级技师均提供定期出国深造学习的机会)。国华北京热电还结合企业自身特点制订了三高人才(高级职称、高级技师、高绩效),延长职业生涯的特殊鼓励政策,让优秀人才为企业继续发挥积极作用。《热电报》上题为《老谢》的小短文写道:"燃化部老谢作为优秀员工去境外旅游,公平、公正。大家不但心服口服,而且从中明白了一个道理——干好工作不吃亏,干就干一流,争就争第一,只有这样才有前途。"

文化激活人心

"源自忠心、奉献爱心、不悔真心,一颗爱你的心,时刻为你转不停!"

——国华北京热电50周年员工寄语

如果说现代企业管理体制和人力资源机制的建立给了北京热电厂重生的机体和勃发的动能,人心的激活就是真正的活力之源。从被动接受命运,到主动承担使命、创造价值,这是国华北京热电在人文管理的过程中不断成长的心路。

企业文化三部曲

国华北京热电新时期企业文化构建经历了摒弃——引进——融合三部曲：

第一步，摒弃长期计划经济体制下形成的靠上级、等活干、要待遇，思想上求稳怕变，工作上不思进取的痼疾，继承发扬企业40年来无私奉献创一流水平的优良传统。

第二步，引进适合目前市场发展和竞争态势的崭新企业文化，推行国华电力先进的"坚持诚信、注重业绩、规范管理、拥抱变革"的价值理念。

第三步，将"清洁能源，服务首都"确立为新时期历史使命，在传承国华北京热电多年来的责任与奉献精神的同时，重新打造国华北京热电与时俱进的企业文化构架，用培训、教育和规章制度等手段使新的企业文化得以传播、认同、固化。

拥抱变革的价值观激活了热电人的文化理念，推动国华北京热电成功地进行了新时期的创业，在此基础上逐步构建的拥抱变革的"战略文化"，以人为本的"人才文化"，有章可循的"管理文化"，奉献社会的"环境文化"，追求卓越的"创新文化"等具有国华北京热电特色的新的企业文化体系，有力地指导了企业的变革与发展。

关爱与双赢

国华北京热电将员工作为企业第一资源给予了更多的尊重和关爱，不仅提倡无私奉献，更提倡人企双赢、共同成长。

在国华北京热电，人人都可以为企业建言献策，无论对与错；人人都可以和领导面对面交流，无论地位高低。国华北京热电倡导"让健康成为一种生活状态，让快乐成为一种工作方式"，为每位员工过生日，为每位员工定期体检，对每位员工提供个性化的健身指导方案，在国华电力系统内首家实现了所有体检结果网上查询。一名患有高血压的员工被部门职业健康监督员督促服药时说："在家里也不一定这样周到啊！"

企业的尊重与关爱换来的是员工更大的工作热情，共同参与、共同创造、共爱国华北京热电家园的氛围使员工不唯权威，不尚虚荣，真心投入，创造性工作，以全新的业绩回报企业。

国华北京热电的两台汽轮机是德国进口设备，一直受到国外厂家的技术制约，国外制造厂严格控制核心技术，要求必须使用外方励磁控制程序。热电技术人员知难而进，克服重重困难，经过反复试验，成功完成了进口励磁机变压器国产化改造和增容，各项技术性能指标均达到或优于进口变压器，不但节约了费用、提高了效能，还消除了励磁变压器主绝缘降低这一重大隐患；国外制造厂商曾称不使用原装保温材料可能引起汽缸裂纹，但价格要高出国产保温材料3～4倍，技术人员通过反复试验，多次筛选，改进工艺，终于成功改用国产保温材料，仅此一项为企业每年节省费用近百万；同时，有更多的员工投身QC小组活动，班组员工精心致力于每一块压力表的改进、每一个操作流程的优化、每一种新检修工艺的实施，企业在员工的创造性工作中不断取得新的飞跃。

热电思维与热电品牌

如果说人文关爱激发的是员工个体的创造热情，那么国华北京热电思维模式则是企业整体激活的表征：

绝不超越底线——所谓底线就是指守法依规、坚持标准，固守安全生产的底线，保证各项规章制度的刚性执行，保证生产经营体系的良性运转。国华北京热电的工作票管理以"苛刻"著称，一个不正确的标点符号、一个错别字都算错票，要达到98%以上的合格率难度可想而知。有些人对此不理解，认为这样做没有必要，但国华北京热电人坚持这样做，全厂一再刷新的长周期安全记录就是坚持标准的最好回报。

努力追求高位——以国际最佳实践为标准，超前思考，超前行动，人无我有，人有我优。国华北京热电在治理噪声的过程中，将治理目标定为二类地区标准（白天60分贝、夜晚50分贝），当时连环保专家都断言一个发电厂没有必要、也不可能达到厂界噪声二级的标准，而国华北京热电人坚持追求高位，通过噪声治理攻关小组不懈努力，终于成为国内唯一达到厂界噪声二级标准的城市电厂。两年后，国华北京热电所处地区环保标准上升为二级，国华北京热电以过硬的环保指标在CBD中心商务区立足，成为国内行业环保的领跑者。

坚持正向思维——凡事都有正和负的不同取向，坚持正向思维，可以最大限度地发挥人的能动性，使事态向良性轨道发展。2003年，国华北京热电承建了国家电力科技展示中心，这是企业与社会共享发展成果、促进社会和谐的良好机遇，国华北京热电没有把这项工作当作企业负担，而是正向理解从设计、施工、管理、接待、维护各个方面投入了大量的人力物力，并主动走向社区、学校，建立科普教育基地，对展馆精心维护，同时开发厂区参观线路、拓展参观项目，发动每一名员工担当企业的宣传员、解说员，建立员工志愿者接待体系，圆满完成了"全国科普日"的主会场承办和多次重大接待任务。到2008年，已累计接待超过1.5万人次，不仅增强了员工对企业的热爱，而且提高了企业的美誉度，促进了社会和谐发展。

"绝不超越底线，努力追求高位，坚持正向思维"，有着这样思维的国华北京热电人用积极的心态、开放的胸怀和理性的思考，时刻保持"空杯心态"，完成了新时期的二次创业，为企业创造了一个又一个崭新的业绩，在国华、神华、政府、行业的评比中不断获得新的荣誉。

热电思维与热电品牌一同成为国华北京热电最闪光的非物质财富。

> 如果说企业是一个肌体，体制就像是骨骼，有了强健的骨骼，新的肌体才能有勃发的基础。
>
> 机制是血液，畅通且健康的血液流通可以使肌体生机勃勃、活力无限。
>
> 文化是灵魂，当一个企业被注入了符合时代发展的优秀文化，才会真正富有生命力。
>
> 从被动接受命运，到主动承担使命，这是一个企业的员工在人本管理过程中不断成长的心路。心的激活，是真正的活力之源。
>
> 作为国华电力大家庭中唯一具有50年发展历史的老企业，国华北京热电将对历史的传承与新文化的融合作为企业前进的精神动力，通过激活体制，激活机制，激活文化，最终激活了人心，也激活了企业。

2005年，国华北京热电被国家环保总局授予电力行业首个"国家环境友好企业"称号；国华北京热电两台机组连续3年在全国火电200 MW级机组竞赛中双双获奖，供电煤耗连续4年保持国内200 MW机组最优；是国华电力系统内唯一连续4年保持S级企业绩效的企业，唯一连续4年被评为神华集团质量标准化特级单位的企业。2007年国华北京热电被国家旅游局授予"全国工业旅游示范点"称号，2008年被奥组委确定为向世界展示中国企业环保成就的定点单位。

自1999年至今，国华北京热电共输出各类经营管理、专业技术人才100多人，其中国华电力系统各单位领导班子成员近30人，输出人员遍布国华系统18个单位，成为国华电力系统对外输出高级管理人才最多的企业。

第 13 章
直面挑战　主动作为
——国华盘山发电公司人本管理实践

天津国华盘山发电有限责任公司（下称"国华盘电"）始建于1990年，地处京、津、唐电网的负荷中心，现有装机为两台俄制500 MW超临界燃煤发电机组，是国华电力第一家并购的企业。

因为该厂设备采用前苏联上世纪70年代技术制造，而且基建期间遭遇苏联解体，技术指导和服务一度中断，设计、制造、安装等方面缺陷较多，设备带病移交生产，存在严重的先天不足；按照计划经济体制配置人员，投产之初拥有1 700多名员工，原始学历大多数是中专、技校；管理的负向积淀较深，大锅饭、小社会、官本位现象严重。多种不利因素导致安全生产极不稳定（1997年发生事故21次、1998年发生事故16次），企业经营困难（1998年末企业负债率达103.23%，累计亏损超过13亿元），人心涣散。1999年，在电力体制改革的大潮中，国华电力拿到了这块"烫手的山芋"。

伴随国华电力成长发展，国华盘电把握机遇，直面挑战，经历了改革的洗礼与阵痛，付出了艰辛和汗水，同时也给企业注入了活力，带来了新的希望。1999年至今，盘电为国华电力系统兄弟单位共输出各类经营管理、专业技术人才236人，其中领导班子成员近20人；有四批共200余人从辅业回流生产一线（包括13名工作了10余年的车队司机）；2008年技师以上人数占技能人员总数的9.27%（行业平均为5%）。2003年，弥补了多年的累计亏损，首次实现净利润4.21亿元，1999—2008年累计实现利润34.60亿元；2006—2007年度机组连续实现"零事故""零强停"。

全国电力行业实施卓越绩效模式企业、神华集团质量标准化特级单位、连续2年名列国华电力企业绩效评价第一名，连续四年获得国华电力系统FCM评价第一名……是什么力量让这个濒临绝境的企业重新焕发了勃勃生机？让我们走进国华电力并购的第一家电厂——国华盘电，从中感受国华电力的发展脉动。

盘 活 精 神

因为陈旧的管理模式和长期计划经济体制的影响,"干好干坏一个样"成为当时的主流思想,员工吃惯了"大锅饭",习惯地躺在计划经济的温床上。与具有强烈市场意识的国华电力的要求相比,在思想意识上有很大的差别。

转变观念,打起精神,这是盘电的强烈呼声,以此来唤醒员工,共同面对挑战,一同前行。

•贴心关怀

要让员工真正尽心尽力工作,只有高工资是不够的,只有严格的管理也是不够的,还必须为员工营造一个极具人文关怀的工作氛围,将人心"盘活"。

国华盘电从每一个细节出发,努力为员工提供高品位的工作和生活环境。员工可以在咖啡厅宽松的氛围中与同事进行业务沟通;可以随时更换免费清洗后熨烫妥帖的工装,始终保持清新的工作面貌;业余时间可以到员工活动中心游泳、健身或选择多种球类活动;在紧张的工作告一段落后,公司会安排各部门去北戴河疗养基地休整放松;根据体检结果为员工分类提供健身指导方案,并后续跟踪检查;不仅为员工庆祝生日,在员工父母的生日到来时,家人也会收到精美的红酒礼盒以及总经理亲笔签名的祝福;鼓励员工与家属共同出游,对于带父母出游带薪休假者还给予一定额度的补贴;除夕之夜,全体公司领导会亲临现场,给坚守岗位的员工送去最亲切的问候……让员工切身感受到"我是被重视被关爱的人"。

各级管理者从每一个细节入手,一声亲切的问候,一次有力的握手,一句由衷的赞美,与员工产生内心的共鸣,让员工体会工作带来的荣誉和快乐,将在盘电工作视为一件极为幸福的事。"企业给员工一份爱,员工还企业万般情。"盘电人的工作热情因此被唤醒,这也正如神华集团领导所评价的一样:氛围是资源,氛围也是生产力!

•人人皆才

在国华盘电,"人才"这一称号不只限于少数人所有。员工只要有一技之长,在自己的岗位上勤奋工作,努力发挥聪明才智,为企业的发展做出了实实在在的贡献,都是可用之人、有用之才,以此唤回员工自信。

作为一个投产12年的老厂,国华盘电员工最多时达到1 700多人,而且原始学历多为中专或技校,人员结构也不平衡。国华电力收购后,并没有将其视为负担,而是将其视为宝贵的财富,鼓励盘电公司为国华电力的快速发展培养、储备各类人才。

"2007年10月17日"对燃料专业员工小闫来讲是难忘的一天。就在这一天,他在改善提案发表大会上发布了"♯63皮带输送机头部加装清扫器"提案。一名普通员工对现场设备的小小改善,引起了公司领导和全体员工的高度关注。小闫会后感叹道:"同事的掌声和公司的重视是对我最好的奖励。实际工作中有很多需要改善的环节,用心去做,我们可以做得更好!"

"人人皆才,人人成才"已成为国华盘电的人本文化。

诚信契约

在大多数企业，员工相对于企业而言是弱势群体，一味在被动地执行命令，期待组织公正，希望企业兑现承诺，诚信往往是员工对企业单方面的行为。

国华盘电将"企业诚信于员工"摆在首位，领导班子以"领导是制度最大的破坏者"作为自我警示，在工作和生活中做到严于律己，凡事率先垂范，对员工信守承诺，赢得广大干部员工的信任，具有广泛的号召力和影响力。在公司高层带头严格遵守制度、践行公司文化的模范作用下，各级管理人员言必行，行必果，树立了威信和正气；员工同时与企业建立了牢固的心理契约，在实际工作中本着高度的职业责任感，强化按章办事，严格执行规程，客观评价工作，改进工作作风，不断提高工作效率，通过文化的力量来促进企业管控水平的提升。"守信重诺、诚实做人、诚信做事、诚信管理"成为企业宝贵的无形资产。

诚信是相互的，在诚信于员工的氛围中，公司组织开展"人人尽责，共铸诚信"大讨论，查找容易产生"诚信缺失"的环节、行为，讨论形成本部门、班组、个人诚信做事的标准和准则。诚信管理实现让制度与理念匹配，用制度使文化落地。

倾情驿站

走进国华盘电，在每一个集中办公地点，都可以看到一颗耀眼的"红心"——这是企业为收集员工建议而专门设立的倾心信箱。信箱上清晰地标注了"倾心热线（电话）：5555"和"倾心邮件：qhb@sase18.com"。员工可以通过这个倾情驿站自由表达心声，倾诉自己的心情，管理层也因此拉近了与员工的心灵距离。企业文化部负责管理由倾情信箱、倾心电话、倾心邮件组成的"倾心驿站"，做到小事直接落实，大事集中处理，讲求时效，件件反馈。曾经，一份兼顾工作与生活、有关调整作息时间的建议很快得到了解决，提出建议的员工兴奋地说："原来我也说了算。"

国华盘电通过建立畅所欲言的工作环境，实现民主互动、员工有效参与管理，企业对员工充满了信任和尊重，产生了强大的凝聚力。

• 细节至上

每位员工都认真对待工作中的每一件小事，培养了用心观察、用心思考、注重细节的严谨工作作风和不断改善的职业素养。应用定点摄影、查找问题点、红牌作战、目视管理、竞赛评价、改善提案、看板管理、课题活动等行之有效的推行手段和方法，促进各项管理活动有了新的起色。国华盘电仅 2007 年就收集改善建议 13 279 项，内容涉及生产经营各个环节，平均每名员工每月自主进行一项工作改善，对于全面改善企业品质具有重要意义。国华盘电荣获全国电力行业"企业管理现代化创新成果一等奖"。

在"挑战零违章、零事故、零缺陷、零浪费"的倡议下，通过成本管理、资源优化，2006—2007 年度共节约成本 3 799 万元，其中运行方式优化、设备治理、修旧利废方式节约的金额占总数的 60% 以上。

国华盘电在 2003 年实现扭亏为盈，实现净利润 4.21 亿元；资产负债率在 2008 年年末下降至 52.3%，1999—2008 年累计实现利润 34.60 亿元；2006 年、2007 年机组连续实现了"零事故""零强停"，在实现国家一流火力发电厂的基础上，国内首家通过 NOSA 五星级认证，被中国电力企业联合会命名为"全国电力行业优秀企业"，企业步入健康快速发展之路，为神华国华电力的蓬勃发展作出了应有的贡献。

员工需要的不仅仅是薪水，还包括工作成就、工作认可、关爱、自信、尊严等在内的"精神薪资"。国华盘电管理层认为：在薪酬得到保证的前提下，"精神比金钱更重要"，成功地营造了"尊重员工，尊重知识，尊重创造，平等沟通"的氛围。国华盘电对员工的"热心""诚心"，成为"知心"，换来了员工的"忠心"，使员工以快乐的心态融入企业。

盘 活 机 制

国华盘电首先着手建立"德为前提，能为本位，竞争上岗，绩效评优"的竞争机制，向员工灌输"绩效识才、竞争择优、酬显其绩"的人才理念。

培训机制

国华盘电认为，员工的素质提升和能力提高是员工个人与企业发展的重要基础。因此，国华盘电将培训视为对员工最大的福利。通过各种途径提升员工的素质和专业技能，从而达到人才储备的目的。针对员工原始学历偏低的实际情况，公司与北京电力高等技术学校、华北电力大学、北京航空航天大学等高等学府联合，开设与发电厂专业相关的后续学历教育班，从中专、大专、本科到工程硕士学位班，迄今累计已有280人毕业，同时在读200多人，为人才快速成长奠定了坚实的基础。

国华盘电先后组织19名中层干部参加清华大学举办的企业高管培训班，让企业的中坚力量在最高学府聆听著名专家和商界领袖的真知灼见，与众多优秀企业家成为同窗好友，为他们打开通往更广阔世界的大门。同时，选派30余名生产骨干、S级员工攻读工程硕士学位，为个人素质提升创造条件，以此体现企业对他们的认可和激励，并促进其不断进步。

以能力建设为核心，开展生产系统专业人员的现场实操技能培训。实施全员持证上岗计划，进行国家职业资格的技能鉴定培训，以持证上岗促进技能提升。截至2008年5月，高级工以上职业资格人员占技能人员总数的60.7%；技师以上人数占技能人员总数的9.6%。

实行内部培训师制度，鼓励中高层经理和骨干员工做讲师，鼓励他们把自己的知识、经验和心得与员工分享。

竞争机制

国华盘电明确提出"公平是最大的激励"，所有空缺岗位均在公司范围内公开招聘。坚持公开、平等、竞争、择优的原则，邀请北京西三角咨询公司的外部专家全过程主持，彻底消除企业内部情感因素影响，为员工提供平等的发展机会。

孙师傅曾有过生产工作经历，因为家庭原因转到后勤系统成为一名经警。"我只有看一辈子大门了"，这是他当时真实且无奈的想法。2004年，他充分把握机会，通过竞聘重新回到运行系统,在第二年生产技术部节能主管的竞聘中成功胜出。面对工作岗位的巨大变化,他发自内心的感慨:"感谢公司的竞聘上岗机制!命运就掌握在我们自己的手中,我们没有理由不努力!"

通过搭建"凭能力上岗"的人力资源管理平台,在竞争中择优,使富有进取心、敢于创新、工作能力强的员工脱颖而出。经过精心策划组织,本着"人尽其才,才尽其用,人适其岗,岗适其位"的原则,在2005—2007年共有780人(公司人员总数的65%)参与竞聘,238人成功竞聘上岗,职数竞争比例为1:3,重要岗位达到1:6。员工看到了职业发展的希望,由抵制改革、惧怕竞争、被动执行公司决策转变为以开放的心态来欢迎变革,踊跃竞争,积极参与公司管理。

"赛马"机制使企业的人力资源实现最优化配置,国华盘电的人力资源也因此被充分激活。

考评机制

为了将战略转化为实际的定性目标和定量目标,并落实到各部门和员工的实际行动中,使企业个人目标与企业目标保持一致,国华盘电建立公司、部门、班组、个人四个层级的绩效评价体系,将所有组织和个人均纳入绩效评价范围内。要求每月必须按照正态分布的原则产生最优、最差的部门和个人,并以看板(一种信息发布工具)的方式公布绩效评价结果。月度评价实现了对员工的过程管理,督促每个员工认真对待每一天、每个月的工作。绩效评价体系的可视化使工作目标更加明确,重点更加突出,个体之间的差距也一目了然。部门看板的月度绩效结果引起了员工的高度关注,如此通过经常性的考评来推动目标转化为实际的结果,并形成了浓郁的竞争氛围。

国华盘电同时高度重视考核结果的运用,将绩效评价结果与薪酬分配、职业发展、荣誉奖励挂钩,对工作业绩突出、表现良好的员工晋级升档。根据跟踪调查,2004年度由S级员工中产生的10位公司级劳动模范如今均已晋升至中层管理岗位或作为优秀人才被输送至新建电厂。国华盘电同时要求"最后一个一定要下来",C级、D级员工进入培训系统或降岗处理,B级以下员工不得参加高岗竞聘。

多维度绩效评价体系的规范运作,形成了"以业绩说话"的氛围,建立了以绩效为导向的机制,增强了员工的使命感、危机感、紧迫感及竞争意识。

激励机制

国华盘电坚持以正向激励为导向,有效应用各种激励手段,引导员工自觉为实现企业目标而奋斗。

建立对外具有竞争性、对内具有公平性的薪酬激励体系。以岗位和绩效确定薪酬水平。对于部门经理等中高层管理人员,实施准年薪制,年终以部门绩效为依据兑现奖励;对于专业技术带头人、技术能手、技能大赛获奖选手等专业技能人员,在一定周期内按月发放津贴进行激励;对于年度绩效S级和A级的员工,增加岗位工资的薪档进行激励;对于一般检修工,通过高、中、初级的评定,调整岗位工资进行激励。

国华盘电每逢年终都对各层次、各专业的团队和个人进行评比表彰，实施全方位激励。仅2007年度就评出了128名先进个人，其中涵盖了安健环区域代表、TPM推行员、细则执行人、通讯员、班组长等。并以签署总经理嘉奖令的方式，对29名专业技术人员以及15名项目经理予以重奖。在国华盘电，每个层面努力工作的人员都有机会受到表彰奖励。

通过主创人在公司级优秀提案发布会上进行成果发布和月度安健环之星、TPM提案之星上光荣榜等方式来肯定"创新"的力量，将荣誉激励的作用发挥得淋漓尽致。国华盘电还组织开展"孝敬之星""和谐家庭""好家长"评选活动，并选派代表在公司全体党员大会上做报告，使"做事先做人"这一文化理念在广大员工中产生了共鸣。这一系列举措培养了员工的成就感，激发了员工参与公司管理的热情，使其产生强烈的归属感和责任感。

国华盘电始终遵循"岗位靠竞争，薪酬靠业绩，晋升靠能力"的用人原则，通过推行以目标管理为核心的绩效管理体系和人才评价机制，创新凭能力上岗的用人机制，建立能上能下的岗位动态管理机制和符合现代企业制度要求的、以绩效为导向的科学薪酬体系，实行全员系统化培训为核心的培训机制，完善后备人才的培养选拔机制，有效发现人才、培养人才、使用人才、激励人才。

盘 活 资 源

"一个人最可怕的是看不到未来"。论资排辈以及"关系导向型""情感导向型"的用人观念曾在盘山电厂一度风行，员工发展无望，积极性受到挫伤。

国华盘电通过多种培训手段、以目标管理为导向的绩效管理、员工职业生涯的规划，提升员工的知识、技能，积累工作经验，同时打通多条职业发展通道，鼓励其承担更具挑战性的工作，为企业创造更大的价值，实现人力资本的增值。

"绿色"起点

国华盘电为大学生量身定做了一套完整的学习计划，内容包括生产流程认知实习、与专业人员签订师徒合同的定向培养，人力资源部全程跟踪管理，定期考试测评，确保新员工得到快速成长。公司出台高学历青年员工岗位晋升不受岗位定员限制的培养政策，打通了他们职业生涯发展的快车道。

2004年硕士研究生毕业的小肖，在国华盘电的技术大比武中连续3年获得继电保护专业第一名，并以年度S级员工的身份获得"劳动模范"荣誉称号。在她工作满四年时，按照青年员工快速发展政策破格晋升为班组技术员。在2008年度，有16名像她这样表现出色的近年招聘的大学生晋升为检修班组技术员，同时有6名新员工成为集控值班员。

"绿色发展通道"使高学历的青年员工快速成长，国华盘电形成了合理的人才梯队。

技能"崇拜"

为了给员工创造更多展示才华的机会，激发每名员工的潜能，国华盘电持续开展"立足岗位练绝活"系列活动。通过分项测试，国华盘电已经认定了公司内部的"对轮中心一找准""电缆接头一接准"等93项绝活项目。获奖选手在获得绝活命名证书的同时，还在本年度享受特殊津贴。"绝活"测评让每位员工都有表现的平台，都有成为专家的机会，让员工感到被尊重，有成就感，能够心情舒畅地工作，甚至受"崇拜"。

如今，国华盘电的员工立足岗位，开展了一场"学习和技术的革命"。"测温高手"用手来直接测量设备温度，4个测点平均温差仅为1.275℃；"刮瓦能手"在轴瓦检修工作中，精细刮研能达到每平方英寸8～10点；"打字高手"在5分钟内打字534个，准确率高达98.76%……员工的积极性和聪明才智被充分发挥出来，国华盘电也在不断创造奇迹，并连续两届获得神华集团职工技能大赛电力板块团体总分第一名。

"人人都要有一手，人人都要露一手"，已成为国华盘电每位技能岗位员工的"追求"及荣耀。

专业化发展

每名员工都有职业发展的需求。为了全方位调动员工的积极性，国华盘电提倡"多元化成功"，为员工的职业生涯开辟管理通道和专业技术通道，明确提出"不仅有职位的晋升，还有职业的发展"。薪酬分配向高技术、高技能岗位倾斜，合理拉开分配差距，建立以业绩驱动为核心的分配机制。

突出技术、技能重要性，完善技术人员管理制度，建立"专业技术带头人"选拔机制，完善专业技术人员业绩档案，通过给予有突出贡献的专业技术人员相当于部门经理级的待遇，鼓励技术人员向技术专家方向发展。对于专业技能人才，设立初级工、中级工、高级工3个等级，并根据技能等级和工作业绩确定薪酬收入，形成职业发展阶梯。对技能大赛获奖选手实行奖励津贴制度，并聘为企业内训师。

在一级、二级后备人才基础上，充实建立三级、四级后备人才梯队（即后备主管和后备班长），充实完善人才库，做到专题培训，专人培养，定期考核，动态管理，形成人才的良性流动。在管理岗位建立AB角互学制度，定期进行岗位轮换，2007年共有85人通过笔试、口试、实操等方式参加了AB角认定考试，有效地提升员工第二技能。综合型人才为公司的持续发展提供了可靠的人力资源保证。

共享资源

"虽然人才输出会增加盘电的培训成本，也会给安全生产带来一定的风险，但它会使国华电力整体的人力资源得到更加合理的配置，使优秀人才有更广阔的发展空间，又在企业内部创造出新的岗位竞争机会，国华盘电要坚定不移地实施人才输出战略！"——这是来自国华盘电领导的心声。

国华盘电高度重视人力资源配置工作，通过加大专业人才培训力度来优化人才结构，并与新建电厂建立人力资源共享的战略平台。为了支持新厂建设，使员工有更广阔的发展空间，国华盘电践行"大国华"的理念，向新厂输出人才。自1999年至今，国华盘电向系统内15个新厂输出各类人才236人，其中职业经理人29人，专业技术带头人10人，并将国华盘电荣获国家级青年文明号和全国电力系统"优秀班组"的运行三值整体输送至沧东发电公司。该举措既满足了新建电厂对人才的需求，使优秀人才有了新的发展空间，又在企业内部创造出更多的岗位竞争机会，实现了人员的有序流动。

面对员工调动和新增职能产生的空缺岗位，国华盘电通过组建实习队来搭建后勤服务通向生产系统的桥梁，为辅业低岗位员工提供含金量更高的工作机会。从2003年开始至今已有4批共200余人从辅业回流至生产一线，实现人员的有序流动和人力资本的增值。

面对员工的成才需求，国华盘电的答案是：我们的平台足够大，只需考虑能力提升！通过倡导"以人为本，共同发展"的企业文化，让员工有强烈的归属感，使员工与企业结为利益共同体、事业共同体、理想共同体，公司在首届人力资源管理大奖评选中荣获"中国人力资源管理十佳企业"的殊荣。

国华盘电从"做事先做人"的心灵耕耘，到坚持制度唯一性的执行力强化；从领导干部率先垂范的凝心聚力，到坚持诚信及正向激励的卓越团队打造；从推进精细化管理的创新力文化，到构建科学合理简约有效的管控体系；从践行"大国华"理念的开放胸怀，到公平是最大的激励为员工搭建成长的平台……充分体现为"以人为中心"的人本管理思想。也正是关键性地抓住了"人"这一生产力中最活跃的因素，国华盘电通过以人心凝聚为基础，以机制建设为根本，以通道开辟为历程，以文化凝结为目标，将以人为本的理念贯穿于生产、经营、管理全过程，盘活了精神、盘活了机制、盘活了资源，营造了一种不断成长的快乐，发挥了每一位员工的潜能，打造了一支忠诚、快乐、敬业、高效的团队，实现了管理水平、盈利能力、人员素质、企业形象的全面提升。

敢于挑战自我，不断追求更高目标，把简单的事天天做好就是不简单。

没有惊天动地的口号，只有脚踏实地的干劲；没有刻意的标新立异，只有务实的开拓创新。

这是对国华盘电最好的诠释。

第 14 章
破解瓶颈　时势造才
—— 国华台山发电公司人才管理实践

广东国华粤电台山发电有限公司（以下简称"国华台电"）2001 年 3 月成立，由中国神华能源股份有限公司和广东省粤电集团有限公司分别以 80% 和 20% 的出资比例组建。电厂工程分两期建设，一期工程规划容量为 5 台 600 MW 机组，于 2001 年 10 月 31 日主厂房浇灌第一罐混凝土，拉开了建设的序幕，2006 年 11 月 28 日，五号机组移交生产，标志着本期工程全部建成，成为目前南方五省区最大的火力发电厂。二期工程规划建设 4 台 1 000 MW 机组，后期规划 2 台 1 000 MW 机组，最终规划容量可达 9 000 MW，是国内目前规划建设规模最大的火力发电厂。

国华台电位于广东省西南的台山市铜鼓湾，三面环山一面临海，此前人迹罕至，要想由陆路到达厂址必须翻越一座大山，台电人用自己的双手打通了一条长达 1 543 米长的隧道，让天堑变通途。国华台电搬走了一座天然的石头山，出入无陇断焉。但如何引进、培育、用好、留住人才，是企业创建与发展过程中面对的更大一座山。

创业发展：需才

当第一批建设者们打通隧道，站在即将要开垦的地基上欢呼过后，发出另一个声音：建设这么庞大的工程项目，我们的人才队伍在哪里？这就是当时最现实的问题，也是摆在国华台电面前最迫切的任务。

内部环境

地域：厂址地处偏僻，加之知名度低，没有足够吸引力，招聘人才非常困难。

大机组、新技术：2003 年以前，在我国燃煤机组的主力机型多为 200 MW、300 MW 容量机组，当时国华台电是为数不多拥有单机 600 MW 容量的机组；对于大容量、高参数的 600 MW 机组，涉及诸多新技术、新工艺，而能够真正掌握核心技术和工艺并有同类机组生产经验的技术、技能人员非常少。

建设速度快：国华台电一号机组由开工建设到移交生产，仅用 25 个月零 9 天，后续 2、3、4、5 号机组在五年内连续建成投产，平均每年接收一台新机组，建设工期短，速度快，人员自身培养周期与岗位需求失调，人力资源严重不足，配置相对滞后。

当第一批建设者们打通隧道站在即将要开垦的地基上欢呼过后，另一个声音在呼唤着：人呢？谁来建设？这是心的呼唤，让我们再次回顾当时的人力资源内外部环境：

外部环境

人才市场尚未建立：国华台电始建初期，由于当时电力行业市场化程度低，员工长期固定在一个企业，市场意识不足，人才流动性小，而且电力行业员工调动程序复杂，引进优秀人才更为困难。

市场竞争激烈：国华台电建设期间正逢电力体制改革，实行厂网分开，电力建设空前高涨，发电侧人才争夺非常激烈，人才资源稀缺。

在这样一种环境条件下，国华台电建设、营运五台 600 WM 机组面临的困难可想而知。要想实现战略目标，突破人力资源瓶颈，国华台电首先、而且必须建立长效的人力资源管理机制。

审时度势，台电人用愚公精神，在基本建设的同时，开始了另一项"开山通路"工程。

通路工程

国华台电在成立之初就确定了建设成为"国际一流"的特大型火力发电厂的战略目标，为实现这一战略目标，国华台电必须征服挡在路上的"大山"。为此，国华台电实施了一系列举措：

• 确立了"以人为本"的人力资源理念和"员工与企业共同发展"的人力资源战略；
• 建立了以责任制为基础的绩效评价机制，以能力和业绩为基础的岗位竞争机制，以任职资格为基础的培训开发机制，以岗位、业绩和技能为基础的薪酬分配机制（见图 14—1）。
• 搭建了员工与企业共同发展的人力资源管理平台，提升员工的能力素质，促进员工全面发展，即通过建造一流的硬件、培育一流的员工、注入一流的管理，打造"国际一流"水平的特大型火力发电厂。

国华台电"员工与企业共同发展"的人力资源管理平台如图 14—1 所示。

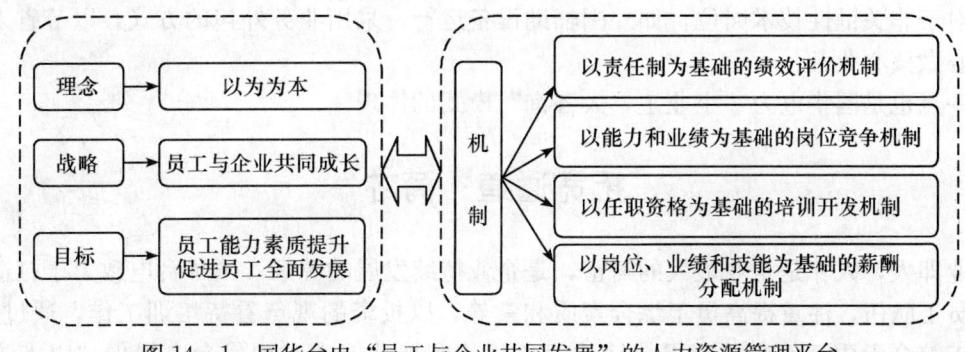

图 14—1 国华台电"员工与企业共同发展"的人力资源管理平台

开山铺路：引才

三大策略—拓渠引才

为满足国华台电发展用人需求，解决人员总量不足和员工技能结构不平衡的问题，国华台电"开山铺路"，克服一切障碍，选用人才，引进人才。

国华台电在招聘有经验的高素质员工方面制定了扩大人员招聘的行业范围、关注基础较好的老发电企业、吸引行业外优秀人才的三大策略。并在智联招聘网、南方人才网、电力英才网、数字电力网等人才招聘网站上发布招聘信息或搜索人才，引才范围不再局限于发电企业，特别是管理人才，从其他管理规范、先进的企业搜寻人才，通过招聘吸收外部高素质人才并完善内部培养模式，发挥人力资源联动作用，以更广泛地引入所需人才。

灵活机制—善用资源

为了满足基建和生产用工需要，国华台电打破常规，充分利用社会人力资源。针对在基建期有经验、高素质人才引进难、容易流失以及基建结束后分流困难的问题，按照"提高效率、降低成本、放眼将来"的原则，采取了不同的用工形式，如以返聘、劳务输入、借调等形式引进高素质的人才；同时根据电厂工种技术含量差异较大的特点，在不同岗位灵活使用不同期限劳动合同的员工或业务外包的形式。

首先，在基建初期的人力资源规划中，考虑到基建结束后基建人员分流压力和人工成本的问题，在基建期鼓励使用有工作经验的退休返聘人员，以及以技术服务合同雇佣其他单位（如设计院、施工单位等）的人员作为本单位业主工程师员工使用，这些员工经验丰富，技术过硬，发挥其优势可有效缩短工程建设时间，保证工程质量与进度，而且这些员工无长期人工成本，基建期为我所用，基建结束则合同到期自然分流，达到人员"能进能出"。

其次，在生产运营初期，针对新厂年轻员工多、经验不足的情况，借鉴基建期对退休返聘人员和业主工程师成功使用的经验，少量使用退休返聘人员和业主工程师员工培训年轻员工。对于掌握核心技术的岗位，以"核心技术必须自己掌握，核心岗位使用在编员工"的原则，如集控运行人员和检修管理人员，统一招聘学历高、素质好、能力强、有培养潜质的在编员工（长期合同工），并辅以长效激励政策，以减少核心员工的流失，实现核心技术自己掌握。对于非关键性技术岗位，如外围辅助设备运行，采用业务外包的方式，以节省人工成本，专心做核心业务。

这一点也是国华电力"小业主，大咨询"模式的体现。

拓宽通道：育才

企业即人，人才是企业最大的财富，是企业持续发展的源泉。国华台电致力于打造一支优秀的员工队伍，注重提高员工综合素质和素养，以投资的观点看待培训工作，通过培训，提高员工综合素质，使企业获得持续的竞争优势和战略能力。国华台电提倡"以人为本"，就是要以人的素质提升为根本，从企业发展的战略高度全面加强人力资源培训与开发工作，以员工全面、充分的发展为目标，创建良好的育人环境。

完善体系——搭建培养平台

为提高培训工作的针对性，国华台电对各岗位任职资格进行了系统分析，既考虑岗位开发培训课程通用性，也充分考虑岗位培训的专业性，将培训课程体系分为公司级公共培训课程、部门专业培训课程和班组技能培训课程。为确保培训组织工作有效，国华台电建立了三级培训管理体系，即公司级、部门级和班组级。公司设立培训主管（人力资源部）和培训专工（生产技术部）岗位，负责制定公司整体培训计划和监督评价各部门培训工作，各部门经理负责组织本部门专业培训，各班组负责人负责班组技能和专业实践培训。在具体职能分工方面，人力资源部负责公司级管理开发培训；企业文化部负责素质培训；生产技术部负责技术、技能培训；安健环部负责安全健康环保方面培训。同时，国华台电将培训结果与员工个人绩效评价、技能等级评价和岗位晋升相关联，确保员工高度重视培训，以达到培训预期效果。

专业培训——落实培训责任

各部门负责的岗位专业知识培训和专业技能培训，采取公司内部师资资源共享、培训课件共享、培训内容和方式灵活掌握、发挥资深人员专业优势和实践优势等策略，由各部门制订专业培训计划并报人力资源部备案，为员工创建良好内部学习氛围和培训环境，有效地促进了新员工在岗位的快速成长，同时使企业的工作实践得到了很好的积累，有利于公司建立过硬的专业技能人才队伍。

管理培训——开发管理人才

管理开发培训主要针对管理部门人员及后备管理人才组织的系统性培训，其目的是提升员工管理意识和管理水平，通过聘请外部培训机构，系统学习战略管理、项目管理、人力资源管理、财务管理、管理沟通、市场营销、压力管理、领导艺术等课程，提升管理人员的管理水平，打造一支优秀的经营管理人才队伍。

基于任职资格标准，并结合管理人员现状，即管理人员和后备人才多是理科知识背景、社会阅历经验不足、管理基础知识缺乏等情况，国华台电与中山大学管理学院联合举办管理基础课程培训，授课讲师与管理人员共同交流探讨管理理论与管理实践的结合点和切入点，分析、辩论、探讨在实践中遇到的管理经验、教训及困惑，潜移默化地提高管理人员的管理理论水平，并应用和指导实践管理工作。

素质培训——提升员工素养

员工的素质关乎企业及员工的未来，国华台电坚信只有一流的员工才能造就一流的管理水平和一流的企业。为此，国华台电非常注重对员工优秀价值观的塑造和优秀品质的开发，如诚信、规范、责任、自律、爱心、孝心等重要品质。国华台电定期对员工进行以诚信、责任、执行力等为主题的素质培训，通过素质培训和企业文化引导，提升员工综合素质，夯实基础，增强企业文化底蕴，培育可持续发展能力。

后备人才——建立人才梯队

为建立一支年轻化、知识化、专业化的后备人才队伍，形成合理的人才梯队，保证人才队伍新老交替，促进领导人员素质全面提高，从组织上保证企业健康持续发展，国华台电建立了科学、系统的后备人才管理体系。国华台电后备人才包括：行政、党群职务序列的领导人员的一级后备人才（经营管理层的后备人选）、部门经理、经理助理的后备人才（二级后备人才）、值长、主管、专工和点检长等岗位的后备人选（三级后备人才）；国华台电对后备人才定期指导、定期评价、定期沟通，从机制上保证每个重要管理岗位都能源源不断地输出人才。同时，国华台电每年从值长、主管或专工岗位选拔一批优秀员工，作为重点培养对象，到部门经理助理岗位挂职锻炼，拓宽他们的视野，让他们掌握跨部门专业知识，提升其沟通能力和组织能力，确保企业在未来市场竞争中具有强大的人才优势。

不拘一格：用才

公开竞聘、激发潜力

国华台电在明确岗位定员标准的同时，完善内部竞聘机制，通过内部公开竞聘，让优秀员工配置到合适的岗位上，从机制上促进人力资源配置的优化，实现员工公平的发展，让真正有才干、具有发展潜力的优秀员工脱颖而出，激励员工加强学习和提升自身综合素质，从而在企业内部形成良好的学习文化，形成良好的人才选拔机制。

破格录用、岗位速成

为了培养和锻炼新人，国华台电坚持以能力和业绩为导向，打破论资排辈传统做法，不断改进用人标准，鼓励员工不断自我完善，自我超越。通过观察分析及测评，对素质高、有发展潜力的年轻人，通过"压担子、加鞭子"，以"岗位训练"方式促其加快成长步伐。如某部门负责人，2002年7月本科毕业，专业基础扎实，工作积极肯钻研，工作有思路有方法，在专工、主管岗位业绩突出，表现出较高的综合素质，2005年8月将其破格提升为部门经理助理，现在已经成长为部门负责人。

专业发展、职业通道

国华台电为引导员工打破官本位思想，走技术、技能发展之路，成为专家型人才，建立了员工技能等级评价体系，将员工技能等级分为九级，采取客观项目评审、能力测评、加分项目（或评审条件）评审、专业能力等级评审委员会审批的方式对员工进行技能等级评价，变单一的考试为理论、能力和工作业绩、日常表现有机结合的方式。员工技能等级评价每年进行一次，评价结果与员工薪酬挂钩，并引入竞争机制，以综合评价排名决定技能等级工资的升降。

此举为员工的职业发展指明方向，让员工了解职业生涯发展不只局限于行政职务，还有更广阔的专业技能通道。为提高员工对专业技术工作的热情和积极开展创新工作，国华台电每年召开科技大会表彰科技工作先进个人、协助员工申请专利知识产权、对重大发明或创新以员工姓名命名等，从物质上和精神上给予充分的奖励。

实现价值：留才

三维薪酬——动态激励

国华台电通过多维度薪酬体系引导员工努力提升个人技能和素养，挑战高岗位，干出好业绩，获得高的收入和高品位生活。建立以岗位评价为基础、技能等级评价为核心、绩效考核为导向的"三维动态薪酬"体系，让员工共享企业发展成果，并适当向关键岗位、高技能员工和效率高、业绩好的员工倾斜，实现员工与企业目标的一致性。

工资结构维度图如图14—2所示。

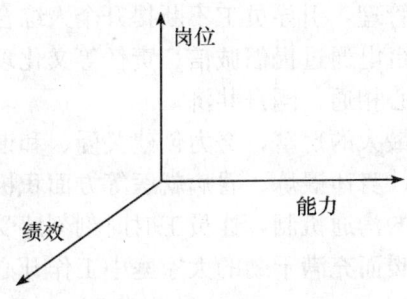

图14—2　工资结构维度图

第一个维度：岗位（责任导向）。岗位不同，所作的贡献、工作的难度以及所担负的职责和风险都不同，其工资必然有所区别。国华台电的做法是通过对岗位进行评估，得出每个岗位相对价值的大小，评出每个岗位的岗位等级，岗位等级越高，工资也越高。员工可通过晋升途径获得更高岗位的工资。

第二个维度：工作技能（能力导向）。工作技能是指员工所具备的素质、知识、技能和工作行为的综合表现。员工的能力等级的变化（由技能等级评价确定，每年进行一次），决定技能工资的变化。员工可通过学习、培训和钻研业务提高技能，从而获得更高技能等级的工资。

第三个维度：绩效（业绩导向）。绩效是指员工实际达成的工作绩效成果，员工的绩效工资与企业绩效、部门绩效和个人绩效相关联，绩效工资将随着三者绩效结果上下浮动。国华台电建立以责任制为基础的绩效评价机制，绩效管理通过绩效计划有效分解年度经营目标和管理目标，确保员工个人工作目标与部门、企业目标一致；通过绩效评价客观公正地评价员工业绩，为绩效工资、奖金分配、员工晋升等工作提供依据，激励和留住优秀员工，激发员工的积极性和创造性，不断增强企业的核心竞争力；通过绩效辅导和绩效改进计划，达到企业及员工绩效提升、管理水平提升、员工素质提升三大目的，最终实现员工与企业的双赢。

公平竞争　留住人才

国华台电一直倡导与员工共同发展，积极为优秀员工创造良好发展平台。为此，制定了《内部竞聘管理制度》《后备人才管理制度》《干部聘任及管理制度》，努力为员工打造良好的公平发展平台、展示个人能力和业绩的平台、职业发展通道平台和人才输出平台。2007年，国华台电有22位员工通过内部竞聘得到新的岗位。

公平竞争的机制与平台不但优化了人力资源配置，也激发了员工的工作和学习的热情，留住了人才。6年间，国华台电将毕业生培养成集控运行主值25人、值长3人，2人走上了管理岗位成为部门负责人；主管、专工岗位中有60%的员工由内部培养。

诚信文化　留住人心

国华台电提倡诚信文化，积极引导员工以诚信行为为准则，把诚信作为立身之本、个人长远发展之源，同时加强自主管理，引导员工不断提升个人综合素养，引导员工树立正确的价值观和积极的人生观。国华台电通过提倡诚信、责任等文化理念，让员工与企业达到更高层次的共鸣，让员工与企业心心相通，同舟共济。

国华台电坚信员工是企业最大的财富，努力创建关爱、和谐的企业文化，在企业发展的同时，从员工安居、子女上学、身体锻炼、看病就医等方面积极为员工提供便利，并通过人力资源部、工会建立内部良好的沟通机制，让员工时时刻刻感受企业的关爱，认真听取员工意见和呼声，让员工在这个温暖而充满干劲的大家庭中工作开心，生活愉快，与公司共同成长，共创辉煌。

此外，国华台电在想员工之所想，努力建立全面的保障机制，让员工既无近忧也无后顾之忧，安心工作、开心生活。

在电力改革发展的大潮中，国华台电5年时间建成五台600 MW机组的一期工程，而且以国产设备打造了工期短、质量优、科技含量高、高效环保的一流工程，在速度、效率方面均登上了制高点。其一决定因素为"人"。7年来，人力资源管理通过完善机制，积极开展人力资源的"引、育、用、留"工作，打通了人力资源管理面对的"大山"，化解了企业快速发展过程中的人力资源管理矛盾，预控了各类风险，培养造就了一支优秀的员工队伍，为企业的快速、高效发展奠定了良好的基础。

在国华台电"以人为本，共同发展"绝对不是口号，在企业自身发展的同时，注重员工的发展，用双赢思维指导人力资源管理实践，通过双赢的管理模式让员工与企业达成共识，使员工能真正与企业同舟共济，一道继续远航。

第 15 章
营造和谐　企业责任
——国华宁海发电公司和谐发展实践

拥有 4×600 MW 运营机组、2×1 000 MW 在建机组，"四机一控""四管集束""大型封闭储煤罐"等新技术、新工艺的应用，具有艺术感的厂区设计，企业数码化战略的实施等，你一定会问，这是哪一家发电公司？答案是浙江国华浙能发电有限公司（下称"国华宁电"）。

当你置身于国华宁电，你会有一种自然和谐的感觉，这种感觉就散布在你周围的空间中，让你感受到一股强大的力量。而这股强大的力量源自"和谐宁电"的理念和国华宁电对企业与员工、环境、社会和谐的执著追求和淋漓尽致地表达。

时至今日，国华宁电已经成为国华电力和谐办电的品牌代言人。

与员工和谐

基于对人力资源管理工作专业化、科学化的分析判断，国华宁电成立之初就较为系统地提出了"共同成长"的人力资源管理战略。"共同成长"的最终要求是实现员工与企业的共同发展，达到企业愿景与员工价值的完美统一，这不是一句口号，当然也不能仅仅留于纸面之上。

国华宁电的员工来自五湖四海，成长背景、价值观念各有不同，而企业的快速发展，亟待打造一支凝聚力强、忠诚度高、业务素质过硬、思想道德经得起考验的人才队伍。为了能更深度地引导员工心理诉求，通过共同成长战略，全面激发员工参与和谐国华宁电建设的主动性、积极性、创造性，引导全体员工树立和谐的思想观念和思维方式，国华宁电研究了企业自身文化聚力、文化凝心的优势后，创造性地提出"共同成长"的人才核心战略，并通过"选人、育人、用人、留人"的外围保障机制给予全方位支持。

专业的招募保证了"选人"效果

国华宁电建立了良好的招募渠道管理机制，与学校等人才提供单位建立良好的沟通协作关系，并使用招聘信息分析软件来实现应聘人员在线简历投递、自动初选、进行性格与能力倾向测试等功能。

此外，在面试过程中，通过多种手段来提升招募工作质量：对应届大中专毕业生，在获取毕业生真实信息的基础上将关注重点放在毕业生性格和价值取向分析上；对有工作经验人员，则在重点关注其专业技能（如知识、技能等）和以往核心能力（如团队合作、创意、速度等）的基础上进行背景调查，多渠道了解拟招募的员工在原单位的实际绩效表现。

为了能拓展招聘信息的覆盖范围，在《中国电力报》、数字英才网、电力英才网等多家媒体上全面发布招聘需求，为人员的海选提供了有力支持；为了能及时、高效获取招聘信息，整合公司内外网络，实现应聘人员在线简历投递、在线分析功能；为了确保招聘员工的质量，在招聘过程中重点关注应聘者性格与能力倾向等软实力的测试。诸多举措保证了国华宁电员工队伍的学历、核心能力素质。

多渠道培训提升了"育人"成效

多途径、多方式进行培训开发工作有很多益处。正如变革可以影响人们的工作态度一样，通过培训主体、授课方式的多形式变化可以使工作生活变得更有挑战性。

在这方面，国华宁电作了包括推进导师制体系等诸多有益尝试：

推动导师制在国华宁电的发展，员工与导师之间建立师徒契约关系，重在通过协议来约定双方责权，注重导师对员工个人在工作和心理上的全程带路、引导。

培养了2批次66名内部培训师，通过专业化的授课技巧将其本人丰富的工作经验予以传承。

推进管理人员的专业化素质提升工程，率先在国华电力启动了国华宁电管理人员持证上岗计划，以取证促培训，以岗位带发展。

有效落实首席专家制度，重点对C级首席专家的评审和管理进行了规范。

进行技术骨干、管理骨干、青年骨干的学历培养计划，借以鼓励员工掌握系统性的理论知识体系。

发电运行部的小胡师傅在2008年度特别忙碌：一方面，他本人由于业绩优异而提拔为国华宁电一期（4台600 MW机组）发电运行部的值长；另一方面，由于二期扩建工程生产准备工作需要大批次的运行检修队伍，他又在本值内承担起向二期生产准备培育、输送人才的任务。按照人才培养体系要求，他在值内深化导师制的落实，以师徒方式一对一开展培训；通过分系统授课、技术问答、运行分析、机组隐患学习和操作总结等方式紧盯日常培训；还需要定期举行技能考试，落实相应的激励措施。

2007年年末到2008年年初，国华宁电一期工程共向二期工程输送了3批（合计75名）生产骨干员工。在一期工程向二期输送大批人员的同时，一期的4台机组安全工作质量得到进一步提升，机组的等效可用系数、非停次数明显优于2007年。

公正的选拔机制保证了"用人"成效

规范的内部提拔机制是促进人员培训和技能开发、着力培育员工核心素质的良好平台。国华宁电进一步细化了重要岗位的接班人管理工作，针对关键岗位建立接班人管理体制，最大限度地降低岗位任职人员缺岗风险；同时将能力素质模型工具引入后备人才管理工作中，通过民主测评、核心能力模型评价等多种手段提升后备人才选拔工作的科学性，并通过见习任职评估机制来给予修正。按照这种工作思路进行了16次大规模员工上岗工作，生产类员工全部上岗，重要岗位任职满意度获得较大提升。

国华宁电依据中、长期人力资源发展规划，针对各部门经理助理、发电运行部值长、设备维护部点检长等重要岗位进行了后备人才见习任职评估工作。成立了以总经理为组长的专家小组，对拟见习人员的道德品质、能力素质、职业倾向等核心素质进行专业测评；任职期内采用导师制等多项手段，以一对一辅导的方式实现管理技能的有效传递；见习任职后，由专家小组就见习人员在见习期内的工作业绩进行评估，从而明确下一步使用方向。一系列科学、有效的后备人才评估工具，确保了国华宁电重要岗位人员的选拔工作得到不断完善，后备人才使用满意程度也得到了相应的提升。

稳固和谐的心理契约保证了"留人"业绩

构建稳固和谐的心理契约关系需要企业与员工一同设计员工的职业生涯，将其成长脉络与企业发展相匹配。国华宁电建设了一流的住宿环境与文体设施，并引进专业的物业公司管理，为员工营造"家"的氛围；每年进行"跨越巅峰""超越梦想"等系列特色的文化推介活动；坚持"送温暖"活动，及时将"爱心红包"送到遭受意外的员工手中；建立员工入职档案、入职生活和文化引导体系，系统地将安全管理知识、应知应会知识、人力资源基本管理制度予以宣传贯彻；在员工入职的第一时间，通过三级安全教育、高层管理者座谈等形式，传递"亲情文化"信息，着力培育新员工入厂后的归属感。

另外，国华宁电的绩效评价体系和薪酬管理的激励作用，也为促进员工与企业的共同成长提供了有效的工具支持。

- **绩效评估的提升**

国华宁电的绩效评价体系为共同成长战略提供了有效的工具支持：部门与员工的绩效评价管理体系已经相对为员工所理解和固化，员工对绩效评价的具体实施内容、正向激励作用已初步认可。

部门绩效评价强调部门与企业的共同成长重心，在部门年度目标完成、部门内部治理水平评估、部门文化建设等核心要素基础上予以测评，尽可能真实客观地反映部门年度工作。

员工绩效评价强调员工与部门共同成长重心，将员工绩效与部门绩效紧密结合，结合国华宁电特大型电厂管控的组织实际，制定了与管控、成本重心相吻合的绩效评价制度，细分了评价对象及方法。

- **薪酬管理的激励**

薪酬作为人力资源战略的核心实施工具，在国华宁电"共同发展"的道路上发挥着不可或缺的作用。

为适应国华宁电生产、基建、经营一体化的特点，提升营运期机组运行的安全稳定性、高效性，最大限度地降低机组运行风险，同时确保国华宁电基建工程建设的质量、安全、进度、投资总体建设目标实现，国华宁电将员工分为基建、管理和生产不同序列，细化薪酬奖励管理制度。

强化安全管理品质，为认真贯彻"安全第一，预防为主"的方针，设置专项的安全生产奖励基金，从薪酬激励上强调对安全管理工作的倾斜程度。

设置雇员职业发展通道，对雇员类别、岗位、薪酬、培训管理等方面进行了详细的规划和实践，激励雇员积极向上、多作贡献并努力提高自身的任职能力。

小朱于2003年从浙江大学毕业并取得硕士学位，进入国华宁电。5年来，从学员到巡检，从巡检到操作员、机组长直至运行值长，拾阶而上。2006年，他在担任学习机组长时，以高度的责任感和过硬的专业技术，及时果断地处理了一起大故障；2007年，他和另一名同事参加神华集团第七届职工技能大赛，获得小组总成绩第一名、个人第三名的佳绩；同年在国华宁电首届科技大会上，他编写的《600 MW亚临界汽包炉吹管方式的选择和优化》一文获得了一等奖；2008年，在国华电力组织的规程评审会上，由他主持编写的国华宁电《1 000 MW机组集控运行规程》一次性通过，并得到与会专家的一致好评。小朱仅仅是国华宁电"员工与企业共同成长"实施策略中的一个典型案例，是企业与员工深度和谐的佐证。

在共同成长战略的引导下，国华宁电深入实施专业化的人力资源管理策略，为员工搭建起了一个"没有天花板的舞台"，使员工整体素质在短短几年内得以大幅度提升。

技术人才队伍、职业经理人队伍、技能人才队伍培养均实现了质的突破；生产类员工技能等级鉴定完成率100%；持证上岗率100%，管理人员的取证计划正在积极推进中，见表15—1。

表15—1　　　　　　　　　　人才队伍培养情况

时间	专业技术职务任职资格			职业技能等级					专业技术带头人
	高级	中级	初级	一级	二级	三级	四级	五级	
2005	4	47	41	1	5	8	0	0	0
2006	40	128	77	1	6	62	24	0	5
2007	37	135	140	3	10	73	131	0	5
2008	49	139	205	5	27	106	158	2	20

与环境和谐

在国华宁电首届党代会上通过的"构筑中国电力示范性电厂"的目标中,对环保指标给出了明确、清晰的标准:合力控制投资,采用科学技术,全力打造"清洁"电厂,成为浙江省循环经济示范点。

国华宁电信守国华电力"四不一再"环保承诺,在一期工程投入近20亿元资金,引入高效除尘、湿法脱硫、脱硝、全封闭储煤罐等先进环保措施,实现了脱硫效率95%以上,脱硝效率高于80%,除尘效率达99.3%,污水零排放和厂内燃煤密闭传输……

脱硫脱硝

作为国内和浙江省内首台国产60万千瓦亚临界火电机组脱硝环保示范工程,国华宁电4号机脱硝工程采用当今世界成熟先进的SCR选择性还原法烟气脱硝技术,自2006年11月投产以来,氮氧化物排放总量大幅度削减,每年可减少排放3 000余吨,并可有效地减少酸雨形成,具有显著的社会效益。在一期工程四台机组中,国华宁电投资4.2亿元,全部加装了国内最先进的脱硫装置,力求把对环境的影响降到最低,目前实际运行的脱硫效率为98%,远大于设计效率。在二期2×100万千瓦超超临界机组中,国华宁电也将实现同步脱硫脱硝。

废水零排

国华宁电在厂区分别设置了相互独立的生活污水管网、工业废水管网和雨水直排管网。对各生产工艺排放的工业废水,采用废水集中处理系统;厂区与灰库采用分隔堤分开,使厂区雨水不进入灰库;作业区雨水通过移动式水泵,集中到回收水池沉淀后,用于灰库灰面洒水;生活污水处理达标后供至净水站工业回用水池或作为厂区绿化用水,真正达到废水零排放,实现了100%回收利用。

节能降耗

在实现减排的同时,国华宁电通过一系列技术改造措施大力推进节能降耗,水耗与厂用电率均低于计划值,供电煤耗实际值为325.96克/千瓦时。一期四台机组试运期间均采用等离子点火,节省燃油15 400吨。为减轻噪声对环境的影响,国华宁电从声源上进行噪声控制,对超标的高噪声设备采用加装隔音罩等措施,从厂区布置上,尽可能将主厂房内的高噪声设备集中,利用建筑物的屏蔽作用,减轻对厂外环境的影响。

欧洲小镇

国华宁电的容貌与人们印象中的传统电厂大相径庭。国华宁电厂前区被来访者誉为"欧洲小镇",整个厂前区建筑群追求人与自然对话、建筑与自然相融的风格,巧妙利用玻璃幕墙、廊道和门厅围合成院,宁静安逸;外立面则运用彩色玻璃幕墙,设计了造型简洁明快的大型遮檐；游泳池回廊设计了欧式廊柱与圆弧；利用开山坡地设计出上下错落有致、曲径通幽的胜景；国华宁电大门采用简洁的几何造型和鲜艳的用色，既烘托出蓬勃热烈的氛围，又颇具现代艺术和现代感。

与社会和谐

在良好的和谐体系中，与社会、与当地政府群众的沟通协作也是重点：国华宁电是首个由浙江省外企业控股投资的国家重点电源建设项目，也是浙江省"五大百亿"工程示范项目。在发展壮大的过程中，国华宁电始终坚持经济效益与社会效益并重的原则，坚持以"电厂建设与地方经济共同发展"为指导思想，不仅为缓解浙江省电力供应紧张局面起到了至关重要的作用，而且为地方税收做出了突出贡献。在2006年实现"一年四投"的同时跻身于宁波市纳税前10名。

和谐社区

国华宁电所在的强蛟镇临近海港，交通不便，经济相对落后。国华宁电进驻厂址后的第一件事就是解决当地居民长期生活生产用水困难的问题，国华宁电在建设电厂给排水系统时联通了周边村镇，极大改善了当地居民的用水状况。之后，国华宁电出资5 414万元，与县政府合资修建了12公里进厂道路，通过这条路，使电厂的建设更有力地带动了周边发展，促进了当地经济的繁荣。同时，国华宁电邀请当地人大代表和村民到电厂参观、座谈，还针对当地学校开展了"走进绿色国华宁电"活动，先后有70余名教师和200余名小学生记者到电厂参观采访。国华宁电领导亲自召开新闻发布会，接受小记者的提问，通过活动，不仅让孩子们有了与绿色国华宁电亲密接触的机会，更为孩子们打开一扇了解电力企业的窗户。

循环经济

国华宁电一期工程投产后，年产粉煤灰约35万吨、煤渣5万余吨、石膏10万余吨。按生态型循环经济理念，国华宁电与当地政府合作，引进海螺水泥粉磨站、纸面石膏板等项目，打造循环经济产业链。目前已建立起了两条典型的循环产业链：一是"煤—电—粉煤灰—水泥"循环产业链，将煤燃烧后产生的粉煤灰送至附近的水泥厂做原料，可增收1 000多万元；二是"煤—电—脱硫石膏—石膏板"循环产业链，将脱硫后产生的石膏送至由当地政府牵头引进的一家纸面石膏板厂，每年可新增工业产值2.1亿元。国华宁电为国内其他发电企业走循环经济型道路树立了典型。以国华宁电为依托的临港区已被宁波市环保局列为全市第一批循环经济试点。

热心公益

和谐社区建设、循环经济的示范龙头作用，带动周边农村副业发展，为农民增收创造条件，等等，都为创建和谐的周边环境打下了牢固的基础。现在，每逢节假日，宁海县委县政府、县人大、县政协四大领导班子成员都要到国华宁电现场慰问，并协调解决现场存在的问题，切实为国华宁电的后续发展保驾护航。在公益事业方面，国华宁电也显示出一个大型国企对社会的高度责任感。如举办中国宁海"国华宁电杯"旅游节、认养千年古樟树、助学四川地震灾区儿童等，均身体力行了以企业和谐保社会和谐这一理念，其"中国电力行业最具责任感企业"荣誉，可谓实至名归。

资产管理

国华宁电自项目建设至资产报废引入全寿命周期管理理念，在建工程转入固定资产，通过前期设计优化，并且全过程控制工程的安全、质量、进度的前提下，实现工程造价最省；对于直接购入固定资产，规避采购价格"虚高"的风险，确保采购价为市场合理价，保证两类资产以最低成本投入运营；在库存环节坚持最佳保有量，提高库存资产使用效率；在日常使用时，将定期检修与状态检修相结合，降低日常维护成本；根据生产运营需要，更新改造资产，挖掘其潜力，在生产中创造更大价值；在资产报废环节，选择变价出售或修旧利废，实现其剩余价值的再利用。通过资产全寿命周期管理，实现资产运营期间的成本最低，使用效率最高，带动企业整体管理品质的提升，从而实现国有资产使用价值最大化，充分体现了国华宁电高度的社会责任感。

《晋书·挚虞传》："施之金石，则音韵和谐。"和谐宁电的提出和实践，犹如金石，宁电人以高度的社会责任感和时代使命感弹奏了三大和谐的乐章，而正因为这种和谐，给国华宁电带来了丰硕的成果和回报。

1 项最高奖

一期 4×600 MW 机组工程在 2007 年度中国电力优质工程评比中排名第一，并成为获得代表国家工程建设最高奖项的中国优质工程金质奖的唯一单位，填补了电力行业七年无中国优质工程金质奖的空白。

2 项里程碑

2 号机组为中国电力装机突破 5 亿千瓦标志性机组。

3 号机组为国华电力装机容量突破一千万千瓦的标志性机组。

3 项专利

四管集束烟囱专利、四机一控专利、高空观光平台专利。

4 项国内首创

脱硝：国内首台 600 MW 亚临界机组脱硝同步设计、安装、投产的电厂。

煤罐：国内首个 600 MW 电厂建设圆形封闭煤场，运煤系统实行全过程密闭运送。

四机一控：国内首个 600 MW 机组采用四台机组在一个集控室集中控制。

四管集束：国内首个 600 MW 机组采用四管集束烟囱。

5 项之最

工期最短：35 个月零 23 天。

投资最省:总投资 848 966 万元,单位造价:3 537 元/千瓦。

优化设计最佳:广泛采用四管集束烟囱、四机一控、现场总线技术、圆形封闭煤罐、同步脱硝、锅炉等离子点火技术、主厂房不等距和"四机一检修"的厂房布置方案等设计优化方案。

环保最好:运用脱硫、脱硝、生态边坡等举措,环保资金投入达到工程总投资的 20%。

占地最少:厂区占地仅 33.60 公顷。

第 16 章
生产准备 四轮驱动
——国华沧东发电公司生产准备实践

河北国华沧东发电有限责任公司（下称"国华沧电"）是一个全新的发电企业，一期工程建设 2 台 600 MW 国产亚临界燃煤机组和 2 万吨/日海水淡化系统，依托神华集团的整体资源优势，该项目开辟了独具特色的"三个零"建设模式：国内第一家通过围海造陆获得全部厂区用地，实现土地零占用；采用国内最大规模的海水淡化设备制取淡水，实现淡水零开采；直接从黄骅港煤场取煤而不修建铁路，实现燃煤零运输。

国华沧电工程采用围海造陆、海水淡化、港电一体、软基处理、四支盘灌注桩、等离子点火、600 MW 抽汽机组等特有新技术，需要克服大量的技术难题；电厂所处的黄骅港是一片待开发的盐碱滩涂，草木不生，四季难辨，自然条件异常艰苦；同时工程建设遭遇了前所未有的基建资源和人力资源的高度匮乏，这样一个充满困难和挑战的项目，如何能够顺利建成投产并实现从基建到生产的平稳过渡？成为困扰沧电人的最大难题。

面对复杂的形势和困难，国华沧电主动出击，统一组织、策划、实施工程建设和生产准备工作，从"全程跟踪基建，规划生产管理，设计组织机构，提高人员素质"四方面入手，创新生产准备模式。四项内容相辅相成，就好像一辆四轮驱动的汽车一样，"牵引"与"推送"并行，确保动态的安全稳定性能最优，让项目建设顺利交接的成功系数更大。

前轮一：生产管理前移

国华沧电认为，基建是为了生产和经营，基建的结果要由生产人员来接受，而基建的过程也必须由生产人员全程介入。因此，把生产准备作为电厂建设的一项极为重要的基础工作，生产准备与机组建设同步进行，贯穿于基本建设的全过程。

生产准备"三个梯队"

2003年6月，国华沧电第一批30余名生产准备人员来公司报到，当时的电厂厂区还是一片汪洋大海。主体工程还没有开工，为什么要让生产人员这么早到位？岂不是白白增加企业的人工成本？这要从国华沧电的实际情况说起。

国华沧电生产准备工作面临两个主要问题，一是由于工程设计思路相对滞后、工程管理人员流动性大等原因，可能会造成机组投产后遗留问题较而多发生技改项目；二是由于电力企业的高速发展导致系统内高水平技术人员进一步稀释，人才竞争进入白热化，加上国华沧电所在地自然环境较差，生产人员到位成为最为紧迫的问题。国华沧电下决心提前招聘生产技术骨干，以"最适合的人才"为标准，不唯资历和学历，招聘时阐明企业是在一片创业的热土上建设一项前无古人的工程，以事业吸引人、留住人，引导员工把个人价值的实现与企业的发展结合起来，形成和谐的整体。

首先，由总经理亲自出马，到国华电力系统内其他电厂挑选人才，提前储备了一部分熟悉国华电力管理模式的生产技术骨干，形成生产准备第一梯队；之后面向社会公开招聘，吸引学历层次和专业技术水平较高的专业人员，打造生产准备第二梯队；同时从国内电力院校招聘高素质大学毕业生，培养生产准备第三梯队，"三个梯队"为日后的机组稳定交接奠定了基础。截至2005年6月，一期工程所需要的生产人员提前于机组投产18个月全部到位。生产人员的提前储备虽然会带来部分人工成本的增加，但与投产后安全生产所创造的效益相比，这个提前量是值得的。

把生产准备大纲融入P3

生产准备工作起步之初，首先针对国华沧电生产准备过程、生产体系、机构设置等问题，先后完成了系统内外10余家同类型电厂的调研工作。在调研的基础上进行充分的策划和酝酿，经过多次研讨和修改，编制完成了《生产准备工作大纲》和《生产准备工作大纲实施细则》，把国华沧电的生产准备工作带入了规范化、程序化的轨道，为各项工作有计划地开展提供了依据。

为使生产准备工作与工程建设的进度密切结合，国华沧电组织人员将《生产准备工作大纲实施细则》中的大部分内容整理录入工程的P3系统，做到生产准备工作的各项目标与工程的节点进度计划同步，形成一体化的全面项目管理。利用P3系统管理控制生产准备工作，是国华沧电结合自身实际进行的一项大胆创新，在实践中取得了很好的效果。

生产人员全程介入基建

国华沧电以生产的需要主导基建，在遵循基建规律的同时，把生产准备人员的责任延伸，深度参与工程建设的各个环节，从工程设计审查、专题优化，到主辅设备招评标、合同谈判、技术联络会、制造验收、各阶段的验评等全过程参与。生产人员根据设备系统特点与运行维护的需要，对工程建设提出要求。仅在设计方面就提出了179项整改意见，均得到了采纳。同时深入到制造厂家、基建现场参与安装和调试，依据规程、标准、NOSA管理和25项要求提出问题，重大问题以工作联系单的形式，简单问题以缺陷单的形式向工程和监理单位提出。这些工作的开展、有利地确保了机组试运的一次成功。

生产准备人员结合电力基建期的质量通病、国内同类机组发生的事故以及国华电力系统内的相关经验,进行广泛搜集整理,建立其他电厂问题汇总和落实流程制度,分为汽轮机、锅炉、电气、化水与热控、除灰与输煤、安健环与发电管理系统、信息化等七个方面,由专业小组进行讨论,分专业和部门明确责任人,划分为设计阶段、订货阶段、制造阶段、施工阶段、调试阶段和运行阶段,向工程部相关专业发出"借鉴其他电厂问题工作联系单",根据工程进展情况,将每项控制内容逐条落实。按照工程人员负责落实,生产人员进行监督的原则,各专业小组定期组织活动,及时沟通,处理信息,使所有问题实现闭环管理。

一期工程建设期总计提出工作联系单679张,现场缺陷1 356项,全部得到回复和落实,把各种问题和隐患消除在基建期,做到"零缺陷"移交生产。2006年一期工程两台机组顺利移交生产,均实现了168小时满负荷试运一次成功。168小时满负荷运过后机组没有停下来检修,而是分别连续运行了86天和107天,保持了长周期安全稳定运行。基建的质量得到了充分验证,其中生产人员的深入参与功不可没。

前轮二:制度体系保障

国华沧电在基建期就以国华电力发电管理系统为基础,沿着安全管理和技术管理两条主线,构建生产管理体系,逐步建立健全生产管理的各种规章制度和标准,并将其作为生产准备的一项重要内容。

两大管理平台

为将生产管理制度化和体系化,重点搭建好安健环管理和生产信息管理两个平台。安健环管理平台主要围绕国华电力发电管理系统、NOSA五星管理系统、"三标一体"管理体系来建立各项管理制度,结合并网安全性评价、发电安全性评价、安全大检查、九项监督专项检查等进行制度整合。生产信息管理平台主要围绕电厂生产管理系统和电厂监控信息系统(SIS),电厂生产管理系统包括生产设备管理系统(BFS++)、以可靠性为中心的优化维护系统(SRCM)、安健环管理软件、燃料管理软件、技术监督软件、检修文件包等,电厂监控信息系统包括生产实时信息管理系统(PI)、计算机辅助运行优化系统(OPTIPRO)、机组控制优化系统(PROFI)、决策支持软件(COCKPIT)等。国华沧电抽调经验丰富的管理人员参与编制生产必需的管理制度与标准,编制过程中充分讨论并组织流程模拟,避免出现管理重叠和管理真空。

四项主要管理系统

建立生产管理系统是一项复杂的工程,生产准备人员理清思路,以发电运行系统、设备维修系统、物资供应系统、技术职能管理系统为重点,分层次开展工作。2006年3月,发电运行规程和系统图等基础资料提前编制完成并发布,在试运过程中起到了指导作用,并在#1机组投产后及时组织修订完善;机组投产前完成了点检三大标准和检修文件包的制订,建立设备技术管理档案,率先编制了各专业检修规程;国华沧电提前编制了生产期物资采购管理办法,设立生产期物资采购管理流程,并在生产期物资采购时推广 600 MW 机组物资编码;与此同时,组织建立了技术监督网络、节能管理网络、计量管理网络、可靠性网络等,在基建阶段就开展网络活动。转入生产运营后,各体系均保持了正常运作,保证了生产管理的畅通有效。

四层考核激励机制

2006 年初,国华沧电总经理与所有部门经理签订了一期工程长周期考核激励目标责任书,部门经理又与员工签订目标责任书,明确了以工程基建开始为起点,到机组稳定运行一年为终点的考核周期,并将工程竣工奖励费用的 30% 与考核结果挂起钩来。

长周期考核激励目标责任书旨在避免员工在基建期工作中的短期行为,使员工在参与设计、施工、招标、设备选型、安装、机组调试、试运等工作时,充分考虑生产期的安全与效益,将目标锁定在机组投入商业运营后直至长期的安全经济稳定运行上。通过长周期绩效考核激励机制的有效实施,进一步强化广大员工的责任意识,调动员工为生产期稳定而努力的工作积极性。

这样,国华沧电对每位员工的周考核、月考核、年度考核以及整个建设期的长周期考核,形成了长短结合的四层考核体系,充分利用考核体系实现责任追究到底,发挥了考核体系把管理的压力和责任精确传递的链条作用。

后轮一:组织架构简约

为适应电力市场发展形势,以掌握电厂核心技术为基本要求,创建适合基建生产一体化的组织架构,建立机构简约、管理高效的新型生产体系,降低生产经营管理成本,同时为安全生产打好基础。

"王"字形人员配置模式

为确保基建与生产责任制的高度统一,国华沧电采用了"岗位交叉,责任延伸"的方式。在人员配置方面,本着各层次、各专业交叉任职的原则,分别在副总工管理层、经理层和基层专业技术人员中推行"一身兼两职"制度,实现"王"字形人员配置模式。比如,工程部副经理兼任生产准备部门的副经理,任期岗位职责兼顾基建与生产,不仅仅把工程建好,机组建成后还要管生产,实际是要承担起"无限的责任",这样在基建过程中他就会自觉地为投产后机组的安全稳定着想,尽心尽力保证工程质量。

集约型生产管理体系

2005 年 11 月,国华沧电生产准备部划分为生产技术部、安健环部、发电运行部和设备维修部。生产技术及安健环管理,分别设置专业主管与职能主管;设备维护设置各专业点检、热控、继电保护专责岗位;运行部承担主机的运行管理,运行岗位设置集控全能值班员和辅控全能值班员。承担辅助系统运行和维护的单位在电厂成立项目部。值长负责指挥全厂生产运行的调度管理。建成以设备可靠性为中心的集约型全厂生产管理体系，实现生产管理上的统一指挥和调度。

按专业划分大班组

对于生产系统组织结构，国华沧电在检修维护班组的设置上进行创新，突出设备维护部的设备管理职能，开展专业化的精密点检工作，改变区域划分维护小班组的做法，按照维护专业来划分维护班组。比如将传统的汽机本体班、水泵班、风机班、制粉班进行合并，设立转动机械维护班；将传统的锅炉本体班、锅炉管阀班、汽机管阀班进行合并，设立压力容器与管阀班。维护人员向一专多能发展，适应小班组设置中多个岗位的工作，能充分发挥专业维护的作用。

后轮二：员工培训多元

国华沧电员工基本来自全国各地其他生产电厂的骨干或新毕业大学生，大部分都是35岁以下的年轻人，绝大多数没有600 MW机组的建设和生产管理的实际经验。为此，国华沧电高度重视生产人员培训工作，确定了"建设优质工程，培养优秀人才"的目标，针对不同人员开展不同形式的培训，努力培养专业化的人才，以适应国华沧电专业化管理的需要。

自编教材，交叉培训

由于招聘人员的年龄结构、专业素质、工作经历各不相同，要适应未来生产岗位的需要，必须根据其自身条件有针对性地进行培训。国华沧电策划并组织分专业、分工种进行个性化培训，对不同人员分别拟订培训计划，坚持个性与共性相结合，精心设计培训课程，包括企业文化培训、综合理论培训、电厂系统认知培训、模拟操作培训、现场实操培训、事故模拟培训、现场调试培训等，并定期检验培训效果。

2004年，国华沧电组织编写了70万字的专业培训教材，涵盖了"机、电、炉、热、化、燃、除"7个专业，总结了600 MW机组的通用特点与本厂机组技术个性，为员工培训提供了详实的资料。同时组织生产各专业主管进行交叉培训，对实际系统、设备的性能、原理、操作维护及事故处理等进行详细的讲解，使各专业技术人员全面了解、掌握整个电厂的系统及设备情况。

见缝插针开展实操练兵

注重技术理论与现场实际相结合，组织生产准备人员到同类运行电厂实习，通过实习提高技能，特别是把运行值班人员和维护的关键技术岗位的培训作为重点加以强化。国华沧电生产人员实习队在国华定电实习过程中全部取得了上岗资格，锻炼了过硬的技术。

抓住设备安装、调试试运这两个难得的机会，深入开展了专家讲课、自编教材、跟踪操作、事故演习、仿真机培训多种形式的培训工作，全过程跟踪调试，见缝插针开展实操练兵，促使生产人员快速积累原始数据，掌握关键技术。厂用电系统带电后，运行操作人员提前上岗，在调试人员的监护下全面接管设备系统的运行操作，通过实际动手，既熟悉了系统，又能细致地查找出系统中存在的问题，使各种缺陷及时得到处理。

提前验证培训效果

在基建期就明确设备责任人，将设备分解到人，生产人员在基建阶段全过程对设备进行关注，并做好安装期基础数据的收集。工程进入安装高峰阶段以后，为了更好地跟踪工程建设过程，根据工程节点计划，制订了生产人员的现场跟踪网络计划图，将全厂设备按专业、分系统地落实到每位员工，实行分片管理，区域负责制，生产维护人员加入到电建单位施工班组参加设备的直接安装和调试。同时发电运行人员提前上岗，从各个系统单机试运开始，承担全部设备系统的巡检和操作。

一期工程分部试运和整套试运过程中的操作正确率100%，投产前持证上岗率达到100%。机组投产两年多来未发生由于人为误动导致的责任事故。在基建期就有两位同志分别在2005年神华集团第五届职工技能大赛中获得集控运行、电气变配电点检专业第一名的好成绩。在2007年神华集团第七届职工技能大赛中，国华沧电取得了集控运行专业调考个人成绩包揽前三名及团体总分第一名的好成绩。

国华沧电一期工程克服了当地自然条件的恶劣影响，战胜了百年一遇特大风暴潮的侵袭，攻克了无数的技术难题，在设计、设备、施工等基建资源高度紧张的情况下，创造了"七项国内第一"和建设过程中的"十六个一次成功"。机组投产后均保持了长周期安全稳定运行，各项经济指标在国内同类机组中处于领先水平，并一举夺得中国建筑行业最高奖——鲁班奖。在工程建设取得优异成绩的同时，国华沧电"四轮驱动"的生产准备工作也取得了巨大成功，其成功之处主要体现在以下几点：

系统思维

项目建设的目的是建成一个寿命周期内综合效益最大化的电厂，基本建设和生产经营是项目的两个阶段，其目的是一致的。因此，在各个阶段，都要以机组的安全经济运行为出发点和落脚点，采用系统化思维，科学合理地统筹各种资源，尤其是高效地开发和利用人力资源，以战略眼光去处理长期和短期的关系，特殊和一般的关系，整体和局部的关系。通过基建生产一体化的管理，实现电厂长周期安全经济运行。

专业管理

坚持电厂建设的"一个原则，四个标准"，并做到基建技术标准和生产技术标准的协调统一，真正做到无缝联接，这就需要我们建立起更加完善的专业化的管理体系，为基建生产一体化理念的贯彻奠定基础。同时，搞好专业人才队伍建设，配备技术人员、专家型人才和特殊专业人才，完善专业管理的运作机制，逐步形成企业的专业化管理优势。

责任延伸

生产人员是机组的驾驭者,是电厂真正的主人。生产人员来自各个电厂,了解在其他工程建设中的缺憾点,具有高度的责任心和主动性,能够以挑剔的眼光审视工程建设,是最好的监理。为此,通过基建生产一体化的形式,让生产人员发挥出这种优势,提升了工程建设质量和移交水平。

长效激励

在自由条件下,基建和生产人员即使有足够的能力承担延伸责任,在没有统一明确、具有刚性的约束和激励制度情况下,也必然不会选择主动来承担这种延伸责任。立足企业长远发展的长周期考核机制是保障延伸责任得以落实的有效手段,从而保证了整个项目从基建到生产经营始终处于高标准的受控状态,为电厂持续健康的发展赢得了主动。

第17章
企业并购　相融共进
——国华太仓发电公司并购管理实践

国华太仓发电有限公司（下称"国华太电"）成立于2005年1月26日，由北京国华电力有限责任公司（下称"国华电力"）和太仓港协鑫发电有限公司（下称"协鑫公司"）合资组建，装机为2×630WM国产超临界机组，注册资本金为10亿元人民币，双方各占50％股权。在董事会领导下，由国华电力负责运营管理。

协鑫公司是一家民营企业，而国华电力为新型的国有企业，其文化理念、思维方式、管理体制、行为方式都不尽相同，尤其是并购后的企业员工分别来自私有制企业和国有制企业，其文化背景、价值取向各有差异。并购之后面临的第一个问题就是两个企业之间的整合，企业并购后整合难，但最难莫过于企业文化的整合。国华电力选择了融同模式，把优秀的国华电力文化注入到并购后新成立的项目公司，以此作为主体文化，同时也充分吸收协鑫公司的优秀文化，把双方文化中的积极因素结合起来，在融合之中创新，形成具有国华太电特色的企业文化。

结合——缘于改革

战略驱使　政策牵缘

2005年1月18日，国家环保总局宣布停建30个违规开工项目，江苏太仓港环保发电有限公司（后更名为太仓港协鑫发电有限公司）四期2×600 MW扩建工程也在其中，现场施工陷于停顿。当时工程建设进度为烟囱到顶、主厂房已经封闭。另外，由于电力建设的资本金为项目投资的20％，太仓港环保发电公司的负债率一直居高不下。2004年4月26日，因负债率已经超过80％，太仓港环保发电公司曾被风险预警。如此严峻形势下，太仓港环保发电有限公司急于寻找新的合作伙伴，出让四期工程的股权，以维持工程建设正常进行。2005年1月20日国华电力介入该工程项目，全资收购了四期工程的100％股权，并于1月26日，注册成立了国华太仓发电有限公司。按照最初协议规定，在机组投产一年后，协鑫公司于2006年7月回购了50％的股权，但项目公司仍由国华电力负责经营管理。这一项目为国华电力在长三角区域建立区域化电源规模的发展战略又迈出了一步。

过渡之际　动荡之间

国华太电成立后面临的问题较多,其中最主要的问题在于人力资源、工程管理及辅助条件方面,内部形势非常严峻。

- **人力资源问题**

人力资源缺乏,整体素质有待提高。按照双方协议,协鑫公司要把原四期工程指挥部人员和为四期工程准备的生产人员共149人成建制的划转给国华太电。但协鑫公司直至4月份才办理人员转入关系,而且部分核心员工留在了协鑫公司。

员工队伍急需稳定。转入的员工大多数对国华电力缺乏足够的认知,原有的心理契约遭到破坏,新的心理契约尚未建立,员工心理还没有对国华电力形成信任感和安全感,普遍持观望动摇的态度,队伍极不稳定。此时亟待与员工构建新的心理契约。

- **工程管理问题**

工程组织管理存在漏洞。业主方没有进入安全与质量管理控制系统的监管角色,主要依靠总承包商江苏电建一公司,工程建设安全质量难以掌控。协鑫公司一、二、三、四期工程的指导思想是速度第一,所以,整个四期工程一直处于抢工期状态。

安全责任没有有效落实。管理人员、施工人员的安全责任不明确,安全意识淡薄,违章现象随处可见,缺乏有效的安全监管。

2005年2月25日下午,上海电建二公司在8#机组2#高压加热器吊装过程中发生了吊车臂杆折断,高压加热器从6.4米坠落至零米的安全事故,暴露了安全管理方面的诸多问题。

- **辅助性条件问题**

员工的工作、生活环境较差,如办公室面积不足且条件简陋,无员工宿舍,无就餐食堂。员工普遍感觉缺乏归属感,更不利于激发员工对企业的归属感。

磨合——求同存异

企业经营理念的差异

协鑫公司是一家年轻的民营发电公司,其经营目标非常明确,那就是"创造差异优势,争取更大利润"。毫无疑问,作为一个企业,其目标是正确的,但在工程建设方面片面追求速度,容易造成对安全监管和文明施工的重视程度不够;在生产经营上片面追求低成本,追求更大的收益,容易忽略企业的可持续发展。

国华电力在追求效益和效率的同时,注重管理的程序和规范。遵循"六更一创"的基建管理理念,既要保证施工进度,又要确保安全文明施工,确保工程质量,在保证机组长周期安全稳定运行的基础上追求效益的最大化。

员工意识形态的差异

协鑫公司的文化模式是"老板文化",即老板说了算,员工在工作岗位上按照老板的意见和要求做好工作就行。因为在私营企业工作的风险和压力大，员工们为了自己的饭碗，工作勤奋，责任感强，也很敬业。与老板之间形成了雇佣与被雇佣的心理契约，"让我干啥，我就干啥"，但不会主动承担额外的工作，缺少为企业奉献的精神，个人意识的权重更大一些。

国华电力最大的优势就是团队的作用，推崇员工与企业共同发展，员工们在关注个人利益的同时非常关心企业的发展。大家普遍有激情，关键时刻可以不要报酬，无私奉献，员工大局意识强。

企业管理机制的差异

协鑫公司讲究实效，注重效果，具有机动灵活、决策迅速的优点，总体效率比较高，但不太重视程序和规范。

国华电力注重规章制度，注重规范和程序，建立了系统化的管控制度和管理模式，但是缺乏灵活性，有时影响工作效率。

企业管理机制方面突出的差异表现为：

• 民主管理

协鑫公司缺少有效的沟通制度和渠道，不太重视与下属员工沟通及听取并采纳员工意见。协鑫公司在员工聘用和解聘上比较灵活，包括员工岗位变动也不像国华电力有严格的程序。不主张员工参与企业的民主管理，所以，员工对企业的关心度不够。

国华电力有比较健全的民主管理平台，员工参与企业管理的意识比较强。

• 评价激励

协鑫公司对员工的评价将工作任务完成情况作为唯一评价要素，"重效果，轻过程"，以工作结果论英雄。

国华电力不但注重实际工作业绩，而且关心员工的思想、道德等方面的表现以及工作的过程，即过程控制，综合测评。

在人员激励方面，协鑫公司非常注重物质激励，而国华电力在给予一定物质激励的同时，也注重精神奖励。

• 薪酬福利

协鑫公司薪酬分配等级差别很大，最高收入可以是最低收入者的百倍。最典型的差异是同岗不同酬，造成这一现象的原因有两个。一是薪酬等级的确定者是老板，只要你有能力，并获得认可，可以不在某个等级但照样拿那个等级的工资；二是协鑫公司实行谈判工资制，在员工招聘中劳资双方通过谈判达成一致，确定受聘员工的薪酬标准，造成了来自不同地区、由于经济发展的不平衡而导致同一岗位工资待遇的不平衡。协鑫公司的薪酬体系比较灵活，短期激励作用特别明显，但也有失公平、公正和公允之处。

国华电力的薪酬体系是注重岗位价值和技能等级的差别，有严格的规定，员工之间的工资差别相对较小，尤其强调同工同酬，整体上比较平均，但是，对个体的激励作用弱一些。

融合——双赢发展

针对以上员工意识形态、管理机制等文化及体制方面的突出差异，国华太电采取了一系列措施，以求在最短时间内达到最大幅度的融合，并且行之有效。

文化传播——意识接轨

• **视觉印象**

2005年1月26日，国华太电正式挂牌成立，第二天，公司的大门、办公区域就统一更换了国华太电的旗帜、公司名称和标识。特别值得一提的是，由于时间紧、来不及定做工作服，宁海、余姚、定州等国华兄弟电厂全力支援，保证了国华太电员工在最短的时间内统一了"包装"。

• **理念渗透**

通过标语广告牌、橱窗、发放"国华电力员工手册"、企业文化培训等形式，传播国华电力的企业使命、价值观，宣传国华电力的企业文化理念体系。使不同文化背景的员工能了解国华电力成长、壮大的历史，增强归属感、自豪感和责任感，从而提高安全意识、质量意识、竞争意识和服务意识，更好地完成企业使命。

这些措施使员工无论从视觉还是心理上迅速感觉到企业并购后的组织变化，使员工找到企业的组织归属，尽快调整好心态，融入新企业。

完善体系——制度接轨

企业并购后的员工主要来自于成建制接收协鑫公司四期149人，3年来又陆续由系统内调配64人、系统外招聘骨干48人，招收应届毕业生69人。国华太电成立后，首先进行人员的身份置换，之后对组织架构按照国华电力的统一要求进行调整，对人员进行系统的配置，把国华电力的管理制度植入到国华太电，结合国华太电特点逐步加以完善和修订，并贯彻实施。

具体采取的是"三步走"整合模式：

• **第一步——整合机构　明晰职能**

国华太电接手工程后，基建现场就发生了"2·25"吊车折臂事故，经多方分析，造成事件的根本原因是管理职责不清，风险防范能力薄弱。为此，国华太电以此事故为管理整治的突破口，本着实事求是的原则，在协鑫公司原有管理模式的基础上，对组织机构、职责划分和管理权限重新进行了整合和梳理，明确了11个部门的工作职责，有效规避了企业在管理体制转换中职责混乱、效率不高等风险；同时，大力推行"六更一创"国华电力基建管理理念，结合NOSA管理的要求对现场安全标识进行治理，变被动为主动，从"要我安全"到"我要安全"，切实把国华电力"安全为天"的管理理念真正落到实处。

• **第二步——优化配置　落实责任**

根据630 MW国产超临界机组特点以及与协鑫公司公用系统和部分项目外委的实际情

况,国华太电逐步进行合理的岗位设置和定员,优化配置,编写了部门经理、主管、班长等岗位的职位说明书,使员工更清晰地履行自身职责。

• 第三步——完善制度　严格管控

修订、完善了各项管理制度,初步建立了科学、合理的管理控制体系。不管来自私企,还是来自国企,只要员工隶属于国华电力的管理之下,均在国华太电统一的规章制度下工作。

一名来自协鑫公司的员工曾这样说,在协鑫工作时,只要工作结果达到目标就可以了,但在国华太电,不会单纯关注工作的成果,还要注重制度的依从性和工作的规范性,有效的执行力在这里尤为重要。

多管齐下——管理接轨

2005年是国华太电员工队伍不稳定的一年,由于部分员工对国华太电认知的不确定性,加之在薪酬体系上没有理顺,先后有9名骨干员工辞职。

国华太电意识到,通过确立组织目标,重构组织承诺,实施绩效管理,进行有效沟通等环节,建立或创新激励机制,实现全新的管理规范化,是吸引核心员工、确保员工队伍稳定的重点。同时,把"尊重员工的付出、尊重员工的业绩、尊重员工的意愿"作为人力资源管理的核心,保障了整个管理规范的平稳进行。

• 绩效管理闭环指标化

在推行绩效管理时,细化、量化绩效管理指标,确定部门关键业绩指标(KPI)和常规业绩指标(CPI),把员工和部门的工作目标与企业整体目标联系起来,以业绩作为客观的评判标准,避免了人为的主观性。注重开展绩效沟通,在客观评价的基础上,直线领导与员工定期开展绩效面谈,讨论工作的得与失,共同找出差距、寻求解决问题的办法,持续提升员工的工作能力和绩效水平。

> 设备维护部一名员工感慨地说:"以前从来没想到自己作为一名最普通的检修工,也会和班长一起讨论工作目标,而且他会耐心地倾听我的建议,我也很高兴能得到班长的表扬和批评,关键是他还为我指出了今后的努力方向,这回我就知道怎么干了。"

• 招聘选拔透明化

国华太电始终按照"人尽其才,才尽其用"的原则,分部门、分阶段逐步实施竞聘上岗,原协鑫公司员工先后有17人走上了中层领导岗位(目前的生技部、安健环部、企业文化部的经理和助理、财务部、经营部、发电部的经理助理都是原协鑫公司的员工),分别有28人和13人分别竞聘上了高级主管、班长等关键岗位,逐渐建立起"公平、公正、公开"的选人、用人机制,极大地调动了员工的工作积极性和主动性。

2005年10月,黑龙江新华电厂小高应聘到国华太电从事电气检修工作,凭借扎实的专业能力,他先后组织解决了励磁设备风道改造、发变组保护出口继电器隐患等难题,不到一年便竞聘到了专工的岗位工作。有着硕士学历的他，又是凭着出色的工作能力和业绩，在2007年被提拔为设备维护部的经理助理。小高说："是国华太电给了我一个发挥才能的舞台，我没有理由不好好干。"

- **薪酬体系科学化**

国华太电合理设计薪酬管理体系，科学确定岗位价值，按岗位确定薪酬、凭业绩获取回报。改变了协鑫公司的谈判工资制，避免了同岗不同酬而引起的员工之间的猜忌和争端，激发了员工的工作热情。

根据原协鑫公司员工在合资企业工作中头脑灵活、观念更新快和勇于接受新生事物的特点，大胆采用绩效主导型的分配机制，将月度绩效奖金与发电量、利润等生产经营指标直接关联，并占据员工收入的主体，本着向生产一线和关键岗位人员倾斜的原则，根据工作性质的不同，赋予不同的权重，多劳多得，将企业经营业绩、员工个人业绩与薪酬挂钩，有效实现了利益共享，风险共担。经理级员工绩效指标对标管理实施细则，进一步激发了经理级员工卓越管理的积极性。

- **福利项目多元化**

为提升员工对企业的忠诚度，国华太电制定了多样化的福利项目，包括住房补助、企业年金、午餐补助、独生子女医药费报销、补充医疗保险、康体卡充值、发放福利物品、组织员工出游、带薪年休假、健康体检等，增强了员工的自豪感和幸福感。

- **人才培养系列化**

国华太电还鼓励广大工程技术人员全面参与技术攻关，突破关键技术，发掘核心人才，评选出厂级专业技术带头人7名，并在发电运行部和设备维护部两个部门设立主任工程师岗位，享受中层副职待遇，打通专业技术人员的职业发展通道；开展职业技能鉴定，以岗位大练兵、职业技能大赛等活动为契机，实行全员持证上岗，为技能人员提供施展才能的良好平台。截至2008年7月31日，一线生产人员中具备技师和高级技师资格的有12人，高级工71人，中级工63人。

通过一系列人力资源的整合，员工与企业新的心理契约得到有效建立，员工对企业的认同感、信任感增强。

文化落地——管理提升

发展的关键在于盘活人力资源，以无形资产盘活有形资产。这种无形资产盘活的本身在于文化。

- **责任文化　熔炼团队**

国华太电在开展企业文化生产准备阶段，个别从协鑫公司转入的员工缺乏责任心，"我行我素"，在没有做完手头工作的情况下，到下班时间就回家，把紧急工作推到第二天。国华太电领导在了解这种情况之后，亲自与员工沟通交流，启发员工的责任意识，逐步培育责任文化。

2005年4月的一个深夜，国华太电一名副总经理到现场察看工程建设情况，四周静悄悄的,几乎没有人影。忽然他发现还有一个人在工作,就高兴地走过去。没想到走近一看,这个人之所以深夜加班,是想把脱硫增压风机框架出现的裂缝用水泥掩盖起来,造成没有质量问题的假象。作为主管基建的领导,他一下子火了,不顾夜深人静,立即叫来监理、施工单位负责人赶到现场,让承包队马上返工,并按"四不放过"原则严肃处理了相关责任单位。

企业并购前后两种不同的管理体制,使得类似问题不时暴露出来。2006年,国华太电发生了13次机组非停事件,经分析有80%以上的事件涉及人为因素。经验教训表明,有些员工对新设备、新技术的认识和掌握还未达到理想的程度,掌控超临界机组的能力还需进一步提高。特别是在实际工作当中,执行力不强、责任心不够的问题突出凸显。经深入调研后发现,制约国华太电生产经营管理水平持续提高的根本原因是缺少浓厚的责任文化氛围,还需进一步加强部分员工的工作责任心、事业心、进取心。为此,国华太电适时提出"有章不循就是未遂,违章操作就是事故"的安全理念,明确了"心态归零、责任归位"的责任文化使命和"问题至此为止,责任由我承担"的责任价值观,逐步形成了"企业对股东、企业对员工、企业对社会、员工对企业"的责任文化体系。

国华太电把责任文化划分得很详细、很具体。在企业对员工的责任层面,包含四项内容:一是制度、流程、标准,做到使员工有章可循,照章操作;二是为员工谋福利,使员工的生活品质不断提升;三是保证安全、健康、环保,使员工安心工作、舒心生活;四是拓展员工的职业生涯,使员工的能力得以提升。在员工对企业的责任层面也包含四项内容:一是落实岗位责任制,规范工作行为;二是责任分解,压力传递,制定个人责任目标;三是树立主人翁意识,有效履行岗位职责;四是严格执行制度,提高执行效果,对工作实行闭环管理。

通过责任文化建设,员工的责任意识明显增强,把国华太电的事当做自己的事。

发电部锅炉张主管是从协鑫公司转来的员工。在工程投产初期,7、8号锅炉一次风机都存在耗电高、出力不足的现象。一段时间内,他整天围着磨煤机转悠,又是听声音,又是查资料,又是做分析对比。经过几十个日夜的辛勤摸索,终于查出由于磨煤机一次风环面积偏大及调整不合理导致风速不够,进而使一次风机电耗增大的症结所在。通过封堵部分风环,降低一次风压,合理调整风门开度,一次风机吨煤电耗由治理前的11.13千瓦时下降到9.2千瓦时。

电气二次班员工小吴是刚刚毕业一年的大学生。一次,7B空压机出现了负序电流,保护装置正确动作,可集控室却没有任何告警,问题出在二次回路上,经查发现原来告警信号传输线被解开。很显然这是人为责任。电气二次班对此很重视,可是在落实责任者时,工作日志记录很多人参与了此项工作,眼看就要成为无头案。小吴翻开了自己的小本本,一页一页查看,终于找到6个月前那天自己的工作记事:"下午3点,7B空压机保护检修后,带开关及信号传动一切正常,恢复送电时,该间隔信号回路发生接地,打开DCS告警信号线,信号回路恢复正常,经过紧急处理，开关送电"。看到这里，他一下子想起来，线正是自己打开的，由于急于恢复送电，自己忘记了恢复安全措施。小吴找到班长，"是我错了，责任应该由我来负。"班长长长地松了一口气。私下里一个同事说他，你不说谁知道，太傻了。他却摇摇头笑了，因为从这天开始他学会了主动承担责任。

国华太电通过责任文化建设，打造了高效团队，提升了管理品质。

• **港湾计划　塑造心灵**

一名从国华电力兄弟电厂调来的员工，与同事发生矛盾后几次行为失控。经了解，该员工性格偏激，情绪波动大。而类似这些具有不良情绪的员工在国华太电仍然以显性或隐性的方式存在着，如果不及时进行心理调整，将有可能产生一些危及安全生产和企业稳定的过激行为。

基于以上背景，为了更有效、更全面地优化员工的心智状态，国华太电创新管理思路，几经研究，最后形成了将心理学运用于企业安全管理的决策。决心借助于专业心理援助服务机构的"外脑"，与企业管理紧密结合，开展专业性心理关怀的尝试，启动并形成了名为"责任文化·港湾计划"的心理疏导项目。

"港湾"取自国华太电所在地——太仓港；"港湾"寓意人的心灵港湾，让国华太电能够成为温暖每名员工的心灵港湾。国华太电"企业对股东负责""企业对社会负责""企业对员工负责""员工对企业负责"的责任文化体系促进了"责任文化·港湾计划"的形成和实施。它将上述责任关系落实到为员工提供心理支持、为企业安全稳定发展提供坚实保障的实处，使得员工通过劳动获得报酬的同时，更在精神层面获得心理健康和心灵成长，实现员工、企业、社会的和谐。

通过与上海加业教育信息咨询有限公司合作，开展一系列心理服务活动，员工思想观念发生转变，心理素质逐步提升，压力感有所降低，应对压力能力有所增强，工作满意度有所提高，身心幸福感有一定提升，个体案例人员行为发生改变。前面提到这名员工现在的情况有所好转，情绪趋于稳定，性格也逐渐开朗起来，工作积极性明显提高。

俗话说，最美味的鱼生长在咸水和淡水之间。著名的长江三鲜"刀鱼、回鱼、河豚"就繁殖、生长在长江的入海口。而位于长江与大海交汇处的国华太电在国有企业和民营企业两种文化不断碰撞和冲突、交流与融合中孕育生机、绽放活力、演绎精彩、健康发展。

并购后的文化融合，给国华太电各项工作带来了明显的效果。并购之后不到一年的时间，两台国产630 MW超临界机组分别于2005年11月8日和2006年1月20日投产发电，并在国内率先实现了烟气脱硫、脱硝系统与主机的同步投运，工程项目顺利通过国家环保"三同时"验收。首次通过NOSA管理系统四星评审和ISO 14001环境管理体系及清洁生产审核。截至2008年10月31日，国华太电实现安全事故"零"目标,共完成发电量201.39亿千瓦时,共实现利润8.67亿元。先后获得"苏州市劳动关系和谐企业""国华电力科学技术创新一等奖""江苏省科学技术重大贡献二等奖""江苏省安康杯竞赛优胜企业""江苏省环境友好型企业""江苏省电力企业管理创新优秀成果奖""全国电力行业企业文化成果优秀奖""中国文化管理先进单位""改革开放三十年全国企业文化建设优秀单位"等荣誉。

企业在并购中的文化差异是客观存在的,是融合的障碍,但不是不可逾越的。国华太电正是由于文化的成功融合,搭起了员工与企业共同发展的文化平台,在这种新文化的氛围中提高了市场竞争力和可持续发展力。